河合塾
SERIES

2024 大学入学

共通テスト
過去問レビュー
英語

河合出版

はじめに

　大学入学共通テスト（以下、共通テスト）が、2023年1月14日・15日に実施されました。

　その出題内容は、大学入試センターから提示されていた、問題作成の基本的な考え方、各教科・科目の出題方針に概ね則したもので、昨年からの大きな変化はありませんでした。

　共通テストでは、大学入試センター試験（以下、センター試験）に比べて、身につけた知識や解法を様々な場面で活用できるか―思考力や判断力を用いて解けるか―を問われる傾向が強くなっています。また、読み取る資料の分量は多く、試験時間をより意識して取り組む必要もあります。

　こうした出題方針は、これからも引き継がれていくことでしょう。

　一方で、センター試験での出題形式を踏襲した問題も見られました。

　センター試験自体、年々「思考力・判断力・表現力」を求める問題が少しずつ増えていき、それが共通テストに引き継がれたのは、とても自然なことでした。

　センター試験の過去問を練習することは、共通テスト対策にもつながります。

　本書に収録された問題とその解説を十分に活用してください。みなさんの共通テスト対策が充実したものになることを願っています。

— 2 —

本書の構成・もくじ

2024年度実施日程、教科等　　4

2023〜2019年度結果概要　　6

出題分野一覧　　8

出題傾向と学習対策　　10

音声のダウンロード・配信について　　23

▶解答・解説編◀

リスニング

2023年度	本試験	25	追試験	57
2022年度	本試験	87	追試験	119
2021年度	第1日程	151		
	第2日程	183		

リーディング

2023年度	本試験	217	追試験	253
2022年度	本試験	291	追試験	341
2021年度	第1日程	397		
	第2日程	443		
2020年度	本試験	489		
2019年度	本試験	523		
2018年度	本試験	559		
2017年度	本試験	595		
2016年度	本試験	633		
2015年度	本試験	675		
2014年度	本試験	715		

2024年度　実施日程、教科等

9月上旬　　　　　　受験案内を配付

⇩

9月下旬〜10月上旬　出願受付・成績通知希望受付

⇩

12月上旬〜12月中旬　受験票等を送付

⇩

**2024年
1月13日㈯、14日㈰**　共通テスト（本試験）実施

　　　　　　　　　共通テストの正解等を発表

国公立大学出願受付

　「実施日程」は、本書発行時には未発表であるため2023年度の日程に基づいて作成してあります。また、「2024年度出題教科・科目等」の内容についても2023年3月1日現在大学入試センターが発表している内容に基づいて作成してあります。2024年度の詳しい内容は大学入試センターホームページや2024年度「受験案内」で確認してください。

2024年度出題教科・科目等

　大学入学共通テストを利用する大学は、大学入学共通テストの出題教科・科目の中から、入学志願者に解答させる教科・科目及びその利用方法を定めています。入学志願者は、各大学の学生募集要項等により、出題教科・科目を確認の上、大学入学共通テストを受験することになります。

　2024年度大学入学共通テストにおいては、次表にあるように6教科30科目が出題されます。

— 4 —

教　科	グループ・科目		時間・配点	出 題 方 法 等	
国語	『国語』		80分 200点	「国語総合」の内容を出題範囲とし、近代以降の文章、古典(古文、漢文)を出題する。	
地理歴史	「世界史A」 「世界史B」 「日本史A」 「日本史B」 「地理A」 「地理B」	10科目のうちから最大2科目を選択・解答。 同一名称を含む科目の組合せで2科目を選択することはできない。 受験する科目数は出題時に申し出ること。	1科目選択 60分 100点 2科目選択 130分 (うち解答時間120分) 200点	『倫理,政治・経済』は、「倫理」と「政治・経済」を総合した出題範囲とする。	「同一名称を含む科目の組合せ」とは、「世界史A」と「世界史B」、「日本史A」と「日本史B」、「地理A」と「地理B」、「倫理」と『倫理,政治・経済』及び「政治・経済」と『倫理,政治・経済』の組合せをいう。
公民	「現代社会」 「倫理」 「政治・経済」 『倫理,政治・経済』				
数学	数学① 「数学Ⅰ」 『数学Ⅰ・数学A』 2科目のうちから1科目を選択・解答。		70分 100点	『数学Ⅰ・数学A』は、「数学Ⅰ」と「数学A」を総合した出題範囲とする。ただし、次に記す「数学A」の3項目の内容のうち、2項目以上を学習した者に対応した出題とし、問題を選択解答させる。 〔場合の数と確率、整数の性質、図形の性質〕	
	数学② 「数学Ⅱ」 『数学Ⅱ・数学B』 『簿記・会計』 『情報関係基礎』 4科目のうちから1科目を選択・解答。 科目選択に当たり、『簿記・会計』及び『情報関係基礎』の問題冊子の配付を希望する場合は、出願時に申し出ること。		60分 100点	『数学Ⅱ・数学B』は、「数学Ⅱ」と「数学B」を総合した出題範囲とする。ただし、次に記す「数学B」の3項目の内容のうち、2項目以上を学習した者に対応した出題とし、問題を選択解答させる。 〔数列、ベクトル、確率分布と統計的な推測〕 『簿記・会計』は、「簿記」及び「財務会計Ⅰ」を総合した出題範囲とし、「財務会計Ⅰ」については、株式会社の会計の基礎的事項を含め、財務会計の基礎を出題範囲とする。 『情報関係基礎』は、専門教育を主とする農業、工業、商業、水産、家庭、看護、情報及び福祉の8教科に設定されている情報に関する基礎的科目を出題範囲とする。	
理科	理科① 「物理基礎」 「化学基礎」 「生物基礎」 「地学基礎」	8科目のうちから下記のいずれかの選択方法により科目を選択・解答。 A 理科①から2科目 B 理科②から1科目 C 理科①から2科目及び理科②から1科目 D 理科②から2科目 受験する科目の選択方法は出願時に申し出ること。	2科目選択 60分 100点	理科①については、1科目のみの受験は認めない。	
	理科② 「物理」 「化学」 「生物」 「地学」		1科目選択 60分 100点 2科目選択 130分(うち解答時間120分) 200点		
外国語	『英語』『ドイツ語』 『フランス語』『中国語』 『韓国語』 5科目のうちから1科目を選択・解答。 科目選択に当たり、『ドイツ語』、『フランス語』、『中国語』及び『韓国語』の問題冊子の配付を希望する場合は、出願時に申し出ること。		『英語』 【リーディング】 80分 100点 【リスニング】 60分(うち解答時間30分) 100点	『英語』は、「コミュニケーション英語Ⅰ」に加えて「コミュニケーション英語Ⅱ」及び「英語表現Ⅰ」を出題範囲とし、【リーディング】と【リスニング】を出題する。 なお、【リスニング】には、聞き取る英語の音声を2回流す問題と、1回流す問題がある。	
			『ドイツ語』 『フランス語』 『中国語』 『韓国語』 【筆記】 80分 200点	リスニングは、音声問題を用い30分間で解答を行うが、解答開始前に受験者に配付したICプレーヤーの作動確認・音量調節を受験者本人が行うために必要な時間を加えた時間を試験時間とする。	

1. 「　」で記載されている科目は、高等学校学習指導要領上設定されている科目を表し、『　』はそれ以外の科目を表す。
2. 地理歴史及び公民並びに理科②の試験時間において2科目を選択する場合は、解答順に第1解答科目及び第2解答科目に区分し各60分間で解答を行うが、第1解答科目及び第2解答科目の間に答案回収等を行うために必要な時間を加えた時間を試験時間とする。
3. 外国語において『英語』を選択する受験者は、原則として、リーディングとリスニングの双方を解答する。

— 5 —

2023〜2019年度結果概要

本試験科目別平均点の推移

（注）2021年度は第1日程のデータを掲載

科目名(配点)	2023年度	2022年度	2021年度	2020年度	2019年度
国語(200)	105.74	110.26	117.51	119.33	121.55
世界史A(100)	36.32	48.10	46.14	51.16	47.57
世界史B(100)	58.43	65.83	63.49	62.97	65.36
日本史A(100)	45.38	40.97	49.57	44.59	50.60
日本史B(100)	59.75	52.81	64.26	65.45	63.54
地理A(100)	55.19	51.62	59.98	54.51	57.11
地理B(100)	60.46	58.99	60.06	66.35	62.03
現代社会(100)	59.46	60.84	58.40	57.30	56.76
倫理(100)	59.02	63.29	71.96	65.37	62.25
政治・経済(100)	50.96	56.77	57.03	53.75	56.24
倫理, 政治・経済(100)	60.59	69.73	69.26	66.51	64.22
数学I(100)	37.84	21.89	39.11	35.93	36.71
数学I・数学A(100)	55.65	37.96	57.68	51.88	59.68
数学II(100)	37.65	34.41	39.51	28.38	30.00
数学II・数学B(100)	61.48	43.06	59.93	49.03	53.21
物理基礎(50)	28.19	30.40	37.55	33.29	30.58
化学基礎(50)	29.42	27.73	24.65	28.20	31.22
生物基礎(50)	24.66	23.90	29.17	32.10	30.99
地学基礎(50)	35.03	35.47	33.52	27.03	29.62
物理(100)	63.39	60.72	62.36	60.68	56.94
化学(100)	54.01	47.63	57.59	54.79	54.67
生物(100)	48.46	48.81	72.64	57.56	62.89
地学(100)	49.85	52.72	46.65	39.51	46.34
英語[リーディング](100)	53.81	61.80	58.80	–	–
英語[筆記](200)	–	–	–	116.31	123.30
英語[リスニング](100)	62.35	59.45	56.16	–	–
英語[リスニング](50)	–	–	–	28.78	31.42

※2023年度及び2021年度は得点調整後の数値

本試験科目別受験者数の推移　（注）2021年度は第1日程のデータを掲載

科目名	2023年度	2022年度	2021年度	2020年度	2019年度
国語	445,358	460,966	457,304	498,200	516,858
世界史A	1,271	1,408	1,544	1,765	1,346
世界史B	78,185	82,985	85,689	91,609	93,230
日本史A	2,411	2,173	2,363	2,429	2,359
日本史B	137,017	147,300	143,363	160,425	169,613
地理A	2,062	2,187	1,952	2,240	2,100
地理B	139,012	141,375	138,615	143,036	146,229
現代社会	64,676	63,604	68,983	73,276	75,824
倫理	19,878	21,843	19,954	21,202	21,585
政治・経済	44,707	45,722	45,324	50,398	52,977
倫理, 政治・経済	45,578	43,831	42,948	48,341	50,886
数学I	5,153	5,258	5,750	5,584	5,362
数学I・数学A	346,628	357,357	356,492	382,151	392,486
数学II	4,845	4,960	5,198	5,094	5,378
数学II・数学B	316,728	321,691	319,696	339,925	349,405
物理基礎	17,978	19,395	19,094	20,437	20,179
化学基礎	95,515	100,461	103,073	110,955	113,801
生物基礎	119,730	125,498	127,924	137,469	141,242
地学基礎	43,070	43,943	44,319	48,758	49,745
物理	144,914	148,585	146,041	153,140	156,568
化学	182,224	184,028	182,359	193,476	201,332
生物	57,895	58,676	57,878	64,623	67,614
地学	1,659	1,350	1,356	1,684	1,936
英語[リーディング]	463,985	480,762	476,173	518,401	537,663
英語[リスニング]	461,993	479,039	474,483	512,007	531,245

志願者・受験者の推移

区分		2023年度	2022年度	2021年度	2020年度	2019年度
志願者数		512,581	530,367	535,245	557,699	576,830
内訳	高等学校等卒業見込者	436,873	449,369	449,795	452,235	464,950
	高等学校卒業者	71,642	76,785	81,007	100,376	106,682
	その他	4,066	4,213	4,443	5,088	5,198
受験者数		474,051	488,383	484,113	527,072	546,198
内訳	本試験のみ	470,580	486,847	(注1)482,623	526,833	545,588
	追試験のみ	2,737	915	(注2)1,021	171	491
	本試験＋追試験	707	438	(注2)407	59	102
欠席者数		38,530	41,984	51,132	30,627	30,632

（注1）2021年度の本試験は、第1日程及び第2日程の合計人数を掲載

（注2）2021年度の追試験は、第2日程の人数を掲載

出題分野一覧〔英語(リーディング)〕

		'11センター試験			'12センター試験			'13センター試験			'14センター試験		
		A	B	C	A	B	C	A	B	C	A	B	C
第1問	出題形式・内容	発音	アクセント		発音	アクセント		発音	アクセント		発音	アクセント	
第2問	出題形式・内容	文法語法	対話完成文	語句整序	文法語法	対話完成文	語句整序	文法語法	対話完成文	語句整序	文法語法	対話完成文	語句整序
第3問	出題形式・内容	1問2問 意味類推	意見の要約の	文補充	問1問2 意味類推	意見の要約の	文補充	問1問2 意味類推	意見の要約の	文補充	問1問2 意味類推	選不要文	意見の要約の
第4問	出題形式・内容	図表問題 内容一致(図表)	内容一致(広告)		図表問題 内容一致(図表)	内容一致(広告)		図表問題 内容一致(図表)	内容一致(広告)		図表問題 内容一致(図表)	内容一致(広告)	
第5問	出題形式・内容	ヴィジュアル問題 ・絵の選択 ・内容一致			ヴィジュアル問題 ・絵の選択 ・内容一致			ヴィジュアル問題 ・絵の選択 ・内容一致			ヴィジュアル問題 ・絵の選択 ・内容一致		
第6問	出題形式・内容	長文総合 内容一致			長文総合 内容一致 (A・B)			長文総合 内容一致 (A・B)			長文総合 内容一致 (A・B)		

		'15センター試験			'16センター試験			'17センター試験			'18センター試験		
		A	B	C	A	B	C	A	B	C	A	B	C
第1問	出題形式・内容	発音	アクセント		発音	アクセント		発音	アクセント		発音	アクセント	
第2問	出題形式・内容	文法語法	語句整序	応答完成文	文法語法	語句整序	応答完成文	文法語法	語句整序	応答完成文	文法語法	語句整序	応答完成文
第3問	出題形式・内容	対話完成文	選不要文	意見の要約の	対話完成文	選不要文	意見の要約の	対話完成文	選不要文	意見の要約の		選不要文	意見の要約の
第4問	出題形式・内容	図表問題 内容一致(図表)	内容一致(広告)		図表問題 内容一致(図表)	内容一致(広告)		図表問題 内容一致(図表)	内容一致(広告)		図表問題 内容一致(図表)	内容一致(広告)	
第5問	出題形式・内容	長文総合(メール) 内容一致			長文総合(物語) 内容一致			長文総合(物語) 内容一致			長文総合(物語) 内容一致		
第6問	出題形式・内容	長文総合 内容一致 (A・B)			長文総合 内容一致 (A・B)			長文総合 内容一致 (A・B)			長文総合 内容一致 (A・B)		

		'19センター試験		'20センター試験		'21共通テスト 第1日程		'21共通テスト 第2日程	
		A	B	A	B	A	B	A	B
第1問	出題形式	発音	アクセント	発音	アクセント	ビジュアル読解問題		ビジュアル読解問題	
	内容					携帯メールのやり取り	表入りウェブサイト	携帯メールのやり取り	表入りウェブサイト
第2問	出題形式	A 文法語法	B 語句整序 / C 応答完成文	A 文法語法	B 語句整序 / C 応答完成文	A ビジュアル読解問題	B 読解問題	A ビジュアル読解問題	B 読解問題
	内容					評価表,コメント	オンライン掲示板	調査結果の集計(3つの表)	講座案内
第3問	出題形式	A 選択不要文	B 意見要約の	A 選択不要文	B 意見要約の	A ビジュアル読解問題	B 読解問題	A ビジュアル読解問題	B 読解問題
	内容					ウェブサイト上のQ&A	学校新聞	ブログ(遊園地の案内図)	雑誌記事
第4問	出題形式	図表問題		図表問題		ビジュアル読解問題		ビジュアル読解問題	
	内容	内容一致(図表)	内容一致(広告)	内容一致(図表)	内容一致(広告)	Eメールのやり取り(表,グラフ)		Eメールのやり取り(グラフ,表,プレゼン用下書き)	
第5問	出題形式	長文総合(物語)		長文総合(物語)		ビジュアル読解問題		ビジュアル読解問題	
	内容	内容一致		内容一致		ニュース記事(プレゼン用スライド)		伝記(プレゼン用メモ)	
第6問	出題形式	長文総合		長文総合		ビジュアル読解問題		ビジュアル読解問題	
	内容	内容一致		内容一致		記事,ポスター	論説文,グラフ	論説文	論説文,ポスター

		'22共通テスト 本試験		'22共通テスト 追試験		'23共通テスト 本試験		'23共通テスト 追試験	
		A	B	A	B	A	B	A	B
第1問	出題形式	ビジュアル読解問題	ビジュアル読解問題	読解問題	ビジュアル読解問題	ビジュアル読解問題	読解問題	読解問題	ビジュアル読解問題
	内容	料理本	ウェブサイト	携帯メールのやり取り	ウェブサイト	演劇の申込書	ウェブサイト	使用説明書	チラシ
第2問	出題形式	読解問題		読解問題		読解問題		読解問題	
	内容	図書館の案内	学校新聞	ホテルの案内	記事	ウェブサイト(靴の広告)	レポート	メール	記事
第3問	出題形式	読解問題		読解問題		読解問題		読解問題	
	内容	ブログ	雑誌記事	ブログ(表)	記事	会報	ブログ	雑誌記事	エッセイ
第4問	出題形式	ビジュアル読解問題		ビジュアル読解問題		ビジュアル読解問題		ビジュアル読解問題	
	内容	ブログ(表,イラスト)		2通のメール(表)		2つの記事(表,グラフ)		2つのメール(表,図)	
第5問	出題形式	ビジュアル読解問題		ビジュアル読解問題		ビジュアル読解問題		ビジュアル読解問題	
	内容	伝記(プレゼン用メモ)		伝記(プレゼン用スライド)		物語文(プレゼン用メモ)		物語文(プレゼン用メモ)	
第6問	出題形式	ビジュアル読解問題		ビジュアル読解問題		ビジュアル読解問題		ビジュアル読解問題	
	内容	論説文,要約メモ	論説文,ポスター	記事(要約メモ)	論説文(プレゼン用ポスター)	記事(要約メモ)	論説文(プレゼン用スライド)	記事(要約メモ・クイズ)	記事(プレゼン用ポスター)

出題傾向と学習対策〔英語（リーディング）〕

出題傾向

　従来の「大学入試センター試験」に代わって2021年1月から始まった「大学入学共通テスト」は，2023年1月で3回目の実施となった。本試験の英語（リーディング）の問題は，昨年度と比べて，大問の数や配点に変化はなかったが，一部の問題で読解素材の種類に変化があった。

　第1問Aは「料理本の写真付きの表」から「劇場で上演される芝居についての案内」へ，第2問Aは「図書館の案内」から「靴の広告のウェブサイト」へ，第2問Bは「学校新聞」から「交換留学生の書いたレポート」へ，第3問Aは「ブログ」から「会報」へ，第3問Bは「雑誌記事」から「ブログ」へ，第4問は「ブログ」から「2つの記事」へ，第5問は「伝記」から「物語文」へと変わった。

　ただし，設問で問われているポイントに大きな変化はなく，マーク数も全体で1つ増えただけであった。読まなければならない英語の総語数は，昨年が約6,000語，今年が約6,100語で，大きな変化はなかった。大学入試センター発表の平均点は，昨年の61.8点から今年は8.0点下がって53.8点となり，やや難化したが，平均点が得点率60%前後で推移しているのはセンター試験時代と同様である。

2023年度共通テスト英語（リーディング）本試験　出題内容一覧

大問		分野	マーク数	配点
第1問	A	ビジュアル読解問題（観劇の申込書）	2	10
	B	読解問題（ウェブサイト，イラスト付き）	3	
第2問	A	読解問題（ウェブサイト，靴の広告）	5	20
	B	読解問題（レポート）	5	
第3問	A	読解問題（会報，イラスト付き）	2	15
	B	読解問題（ブログ，イラスト付き）	6	
第4問		ビジュアル読解問題（2つの記事，表・グラフ付き）	6	16
第5問		ビジュアル読解問題（物語文，プレゼン用メモ付き）	9	15
第6問	A	ビジュアル読解問題（記事，要約メモ付き）	5	24
	B	ビジュアル読解問題（論説文，プレゼン用スライド付き）	6	
			49	100

　共通テストの英語（リーディング）では，単に「知識を蓄える力＝記憶力」ではなく，「知識を有効に使って思考する・判断する・表現する力」を様々な種類のテクスト（＝読み物）の読解力を試すことを通じて測ることを意図した問題が出題されている。テクストを読んで，概要や要点を把握する力や，必要な情報を的確に見つける力を

— 10 —

使って，内容一致問題に加えて，「事実（fact）と意見（opinion）を区別する問題」「本文と図表の情報を組み合わせて解答する問題」「複数の文章の情報を読み取って解答する問題」「読み取った情報から推測をする問題」などを解くことが求められている。

特徴的な問題

　今年度の本試験では，「事実と意見を区別する問題」や「本文と図表の情報を組み合わせて解答する問題」，「複数の文章の情報を読み取って解答する問題」，「出来事を時系列に沿って並べる問題」が引き続き出題された。

　また，第3問Aで「適切なイラストを選択する問題」が，第4問では「記事の最後に追加すべき情報を推測する問題」が，第5問では「話の内容から含意されている教訓を推測する問題」が出題されたが，これらはいずれも新傾向の問題であった。

　以下に，過去3年の本試験（2021年度は第1日程）で出題された特徴的な問題を取り上げる。

➤ 事実（fact）と意見（opinion）を区別する問題

問3　One **fact** from the judges' individual comments is that　8　.

① all the judges praised Green Forest's song
② Green Forest need to practice more
③ Mountain Pear can sing very well
④ Silent Hill have a promising future

問4　One **opinion** from the judges' comments and shared evaluation is that　9　.

① each evaluated band received the same total score
② Ms Wells' suggestion about originality was agreed on
③ Silent Hill really connected with the audience
④ the judges' comments determined the rankings

（2021年度第1日程第2問A）

＜特徴とポイント＞

　客観的に成立する事柄を表す「事実（fact）」と主観的な考えや気持ちを表す「意見（opinion）」とを区別する問題が共通テストの第2問で毎年問われている。そのような問題は，「意見とは特定の人の考えや気持ちを表すもの」という基本的な基準に照らし合わせて，消去法で解くことができることを覚えておきたい。

— 11 —

➤ **本文と図表の情報を組み合わせて解答する問題**

問3　If you take Kaitlyn's advice, how should you fill your backpack? | 16 |

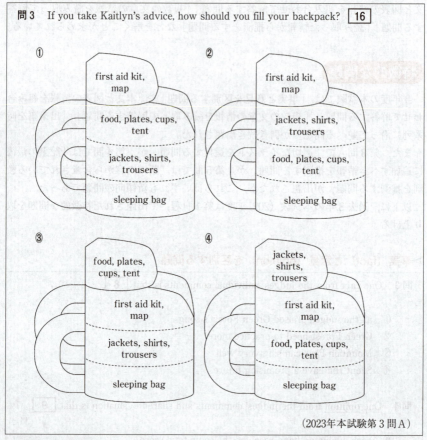

(2023年本試験第3問A)

<特徴とポイント>

　2023年度本試験の第3問A問1は，本文の情報を適切に表しているイラストを選ぶ必要のある新傾向の問題であった。当然のことながら，本文が十分に読めていなければ，正解の❷のイラストを選ぶことはできない。なお，2021年度第1日程の第2問A問5でも，表の数値と本文の情報をうまく組み合わせなければ解けない問題が出題されている。

— 12 —

➤複数の文章の情報を読み取って解答する問題

> **問5** You have decided to buy a microwave from ☐28☐ because it is the cheapest. You
> have also decided to buy a television from ☐29☐ because it is the cheapest with a
> five-year warranty. (Choose one for each box from options ①〜④.)
>
> ① Cut Price ② Great Buy ③ Second Hand ④ Value Saver
>
> (2022年度本試験第4問)

＜特徴とポイント＞

　2つの文章の情報を読み取って解答する問題が，過去3年間の本試験で出題されている。上記の問5は，家電製品の購入に関する2つのブログで述べられている情報を踏まえながら，それぞれのブログ内の図表の数字を計算する必要のある問題であったが，2つの表に書かれている数値をそのまま比較するのではなく，割引や保証などの条件も考慮して解答する必要のある問題であった。

➤出来事を時系列に沿って並べる問題

> **問1** Put the following events (①〜④) into the order in which they happened.
>
> ☐18☐ → ☐19☐ → ☐20☐ → ☐21☐
>
> ① Sarah attended a centre event.
> ② Sarah donated money to the centre.
> ③ Sarah made a suggestion to Katy.
> ④ The campaigners asked the mayor for help.
>
> (2021年度第1日程第3問B)

＜特徴とポイント＞

　共通テストでは，本試験の第3問Bと第5問で，本文で述べられた出来事を時系列に沿って並べる問題が3年続けて出題されている。書かれている順番に並べるだけでよい場合もあるが，動詞の時制，特に過去完了に注意して，順番を決めなければならない場合もあるので，注意が必要である。

— 13 —

学習対策

　共通テストの英語（リーディング）を解くのに必要な基本的な読解力を身につけるためには，過去のセンター試験で出されていた類似問題を活用しよう。

　論説文の読解問題が根本的に苦手な人は，まずは300〜500語程度の短めの文章をしっかり読んで内容一致問題に答えられる力を身につけよう。1990年度から1996年度のセンター試験で出題されていた第５問の「物語文」がよい練習材料になる。特に，2023年度の本試験では第５問で約650語の「物語文」が出題されたが，2016年から2020年までのセンター試験の第５問がやはり650語程度の「物語文」なので，格好の練習材料である。要は，「本文のどこに設問を解くための情報が書かれているか」を突き止める力を養うことである。この長さの「物語文」をこなせるようになったら，長年にわたってセンター試験の第６問で出されていた500語〜700語程度の本格的な「論説文」に取り組み，一般的な内容一致問題の解き方をさらに深めていこう。

　グラフや表を含む読解問題と，ウェブサイトの情報を読み取る問題に慣れるためには，2020年まで十数年にわたって出題されていたセンター試験の第４問を用いて，「グラフや表の正しい読み方」と「設問を解くのに重要な情報の見つけ方」の基本を学ぼう。

　第４問では「２つの文章を読んで設問に答える問題」が出題されたが，これに類似した問題が2010年度から2015年度のセンター試験の第５問で出題されている。センター試験の方が共通テストよりやや解きやすいので，やはりよい練習材料になるであろう。

　最後に，忘れてほしくないことが１つある。それは，「思考力・判断力・表現力」の３つの力を十分に発揮するためには，「知識の蓄積」を基盤に据えなければならない，ということである。あからさまに文法・語法などの知識を試す問題が出題されないからといって，その種の問題演習をまったく無視して英語の知識を蓄えなかったら，結局は「英語の知識を使いながら英文を読む」というしっかりとした読解力は身につかない。君たちの読解力が「砂上の楼閣」にならないよう，市販の代表的な文法・語法の問題集を１冊，最低２回解くことによって，「知識による基礎固め」を怠らないようにしてほしい。

　君たち受験生が，来年の共通テストの英語（リーディング）に十分に対処できるようになることを祈っている。

　Keep studying!

（河合塾英語科講師　杉山俊一）

MEMO

出題傾向と学習対策（リスニング）

出題傾向　難易度（2023年度）：やや易（平均点62.35点／100点）

　2023年度第3回共通テスト本試験は，解答時間30分，読み上げ総語数1,517 words，設問総語数564 words，読み上げ平均速度135 wpm*，読み上げ合計時間673秒であった。各問題の読み上げ平均速度は一様ではなく，読み上げ速度が最も速かった問題は，第1問B問5の200 wpmで，最も遅かった問題は第4問A問18〜21と第5問の113 wpmであった。また，読み上げの話者はアメリカ人を中心に，イギリス人，そして日本人と思われる話者が含まれていた。昨年度と比べ，読み上げ総語数にほとんど変化はなく，はっきりと聴き取りやすい音声であり，内容的にも身近な話題が多く理解しやすかった。とりわけ第5問はワークシートが読み上げられる講義内容に沿っていたため理解しやすくなったことで，昨年度に比べ難易度はやや易化した。今回の試験でも，音声を正確に聴き取り，聴き取った情報を他の表現に言い換える力，選択肢を素早く読み取り，情報を整理する力，さらに図表やワークシートなどを正しく読み取り，聴き取った情報と重ね合わせて判断する力，すなわち**「読む」技能と「聞く」技能を統合させる力**が求められていた。単に英語を聴き取るだけでなく，**目的に応じた思考力・判断力**が求められる問題でもあった。

*words per minute「毎分ワード数」

第1問A　短文発話内容一致問題
読み上げ英文の分量：15 words 程度／1問
読み上げ平均速度(2023年度)：177 wpm

　形式：短文を聴き，その内容に最もよく合っているものを英語で書かれた4つの選択肢から1つ選ぶ形式。

ねらい：身の回りの事柄に関して平易な英語で話される短い発話の聴き取りを通じて，情報を把握する力を問うことをねらいとしている。

　特徴：聴き取った英文内容を1文で**言い換え**たり，1つの発話内容から状況を把握したり，直接表現はしていないがその意味を内蔵している**含意関係**を考えたり，状況を1文で**要約**したりすることで，聞こえてくる発話内容を理解する力を問うている。平易な英語だが，音声の同化などが生じることで，より自然な発話の聴き取りが求められている。

攻略法　音声を聴く前に選択肢に目を通し，場面状況を予測しながら，選択肢の違いを押さえておこう。聴き取りの際は，聞こえてくる順に情報を処理し，聞こえてきた表現が選択肢では**別の表現**で**言い換え**られている場合があるので注意しよう。

第1問B　短文発話イラスト選択問題
読み上げ英文の分量：10 words 程度／1問

— 16 —

読み上げ平均速度(2023年度)：172 wpm

形式：短文を聴き，その内容に最もよく合っているものを4つのイラストから1つ
選ぶ形式。

ねらい：身の回りの事柄に関して平易な英語で話される短い発話を聴き，それに対応
するイラストを選ぶことを通じて，発話内容の概要や要点を把握する力を問
うことをねらいとしている。

特徴：**情報伝達の基本となる文法・語法**の理解度をリスニングで評価する問題。**語
彙の正確な理解**を音声で問うことで，発話内容の概要を把握する力が求めら
れている。

攻略法 音声を聴く前に選択肢のイラストに目を通し，選択肢の違いを押さえておこ
う。聴き取りの際は，**物事の様子や位置関係**などに注意するとよい。なお，音
声の**同化**，**連結**，**脱落**などの英語音の法則を用いた，より自然な発話の聴き取
りが求められることもあるので普段から意識しておこう。

第2問　対話文イラスト選択問題

読み上げ英文の分量：30 words 程度／1問

読み上げ平均速度(2023年度)：139 wpm

形式：短い対話とそれについての問いを聴き取り，その答えとして最も適切なイラ
ストを選ぶ形式。

ねらい：身の回りの事柄に関して平易な英語で話される短い対話を，場面の情報とイ
ラストを参考にしながら聴き取ることを通じて，必要な情報を把握する力を
問うことをねらいとしている。

特徴：物の形状や種類，位置関係などについて，MWMW（男/女/男/女），または
WMWM（女/男/女/男）の4発話を聴き取り，**含意関係を理解**したり，**情報
を取捨選択**したりする力が求められている。なお，それぞれの**場面状況が日
本語で記されている**分，聴き取りにおける状況把握の負担は軽減されてい
る。

攻略法 音声を聴く前に対話の場面と選択肢のイラストに目を通し，選択肢の違いを
押さえ，聴き取りのポイントを予測しておこう。聴き取りの際は複数の情報を
基に，選択肢を絞り込んだり，場合によっては**消去法**を用いたりすると効果的
であるので試してみるとよい。

第3問　対話文質問選択問題

読み上げ英文の分量：50 words 程度／1問

読み上げ平均速度(2023年度)：151 wpm

形式：短い対話を聴き取り，日本語で書かれた対話の場面を参考にして，問いの答
えとして最も適切な選択肢を選ぶ形式。

ねらい：身の回りの事柄に関して平易な英語で話される短い対話を，場面の情報を参
考にしながら聴き取ることを通じて，概要や要点を目的に応じて把握する力
を問うことをねらいとしている。

— 17 —

特徴：日常生活での出来事に関して**場面状況が日本語で記されている**ので，それを
　　　ヒントにしながら MWMWMW（男／女／男／女／男／女）または WMWMWM
　　　（女／男／女／男／女／男）の4から7発話の対話文を聴き取り，対話内容の概要
　　　や要点を理解することが求められている。

攻略法　音声を聴く前に対話の場面と選択肢に素早く目を通し，対話のポイントを予
　　　測しておこう。対話で**聞こえてくる音**を使って誤答の選択肢がつくられていた
　　　り，**聞こえてこない音**で正答の選択肢がつくられていたりすることがあるので
　　　注意しよう。

第4問A　モノローグ型図表完成問題

読み上げ英文の分量：159 words／2問

読み上げ速度（2023年度）：問18〜21（113 wpm），問22〜25（198 wpm）

　形式：読み上げられる説明を聴き取り，ワークシートの中のグラフを完成する形式
　　　　と，聴き取った複数情報を整理し空所に最も適切な選択肢を選ぶ形式。

ねらい：必要な情報を聴き取り，図表を完成させたり，分類や並べかえをしたりする
　　　　ことを通じて，話し手の意図を把握する力を問うことをねらいとしている。

特徴：読み上げられる説明を聴き取り，**出来事を時系列に並べる力**や聴き取った**複
　　　数情報を整理し，表を見ながら空所を埋めていく力**が求められている。

攻略法　音声を聴く前に指示文にある場面状況とイラストや図表から聴き取るべき情
　　　報を押さえておき，音声を聴きながらイラストや図表に簡単なメモを書き込ん
　　　でいくとよい。なお，数の聴き取りが出題された場合，**数をメモしておき，必
　　　要に応じて聴き取りの後で計算をすると情報の聞き逃しと計算ミスを防ぐこと**
　　　ができる。

第4問B　モノローグ型質問選択問題

読み上げ英文の分量：170 words

読み上げ平均速度（2023年度）：124 wpm

　形式：4人の説明を聴き取り，問いの答えとして最も適切な選択肢を選ぶ形式。

ねらい：複数の情報を聴き，条件に最も合うものを選ぶことを通じて，状況・条件に
　　　　基づき比較して判断する力を問うことをねらいとしている。

特徴：複数の情報を聴き取り，その情報を状況・条件に基づき**比較し判断する力**や
　　　取捨選択する力が求められている。

攻略法　音声を聴く前に指示文にある状況・条件を素早く読み，音声を聴きながら図
　　　表に○×を書き込んでいくと効率よく解答ができる。なお，発話者がアメリカ
　　　人，イギリス人だけでなく**多国籍**になる傾向にあるのでさまざまな音声に慣れ
　　　ておくとよい。

第5問　モノローグ型長文ワークシート完成・選択問題

読み上げ英文の分量：273 words／49 words

読み上げ速度（2023年度）：113 wpm／130 wpm

形式：講義を聴き取り，ワークシートの空所に入るものや問いの答えとして最も適切な選択肢を選んだり，図表から読み取れる情報と講義全体の内容に合った最も適切な選択肢を選んだりする形式。

ねらい：身近な話題や知識基盤のある社会的な話題に関する講義を聴きメモを取ることを通じて，概要や要点をとらえる力や，聞き取った情報と図表から読み取れる情報を組み合わせて判断する力を問うことをねらいとしている。

特徴：講義を聴き取り，要点を把握しながらワークシートを埋めて行く。問27〜31では**ワークシートの完成**が求められ，問32では講義内容の把握が求められている。さらに，問33では講義から聴き取った内容をグラフから読み取った情報に重ね合わせて要点を把握する**「読む」**と**「聞く」**の**技能統合力**が求められている。

攻略法 音声を聴く前に，**状況と選択肢を素早く読み**，ワークシートの内容をできるだけ素早く理解し，講義の**テーマと展開を予測**しよう。

第6問A   対話文質問選択問題

読み上げ英文の分量：161 words

読み上げ速度（2023年度）：146 wpm

形式：2人の対話を聴き取り，それぞれの話し手についての問いの答えとして最も適切な選択肢を選ぶ形式。

ねらい：身近な話題や馴染みのある社会的な話題に関する対話や議論を聴き，話し手の発話の要点を選ぶことを通じて，必要な情報を把握する力や，それらの情報を統合して要点を整理，判断する力を問うことをねらいとしている。

特徴：発話全体から，**話し手の発話の要点を把握する力**が求められている。

攻略法 音声を聴く前に対話の状況と選択肢に目を通し，対話のポイントを予測しておこう。**繰り返し述べている主張**を意識しながら聴き取ることで，論点を把握することができる。

第6問B   会話長文意見・図表選択問題

読み上げ英文の分量：223 words

読み上げ速度（2023年度）：131 wpm

形式：4人の会話を聴き取り，話し手の意見として最も適切な選択肢を選ぶ形式。および，ある特定の話し手の意見を最もよく表している図表を選ぶ形式。

ねらい：身近な話題や馴染みのある社会的な話題に関する会話や議論を聴き，それぞれの話し手の立場を判断し，意見を支持する図表を選ぶことを通じて，必要な情報を把握する力や，それらの**情報を統合して要点を整理，判断する力**を問うことをねらいとしている。

特徴：**意見と事実を区別し**，それぞれの話し手が**賛成の立場か反対の立場かを判断する力**と，意見に合う**図表を判断する力**が求められている。

攻略法 発話数の多い長めの会話が予測されるので，音声を聴く前に会話の状況と選択肢，図表に目を通し，ポイントを予測し，図表のタイトルを素早く読み取っ

ておくと聴き取りに余裕が持てる。誰の発言なのか，議論のテーマに対して賛成なのか反対なのかを正確に聴き取り，**複数情報を比較したり判断したりする力**が求められるので，長めの会話文を繰り返し聴き取ることで対策ができる。

2023年度共通テスト本試験リスニング　出題内容一覧

23本試	分野	配点	読み上げ回数	語数(本文/設問)	テーマ		難易度
第1問	A：短文発話内容一致問題	4	2	13/38	問1	うるさいのでドアを閉めて	易
		4		12/26	問2	洗い物はここまで終わった	やや易
		4		10/34	問3	叔父が送ってくれた絵はがき	易
		4		14/41	問4	昼食後の生徒数	やや易
	B：短文発話イラスト選択問題	3		8/0	問5	瓶の中のお茶の量	やや易
		3		12/0	問6	牛の位置	普通
		3		11/0	問7	私はどれか	易
第2問	対話文イラスト選択問題	4		27/5	問8	女性のアバターはどれか	易
		4		30/6	問9	女性が持っているゴミはどれか	難
		4		26/8	問10	どの靴を買うか	易
		4		25/8	問11	どこで待ち合わせるか	易
第3問	対話文質問選択問題	3		51/20	問12	目的の駅への行き方	やや易
		3		45/22	問13	外食の代わりに家で料理	易
		3		51/32	問14	男の子の行動は？	普通
		3		42/28	問15	出身はどちら	やや難
		3		51/32	問16	薬を持っているか	やや難
		3		54/19	問17	猫を飼う	普通
第4問	A：モノローグ型図表完成問題	4（完答）	1	81/7（図表9）	問18 問19 問20 問21	仕事を選ぶ理由	易 やや易 やや易 普通
		1		78/9（図表35）	問22 問23 問24 問25	国際ゲーム大会にオンライン参加	易 易 やや易 やや易
		1					
		1					
		1					
	B：モノローグ型質問選択問題	4		170/13（図表11）	問26	生徒会長候補者の演説	易

— 20 —

第5問	モノローグ型長文ワークシート完成・選択問題	3	1	273/77 (図表54)	問27	アジアゾウに関する講義	普通
		2 (完答)			問28		易
					問29		やや易
		2 (完答)			問30		やや易
					問31		やや難
		4			問32		普通
		4		49/61 (図表13)	問33		やや難
第6問	A：対話文質問選択問題	3		161/72	問34	ソロハイキングについて	やや易
		3			問35		普通
	B：会話長文意見・図表選択問題	4		223/6 (図表47)	問36	就職後に住む場所について	やや難
		4			問37		やや易
合　計		100		1,517/564			

学習対策

　大学入学共通テスト英語（リスニング）では，選択肢を素早く読み取り，情報を整理する力に加え，図表やワークシートなどを正しく読み取り，聴き取った情報と重ね合わせて判断する力が求められている。

　高得点を取るためには，普段から英語の音声に親しみ，模擬試験などを用いた繰り返しの練習は欠かせない。以下に学習対策の設問別ポイントを記しておく。

■第１問A　直接表現はしていないが，その意味を内蔵している含意関係を考えたり，状況を１文で言い換えたりする練習。

■第１問B　語彙の正確な意味や「時制」，「比較」などの基礎的な文法を音声で理解する練習。

■第２問　　場面の情報を参考にし，イラストを見ながら必要な情報を聴き取る練習。

■第３問　　場面の情報を参考にしながら，概要や要点を目的に応じて把握する練習。

■第４問A　比較表現を聴き取ったり，複数情報を整理したりする練習。
　　　　　　（なお，数字や数の表現を聴き取り比較したり，単純な計算をしたりする練習もしておくこと）

■第４問B　複数の情報を聴き，状況・条件に基づき比較し判断する練習。

■第５問　　社会的な話題に関する英文を聴き，聴き取った情報を図表から読み取った情報と組み合わせて判断する練習。

■第６問A　必要な情報を把握し，それらの情報を統合して要点を整理し判断する練習。

■第６問B　複数の話し手の意見を比較検討し，賛成や反対，類似点や相違点を判断する練習。

　聴き取り練習では，まずスクリプトを見ずに読み上げられる英文の音声に注意を集中し，**話の流れが理解**できるまで繰り返し聴いてみよう。慣れてきたら，今度はスクリプトを見ながら読み上げられる音声に自分の音声をかぶせるように読んでいく**オーバーラッピング**や正確に速く復唱する**シャドーイング**を試してみるとよい。また，ポイントとなる箇所を書き取る**ディクテーション**などを練習に取り入れると効果的な学習ができる。

　「全部，完璧に聴き取れなければならない」と思う必要はない。英語の音を怖がらず，繰り返し英語を聴き，声に出す練習をすることが大切である。

（河合塾講師　小森清久）

英語（リスニング）の音声は，ダウンロードして利用することと，そのまま配信サイトから聴くことができます。

音声のダウンロードについて

パソコンから下記のURLにアクセスしてください。

http://www.kawai-publishing.jp/onsei/03/index.html

※ホームページより直接スマートフォンへのダウンロードはできません。パソコンにダウンロードしていただいた上で，スマートフォンへお取り込みいただきますよう，お願いいたします。

- ファイルは ZIP 形式で圧縮されていますので，解凍ソフトが必要です。
- ファイルは MP3 形式の音声です。再生するには，Windows Media Player や iTunes などの再生ソフトが必要です。
- 3A01～1B35，3AA，3BA，2AA，2BA，1AA，1BA の全216ファイル構成となっています。
- 掲載されている音声ファイルのデータは著作権法で保護されています。データを使用できるのは，本教材の購入者がリスニングの学習を目的とする場合に限られます。

音声の配信について

パソコンやスマートフォンから下記のURLにアクセスしてください。
QR コードからも読み取りいただけます。

http://www.kawai-publishing.jp/onsei/03/index.html

- ファイルは MP4 形式の音声です。再生するには，最新版の OS をご利用ください。
- 掲載されている音声ファイルのデータは著作権法で保護されています。データを使用できるのは，本教材の購入者がリスニングの学習を目的とする場合に限られます。

＜注意＞
(1) 当サイトに掲載されている音声ファイルのデータは著作権法で保護されています。本データあるいはそれを加工したものを複製・譲渡・配信・販売することはできません。
(2) お客様のパソコンやネット環境により音声を再生できない場合，当社は責任を負いかねます。ご理解とご了承をいただきますよう，お願いいたします。
(3) ダウンロードや配信サイトから聴くことができるのは，次年度新刊発行までの期間です。

MEMO

英　　　語
（リスニング）

（2023年1月実施）

受験者数　461,993

平均点　　62.35

2023　リスニング　本試験

※解説の 3A03 ～ 3A35 はトラック番号（MP3のファイル名）を示しています。

英　語（リスニング）

解答・採点基準　　（100点満点）

問題番号(配点)	設問		解答番号	正解	配点	自己採点
第1問 (25)	A	問1	1	①	4	
		問2	2	①	4	
		問3	3	①	4	
		問4	4	④	4	
	B	問5	5	③	3	
		問6	6	①	3	
		問7	7	②	3	
第1問　自己採点小計						
第2問 (16)		問8	8	④	4	
		問9	9	④	4	
		問10	10	③	4	
		問11	11	②	4	
第2問　自己採点小計						
第3問 (18)		問12	12	②	3	
		問13	13	④	3	
		問14	14	④	3	
		問15	15	④	3	
		問16	16	①	3	
		問17	17	①	3	
第3問　自己採点小計						

問題番号(配点)	設問		解答番号	正解	配点	自己採点
第4問 (12)	A	問18	18	①	4*	
		問19	19	④		
		問20	20	③		
		問21	21	②		
		問22	22	①	1	
		問23	23	⑥	1	
		問24	24	②	1	
		問25	25	①	1	
	B	問26	26	④	4	
第4問　自己採点小計						
第5問 (15)		問27	27	②	3	
		問28	28	②	2*	
		問29	29	⑥		
		問30	30	⑤	2*	
		問31	31	③		
		問32	32	③	4	
		問33	33	④	4	
第5問　自己採点小計						
第6問 (14)	A	問34	34	③	3	
		問35	35	①	3	
	B	問36	36	①	4	
		問37	37	②	4	
第6問　自己採点小計						
自己採点合計						

（注）　＊は，全部正解の場合のみ点を与える。

第1問A　短文発話内容一致問題

問1　1　①

《読み上げられた英文》
W：Sam, the TV is too loud. I'm working. **Can you close the door?**

《英文の訳》

> 女性：サム，テレビの音がうるさすぎるわよ。私，仕事をしているの。**ドアを閉めてくれる？**

《選択肢の訳》

| ① 話し手はサムにドアを閉めるように頼んでいる。
| ② 話し手はサムにテレビをつけるように頼んでいる。
| ③ 話し手は今すぐドアを開けるつもりだ。
| ④ 話し手は仕事をしながらテレビを見るつもりだ。

▶解説◀
〈ポイント〉　「依頼」の聴き取りと表現の言い換え。

　Can you close the door? を聴き取り，話し手がドアを閉めるように「依頼」していることを理解する。なお，Can you close the door? が選択肢①では asking Sam to shut the door に言い換えられていることに注意する。

問2　2　①

《読み上げられた英文》
W：**I've already washed the bowl**, but **I haven't started cleaning the pan**.

《英文の訳》

> 女性：ボウルはもう洗ったけど，フライパンはまだきれいにし始めていないわ。

《選択肢の訳》

| ① 話し手はボウルをきれいにし終えた。
| ② 話し手はフライパンを洗い終えた。
| ③ 話し手は今，フライパンをきれいにしている。
| ④ 話し手は今，ボウルを洗っている。

▶解説◀
〈ポイント〉　「現在完了形の肯定と否定」の聴き取り。

　I've already washed the bowl と I haven't started cleaning the pan を聴き取り，ボウルは洗い終えたが，フライパンはまだきれいにし始めていないことを理解する。

— 27 —

問3 ③ ①

《読み上げられた英文》
W：Look at **this postcard my uncle sent me from Canada**.

《英文の訳》

> 女性：叔父がカナダから私に送ってくれたこの絵はがきを見て。

《選択肢の訳》

① 話し手は叔父から絵はがきを受け取った。
② 話し手は絵はがきをカナダにいる叔父に送った。
③ 話し手の叔父は絵はがきを送り忘れた。
④ 話し手の叔父はカナダからの絵はがきを受け取った。

▶解説◀
〈ポイント〉 「関係代名詞を省略した節構造」の聴き取り。

　this postcard (**which**) my uncle sent me from Canada の**名詞句**＋関係代名詞を省略した**節構造**の個所を聴き取り，話し手がカナダにいる叔父からの絵はがきを受け取ったことを理解する。

問4 ④ ④

《読み上げられた英文》
W：There are **twenty students in the classroom**, and **two more will come after lunch**.

《英文の訳》

> 女性：教室には20人の生徒がいて，昼食後にもう2人が来る予定よ。

《選択肢の訳》

① 現時点で，教室には20人足らずの生徒がいる。
② 現時点で，教室には22人の生徒がいる。
③ あとで，教室にはちょうど18人の生徒がいることになるだろう。
④ あとで，教室には20人を超す生徒がいることになるだろう。

▶解説◀
〈ポイント〉 「**two more**」表現と**未来表現**の聴き取り。

　twenty students in the classroom と two more will come after lunch の個所を聴き取り，昼食後に生徒の数が22人になることを理解し，選択肢を吟味する。

第1問B 短文発話イラスト選択問題

問5 **5** ③

《読み上げられた英文》
W：**There's not much tea left** in the bottle.

《英文の訳》

> 女性：瓶には**お茶はあまり残っていない**。

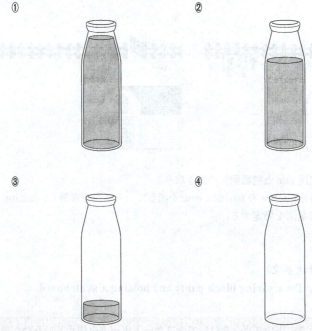

▶解説◀
〈ポイント〉**There's ... left** 構文と **not much** の聴き取り。

　There's not much tea left の個所を聴き取り，お茶があまり残っていないイラストを選ぶ。

問6 **6** ①

《読み上げられた英文》
W：I can't see any cows. Oh, **I see one behind the fence**.

《英文の訳》

> 女性：牛が1頭も見当たらないの。あら，**柵の向こうに1頭いるわ**。

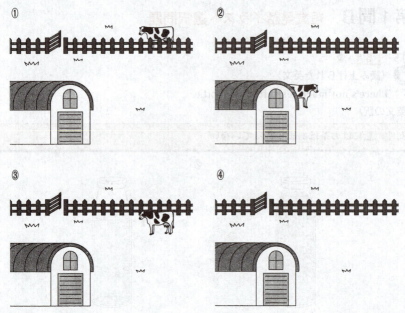

▶解説◀

〈ポイント〉「代名詞 one と前置詞」の聴き取り。

I see one behind the fence の one が a cow を指していることを理解し,behind the fence から牛のいる場所を特定する。

問7　7　②

《読み上げられた英文》

W：I'm over here. **I'm wearing black pants and holding a skateboard.**

《英文の訳》

女性：私はこっちよ。黒いズボンをはいて,スケートボードを抱えているわ。

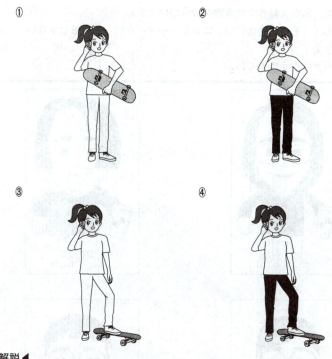

▶解説◀

〈ポイント〉情報の**取捨選択**。

　I'm wearing black pants and holding a skateboard. を聴き取り，ズボンの色とスケートボードの位置を取捨選択する。

第2問　対話文イラスト選択問題

問8　8　④

《読み上げられた英文》
M：**This avatar with the glasses must be you！**
W：Why, because **I'm holding my favorite drink**?
M：Of course！ And **you always have your computer with you**.
W：**You're right！**
Question：
Which avatar is the woman's?

《対話と質問の訳》

男性：メガネをかけているこのアバターはきっと君だね！

女性：どうして，私が大好きな飲み物を持っているから？
男性：もちろん！　それに君はいつもコンピューターを持っているじゃない。
女性：**その通りよ！**
質問：どのアバターが女性のものか。

①

②

③

④

▶解説◀
〈ポイント〉聴き取った情報に基づくイラストの**取捨選択**。

　男性が最初の発話で This avatar with the glasses must be you! と言ったことに対して，女性が I'm holding my favorite drink と応答していることを聴き取る。さらに，男性が2回目の発話で，you always have your computer with you と言い，女性が You're right! と応答していることを聴き取り，女性のアバターを特定する。

問9　9　④

《読み上げられた英文》
M：**Plastic bottles go in here, and paper cups here.**
W：How about this, then？ **Should I put this in here?**

M：**No, that one is for glass. Put it over here.**
W：OK.
Question：
Which item is the woman holding?

《対話と質問の訳》

> 男性：ペットボトルはここに入れて，そして紙コップはここに。
> 女性：じゃ，これはどうするの？　ここに入れた方がいいかな？
> 男性：違うよ，そこはガラス用だから。それはこっちに入れて。
> 女性：わかったわ。
> 質問：女性が手に持っているものはどれか。

▶解説◀

〈ポイント〉**聴き取った情報**を基に**消去法**からイラストを選択。

　男性が最初の発話で Plastic bottles go in here, and paper cups here. と言い，女性が Should I put this in here? と聞いたことに対して，男性が No, that one is for glass. Put it over here. と応答していることを聴き取り，消去法から女性が手に持っているものを特定する。

問10 10 ③

《読み上げられた英文》

W: How about this pair?
M: **No, tying shoelaces takes too much time.**
W: **Well, this other style is popular. These are 50% off, too.**
M: Nice! **I'll take them.**
Question:
Which pair of shoes will the man buy?

《対話と質問の訳》

女性：こちらの靴はいかがですか。
男性：**いやあ，靴紐を結ぶのに時間がかかり過ぎるなあ。**
女性：**それでは，この違う型が人気です。こちらも50パーセント引きです。**
男性：いいですね！ **これを買います。**
質問：男性はどの靴を買うか。

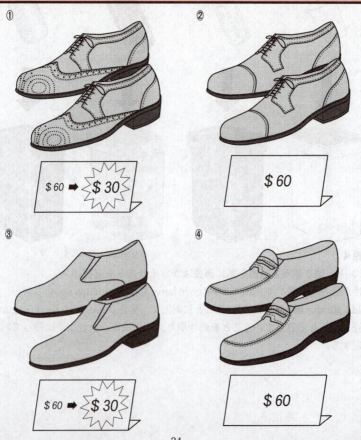

2023年度　リスニング　本試験〈解説〉　11

▶解説◀

〈ポイント〉「**形状と追加情報**」の聴き取り。

　女性(店員)が薦めた靴に対して，男性が No, tying shoelaces takes too much time. と応答し，女性が2回目の発話で Well, this other style is popular.　These are 50% off, too. と言い，男性が I'll take them. と言っていることを聴き取り，男性が買う靴を特定する。

問11　**11**　②

《読み上げられた英文》

W：Where shall we meet?

M：Well, **I want to get some food before the game.**

W：And **I need to use a locker.**

M：**Then, let's meet there.**

Question：

Where will they meet up before the game?

《対話と質問の訳》

> 女性：どこで待ち合わせる？
> 男性：えっと，**試合の前にちょっと食べ物を買いたいな。**
> 女性：それに，**私はロッカーを使う必要があるの。**
> 男性：**それじゃ，そこで待ち合わせよう。**
> 質問：試合前に彼らはどこで待ち合わせをするだろうか。

— 35 —

12

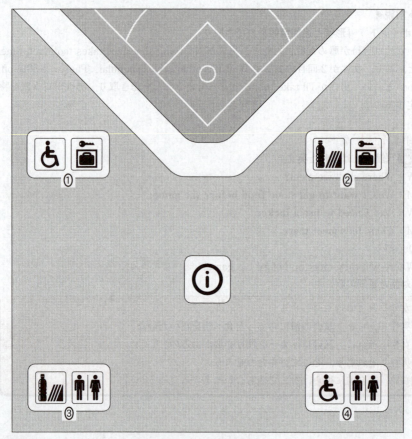

▶解説◀

〈ポイント〉聴き取った情報の**組み合わせ**。

　待ち合わせ場所を尋ねている女性に対して，男性が最初の発話で I want to get some food before the game と応答したのに対して，女性は I need to use a locker と言い，それを受けて男性が Then, let's meet there. と提案したことを聴き取り，二人が待ち合わせをする場所を特定する。

第3問　対話文質問選択問題

問12　12　②

《読み上げられた英文》

M : Excuse me. I'd like to go to Central Station. What's the best way to get there?
W : **After you take the Green Line, just transfer to the Blue Line or the Yellow**

— 36 —

Line at Riverside Station.
M：Can I also take the Red Line first?
W：Usually that's faster, but it's closed for maintenance.

《対話の訳》

> 男性：すみません。セントラル駅に行きたいのですが。そこに着く一番良い方法は何でしょうか。
> 女性：**グリーンラインに乗った後，そのままリバーサイド駅でブルーラインかイエローラインに乗り換えてください。**
> 男性：最初にレッドラインに乗ってもいいですか。
> 女性：通常はその方が早いのですが，メンテナンスのためその路線は運休しています。

《質問と選択肢の訳》

> 問12　男性は最初にどの地下鉄の路線を使うか。
> ①　ブルーライン
> ②　グリーンライン
> ③　レッドライン
> ④　イエローライン

▶解説◀
〈ポイント〉**質問内容**から聴き取りの**ポイントを絞り込み情報を取捨選択する。**

　セントラル駅に行く一番良い方法を尋ねている男性に対して，女性が After you take the Green Line, just transfer to the Blue Line or the Yellow Line at Riverside Station. と応答していることを聴き取り，男性が最初に乗る路線を特定する。なお，対話の後半で男性がレッドラインについて女性に尋ねているが，女性は現在その路線はメンテナンスのため運休していると応答していることを聴き取り，③ The Red Line を選択肢から外す。

問13　13　④

 《読み上げられた英文》

M：Would you like to go out for dinner?
W：Well, I'm not sure.
M：What about an Indian restaurant?
W：You know, I like Indian food, but **we shouldn't spend too much money this week**.
M：**Then, why don't we just cook it ourselves, instead?**
W：**That's a better idea!**

《対話の訳》

男性：ディナーは外食にしない？
女性：えーと，どうしようかな。
男性：インド料理店はどう？
女性：って言うか，インド料理は好きだけど，**今週はあまりお金を使い過ぎないほうがいいわ**。
男性：**それじゃ，代わりに自分たちでそれを料理しない？**
女性：そのほうがいいわね！

《質問と選択肢の訳》

問13　彼らは何をするだろうか。
① もっと安いレストランを選ぶ
② レストランで一緒に食事をする
③ インド料理を配達してもらう
④ 家でインド料理を作る

▶解説◀
〈ポイント〉**質問内容**からの聴き取り**ポイントの絞り込み**と**表現の言い換え**。

　インド料理店での外食を提案した男性(夫)に対して，女性(妻)が2回目の発話で we shouldn't spend too much money this week と言って反対し，それを受けて男性が Then, why don't we just cook it ourselves, instead? と提案し，女性が That's a better idea! と同意しているのを聴き取り，二人がこれから取る行動を推測する。

問14　14　④

《読み上げられた英文》

M：I can't find my dictionary!
W：**When did you use it last?** In class?
M：No, but **I took it out of my backpack this morning in the bus to check my homework**.
W：You must have left it there. The driver will take it to the office.
M：Oh, I'll call the office, then.

《対話の訳》

男性：辞書が見つからないんだ！
女性：**それを最後に使ったのはいつ？　授業中？**
男性：じゃないよ，でも**今朝バスの中でバックパックからそれを取り出し，宿題をチェックしたんだ**。
女性：きっとそれをそこに置き忘れたんだよ。運転手さんがそれを事務所に持って行ってくれるんじゃないの。

男性：ああ，じゃ，事務所に電話するよ。

《質問と選択肢の訳》

問14　男の子は何をしたか。
① 彼は授業中に辞書で調べた。
② 彼はバックパックを家に置き忘れた。
③ 彼はバックパックを事務所に持って行った。
④ 彼はバスで辞書を使った。

▶解説◀

〈ポイント〉対話の展開に沿いながら，情報を取捨選択する。

　辞書が見つからないと言っている男性に対して，女性が最初の発話で When did you use it last? と尋ね，男性が I took it out of my backpack this morning in the bus to check my homework と応答していることを聴き取り，男性が辞書を最後に使った状況を特定する。

問15　15　④

《読み上げられた英文》
W：How was your first week of classes?
M：Good! I'm enjoying university here.
W：So, **are you originally from here? I mean, London?**
M：**Yes, but my family moved to Germany after I was born.**
W：Then, you must be fluent in German.
M：Yes. That's right.

《対話の訳》

女性：授業の最初の1週間はどうでしたか。
男性：良かったです！　ここの大学を満喫しています。
女性：それで，**あなたはもともとここの出身なの？　つまり，ロンドン？**
男性：**はい，でも僕が生まれた後，家族でドイツに引っ越しました。**
女性：じゃ，きっとドイツ語は流暢なのね。
男性：はい。そうです。

《質問と選択肢の訳》

問15　新入生について正しいのはどれか。
① 彼はイングランドで育った。
② 彼はちょうどロンドンを訪れているところだ。
③ 彼はドイツで勉強している。
④ 彼はイギリスで生まれた。

▶解説◀

〈ポイント〉対話の展開に沿いながら，**聴き取った情報を選択肢に照らし合わせて吟味する**。

　男性（新入生）に対して，女性（先輩）が2回目の発話で are you originally from here? I mean, London? と尋ね，男性が Yes, but my family moved to Germany after I was born. と応答していることを聴き取り，男性がイギリス生まれで，ドイツ育ちであり，現在はイギリスの大学で勉強していることを理解して，選択肢を吟味する。

問16　16　①

《読み上げられた英文》

W : How are you?
M : Well, I have a runny nose. I always suffer from allergies in the spring.
W : **Do you have some medicine?**
M : **No, but I'll drop by the drugstore on my way home to get my regular allergy pills.**
W : You should leave the office early.
M : Yes, I think I'll leave now.

《対話の訳》

女性：調子はどう？
男性：えーと，鼻水が出るんだ。春になるといつもアレルギーに悩まされるんだ。
女性：**薬はもっているよね？**
男性：**持っていないんだ，でも帰宅途中にドラッグストアに寄って，いつも使っているアレルギーの薬を買うつもりなんだ。**
女性：職場を早退したほうがいいよ。
男性：そうだね，もう出ようと思っているんだ。

《質問と選択肢の訳》

問16　男性は何をするだろうか。
① ドラッグストアで薬を買う
② 帰宅途中に診療所に立ち寄る
③ 仕事を続け，薬を飲む
④ すでに持っているアレルギーの薬を飲む

▶解説◀

〈ポイント〉**質問内容からの聴き取りポイントの絞り込み**。

　アレルギーに悩む男性に対して，女性が2回目の発話で Do you have some medicine? と尋ね，男性が No, but I'll drop by the drugstore on my way home to get my regular allergy pills. と応答していることを聴き取り，男性が取る行動を推測する。

2023年度　リスニング　本試験〈解説〉　17

問17 　17 　①

《読み上げられた英文》

M：What a cute dog!

W：Thanks. Do you have a pet?

M：I'm planning to get a cat.

W：**Do you want to adopt or buy one?**

M：What do you mean by 'adopt'?

W：**Instead of buying one at a petshop, you could give a new home to a rescued pet.**

M：**That's a good idea. I'll do that!**

《対話の訳》

男性：なんてかわいい犬なんだ！

女性：ありがとう。あなたはペットを飼ってるの？

男性：猫を飼おうと思っているんだ。

女性：**猫を引き取るの，それとも買うの？**

男性：「引き取る」ってどういう意味？

女性：**ペットショップで買うんじゃなくて，保護猫に新しい家を与えることができるのよ。**

男性：**それはいい考えだね。そうするよ！**

《質問と選択肢の訳》

問17　男性は何をするつもりか。
①　猫を引き取る
②　犬を引き取る
③　猫を買う
④　犬を買う

▶解説◀

〈ポイント〉**質問内容**からの聴き取り**ポイントの絞り込み**。

　猫を飼いたいという男性に対して，女性は 2 回目の発話で Do you want to adopt or buy one? と尋ね，3 回目の発話で Instead of buying one at a petshop, you could give a new home to a rescued pet. と adopt について説明していることを押さえ，男性が That's a good idea. I'll do that! と応答していることを聴き取り，男性が取る行動を推測する。

— 41 —

第4問A　モノローグ型図表完成問題

問18 [18] ①　　問19 [19] ④　　問20 [20] ③　　問21 [21] ②

🔊 《読み上げられた英文》

　Each year we survey our graduating students on why they chose their future jobs. We compared the results for 2011 and 2021. The four most popular factors were "content of work," "income," "location," and "working hours." The graph shows that ₍₁₈₎"content of work" increased the most. ₍₂₁₎"Income" decreased a little in 2021 compared with 2011. ₍₂₀₎Although "location" was the second most chosen answer in 2011, it dropped significantly in 2021. Finally, ₍₁₉₎"working hours" was chosen slightly more by graduates in 2021.

《英文の訳》

> 　毎年，私たちは卒業予定者を対象に将来の仕事を選んだ理由についてアンケート調査を行っています。2011年と2021年の結果を比較しました。最も支持された4つの要因は「仕事内容」，「収入」，「場所」，「勤務時間」でした。グラフを見ると，₍₁₈₎「仕事内容」が最も増えていることがわかります。₍₂₁₎「収入」は2011年に比べ2021年ではわずかに減っています。₍₂₀₎「場所」は2011年に2番目に多く選ばれた回答でしたが，2021年には大幅に減りました。最後に，₍₁₉₎「勤務時間」は2021年の卒業生によって若干多く選ばれました。

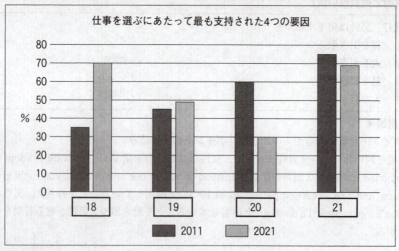

《選択肢の訳》

| ① | 仕事内容 |
| ② | 収入 |

— 42 —

③ 場所
④ 勤務時間

▶解説◀

〈ポイント〉**最上級表現**や**増減表現**の聴き取り。

聴き取った情報をワークシート内にある「仕事を選ぶにあたって最も支持された4つの要因」を表すグラフと重ね合わせながら，グラフが表す4つの要因を特定する。まず，"content of work" increased the most を聴き取り，グラフから 18 が① Content of work であることを特定する。次に，"Income" decreased a little in 2021 compared with 2011. を聴き取り，グラフから 21 ② Income を特定する。さらに，Although "location" was the second most chosen answer in 2011, it dropped significantly in 2021. を聴き取り，グラフから 20 ③ Location を特定する。最後に，"working hours" was chosen slightly more by graduates in 2021 を聴き取り，グラフから 19 ④ Working hours を特定する。

問22 22 ①　　問23 23 ⑥　　問24 24 ②　　問25 25 ①

《読み上げられた英文》

We are delighted to announce the prizes! Please look at the summary of the results on your screen. First, ㉓**the top team in Stage A will be awarded medals.** ㉔**The top team in Stage B will also receive medals.** Next, ㉓**the team that got the highest final rank will win the champion's trophies.** ㉒㉕**Team members not winning any medals or trophies will receive a game from our online store.** The prizes will be sent to everyone next week.

《英文の訳》

　賞品を発表させていただきます！　画面上の結果の概要を見てください。まず，㉓**ステージAの首位チームにはメダルが授与されます。**㉔**ステージBの首位チームにもメダルが授与されます。**次に，㉓**最終順位で最高位を獲得したチームがチャンピオントロフィーを獲得します。**㉒㉕**メダルもトロフィーも獲得しなかったチームのメンバーはオンラインストアからゲームを受け取れます。**賞品は来週皆様に発送されます。

国際ゲーム大会：結果の概要

チーム	ステージA	ステージB	最終順位	賞品
ダーク・ドラゴンズ	3位	3位	4位	22
エレガント・イーグルズ	1位	2位	1位	23
ショッキング・シャークス	4位	1位	2位	24
ウォリアー・ウルヴズ	2位	4位	3位	25

20

《選択肢の訳》

① ゲーム ② メダル ③ トロフィー ④ ゲーム, メダル
⑤ ゲーム, トロフィー ⑥ メダル, トロフィー

▶解説◀

〈ポイント〉**複数の情報を重ね合わせて取捨選択する。**

まず, the top team in Stage A will be awarded medals. The top team in Stage B will also receive medals を聴き取り, ステージAの首位チームであるエレガント・イーグルズとステージBの首位チームであるショッキング・シャークスにメダルが授与される。次に, the team that got the highest final rank will win the champion's trophies を聴き取り, 最終順位が最高位であるエレガント・イーグルズにはトロフィーも授与される。最後の方で聞こえてくる Team members not winning any medals or trophies will receive a game from our online store. を聴き取り, メダルもトロフィーももらえなかった残りの2チームはゲームがもらえることを理解して表を完成する。

第4問B　モノローグ型質問選択問題

問26 26 ④

《読み上げられた英文》

① Hi there! Charlie, here. **I'll work to increase the opening hours of the computer room.** Also, **there should be more events for all students.** Finally, our student athletes need energy! So I'll push for more meat options in the cafeteria.

② Hello! I'm Jun. **I think school meals would be healthier if our cafeteria increased vegetarian choices. The computer lab should also be open longer, especially in the afternoons.** Finally, our school should have fewer events. We should concentrate on homework and club activities!

③ Hi guys! I'm Nancy. I support the school giving all students computers; then we wouldn't need the lab! I also think the cafeteria should bring back our favorite fried chicken. And **school events need expanding**. It's important for all students to get together!

④ Hey everybody! I'm Philip. First, **I don't think there are enough events for students**. We should do more together! Next, **we should be able to use the computer lab at the weekends, too**. Also, **vegans like me need more vegetable-only meals in our cafeteria**.

《英文の訳》

① 皆さんこんにちは！　僕はチャーリーです。**コンピューター室の開室時間を増やすように努力します。**また, **全校生徒のための行事がもっとたくさんあるべき**

— 44 —

2023年度　リスニング　本試験〈解説〉　21

です。最後に，学生アスリートにはエネルギーが必要です！　だから，学食の肉
　料理のメニューをもっと増やすように要求します。
② 　こんにちは！　ジュンです。**学食がベジタリアンのメニューを増やせば，学校**
　の食事はもっとヘルシーになると思います。また，**コンピューター室は特に午後**
　は，もっと長く開けておくべきです。最後に，学校は行事の数を少なくすべきで
　す。私たちは宿題と部活に専念すべきです！
③ 　こんにちは，皆さん！　私はナンシーです。学校が全生徒にコンピューターを
　支給することを支持します。そうすればコンピューター室は必要なくなります！
　また，学食は私たちの大好きなフライドチキンを復活させるべきだと思います。
　そして，**学校行事は拡大する必要があります。**全校生徒が一丸となることが大切
　です！
④ 　こんにちは，皆さん！　僕はフィリップです。まず，**生徒のための行事が十分**
　ではないと思います。私たちは一緒にもっと多くのことをすべきです！　次に，
　週末にもコンピューター室を使うことができるようにすべきです。また，**僕のよ**
　うなビーガン（完全菜食主義者）は学食に野菜だけの食事がもっと必要です。

《問題文と選択肢の訳》

問26　26　は，あなたが選ぶ可能性が最も高い候補者です。
① 　チャーリー
② 　ジュン
③ 　ナンシー
④ 　フィリップ

▶解説◀

〈ポイント〉**複数情報を聴き取り，比較検討**しながら取捨選択をする。
④ 　Philip に関して，I don't think there are enough events for students（条件A），we
　should be able to use the computer lab at the weekends, too（条件C），vegans like
　me need more vegetable-only meals in our cafeteria（条件B）を聴き取り，3つの条
　件をすべて満たしていることを理解する。
① 　Charlie は，条件A，Cは満たしているが，条件Bを満たしていない。
② 　Jun は，条件B，Cは満たしているが，条件Aを満たしていない。
③ 　Nancy は，条件Aは満たしているが，条件B, Cを満たしていない。

候補者	条件A	条件B	条件C
① チャーリー	○	×	○
② ジュン	×	○	○
③ ナンシー	○	×	×
④ フィリップ	○	○	○

― 45 ―

22

第5問 モノローグ型長文ワークシート完成・選択問題

問27 | 27 | ②　　問28 | 28 | ②　　問29 | 29 | ⑥　　問30 | 30 | ⑤
問31 | 31 | ③　　問32 | 32 | ③

《読み上げられた英文》

Today, our topic is the Asian elephant, the largest land animal in Asia. They are found across South and Southeast Asia. (27)**Asian elephants are sociable animals that usually live in groups and are known for helping each other. They are also intelligent and have the ability to use tools.**

The Asian elephant's population has dropped greatly over the last 75 years, even though this animal is listed as endangered. Why has this happened? One reason for this decline is illegal human activities. Wild elephants have long been killed for ivory. But now, there is a developing market for other body parts, including skin and tail hair. (28)**These body parts are used for accessories, skin care products, and even medicine.** Also, (29)**the number of wild elephants caught illegally is increasing because performing elephants are popular as tourist attractions.**

Housing developments and farming create other problems for elephants. Asian elephants need large areas to live in, but these human activities have reduced their natural habitats and created barriers between elephant groups. As a result, (30)**there is less contact between elephant groups** and their numbers are declining. Also, (31)**many elephants are forced to live close to humans, resulting in deadly incidents for both humans and elephants.**

What actions have been taken to improve the Asian elephant's future? (33)**People are forming patrol units and other groups that watch for illegal activities.** (32)(33)**People are also making new routes to connect elephant habitats, and are constructing fences around local living areas to protect both people and elephants.**

Next, let's look at the current situation for elephants in different Asian countries. Each group will give its report to the class.

《英文の訳》

　　今日，私たちが取り上げるテーマは，アジア最大の陸生動物であるアジアゾウです。アジアゾウは南アジアと東南アジアの全域にわたって見られます。(27)**アジアゾウは社交的な動物で，普段は群れで生息し，互いに助け合うことで知られています。**

— 46 —

アジアゾウはまた，知能が高く，道具を使う能力を持っています。

アジアゾウは絶滅危惧種に指定されているにもかかわらず，過去75年にわたってこの動物の個体数は大幅に減少してきました。なぜこのようなことが起こってしまったのでしょうか。この減少の1つの理由は，人間の違法行為にあります。野生のゾウは長いあいだ象牙を取る目的で殺されてきました。しかし現在では，皮膚や尻尾の毛などの体の他の部位を扱う，成長が見込まれる市場が存在しています。㉘これらの体の部位は，アクセサリー，スキンケア製品，さらには薬にまで使われています。また，㉙密猟される野生のゾウの数が増えている理由は，芸をするゾウが観光客の呼びものとして人気があるからです。

住宅開発と農業は，ゾウにとって別の問題を引き起こします。アジアゾウは生息するのに広大な土地を必要としますが，これらの人間活動により，ゾウの自然の生息地が減少し，ゾウの群れの間に壁を作ってきました。その結果，㉚ゾウの群れの間での接触が減り，ゾウの数が減少しています。また，㉛多くのゾウが人間の近くで生息することを余儀なくされ，その結果，人間にとってもゾウにとっても致命的な出来事が起こっています。

アジアゾウの将来をより良いものにするためにどのような行動がとられてきたのでしょうか。㉝人々は違法行為を監視するパトロール隊や他のグループを編成しています。㉜㉝人々はまた，ゾウの生息地をつなぐ新しいルートを作り，人間とゾウの両方を保護するために，地元の居住地域の周りにフェンスを建設しています。

次に，アジア各国のゾウの現状を見てみましょう。各グループはクラスに報告をしてください。

ワークシート

アジアゾウ

◇ 概説
- 大きさ： アジアで最大の陸生動物
- 生息地： 南アジアおよび東南アジア
- 特性： 〔 27 〕

◇ ゾウにとっての脅威
- 脅威1：違法商業活動
  - ゾウの体の部位をアクセサリー， 28 ，薬のために使用
  - 生きたゾウを 29 のために捕獲
- 脅威2：土地開発による生息地の喪失
  - ゾウの 30 の交流の減少
  - 人間とゾウの 31 の増加

問27
《選択肢の訳》

①	攻撃的で強い
②	協力的で賢い
③	友好的で穏やか
④	自立的で知能が高い

▶解説◀
〈ポイント〉講義の内容を聴き取り，**概要を把握**する。
　講義の冒頭で語られている Asian elephants are sociable animals that usually live in groups and are known for helping each other. They are also intelligent and have the ability to use tools. を聴き取り，アジアゾウの特性を理解する。

問28〜31
《選択肢の訳》

①	衣服
②	化粧品
③	死
④	友情
⑤	群れ
⑥	芸

▶解説◀

〈ポイント〉講義の内容を聴き取り，**概要を把握**する。

One reason for this decline is illegal human activities. の後に語られる野生のゾウの密猟目的を聴き取り，ワークシートの Threat 1: Illegal Commercial Activities の欄に適するように整理して，2つの空所を埋めていく。まず，違法商業活動によるゾウの体の部位の転用は，英文中程で聞こえてくる These body parts are used for accessories, skin care products, and even medicine. を聴き取り，skin care products を言い換えて，28 には②cosmetics を入れる。次に，生きたゾウを捕獲する目的は，the number of wild elephants caught illegally is increasing because performing elephants are popular as tourist attractions を聴き取り，29 には⑥performances を入れる。それから，Threat 2: Habitat Loss Due to Land Development の欄に適するように整理して，2つの空所を埋めていく。土地開発による生息地の喪失により減少したものは，講義の後半で聞こえてくる there is less contact between elephant groups を聴き取り，これを言い換えて，30 には⑤group を入れる。また，増加したものは，続けて聞こえてくる Also を手がかりに，many elephants are forced to live close to humans, resulting in deadly incidents for both humans and elephants を聴き取り，31 には③deaths を入れ，ワークシートを完成する。

問32

《選択肢の訳》

① 違法行為を阻止する取り組みは，人間が住宅計画を拡大できる点で効果がある。
② ゾウの異なる群れ同士の遭遇は，農業発展を衰えさせる原因である。
③ 人間とアジアゾウとの共生を助けることは，ゾウの命と生息地を守るカギである。
④ アジアゾウを絶滅危惧種に指定することは，環境問題を解決する1つの方法である。

▶解説◀

〈ポイント〉**聴き取った内容を選択肢に重ね合わせて真偽を判断する。**

ワークシートにある2つの Threat に対し，講義の最後の方で，それぞれ具体的な対策が述べられている。その中で脅威2「土地開発による生息地の喪失」の対策として，People are also making new routes to connect elephant habitats, and are constructing fences around local living areas to protect both people and elephants. を聴き取り，人間とゾウの共生の重要性を理解し，適切な選択肢を選ぶ。

問33 33 ④

《読み上げられた英文》

Our group studied deadly encounters between humans and elephants in Sri Lanka. In other countries, like India, many more people than elephants die in these encounters. By contrast, similar efforts in Sri Lanka show a different trend. Let's take a look at the graph and the data we found.

《英文の訳》

> 私たちのグループは、スリランカにおける人間とゾウの致命的な遭遇について調べました。インドなどの他の国々では、ゾウよりはるかに多くの人間がこのような遭遇によって命を落としています。対照的にスリランカでの同様の取り組みは異なる傾向を示しています。私たちが見つけたグラフとデータを見てみましょう。

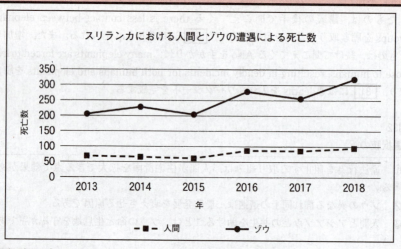

《選択肢の訳》

① 絶滅の危機に瀕している動物を保護する取り組みが、スリランカのゾウの個体数を増やしてきた。
② スリランカにおける違法行為の監視は、ゾウの死亡数を少なくする点で効果を上げてきている。
③ スリランカでは、人間とゾウの遭遇によって死亡したゾウの数の増加は見られていない。
④ スリランカでは、ゾウを保護するために講じられた措置は、まだ望ましい結果を生んできていない。

▶解説◀

〈ポイント〉聴き取った内容とグラフから読み取れる情報を**重ね合わせて要点を把握**する。

2023年度　リスニング　本試験〈解説〉　27

　最初の講義の最後の方で，2つの方策について述べている People are forming patrol units and other groups that watch for illegal activities. People are also making new routes to connect elephant habitats, and are constructing fences around local living areas to protect both people and elephants. を聴き取る。次に，「スリランカにおける人間とゾウの遭遇による死亡数」を示しているグラフによると，2013年以来ゾウの死亡数は人間の死亡数を上回ったままであり，2018年では共に死亡数は最多になっていることを読み取り，聴き取った内容とグラフから読み取った情報を重ね合わせて，講じられた措置が成果を上げていないことを理解し，選択肢を特定する。

第6問A　対話文質問選択問題

問34　34　③　　問35　35　①

🔊³ᴬ³³ 《読み上げられた英文》

David：Hey, Mom! Let's go to Mt. Taka tomorrow. We've always wanted to go there.

　Sue：Well, I'm tired from work. I want to stay home tomorrow.

David：Oh, too bad. Can I go by myself, then?

　Sue：What? People always say you should never go hiking alone. What if you get lost?

David：Yeah, I thought that way too, until I read a magazine article on solo hiking.

　Sue：Huh. What does the article say about it?

David：It says it takes more time and effort to prepare for solo hiking than group hiking.

　Sue：OK.

David：But ₍₃₄₎**you can select a date that's convenient for you and walk at your own pace**. And imagine the sense of achievement once you're done, Mom!

　Sue：That's a good point.

David：So, can I hike up Mt. Taka by myself tomorrow?

　Sue：David, do you really have time to prepare for it?

David：Well, I guess not.

　Sue：₍₃₅₎**Why not wait until next weekend when you're ready? Then you can go on your own.**

David：OK, Mom.

《対話の訳》

> デイビッド：ねえ，母さん！　明日，高山に行こうよ。僕たちは前々からそこに行
> 　　　　　　きたいと思っていたよね。
> 　　　　スー：そうね，母さんは仕事で疲れているの。明日は家にいたいわ。

— 51 —

デイビッド：ああ，残念。じゃあ，僕一人で行ってもいい？

　　スー：何ですって？　一人でハイキングには絶対に行くべきではないって，いつも言われているでしょ。道に迷ったらどうするの？

デイビッド：うん，僕もそう思っていたよ，ソロハイキングについての雑誌記事を読むまではね。

　　スー：えっ。その記事はそれについて何て書いてあるの？

デイビッド：それにはグループハイキングよりソロハイキングのほうが準備に時間と手間がかかるって書いてあるよ。

　　スー：そうでしょう。

デイビッド：でも，㉞自分の都合のいい日を選んで，自分のペースで歩くことができるんだ。それに，ひとたびそれをやり終えたときの達成感を想像してみてよ，母さん！

　　スー：それは言えているわね。

デイビッド：だから，明日は高山でひとりでハイキングをしてもいい？

　　スー：デイビッド，準備する時間は本当にあるの？

デイビッド：えーっと，なさそうだね。

　　スー：㉟準備ができる来週末まで待ったらどうなの？　そうしたら，一人で行ってもいいわよ。

デイビッド：わかった。母さん。

《質問と選択肢の訳》

問34　デイビッドはどの記述に最も同意するだろうか。
①　楽しいハイキングには長距離を歩く必要がある。
②　グループでハイキングに出かけると達成感が得られる。
③　一人でハイキングするのは，出かける時を選べるので都合がよい。
④　ハイキングがしばしば大変なのは，誰も助けてくれないからだ。

▶解説◀

〈ポイント〉話し手の発話の**意見**を把握する。

　デイビッドは5回目の発話で you can select a date that's convenient for you and walk at your own pace と言っているのを聴き取り，「一人でハイキングするのは自分の都合に合わせられる」という雑誌記事を引き合いに出していることを把握し，選択肢を特定する。

《質問と選択肢の訳》

問35　対話の最後までで，一人でハイキングすることについてのスーの意見を最もよく表しているのはどの記述か。
①　容認できる。

— 52 —

② 創造的である。
③ 素晴らしい。
④ ばかげている。

▶解説◀

〈ポイント〉話し手の発話の**意見を把握**する。

　スー(母親)はデイビッド(息子)が一人でハイキングに出かけることに対して反対する態度をとっていたが，最後の発話で Why not wait until next weekend when you're ready? Then you can go on your own. と言っているのを聴き取り，スーのソロハイキングに対する最終的な意見を理解し，選択肢を特定する。

第6問B　会話長文意見・図表選択問題

問36 | 36 | ①　問37 | 37 | ②

《読み上げられた英文》

Mary：Yay! We all got jobs downtown! I'm so relieved and excited.

Jimmy：You said it, Mary! So, are you going to get a place near your office or in the suburbs?

Mary：Oh, definitely close to the company. I'm not a morning person, so I need to be near the office. You should live near me, Lisa!

Lisa：Sorry, Mary. ㊲**The rent is too expensive.** I want to save money. How about you, Kota?

Kota：I'm with you, Lisa. I don't mind waking up early and commuting to work by train. You know, while commuting I can listen to music.

Jimmy：Oh, come on, you guys. We should enjoy the city life while we're young. There are so many things to do downtown.

Mary：Jimmy's right. Also, I want to get a dog. If I live near the office, I can get home earlier and take it for longer walks.

Lisa：Mary, don't you think your dog would be happier in the suburbs, where there's a lot more space?

Mary：Yeah, you may be right, Lisa. Hmm, now I have to think again.

Kota：Well, I want space for my training equipment. I wouldn't have that space in a tiny downtown apartment.

Jimmy：That might be true for you, Kota. ㊱**For me, a small apartment downtown is just fine. In fact, I've already found a good one.**

Lisa：Great! When can we come over?

— 53 —

《会話の訳》

> メアリー：わーい！　私たち全員，街の中心部で仕事に就けたわね。私，すごく
> ホッとして，ワクワクしているの。
>
> ジミー：まったくそのとおりだね，メアリー！　それで，君はオフィスの近く，
> それとも郊外に住むつもり？
>
> メアリー：あら，絶対に会社の近くよ。私，朝型人間ではないの，だからオフィス
> の近くにいる必要があるの。リサ，あなたは私の近くに住んでね！
>
> リサ：ごめんなさい，メアリー。㊲家賃が高すぎるわ。私，お金を貯めたいの。
> コウタ，あなたはどうなの？
>
> コウタ：僕は君と同じだよ，リサ。早く起きて，電車で通勤しても構わないよ。
> あ，そうそう，通勤中，音楽を聴くことができるし。
>
> ジミー：また，そんなこと言って，君たち。若いうちは都会生活を楽しむべきだ
> よ。街の中心部ではやることがとてもたくさんあるよ。
>
> メアリー：ジミーの言っていることは正しいわ。それに，私は犬を飼いたいの。オ
> フィスの近くに住めば，早く帰宅できて，より長い時間犬を散歩に連れ
> て行くことができるわ。
>
> リサ：メアリー，あなたの犬は，郊外のほうがより幸せだと思わないかな？
> そっちのほうが，ずっと広い場所があるのよ。
>
> メアリー：そうね。あなたの言っていることは正しいかもしれないわ，リサ。うー
> ん，じゃあ，考え直さなきゃならないわ。
>
> コウタ：えーと，僕はトレーニング機器を置くスペースが欲しいんだ。都会の狭
> いアパートじゃあそんなスペースは取れないだろう。
>
> ジミー：君にとってそれはそうかもしれないね，コウタ。㊱**僕にとっては，街の
> 中心部の狭いアパートでちょうどいいんだ。実のところ，もう，いいと
> ころを見つけたんだ。**
>
> リサ：すごいわね！　私たちいつ行けるの？

問36

▶解説◀

〈ポイント〉四人の話し手から**事実を判断**する。

「街の中心部に住むことに決めた人」を選ぶことから，「意見」ではなく「事実」を述べている話し手を特定する。ジミーは3回目の発話で，For me, a small apartment downtown is just fine. In fact, I've already found a good one. と言っていることを聴き取り，実際に街の中心部に住むことに決めたのはジミーであることを理解する。メアリーは2，3回目の発話では，街の中心部に住むという意見であったが，リサの発話を受け，4回目の発話で意見を修正している。リサとコウタは高い家賃と狭い場所を理由に街の中心部に住むことに反対している。街の中心部に住むことについての四人の意見を表にまとめると以下のようになる。

メアリー	2回目の発話(賛成意見)：definitely close to the company 3回目の発話(賛成意見)：If I live near the office, I can get home earlier and take it for longer walks. ↓ 4回目の発話(賛成意見を見直し)：now I have to think again
ジミー	2回目の発話(賛成意見)：We should enjoy the city life while we're young. There are so many things to do downtown. 3回目の発話(街の中心部に住むという事実)：For me, a small apartment downtown is just fine. In fact, I've already found a good one.
リサ	1回目の発話(反対意見)：The rent is too expensive. 2回目の発話(反対意見)：don't you think your dog would be happier in the suburbs, where there's a lot more space?
コウタ	1回目の発話(反対意見)：I don't mind waking up early and commuting to work by train. 2回目の発話(反対意見)：I wouldn't have that space in a tiny downtown apartment.

問37
《選択肢の訳》

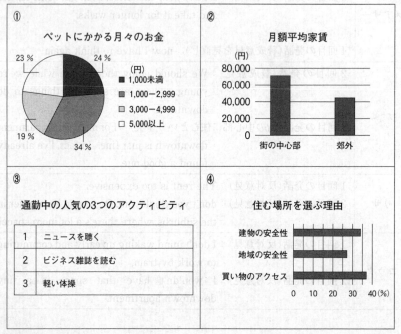

① ペットにかかる月々のお金
- 1,000未満
- 1,000－2,999
- 3,000－4,999
- 5,000以上

② 月額平均家賃
街の中心部／郊外

③ 通勤中の人気の3つのアクティビティ
1	ニュースを聴く
2	ビジネス雑誌を読む
3	軽い体操

④ 住む場所を選ぶ理由
- 建物の安全性
- 地域の安全性
- 買い物のアクセス

▶解説◀
〈ポイント〉話し手の主張の根拠となる**図表を判断**する。

　質問内容からリサの発話に焦点をあて，リサは1回目の発話で The rent is too expensive. と言っていることを聴き取り，街の中心部と郊外における月額平均家賃の比較をしている図表を選択する。

英　　　語
（リスニング）

（2023年1月実施）

※解説の ⬇3B03 〜 ⬇3B35 はトラック番号（MP3のファイル名）を示しています。

リスニング　追試験　2023

英　語（リスニング）

解答・採点基準　（100点満点）

問題番号(配点)	設問	解答番号	正解	配点	自己採点
第1問 (25)	A	問1	1	①	4	
		問2	2	④	4	
		問3	3	②	4	
		問4	4	④	4	
	B	問5	5	④	3	
		問6	6	①	3	
		問7	7	③	3	
第1問　自己採点小計					
第2問 (16)		問8	8	③	4	
		問9	9	①	4	
		問10	10	②	4	
		問11	11	③	4	
第2問　自己採点小計					
第3問 (18)		問12	12	①	3	
		問13	13	③	3	
		問14	14	①	3	
		問15	15	③	3	
		問16	16	②	3	
		問17	17	②	3	
第3問　自己採点小計					

問題番号(配点)	設問	解答番号	正解	配点	自己採点
第4問 (12)	A	問18	18	③	4 *	
		問19	19	④		
		問20	20	①		
		問21	21	②		
		問22	22	⑤	1	
		問23	23	⑥	1	
		問24	24	①	1	
		問25	25	②	1	
	B	問26	26	③	4	
第4問　自己採点小計					
第5問 (15)		問27	27	①	3	
		問28	28	⑥	2 *	
		問29	29	④		
		問30	30	③	2 *	
		問31	31	②		
		問32	32	②	4	
		問33	33	②	4	
第5問　自己採点小計					
第6問 (14)	A	問34	34	①	3	
		問35	35	③	3	
	B	問36	36	①	4	
		問37	37	②	4	
第6問　自己採点小計					
自己採点合計					

（注）　＊は，全部正解の場合のみ点を与える。

第1問A　短文発話内容一致問題

問1　**1**　①

《読み上げられた英文》
M：**What a beautiful sweater!** It looks really nice on you, Jennifer.

《英文の訳》

> 男性：なんて美しいセーターなんだ！　それ，君にとても似合ってるよ，ジェニファー。

《選択肢の訳》

> ①　話し手はジェニファーのセーターを褒めている。
> ②　話し手はセーターについて尋ねている。
> ③　話し手はセーターを探している。
> ④　話し手はジェニファーのセーターを見たがっている。

▶解説◀
〈ポイント〉　「感嘆文」の聴き取り。
　What a beautiful sweater! の感嘆文を聴き取り，話し手はジェニファーのセーターを褒めていることを理解する。

問2　**2**　④

《読み上げられた英文》
M：Bowling is more fun than badminton, but **tennis is the best. Let's play that.**

《英文の訳》

> 男性：ボウリングはバドミントンより楽しいが，**テニスが一番だよ。それをしよう。**

《選択肢の訳》

> ①　話し手はテニスを楽しんでいない。
> ②　話し手は今，どんなスポーツもしたくない。
> ③　話し手はバドミントンが一番楽しいと思っている。
> ④　話し手はボウリングよりテニスのほうが楽しいと思っている。

▶解説◀
〈ポイント〉　「最上級表現」の聴き取り。
　tennis is the best. Let's play that. を聴き取り，テニスは他のスポーツよりも楽しいので，話し手はそれをやりたがっていることを理解する。

問3 　3　　②

《読み上げられた英文》

M：**We should go somewhere to eat dinner.** How about a steak restaurant?

《英文の訳》

> 男性：ディナーを食べにどこかに行こうよ。ステーキレストランはどうかな？

《選択肢の訳》

> ① 話し手はステーキを食べたくない。
> ② 話し手はまだディナーを食べていない。
> ③ 話し手は今，ステーキを食べている。
> ④ 話し手は1人でディナーを食べたい。

▶解説◀

〈ポイント〉「勧誘・提案」表現の聴き取り。

　We should go somewhere to eat dinner. を聴き取り，話し手はまだディナーを食べていないことを理解する。なお，We should ～が「勧誘」を表し，How about ～が「提案」を表していることを押さえる。

問4 　4　　④

《読み上げられた英文》

M：Diana, **do you know what time the dentist will open? My tooth really hurts.**

《英文の訳》

> 男性：ダイアナ，歯医者は何時に開くか知っている？　歯がひどく痛いんだ。

《選択肢の訳》

> ① 話し手は歯科医と話をしている。
> ② 話し手はダイアナに時間を教えている。
> ③ 話し手はダイアナに電話をしたい。
> ④ 話し手は歯医者に行きたい。

▶解説◀

〈ポイント〉「含意関係」の理解。

　do you know what time the dentist will open? My tooth really hurts. を聴き取り，話し手は歯がひどく痛いので，歯医者に行きたがっていることを理解する。go to the dentist という表現は直接発話されていないが，発話内容から「歯医者に行きたい」という含意関係を押さえる。

… 2023年度　リスニング　追試験〈解説〉　37

第1問B　短文発話イラスト選択問題

問5　5　④

《読み上げられた英文》
M：The guitar is **inside the case under the table**.

《英文の訳》

> 男性：そのギターは**テーブルの下のケースの中にある**。

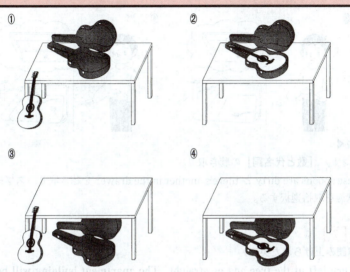

▶解説◀
〈ポイント〉　「**前置詞**」の聴き取り。
　inside the case under the table を聴き取り，ギターのある場所を特定する。

問6　6　①

《読み上げられた英文》
M：**These spoons are dirty**, but **there's another in the drawer**.

《英文の訳》

> 男性：**これらのスプーンは汚れている**が，**引き出しにもう1つある**。

▶解説◀

〈ポイント〉「数と代名詞」の聴き取り。

　These spoons are dirty と there's another in the drawer を聴き取り，スプーンの本数と状態を取捨選択する。

問7　7　③

《読み上げられた英文》

M：**Turn left at the tree** and go straight. **The apartment building will be on the right.**

《英文の訳》

> 男性：木のところで左に曲がり，真っすぐ進んでください。そのアパートは右手にあります。

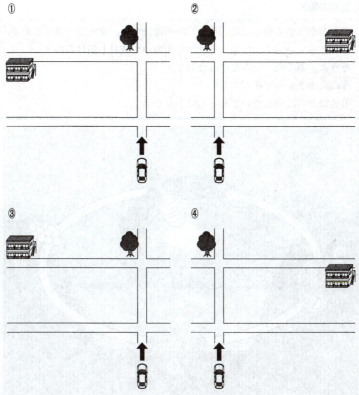

▶解説◀

〈ポイント〉 「道案内」の聴き取り。

　Turn left at the tree と The apartment building will be on the right. を聴き取り，アパートの場所を特定する。

第2問　対話文イラスト選択問題

問8　8　③

《読み上げられた英文》

W：Fireflies hatch from eggs. And in the next stage, they live underwater.
M：I know that. But then, **they continue developing underground**?
W：**Yes. Didn't you know that?**
M：**No.** Aren't fireflies amazing?
Question：
Which stage has the man just learned about?

《対話と質問の訳》

女性：ホタルが卵から孵ったわ。そして次の段階では，水中で生息するのよ。
男性：それ知っているよ。でも，それから土の中で成長し続けるの？
女性：そうよ。あなた，知らなかったの？
男性：うん。ホタルってすごくない？
質問：男性はどの段階について知ったばかりか。

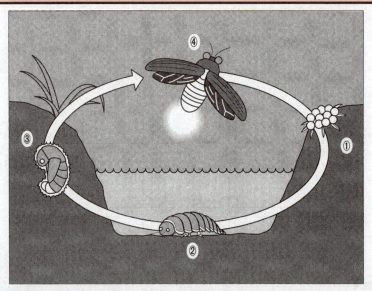

▶解説◀
〈ポイント〉質問内容から聴き取りのポイントを絞り込む。

　男性が最初の発話で they continue developing underground? と尋ね，女性が Yes. Didn't you know that? と応答し，それに対して男性が No. と言っていることを聴き取り，この No. が I didn't know that. を意味していることを理解して，男性がホタルの成長についてたった今知った段階を特定する。

問9　9　①

《読み上げられた英文》
M：We need to make twenty eco-friendly bags, so a simple design is best.
W：**Is a pocket necessary?**
M：**Definitely, but we don't have enough time to add buttons.**
W：So, this design!
Question：
Which eco-friendly bag will they make?

2023年度　リスニング　追試験〈解説〉　41

《対話と質問の訳》

男性：僕たちはエコバッグを20個作る必要があるので，単純なデザインが一番だね。
女性：**ポケットは必要？**
男性：**もちろんさ，だけどボタンをつけている暇なんかないよ。**
女性：じゃあ，このデザインね！
質問：彼らはどのエコバッグを作るだろうか。

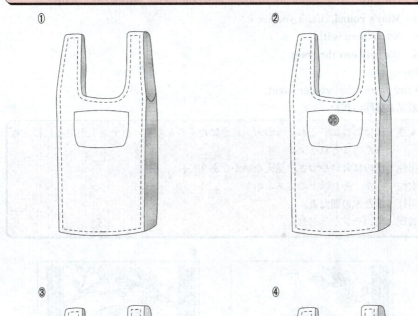

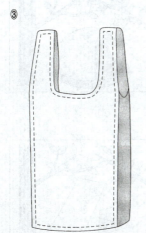

▶解説◀
〈ポイント〉聴き取った情報に基づくイラストの**取捨選択**。

エコバッグ作成について話をしている男性に対して、女性が Is a pocket necessary? と尋ね、男性が Definitely, but we don't have enough time to add buttons. と応答していることを聴き取り、エコバッグのデザインを特定する。

問10　10　②

《読み上げられた英文》
W：I'm here. Wow, there are so many different tents. Which one's yours?
M：**Mine's round.** Can't you see it?
W：No. Where is it?
M：**It's between the trees.**
Question：
Which one is the brother's tent?

《対話と質問の訳》

> 女性：私はここにいるわ。うわぁ、非常にたくさんの違ったテントがあるわね。あなたのはどれ？
> 男性：**僕のは丸いやつさ。**見えないかなあ？
> 女性：うん、それはどこにあるの？
> 男性：**木と木の間だよ。**
> 質問：兄のテントはどれか。

①

②

③

④

▶解説◀

〈ポイント〉「形状と位置」の聴き取り。

女性(妹)が男性(兄)のテントを尋ねたのに対し，男性が Mine's round. と応答し，さらに女性が場所を尋ねたのに対し，男性が It's between the trees. と言っているのを聴き取り，テントの形状と位置を特定する。

問11　11　③

《読み上げられた英文》

M：**We can take the ferry to the garden, then the aquarium.**
W：I want to visit the shrine, too.
M：But, don't forget, dinner is at six.
W：OK. Let's go there tomorrow.
Question：
Which route will they take today?

《対話と質問の訳》

男性：フェリーに乗って庭園に行き，それから水族館っていうのはどうかな。
女性：私は神社も参拝したいわ。
男性：でも，忘れちゃいけないよ，ディナーは6時だよ。
女性：わかったわ。明日そこに行きましょう。
質問：今日はどのルートにするか。

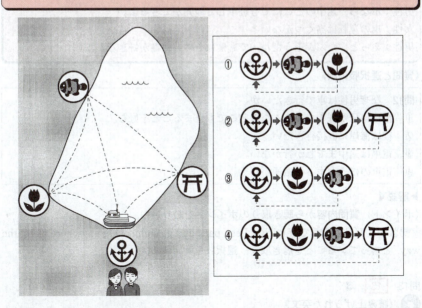

▶解説◀

〈ポイント〉聴き取った情報の**取捨選択**。

男性が最初の発話で We can take the ferry to the garden, then the aquarium. と提案したのに対し，女性が神社の参拝を付け加えたが，時間が足りないため翌日に回すことになったことを聴き取り，今日の観光予定ルートを特定する。

第3問　対話文質問選択問題

問12　12　①

🔊 《読み上げられた英文》

W：Are you going somewhere this summer?

M：Yes, I'm going to drive to the coast.

W：That's quite far. **Why don't you take the train, instead?**

M：**If I drive, I can park and go sightseeing anywhere along the way.**

W：Isn't driving more expensive?

M：Well, maybe, but I like the flexibility.

《対話の訳》

> 女性：今年の夏はどこかに行くつもり？
> 男性：うん，海岸まで車で行くつもりだよ。
> 女性：それはかなり遠いわね。代わりに電車に乗ったらどう？
> 男性：**車なら，途中のどこにでも駐車して観光ができるよ。**
> 女性：車の運転は高くつかない？
> 男性：えっと，たぶんそうだね，でも僕はその柔軟性が好きなんだ。

《質問と選択肢の訳》

> 問12　なぜ男性は車で行きたいか。
> ①　彼は自分が好きなところならどこでも止まることを好む。
> ②　彼は海岸に直接行きたい。
> ③　電車は途中までしか行かない。
> ④　電車のほうがずっと融通が利く。

▶解説◀

〈ポイント〉**質問内容**から聴き取りの**ポイントを絞り込む**。

男性が2回目の発話で If I drive, I can park and go sightseeing anywhere along the way. と言っていることを聴き取り，選択肢を特定する。

問13　13　③

🔊 《読み上げられた英文》

— 68 —

2023年度　リスニング　追試験〈解説〉　45

W：How much does it cost to send this letter to London?

M：Hmm. Let me check. **That's about £2 for standard delivery, or about £8 for special delivery.** Which do you prefer?

W：**I really want it to arrive by Friday.**

M：**With special delivery, it will.**

W：**I'll do that then.**

《対話の訳》

> 女性：この手紙をロンドンまで送るのにいくらかかりますか。
>
> 男性：うーん。調べてみましょう。**通常配達で約2ポンド，あるいは特別配達で約8ポンドです。**どちらにしますか。
>
> 女性：**どうしても金曜日までに届けたいんです。**
>
> 男性：**特別配達であれば，着きますよ。**
>
> 女性：**じゃあ，そうします。**

《質問と選択肢の訳》

> 問13　女性は何をするだろうか。
>
> ①　郵送料の安いほうを買う
>
> ②　金曜日以降に投函する
>
> ③　郵送料の高いほうを支払う
>
> ④　通常配達で手紙を送る

▶解説◀

〈ポイント〉対話の展開に沿いながら，**情報を取捨選択**する。

　郵便局で手紙を出そうとしている女性（客）が郵送料を尋ねたのに対し，男性（郵便局員）が That's about £2 for standard delivery, or about £8 for special delivery. と応答しているのを聴き取る。それに続けて，女性が2回目の発話で I really want it to arrive by Friday. と言ったのに対して，男性が With special delivery, it will. と応答し，女性が I'll do that then. と言ったことを捉えて，女性が選んだ郵送方法を特定する。

問14　14　①

《読み上げられた英文》

M：Would you like to see a movie next week?

W：Sure, but what kind of movie?

M：I'd like to watch a horror movie.

W：Well, I don't see one scheduled, but there's a comedy currently showing.

M：I really don't like comedies. **Maybe we can check the schedule again next week.**

W：**Sure, let's do that.**

— 69 —

《対話の訳》

男性：来週，映画を観ないかい？
女性：もちろん，いいわよ，でもどんな映画なの？
男性：僕はホラー映画を観たいんだ。
女性：えっと，それ，やる予定はないわよ，でも今，コメディーを上映しているわ。
男性：実はコメディーは好きじゃないんだ。**なんなら来週，上映予定をもう一度チェックしてもいいかな。**
女性：**そうね，そうしましょう。**

《質問と選択肢の訳》

問14　彼らは何をすることに決めたか。
① 来週，映画を選ぶ
② 今日，コメディー映画を観に行く
③ 今週，映画を選ぶ
④ 今夜，ホラー映画を観る

▶解説◀
〈ポイント〉対話の展開に沿いながら，**情報を取捨選択**する。

　女性を映画に誘った男性が3回目の発話で Maybe we can check the schedule again next week. と言ったことに対して，女性が Sure, let's do that. と同意していることを確認し，2人がすることを特定する。

問15　15　③

《読み上げられた英文》

M：What did you do last weekend?
W：**I took all my nieces and nephews to lunch.**
M：Really? How many do you have?
W：Well, my sister has two boys, and my brother has three girls.
M：That sounds like a nice family gathering.
W：Yes, we had a really good time together.

《対話の訳》

男性：先週末何をしていたんだい？
女性：**姪と甥全員をランチに連れて行ったの。**
男性：本当？　何人いるの？
女性：えっと，姉に男の子が2人いて，兄に女の子が3人いるの。
男性：それは素敵な家族の集まりのようだね。
女性：そうよ，本当に楽しい時間を一緒に過ごせたわ。

《質問と選択肢の訳》

問15 彼女は誰とランチを食べたか。
① 兄と姉の両方と
② 家族全員と
③ 兄と姉の子どもたちと
④ 2人の姪と2人の甥と

▶解説◀

〈ポイント〉**質問内容**からの聴き取り**ポイントの絞り込み**と表現の**言い換え**。

先週末の出来事について尋ねた男性に対して，女性が最初の発話で I took all my nieces and nephews to lunch. と応答しているのを聴き取り，女性が一緒にランチを食べた人を特定する。

問16　16　②

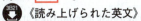

《読み上げられた英文》

M：**I think I'll have the pasta.**
W：**The fish looks nice. I'll order that.**
M：What about for dessert?
W：Both the pie and the cake look delicious.
M：Well, why don't we each order different ones? Then we can share.
W：OK, **I'll order the pie and you can order the cake**.
M：**Sure, that's fine.**

《対話の訳》

男性：僕はパスタにしようかな。
女性：魚がおいしそうよ。私，それを注文するわ。
男性：デザートはどうする？
女性：パイとケーキ両方ともおいしそうね。
男性：じゃ，お互い別々のものを注文しない？　そうすると，シェアできるよ。
女性：いいわよ，私はパイを注文するので，あなたはケーキを注文するといいわ。
男性：もちろん，いいよ。

《質問と選択肢の訳》

問16　対話によれば，正しいのはどれか。
① 男性は魚とパイを注文するだろう。
② 男性はパスタとケーキを注文するだろう。
③ 女性は魚とケーキを注文するだろう。
④ 女性はパスタとパイを注文するだろう。

▶解説◀

〈ポイント〉対話の展開に沿いながら，**情報を取捨選択**する。

　男性（夫）が最初の発話で I think I'll have the pasta. と言ったのに対して，女性（妻）が The fish looks nice. I'll order that. と応答したことを聴き取り，それぞれのメイン料理の注文内容を押さえる。さらに，デザートをシェアしようという男性の提案に対して，女性が I'll order the pie and you can order the cake と応答し，それに対して男性が Sure, that's fine. と同意していることを確認し，男性と女性のデザートの注文内容を特定する。

問17　17　②

 《読み上げられた英文》

M：Hi, Monica, **would you like some help?**
W：Ah, thank you. **Could you take one of these bags?**
M：**Sure**, are you going to the subway?
W：No, I'm going to take them home in my car. I've parked just around the corner.
M：That's fine. Actually, it's on my way. That's just before my bus stop.

《対話の訳》

> 男性：こんにちは，モニカ，**何か手伝おうか。**
> 女性：そうね，ありがとう。**このバッグの1つを持って行ってくれる？**
> 男性：**もちろんさ**，地下鉄へ行くつもりなの？
> 女性：いいえ，自分の車でこれを家に持って行くの。角をちょうど曲がったところに車を停めてあるの。
> 男性：それはよかった。実は，そこは僕の通り道にあるよ。僕が乗るバス停のすぐ手前なんだ。

《質問と選択肢の訳》

> 問17　男性は何をするだろうか。
> ①　女性と一緒に地下鉄に行く
> ②　女性のバッグの1つを運ぶのを手伝う
> ③　女性のためにバッグを家に持って行く
> ④　バス停まで女性と一緒に歩く

▶解説◀

〈ポイント〉**質問内容**からの聴き取り**ポイントの絞り込み**。

　男性が最初の発話で would you like some help? と尋ねたのに対して，女性が Could you take one of these bags? と応答し，それに対して男性が Sure と同意していることを聴き取り，男性が取る行動を特定する。

第4問A モノローグ型図表完成問題

問18 [18] ③　問19 [19] ④　問20 [20] ①　問21 [21] ②

《読み上げられた英文》

　To understand our campus services, we researched the number of students who used the cafeteria, computer room, library, and student lounge over the last semester. As you can see, (19)**the student lounge had a continuous rise in users over all four months.** (21)**The use of the computer room**, however, **was the least consistent, with some increase and some decrease.** (18)**Library usage dropped in May but grew each month after that.** Finally, (20)**cafeteria use rose in May, and then the numbers became stable.**

《英文の訳》

> 　キャンパスサービスを理解するために，私たちはカフェテリア，コンピュータールーム，図書館，学生ラウンジを利用した学生の数を前の学期全体にわたって調査しました。ご覧のように，(19)学生ラウンジは全4カ月にわたり利用者が連続して増加しています。しかし，(21)コンピュータールームの利用は多少の増減があり，最も一貫性がありませんでした。(18)図書館利用は5月に落ち込みましたが，それ以降は毎月増えました。最後に，(20)カフェテリアの利用は5月に伸び，それから利用者数は安定しました。

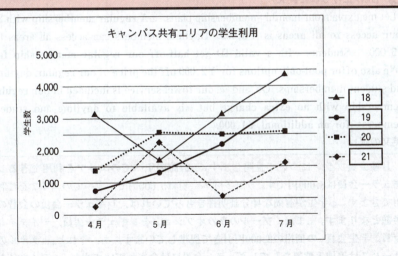

50

〈選択肢の訳〉

①	カフェテリア
②	コンピュータールーム
③	図書館
④	学生ラウンジ

▶解説◀

〈ポイント〉**最上級表現**や**増減表現**の聴き取り。

聴き取った情報を「キャンパス共有エリアの学生利用」を表すグラフと重ね合わせながら，グラフが表す４つの施設を特定する。まず，the student lounge had a continuous rise in users over all four months を聴き取り，グラフから 19 が④ Student Lounge であることを特定する。次に，The use of the computer room ... was the least consistent, with some increase and some decrease を聴き取り，グラフから 21 が②Computer Room であることを特定する。さらに，Library usage dropped in May but grew each month after that. を聴き取り，グラフから 18 が③Library であることを特定する。最後に，cafeteria use rose in May, and then the numbers became stable を聴き取り，グラフから 20 が①Cafeteria であることを特定する。

問22 22 ⑤ 問23 23 ⑥ 問24 24 ① 問25 25 ②

《読み上げられた英文》

Let me explain our monthly membership plans. ₍₂₂₎**A regular membership with 24-hour access to all areas is ¥8,000.** Daytime members can access all areas for ¥5,000. ₍₂₂₎**Students with a valid ID get half-off our regular membership fee.** ₍₂₃₎**We also offer pool-only options for ¥2,000 off the price of our regular,** daytime, and student memberships. Oh, and ₍₂₄₂₅₎**our towel service is included in our regular membership with no extra charge** but ₍₂₅₎**is available to daytime** and student members ₍₂₅₎**for an additional ¥1,000.**

《英文の訳》

月額会員プランについて説明します。₍₂₂₎**24時間すべてのエリアを利用できるレギュラー会員は8,000円です。**デイタイム会員は5,000円で，すべてのエリアをご利用できます。₍₂₂₎**学生が有効な身分証明書をもっていれば，レギュラー会員の会費の半額となります。**₍₂₃₎**また，プールのみのオプションをレギュラー会員，デイタイム会員，学生会員**₍₂₃₎**の価格の2,000円引きで提供しています。**あ，それと₍₂₄₂₅₎**タオルのサービスは追加手数料なしでレギュラー会員には含まれていますが，**₍₂₅₎**デイタイム会員と学生会員**₍₂₅₎**は1,000円の追加料金で利用できます。**

— 74 —

2023年度　リスニング　追試験〈解説〉　51

クラブ会員プランと月額会費

会員プラン	全エリア	プールのみ	タオルサービス
レギュラー	8,000円	23	24
デイタイム	5,000円	3,000円	25
学生	22	2,000円	1,000円

《選択肢の訳》

①	0円
②	1,000円
③	2,500円
④	3,000円
⑤	4,000円
⑥	6,000円

▶解説◀

〈ポイント〉複数の情報を重ね合わせて情報を取捨選択する。

　まず，会費について，A regular membership with 24-hour access to all areas is ¥8,000. と Students with a valid ID get half-off our regular membership fee. を聴き取り，学生会員の月額はレギュラー会員の月額の半額であることを理解し，表の 22 には⑤¥4,000が入る。次に，プールのみの使用は，We also offer pool-only options for ¥2,000 off the price of our regular を聴き取り，プールのみの利用はレギュラー会員の会費から2,000円引きであることを理解し，表の 23 には⑥¥6,000が入る。最後に，タオルのサービスは our towel service is included in our regular membership with no extra charge を聴き取り，表の 24 には①¥0が入り，さらに is available to daytime ... for an additional ¥1,000を聴き取り，表の 25 には②¥1,000が入る。

第4問B　モノローグ型質問選択問題

問26　26　③

《読み上げられた英文》

①　I suggest the Ashford Center. It has twenty rooms we can use for sessions that hold up to forty people each and a conference room for meetings. It's recently been updated **with Wi-Fi available everywhere**, and **it has an excellent food court**.

②　I recommend the Founders' Hotel. It's modern **with Wi-Fi in all rooms**, and many great restaurants are available just a five-minute walk from the building. They have plenty of space for lectures **with eight large rooms that accommodate seventy people each**.

— 75 —

③　I like Mountain Terrace. Of course, **there are several restaurants inside for people to choose from**, and **Wi-Fi is available throughout the hotel. They have ten rooms that can hold sixty people each**, but unfortunately they don't have a printing service.

④　Valley Hall is great! They have lots of space with five huge rooms that fit up to 200 people each. **There's a restaurant on the top floor with a fantastic view of the mountains.** If you need Wi-Fi, it's available in the lobby.

《英文の訳》

① 　私はアッシュフォードセンターをお勧めします。会合に使用でき，１室につき40人まで入れる部屋が20室と集会用の会議室が１室あります。当センターは最近アップデートされ，**施設内ならどこでも Wi-Fi が使え，そして素晴らしいフードコートを備えています。**

② 　私はファウンダーズホテルをお薦めします。**全室 Wi-Fi 付きのモダンな造り**であり，たくさんの素晴らしいレストランが建物から徒歩わずか５分圏内で利用できます。そこは講演用の広いスペースがあり，**１室70名収容できる大きな部屋が８室あります。**

③ 　私はマウンテンテラスを気に入っています。もちろん，**ホテル内にはレストランがいくつかあり，選ぶことができます。そしてホテル中どこでも Wi-Fi を利用することができます。１室あたり60名収容できる部屋が10室あります**が，あいにく印刷サービスはありません。

④ 　バレーホールは素晴らしいです！　１室最大200名収容できる大きな部屋が５室あり，たくさんのスペースがあります。**最上階には山の眺めが素晴らしいレストランがあります。**Wi-Fi が必要な場合は，ロビーで利用できます。

《問題文と選択肢の訳》

問26　26 は，あなたが選ぶ可能性が最も高い場所である。

① 　アッシュフォードセンター
② 　ファウンダーズホテル
③ 　マウンテンテラス
④ 　バレーホール

▶解説◀

〈ポイント〉複数情報を聴き取り，比較検討しながら取捨選択をする。

③　Mountain Terrace に関して，there are several restaurants inside for people to choose from（条件Ｃ），Wi-Fi is available throughout the hotel（条件Ｂ），They have ten rooms that can hold sixty people each（条件Ａ）を聴き取り，３つの条件をすべて満たしていることを理解する。

①　Ashford Center は，条件Ｂ，Ｃは満たしているが，条件Ａを満たしていない。

— 76 —

② Founders' Hotel は，条件A，Bは満たしているが，条件Cを満たしていない。

④ Valley Hall は，条件Cは満たしているが，条件A, Bを満たしていない。

聴き取った条件を表にまとめると次のようになる。

場所	条件A	条件B	条件C
① アッシュフォードセンター	×	○	○
② ファウンダーズホテル	○	○	×
③ マウンテンテラス	○	○	○
④ バレーホール	×	×	○

第5問 モノローグ型長文ワークシート完成・選択問題

問27 [27] ①　問28 [28] ⑥　問29 [29] ④　問30 [30] ③
問31 [31] ②　問32 [32] ②

《読み上げられた英文》

Today, we're going to focus on art in the digital age. With advances in technology, how people view art is changing. In recent years, some art collections have been put online to create "digital art museums." Why are art museums moving to digital spaces?

One reason has to do with visitor access. (27)**In digital museums, visitors can experience art without the limitation of physical spaces.** If museums are online, more people can make virtual visits to them. Also, (28)**as online museums never close, visitors can stay for as long as they like**! Another reason is related to how collections are displayed. Online exhibits enable visitors to watch videos, see the artwork from various angles, and use interactive features. (29)**This gives visitors much more specific information about each collection.**

Putting collections online takes extra effort, time, and money. First, (30)**museum directors must be eager to try this new format.** Then, (31)**they have to take the time to hire specialists** and (31)(33)**raise the money to buy the necessary technology.** Of course, many people might still want to see the actual pieces themselves. These factors are some reasons why not all museums are adding an online format.

Many art museums have been offering digital versions of their museums for free, but this system might change in the future. (32)**Museums will probably need to depend on income from a hybrid style of both in-person and online visitors. This**

— 77 —

kind of income could enable them to remain financially sustainable for future generations. Now, let's do our presentations. Group 1, start when you are ready.

《英文の訳》

本日は，デジタル時代におけるアートに焦点を当てます。テクノロジーの進歩と共に，人々がアートを見る方法は変化しつつあります。最近，一部のアートコレクションはオンライン化され，「デジタルアートミュージアム」を作り出しています。どうして美術館がデジタル空間に移行しているのでしょうか。

1つの理由は訪問者のアクセスに関係しています。(27)**デジタルミュージアムでは，訪問者は物理的空間の制限なしにアートを体験できます。**もし美術館がオンライン化されれば，もっと多くの人が仮想世界で美術館を訪問できます。また，(28)**オンラインミュージアムは閉まることが決してないので，訪問者は好きなだけずっと留まることができます！** もう1つの理由は，コレクションの展示の仕方と関係があります。オンライン展示では，訪問者がビデオを見たり，さまざまな角度から芸術作品を見たり，双方向の特徴を使ったりできます。(29)**このことは訪問者にコレクション1つ1つについてずっと多くの具体的な情報を提供します。**

コレクションをオンライン化するには余分な努力と時間とお金がかかります。まず，(30)**美術館の館長はこの新しいフォーマットを意欲的に試してみなければなりません。**次に，(31)**彼らは時間をかけて専門家を雇い，**(31/33)**必要なテクノロジーを買うために資金を調達しなければなりません。**言うまでもなく，実際の作品を自分の目で見たがる人も依然として多いかもしれません。これらの要因は，すべての美術館がオンラインフォーマットを追加しているわけではないいくつかの理由なのです。

多くの美術館は無料で美術館のデジタル版を提供してきていますが，このシステムは，将来変わるかもしれません。(32)**美術館はおそらく実際の訪問者とオンラインの訪問者の両方の混合スタイルからの収入に依存する必要があります。**この種の収入のおかげで，美術館は将来の世代のために財政的に維持可能であり続けることができるのです。では，発表に移りましょう。グループ1から用意ができ次第始めてください。

2023年度　リスニング　追試験〈解説〉　55

ワークシート

デジタル時代のアート

○デジタルテクノロジーが美術館に与える影響
　デジタルアートミュージアムは人々がアートにかかわる方法を変えている。なぜなら，美術館は 27 。

○デジタルアートミュージアムの顕著な特徴

美術館にとってのメリット	訪問者にとってのメリット
◆訪問者数が将来増加する可能性	◆より容易なアクセス ◆融通が利く 28 ◆詳細な 29

美術館の課題
次のような必要性： ◆熱意のある 30 ◆デジタルスペシャリスト ◆増加した 31

問27
《選択肢の訳》

① 物理的な場所にもはや制限されない
② オンラインで新作の芸術品を今では買うことができる
③ 創作されるアートの種類を制限する必要がない
④ 建物内の展示に重点を移す必要がある

▶解説◀

〈ポイント〉講義の内容を聴き取り，**概要を把握**する。

　講義の前半で語られている In digital museums, visitors can experience art without the limitation of physical spaces. を聴き取り，デジタルアートミュージアムが人々のアートへのかかわり方を変えている理由を理解する。

問28～31
《選択肢の訳》

① アーティスト
② 予算
③ 館長

— 79 —

56

④　情報
⑤　実際の絵画
⑥　訪問時間

▶解説◀

〈ポイント〉講義の内容を聴き取り，**概要を把握**する。

　One reason has to do with visitor access. の後に語られる訪問者にとってのメリットを聴き取り，ワークシートの Benefits to visitors の欄に適するように整理して，2つの空所を埋めていく。まず，as online museums never close, visitors can stay for as long as they like を聴き取り，訪問時間と滞在時間に関することだと捉え　28　には⑥ visiting time を入れる。次に，This gives visitors much more specific information about each collection. を聴き取り，アートに関する詳細な情報に関することだと捉え　29　には④ information を入れる。それから，Putting collections online takes extra effort, time, and money. の後に語られる美術館の課題を聴き取り，ワークシートの Challenges for museums の欄に適するように整理して，2つの空所を埋めていく。まず，museum directors must be eager to try this new format を聴き取り，館長の態度に関することだと捉え，　30　には③ directors を入れる。さらに続けて聞こえてくる they have to take the time to hire specialists を手がかりに，raise the money to buy the necessary technology を聴き取り，資金に関することだと捉え　31　には② budget を入れ，ワークシートを完成する。

問32

《選択肢の訳》

①　より多くの美術館が定期入場券を持っている訪問者に対して，サイトで無料のサービスを提供する計画をしている。
②　美術館は将来的に成功するために，従来の空間とオンライン空間の両方を維持する必要があるかもしれない。
③　美術館の目的の1つは，より若い世代に展示を直接見ることに興味を持たせることである。
④　持続可能な芸術作品の制作は，デジタルアートミュージアムを拡大する動機を提供するだろう。

▶解説◀

〈ポイント〉聴き取った内容を選択肢に重ね合わせて**真偽を判断**する。

　講義の最後の方で，美術館の将来の展望について述べられている。その内容として，Museums will probably need to depend on income from a hybrid style of both in-person and online visitors. を聴き取り，both in-person and online visitors が both traditional and online spaces に言い換えられ，続く This kind of income could enable

－ 80 －

them to remain financially sustainable for future generations. を聴き取り，remain financially sustainable for future generations が be successful in the future に言い換えられていることを理解し，適切な選択肢を選ぶ。

問33 33 ②

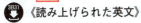
《読み上げられた英文》

Our group looked at a survey of 56 art museums conducted in the fall of 2020. (33)**Many art museums are currently thinking about how to go digital.** This survey specifically asked if art museums were putting their exhibition videos on the internet. Here are those survey results.

《英文の訳》

> 私たちのグループは2020年の秋に実施された56の美術館アンケート調査を考察しました。(33)**多くの美術館が現在，デジタル化の方法を検討しています。**このアンケート調査は美術館がインターネットに展示ビデオを公開しているかどうか具体的に尋ねたものでした。ここにそのアンケート調査の結果があります。

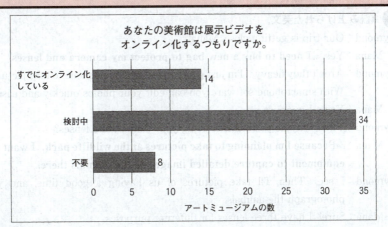

《選択肢の訳》

> ① 訪問者はアートを直接見たいと思っているので，14の美術館は展示ビデオをオンライン化することは不要であると決めた。
> ② 資金と職員を見つけるのに問題があるにもかかわらず，10を超える美術館がすでに展示ビデオをオンライン化している。
> ③ 8の美術館が展示ビデオをオンライン化していて，実物のコレクションを収納庫に入れるだろう。
> ④ 56の美術館のほとんどは，展示ビデオをオンライン化したいと思っている。なぜなら，労力がほとんどかからず，コストが安いからだ。

58

▶解説◀

〈ポイント〉聴き取った内容とグラフから読み取れる情報を**重ね合わせて要点を把握**する。

　最初の講義の後半で they have to take the time to hire specialists と raise the money to buy the necessary technology を聴き取り，専門家を雇うことと資金調達について述べていることを理解する。次に，グループの発表にある Many art museums are currently thinking about how to go digital. を聴き取り，多くの美術館が現在，デジタル化の方法を検討していることを理解する。さらに，Does Your Museum Plan to Post Exhibition Videos Online? と題したグラフから，すでにオンライン化している美術館が14あることを読み取り，聴き取った情報とグラフから読み取った情報を重ね合わせて，専門家の確保と資金調達という問題はあるものの，展示ビデオをオンライン化している美術館がすでに14あることを理解し，選択肢を特定する。

第6問A　対話文質問選択問題

問34 34 ①　　問35 35 ③

《読み上げられた英文》

Raymond：Our trip is getting close, Mana!

　　Mana：Yes, ㉞**I need to buy a new bag to protect my camera and lenses**.

Raymond：Aren't they heavy? I'm just going to use my smartphone to take pictures. With smartphone software you can edit your photos quickly and easily.

　　Mana：Yeah, I guess so.

Raymond：Then, why do you want to bring your camera and lenses?

　　Mana：㉞**Because I'm planning to take pictures at the wildlife park. I want my equipment to capture detailed images of the animals there.**

Raymond：I see. Then, I'll take pictures of us having a good time, and you photograph the animals.

　　Mana：Sure! I have three lenses for different purposes.

Raymond：That's going to be a lot of stuff. ㉟**I hate carrying heavy luggage.**

　　Mana：㉟**I do, too**, but since ㉞**I need my camera and lenses**, I have no choice. I think it'll be worth it, though.

Raymond：I'm sure it will. I'm looking forward to seeing your pictures!

　　Mana：Thanks.

《対話の訳》

レイモンド：僕たちの旅行が近づいてきてるね，マナ！
　　　マナ：そうね，㉞カメラとレンズを保護するために新しいバッグを買う必要があるわ。

— 82 —

2023年度　リスニング　追試験〈解説〉　59

> レイモンド：それらは重くない？　僕は写真を撮るのに自分のスマートフォンしか
> 　　　　　　使わないよ。スマートフォンのソフトウェアを使えば，素早く簡単に
> 　　　　　　写真を編集できるんだ。
> マナ：ええ，そう思うわ。
> レイモンド：じゃ，どうしてカメラとレンズを持って行きたいの？
> マナ：㉞野生動物公園で写真を撮る予定だからよ。自分の機材でそこにいる
> 　　　**動物の詳細な画像を撮影したいの。**
> レイモンド：なるほど。じゃ，僕は僕たちが楽しんでいる写真を撮って，君は動物
> 　　　　　　の写真を撮るっていうことだね。
> マナ：そうよ！　私は異なる目的のためにレンズを３個持っているの。
> レイモンド：それは大荷物だね。㉟僕は重い荷物を持ち歩くのは大嫌いなんだ。
> マナ：㉟私もそうよ。だけど，㉞カメラとレンズが必要なので，仕方ないわ。
> 　　　だけど，それだけの価値はあると思うわ。
> レイモンド：きっとそうだね。君が撮った写真を見るのを楽しみにしているよ。
> マナ：ありがとう。

《質問と選択肢の訳》

問34　どの記述がマナの意見を最もよく表しているか。
① 旅行にカメラとレンズを持って行くことが必要である。
② 最新のスマートフォンを入手することは有利である。
③ 海外旅行の荷造りには時間がかかる。
④ 携帯電話でソフトウェアをアップデートすることは厄介だ。

▶解説◀
〈ポイント〉話し手の**意見**を把握する。

　マナの最初の発話 I need to buy a new bag to protect my camera and lenses と３回目の発話 Because I'm planning to take pictures at the wildlife park.　I want my equipment to capture detailed images of the animals there.　さらに５回目の発話 I need my camera and lenses を聴き取り，自分の機材，つまりカメラとレンズで動物の写真を撮りたがっていることを把握し，選択肢を特定する。

《質問と選択肢の訳》

問35　話し手は二人とも次の記述のどれに同意しそうか。
① 壊れたスマートフォンを修理するのは高くつく。
② 走っている動物の写真を撮ることは不可能である。
③ 重い荷物を持ち歩くのは嫌だ。
④ 彼らの両方がカメラとレンズを買うことが極めて重要である。

— 83 —

60

▶解説◀

〈ポイント〉話し手の**意見**を把握する。

　レイモンドは5回目の発話で I hate carrying heavy luggage. と言い，それに対してマナは I do, too と言っていることを聴き取り，「重い荷物を持ち歩くのが嫌である」という点で二人の意見が一致していることを理解し，選択肢を特定する。

第6問B　会話長文意見・図表選択問題

問36　36　①　　問37　37　②

《読み上げられた英文》

Jeff : So, Sally, we have to start thinking about graduation research.

Sally : I know, Jeff.

Jeff : And we can choose to work together as a group or do it individually. I'm leaning towards the group project. What do you think, Matt?

Matt : Well, Jeff, ₃₆**I'm attracted to the idea of doing it on my own.** I've never attempted anything like that before. I want to try it. How about you, Sally?

Sally : ₃₆**Same for me, Matt.** I want to really deepen my understanding of the research topic. Besides, I can get one-on-one help from a professor. Which do you prefer, Aki?

Aki : ₃₇**I prefer group work because I'd like to develop my communication skills in order to be a good leader in the future.**

Jeff : Cool. Coming from Japan, you can bring a great perspective to a group project. I'd love to work with you, Aki. Matt, don't you think it'd be better to collaborate?

Matt : ₃₆**Yes, it does sound fun, Jeff. Come to think of it, I can learn from other students if I'm in a group. We can work on it together.** Would you like to join us, Sally?

Sally : Sorry. ₃₆**It's better if I do my own research** because I'm interested in graduate school.

Aki : Oh, too bad. Well, for our group project, what shall we do first?

Jeff : Let's choose the group leader. Any volunteers?

Aki : I'll do it!

Matt : Fantastic, Aki!

《会話の訳》

> ジェフ：さて，サリー，僕たちは卒業研究について考え始めなければなきゃならないね。
>
> サリー：わかってるわ，ジェフ。

— 84 —

2023年度　リスニング　追試験〈解説〉　61

ジェフ：そして，僕たちはグループで一緒に研究するのか，個人で研究するのかを
　　　　選ぶことができるんだ。僕はグループプロジェクトに傾いているんだ。ど
　　　　う思う，マット？

マット：そうだね，ジェフ。㊱僕は自分一人でする考えに惹かれているんだ。僕は
　　　　これまでそのようなことを試みたことがないんだ。試してみたいんだ。サ
　　　　リー，君はどう思う？

サリー：㊱私も同じよ，マット。私は研究テーマについての自分の理解を本当に深
　　　　めたいの。その上，教授からマンツーマンで助言を得ることができるわ。
　　　　どちらのほうが好き，アキ？

　アキ：㊲私はグループワークのほうが好きだわ。だって将来良いリーダーになる
　　　　ためにコミュニケーション能力を伸ばしたいの。

ジェフ：すごいね。日本出身の君は，グループプロジェクトに優れた視点をもたら
　　　　すことができるよ。僕は君と研究したいよ，アキ。マット，君は協力する
　　　　ことのほうがよりよいと思わないかい？

マット：㊱うん。楽しそうだね，ジェフ。そう言えば，グループにいれば他の学生か
　　　　ら学ぶことができるね。僕たちは一緒に取り組むことができるね。僕たち
　　　　に加わりたいかい，サリー？

サリー：ごめん。㊱私は自分の研究をするほうがいいわ。だって大学院に興味があ
　　　　るの。

　アキ：あっ，残念。ところで，グループプロジェクトって，最初に何をするの？

ジェフ：グループリーダーを選ぼう。誰かやる人は？

　アキ：私がするわ！

マット：いいぞ，アキ！

問36

▶解説◀

〈ポイント〉四人の話し手からそれぞれの意見を判断する。

　質問にある「単独での研究を選択している」人を選ぶことから，サリーは，マット
の「単独研究への傾倒」についての発言を受けて，2回目の発話で Same for me, Matt.
と言い，3回目の発話で It's better if I do my own research と言っていることを聴き
取り，「単独での研究」を希望していることを理解する。マットは1回目の発話で I'm
attracted to the idea of doing it on my own と言い単独研究を主張していたが，ジェフ
の「協力」という発言に対して，2回目の発話で Yes, it does sound fun, Jeff.　Come to
think of it, I can learn from other students if I'm in a group.　We can work on it
together と言い，グループ研究に変更したことを捉える。なお，ジェフは2，3回目
の発話で，アキは1回目の発話で，「グループ研究」を希望していることを押さえる。
単独研究かグループ研究かについて，四人の意見をまとめると以下のように整理でき
る。

ジェフ	2回目の発話(グループ研究): I'm leaning towards the group project. 3回目の発話(グループ研究): you can bring a great perspective to a group project.
サリー	2回目の発話(単独研究): Same for me, Matt. 3回目の発話(単独研究): It's better if I do my own research
マット	1回目の発話(単独研究): I'm attracted to the idea of doing it on my own ↓ 2回目の発話(グループ研究に変更): I can learn from other students if I'm in a group. We can work on it together.
アキ	1回目の発話(グループ研究): I prefer group work

問37
《選択肢の訳》

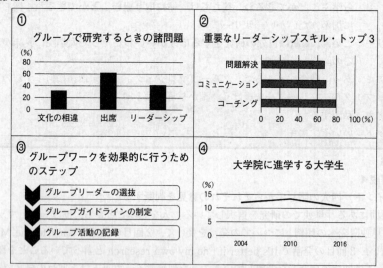

▶解説◀

〈ポイント〉話し手の主張の根拠となる**図表**を**判断**する。

　質問内容からアキの発話に焦点をあて，アキが1回目の発話で I prefer group work because I'd like to develop my communication skills in order to be a good leader in the future. と言っていることを聴き取り，リーダーシップスキルについて表している図表を選択する。

英　　語
（リスニング）

（2022年1月実施）

受験者数　479,040

平　均　点　　59.45

※解説の ⬇2A03 ～ ⬇2A35 はトラック番号（MP3のファイル名）を示しています。

2022　リスニング　本試験

英　語（リスニング）

解答・採点基準　　（100点満点）

問題番号 (配点)	設問		解答番号	正解	配点	自己採点
第1問 (25)	A	問1	1	③	4	
		問2	2	②	4	
		問3	3	②	4	
		問4	4	①	4	
	B	問5	5	④	3	
		問6	6	④	3	
		問7	7	①	3	
第1問　自己採点小計						
第2問 (16)		問8	8	③	4	
		問9	9	②	4	
		問10	10	④	4	
		問11	11	③	4	
第2問　自己採点小計						
第3問 (18)		問12	12	①	3	
		問13	13	③	3	
		問14	14	④	3	
		問15	15	①	3	
		問16	16	④	3	
		問17	17	①	3	
第3問　自己採点小計						

問題番号 (配点)	設問		解答番号	正解	配点	自己採点
第4問 (12)	A	問18	18	②	4 *	
		問19	19	④		
		問20	20	①		
		問21	21	③		
		問22	22	②	1	
		問23	23	⑤	1	
		問24	24	②	1	
		問25	25	③	1	
	B	問26	26	②	4	
第4問　自己採点小計						
第5問 (15)		問27	27	③	3	
		問28	28	③	2 *	
		問29	29	②		
		問30	30	⑤	2 *	
		問31	31	④		
		問32	32	④	4	
		問33	33	④	4	
第5問　自己採点小計						
第6問 (14)	A	問34	34	②	3	
		問35	35	④	3	
	B	問36	36	②	4	
		問37	37	②	4	
第6問　自己採点小計						
自己採点合計						

(注)　＊は，全部正解の場合のみ点を与える。

第1問A　短文発話内容一致問題

問1　1　③

《読み上げられた英文》
M：There weren't very many people on the bus, so **I sat down**.

《英文の訳》

> 男性：バスにはあまり人が乗っていなかったので，**私は座った**。

《選択肢の訳》

> ① 話し手はバスで席を見つけることができなかった。
> ② 話し手はバスで誰にも会わなかった。
> ③ 話し手はバスで席に座れた。
> ④ 話し手はバスで多くの人に会った。

▶解説◀

〈ポイント〉**肯定と否定**の聴き取りと表現の**言い換え**。

　I sat down を聴き取り，男性がバスの席に座ったことを理解する。なお，I sat down が選択肢③では got a seat に**言い換え**られていることを理解する。

問2　2　②

《読み上げられた英文》
M：Susan, **I left my phone at home**. Wait here. **I'll be back**.

《英文の訳》

> 男性：スーザン，僕，家に電話を置き忘れちゃったよ。ここで待っていて。すぐに戻ってくるから。

《選択肢の訳》

> ① 話し手はスーザンに戻るように頼むだろう。
> ② 話し手は自分の電話を取りに行くだろう。
> ③ 話し手は自分の電話を置き忘れるだろう。
> ④ 話し手はスーザンを待つだろう。

▶解説◀

〈ポイント〉「**時制**」の聴き取り。

　I left my phone at home と I'll be back. を聴き取り，話し手の行動を予測する。left my phone at home の「**意味と時制**」，I'll be back. の「**時制**」の聴き取りに注意する。

問3　3　②
《読み上げられた英文》
M：I didn't lose **my map of London**. **I've just found it in my suitcase**.
《英文の訳》

> 男性：ロンドンの地図を失くしていなかった。たった今，スーツケースの中にそれを見つけたところだ。

《選択肢の訳》

> ① 話し手はロンドンで自分のスーツケースを見つけた。
> ② 話し手はロンドンの地図を持っている。
> ③ 話し手はロンドンでスーツケースを失くした。
> ④ 話し手はロンドンの地図を買う必要がある。

▶解説◀
〈ポイント〉「指示詞と現在完了形」の聴き取り。

　I've just found it in my suitcase. を聴き取り，it が my map of London を指していることを押さえ，ロンドンの地図をいま持っていることを理解する。

問4　4　①
《読み上げられた英文》
M：Claire usually **meets Thomas for lunch on Fridays, but she's too busy this week**.
《英文の訳》

> 男性：クレアはふつう毎週金曜日に昼食を取るためトーマスと会うが，今週は忙しすぎて会えない。

《選択肢の訳》

> ① クレアは今週の金曜日に昼食を取るためにトーマスと会うことができない。
> ② クレアは毎週金曜日にトーマスと昼食を取ることはめったにない。
> ③ クレアはふつう毎週金曜日にトーマスと会わない。
> ④ クレアは今週の金曜日にトーマスと昼食を取るだろう。

▶解説◀
〈ポイント〉too 〜 の聴き取りと**含意関係**。

　meets Thomas for lunch on Fridays, but she's too busy this week を聴き取り，**含意関係**として「今週は忙しすぎてトーマスと昼食を取ることができないこと」を理解する。

2022年度　リスニング　本試験〈解説〉　5

第1問B　短文発話イラスト選択問題

問5　5　④

《読み上げられた英文》
M：Kathy ate two pieces, and Jon ate everything else. **So, nothing's left.**

《英文の訳》

> 男性：キャシーが2切れ食べ，ジョンがその他すべて食べたよ。だから，何も残っていないんだ。

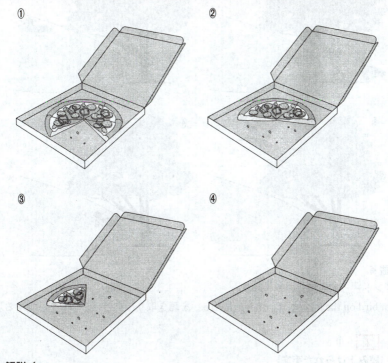

▶解説◀

〈ポイント〉　「**結果**」を表す **so** の聴き取り。

　So, nothing's left. を聴き取り，食べ物が何も残っていないイラストを選ぶ。

問6 6 ④

《読み上げられた英文》
M：Look at **that bird on the lake**. It's under the tree.

《英文の訳》
> 男性：湖に浮かんでいるあの鳥を見てごらん。木の下にいるよ。

▶解説◀
〈ポイント〉「前置詞」の聴き取り。

　that bird on the lake と It's under the tree. を聴き取り，鳥のいる場所を特定する。

問7 7 ①

《読み上げられた英文》
M：I prefer this one. **There's no belt, and it's longer.**

《英文の訳》
> 男性：僕はこのほうが好きだな。ベルトがなく，丈が長いほうだよ。

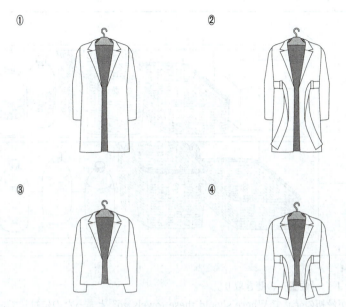

▶解説◀

〈ポイント〉情報の**取捨選択**。

　There's no belt, and it's longer. を聴き取り，ベルトの有無と丈の長さを取捨選択する。

第2問　対話文イラスト選択問題

問8　8　③

《読み上げられた英文》
W：Oh, I forgot. **Where should these towels go?**
M：**In the basket on the bottom shelf.**
W：**The one beside the bottles?**
M：**No, the other one.**
Question：
Where should the woman put the towels?

《対話と質問の訳》

> 女性：あっ，忘れちゃった。**このタオルはどこに入れるんだっけ？**
> 男性：**一番下の棚のかごの中だよ。**
> 女性：**ボトルの横にあるかごのこと？**
> 男性：**それじゃなく，もう一つのかごだよ。**
> 質問：女性はタオルをどこに置くべきか。

8

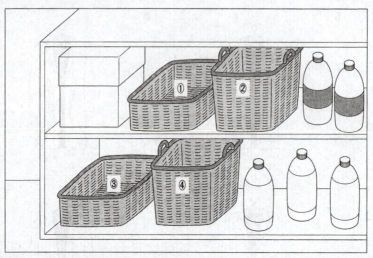

▶解説◀

〈ポイント〉「位置」の聴き取り。

　女性が最初の発話で Where should these towels go? と言ったのに対して,男性が In the basket on the bottom shelf. と応答していることを聴き取り,タオルは棚の一番下のかごに入れることを押さえる。次に女性の2回目の発話にある The one beside the bottles? に対し,男性が No, the other one. と応答していることを聴き取り,女性がタオルを置くべき場所を特定する。

問9　9　②

《読み上げられた英文》

W：Are you ready to order, sir?
M：Yes, **I'd like the fried noodle set**.
W：Certainly. **Would you like rice with that?**
M：Well .... **It comes with two side dishes, so that's enough.**
Question：
What did the man order?

《対話と質問の訳》

> 女性：ご注文はお決まりですか。
> 男性：はい,焼きそばセットをお願いします。
> 女性：かしこまりました。一緒にご飯はいかがですか。
> 男性：ええっと,副菜が2皿ついて来るので,それで十分です。
> 質問：男性は何を注文したか。

— 94 —

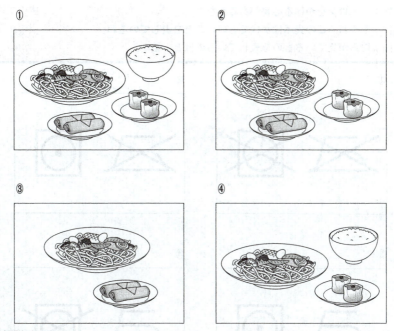

▶解説◀
〈ポイント〉「注文」の聴き取り。
　注文を取りに来た女性(店員)に対して，男性(客)が I'd like the fried noodle set と応答していることを聴き取る。さらに女性が２回目の発話で Would you like rice with that? と言ってご飯を勧めると，男性が２回目の発話で It comes with two side dishes, so that's enough. と言って女性の申し出を断っていることを聴き取り，男性の注文内容を特定する。

問10　10　④

《読み上げられた英文》
M：Can I put this shirt in the dryer?
W：No, look at the square symbol. It's crossed out.
M：Do I have to iron it?
W：Well, this symbol shows that you can.
Question：
Which picture shows what they are looking at?

《対話と質問の訳》

男性：このシャツを乾燥機に入れてもいいかな？
女性：ダメよ，四角い表示を見て。バツがついているわ。

男性：アイロンをかける必要があるかな？
女性：そうね，この表示はかけてもいいことを表しているわ．
質問：彼らが見ているものを表しているのはどの絵か．

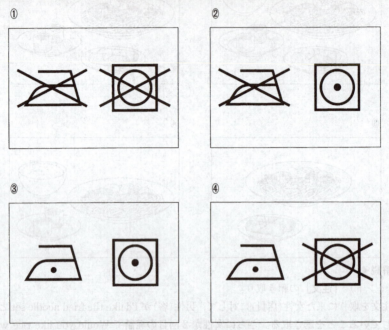

▶解説◀
〈ポイント〉聴き取った情報に基づくイラストの**取捨選択**．

　男性が最初の発話で Can I put this shirt in the dryer? と言ったことに対して，女性が No ... the square symbol. It's crossed out. と応答していることを聴き取る．さらに男性が2回目の発話で Do I have to iron it? と言い，女性が this symbol shows that you can と返答していることを聴き取り，2人が見ている絵を特定する．

問11　11　③

《読み上げられた英文》
W：**I'd rather not sit near the exit.**
M：But **not too near the screen, either**.
W：**Isn't the sound better at the back?**
M：Do you think so? **Let's sit there**, then.
Question：
Which seats will the speakers choose?

《対話と質問の訳》

> 女性：**出口付近には座りたくないわ。**
> 男性：**でもスクリーンに近すぎるのもちょっとね。**
> 女性：**音は後ろのほうが良くない？**
> 男性：そう思うかい？ じゃあ，そこに座ろう。
> 質問：話し手たちはどの座席を選ぶか。

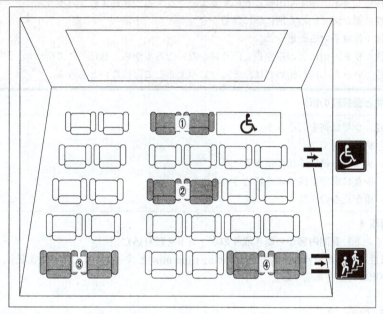

▶解説◀

〈ポイント〉「位置」の聴き取り。

　女性が最初の発話で I'd rather not sit near the exit. と言い，それに対して男性が not too near the screen, either と言っていることを聴き取る。さらに女性が Isn't the sound better at the back? と言い，それに対して男性が Let's sit there と言って同意したことを聴き取り，2人が座る座席を特定する。

第3問　対話文質問選択問題

問12　12　①

《読み上げられた英文》

W : It's just about to rain.
M : Then **I'm leaving right now**, so I won't get wet.

W：You can't get to the train station before it starts raining.

M：I think I can.

W：Well, the rain won't last long anyway.　I'm waiting here.

M：Once it starts, I don't think it'll stop that soon.

《対話の訳》

女性：今にも雨が降りそうだわ。

男性：じゃあ，**今すぐ出ることにするよ**，そうすると濡れずにすみそうだ。

女性：雨が降り始める前に駅には着かないわ。

男性：僕は着けると思うよ。

女性：まあ，雨はどのみち長く降り続かないだろうから，私はここで待つわ。

男性：いったん降り始めれば，そんなに早く止むことはないと思うよ。

《質問と選択肢の訳》

問12　少年は何をしそうか。

① 　駅まで急ぐ

② 　少女と一緒に学校に留まる

③ 　少女に自分を待つように言う

④ 　雨が止むのを待つ

▶解説◀

〈ポイント〉**質問内容**から聴き取りの**ポイントを絞り込む**。

　男性（少年）が最初の発話で I'm leaving right now と言っていることを聴き取り，少年が取る行動を推測する。

問13　13　③

《読み上げられた英文》

M：The doctor says I need to come back in two weeks.

W：**The first available appointment is March 2nd at 5.**　How's that?

M：I'm afraid that's no good.　**How about the next day?**

W：**There are openings at 11 : 30 and 4.**　Which is better?

M：Hmm, **I guess I'll come in the morning.**

《対話の訳》

男性：先生からは2週間後にまた来るように言われています。

女性：**一番早く取ることができる予約は3月2日の5時です。**いかがですか。

男性：あいにくそこはダメです。その翌日はどうですか。

女性：**11時半と4時に空きがあります。**どちらがいいですか。

男性：うーん，**午前中に来ることにします。**

— 98 —

《質問と選択肢の訳》

問13　男性はどの日に医者に診てもらうか。
① 3月1日
② 3月2日
③ 3月3日
④ 3月4日

▶解説◀

〈ポイント〉「月日」の聴き取りと**単純な計算**。

女性(病院の受付係)が男性(患者)に The first available appointment is March 2nd at 5. と伝えると，男性が How about the next day? と言って，その次の日，つまり3月3日を提案している。それに対して女性が There are openings at 11：30 and 4. と応答し，男性が I guess I'll come in the morning と言って時間を選んでいるのを聴き取り，男性の次回の予約日を特定する。

問14　 14 　④
《読み上げられた英文》

M：That's a nice handbag! Where did you get it?
W：At the new department store.
M：**I want to buy one just like that for my mother's birthday.**
W：Actually, **I'm going there** with my sister tomorrow to find a shoulder bag for my aunt.
M：**Can I go with you?**
W：**Of course.**

《対話の訳》

男性：それ，素敵なハンドバックだね！　どこで買ったの？
女性：新しいデパートよ。
男性：僕も母の誕生日にちょうどそれと同じようなものを買いたいと思っていてね。
女性：実は，叔母にあげるためのショルダーバッグを見つけに，明日は妹と一緒にそこに行くことになっているのよ。
男性：僕も一緒に行っていい？
女性：もちろんよ。

《質問と選択肢の訳》

問14　男性は何をするだろうか。
① 自分の妹とショルダーバッグを買う

14

② 自分の叔母にあげるために誕生日プレゼントを選ぶ
③ 自分の母親と店を見つける
④ 自分の母親にあげるためにハンドバッグを買う

▶解説◀

〈ポイント〉対話の展開に沿いながら，**情報の取捨選択**をする。

　女性が持っているハンドバッグを見て男性が 2 回目の発話で I want to buy one just like that for my mother's birthday. と言ったのに対して，女性が I'm going there と応答し，男性が女性に Can I go with you? と言って許可を求めたところ，女性が Of course. と了解したことを聴き取り，男性がこれから取る可能性のある行動を特定する。

問15　[15]　①

🔊 《読み上げられた英文》

W：How do I get to the museum?

M：You mean the new city museum?

W：Yeah, the one featuring American art.

M：**That museum displays works from Asia, not from America.**

W：Really? I saw American art on their website once.

M：**That was a temporary exhibit, on loan from another museum.**

W：**Too bad.**

《対話の訳》

> 女性：美術館へはどうやって行くのですか。
> 男性：新しい市立美術館のことですか。
> 女性：ええ，アメリカの美術品を特集しているそれです。
> 男性：**あの美術館でしたらアジアの作品を展示していて，アメリカのではありません。**
> 女性：本当ですか。以前そこのウェブサイトでアメリカの美術品を見たのですが。
> 男性：**あれは企画展で，他の美術館から借りてきたのです。**
> 女性：残念だわ。

《質問と選択肢の訳》

問15　なぜ女性はがっかりしているか。
① アメリカの美術品が展示されていない。
② 今日はアジアの美術品が展示されていない。
③ 美術館は現在のところずっと閉館している。
④ ウェブサイトは一時的に機能していない。

— 100 —

▶解説◀

〈ポイント〉対話の展開に沿いながら,「感情の原因」を聴き取る。

　アメリカの美術品を観覧したがっている女性(観光客)に,男性(観光案内係)が2回目の発話で That museum displays works from Asia, not from America. と言い,女性がウェブサイトでアメリカの美術品を特集していることを知ったと言っている。これに対して,男性が That was a temporary exhibit, on loan from another museum. と言ったことで,女性が Too bad. と言っているのを聴き取り,女性の感情の原因を理解する。

問16 16 ④

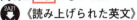

《読み上げられた英文》

M：Hey, I can't log in.
W：Did you put in the right password?
M：Yes, I did. I retyped it several times.
W：**And is your username correct?**
M：I think so …. **It's my student number, isn't it?**
W：Yes. But is that your student number?
M：Uh-oh, I entered two zeros instead of one.

《対話の訳》

> 男性：ちょっと,ログインできないんだけど。
> 女性：正しいパスワードを入れた？
> 男性：うん,入れたよ。何度もそれを再入力したんだ。
> 女性：**それじゃ,あなたのユーザー名は合っている？**
> 男性：そう思うけど…それって学籍番号だよね。
> 女性：そうよ。でも,それ,あなたの学籍番号なの？
> 男性：あ,ゼロを1つじゃなく2つ入力しちゃったよ。

《質問と選択肢の訳》

> 問16　なぜ少年は困っているのか。
> ①　彼はユーザー名を入力しなかった。
> ②　彼は正しいパスワードを使わなかった。
> ③　彼は自分のパスワードを忘れた。
> ④　彼は自分のユーザー名を入力ミスした。

▶解説◀

〈ポイント〉質問内容からの聴き取り**ポイントの絞り込み**と表現の**言い換え**。

　コンピューターのログインができない男性(男子生徒)に対して女性(女子生徒)が2回目の発話で And is your username correct? と尋ね,男性が It's my student number, isn't it? と確認をしたことに対して，女性が Yes. But is that your student number? と言って，男性のユーザー名に疑問を投げかけたことで，男性が自分の入力ミスに気づいて，Uh-oh, I entered two zeros instead of one. と言ったことを聴き取り，ログインができなかった原因を理解する。なお，I entered two zeros instead of one が選択肢④では He mistyped his username. に言い換えられていることに注意。

問17　17　①

🔊 《読み上げられた英文》

W：How was the concert yesterday?

M：**Well, I enjoyed the performance a lot, but the concert only lasted an hour.**

W：Oh, that's kind of short. How much did you pay?

M：About 10,000 yen.

W：Wow, that's a lot! **Do you think it was worth that much?**

M：**No, not really.**

《対話の訳》

> 女性：昨日のコンサートはどうだった？
>
> 男性：**ええと，演奏はとても楽しめたけど，コンサートは 1 時間しかなかったんだ。**
>
> 女性：あら，それはちょっと短いわね。いくら払ったの？
>
> 男性：1 万円ほど。
>
> 女性：うわー，それは高いわね！　**それ，そんなに価値があったと思う？**
>
> 男性：**いや，そうは思わなかったよ。**

《質問と選択肢の訳》

> 問17　男性はコンサートについてどう思っているか。
>
> ①　それはもっと長く続くべきだった。
>
> ②　それは期待通りの長さだった。
>
> ③　演奏はかなり下手だった。
>
> ④　値段はもっと高くてもよかったのに。

▶解説◀

〈ポイント〉**質問内容**からの聴き取り**ポイントの絞り込み**と**因果関係**の聴き取り。

　昨日のコンサートについて尋ねた女性に，男性が最初の発話で Well, I enjoyed the performance a lot, but the concert only lasted an hour. と応答し，そのコンサートに 1 万円ほど払ったという男性に女性が 3 回目の発話で Do you think it was worth that much? と尋ね，それに対し男性が No, not really. と応答したことを聴き取り，コンサートの値段と時間との関係からコンサートについての男性の感想を推測する。

— 102 —

第4問A モノローグ型図表完成問題

問18 **18** ②　　問19 **19** ④　　問20 **20** ①　　問21 **21** ③

《読み上げられた英文》

I always enjoy the holidays.　One of my happiest memories is about a snowy night just before Christmas.　As (18)**the hall clock struck nine**, there was a loud knock at the door.　"Who could it be?" we wondered.　(19)**My father went to the door**, and in a surprised voice we heard, "Oh, my ... look who's here!"　We all ran to the hall, and (20)**there was my favorite uncle with his arms full of gifts**.　He surprised us with a visit.　Then, (21)**he helped us decorate our Christmas tree**.　We had so much fun.

《英文の訳》

> 僕はいつも休暇を満喫しています。僕の最も幸せな思い出のひとつは，クリスマス直前のある雪の降る夜のことです。(18)**大きな置き時計が9時を打ったとき**，ドアをノックする大きな音がしました。僕たちは「誰だろう？」と思いました。(19)**お父さんがドアのところに行き**，驚いた声で，「おやまあ，ここに誰がいるか見においで！」と言うのが聞こえました。僕たち皆が玄関ホールに駆けつけると，(20)**両腕いっぱいにプレゼントを抱えた僕の大好きな叔父さんがいました**。叔父さんは訪問して僕たちを驚かせてくれたのでした。それから，(21)**叔父さんは僕たちがクリスマスツリーに飾りをつけるのを手伝ってくれました**。僕たちは大いに楽しみました。

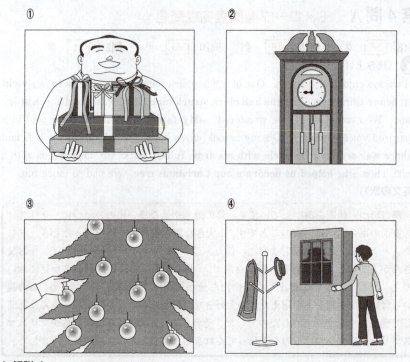

▶解説◀

〈ポイント〉**出来事を時系列に沿って並べる。**

　出来事の展開が，the hall clock struck nine→My father went to the door→there was my favorite uncle with his arms full of gifts→he helped us decorate our Christmas tree となっていることを理解し，その内容を表すイラストを出来事の展開順に並べる。

問22　22　②　　問23　23　⑤　　問24　24　②　　問25　25　③

《読み上げられた英文》

　Here are all the items that were donated last week. Please help me sort them into the proper boxes. First, summer clothes go into Box 1, whether they are for men or for women. In the same way, (22)(24)**all winter clothes for men and women go into Box 2**. (25)**Box 3 is for children's clothes, regardless of the season they're worn in.** Shoes and bags should be put into Box 4. (23)**All other items go into Box 5.**

《英文の訳》

> 先週寄付されたすべての品目がここにあります。私がそれらを適切な箱に分類するのを手伝ってください。まず，夏服はボックス1に，男性用でも女性用でも。同

— 104 —

2022年度　リスニング　本試験〈解説〉　19

様に，₍22/24₎冬服はすべて，男性用も女性用もボックス2に。₍25₎ボックス3は子ども用の服で，着る季節には関係ありません。靴と鞄はボックス4に。₍23₎他のすべての品目はボックス5です。

集められた品目

品目番号	属性	品目	箱番号
0001	男性用	ダウンジャケット	22
0002	男性用	ベルト	23
0003	女性用	スキーウェア	24
0004	男の子用	スキーウェア	25
0005	女の子用	コート	
0006	男性用	コットンセーター	

《選択肢の訳》

① ボックス1　　② ボックス2　　③ ボックス3　　④ ボックス4
⑤ ボックス5

▶解説◀

〈ポイント〉複数の情報を重ね合わせて取捨選択する。

　まず，all winter clothes for men and women go into Box 2 から，男性用ダウンジャケットは冬服なのでボックス2，女性用スキーウェアも冬服なのでボックス2に入る。次に，Box 3 is for children's clothes, regardless of the season they're worn in. から，男の子用スキーウェアはボックス3に入る。最後に聞こえてくる All other items go into Box 5. を聴き取り，ベルトはその他の品目なのでボックス5に入ることを理解して表を完成する。

第4問B　モノローグ型質問選択問題

問26　26　②

《読み上げられた英文》

① There are so many books to choose from, but one I think would be good is **a science fiction novel**, *Exploring Space and Beyond*, that was **published last month**. It can be read in one sitting because it's **just 150 pages** long.

② I read a review online about a book that was **published earlier this year**, titled *Farming as a Family*. It's **a true story about a man** who decided to move with his

— 105 —

family to the countryside to farm. It's an easy read ... **around 200 pages**.

③ I know **a really good autobiography** called *My Life as a Pop Star*. It's **300 pages** in length. I think it would be an interesting discussion topic for our group. I learned a lot when I **read it several years ago**.

④ I heard about **a new book**, *Winning at the Olympics*. It features Olympic athletes who won medals. It has so many interesting photographs and some really amazing **true-life stories**. It's **275 pages** long.

《英文の訳》

> ① 選択できる本は非常にたくさんありますが、僕が良さそうだと思うのは、**先月出版されたSF小説『宇宙とその先を探る』**です。**たった150ページ**なので一気に読むことができます。
>
> ② **今年初めに出版された『家族での農業』というタイトルの本**の書評をネットで読みました。それは農業をするために家族と一緒に田舎に移り住むことを決心した**ある男性についての実話**です。簡単に読める本で…**200ページ**ほどです。
>
> ③ 私は『ポップスターとしての私の人生』という**本当に良い自伝**を知っています。長さは**300ページ**です。それは私たちのグループにおいて興味深い議論のテーマになるだろうと思います。**数年前にそれを読んだとき多くを学びました**。
>
> ④ 僕は『オリンピックで勝つこと』という**新刊**について聞きました。それはメダルを獲得したオリンピック選手が主人公です。非常に多くの興味深い写真と本当に驚くような**実話**がいくつか載っています。長さは**275ページ**です。

《質問と選択肢の訳》

問26 | 26 | は、あなたが選ぶ可能性が最も高い本だ。
① 『宇宙とその先を探る』
② 『家族での農業』
③ 『ポップスターとしての私の人生』
④ 『オリンピックで勝つこと』

▶解説◀

〈ポイント〉**複数情報を聴き取り、比較検討**しながら取捨選択する。

② *Farming as a Family* に関して、published earlier this year（条件B）、a true story about a man（条件C）、around 200 pages（条件A）を聴き取り、3つの条件をすべて満たしていることを理解する。

① *Exploring Space and Beyond* は、条件A、Bは満たしているが、条件Cを満たしていない。

③ *My Life as a Pop Star* は、条件Cは満たしているが、条件A、Bを満たしていない。

④ *Winning at the Olympics* は、条件B、Cは満たしているが、条件Aを満たしてい

— 106 —

2022年度　リスニング　本試験〈解説〉　21

ない。

	本のタイトル	条件A	条件B	条件C
①	『宇宙とその先を探る』	○	○	×
②	『家族での農業』	○	○	○
③	『ポップスターとしての私の人生』	×	×	○
④	『オリンピックで勝つこと』	×	○	○

第5問　モノローグ型長文ワークシート完成・選択問題

問27 <u>27</u> ③　問28 <u>28</u> ③　問29 <u>29</u> ②　問30 <u>30</u> ⑤
問31 <u>31</u> ④　問32 <u>32</u> ④

《読み上げられた英文》

Today I'll introduce a recent work model based on "gig work." Do you know this term? This model utilizes the spread of smartphones and the internet. It enables businesses to connect with and hire freelance workers through digital platforms. (27)**These workers are called gig workers, who do individual jobs, or gigs, on short-term contracts.**

Let's look at some benefits of the gig work model. This model is attractive to companies because (28)**they can save on operating costs**, and they can easily hire a more skilled workforce through digital platforms. (29)**The workers have the opportunity to control the numbers and types of projects according to their preferences**, with the freedom to choose their schedule and workload. However, their income can be unstable because it is based on individual payments instead of a regular salary.

The gig work model is expanding to include various types of work. (30)**It has become common for local service jobs** such as taxi and delivery drivers. (31)**There is now increasing demand for highly specialized project work**, not only domestically but also internationally. (33)**For example, a company that needs help with its advertising can hire international consultants who work remotely in different countries. In fact, a large number of U. S. companies are already taking advantage of digital platforms to employ an international workforce.**

(32)**The gig work model is challenging us to rethink the concepts of permanent employment, and full-time and part-time work.** Working on a contract basis for

— 107 —

22

multiple companies may give gig workers additional income while maintaining their work-life balance. As more and more people enter the gig job market, this work model will undoubtedly expand as a work model for future generations.

《英文の訳》

今日は,「ギグワーク」に基づいた最近のワークモデル(働き方)を紹介します。皆さんはこの用語を知っていますか。このモデルはスマートフォンやインターネットの普及を活用しています。そのおかげで,企業はデジタルプラットフォームを介してフリーランスの労働者と連絡を取り,雇用することができます。㉗こうした労働者はギグワーカーと呼ばれ,短期契約で単発の仕事,つまりギグを行います。

ギグワークモデルの利点をいくつか見てみましょう。㉘企業が運用コストを節約でき,デジタルプラットフォームを介してより熟練した技能労働者を簡単に雇用できるため,このモデルは企業にとって魅力的です。㉙労働者は,自分の好みに応じてプロジェクトの件数と種類を調整する機会を持ち,スケジュールと仕事量を自由に選択できます。ただし,基本給ではなく個別の支払いに基づいているため,収入が不安定になる可能性があります。

ギグワークモデルは,さまざまな業種を巻き込みながら拡大しています。たとえばタクシー運転手や配達運転手などの㉚地域サービス業では一般的になってきました。㉛現在,国内だけでなく国際的にも高度に専門化したプロジェクト作業に対する需要が高まっています。㉝たとえば,自社の宣伝にサポートが必要な企業は,別の国でリモートワークしている国際コンサルタントを雇うことができます。実際,多くの米国企業は,国家の枠を超えた労働者を雇用するために,デジタルプラットフォームをすでに利用しています。

㉜ギグワークモデルは,終身雇用や,正社員とパートタイムの仕事といった概念を再考することを私たちに求めています。複数の企業との契約に基づいて働くことで,ギグワーカーは仕事と生活のバランスを維持しながら,副収入を得るかもしれません。ますます多くの人々がギグワーク市場に参入するにつれて,このワークモデルは将来の世代のワークモデルとして確実に拡大するでしょう。

— 108 —

ワークシート

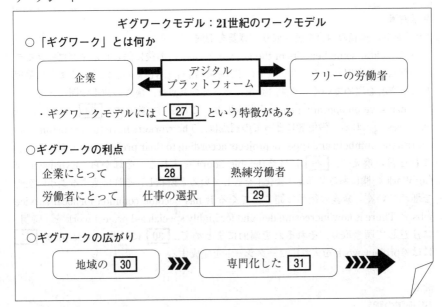

問27
《選択肢の訳》

① 基本給をもらうためにやり遂げなければならない個々の作業
② デジタルプラットフォームの開発者に対して開かれている雇用機会
③ 独立した労働者によって行われる臨時雇いの仕事
④ 契約期間によって決定されない働き方

▶解説◀
〈ポイント〉講義の内容を聴き取り，**概要を把握**。

講義の冒頭にある These workers are called gig workers, who do individual jobs, or gigs, on short-term contracts. を聴き取り，ギグワークの特徴を理解する。

問28〜31
《選択肢の訳》

① 宣伝
② フレックスタイム
③ 出費の削減
④ プロジェクト作業
⑤ サービス業

⑥　安定した収入

▶解説◀

〈ポイント〉講義の内容を聴き取り，**概要を把握**。

　Let's look at some benefits of the gig work model. の後に語られるギグワークモデルの利点を聴き取り，ワークシートの Benefits of Gig Work の欄に適するように整理して，空所を埋めていく。まず，企業にとっての利点は，講義の前半で聞こえてくる they can save on operating costs を聴き取り，これを言い換えて，28 には③ lower expenses を入れる。労働者にとっての利点は，The workers have the opportunity to control the numbers and types of projects according to their preferences を聴き取り，これを言い換えて，29 には② flexible hours を入れる。それから，Expansion of Gig Work の欄にある矢印が「変化」を表していると解釈し，それに適するように空所を埋めていく。講義の後半で聞こえてくる It has become common for local service jobs と There is now increasing demand for highly specialized project work を「時制」に注意して聴き取り，それぞれを端的にまとめて，30 には⑤ service jobs，31 には④ project work を入れ，ワークシートを完成する。

問32
《選択肢の訳》

① 企業は，終身雇用を通してより熟練した技能労働者を育成することができる。
② ギグワーカーは，自らの仕事と生活のバランスを犠牲にして副収入を確保している。
③ 契約の欠如は，企業と労働者を結びつける際の主たる障害である。
④ ギグワークモデルは，社会が仕事をどのように見るかに関して新たな議論を強く進めている。

▶解説◀

〈ポイント〉聴き取った内容を選択肢に**重ね合わせて真偽を判断**する。

　The gig work model is challenging us to rethink the concepts of permanent employment, and full-time and part-time work. を聴き取り，働き方を再考するとは，社会が仕事をどのように見るかについての議論があるということだと理解し，適切な選択肢を選ぶ。

問33　33　④

《読み上げられた英文》

　The growing effects of gig work on employment and markets differ regionally. Look at the two graphs containing data from the major English-language online labor platforms. They show the top five countries in terms of percentages of all gig employers and gig employees. What trend can we see here?

《英文の訳》

> ギグワークが雇用と市場に与える影響の高まりは、地域によって異なります。主な英語圏のオンライン労働プラットフォームのデータを含む2つのグラフを見てください。それらのグラフは全てのギグ雇用者とギグ被雇用者の割合の観点から上位5か国を示しています。ここには、どのような傾向がみられるでしょうか。

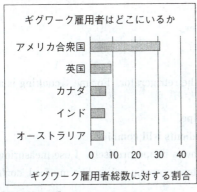

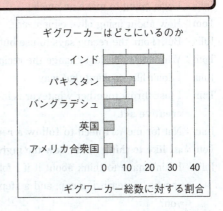

《選択肢の訳》

> ① 南アジア諸国のギグワーカーの大多数は高度な専門的能力を有する。
> ② カナダとアメリカ合衆国はオンラインプラットフォームサービスをめぐって競争している。
> ③ ギグワークに対する世界的な需要は対応できる被雇用者数を上回っている。
> ④ 国境を越えて労働者を簡単に雇うことができるのがギグワークの利点である。

▶解説◀

〈ポイント〉聴き取った内容とグラフから読み取れる情報を**重ね合わせて要点を把握**。

 2つのグラフはギグワーク雇用者とギグワーク被雇用者の国別の割合が示され、アメリカ合衆国とインドは雇用と被雇用の関係がほぼ逆転している。加えて最初の講義の後半で聞こえてくる For example を手がかりに、a company that needs help with its advertising can hire international consultants who work remotely in different countries. In fact, a large number of U.S. companies are already taking advantage of digital platforms to employ an international workforce. を聴き取り、その情報をグラフと重ね合わせて、国境を越えて労働力を補うことができることを理解し、選択肢を特定する。

26

第6問A　対話文質問選択問題

問34 [34] ②　　問35 [35] ④

🔊 《読み上げられた英文》

Julia : Oh, no. I'm out of butter.

Tom : What are you making, Julia?

Julia : I was going to make an omelet.

Tom : How about using olive oil instead?

Julia : But, Tom, the recipe says to use butter.

Tom : Why don't you just change the recipe?

Julia : I don't like cooking that way.

Tom : I just throw together whatever is in the refrigerator. For me, ₃₄**cooking is a creative act**.

Julia : Not for me. ₃₅**I need to follow a recipe.**

Tom : ₃₄**I like to think about how the ingredients will combine.**

Julia : I don't have to think about it if I follow a recipe precisely. I use measuring spoons, a measuring cup, and a step-by-step recipe. You like my food, don't you?

Tom : Absolutely. Your beef stew is especially delicious.

Julia : See? ₃₅**There is something to be said for sticking to a plan.** And without butter I cannot make an omelet.

Tom : OK. So, what are you going to do with those eggs?

Julia : How about boiled eggs? Where's the recipe?

《対話の訳》

> ジュリア：しまった。バターを切らしているわ。
> 　　トム：何を作っているんだい，ジュリア？
> ジュリア：オムレツを作るつもりだったの。
> 　　トム：代わりにオリーブオイルを使ったら？
> ジュリア：でも，トム，レシピにはバターを使うと書いてあるの。
> 　　トム：レシピをちょっと変えればいいじゃない？
> ジュリア：私，そういうやり方で料理するのは好きじゃないわ。
> 　　トム：僕なんか冷蔵庫の中にあるものは何でもかんでもただ投げ込むんだ。僕にとって，₃₄**料理は創造的な行為なんだ。**
> ジュリア：私はそうじゃないわ。₃₅**レシピに従わなきゃならないの。**
> 　　トム：₃₄**僕は具材がどのように混ざり合うのかを考えるのが好きなんだ。**
> ジュリア：正確にレシピに従えば，そんなこと考える必要はないわ。私は，計量スプーンや計量カップ，そして料理の手順を示したレシピを使うの。あな

－112－

2022年度　リスニング　本試験〈解説〉　27

> た，私の料理が好きだよね？
> トム：もちろんだよ。君のビーフシチューは特にうまいよ。
> ジュリア：でしょ？　⑤計画に忠実であるのは一理あるんだわ。だから，バターが
> ないと，オムレツが作れないってことよ。
> トム：わかったよ。じゃ，それらの卵をどうするつもり？
> ジュリア：ゆで卵はどう？　レシピはどこ？

《質問と選択肢の訳》

問34　トムの主な論点は何か。
① 特定の料理は作るのが難しい。
② 想像力は料理の重要な部分だ。
③ 一部の具材は風味を出すのに不可欠だ。
④ うまく作れるレシピにはたくさんの手順が載っている。

▶解説◀

〈ポイント〉話し手の発話の**要点を把握**。

　トムの4回目の発話にある cooking is a creative act と，5回目の発話にある I like to think about how the ingredients will combine. を聴き取り，料理をすることは創造的な行為だというのがトムの主張であることを理解する。

《質問と選択肢の訳》

問35　ジュリアは料理についてどう考えているか。
① 創造的に料理をすることはレシピに従うより楽しい。
② 気持ちを込めて料理を作ることが最も重要である。
③ 計量に関しては間違えやすい。
④ 食べ物を調理するのには明確な指示が必要である。

▶解説◀

〈ポイント〉話し手の発話の**要点を把握**。

　ジュリアの5回目の発話にある I need to follow a recipe. と7回目の発話にある There is something to be said for sticking to a plan. を聴き取り，レシピどおりに手順を踏んで料理をすることがジュリアの主張であることを理解する。

第6問B　会話長文意見・図表選択問題

問36　 36 　②　　問37　 37 　②

《読み上げられた英文》

Anne：Hey, Brian. Look at that beautiful red coral necklace. Ooh ... expensive.

— 113 —

Brian : Anne, ㊲**red coral is endangered. They shouldn't be selling that.**

Anne : So, how are they going to make money?

Brian : ㊱**There're lots of ways to do that if we consider ecotourism.**

Anne : Yeah ... ecotourism .... What do you think, Donna?

Donna : Well, Anne, ㊱**ecotourism supports the local economy in a good way while protecting the environment.**

Brian : Right. So, ㊲**we shouldn't buy coral; it'll become extinct.**

Anne : ㊱**Oh, come on, Brian. How about the people relying on the coral reefs?**

Brian : But, Anne, ㊲**those coral reefs take millions of years to regrow.** We should support more sustainable ways to make money.

Donna : Hey Hiro, didn't you buy some photos of coral reefs?

Hiro : Yeah, taken by a local photographer. They are beautiful.

Donna : ㊱**That's ecotourism. We shouldn't impact the environment so much.**

Hiro : But that's not enough to support people relying on coral reefs for income.

Brian : Hiro has a point. ㊱**They should find other ways to make money while still preserving the reefs.**

Anne : ㊱**I'm not sure if we are in a position to tell them how they should make their money.**

Hiro : ㊱**Anne's right. Selling coral is their local tradition. We should respect that.**

Donna : But, at the expense of the environment, Hiro?

Hiro : The environment is important, but ㊱**if we protect it, I don't think the economy is supported.**

Brian : Anyway, we're on vacation. It's a nice day.

Donna : Let's hit the beach!

《会話の訳》

> アン：ねえ，ブライアン。あの美しいアカサンゴのネックレスを見て。ワーッ…高いわね。
>
> ブライアン：アン，㊲アカサンゴは絶滅の危機に瀕しているんだ。店はあんなの売るべきじゃないよ。
>
> アン：じゃあ，彼らはどうやってお金を稼ぐの？
>
> ブライアン：㊱エコツーリズムを考えれば，そうする方法はたくさんあるよ。
>
> アン：そうだよね…エコツーリズム…。どう思う，ドナ？
>
> ドナ：なるほど，アン，㊱エコツーリズムは環境を守りながら良い意味で地域経済を支えているわ。
>
> ブライアン：そうだよ。だから，㊲僕たちはサンゴを買っちゃいけないんだ。絶滅してしまうよ。

2022年度　リスニング　本試験〈解説〉　29

アン：㊱勘弁してよ，ブライアン。サンゴ礁に頼っている人はどうなの？

ブライアン：でも，アン，㊲そのサンゴ礁は再生するのに何百万年もかかるんだ。僕たちはお金を稼ぐためのもっと持続可能な方法を支持すべきなんだ。

ドナ：ねえヒロ，あなた，サンゴ礁の写真を数枚買わなかった？

ヒロ：買ったよ，地元の写真家が撮ったものなんだ。それらは美しいよ。

ドナ：㊱それがエコツーリズムよ。私たちは環境にあまり影響を与えないようにすべきね。

ヒロ：でも，それでは収入をサンゴ礁に頼っている人を支えるには十分じゃないよ。

ブライアン：ヒロの言っていることは一理あるな。㊱彼らは今までどおりサンゴ礁を保護しながら，お金を稼ぐための他の方法を見つける必要があるんだ。

アン：㊱私たちは彼らがどうやってお金を稼ぐべきかを言う立場にあるかどうか，私にはわからないわ。

ヒロ：㊱アンの言うとおり。サンゴを売るのは彼らの地元の伝統なんだ。僕たちはそれを尊重すべきだ。

ドナ：でも，環境を犠牲にしてまで，ヒロ？

ヒロ：環境は大事だけど，㊱僕たちがそれを守っていては経済を支えられないと思うんだ。

ブライアン：ともかく，僕たちは休暇中なんだ。いい天気だね。

ドナ：ビーチに行きましょう！

問36

▶解説◀

〈ポイント〉4人それぞれの発話からエコツーリズムに対して**賛成**か**反対**かを判断。

　エコツーリズムとは，自然環境や伝統文化を体験しながら，環境保全にも責任を持つ観光のあり方であることを押さえ，エコツーリズムに賛成しているのはブライアンとドナ，反対しているのはアンとヒロであることを理解する。4人の意見をまとめると以下のようになる。

アン	4回目の発話：Oh, come on, Brian. How about the people relying on the coral reefs?
	5回目の発話：I'm not sure if we are in a position to tell them how they should make their money.
ブライアン	2回目の発話：There're lots of ways to do that if we consider ecotourism.
	5回目の発話：They should find other ways to make money while still preserving the reefs.
ドナ	1回目の発話：ecotourism supports the local economy in a good way while protecting the environment
	3回目の発話：That's ecotourism. We shouldn't impact the environment so much.
ヒロ	3回目の発話：Anne's right. Selling coral is their local tradition. We should respect that.
	4回目の発話：if we protect it, I don't think the economy is supported

問37
《選択肢の訳》

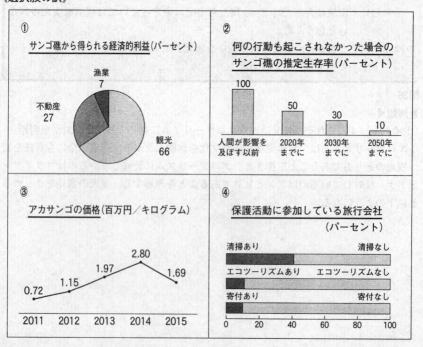

▶解説◀

〈ポイント〉話し手の主張の根拠となる**図表を判断**。

　質問内容からブライアンの発話に焦点をあて，最初の発話にある red coral is endangered. They shouldn't be selling that.，3回目の発話にある we shouldn't buy coral; it'll become extinct，4回目の発話にある those coral reefs take millions of years to regrow を聴き取り，ブライアンの考えの根拠がサンゴ礁の絶滅にあることを理解し，適切な図表を選択する。

MEMO

英　語
（リスニング）

（2022年1月実施）

※解説の 2B03 ～ 2B35 はトラック番号（MP3のファイル名）を示しています。

リスニング　追試験 2022

英　語（リスニング）

解答・採点基準　　　　　(100点満点)

問題番号(配点)	設問	解答番号	正解	配点	自己採点
第1問 (25)	A	問1	1	②	4	
		問2	2	④	4	
		問3	3	④	4	
		問4	4	④	4	
	B	問5	5	②	3	
		問6	6	③	3	
		問7	7	①	3	
第1問　自己採点小計					
第2問 (16)		問8	8	④	4	
		問9	9	②	4	
		問10	10	③	4	
		問11	11	③	4	
第2問　自己採点小計					
第3問 (18)		問12	12	③	3	
		問13	13	③	3	
		問14	14	③	3	
		問15	15	②	3	
		問16	16	②	3	
		問17	17	①	3	
第3問　自己採点小計					

問題番号(配点)	設問	解答番号	正解	配点	自己採点
第4問 (12)	A	問18	18	③	4 *	
		問19	19	②		
		問20	20	④		
		問21	21	①		
		問22	22	③	1	
		問23	23	⑥	1	
		問24	24	②	1	
		問25	25	⑤	1	
	B	問26	26	②	4	
第4問　自己採点小計					
第5問 (15)		問27	27	④	3	
		問28	28	①	2 *	
		問29	29	⑥		
		問30	30	②	2 *	
		問31	31	⑤		
		問32	32	③	4	
		問33	33	④	4	
第5問　自己採点小計					
第6問 (14)	A	問34	34	①	3	
		問35	35	②	3	
	B	問36	36	②	4	
		問37	37	③	4	
第6問　自己採点小計					
自己採点合計					

(注)　＊は，全部正解の場合のみ点を与える。

第1問A 短文発話内容一致問題

問1 **1** ②

《読み上げられた英文》
M：Have you finished your homework? **I've already done mine.**

《英文の訳》

男性：宿題は終わった？ 僕はとっくにやったよ。

《選択肢の訳》

① 話し手は宿題をするのを忘れた。
② 話し手は宿題を終えた。
③ 話し手は今，宿題をしている。
④ 話し手は後で宿題をするだろう。

▶解説◀
〈ポイント〉 「**現在完了形と所有代名詞（mine）**」の聴き取り。

　I've already done mine. を聴き取り，mine は my homework であることを押さえ，話し手は宿題をすでに終えていることを理解する。

問2 **2** ④

《読み上げられた英文》
M：**I'm tired**, Meg. **Do you mind if I go home?**

《英文の訳》

男性：僕は疲れているんだ，メグ。帰宅してもいいかな？

《選択肢の訳》

① 話し手はメグに帰宅してもらいたくない。
② 話し手は帰宅したくない。
③ 話し手はメグに帰宅してもらいたい。
④ 話し手は帰宅したい。

▶解説◀
〈ポイント〉 「**Do you mind if ...?**」の聴き取りとその意味の理解。

　I'm tired と Do you mind if I go home? を聴き取り，話し手は疲れているので帰宅したいと思っていることを理解する。Do you mind if ...? は「…してもいいですか」という意味で，相手に「許可」を求める表現であることを理解する。

問3　3　④

《読み上げられた英文》

M：Hello? Oh, Jill. **Can I call you back? I have to get on the train right now.**

《英文の訳》

> 男性：もしもし？　ああ，ジル。**かけ直してもいいかな？　今すぐ電車に乗らないといけないんだ。**

《選択肢の訳》

> ① 話し手は今，駅から遠く離れたところにいる。
> ② 話し手は今，ジルと一緒に電車に乗っている。
> ③ 話し手はジルにメッセージを残すだろう。
> ④ 話し手は電話で話すのをやめるだろう。

▶解説◀

〈ポイント〉「**含意関係**」の聴き取り。

　Can I call you back? I have to get on the train right now. を聴き取り，話し手が電車に乗るため，いったん電話を切って，後でかけ直すことを理解する。

問4　4　④

《読み上げられた英文》

M：We have some bread and milk, but **there aren't any eggs. I'll go and buy some.**

《英文の訳》

> 男性：パンと牛乳は少しあるが，**卵が1つもないんだ。少し買いに行ってくる。**

《選択肢の訳》

> ① 話し手にはパンも牛乳もない。
> ② 話し手は卵を欲しくない。
> ③ 話し手はパンと牛乳を少し買うだろう。
> ④ 話し手は卵を少し買うだろう。

▶解説◀

〈ポイント〉「**代名詞（some）**」の聴き取り。

　there aren't any eggs と I'll go and buy some. を聴き取り，some が some eggs であることを押さえ，話し手が取る行動を理解する。

2022年度　リスニング　追試験〈解説〉 37

第1問B　短文発話イラスト選択問題

問5　5　②

《読み上げられた英文》
M：The books are next to the flowers, below the clock.

《英文の訳》

> 男性：本は花の隣で，時計の下にあるよ。

①
②
③
④

▶解説◀
〈ポイント〉「位置関係を表す前置詞」の聴き取り。
　books と next to the flowers と below the clock を聴き取り，本のある場所を特定する。

問6　6　③

《読み上げられた英文》
M：**The hotel is taller than the hospital**, but **the tree is the tallest.**

《英文の訳》
男性：ホテルは病院より高いが，木が一番高い。

▶解説◀
〈ポイント〉「比較表現」の聴き取り。

　The hotel is taller than the hospital と the tree is the tallest を聴き取り，高さの順番を特定する。

問7　7　①

《読み上げられた英文》
M：Oh, we can't get a table. **They're full.**

《英文の訳》
男性：ああ，席がない。店はいっぱいだ。

2022年度　リスニング　追試験〈解説〉　39

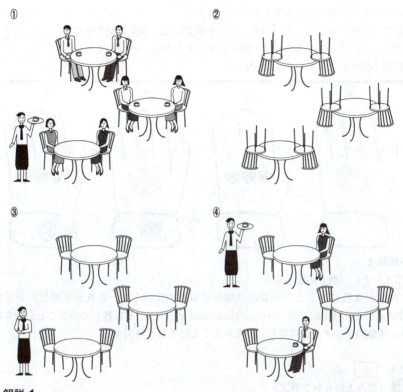

▶解説◀

〈ポイント〉「形容詞（full）」の聴き取り。

　They're full. を聴き取り，席が埋まっているイラストを特定する。

第2問　対話文イラスト選択問題

問8　8　④

《読み上げられた英文》

W：Well, the glove I lost is white.
M：Can you describe it more?
W：**There's a heart, oh ... no, three of them, and a button.**
M：It's here. Please come and get it.
Question：
Which one is her lost glove?

《対話と質問の訳》

女性：ええと，失くした手袋は白です。

— 125 —

男性：もっと説明してもらえますか。
女性：**ハートが1つ，あ…いや，ハートが3つで，ボタンが1つです。**
男性：それはここにあります。取りに来てください。
質問：彼女が失くした手袋はどれか。

▶解説◀
〈ポイント〉「数」の聴き取り。

　男性が女性に失くした手袋の詳細を尋ねたのに対して，女性が2回目の発話でThere's a heart, oh ... no, three of them, and a button. と応答していることを聴き取り，手袋のデザインを理解し，彼女が失くした手袋を特定する。

問9　9　②

《読み上げられた英文》
M : Will you just use it in your room?
W : No, **sometimes I'll take it outside.**
M : So, **how about this square one?**
W : **Cool. And it tells the time, too.**
Question：
Which one will the woman buy?

《対話と質問の訳》
男性：自分の部屋だけでそれを使うの？
女性：いいえ，**ときどき外に持って行くつもりよ。**
男性：そうすると，**この四角いのはどうかなあ？**
女性：**素敵ね。それに時間も教えてくれるわ。**
質問：女性はどれを買うだろうか。

— 126 —

①
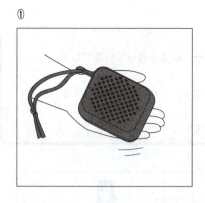

②

③
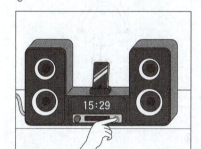

④

▶解説◀

〈ポイント〉聴き取った情報に基づくイラストの**取捨選択**。

　スピーカーを購入するにあたり女性が最初の発話で sometimes I'll take it outside と言ったのに対して，男性が how about this square one? と提案し，それに対して女性が Cool. And it tells the time, too. と応答しているのを聴き取り，女性がどのスピーカーを買うかを特定する。

問10　10　③

《読み上げられた英文》
M：**Nice coat.**
W：**Thanks. It's new and goes well with these boots.**
M：But **it's so warm today**.
W：**OK, I'll wear these instead. But I'll keep this on.** Bye.
Question：
How is the sister dressed when she goes out?

《対話と質問の訳》

男性：素敵なコートだね。
女性：ありがとう。新調したのよ，このブーツによく合っているでしょ。
男性：でも，今日はとても暖かいよ。
女性：わかった，代わりにこれを履くわ。でも，これは着たままにする。行ってきます。
質問：姉は外出するとき，どんな服装をしているか。

▶解説◀

〈ポイント〉 「指示代名詞（this, these）」の聴き取りとその理解。

　出かけようとしている女性（姉）に男性（弟）が最初の発話で Nice coat. と言ったのに対し，女性が Thanks. It's new and goes well with these boots. と応答していることを聴き取る。続けて男性が it's so warm today と言ったのに対して，女性が OK, I'll wear these instead. But I'll keep this on. と応答していることを聴き取り，these と this の表す「数」に注意して these が these boots に代わる履物で，this が coat であることを理解し，出かけようとしている女性の服装を表しているイラストを特定する。

― 128 ―

問11 | 11 | ③

《読み上げられた英文》

M：**Didn't we park the car on Level 6?**
W：Not 7? No! **You're right.**
M：**It was next to Elevator A.**
W：**Yeah**, we walked directly across the bridge into the store.

Question：
Where did they park their car?

《対話と質問の訳》

男性：車を6階に停めなかったかな？
女性：7階じゃない？　ちがう！　あなたが正しいわ。
男性：エレベーターAの隣だったぞ。
女性：そうね，私たちはまっすぐ歩いて橋を渡って店内に入ったわ。
質問：彼らは車をどこに停めたか。

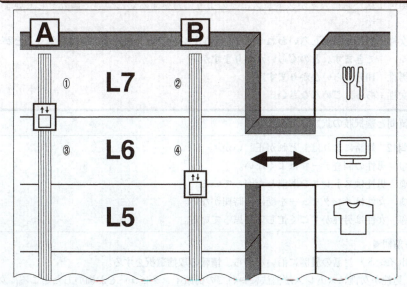

▶解説◀

〈ポイント〉「位置」の聴き取り。

　車を停めたところについて男性が最初の発話で Didn't we park the car on Level 6? と言ったのに対して，女性が You're right. と応答し，さらに男性が It was next to Elevator A. と言ったのに対して，女性が Yeah と言って同意したことを聴き取り，車を停めた場所を特定する。

44

第3問　対話文質問選択問題

問12　12　③

🔊《読み上げられた英文》

M：Excuse me. Do you have time for a short interview?

W：What's it about?

M：We're doing research on how people deal with stress.

W：**That's interesting! I'm really busy, but I can spare a couple of minutes. How long will it take?**

M：**It should take about 10 minutes.**

W：**Oh, sorry.**

《対話の訳》

> 男性：すみません。簡単なインタビューを受ける時間はありますか。
> 女性：それは何についてですか。
> 男性：私たちは人々がストレスにどのように対処するかについて調査をしています。
> 女性：**それはおもしろいわね！　すごく忙しいけれど，数分なら時間を割くことができます。どのぐらいかかりますか。**
> 男性：**10分ぐらいかかります。**
> 女性：**あら，ごめんなさい。**

《質問と選択肢の訳》

> 問12　対話によれば，どれが正しいか。
> ①　男性の調査テーマはよくない。
> ②　男性はストレスを解消したがっている。
> ③　女性はインタビューを受ける時間がない。
> ④　女性は男性がすごく忙しいと思っている。

▶解説◀

〈ポイント〉対話の展開に沿いながら，**情報の取捨選択**をする。

　男性が女性にストレス解消法についての街頭インタビューをお願いしたところ，女性が2回目の発話で That's interesting! I'm really busy, but I can spare a couple of minutes. How long will it take? と言ったのに対して，男性が It should take about 10 minutes. と応答し，それに対して女性が Oh, sorry. と言っていることを聴き取り，情報の取捨選択をする。

— 130 —

問13 ③
《読み上げられた英文》
W：Let's all get together next weekend.
M：Sure! **I'm busy on Saturday, but Sunday would be fine. How about Mom and Dad?**
W：**Mom says either day is OK, but Dad is only free on Saturday.**
M：I see .... **Why don't you go ahead without me?** I'll come next time!
W：**Oh well, OK.**

《対話の訳》

> 女性：来週末，みんなで集まりましょう。
> 男性：いいよ！ 土曜日は忙しいけど，日曜日ならいいよ。お母さんとお父さんはどうかなあ？
> 女性：お母さんはどちらでもいいって言っているけど，お父さんは土曜日しか空いていないって。
> 男性：わかった…僕抜きで進めてくれない？ 僕は次回行くよ！
> 女性：まあ，仕方ないわね，いいわよ。

《質問と選択肢の訳》

問13 女性はおそらく来週末に何をするだろうか。
① 土曜日に弟と父に会う
② 日曜日に弟と母に会う
③ 土曜日に母と父に会う
④ 日曜日に母と父に会う

▶解説◀
〈ポイント〉対話の展開に沿いながら，**曜日と人物の取捨選択**をする。

　女性(姉)が来週末に家族で会うことを男性(弟)に提案したところ，男性が最初の発話で I'm busy on Saturday, but Sunday would be fine. How about Mom and Dad? と言ったことに対して，女性が Mom says either day is OK, but Dad is only free on Saturday. と応答し，男性が Why don't you go ahead without me? と言ったのに対し，女性が Oh well, OK. と同意していることを聴き取り，来週末の予定を特定する。

問14 ③
《読み上げられた英文》
M：I didn't know you were working at the convenience store.
W：Yes, I used to work there every day, but **now just three times a week, on weekdays**.
M：Are you working anywhere else besides that?

W: Yes, **at the café near the station, two days, every weekend.**
M: Wow! You're working a lot!

《対話の訳》

男性：君がコンビニで働いているとは知らなかったよ。
女性：ええ，以前はそこで毎日働いていたんだけど，**今は平日に週3回だけよ。**
男性：それ以外にどこか他で働いているのかい？
女性：うん，**駅の近くの喫茶店で，2日，毎週末に。**
男性：うわー！ 君はよく働くね！

《質問と選択肢の訳》

問14　女性は週に何日働いているか。
① 2日
② 3日
③ 5日
④ 7日

▶解説◀
〈ポイント〉対話の展開に沿いながら，**単純な計算**をする。
　コンビニで働いていることを知った男性に女性が最初の発話で now just three times a week, on weekdays と言ったことに対して，男性が他でも働いているのかと尋ねたところ，女性が at the café near the station, two days, every weekend と応答したことを聴き取り，女性が週に何日働いているかを特定する。

問15　15　②

《読み上げられた英文》
W: What happened? Where did you go?
M: I got lost and ended up in the rose garden.
W: So, you decided to come straight home then?
M: Well, no. **First, I tried to find you.**
W: Why didn't you call me?
M: I didn't have my phone. But I was OK. The flowers were nice.

《対話の訳》

女性：どうしたの？ どこに行っていたの？
男性：道に迷って，結局バラ園の中に入っていたんだ。
女性：それで，そのときまっすぐ家に帰ることにしたのね？
男性：うーん，そうじゃなく。**まず姉さんを見つけようとしたんだ。**
女性：どうして電話しなかったの？

2022年度　リスニング　追試験〈解説〉　47

男性：電話を持っていなかったんだ。でも大丈夫だったよ。花が素晴らしかったんだ。

《質問と選択肢の訳》

問15　少年は何をしたか。
①　彼はすぐに公園を出た。
②　彼は公園の中で姉を探した。
③　彼は姉と電話で話した。
④　彼は姉と一緒に帰宅した。

▶解説◀

〈ポイント〉質問内容からの聴き取りポイントの絞り込み。

　公園ではぐれた男性(弟)に対して女性(姉)がまっすぐ家に帰ったのかと尋ねたところ，男性が 2 回目の発話で First, I tried to find you. と言ったのを聴き取り，男性が取った行動を特定する。

問16　16　②

《読み上げられた英文》

M：Do you want to eat dinner after work?
W：I guess so, but where?　The sushi place across from the office?
M：Not there again!　Let's get away from the office.
W：OK ... **what about the Italian restaurant near the station, then?**
M：That's far!
W：Is it?　It's on your way home!
M：**Yeah, OK.**

《対話の訳》

男性：仕事の後で夕食に行かない？
女性：そうね，でもどこで？　オフィスの向かいのおすし屋さん？
男性：またかい，そこは勘弁してくれよ！　オフィスから離れよう。
女性：いいわよ…**それじゃ，駅近くのイタリアンレストランはどう？**
男性：それは遠いなあ！
女性：そう？　それ，帰り道でしょう！
男性：**そうだね，わかった。**

《質問と選択肢の訳》

問16　男性と女性は何をすることにしたか。
①　駅から離れる
②　イタリア料理を食べに出かける

— 133 —

48

③　近くで日本料理を食べる
④　オフィスからあまり離れずにいる

▶解説◀
〈ポイント〉**質問内容からの情報の取捨選択。**
　男性から仕事の後に食事を誘われた女性が2回目の発話で what about the Italian restaurant near the station, then? と提案したことに対して，男性が最後の発話で Yeah, OK. と了解したことを聴き取り，男性と女性がこれから取る行動を特定する。

問17　17　①

《読み上げられた英文》

W：You took the 7:30 train this morning, right?
M：Yes. Did you see me at the station?
W：No, **I saw you on the train. I took that train, too.**
M：Why didn't you say hello?
W：Weren't you talking with somebody?
M：No, I was alone.
W：Really? That must've been someone else, then.

《対話の訳》

女性：今朝，7時30分の電車に乗ったでしょ？
男性：そうだよ。駅で僕を見かけたの？
女性：いいえ，**電車の中で見かけたのよ。私もあの電車に乗ったの。**
男性：どうして声をかけてくれなかったんだい？
女性：誰かと話をしていなかった？
男性：ううん，一人だったよ。
女性：本当？　じゃあ，それ，きっと誰か他の人だったんだわ。

《質問と選択肢の訳》

問17　少女について正しいのはどれか。
①　彼女は少年と同じ電車に乗った。
②　彼女は少年が駅に一人でいるのを見た。
③　彼女は電車の中で少年と話をした。
④　彼女は少年を駅まで連れて行った。

▶解説◀
〈ポイント〉対話の展開に沿いながら，**情報の取捨選択**をする。
　今朝，男性(少年)を見かけたという女性(少女)が2回目の発話で I saw you on the train. I took that train, too. と言っているのを聴き取り，女性の行動を特定する。

— 134 —

2022年度　リスニング　追試験〈解説〉　49

第4問A　モノローグ型図表完成問題

問18 **18** ③　　問19 **19** ②　　問20 **20** ④　　問21 **21** ①

《読み上げられた英文》

Let's review the schedule for Parents' Day. (18)**The event will open with a performance by the chorus club.** Next, we had originally planned for the school principal to make a welcome speech. But he prefers that (19)**the president of the student council make the speech, so she will do that**. Instead, (21)**the principal will make the closing address** (20)**just after the live performance by the dance team**. Finally, a small welcome reception for parents will be held following the closing address. I think we're all set for the big day.

《英文の訳》

　授業参観日のスケジュールをおさらいしましょう。(18)**この行事は合唱部による演奏で始まります。**次に，もともと校長が歓迎のスピーチを行う予定でした。でも，校長は(19)**生徒会長がスピーチをする**ほうがいいと思っているので，生徒会長がスピーチをします。代わりに，(20)**ダンスチームによるライブ・パフォーマンスのすぐ後に，**(21)**校長が閉会の辞を述べます。**最後に，閉会の辞に続いて，保護者向けにささやかな歓迎レセプションが行われます。この特別な日の準備がすっかり整っていると思います。

— 135 —

▶解説◀

〈ポイント〉順序を表す**前置詞（after）**に注意し，**スケジュールを時系列に沿って並べる。**

スケジュールの展開が The event will open with a performance by the chorus club. →the president of the student council make the speech, so she will do that→just after the live performance by the dance team→the principal will make the closing address となっていることを理解し，その内容を表すイラストをスケジュールの展開順に並べる。

問22　22　③　問23　23　⑥　問24　24　②　問25　25　⑤

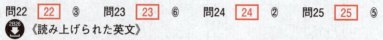
《読み上げられた英文》

　The receptionist said the products are grouped by the type of food, like a supermarket. ㉒**Sweets are available in Section C.** ㉓**Dairy or milk-based products are in Section E.** ㉔**We can get noodles in Section B.** That's next to Section A, where the fruits are located. ㉕**Drinks are sold in Section D.** Oh, and ㉓**Section F features a different country each day.** Today, items from Greece are there as well as in their usual sections.

— 136 —

《英文の訳》

受付係によると，商品はスーパーマーケットのように食品の種類ごとに分類されています。㉒キャンディーはセクションCで入手可能です。㉓乳製品つまりミルク製品はセクションEにあります。㉔セクションBでは麺類を買うことができます。それは果物があるセクションAの隣です。㉕ドリンクはセクションDで販売されています。あっ，それから㉖セクションFでは，毎日異なる国を特集します。 今日はギリシャ産の品目が通常のセクションの他にそこに並びます。

買い物リスト	セクション
カナダのメープルキャンディー	― 22
ギリシャのチーズ	― 23
インドネシアのインスタントラーメン	― 24
ケニアの瓶入りコーヒー	― 25

▶解説◀

〈ポイント〉複数の情報を重ね合わせて取捨選択する

　まず，Sweets are available in Section C. を聴き取り，カナダのメープルキャンディーはセクションC，次に Dairy or milk-based products are in Section E. を聴き取り，ギリシャのチーズはセクションEで購入可能であり，また最後で聞こえてくる Section F features a different country each day. Today, items from Greece are there as well as in their usual sections. を聴き取り，情報を重ね合わせると，ギリシャのチーズはセクションFでも購入できることがわかる。さらに，We can get noodles in Section B. を聴き取り，インドネシアのインスタントラーメンはセクションBで，Drinks are sold in Section D. を聴き取り，ケニアの瓶入りコーヒーはセクションDで購入できると判断する。

第4問B　モノローグ型質問選択問題

問26　26　②

《読み上げられた英文》

① 　Tour No.1 **allows you to experience a variety of contemporary works** that well-known artists have produced between the years 2010 and 2020. **It includes both sculptures and paintings.** It's self-guided, so you can go along at your own pace, using a detailed guidebook.

② 　Tour No.2, which is available only this week, **focuses on great works of art of the 21st century. The tour guide, who is an art professor at a local university,** will personally guide you through the painting and sculpture exhibits.

③　Tour No.3 allows you to use a smartphone to listen to a recorded explanation by an art expert. The guide will first **cover the painting galleries** and then, later, **proceed to the ancient sculpture exhibit outdoors**. This is great for the independent tourist.

④　In Tour No.4, **the guide, who is a local volunteer, will accompany you through a series of exhibits** that focus on paintings from various art periods. **It covers works** from the 17th century **to contemporary times.** The sculpture exhibits are not included in this tour.

《英文の訳》

> ①　ツアー No.1 では，有名アーティストが2010年から2020年にかけて創作した**さまざまな現代作品を体験することができます。それは彫刻と絵画の両方を含んでいます。**ガイドが付かないので，詳細なガイドブックを使いながら自分のペースで進むことができます。
>
> ②　ツアー No.2 は，今週だけ参加でき，**21世紀の名作に焦点を合わせています。ツアーガイドは地元の大学の美術教授で，絵画と彫刻の展示を直接案内します。**
>
> ③　ツアー No.3 は，スマートフォンを使って，美術の専門家による録音解説を聞くことができます。ガイドは最初に絵画ギャラリーを隈なく巡り，その後，**屋外の古代彫刻展示に進みます。**これは，個人観光客にとって最適です。
>
> ④　ツアー No.4 では，**地元のボランティアであるガイドが，**さまざまな美術期の絵画に焦点を当てた一連の展示を案内します。**それは17世紀から現代までの作品を網羅しています。**彫刻の展示はこのツアーに含まれていません。

《質問と選択肢の訳》

問26　| 26 | は，あなたが選ぶ可能性が最も高いツアーだ。

①　ツアー No.1
②　ツアー No.2
③　ツアー No.3
④　ツアー No.4

▶解説◀

〈ポイント〉複数情報を聴き取り，比較検討しながら情報を取捨選択する。

②　Tour No.2 に関して，focuses on great works of art of the 21st century（条件A），The tour guide, who is an art professor at a local university, will personally guide you through the painting and sculpture exhibits（条件B，C）を聴き取り，3つの条件をすべて満たしていることを理解する。

①　Tour No.1 に関して，条件A，B は満たしているが，条件Cを満たしていない。

③　Tour No.3 に関して，条件Bは満たしているが，条件A，Cを満たしていない。

④ Tour No.4 に関して，条件A, Cは満たしているが，条件Bを満たしていない。
聴き取った情報を表にまとめると次のようになる。

ツアー	条件A	条件B	条件C
① ツアー No.1	○	○	×
② ツアー No.2	○	○	○
③ ツアー No.3	×	○	×
④ ツアー No.4	○	×	○

第5問　モノローグ型長文ワークシート完成・選択問題

問27 **27** ④　　問28 **28** ①　　問29 **29** ⑥　　問30 **30** ②
問31 **31** ⑤　　問32 **32** ③

《読み上げられた英文》

Our focus today is on a tiny animal, the honeybee. Have you ever thought about how important they are? By flying from one plant to another, (27)**honeybees pollinate flowers and plants, which is an essential part of agricultural crop production worldwide**. In fact, almost 35% of our global food production relies on honeybees, both wild and domesticated. To emphasize the importance of bees, in 2020, the United Nations designated May 20th as "World Bee Day." Although honeybees are necessary for human life, they are facing serious challenges.

(28)**Wild honeybees have been at increasing risk of extinction.** These honeybees and native flowering plants depend on each other for survival, but the natural habitats of wild honeybees are being destroyed. Factors such as climate change and land development are responsible for this loss, leaving these wild honeybees without their natural environments.

Domesticated honeybees are kept and managed by farmers called beekeepers for the production of honey. (29)(33)**In recent years, the number of domesticated honeybees has been on the decline in many countries. Issues including infectious diseases and natural enemies are making it very difficult to sustain beekeeping.** How to deal with these issues has been a concern for beekeepers around the world.

What can be done to maintain these honeybee populations? (30)**For wild honeybees, we can grow a variety of bee-friendly plants that bloom in different seasons in order to provide them with healthy habitats.** (31)**For domesticated honeybees,**

— 139 —

beekeepers can make use of technological advances to create safer environments that will protect their bees. ③②By improving natural habitats and managing honeybees properly, we can ensure the survival of not only our important friend, the honeybee, but ourselves as well.

《英文の訳》

今日の私たちの関心の的は，小さな動物であるミツバチにあります。ミツバチがいかに重要であるかについてこれまで考えたことはありますか。㉗ミツバチは植物から植物へと飛び移ることによって，花や植物に授粉します。これは世界中の農作物の生産の根幹です。実際，世界の食料生産のほぼ35％が，野生のミツバチと飼いならされたミツバチに依存しています。ミツバチの重要性を強調するために，2020年に国連は5月20日を「世界ミツバチの日」と定めました。ミツバチは人間の生活にとって必要ですが，深刻な課題に直面しています。

㉘野生のミツバチは絶滅の危険性が高まってきています。これらのミツバチと在来の顕花植物は生存のためにお互いに依存していますが，野生のミツバチの自然の生息地は破壊されつつあります。気候変動や土地開発などの要因がこの喪失の原因であり，このことでこれらの野生のミツバチは自然環境を欠いた状態になっています。

飼いならされたミツバチは，蜂蜜の生産のために養蜂家と呼ばれる農家によって飼育および管理されています。㉙㉝近年，多くの国でミツバチの飼育数が減少傾向にあります。感染症や天敵などの問題で養蜂を持続するのが非常に困難になっています。これらの問題にどのように対処するかは，世界中の養蜂家の関心事となってきています。

これらのミツバチの個体数を維持するには何ができるでしょうか。㉚野生のミツバチに対しては，それらに健康に良い生息地を提供するために，季節折々に咲くミツバチに優しいさまざまな植物を育てることができます。㉛飼いならされたミツバチに対しては，養蜂家は技術の進歩を利用して，ミツバチを保護する，より安全な環境を作り出すことができます。㉜自然の生息地を改善し，ミツバチを適切に管理することで，私たちの大切な友人であるミツバチだけでなく，私たち自身の生存をも確実にすることができるのです。

— 140 —

2022年度　リスニング　追試験〈解説〉　55

ワークシート

ミツバチの重要性

○ミツバチが果たす主要な役割：
　　〔 **27** 〕　　こと。

○ミツバチの個体数に何が起こっているか：

	野生のミツバチ	飼いならされたミツバチ
問題	**28**	ミツバチの不足
原因	自然の生息地の喪失	**29**

○何ができるか：

	野生のミツバチ	飼いならされたミツバチ
解決策	**30**	**31**

問27
《選択肢の訳》

①	小動物重視に貢献する
②	人間が農作業を簡素化するのを助ける
③	野生の植物に立ちはだかる深刻な課題を克服する
④	私たちに食料供給の重要な部分を提供する

▶解説◀

〈ポイント〉**事前にワークシートを理解**し，講義の内容を聴き取り，**概要を把握**する。
　講義の冒頭で聞こえてくる honeybees pollinate flowers and plants, which is an essential part of agricultural crop production worldwide を聴き取り，ミツバチの果たす主要な役割を理解する。

問28〜31
《選択肢の訳》

①	個体数の減少
②	植物の多様性
③	蜂蜜の増産

— 141 —

④ 土地開発の不足
⑤ 新技術
⑥ 健康への脅威

▶解説◀

〈ポイント〉**事前にワークシートを理解**し，講義の内容を聴き取り，**概要を把握**する。

　Although honeybees are necessary for human life, they are facing serious challenges. の後に語られるミツバチの問題点を聴き取る。聞こえてくる Wild honeybees と Domesticated Honeybees を手がかりに，ワークシートの Wild Honeybees の Problems 欄と Domesticated Honeybees の Causes 欄に適するように内容を整理して，空所を埋めていく。講義の中程で聞こえてくる Wild honeybees have been at increasing risk of extinction. を聴き取り，これを言い換えて，| 28 | には①Decline in population を入れる。さらに，Domesticated Honeybees に関して，In recent years, the number of domesticated honeybees has been on the decline in many countries. Issues including infectious diseases and natural enemies are making it very difficult to sustain beekeeping. を聴き取り，これを簡潔に言い換えて，| 29 | には⑥ Threats to health を入れる。

　次に，What can be done to maintain these honeybee populations? の後に語られる解決策を聴き取る。Wild Honeybees に関しては，For wild honeybees, we can grow a variety of bee-friendly plants that bloom in different seasons in order to provide them with healthy habitats. を聴き取り，これを端的にまとめて，| 30 | には②Diversity of plants を入れる。Domesticated Honeybees に関しては，For domesticated honeybees, beekeepers can make use of technological advances to create safer environments that will protect their bees. を聴き取り，| 31 | には⑤New technology を入れ，ワークシートを完成する。

問32

《選択肢の訳》

① 養蜂家が自然環境を利用できるようにすることは，十分な蜂蜜生産を確保するのに役立つ。
② 世界の食料供給の発展は，近年の養蜂家の主たる関心の的となってきている。
③ ミツバチが置かれている状況を改善することは，ミツバチだけでなく人間にも利益をもたらすだろう。
④ 野生のミツバチの個体数を増やすと，飼いならされたミツバチの数を減らすことになるだろう。

▶解説◀

〈ポイント〉聴き取った内容を選択肢に**重ね合わせて真偽を判断**する。

— 142 —

講義の最後で聞こえてくる By improving natural habitats and managing honeybees properly, we can ensure the survival of not only our important friend, the honeybee, but ourselves as well. を聴き取り，ミツバチの生息環境を改善することは，ミツバチだけでなく人間にも恩恵があるという論点を理解し，適切な選択肢を選ぶ。

問33 33 ④

《読み上げられた英文》
Now let's focus on honey production. The demand for honey has been growing worldwide, and the United States is one example. Please take a look at the graph that shows the top five countries with the highest honey imports between 2008 and 2019. What does this imply?

《英文の訳》
> それでは，蜂蜜の生産に焦点を当てましょう。蜂蜜の需要は世界的に伸びてきており，米国はその一例です。2008年から2019年の間に蜂蜜の輸入量が最も多い上位5カ国を示すグラフをご覧ください。これは何を意味しているのでしょうか。

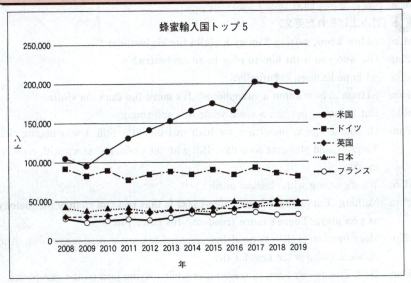

《選択肢の訳》
① 野生のミツバチが絶滅する危険性が高まっているため，過去10年にわたり，米国への蜂蜜の輸入量を制限してきた。
② 2009年以降の米国での蜂蜜需要の高まりは，上位5カ国への輸入の伸びをもたらす結果となった。
③ 米国への蜂蜜の輸入の増加は，養蜂家が一年中さまざまな植物を育てる努力を

58

　したためである。

④　飼いならされたミツバチの個体数が世界的に減少しているにもかかわらず，米
　国は他国から蜂蜜をうまく輸入している。

▶解説◀

〈ポイント〉**聴き取った内容とグラフから読み取れる情報を重ね合わせて要点を把握**
　　　する。

　グラフから，蜂蜜の輸入量が最も多い上位5カ国の内，1位が米国であり，さらに
最初の講義の中程で聞こえてくる In recent years, the number of domesticated
honeybees has been on the decline in many countries. Issues including infectious
diseases and natural enemies are making it very difficult to sustain beekeeping. を聴
き取り，その内容をグラフに重ね合わせ，その内容を適切に説明している選択肢を選
ぶ。

第6問A　　対話文質問選択問題

問34　34　①　　問35　35　②

《読み上げられた英文》

Mike：(35)**How about getting Timmy a violin for his birthday?**

Pam：Oh, (35)**do you want him to play in an orchestra?**

Mike：(35)**I hope he does, eventually.**

Pam：(34)**Hmm ... how about a saxophone? It's more fun than the violin.**

Mike：But I want to get him a violin while he's still young.

Pam：Of course age is important for both instruments. Still, I was hoping that
　　　Timmy could play jazz someday. But with the violin, he's stuck with classical
　　　music.

Mike：What's wrong with classical music?

Pam：Nothing. But (34)**what's better about jazz is that you can change the melody**
　　　as you play. There's more freedom. It's more fun.

Mike：More freedom is all very good, but you need to learn to read music first. And
　　　classical music is the best for that.

Pam：Well, Timmy can learn to read music while playing jazz on the saxophone.

Mike：Couldn't he learn the saxophone later if he wants?

Pam：Why don't we let him choose? What's important is that he enjoy it.

《対話の訳》

マイク：(35)誕生日にティミーにバイオリンを買ってあげるのはどうかな？

　パム：あら，(35)彼にオーケストラで演奏してもらいたいの？

マイク：(35)ゆくゆくはそうなることを願うよ。

— 144 —

2022年度 リスニング 追試験〈解説〉 59

> パム：㉞うーん…サックスはどう？　バイオリンより楽しいわよ。
> マイク：でも，彼がまだ幼いうちにバイオリンを買ってあげたいんだ。
> 　パム：もちろん，年齢は両方の楽器にとって大切だわ。それでも，ティミーがい
> 　　　　つかジャズを演奏できることを願っていたの。でも，バイオリンだと，ク
> 　　　　ラシック音楽しかないわ。
> マイク：クラシック音楽のどこが悪いんだい？
> 　パム：何も。でも㉞ジャズのいいところは，弾きながらメロディーを変えること
> 　　　　ができることよ。もっと自由があるわ。それはもっと楽しいわよ。
> マイク：自由が増えるのはとてもよいことだが，まず楽譜を読むことを学ぶ必要が
> 　　　　あるな。そしてクラシック音楽は，それに最適なんだ。
> 　パム：えっ，ティミーはサックスでジャズを演奏しながら楽譜を読むことを学ぶ
> 　　　　ことができるわ。
> マイク：もし彼が望むなら，後でサックスを習うことはできないかな？
> 　パム：彼に選ばせてみましょう？　大切なのは彼がそれを楽しむことだわ。

《質問と選択肢の訳》

> **問34　パムがサックスを勧める主な理由は何か。**
> ①　ジャズはクラシック音楽よりも楽しい。
> ②　アドリブ演奏は楽譜を読むのと同じくらいわくわくする。
> ③　オーケストラでサックスを吹くことはやりがいがある。
> ④　サックスはバイオリンよりも演奏しやすい。

▶解説◀

〈ポイント〉話し手の発話の**要点を把握**する。

　パムの2回目の発話 Hmm ... how about a saxophone? It's more fun than the violin. と4回目の発話にある what's better about jazz is that you can change the melody as you play. There's more freedom. It's more fun. を聴き取り，ジャズのほうが楽しいというのがパムの主張であることを理解する。

《質問と選択肢の訳》

> **問35　マイクが同意しそうなのは次のどの意見か。**
> ①　ジャズミュージシャンはクラシックミュージシャンよりも長い時間勉強する。
> ②　バイオリンを習うことはクラシック音楽を演奏するよい機会を提供する。
> ③　バイオリンはサックスよりもずっと多くの方法で演奏できる。
> ④　若い学習者は，年長の学習者ほど才能がない。

▶解説◀

〈ポイント〉話し手の発話の**要点を把握**する。

— 145 —

60

マイクが1回目の発話で How about getting Timmy a violin for his birthday? と提案したのに対して，パムが do you want him to play in an orchestra? と尋ね，これに対して，マイクが I hope he does eventually. と応答していることを聴き取り，バイオリンを習うことはクラシック音楽を演奏するのに打ってつけであるというのがマイクの考えであることを理解する。

第6問B　会話長文意見・図表選択問題

問36 　36　②　　問37 　37　③

《読み上げられた英文》

Joe ： Wow, Saki. Look at all your books.

Saki ： Yeah, maybe too many, Joe. I bet you read a lot.

Joe ： Yeah, but (36)**I only read ebooks. They're more portable.**

Saki ： Portable?

Joe ： Well, for example, (36)**on long trips, you don't have to carry a bunch of books with you**, right, Keith?

Keith ： (36)**That's right, Joe. And not only that, but ebooks are usually a lot cheaper than paper books.**

Saki ： Hmm ... ebooks do sound appealing, but ... what do you think, Beth? Do you read ebooks?

Beth ： No. (36)**I like looking at the books I collect on my shelf.**

Keith ： Yeah, Saki's bookcase does look pretty cool. Those books must've cost a lot, though. (36)**I save money by buying ebooks.**

Beth ： That's so economical, Keith.

Joe ： So, how many books do you actually have, Saki?

Saki ： Too many. Storage is an issue for me.

Joe ： Not for me. (36)(37)**I've got thousands in my tablet, and it's still not full.**

Keith ： I know, Joe. And they probably didn't cost very much, right?

Joe ： No, they didn't.

Saki ： Even with my storage problem, (36)**I still prefer paper books because of the way they feel.**

Beth ： Me, too. Besides, (36)**they're easier to study with.**

Keith ： In what way, Beth?

Beth ： (36)**I feel like I remember more with paper books.**

Joe ： And I remember that we have a test tomorrow. I'd better charge up my tablet.

— 146 —

2022年度　リスニング　追試験〈解説〉　61

《会話の訳》

ジョー：うわー，サキ。見て，すべて君の本なの。

サキ：ええ，ひょっとして多すぎるかも，ジョー。きっとあなたはたくさん本を読むんでしょ。

ジョー：うん，でも㊱僕は電子書籍しか読まないんだ。その方が携帯しやすいからね。

サキ：携帯しやすい？

ジョー：ええと，例えば，㊱長期間の旅行で，たくさんの本を持ち歩く必要はないんだ。そうだよね，キース？

キース：㊱そうだよ，ジョー。それだけじゃなく，普通は電子書籍は紙の本よりもはるかに安いんだ。

サキ：うーん…電子書籍って実に魅力的に聞こえるけど…どう思う，ベス？　あなたは電子書籍を読むの？

ベス：いいえ。㊱私は本棚に自分が集める本を眺めるのが好きなの。

キース：そうだね，サキの本棚は本当にかなりかっこよく見えるね。だけど，あれらの本はかなりの費用がかかったにちがいないね。㊱僕は電子書籍を購入してお金を節約しているよ。

ベス：それはとても安上がりね，キース。

ジョー：それで，君は実際に何冊の本を持っているんだい，サキ？

サキ：多すぎるわ。収納が私にとっての問題なの。

ジョー：僕にとっては問題ないよ。㊱㊲僕のタブレットには何千冊も入っているけど，まだいっぱいじゃないよ。

キース：わかるよ，ジョー。それに，おそらく大して費用はかからなかったよね？

ジョー：そうさ，かからなかったよ。

サキ：収納の問題はあっても，㊱やはり紙の本のほうが好きだわ，だって手触りがいいから。

ベス：私も。それに，㊱そのほうが勉強しやすいし。

キース：どんなふうに，ベス？

ベス：㊱紙の本を使ったほうがたくさん覚えている気がするわ。

ジョー：ところで，明日，テストがあることを思い出したよ。タブレットを充電しておかなきゃ。

問36

▶解説◀

〈ポイント〉4人のそれぞれの発話から電子書籍と紙の本のどちらを**支持**しているかを判断する。

ジョー	2回目の発話：I only read ebooks. They're more portable. 3回目の発話：on long trips, you don't have to carry a bunch of books with you 5回目の発話：I've got thousands in my tablet, and it's still not full. 以上から，電子書籍を支持。
サキ	5回目の発話：I still prefer paper books because of the way they feel. 以上から，紙の本を支持。
キース	1回目の発話：That's right, Joe. And not only that, but ebooks are usually a lot cheaper than paper books. 2回目の発話：I save money by buying ebooks. 以上から，電子書籍を支持。
ベス	1回目の発話：I like looking at the books I collect on my shelf. 3回目の発話：they're easier to study with 4回目の発話：I feel like I remember more with paper books. 以上から，紙の本を支持。

　以上から，電子書籍を支持しているのはジョーとキースで，ジョーは利便性，キースは経済的な問題を主な理由にしていることを理解する。

問37
《選択肢の訳》

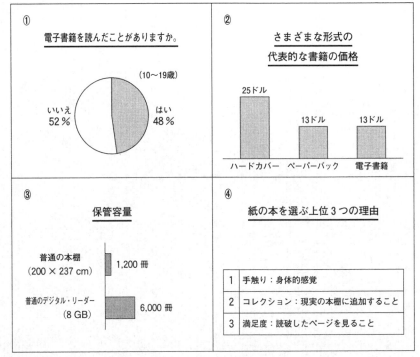

▶解説◀
〈ポイント〉話し手の主張の根拠となる**図表**を**判断**する。
　質問内容からジョーの発話に焦点をあて，5回目の発話にある I've got thousands in my tablet, and it's still not full. を聴き取り，ジョーの考えの根拠が電子書籍の膨大な保管容量にあることを理解し，適切な図表を選択する。

MEMO

英　　語
（リスニング）

（2021年1月実施）

受験者数　474,484

平均点　　56.16

2021　リスニング　第1日程

※解説の ⬇1A03 ～ ⬇1A35 はトラック番号（MP3のファイル名）を示しています。

英 語（リスニング）

解答・採点基準　（100点満点）

問題番号（配点）	設問		解答番号	正解	配点	自己採点
第1問 (25)	A	問1	1	②	4	
		問2	2	④	4	
		問3	3	③	4	
		問4	4	②	4	
	B	問5	5	②	3	
		問6	6	①	3	
		問7	7	③	3	
第1問　自己採点小計						
第2問 (16)		問8	8	②	4	
		問9	9	④	4	
		問10	10	①	4	
		問11	11	①	4	
第2問　自己採点小計						
第3問 (18)		問12	12	①	3	
		問13	13	②	3	
		問14	14	③	3	
		問15	15	④	3	
		問16	16	①	3	
		問17	17	②	3	
第3問　自己採点小計						

問題番号（配点）	設問		解答番号	正解	配点	自己採点
第4問 (12)	A	問18	18	①	4 *	
		問19	19	②		
		問20	20	③		
		問21	21	④		
		問22	22	①	1	
		問23	23	②	1	
		問24	24	①	1	
		問25	25	⑤	1	
	B	問26	26	②	4	
第4問　自己採点小計						
第5問 (15)		問27	27	②	3	
		問28	28	①	2 *	
		問29	29	②		
		問30	30	⑤	2 *	
		問31	31	④		
		問32	32	④	4	
		問33	33	①	4	
第5問　自己採点小計						
第6問 (14)	A	問34	34	③	3	
		問35	35	③	3	
	B	問36	36	①	4	
		問37	37	②	4	
第6問　自己採点小計						
自己採点合計						

（注）　＊は，全部正解の場合のみ点を与える。

第1問A　短文発話内容一致問題

問1　|1|　②

《読み上げられた英文》
M：**Can I have some more juice?** I'm still thirsty.

《英文の訳》

> 男性：**もう少しジュースをいただけますか。**まだのどが渇いているんです。

《選択肢の訳》

> ①　話し手はジュースをまったく欲しがっていない。
> ②　話し手はジュースを少しくれるように頼んでいる。
> ③　話し手はジュースを少し注いでいる。
> ④　話し手はジュースをまったく飲まない。

▶解説◀

〈ポイント〉「許可(お願い)」の聴き取りと表現の**言い換え**。

　Can I have some more juice? を聴き取り，男性がもう少しジュースを欲しがっていることを理解する。I'm still thirsty. は最初の発話の理由であり，答えを導く直接の要素にはなっていない。なお，Can I have ...? が選択肢②では is asking for ... に言い換えられ，話し手が「**許可(お願い)**」をしている状況であることを理解する。

問2　|2|　④

《読み上げられた英文》
M：Where can we go this weekend? **Ah, I know.** **How about Sunset Beach?**

《英文の訳》

> 男性：この週末はどこへ行こうか。あ，そうだ。**サンセットビーチはどうかな？**

《選択肢の訳》

> ①　話し手はビーチを見つけたがっている。
> ②　話し手はビーチについて知りたがっている。
> ③　話し手はビーチの地図を見たがっている。
> ④　話し手はビーチを訪れたがっている。

▶解説◀

〈ポイント〉「**提案**」の聴き取り。

　How about Sunset Beach? を聴き取り，話し手がサンセットビーチに行きたがっていることを理解する。I know は名案が浮かんだ際に用いる表現で I know what. と同意で「いい考えがあるんだ」という意味。なお，How about ...? は「**提案**」を表す表現

— 153 —

であることを押さえておこう。

問3 ③

《読み上げられた英文》

M：**To start working in Hiroshima next week**, **Yuji moved from Chiba** the day after graduation.

《英文の訳》

> 男性：来週から広島で働き始めるため，ユウジは卒業した次の日に千葉から引っ越した。

《選択肢の訳》

> ① ユウジは千葉に住んでいる。
> ② ユウジは千葉で勉強している。
> ③ ユウジは来週から仕事を始める。
> ④ ユウジは来週卒業する。

▶解説◀

〈ポイント〉 「時制」の聴き取りと表現の**言い換え**。

　To start working in Hiroshima next week を聴き取り，来週から広島で仕事を始めることを理解する。続けて聞こえてくる Yuji moved from Chiba から，ユウジが千葉から広島に引っ越したことを押さえた上で「**時制**」に注意し選択肢を判断する。その際，To start working が選択肢③では will begin his job に言い換えられている。なお，最後に聞こえてくる after graduation に惑わされて④Yuji will graduate next week. を選ばないように注意しよう。

問4 ②

《読み上げられた英文》

M：I **won't** give David any more ice cream today. **I gave him some after lunch.**

《英文の訳》

> 男性：今日はデイビッドにはもうアイスクリームをあげないよ。昼食後にあげたじゃない。

《選択肢の訳》

> ① デイビッドは今日，話し手にアイスクリームをあげた。
> ② デイビッドは今日，話し手からアイスクリームをもらった。
> ③ デイビッドは今日，話し手からアイスクリームをもらうだろう。
> ④ デイビッドは今日，話し手にアイスクリームをあげるだろう。

— 154 —

▶解説◀

〈ポイント〉「**否定**」と「**時制**」の聴き取り。

　I gave him some after lunch. を聴き取り，昼食後に話し手がデイビッドにすでにアイスクリームをあげたことを理解する。won't の「**否定**」の聴き取りと「**時制**」に注意して選択肢を選ぶ。

第1問B　短文発話イラスト選択問題

問5　5　②

《読み上げられた英文》
W：**Almost everyone** at the bus stop **is wearing a hat**.

《英文の訳》

> 女性：バス停にいるほとんど全員が帽子を被っている。

①

②

③

④

▶解説◀

〈ポイント〉almost の聴き取り。

　almost の聴き取りがカギとなる。almost はある基準に大変近いが100パーセントではないことを表し「もう少しで」という意味なので，almost everyone「ほぼ全員」が帽子を被っていることを理解し，選択肢では1人だけが帽子を被っていないイラストを選ぶ。

問6　6　①

《読み上げられた英文》

W：Nancy already **has a lot of striped T-shirts and animal T-shirts**. Now she's **buying another design**.

《英文の訳》

> 女性：ナンシーはすでにストライプ柄のTシャツと動物が描かれたTシャツをたくさん持っている。今回は他のデザインのものを1枚買おうとしている。

▶解説◀

〈ポイント〉情報の**取捨選択**。

　前半で聞こえてくる has a lot of striped T-shirts and animal T-shirts を聴き取り，後半で聞こえてくる buying another design からナンシーが買おうと思っているＴシャツの柄を**取捨選択**する。

問7　7　③

《読み上げられた英文》

W：The girl's **mother is painting a picture of herself**.

《英文の訳》

> 女性：少女の母親は自分自身の絵を描いている。

① 　②

③ 　④

▶解説◀

〈ポイント〉**a picture of herself** の聴き取り。

　mother is painting a picture of herself を聴き取り，絵を描いているのは母親で，さらに母親が自分自身を描いている絵を選ぶ。なお，a picture of herself は「自分自身の絵」という意味で，ここでは「母親自身の絵」のこと。

第2問　対話文イラスト選択問題

問8　8　②

《読み上げられた英文》

M：Maria, let me get your water bottle.
W：OK, **mine has a cup on the top**.
M：**Does it have a big handle on the side?**
W：**No**, but **it has a strap**.
Question：
Which water bottle is Maria's?

《対話と質問の訳》

> 男性：マリア，君の水筒を持って来てあげるよ。
> 女性：わかったわ，私のは上にカップがあるのよ。
> 男性：水筒の横に大きな取っ手がついているやつかい？
> 女性：いいえ，ストラップがついているの。
> 質問：マリアの水筒はどれか。

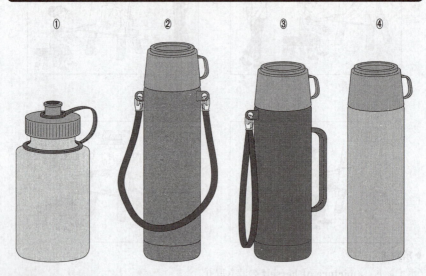

▶解説◀

〈ポイント〉　「物」の形状の聴き取り。

　女性が最初の発話で mine has a cup on the top と言ったことに対して，男性が Does it have a big handle on the side? と尋ねたところ，女性が No と返答し，続けて it has a strap と言っていることを聴き取り，上にカップがあって横に取っ手がなく，ストラップがついている**水筒の形状**を特定する。

問9 　9 　④

《読み上げられた英文》

W：What about this animal one?
M：It's cute, but robots should be able to do more.
W：That's right. **Like the one that can clean the house.**
M：**Exactly. That's the best.**
Question：
Which robot will the man most likely vote for?

《対話と質問の訳》

女性：この動物のロボットはどう？ 男性：それ，かわいいけど，ロボットならもっと多くのことができるべきだね。 女性：そうね。**家を掃除できるロボットとか。** 男性：**その通りだね。それ，最高だね。** 質問：男性が投票する可能性が最も高いのはどのロボットか。

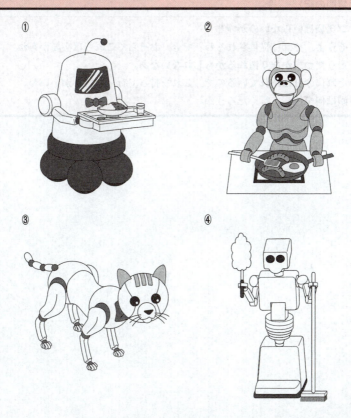

— 159 —

10

▶解説◀
〈ポイント〉聴き取った情報に基づくイラスト選択。
　女性の2回目の発話にある Like the one that can clean the house. と，それに対する男性の応答 Exactly. That's the best. を聴き取り，男性が投票する可能性が最も高いロボットを特定する。

問10　10　①
《読み上げられた英文》
M：**Don't you need garbage bags?**
W：**No**, they'll be provided. But maybe I'll need these.
M：Right, **you could get pretty dirty**.
W：And **it's sunny today**, so I should take this, too.
Question：
What will the daughter take?

《対話と質問の訳》

> 男性：ゴミ袋はいらないのかい？
> 女性：そうよ，それは提供されるわ。でも，おそらくこれらは必要かもね。
> 男性：そうだね，**かなり汚れるかもしれないなあ**。
> 女性：それに**今日は晴れている**ので，これを持って行ったほうがいいわ。
> 質問：娘は何を持って行くだろうか。

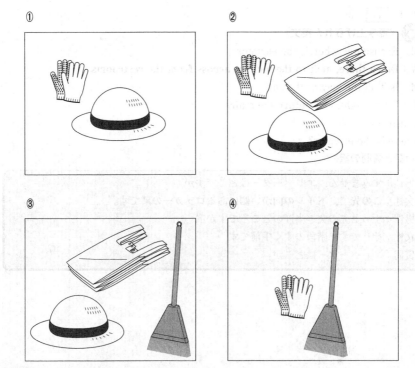

▶解説◀

〈ポイント〉**含意関係**の聴き取り。

　男性が最初の発話で Don't you need garbage bags? と言ったのに対し，女性が No と応答していることを聴き取り，ゴミ袋はいらないことを押さえる。次に男性の2回目の発話にある you could get pretty dirty と女性の2回目の発話にある it's sunny today を聴き取り，前者が「手袋」，後者が「帽子」を**含意**していることを理解し，地域清掃に出かける際の持ち物を特定する。

問11 11 ①

《読み上げられた英文》

M：Excuse me, where's the elevator?

W：**Down there, next to the lockers across from the restrooms.**

M：Is it all the way at the end?

W：That's right, **just before the stairs.**

Question：

Where is the elevator?

《対話と質問の訳》

男性：すみません，エレベーターはどこですか。
女性：**この先で，トイレの向かい側にあるロッカーの隣です。**
男性：ずっと先の突き当りのところですか？
女性：そうです。**階段のすぐ手前です。**
質問：エレベーターはどこか。

2021年度　リスニング　第1日程〈解説〉　13

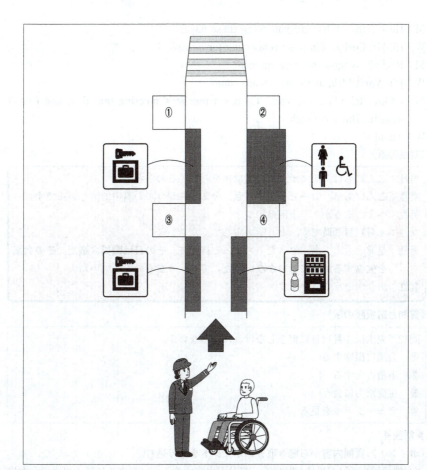

▶解説◀
〈ポイント〉「位置」の聴き取り。
　女性の最初の発話 Down there, next to the lockers across from the restrooms. と2回目の発話にある just before the stairs を聴き取り，エレベーターの位置を特定する。前置詞の聴き取りでは，英語と日本語の語順が異なるので注意が必要。英語の場合は「前置詞＋名詞」であるが，日本語の場合は「名詞＋前置詞」となり，語順が逆になるので，聴き取りの際には気をつけよう。

第3問　対話文質問選択問題

問12　12　①
《読み上げられた英文》

— 163 —

14

M : Hello, Tina. What are you doing these days?
W : Hi, Mr. Corby. I'm busy rehearsing for a musical.
M : Really? When's the performance?
W : **It's April 14th, at three.** Please come!
M : I'd love to! Oh ... no, wait. **There's a teachers' meeting that day, and I can't miss it.** But good luck!
W : Thanks.

《対話の訳》

> 男性：こんにちは，ティナ。この頃は何をしているのかな？
> 女性：こんにちは，コービー先生。私，今ミュージカルの稽古で忙しいんです。
> 男性：へえ，そうか？ 上演はいつ？
> 女性：**4月14日3時です。**どうぞいらしてください！
> 男性：是非とも！ あ，ダメだ。ちょっと待って。**その日は職員会議だ。その会議を欠席するわけにはいかないんだ。**でも，うまくいくといいね！
> 女性：ありがとうございます。

《質問と選択肢の訳》

> 問12 先生は4月14日に何をしなければならないか。
> ① 会議に出席する
> ② 下稽古をする
> ③ 生徒たちに会う
> ④ ミュージカルを見る

▶解説◀
〈ポイント〉質問内容から聴き取りのポイントを絞り込む。
　女性(元教え子)が男性(恩師)を，自分が出演するミュージカルに誘う場面で，女性が2回目の発話で男性に，ミュージカルの上演が It's April 14th, at three. であると言ったことに対して，男性が There's a teachers' meeting that day, and I can't miss it. と応答していることを聴き取り，4月14日の男性の予定を特定する。

問13　13　②

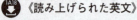《読み上げられた英文》

M : **Where do these boxes go?**
W : **Put them on the shelf**, in the back, and then put the cans in front of them, because we'll use the cans first.
M : How about these bags of flour and sugar?
W : Oh, just leave them on the counter. I'll put them in the containers later.

《対話の訳》

> 男性：この箱はどこに置くの？
> 女性：それを棚の上に置いて，後ろの方に。それから缶詰をその前に置いて。缶詰を先に使うから。
> 男性：この小麦粉と砂糖の袋はどうする？
> 女性：あ，カウンターの上に置いておくだけでいいわ。あとで容器に移すから。

《質問と選択肢の訳》

> 問13　何を最初に片付けるか。
> ①　袋
> ②　箱
> ③　缶詰
> ④　容器

▶解説◀

〈ポイント〉「順序」の聴き取り。

　男性（夫）が最初の発話で女性（妻）に Where do these boxes go? と言っているのに対して，女性が Put them on the shelf ... と言っているのを聴き取り，最初に片付けるものを特定する。なお女性の2回目の発話にある we'll use the cans first の first の音に惑わされて③Cans を選ばないように注意すること。

問14　14　③

《読み上げられた英文》

W：I didn't know the meeting was canceled. Why didn't you tell me?
M：Didn't you see my email?
W：No. Did you send me one?
M：I sure did. Can you check again?
W：Just a minute .... Um ... **there's definitely no email from you**.
M：Uh-oh, **I must have sent it to the wrong person**.

《対話の訳》

> 女性：会議が中止になったなんて知らなかったわ。どうして教えてくれなかったの？
> 男性：僕のメールを見なかったのかい？
> 女性：うん，見なかったわ。私にメールしてくれた？
> 男性：確かにしたよ。もう一度チェックしてくれるかな？
> 女性：ちょっと待って…うーん…**あなたからのメールは1通も届いていないわ**。
> 男性：あれれ，**それ，きっと君だと思い違いした別の人に送信してしまったんだ**。

《質問と選択肢の訳》

問14　会話によれば，どれが正しいか。
① 男性はEメールを間違わなかった。
② 男性は女性にEメールを送信した。
③ 女性は男性からEメールを受信しなかった。
④ 女性は間違ったEメールを受信した。

▶解説◀

〈ポイント〉対話の内容真偽の聴き取り。

　会議の中止を知らせるメールを男性から受け取っていないと主張する女性に，男性がメールを再度チェックするように求めると，女性が3回目の発話で there's definitely no email from you と言い，それに対して男性が I must have sent it to the wrong person と言っているのを聴き取り，男性がメールの送信相手を間違えたことを理解する。

問15　15　④

　《読み上げられた英文》

M：I've decided to visit you next March.
W：Great! That's a good time. **The weather should be much warmer by then.**
M：That's good to hear. I hope it's not too early for the cherry blossoms.
W：Well, you never know exactly when they will bloom, but **the weather will be nice.**

《対話の訳》

男性：来年の3月にお姉さんのところを訪れることにしたよ。
女性：いいわね！　それ，いい時期よ。**その頃までには気候はずっと暖かくなっているはずよ。**
男性：それはよかった。桜の花が咲く時期には早すぎることがないことを願うよ。
女性：えーっと，桜がいつ咲くのか正確なことは誰にもわからないけど，**気候はいいはずよ。**

《質問と選択肢の訳》

問15　女性は弟の計画についてどう思っているか。
① 彼は自分の訪問の時期を決める必要はない。
② 彼は桜の花を見るためにもっと早く来た方がよい。
③ 彼が来る頃には，桜の木は花をつけているだろう。
④ 彼が来る頃には，気候はそれほど寒くないだろう。

▶解説◀

〈ポイント〉質問内容からの聴き取りポイントの絞り込みと表現の言い換え。

— 166 —

3月に女性(姉)のところを訪問する予定の男性(弟)について，女性が最初の発話で The weather should be much warmer by then. と言い，さらに最後の発話で the weather will be nice と言っているのを聴き取り，男性の計画に対する女性の意見を理解する。なお，should be much warmer が選択肢④では won't be so cold に**言い換え**られていることに注意。

問16 16 ①

《読み上げられた英文》

W：Hey, did you get a ticket for tomorrow's baseball game?
M：Don't ask!
W：Oh no! You didn't? What happened?
M：Well ... when I tried to buy one yesterday, **they were already sold out**. I knew I should've tried to get it earlier.
W：I see. **Now I understand why you're upset.**

《対話の訳》

> 女性：ねぇ，明日の野球の試合のチケット買った？
> 男性：聞かないでくれる！
> 女性：まさか！ 買わなかったの？ どうしたの？
> 男性：えーと…昨日買おうとしたとき，**すでに売り切れていたんだ**。もっと早く買うようにすべきだったと思った。
> 女性：なるほど，**これでなぜあなたがショックを受けているのかわかったわ**。

《質問と選択肢の訳》

> 問16　男性はなぜ機嫌が悪いのか。
> ①　彼はチケットを買うことができなかった。
> ②　彼はあまりにも早くチケットを買った。
> ③　女性は彼のチケットを買わなかった。
> ④　女性は彼が買う前にチケットを買った。

▶解説◀

〈ポイント〉**質問内容**からの聴き取り**ポイントの絞り込み**と**因果関係**の聴き取り。

　野球の試合のチケットを買ったかどうか女性が尋ねると，男性が2回目の発話で they were already sold out と応答し，女性が最後の発話で Now I understand why you're upset. と言っているのを聴き取り，男性の不機嫌な**理由**を理解する。

問17 17 ②

《読み上げられた英文》

W：Look! **That's the famous actor** — the one who played the prime minister in that film last year. Hmm, I can't remember his name.

M：You mean Kenneth Miller?

W：Yes! Isn't that him over there?

M：**I don't think so. Kenneth Miller would look a little older.**

W：**Oh, you're right. That's not him.**

《対話の訳》

女性：見て！　**あの人，有名な俳優よ。**昨年例の映画で首相の役を演じた俳優。
　　　うーん，名前が思い出せないわ。

男性：ケネス・ミラーのこと？

女性：そう！　あそこにいる彼，そうじゃない？

男性：**そうは思わないな。ケネス・ミラーだったら，もう少し老けた顔をしている
　　　と思うよ。**

女性：**あ，そうね。あれは彼じゃないわね。**

《質問と選択肢の訳》

問17　女性は何をしたか。

① 彼女は首相の名前を忘れた。

② 彼女は男性を他の人と間違えた。

③ 彼女は男性に俳優の名前を教えた。

④ 彼女は最近昔の映画を見た。

▶解説◀

〈ポイント〉**質問内容から聴き取りのポイントを絞り込む。**

　女性が最初の発話で That's the famous actor と言ったのに対し，男性が２回目の発話で I don't think so. Kenneth Miller would look a little older. と言い，女性が最後の発話で Oh, you're right. That's not him. と言っているのを聴き取り，男性の発話に同意していることから，女性が人違いしていたことを理解する。

第４問A　モノローグ型図表完成問題

問18　 18 　①　　問19　 19 　②　　問20　 20 　③　　問21　 21 　④

《読み上げられた英文》

　One hundred university students were asked this question: How do you spend most of your time outside of school? They were asked to select only one item from five choices: "going out with friends," "playing online games," "studying," "working part-time," and "other." (18)**The most popular selection was "going out with friends," with 30 percent choosing this category.** (21)**Exactly half that percentage of students**

— 168 —

selected "working part-time." (19)"playing online games" received a quarter of all the votes. (20)The third most selected category was "studying," which came after "playing online games."

《英文の訳》

> 100人の大学生が次のような質問をされました。「学校外の大半の時間をどのように過ごすか」彼らは「友達と出かける」「オンラインゲームをする」「勉強をする」「アルバイトをする」「その他」の5つの選択肢から1つだけ選ぶように求められました。(18)最も多くの学生が選択したのは「友達と出かける」で、30%がこの項目を選びました。(21)この割合のちょうど半分の学生が選んだのは「アルバイトをする」でした。(19)「オンラインゲームをする」はすべての投票のうち4分の1の票を獲得しました。(20)3番目に多く選ばれた項目は「勉強をする」で、それは「オンラインゲームをする」の次でした。

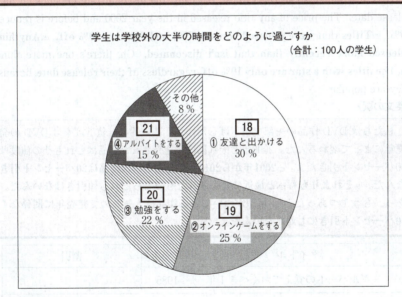

《選択肢の訳》

① 友達と出かける
② オンラインゲームをする
③ 勉強をする
④ アルバイトをする

▶解説◀

〈ポイント〉**数字**や**数の表現**の聴き取り。

聴き取った情報をワークシートのグラフ中にあるパーセントと重ね合わせながら，

— 169 —

グラフを完成する。まず，The most popular selection was "going out with friends," with 30 percent choosing this category. から30％の 18 が①Going out with friends であることがわかる。次に，Exactly half that percentage of students selected "working part-time." からここでの **that** が**30**を指していることに注意して，15％の 21 が④Working part-time であることを理解する。さらに，"playing online games" received a quarter of all the votes から **a quarter**「**4分の1**」，つまり25％の 19 が ②Playing online games であることを特定する。最後に聞こえてくる The third most selected category was "studying," から3番目，つまりグラフの22％の 20 が③ Studying であることを理解してグラフの各項目を完成する。

問22 22 ①　　問23 23 ②　　問24 24 ①　　問25 25 ⑤

🔊 《読み上げられた英文》

We've discounted some DVD titles. Basically, the discount rate depends on their release date. The price of any title released in the year 2000 and before is reduced 30%. ₍₂₃₎**Titles that were released between 2001 and 2010 are 20% off.** ₍₂₅₎**Anything released more recently than that isn't discounted.** Oh, there's one more thing! ₍₂₂₎₍₂₄₎**The titles with a star are only 10% off, regardless of their release date,** because they are popular.

《英文の訳》

　　私たちはDVD作品の一部を値下げしたんだ。基本的に，値下げ率はDVDの発売年によって変わるんだ。2000年とそれ以前に発売された作品はどれもその値段は30パーセント引きだよ。₍₂₃₎**2001年から2010年に発売された作品は20パーセント引きなんだ。**₍₂₅₎**それよりももっと最近に発売されたものならどれも値引きはないんだ。**あっ，もう1つあった！₍₂₂₎₍₂₄₎**星印がついている作品は人気なので発売年に関係なく10パーセント引きにしかしないんだ。**

タイトル	発売年	割引		
ギルバートの覚えておくべき1年	1985			
★　2匹の犬と1人の少年	1997	22	①	10パーセント
その間私を忘れないで	2003	23	②	20パーセント
★　私の庭のサル	2007	24	①	10パーセント
別の世界への旅	2016			
記憶の中で凍った瞬間	2019	25	⑤	割引なし

2021年度　リスニング　第1日程〈解説〉　21

《選択肢の訳》

① 10パーセント　② 20パーセント　③ 30パーセント　④ 40パーセント
⑤ 割引なし

▶解説◀

〈ポイント〉数字の聴き取りと説明の理解。

　最後に聞こえてくる The titles with a star are only 10% off, regardless of their release date を聴き取り，星印がついている $\boxed{22}$，$\boxed{24}$ は10パーセント割引となることを押さえる。前半で聞こえてくる Titles that were released between 2001 and 2010 are 20% off. から，$\boxed{23}$ は20パーセントの割引となることを理解する。次に聞こえてくる Anything released more recently than that isn't discounted. の that が2010を指していることを理解し，$\boxed{25}$ は2019年に発売された作品なので⑤ no discount であることを求める。

第4問B　モノローグ型質問選択問題

問26　$\boxed{26}$　②

🔊 1A28 《読み上げられた英文》

① I love *It's Really Funny You Should Say That!* I don't know why it's not higher in the rankings. I've seen a lot of musicals, but none of them beats this one. It's pretty serious, but it does have one really funny part. **It's performed only on weekdays.**

② You'll enjoy *My Darling, Don't Make Me Laugh.* **I laughed the whole time. It's** only been running for a month but **already has very high ticket sales.** Actually, that's why **they started performing it on weekends, too.**

③ If you **like comedies**, I recommend *Sam and Keith's Laugh Out Loud Adventure.* **My friend said it was very good. I've seen some good reviews about it, too**, but plan carefully because it's only on at the weekend.

④ Since you're visiting New York, don't miss *You Put the 'Fun' in Funny.* It's a romance with a few comedy scenes. For some reason, it hasn't had very good ticket sales. **It's staged every day of the week.**

《英文の訳》

① 僕は *It's Really Funny You Should Say That!* 『君からそう言われるのは不思議だ』が大好きなんだ。どうしてこれがランキングでもっと上位じゃないのかわからないなあ。僕はたくさんのミュージカルを見てきたけど，その中のどれもこれには敵わないよ。かなりシリアスだけど，本当におもしろい場面が1つあるんだ。平日のみの上演なんだ。

② *My Darling, Don't Make Me Laugh* 『ねえ，あなた，ばかなこと言わないで』は

— 171 —

楽しめると思うよ。僕はずっと笑いっぱなしだったよ。上演は始まってわずか1か月だけど，**すでにチケットの売り上げはかなり良いんだ**。実は，そういうわけで**週末にも上演を始めたんだ**。

③　コメディーが好きなら，私は *Sam and Keith's Laugh Out Loud Adventure*『サムとキースの爆笑大冒険』を薦めるわ。**私の友達がとても良いって言っていたの。私もそれについての良いレビューをいくつか見たけど**，週末だけしかやっていないので，計画を立てるときは注意してね。

④　ニューヨークに来ているんだったら，*You Put the 'Fun' in Funny*『笑ってしまうほど楽しい』を見逃さないで。それはコメディーシーンがいくつかある恋愛ものなの。どういうわけか，チケットの売り上げはあまり良くないけど，**毎日上演しているわ**。

《選択肢の訳》

① 君からそう言われるのは不思議だ
② ねえ，あなた，ばかなこと言わないで
③ サムとキースの爆笑大冒険
④ 笑ってしまうほど楽しい

▶解説◀

〈ポイント〉**条件の照合と情報の取捨選択。**

②　*My Darling, Don't Make Me Laugh* に関して，I laughed the whole time.（条件A），It's ... already has very high ticket sales.（条件B），they started performing it on weekends, too.（条件C）を聴き取り，3つの条件をすべて満たしていることを理解する。

①　*It's Really Funny You Should Say That!* は，条件Cを満たしているが，条件A，Bを満たしていない。

③　*Sam and Keith's Laugh Out Loud Adventure* は，条件A，Bを満たしているが，条件Cを満たしていない。

④　*You Put the 'Fun' in Funny* は，条件Cを満たしているが，条件A，Bを満たしていない。

聴き取った条件を表にまとめると次のようになる。

ミュージカルの演目	条件A	条件B	条件C
① 君からそう言われるのは不思議だ	×	×	○
② ねえ，あなた，ばかなこと言わないで	○	○	○
③ サムとキースの爆笑大冒険	○	○	×
④ 笑ってしまうほど楽しい	×	×	○

第5問 モノローグ型長文ワークシート完成・選択問題

問27 **27** ② 問28 **28** ① 問29 **29** ② 問30 **30** ⑤
問31 **31** ④ 問32 **32** ④

《読み上げられた英文》

What is happiness? Can we be happy and promote sustainable development? (27)**Since 2012, the *World Happiness Report* has been issued by a United Nations organization to develop new approaches to economic sustainability for the sake of happiness and well-being.** The reports show that Scandinavian countries are consistently ranked as the happiest societies on earth. But what makes them so happy? In Denmark, for example, leisure time is often spent with others. That kind of environment makes Danish people happy thanks to a tradition called "hygge," spelled H-Y-G-G-E. Hygge means coziness or comfort and describes the feeling of being loved.

This word became well-known worldwide in 2016 as an interpretation of mindfulness or wellness. Now, hygge is at risk of being commercialized. But hygge is not about (28)**the material things** we see (30)**in popular images like candlelit rooms and cozy bedrooms with hand-knit blankets.** (31)**Real hygge happens anywhere** — in public or in private, indoors or outdoors, with or without candles. The main point of hygge is (29)**to live a life connected with loved ones** while making ordinary essential tasks meaningful and joyful.

Perhaps Danish people are better at appreciating the small, "hygge" things in life because they have no worries about basic necessities. Danish people willingly pay from 30 to 50 percent of their income in tax. (32)**These high taxes pay for a good welfare system that provides free healthcare and education.** (32)(33)**Once basic needs are met, more money doesn't guarantee more happiness.** While money and material goods seem to be highly valued in some countries like the US, (32)(33)**people in Denmark place more value on socializing.** (33)**Nevertheless, Denmark has above-average productivity according to the OECD.**

《英文の訳》

> 幸福とは何だろうか。私たちは幸福になり，持続可能な開発を推進できるだろうか。(27)**2012年以来，「世界幸福度調査報告」は幸福と健康を目的として経済的持続可能性への新しい取り組みを策定するために国連機関によって発行されている。**その報告によれば，スカンジナビア諸国は一貫して地球上で最も幸福な社会としてランク付けされている。しかし，そのような諸国はなぜそれほど幸福なのか。たとえ

ば，デンマークでは，余暇を他人と過ごすことがよくある。そうした環境は，H-Y-G-G-E と綴って「ヒュッゲ」と呼ばれる伝統のおかげで，デンマーク人を幸福にしている。hygge は居心地の良さと快適さを意味し，愛されているという気持ちを表すのである。

　この言葉は気遣いや健康を解釈したものとして，2016年に世界的に有名になった。現在，hygge は商品化されるというリスクがある。しかし，hygge は，₃₀**ローソクの明かりに照らされた部屋や手編みの毛布がある居心地の良いベッドルームのような一般的なイメージの中に見る**₂₈**物質的なものではない。**₃₁**本当の hygge はどこでも，**たとえば人前であろうと内々であろうと，屋内であろうと屋外であろうと，ローソクがあろうとなかろうと，₃₁**起こるものなのだ。**hygge の主要な点は，通常の基本的な仕事を有意義で楽しいものにしながら，₂₉**愛する人たちとつながりのある生活を送ること**である。

　ひょっとするとデンマークの人たちは，基本的生活必需品について心配する必要が全くないので，人生においてささやかな「hygge 的な」ものを楽しむことがより上手なのかもしれない。デンマークの人たちは，収入の30～50％を納税することをいとわない。₃₂**こうした高い税金は無料の医療と教育を提供する優れた福祉制度に充てられる。**₃₂₃₃**いったん最低限必要なものが満たされると，より多くのお金がより多くの幸福を保証するとは限らなくなる。**お金や物品はアメリカのような一部の国では高く評価されているように思えるが，₃₂₃₃**デンマークの人たちは人との交流により多くの価値を置いている。**₃₃**それにもかかわらず，OECD（経済協力開発機構）によると，デンマークは平均以上の生産性があるのだ。**

ワークシート

○　世界幸福度調査報告
・目的：幸福と健康〔 27 〕②　～を支える持続可能な経済を推進すること
・スカンジナビア諸国：(2012年以来)一貫して世界で最も幸福
　　なぜ? ⇒　デンマークの『hygge 式』ライフスタイル
　　　　↓　2016年に世界中に広まる
○　hygge の解釈

	一般的なヒュッゲのイメージ	デンマークの実際のヒュッゲ
なに	28 ①　物品	29 ②　関係
どこで	30 ⑤　屋内で	31 ④　どこでも
どのように	特別な	普通の

2021年度　リスニング　第1日程〈解説〉　25

問27

《選択肢の訳》

①	〜を超えた持続可能な開発目標
②	〜を支える持続可能な経済
③	〜ための持続可能な自然環境
④	〜に挑戦する持続可能な社会

▶解説◀

〈ポイント〉講義の内容を聴き取り，**概要を把握**。

講義の冒頭にある Since 2012, the *World Happiness Report* has been issued by a United Nations organization to develop new approaches to economic sustainability for the sake of happiness and well-being. を聴き取り，世界幸福度調査報告の目的を理解する。

問28〜問31

《選択肢の訳》

①	物品
②	関係
③	仕事
④	どこでも
⑤	屋内で
⑥	屋外で

▶解説◀

〈ポイント〉講義の内容を聴き取り，**要点を把握**。

This word became well-known worldwide in 2016 as an interpretation of mindfulness or wellness. の後に語られる内容を聴き取り，ワークシートの Interpretations of Hygge「hygge の解釈」の表に適するように整理して，埋めていく。まず，the material things を聴き取り $\boxed{28}$ に①goods を，次に in popular images like candlelit rooms and cozy bedrooms with hand-knit blankets を聴き取り，$\boxed{30}$ に⑤ indoors を埋める。それから，Real hygge happens anywhere を聴き取り，$\boxed{31}$ に④ everywhere を，最後に to live a life connected with loved ones を聴き取り，$\boxed{29}$ に ②relationships を埋めていく。聞こえてくる情報が表の番号どおりの順ではないので注意する。

問32

《選択肢の訳》

①	デンマーク人は，生活水準を維持するために高い税に反対している。
②	デンマーク人は，人との付き合いに比べ，基本的必需品にお金をかけない。
③	デンマーク人の収入は，贅沢な生活を後押しするほど多い。

— 175 —

④ デンマーク人は福祉制度のおかげで有意義な生活を送ることができる。

▶解説◀

〈ポイント〉聴き取った内容を選択肢に**重ね合わせて真偽を判断**。

These high taxes pay for a good welfare system that provides free healthcare and education. Once basic needs are met, more money doesn't guarantee more happiness. と people in Denmark place more value on socializing を聴き取り,「デンマークの人は福祉制度のおかげで人との交流により多くの価値を置くことができる」と言った内容を理解し, 適切な選択肢を選ぶ。

問33 33 ①

《読み上げられた英文》

Here's a graph based on OECD data. People in Denmark value private life over work, but it doesn't mean they produce less. **The OECD found that beyond a certain number of hours, working more overtime led to lower productivity.** What do you think?

《英文の訳》

> ここに OECD のデータを基にしたグラフがある。デンマークの人は, 仕事よりもプライベートな生活に価値を置いているが, 生産する量が少ないわけではない。**OECD の調べでは, 一定時間を超えて残業が増えると, 生産性が低下することがわかった。**あなたたちはどう思うか。

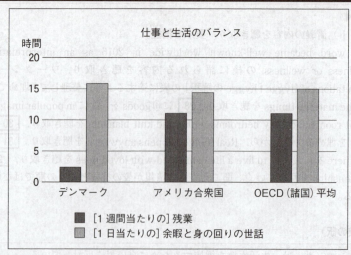

《選択肢の訳》

① デンマークの人は生産性を維持する一方で残業時間はより少ない。

② デンマークの人は，たとえ収入が保証されても，より多く仕事をして楽しむ。

③ OECD 諸国の人は残業時間がより多いので，生産性がより高い。

④ アメリカ合衆国の人は贅沢な暮らしをしているが，余暇に最も多くの時間をかけている。

▶解説◀

〈ポイント〉聴き取った内容とグラフから読み取れる情報を**重ね合わせて要点を把握**。

グラフのタイトルにある Work-Life Balance「仕事と生活のバランス」を講義全体に重ね合わせて，最初の講義の Once basic needs are met, more money doesn't guarantee more happiness. と people in Denmark place more value on socializing. Nevertheless, Denmark has above-average productivity according to the OECD. さらに講義の続きの The OECD found that beyond a certain number of hours, working more overtime led to lower productivity. とグラフから，デンマークの人は，アメリカ合衆国や OECD 諸国の人と比べ，残業時間は少ないが，生産性を維持していることを理解し，選択肢を特定する。

第6問A 対話文質問選択問題

問34 34 ③　問35 35 ③

《読み上げられた英文》

Jane : Are you all right, Sho? What's wrong?

Sho : Hey, Jane. It turns out a native French-speaking host family was not available ... for my study abroad program in France.

Jane : ₍₃₅₎**So you chose a host family instead of the dormitory, huh?**

Sho : ₍₃₅₎**Not yet. I was hoping for a native French-speaking family.**

Jane : Why?

Sho : Well, I wanted to experience real spoken French.

Jane : Sho, there are many varieties of French.

Sho : I guess. But with a native French-speaking host family, I thought I could experience real language and real French culture.

Jane : What's "real," anyway? France is diverse. Staying with a multilingual family could give you a genuine feel of what France actually is.

Sho : Hmm. You're right. But ₍₃₅₎**I still have the option of having a native speaker as a roommate**.

Jane : In the dormitory? That might work. But ₍₃₄₎**I heard one student got a roommate who was a native French speaker, and they never talked**.

Sho : Oh, no.

Jane : Yes, and ₍₃₄₎**another student got a non-native French-speaking roommate who**

— 177 —

28

　　　was really friendly.

Sho ： ㉟Maybe it doesn't matter if my roommate is a native speaker or not.

Jane ： ㉞The same applies to a host family.

《対話の訳》

> ジェーン：大丈夫, ショウ？　どうしたの？
>
> 　ショウ：ねえ, ジェーン。フランス語を母語として話すホストファミリーが見つ
> 　　　　　からなかったんだよ…僕のフランス留学プログラムでね。
>
> ジェーン：㉟なるほど, あなたは寮の代わりにホストファミリーを選んだってわけ
> 　　　　　ね。
>
> 　ショウ：㉟まだ選んだわけじゃないんだ。僕はフランス語を母語として話す家庭
> 　　　　　を希望していたんだ。
>
> ジェーン：どうして？
>
> 　ショウ：そうだね, 話されている本物のフランス語に触れてみたかったんだ。
>
> ジェーン：ショウ, フランス語にはたくさんの種類があるのよ。
>
> 　ショウ：そう思うよ。でも, フランス語を母語として話すホストファミリーと一
> 　　　　　緒なら, 本物の言葉と本物のフランス文化に触れることができると思っ
> 　　　　　たんだ。
>
> ジェーン：ところで,「本物」って何？　フランスは多様性に富んでいるわ。多数の
> 　　　　　言語を使いこなせる家族のところに滞在すれば, フランスが実際にどう
> 　　　　　いうものかという本当の感覚をあなたに教えてくれるかもしれないわ。
>
> 　ショウ：うーん。そのとおりだ。でも㉟まだ僕にはフランス語を母語として話す
> 　　　　　人をルームメイトにするという選択肢があるからね。
>
> ジェーン：寮で？　それはうまく行くかもしれないわ。でも, ㉞私は聞いたことが
> 　　　　　あるわ。ある学生がフランス語を母語として話すルームメイトをもった
> 　　　　　のに, 全く話さなかったって。
>
> 　ショウ：まさか。
>
> ジェーン：本当よ。それから㉞もう一人の学生はフランス語を母語としてはいな
> 　　　　　かったけど, 本当に仲よくできるルームメイトをもったのよ。
>
> 　ショウ：㉟ひょっとすると, ルームメイトがフランス語を母語として話す人かど
> 　　　　　うかなんて重要じゃないかもしれないな。
>
> ジェーン：㉞同じことがホストファミリーにも言えるわ。

《質問と選択肢の訳》

問34　ジェーンの主な論点は何か。

① フランス語を母語として話すホストファミリーが最高の体験をさせてくれる。

② 寮でのルームメイトがフランス語を母語としていない場合の方がより勉強にな
る。

— 178 —

③ フランス語を母語とする人と一緒に暮らすことを優先事項にすべきではない。

④ 寮は最も良い言語経験を提供してくれる。

▶解説◀

〈ポイント〉話し手の発話の**要点を把握**。

「フランス語を母語として話すホストファミリーやルームメイト」にこだわっているショウに対して，ジェーンは6回目の発話で I heard one student got a roommate who was a native French speaker, and they never talked, 7回目の発話で another student got a non-native French-speaking roommate who was really friendly, さらに最後の発話で The same applies to a host family. と言っている。これらを聴き取り，フランス語を母語とする人と一緒に暮らすことを必須の条件にすべきではないというのがジェーンの主張であることを理解する。

《質問と選択肢の訳》

問35　ショウはどの選択をする必要があるか。

① 言語プログラムを選択するか，それとも文化プログラムを選択するか。

② 留学プログラムを選択するかどうか。

③ ホストファミリーのところに滞在するか，それとも寮に滞在するか。

④ フランス語を母語として話す家族のところに滞在するかどうか。

▶解説◀

〈ポイント〉発話内容から話し手の**次の展開を推測**。

フランスの留学プログラムについて話しているショウに対し，ジェーンが2回目の発話で So you chose a host family instead of the dormitory, huh? と言い，ショウが Not yet. I was hoping for a native French-speaking family. と答え，また5回目の発話で I still have the option of having a native speaker as a roommate と言っていることを押さえる。さらにジェーンの話を聞いた後で，ショウが最後の発話で述べた Maybe it doesn't matter if my roommate is a native speaker or not. を聴き取り，ショウが今後何を選択する必要があるかを理解する。

第6問B　会話長文意見・図表選択問題

問36　36　①　　問37　37　②

《読み上げられた英文》

Yasuko：Hey, Kate! You dropped your receipt. Here.

　Kate：Thanks, Yasuko. It's so huge for a bag of chips. What a waste of paper!

　Luke：Yeah, but look at all the discount coupons. You can use them next time you're in the store, Kate.

　Kate：Seriously, Luke? Do you actually use those? ㊱**It's so wasteful. Also,**

receipts might contain harmful chemicals, right Michael?

Michael : Yeah, and that could mean they aren't recyclable.

Kate : See? ㊱**We should prohibit paper receipts.**

Yasuko : I recently heard one city in the US might ban paper receipts by 2022.

Luke : Really, Yasuko? But how would that work? I need paper receipts as proof of purchase.

Michael : Right. I agree. What if I want to return something for a refund?

Yasuko : If this becomes law, Michael, shops will issue digital receipts via email instead of paper ones.

Kate : Great.

Michael : Really? Are you OK with giving your private email address to strangers?

Kate : Well ... yes.

Luke : Anyway, ㊱㊲**paper receipts are safer, and more people would rather have them**.

Yasuko : ㊱**I don't know what to think**, Luke. You could request a paper receipt, I guess.

Kate : ㊱**No way! There should be NO paper option.**

Michael : ㊱**Luke's right. I still prefer paper receipts.**

《会話の訳》

ヤスコ：ちょっと，ケイト！ レシートを落としたわよ。はい。

ケイト：ありがとう，ヤスコ。それって，ポテトチップス1袋にしてはかなり大きいわね。何て紙の無駄なの！

ルーク：そうだね，でもすべての割引クーポンを見てみなよ。次回君が店に来たときにそれを使うことができるんだよ，ケイト。

ケイト：本気で言っているの，ルーク？ あなたは実際にそれらを使っているの？ ㊱**それ，とても無駄よ。それにレシートには有害な化学物質が含まれている可能性があるわ**，そうでしょ，マイケル？

マイケル：うん，それにつまりリサイクルできないっていうことになるかもね。

ケイト：ほらね？ ㊱**紙のレシートは禁止すべきだわ。**

ヤスコ：私，最近聞いたんだけど，アメリカのある都市が2022年までに紙のレシートを禁止するかもしれないんだって。

ルーク：本当，ヤスコ？ でもそれはどういう仕組みになってるの？ 僕は，紙のレシートは購入証明として必要だな。

マイケル：そうだね。同感だ。何かを返品して返金してもらいたい場合，どうなるんだろう？

ヤスコ：もしこのことが法律になれば，マイケル，お店は紙のレシートの代わりにメールを介してデジタルレシートを発行することになるわ。

2021年度　リスニング　第1日程〈解説〉　31

> ケイト：すばらしいわ。
> マイケル：本当？　個人的なEメールアドレスを知らない人に教えて大丈夫なの？
> ケイト：まあ…大丈夫よ。
> ルーク：いずれにしても，㊱㊲紙のレシートの方が安全だし，紙のレシートをもらいたいと思っている人の方が多いんじゃないの。
> ヤスコ：㊱どう考えればよいのかわからないわ，ルーク。紙のレシートを求めることもできるんじゃないの。
> ケイト：㊱絶対だめよ！　紙っていう選択肢はなしにすべきよ。
> マイケル：㊱ルークが正しいね。僕は依然として紙のレシート派だね。

問36

▶解説◀

〈ポイント〉それぞれの発話から**賛成**か**反対**かを判断。

　ヤスコの意見は4回目の発話からレシートの電子化に賛成とも反対とも言えないと判断。電子化に一貫して賛成しているのはケイトであり，反対しているのはルークとマイケルとなることを理解する。4人の意見をまとめると以下のようになる。

ヤスコ	4回目の発話にある I don't know what to think からレシートの電子化に賛成とは言えない。
ケイト	2回目の発話：It's so wasteful. Also, receipts might contain harmful chemicals 3回目の発話：We should prohibit paper receipts. 6回目の発話：No way! There should be NO paper option. レシートの電子化に賛成。
ルーク	3回目の発話にある paper receipts are safer, and more people would rather have them からレシートの電子化に反対。
マイケル	4回目の発話 Luke's right. I still prefer paper receipts. からレシートの電子化に反対。

— 181 —

問37

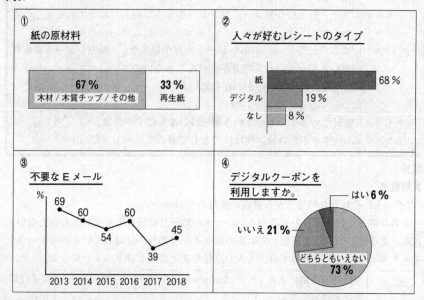

▶解説◀
〈ポイント〉話し手の意見に合う**図表を判断**。

ルークの3回目の発話にある paper receipts are safer, and more people would rather have them を聴き取り，ルークの意見が人々が好むレシートのタイプに関係していることを理解し，適切な図表を選択する。

英　　　語
（リスニング）

（2021年1月実施）

受験者数　1,682

平　均　点　55.01

2021　リスニング　第2日程

※解説の 🔽1B03 ～ 🔽1B35 はトラック番号（MP3のファイル名）を示しています。

英　語（リスニング）

解答・採点基準　　　（100点満点）

問題番号（配点）	設問	解答番号	正解	配点	自己採点
第1問（25）	A	問1 [1]	④	4	
		問2 [2]	③	4	
		問3 [3]	④	4	
		問4 [4]	②	4	
	B	問5 [5]	②	3	
		問6 [6]	④	3	
		問7 [7]	②	3	
第1問　自己採点小計					
第2問（16）		問8 [8]	①	4	
		問9 [9]	②	4	
		問10 [10]	④	4	
		問11 [11]	④	4	
第2問　自己採点小計					
第3問（18）		問12 [12]	③	3	
		問13 [13]	③	3	
		問14 [14]	②	3	
		問15 [15]	②	3	
		問16 [16]	③	3	
		問17 [17]	④	3	
第3問　自己採点小計					

問題番号（配点）	設問	解答番号	正解	配点	自己採点
第4問（12）	A	問18 [18]	①	4 *	
		問19 [19]	④		
		問20 [20]	②		
		問21 [21]	③		
		問22 [22]	⑤	1	
		問23 [23]	⑥	1	
		問24 [24]	②	1	
		問25 [25]	③	1	
	B	問26 [26]	①	4	
第4問　自己採点小計					
第5問（15）		問27 [27]	④	3	
		問28 [28]	①	2 *	
		問29 [29]	②		
		問30 [30]	⑤	2 *	
		問31 [31]	④		
		問32 [32]	②	4	
		問33 [33]	③	4	
第5問　自己採点小計					
第6問（14）	A	問34 [34]	③	3	
		問35 [35]	④	3	
	B	問36 [36]	①	4	
		問37 [37]	①	4	
第6問　自己採点小計					
自己採点合計					

（注）　＊は，全部正解の場合のみ点を与える。

2021年度　リスニング　第2日程〈解説〉　35

第1問A　短文発話内容一致問題

問1　１　④

《読み上げられた英文》

M：**When** does our club **get together** today?　At three?

《英文の訳》

> 男性：今日，私たちの部の**集まりは何時**ですか。3時？

《選択肢の訳》

① 話し手は何名の部員が来るのか知りたがっている。
② 話し手はこの部のミーティングの頻度を知りたがっている。
③ 話し手は部室の番号を知りたがっている。
④ 話し手はミーティングの時間を知りたがっている。

▶解説◀

〈ポイント〉「疑問詞」の聴き取りとその言い換え。

　When does our club get together を聴き取り，疑問詞 when ... get together が選択肢④では the time of the meeting に言い換えられていることに注意する。

問2　２　③

《読み上げられた英文》

M：I'd like to wear a red tie to work, **but I only have blue ones**.

《英文の訳》

> 男性：赤色のネクタイをして仕事に行きたいの**だが，青色のネクタイしか持っていない**。

《選択肢の訳》

① 話し手は青色のネクタイを1本しか持っていない。
② 話し手は赤色のネクタイを1本しか持っていない。
③ 話し手は青色のネクタイを数本持っている。
④ 話し手は赤色のネクタイを数本持っている。

▶解説◀

〈ポイント〉意味内容を対立させる **but** と複数名詞の聴き取り。

　blue ones の ones は ties の代用であり，複数であることに注意。

— 185 —

問3　**3**　④

《読み上げられた英文》

M：Would you **tell me Kevin's email address**, please?

《英文の訳》

> 男性：ケビンのメールアドレスを私に教えてくれませんか。

《選択肢の訳》

> ①　話し手はケビンにメールを送信してくれるよう頼んでいる。
> ②　話し手はケビンからのメールを読んでいる。
> ③　話し手はケビンのメールアドレスを知っている。
> ④　話し手はケビンのメールアドレスを知りたがっている。

▶解説◀

〈ポイント〉伝達動詞 tell の聴き取り。

　tell me Kevin's email address は「ケビンのメールアドレスを私に教える」という意味。

問4　**4**　②

《読み上げられた英文》

M：I baked Yoko's birthday cake, **but I haven't finished wrapping her present yet**. So I'll be late for her party.

《英文の訳》

> 男性：ヨウコの誕生日ケーキを焼いたが，まだプレゼントをラッピングし終わっていない。だから僕は彼女のパーティーに遅れるだろう。

《選択肢の訳》

> ①　話し手はヨウコのためにケーキを焼き終えるだろう。
> ②　話し手はヨウコにあげるプレゼントのラッピングをし終えるだろう。
> ③　ヨウコはケーキをもらわないだろう。
> ④　ヨウコはプレゼントを受け取らないだろう。

▶解説◀

〈ポイント〉話を対立させる but と含意関係。

　haven't finished wrapping ... yet「ラッピングをまだし終わっていない」は，これからするという含意があるので，話し手はこれからプレゼントをラッピングする可能性が高いと言える。

第 1 問 B　短文発話イラスト選択問題

問 5　5　②

《読み上げられた英文》
W : This sign says you **can swim** here, but you **can't camp or barbecue**.

《英文の訳》

> 女性：この標識にはここで**泳ぐことはできる**が，**キャンプやバーベキューはできな**いと書いてある。

① 　②

③ 　④

▶解説◀

〈ポイント〉聴き取った**情報の取捨選択**。

「泳ぐことはできる」が，「キャンプやバーベキューはできない」ことを表している標識を選ぶ。

not A or B は「AでもBでもない」という意味であることに注意しよう。

問6 　6　 ④

《読み上げられた英文》
W：**The chef is telling the waiter to take both plates** to the table.

《英文の訳》
女性：シェフはウェイターに，皿に盛った料理2つをテーブルに持って行くように言っている。

▶解説◀
〈ポイント〉指示を出す側と受ける側の関係と料理の数。
　シェフがウェイターに対して皿に盛った料理2つを持って行くように指示しているイラストを選ぶ。

問7　7　②

《読み上げられた英文》
W：**The park is not as far from the station as the café is.**

《英文の訳》

> 女性：公園はカフェほど駅から離れていない。

①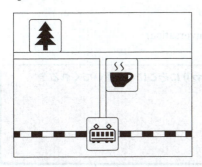

②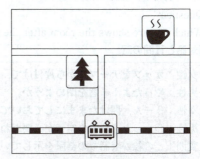

③

④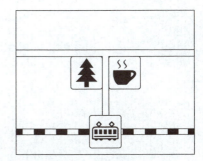

▶解説◀
〈ポイント〉**比較**の聴き取り。
　公園の方がカフェより駅に近いイラストを選ぶ。

40

第2問　対話文イラスト選択問題

問8　8　①

🔊 《読み上げられた英文》

W：**Can you take the cups off the table and put the books there instead?**

M：**Done! Shall I close the window?**

W：Umm, **leave it open**.

M：Yeah, we need some fresh air.

Question：

Which picture shows the room after the conversation?

《対話と質問の訳》

> 女性：カップをテーブルから片付けて，代わりにそこに本を置いてくれる？
> 男性：やったよ！　窓を閉めようか。
> 女性：うーん，開けたままにしておいて。
> 男性：わかった，新鮮な空気が必要だね。
> 質問：どの絵が会話後の部屋を示しているか。

— 190 —

2021年度　リスニング　第2日程〈解説〉　41

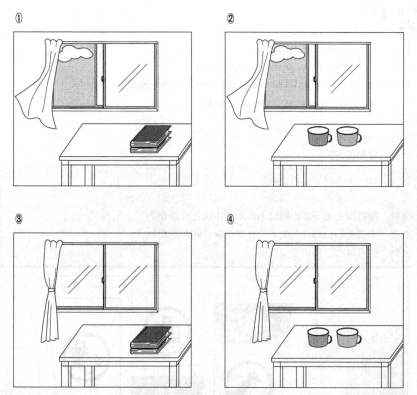

▶解説◀
〈ポイント〉**聴き取った情報に基づくイラスト選択**。
　女性が最初の発話で Can you take the cups off the table and put the books there instead? と男性に頼んだことに対して，男性が Done! と応答し，続けて Shall I close the window? と尋ねたことに対して，女性が leave it open と応答しているのを聴き取り，テーブルの上に本があり，窓が開いている部屋のイラストを選ぶ。

問9 　9　 ②

《読み上げられた英文》

M：Let's stay near the beach.
W：But I'd rather be near the shopping mall.
M：**What about the hotel between the zoo and the mall?**
W：**Great, and it's across from the park.**
Question：
Where will they stay?

《対話と質問の訳》

> 男性：ビーチの近くに泊まろう。
> 女性：でも，私はショッピングモールに近いほうがいいわ。
> **男性：動物園とモールの間にあるホテルはどうかな？**
> **女性：すごくいいわ，しかもそれは公園の向かいだわ。**
> 質問：彼らはどこに泊まるか。

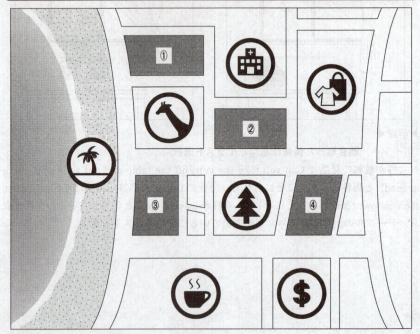

▶解説◀

〈ポイント〉「位置」の聴き取り。

　泊まるホテルの場所について，男性が2回目の発話で What about the hotel between the zoo and the mall? と提案したことに対して，女性が Great, and it's across from the park. と返答していることを聴き取り，動物園とショッピングモールの間にあり，向かいに公園があるホテルの位置を特定する。

問10　10　④

《読み上げられた英文》
W : How about the hamburger lunch?
M : Actually, I'm trying to save money this month.
W : Umm, **perhaps the chicken lunch is better**, then.
M : Well, **I don't want salad, so this one's perfect!**
Question :
Which meal will the man most likely choose?

《対話と質問の訳》

女性：ハンバーガーランチはどう？
男性：実は，今月お金を節約しているんだ。
女性：うーん，それならひょっとするとチキンランチのほうがいいかもね。
男性：えっと，**サラダはいらないんだ**，だからこれで完璧なんだ！
質問：男性はどの食事を選ぶ可能性が最も高いか。

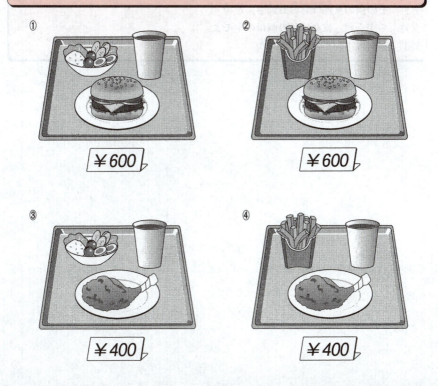

▶解説◀

〈ポイント〉聴き取った情報に基づく取捨選択。

　お金を節約している男性に対して，女性が2回目の発話で perhaps the chicken lunch is better と提案しているのに対して，男性が I don't want salad, so this one's perfect! と言っているのを聴き取り，ランチセットのイラストを選ぶ。

問11　11　④

《読み上げられた英文》

M：**Who's the boy with the dog**, Ayaka?
W：**My nephew. Next to him is his twin sister.**
M：Is **the woman next to her** your sister?
W：No, **she's my aunt, Tomo.**
Question：
Which person in the photo is Tomo?

《対話と質問の訳》

> 男性：犬を抱えている少年は誰だい，アヤカ？
> 女性：私の甥よ。その隣には彼の双子の妹がいるわ。
> 男性：その隣の女性は君のお姉さんなの？
> 女性：ちがうわ，彼女は私の叔母のトモよ。
> 質問：写真の中のどの人がトモか。

▶解説◀

〈ポイント〉 「位置」の聴き取り。

　男性が最初の発話で Who's the boy with the dog と尋ねたのに対して，女性が My nephew. と返答し，続けて Next to him is his twin sister. と付け加えたところで，男性が the woman next to her について尋ね，これに対して，she's my aunt, Tomo と答えているのを聴き取り，トモの位置を特定する。

第3問　対話文質問選択問題

問12　12　③

《読み上げられた英文》

M：What would you like to do after graduation?
W：Travel! But first **I'm going to deliver newspapers until I save enough to go around the world**. And you?
M：I want to be a famous writer someday, but right now, **I need money, too**. Maybe **I can work for a magazine!**

《対話の訳》

男性：卒業後は何をしたい？
女性：旅行がしたいわ！　でも，私は世界を巡るのに十分なお金を貯めるまで，まずは新聞配達をするつもりなの。あなたは？

男性：僕はいつか有名な作家になりたいんだが，差しあたり**僕もお金が必要なんだ。
ひょっとすると，雑誌の仕事ならできるかもしれない。**

《質問と選択肢の訳》

問12　友人は 2 人とも何をする計画か。
① 外国で仕事を探す
② 旅行をするためにお金を貯める
③ お金を稼ぐために働く
④ 雑誌に寄稿する

▶解説◀

〈ポイント〉質問内容から聴き取りのポイントを絞り込む。

　女性の最初の発話の I'm going to deliver newspapers until I save enough to go around the world を聴き取り，女性は「旅行の資金を貯めるために新聞配達をするつもりだ」ということを理解する。さらに，男性の 2 回目の発話の I need money, too. Maybe I can work for a magazine! を聴き取り，男性は「お金が必要なので雑誌の仕事をするかもしれない」ということを理解する。男性の 2 回目の発話にある too に注意し，2 人に共通している計画を理解する。

問13　13　③

《読み上げられた英文》

W：Hey, Paul. I saw the funny photo you posted on your blog yesterday.

M：What? **I posted that by mistake, but I thought I deleted it.**

W：**No, you didn't. It's still on your blog.**

M：Are you serious, Karen? **That's really embarrassing. I don't want people to see that photo of me.**

《対話の訳》

女性：ねえ，ポール。昨日あなたがブログに投稿していたおもしろい写真見たわよ。
男性：何だって？　それ，間違って投稿したんだ，でも削除したと思っていたんだが。
女性：いいえ，削除していなかったよ。それ，まだあなたのブログにあるわよ。
男性：本当かよ，カレン？　それって，すごく恥ずかしいやつなんだよ。僕は自分が写っているその写真を人に見られたくないんだ。

《質問と選択肢の訳》

問13　ポールはこの会話の後にまず何をする可能性が高いか。
① 自分のブログに新しい投稿メッセージを加える
② カレンのブログにコメントする

③ 写真を自分のブログから削除する
④ カレンのブログにある写真を見る

▶解説◀

〈ポイント〉**質問内容**から聴き取りの**ポイントを絞り込む**。

ポールのブログにあるおもしろい写真について女性(カレン)が男性(ポール)に尋ねたところ,男性が最初の発話で I posted that by mistake, but I thought I deleted it. と言ったことに対して,女性が No, you didn't. It's still on your blog. と応答しているのを聴き取り,さらに男性が That's really embarrassing. I don't want people to see that photo of me. と言ったことを理解して,このあと男性がとる行動を推測する。

問14　14　②

《読み上げられた英文》

M：**I like both the blue one and the black one.** How about you?
W：I see the blue car, but **where's the black one? Do you mean that dark green one with the white seats?**
M：Yes. Do you like that one?
W：Well, it's OK, but I like the other one better.

《対話の訳》

> 男性：青色のやつと黒色のやつの両方とも気に入っているんだ。君はどうかな？
> 女性：青色の車はわかるけど,黒色のはどこにあるの？　白い座席で深緑色のこと？
> 男性：そうだよ。あれは好きかい？
> 女性：まあ,いいけど,私はもう一台のほうが好きだわ。

《質問と選択肢の訳》

> 問14　女性はどの車の方が好きか。
> ① 黒色の車
> ② 青色の車
> ③ 緑色の車
> ④ 白色の車

▶解説◀

〈ポイント〉**質問内容**からの聴き取り**ポイントの絞り込み**と**代名詞の理解**。

男性(夫)が最初の発話で I like both the blue one and the black one. と言ったことに対し,女性(妻)が where's the black one? Do you mean that dark green one with the white seats? と聞き返している。それに対して男性が肯定の応答をし,女性が最後の発話で Well, it's OK, but I like the other one better. と言ったことを聴き取り,the

— 197 —

other one が the blue car であることを理解し，女性が好きな車を特定する。

問15 15 ②

🔊 《読み上げられた英文》

W：You're Mike Smith, aren't you?

M：Hey, Jane Adams, right?

W：Yes! I haven't seen you for ages.

M：**Wasn't it five years ago, when our class graduated?**

W：**Yes, almost six.**

M：Well, **I'm glad you recognized me**. I haven't changed?

W：No, **I recognized you immediately**. **You haven't changed your hairstyle at all.**

《対話の訳》

> 女性：あなた，マイク・スミスよね。
> 男性：あっ，ジェーン・アダムズでしょ？
> 女性：そうよ！　ずいぶん久しぶりね。
> 男性：**5年前，僕たちのクラスが卒業したとき以来じゃない？**
> 女性：**そうね，もう少しで6年になるわね。**
> 男性：ところで，**君が僕だとすぐにわかってくれてうれしいよ。**僕は変わっていな
> 　　　いかな？
> 女性：ええ，**あなただってすぐにわかったわ。髪型が全然変わっていないんだもの。**

《質問と選択肢の訳》

> 問15　会話によれば，どれが正しいか。
> ①　ジェーンとマイクは4年前に卒業した。
> ②　ジェーンとマイクは以前クラスメートだった。
> ③　ジェーンはマイクだとわかるのに苦労した。
> ④　マイクの髪型は少し変わっていた。

▶解説◀

〈ポイント〉対話の**内容真偽**の聴き取りと**言い換え**。

　久しぶりに会った男女が話をしている場面で，長いこと会っていないという女性に，男性が2回目の発話で Wasn't it five years ago, when our class graduated? と言ったことに対して，女性が Yes, almost six. と応答していることを聴き取り，2人は以前クラスメートで，ほぼ6年前に卒業したことを理解する。さらに，男性が3回目の発話で I'm glad you recognized me. と言い，それに対して女性が I recognized you immediately. You haven't changed your hairstyle at all. と言っていることを踏まえ，選択肢①，③，④が誤りであることがわかる。男性の2回目の発話にある our class graduated が選択肢②では classmates before に言い換えられていることを理解し，選

— 198 —

2021年度　リスニング　第2日程〈解説〉　49

択肢を絞り込む。

問16　16　③
🔊1B21《読み上げられた英文》

W：**The textbook is sold out at the bookstore.** Do you know where I can get one?

M：Actually, I didn't buy mine. **I got it from Peter.** He took the same course last year.

W：**So, who else took that course?**

M：**Alex!**

W：Yeah, but **I know he gave his book to his sister**.

《対話の訳》

> 女性：**その教科書は書店では売り切れだわ。どこで購入できるか知っている？**
> 男性：実は，僕は自分のは買わなかったんだ。**ピーターからもらったのさ。**彼，昨年同じ講座を受講していたんだ。
> 女性：**それじゃ，他に誰がその講座を受講していたの？**
> 男性：**アレックスだな！**
> 女性：そうよね，**でも彼は自分の本を妹にあげたみたいなの。**

《質問と選択肢の訳》

> 問16　このあと女の子は何をする必要があるか。
> ①　ピーターに教科書を貸してくれるように頼む
> ②　アレックスに連絡して本を譲ってくれるよう頼む
> ③　教科書を入手する別の方法を見つける
> ④　もう一度同じ講座を受講する

▶解説◀

〈ポイント〉質問内容からの聴き取りポイントの絞り込みと次の行動の予測。

　女性が最初の発話で The textbook is sold out at the bookstore. と言い，教科書が書店にないことを押さえる。それに対して，男性は I got it from Peter. と返答し，女性が So, who else took that course? と尋ね，男性が Alex! と応えたが，女性が I know he gave his book to his sister と言ったことを聴き取り，教科書を入手する別の方法を考える必要があることを理解する。なお，正解の選択肢は対話の音声からは聞こえてこない表現が使われているので注意する。

問17　17　④
🔊1B22《読み上げられた英文》

M：Good morning. My flight's been cancelled. I need to stay another night. **Is there a room available?**

— 199 —

50

W：Yes, but not until this afternoon. If you come back later, we'll have one ready for you.

M：What time?

W：About 3 o'clock?

M：OK. I'll go out for lunch and come back then.

《対話の訳》

男性：おはようございます。私が搭乗することになっていた便が欠航となりました。もう一泊しなければなりません。部屋は空いていますか。

女性：はい，でも今日の午後までは空いていません。後ほど戻っていただければ，お客様のお部屋を準備しておきます。

男性：何時ですか。

女性：3時頃でいかがですか。

男性：わかりました。昼食をとりに外へ出かけ，それから戻ってきます。

《質問と選択肢の訳》

問17 男性は部屋を確保する前に何をするだろうか。
① 午後3時前にホテルに電話をする
② 前のホテルの予約をキャンセルする
③ ホテルで昼食をとる
④ ホテルの外でしばらく時間を過ごす

▶解説◀

〈ポイント〉質問内容からの聞き取りポイントの絞り込みと次の行動の予測。

　搭乗予定であった便が欠航となったことで，もう一泊する必要ができた男性（宿泊客）が女性（ホテルのフロント係）に Is there a room available? と尋ねたことに対して，女性は Yes, but not until this afternoon. If you come back later, we'll have one ready for you. と応答している。これを受けて，男性が最後に OK. I'll go out for lunch and come back then. と言っていることを聴き取り，部屋の準備ができるまで昼食をとりに外に出かけて来るという内容を理解し，選択肢を絞り込む。

第4問A　モノローグ型図表完成問題

問18 | 18 | ①　　問19 | 19 | ④　　問20 | 20 | ②　　問21 | 21 | ③

《読み上げられた英文》

Here are the average summer and winter temperatures of four cities in North America: Columbus, Hopeville, Lansfield, and Rockport. (20)**The temperature of Lansfield in the summer was** much higher than I expected — **the highest** in fact. By comparison, (19)**Rockport** had a much cooler summer than Lansfield and **experienced**

— 200 —

the coldest winter among the four cities. (18)Columbus was a bit cooler than Rockport in the summer, while its winter was a few degrees warmer. (20)Hopeville changed the least in temperature and was just a bit cooler than Lansfield in the summer.

《英文の訳》

> 　北米の4つの都市，コロンバス，ホープビル，ランズフィールド，ロックポートの夏と冬の平均気温は次のとおりである。(21)ランズフィールドの夏の気温は，私が予想していたよりもはるかに高く，実際には最も高かった。比較すると，(19)ロックポートはランズフィールドよりもはるかに涼しい夏であり，4つの都市の中で最も寒い冬を経験した。(18)コロンバスの夏はロックポートより少し涼しかったが，冬は数度暖かかった。(20)ホープビルは気温の変化が最も小さく，夏はランズフィールドよりも少し涼しかった。

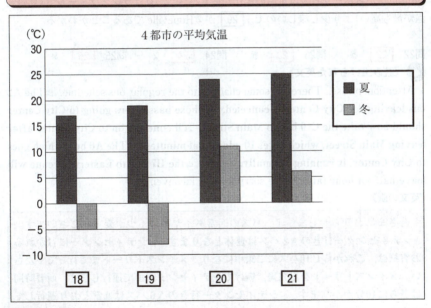

《選択肢の訳》

① コロンバス
② ホープビル
③ ランズフィールド
④ ロックポート

52

▶解説◀

〈ポイント〉**高低表現**や**比較表現**の聴き取り。

聴き取った情報をワークシート内にある夏と冬の平均気温の高低差を表すグラフと重ね合わせながら，グラフが表している4つの都市名を特定する。まず，The temperature of Lansfield in the summer was ... the highest からランズフィールドが夏の気温が最も高いので，⑳ が③Lansfield であることがわかる。次に，Rockport ... experienced the coldest winter among the four cities からロックポートの冬は4都市の中で最も寒いので，⑲ が④Rockport であることがわかる。さらに，Columbus was a bit cooler than Rockport in the summer, while its winter was a few degrees warmer. からコロンバスの夏はロックポートより少し涼しく，冬は数度暖かいので，⑱ が①Columbus であることがわかる。最後に聞こえてくる Hopeville changed the least in temperature and was just a bit cooler than Lansfield in the summer. からホープビルは気温の変化が最も小さく，夏はランズフィールド（夏の気温が最も高い）より少し涼しいので，⑳ が②Hopeville であることがわかる。

問22 **22** ⑤　　問23 **23** ⑥　　問24 **24** ②　　問25 **25** ③

📥 《読み上げられた英文》

Attention, please! There are some changes to the regular bus schedule. (22)**The A2 bus leaving for City Center is canceled.** (25)**Those passengers going to City Center should now take the C10 bus to Main Street.** It'll continue on to City Center after leaving Main Street, which takes 10 additional minutes. (23)**The A6 bus, which goes to City Center, is running normally.** Finally, (24)**the B7 bus to Eastern Avenue will leave half an hour late**. We're sorry for any inconvenience.

《英文の訳》

> 　皆さまにお知らせします！　バスの通常ダイヤにいくつか変更がございます。(22)**シティセンター行きのA2バスは運休となります。**(25)**シティセンターに行かれるお客様は，これからC10バスにご乗車になり，メインストリートまで行ってください。**メインストリートを出発後，続けてシティセンターまで運行します。所要時間はさらに10分かかります。(23)**シティセンター行きのA6バスは通常どおり運行しています。**最後に，(24)**イースタンアベニュー行きのB7バスは30分遅れで出発します。**ご不便をおかけして申し訳ございません。

—202—

バス	目的地	出発予定時刻	到着予定時刻	現在の運行状況
A2	シティセンター	10：10	11：00	＜ 22 ＞
A6	シティセンター	10：40	11：40	＜ 23 ＞
B7	イースタン アベニュー	10：30	11：05	＜遅延＞ 新しい出発時刻： 24
C10	メイン ストリート	10：10	11：00	＜追加の停留所＞ シティセンター到着時刻： 25

《選択肢の訳》

① 10：10
② 11：00
③ 11：10
④ 11：35
⑤ 運休
⑥ 定刻

▶解説◀

〈ポイント〉**時刻の聴き取りと説明の理解。**

　The A2 bus leaving for City Center is canceled. を聴き取り A2のバスは運休される
ことから 22 は⑤を選ぶ。Those passengers going to City Center should now take
the C10 bus to Main Street. It'll continue on to City Center after leaving Main Street,
which takes 10 additional minutes. を聴き取り，C10のバスは到着予定時間に10分を
加えることからシティセンター到着時刻は11時10分となるので，25 は③を選ぶ。
The A6 bus, which goes to City Center, is running normally. を聴き取り，A6のバス
は定時運行なので，23 は⑥を選ぶ。the B7 bus to Eastern Avenue will leave half
an hour late を聴き取り，B7のバスは30分遅れて出発なので，新しい出発時刻は10時
30分＋30分で11時であるため，24 は②を選ぶ。

第4問B　モノローグ型質問選択問題

問26 26 ①

《読み上げられた英文》

① Our hotel's internship focuses on **creating a new website**. The work will be done
in late August. Interns will help set up the website, which should **take about half a
month**. You can **stay at our hotel** or come from home.

② The internship at our language school starts in early summer when the exchange
program starts. Many international students visit us, so we need to help these

students get around. Interns should **stay at the dormitory for about ten days** while assisting with the program.

③   Public library interns help with our reading programs. For example, they prepare for special events and put returned books back on the shelves. Interns must work for more than two weeks. You can join anytime during the summer, and **housing is available**.

④   We're a software company looking for students to help **develop a smartphone application**. They are required to participate in brainstorming sessions, starting on the 15th of July, and are expected to stay until the end of August. Participants should find their own place to stay.

《英文の訳》

① 当ホテルのインターンシップは，**新しいウェブサイトの作成に重点を置いてい**ます。作業は8月下旬に行われます。インターンはウェブサイトの開設を手伝います。これには**約半月かかる**はずです。皆さんは**当ホテルに滞在する**こともできますし，家から通うこともできます。

② 当語学学校でのインターンシップは，交換留学が始まる初夏に始まります。多くの留学生がここを訪ねて来るので，私たちはこういった学生が移動するのを手伝う必要があります。インターンは，プログラムを手伝ってくれている間，**約10日間寮に滞在する**必要があります。

③ 公立図書館のインターンには私たちの読書プログラムを手伝っていただきます。たとえば，彼らは特別なイベントの準備をし，返却された本を棚に戻します。インターンは2週間以上働かなければなりません。夏の間はいつでも参加でき，**住居も利用できます。**

④ 当社は**スマートフォンアプリの開発**を手伝ってくれる学生を募集しているソフトウェア会社です。学生はブレーンストーミングセッションに参加する必要があり，それは7月15日から始まり，そして8月末まで滞在することになっています。参加者は自分の滞在場所を見つける必要があります。

インターンシップ	条件 A	条件 B	条件 C
① ホテル	○	○	○
② 語学学校	×	○	○
③ 公立図書館	×	○	△
④ ソフトウェア会社	○	×	×

《質問と選択肢の訳》

問26　あなたは，`26` でのインターンシップを選ぶ可能性が最も高い。
① ホテル
② 語学学校
③ 公立図書館
④ ソフトウェア会社

▶解説◀

〈ポイント〉条件の照合と情報の取捨選択。
① Hotel に関して，creating a new website（条件A），take about half a month（条件C），stay at our hotel（条件B）を聴き取り，3つの条件をすべて満たしていることを理解する。
② Language school は，条件B，Cは満たしているが，条件Aを満たしていない。
③ Public library は，条件Bは満たしているが，条件Aを満たしていない。さらにInterns must work for more than two weeks. が条件Cを完全には満たしていない。
④ Software company は，条件Aは満たしているが，条件B，Cを満たしていない。

第5問　モノローグ型長文ワークシート完成・選択問題

問27 `27` ④　　問28 `28` ①　　問29 `29` ②　　問30 `30` ⑤
問31 `31` ④　　問32 `32` ②

《読み上げられた英文》

OK. What is blue carbon? You know, humans produce too much CO_2, a greenhouse gas. This creates problems with the earth's climate. But remember how trees help us by absorbing CO_2 from the air and releasing oxygen? (27)**Trees change CO_2 into organic carbon, which is stored in biomass.** Biomass includes things like leaves and trunks. (27)**The organic carbon in the biomass then goes into the soil. This organic carbon is called "green" carbon.** But listen! (27)**Plants growing on ocean coasts can also take in and store CO_2 as organic carbon in biomass and soil** — just like trees on dry land do. (27)**That's called "blue" carbon.**

(33)**Blue carbon is created by seagrasses, mangroves, and plants in saltwater wetlands.** (28)(29)**These blue carbon ecosystems cover much less surface of the earth than is covered by green carbon forests.** (33)**However, they store carbon very efficiently** — much more carbon per hectare than green carbon forests do. (31)**The carbon in the soil of the ocean floor is covered by layers of mud, and can stay there for millions of years.** (30)**In contrast, the carbon in land soil is so close to the surface that it can easily mix with air**, and then be released as CO_2.

— 205 —

56

Currently the blue carbon ecosystem is in trouble. ₍₃₂₎**For this ecosystem to work, it is absolutely necessary to look after ocean coasts.** For example, large areas of mangroves are being destroyed. When this happens, great amounts of blue carbon are released back into the atmosphere as CO_2. To avoid this, ₍₃₂₎**ocean coasts must be restored and protected. Additionally, healthy coastline ecosystems will support fish life, giving us even more benefits.**

《英文の訳》

　それでは，ブルーカーボンとは何でしょうか。ご存知のように，人間は温室効果ガスである二酸化炭素を過剰につくり出しています。このことは地球の気候にさまざまな問題を引き起こします。しかし木が大気から二酸化炭素を吸収し，酸素を放出することによってどのようにして私たちを助けているか覚えていますか。₍₂₇₎**木は二酸化炭素を有機炭素に変え，その有機炭素はバイオマスの中に蓄えられます。**バイオマスには葉や幹などといったものが含まれます。₍₂₇₎**その後，バイオマス中の有機炭素は土壌に入ります。この有機炭素は「グリーン」カーボンと呼ばれます。**しかし，いいですか！　₍₂₇₎**海岸で育つ植物もまた，乾燥した土地の木がそうするのとちょうど同じように，バイオマスや土壌の中に二酸化炭素を有機炭素として取り込み，蓄えることができます。**₍₂₇₎**それが「ブルー」カーボンと呼ばれているものです。**

　₍₃₃₎**ブルーカーボンは，海草，マングローブ，塩性湿地で生育する植物によってつくられます。**₍₂₈₎₍₂₉₎**これらのブルーカーボン生態系は，グリーンカーボンの森林で覆われているよりもはるかに少ない地球の表面を覆っています。**₍₃₃₎**ただし，ブルーカーボン生態系は炭素を非常に効率よく蓄えます。1ヘクタール当たりの炭素量はグリーンカーボンの森林が蓄えるよりもはるかに多くなります。**₍₃₁₎**海底の土壌中の炭素は泥の層で覆われており，何百万年もそこにとどまることができます。**₍₃₀₎**対照的に，陸地の土壌の中の炭素は地表に非常に近いため，大気と容易に混ざり合い，その後二酸化炭素として放出されます。**

　現在，ブルーカーボンの生態系は危うい状態にあります。₍₃₂₎**この生態系が機能するには，海岸の手入れをすることが絶対に必要です。**たとえば，マングローブ林の大部分が破壊されています。これが起こると，大量のブルーカーボンが二酸化炭素としてもとの大気中へと放出されます。これを回避するには，₍₃₂₎**海岸を復元して保護する必要があります。さらに，健全な海岸線の生態系は魚の命を支え，私たちにさらに多くの恩恵をもたらします。**

— 206 —

2021年度　リスニング　第2日程〈解説〉　57

ワークシート

ブルーカーボン生態系の潜在能力

◇人間：環境問題を引き起こす
　　　　どのようにして？⇒過剰に**二酸化炭素**をつくり出している
　　　　　　　　　　　　　　＝温室効果ガス

◇植物：[27]グリーンカーボンあるいはブルーカーボン

グリーンカーボン生態系とブルーカーボン生態系の比較

	グリーン	ブルー
場所	陸地	海洋沿岸
1ヘクタール当たりの貯蔵量	より少ない	より多い
被覆領域	28	29
貯蔵期間	30	31

問27

《選択肢の訳》

① （グリーンカーボンあるいはブルーカーボン）と呼ばれる有機炭素を分解する
② 炭素を（グリーンカーボンあるいはブルーカーボン）と呼ばれる二酸化炭素に変える
③ 酸素をつくり出し，それを（グリーンカーボンあるいはブルーカーボン）として放出する
④ 二酸化炭素を取り込み，それを（グリーンカーボンあるいはブルーカーボン）として蓄える

▶解説◀

〈ポイント〉講義の内容を聴き取り，概要を把握。

　講義第1段落の Trees change CO₂ into organic carbon, which is stored in biomass. と The organic carbon in the biomass then goes into the soil. を聴き取り，ワークシートにある Humans の下の破線枠内を確認する。続く This organic carbon is called "green" carbon. からこの有機炭素がグリーンカーボンだとわかる。さらに Plants

— 207 —

growing on ocean coasts can also take in and store CO_2 as organic carbon in biomass and soil と That's called "blue" carbon. から，「ブルー」カーボンは，二酸化炭素が取り込まれ，蓄えられたものであることを聴き取り，「グリーン」カーボンと同様に蓄えられた有機炭素であることを理解し，選択肢を絞り込む。

問28〜31
《選択肢の訳》

①	より広い
②	より狭い
③	同じ
④	より長い
⑤	より短い
⑥	不明

▶解説◀

〈ポイント〉講義の内容を聴き取り，**細部を把握**。

　講義第2段落の These blue carbon ecosystems cover much less surface of the earth than is covered by green carbon forests. を聴き取り，ブルーカーボンはグリーンカーボンに比べ，被覆領域が狭いことを理解する。さらに The carbon in the soil of the ocean floor is covered by layers of mud, and can stay there for millions of years. を聴き取り，海底の土壌中の炭素，つまりブルーカーボンは貯蔵期間が長いことを理解する。続く In contrast, the carbon in land soil is so close to the surface that it can easily mix with air を聴き取り，陸地の土壌中の炭素，つまりグリーンカーボンは貯蔵期間が短いことを理解する。

問32
《選択肢の訳》

①	必要なブルーカーボン生態系が破壊されてしまっており，取り替えることはできない。
②	二酸化炭素のさらなる放出を防ぐために，海岸地帯の生態系を保護すべきである。
③	海洋全体の生態系を回復することで，気候問題を解決するだろう。
④	ブルーカーボン循環を改善するためには，魚の命を支えることが重要である。

▶解説◀

〈ポイント〉聴き取った内容を選択肢に重ね合わせて真偽を判断。

　講義第3段落の For this ecosystem to work, it is absolutely necessary to look after ocean coasts. と ocean coasts must be restored and protected. Additionally, healthy

— 208 —

coastline ecosystems will support fish life, giving us even more benefits. を聴き取り，海岸線の生態系の復元と保護が必要とされることを理解する。

問33　33　③

《読み上げられた英文》

　Look at this graph, which compares blue and green carbon storage. Notice how much organic carbon is stored in each of the four places. The organic carbon is stored in soil and in biomass but in different proportions. What can we learn from this?

《英文の訳》

> ブルーカーボンとグリーンカーボンの炭素貯蔵量を比較したこのグラフを見てください。4つの場所のそれぞれにどれだけの有機炭素が貯蔵されているかに注目してください。有機炭素は土壌とバイオマスに貯蔵されますが，比率は異なります。このことから何を学ぶことができますか。

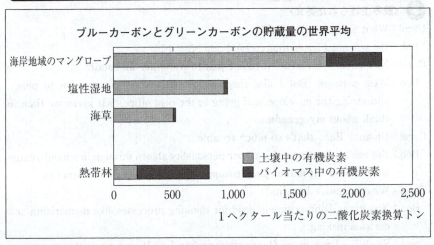

《選択肢の訳》

① 塩性湿地はバイオマスからよりも土壌から二酸化炭素を放出しやすい。
② 海岸地域のマングローブは，バイオマスからよりも泥の層から放出される二酸化炭素量は少ない。
③ 海草はバイオマス中よりも土壌中のほうが長期にわたり炭素をより効率よく長期貯蔵できる。
④ 熱帯林はその生物量(バイオマス)のため，炭素を貯蔵するには理想的である。

60

▶解説◀

〈ポイント〉聴き取った情報とグラフから読み取れる情報を重ね合わせて要点を把握。

「ブルーカーボンとグリーンカーボンの貯蔵量の世界平均」を比較したグラフの情報を講義全体に重ね合わせて考え，選択肢を吟味する。前半の講義の第2段落第1文にある Blue carbon is created by seagrasses, mangroves, and plants in saltwater wetlands. と同段落第3文にある However, they store carbon very efficiently — much more carbon per hectare than green carbon forests do. を聴き取り，ブルーカーボンが炭素を効率よく長期貯蔵することを押さえ，さらにグラフ中の seagrasses の棒グラフから，バイオマス中よりも土壌中に有機炭素がより多く貯蔵されることを読み取り，これらを重ね合わせ選択肢を特定する。

第6問A　対話文質問選択問題

問34 34 ③　　問35 35 ④

🔊 《読み上げられた英文》

Carol：What are you doing, Bob?

Bob：I'm writing a letter to my grandmother.

Carol：Nice paper! But ㉞**isn't it easier just to write her an email?**

Bob：Well, perhaps. But I like shopping for stationery, putting pen to paper, addressing the envelope, and going to the post office. ㉟**It gives me time to think about my grandma.**

Carol：Uh-huh. But ㉞**that's so much trouble.**

Bob：Not really. Don't you think your personality shines through in a handwritten letter? And ㉟**it makes people happy.** Plus, it has cognitive benefits.

Carol：What cognitive benefits?

Bob：You know, handwriting is good for thinking processes, like memorizing and decision making.

Carol：Really? ㉞**I'm a more fluent writer when I do it on a computer.**

Bob：Maybe you are, but you might also sacrifice something with that efficiency.

Carol：Like what?

Bob：Well, mindfulness, for one.

Carol：Mindfulness?

Bob：㉟**Like taking time to do things with careful consideration.** That's being lost these days. ㉟**We should slow down and lead a more mindful life.**

Carol：Speaking of mindful, I wouldn't mind some chocolate-chip ice cream.

《対話の訳》

キャロル：何しているの，ボブ？

－210－

2021年度　リスニング　第2日程〈解説〉　61

> ボブ：おばあちゃんに手紙を書いているんだ。
> キャロル：すてきな紙ね！　でも，⑭**おばあちゃんにメールを書くだけのほうが楽じゃない？**
> ボブ：まあ，そうかもね。だけど僕は文房具を買いに行き，紙に文章を書いて，封筒に宛名を書き，郵便局に行くっていうのが好きなんだ。⑮**そうすることで，おばあちゃんのことを考える時間ができるんだ。**
> キャロル：うーん。でも，⑭**それってとても面倒よね。**
> ボブ：たいしたことじゃないさ。手書きの手紙で出すと個性が輝くと思わないかい？　そして，⑮**それで人は幸せになるよ。**さらに，それは認知的効果があるんだ。
> キャロル：認知的効果って何？
> ボブ：あのね，手書きは暗記をしたり意思決定をしたりといった思考プロセスに適しているんだ。
> キャロル：本当？　⑭**私はコンピューターで書いたほうが文章をよりすらすら書けるわ。**
> ボブ：君はそうかもしれないけど，ひょっとするとその効率のせいで何かを犠牲にしているかもしれないよ。
> キャロル：たとえば？
> ボブ：そうだな，1つにはマインドフルネス［意識を集中させることで幸せな気持ちになること］かな。
> キャロル：マインドフルネス？
> ボブ：⑮**時間をかけて慎重に検討しながら物事を行うようなものだよ。**それはこの頃失われかけているものさ。⑮**僕たちはもっとのんびり，もっと心のこもった生活を送るべきだよ。**
> キャロル：マインドフル［幸せな気持ちになる］と言えば，私ならチョコチップのアイスクリームで構わないわ。

《質問と選択肢の訳》

問34　キャロルの主な論点は何か。
① メールは冷たく，あまり個人的ではない。
② 手書きの文字は読みづらい。
③ ペンで手紙を書くのは面倒だ。
④ 手紙は個性が出る。

▶解説◀

〈ポイント〉話し手の発話の**要点を把握**。

紙に手紙を書いているボブに対し，キャロルは2回目の発話で isn't it easier just to write her an email?，3回目の発話で that's so much trouble，5回目の発話で I'm a

— 211 —

more fluent writer when I do it on a computer. と言っているのを聴き取り，手書きで手紙を書くのは面倒だというのがキャロルの主張であることを理解する。

《質問と選択肢の訳》

問35　次の説明のうち，ボブが同意すると思われるものはどれか。
① 手紙を書くことは時間がかかりすぎる。
② キーボードを使って手紙を書くと人格が向上する。
③ キーボードを使って手紙を書くのは，手書きで手紙を書くのと同じくらいよいものである。
④ 手書きで手紙を書くことは心のこもった行為である。

▶解説◀

〈ポイント〉聴き取った内容を選択肢に**重ね合わせて真偽を判断**。

　手書きの手紙を好むボブの2回目の発話にある It gives me time to think about my grandma. と3回目の発話にある it（＝a handwritten letter）makes people happy，さらに7回目の発話にある Like taking time to do things with careful consideration. と We should slow down and lead a more mindful life. を聴き取り，「時間をかけて慎重に検討しながら物事を行い，もっと心のこもった生活を送るべきだ」と言っていることから判断して④が正解。同時に①が誤りであることがわかる。3回目の発話にある Don't you think your personality shines through in a handwritten letter? から②が誤りであり，5回目の発話にある you might also sacrifice something with that efficiency から③が誤りであることがわかる。

第6問B　会話長文意見・図表選択問題

問36　36　①　　問37　37　①

《読み上げられた英文》

Brad：Hey, Kenji. Did you vote yet? The polls close in two hours.

Kenji：Well, Brad, ㊱**who should I vote for? I don't know about politics.**

Brad：Seriously? ㊱**You should be more politically aware.**

Kenji：I don't know. It's hard. ㊱**How can I make an educated choice?** What do you think, Alice?

Alice：㊱**The information is everywhere**, Kenji! Just go online. Many young people are doing it.

Kenji：Really, Alice? Many?

Brad：Either way, ㊱**you should take more interest in elections.**

Kenji：Is everybody like that? There's Helen. Let's ask her. Hey Helen!

Helen：Hello, Kenji. What's up?

Kenji：Are you going to vote?

Helen：Vote?　㊱㊲**We're only twenty.　Most people our age don't care about politics.**

Alice：Being young is no excuse.

Helen：But ㊱㊲**unlike older people, I'm just not interested**.

Brad：Come on, Helen.　Let's just talk.　That might change your mind.

Alice：Brad's right.　Talking with friends keeps you informed.

Kenji：Really?　Would that help?

Brad：It might, Kenji.　We can learn about politics that way.

Alice：So, Kenji, are you going to vote or not?

Kenji：㊱**Is my one vote meaningful?**

Alice：㊱**Every vote counts**, Kenji.

Helen：㊱**I'll worry about voting when I'm old.　But do what you want!**

Kenji：㊱**OK, I'm convinced.　We've got two hours.　Let's figure out who to vote for!**

《会話の訳》

> ブラッド：やあ，ケンジ。　もう投票したかい？　投票所はあと2時間で閉まるよ。
>
> ケンジ：ええっと，ブラッド，㊱誰に投票したらいいのかな？　政治についてはわからないんだ。
>
> ブラッド：本気かい？　㊱君は政治のことをもっと知るべきだよ。
>
> ケンジ：どうかな。政治って難しいし。㊱どうすれば知識に基づいた選択をすることができるんだい？　どう思う，アリス？
>
> アリス：㊱情報はいたるところにあるわよ，ケンジ！　インターネットに接続してみたら。そうしている若者はたくさんいるわ。
>
> ケンジ：本当に，アリス？　たくさん？
>
> ブラッド：いずれにせよ，㊱君は選挙にもっと関心を持つべきだよ。
>
> ケンジ：みんなそうなの？　ヘレンがいる。彼女に聞いてみよう。ねえ，ヘレン！
>
> ヘレン：こんにちは，ケンジ。どうしたの？
>
> ケンジ：君は投票に行くつもり？
>
> ヘレン：投票？　㊱㊲私たちはまだ20歳よ。私たちの年齢のほとんどの人は政治を気にしていないわ。
>
> アリス：若いってことは言い訳にはならないわ。
>
> ヘレン：でも，㊱㊲年配の人とは違って，私はまったく興味がないの。
>
> ブラッド：何だって，ヘレン。とにかく話をしよう。そうすれば君は考えを変えるかもしれないよ。
>
> アリス：ブラッドの言う通りだわ。友達と話すことでいろんなことを知ることができるわ。

ケンジ：本当？　それって役に立つの？

ブラッド：役立つかもしれないよ，ケンジ。そうすれば政治について学べるね。

アリス：それで，ケンジ，あなたは投票するつもりなの？　しないの？

ケンジ：㊱僕の1票は意味があるかな？

アリス：㊱すべての投票が重要よ，ケンジ。

ヘレン：㊱私は年をとれば，投票することを気にかけるわ。でも，自分のやりたいようにしたら！

ケンジ：㊱わかった，僕は納得したよ。まだ2時間あるね。誰に投票すべきか考えよう！

問36

▶**解説**◀

〈ポイント〉それぞれの発話からテーマに対して**積極的か消極的**かを判断。

ブラッド	2回目の発話：You should be more politically aware.
	3回目の発話：you should take more interest in elections
ケンジ	1回目の発話：who should I vote for?　I don't know about politics.
	2回目の発話：How can I make an educated choice?
	7回目の発話：Is my one vote meaningful?
	8回目の発話：OK, I'm convinced.　We've got two hours.　Let's figure out who to vote for!
アリス	1回目の発話：The information is everywhere
	5回目の発話：Every vote counts
ヘレン	2回目の発話：We're only twenty.　Most people our age don't care about politics.
	3回目の発話：unlike older people, I'm just not interested
	4回目の発話：I'll worry about voting when I'm old.　But do what you want!

　設問に「会話が終わった時点で，選挙の投票に行くことに積極的でなかった人」とあることに注意し，特に発話内容の変化に注意して聴き取る。会話全体にわたり，ブラッドとアリスは投票に積極的であることがわかる。ケンジは最初，投票に消極的だったが，ブラッドとアリスの説得が功を奏し，対話の最後で投票に意欲を見せた。ヘレンは年齢を理由にして選挙に最後まで関心を示していないことを聴き取り，投票に積極的でないのはヘレン1人であることを理解する。

問37
《選択肢の訳》

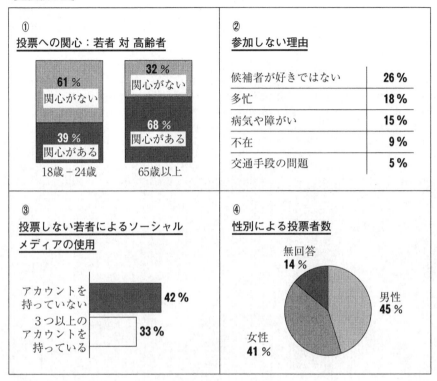

▶解説◀
〈ポイント〉話し手の意見に合う**図表を判断**。

　ヘレンの2回目の発話 We're only twenty. Most people our age don't care about politics. と3回目の発話にある unlike older people, I'm just not interested を聴き取り，選挙に対して，高齢者は関心があり，若者はあまり関心がないことを表しているグラフを選ぶ。

MEMO

英　　語
（リーディング）

（2023年1月実施）

受験者数　463,985

平　均　点　　53.81

英語（リーディング）

解答・採点基準　　　（100点満点）

問題番号（配点）	設問	解答番号	正解	配点	自己採点
第1問（10）	A 問1	1	①	2	
	A 問2	2	④	2	
	B 問1	3	③	2	
	B 問2	4	④	2	
	B 問3	5	③	2	
第1問　自己採点小計					
第2問（20）	A 問1	6	②	2	
	A 問2	7	②	2	
	A 問3	8	②	2	
	A 問4	9	④	2	
	A 問5	10	①	2	
	B 問1	11	④	2	
	B 問2	12	①	2	
	B 問3	13	①	2	
	B 問4	14	①	2	
	B 問5	15	②	2	
第2問　自己採点小計					
第3問（15）	A 問1	16	②	3	
	A 問2	17	③	3	
	B 問1	18	③	3 *	
		19	④		
		20	②		
		21	①		
	B 問2	22	③	3	
	B 問3	23	②	3	
第3問　自己採点小計					

問題番号（配点）	設問	解答番号	正解	配点	自己採点
第4問（16）	問1	24	①	3	
	問2	25	①	3	
	問3	26	②	2	
	問3	27	⑤	2	
	問4	28	①	3	
	問5	29	②	3	
第4問　自己採点小計					
第5問（15）	問1	30	④	3	
	問2	31	③	3	
	問3	32	②	3 *	
		33	④		
		34	⑤		
		35	③		
	問4	36	③	3	
	問5	37 - 38	①-⑤	3 *	
第5問　自己採点小計					
第6問（24）	A 問1	39	③	3	
	A 問2	40	④	3	
	A 問3	41 - 42	④-⑥	3 *	
	A 問4	43	①	3	
	B 問1	44	④	2	
	B 問2	45 - 46	①-⑤	3 *	
	B 問3	47	③	2	
	B 問4	48	④	2	
	B 問5	49	④	3	
第6問　自己採点小計					
自己採点合計					

（注）　＊は，全部正解の場合のみ点を与える。

　　　－（ハイフン）でつながれた正解は，順序を問わない。

第1問

A

【全訳】
　あなたはアメリカで勉強していて，午後の活動として，2つの演劇のうち見に行くものを1つ選ぶ必要があります。先生からこのチラシを渡されています。

金曜日に上演される演劇	
パレス劇場 「どこでもいっしょ」	**グランド劇場** 「ギター・クイーン」
笑って泣けるロマンチックな演劇	色とりどりの衣装が見所のロック・ミュージカル
▶午後2時開演（休憩なし。上演時間は1時間45分）	▶午後1時開演（途中15分の休憩を2回入れて3時間）
▶上演後，ロビーにて出演俳優と話すことができます	▶開演前に，衣装を着た俳優に挨拶する機会があります
▶食べ物や飲み物の提供はありません	▶ロビーにて軽食（スナック菓子と飲み物），オリジナルTシャツ，その他のグッズを販売しています
▶5人の幸運な方に無料でTシャツを差し上げます	

指示：どちらの演劇を見たいですか？　下のフォームに記入して，今日，先生に渡してください。

- -

どちらかを選んでください(✓)：「どこでもいっしょ」□　「ギター・クイーン」□
名前：＿＿＿＿＿＿＿＿＿＿＿＿＿＿＿＿＿＿＿＿＿＿

【語句】
・handout「チラシ／配布資料」
・break「休憩」
・available「会うことができる／手に入る」
・free「無料の」
・refreshments「軽食」
・hand in O／hand O in「Oを手渡す／提出する」

【設問解説】
問1　**1**　①
　チラシを読んだ後，何をするように指示されているか？　**1**
①　下の部分に記入してそれを提出する。
②　演劇についてより多くのことを調べる。
③　自分の決めたものについて先生と話す。

④ 自分の名前を書いて選んだ理由を説明する。

下の部分の「指示：どちらの演劇を見たいですか？　下のフォームに記入して，今日，先生に渡してください」より，正解は①。

問2　2　④

どちらの演劇にも当てはまるものはどれか？　2

① 上演の前に飲み物を買うことはできない。
② プレゼントとしてTシャツが何枚かもらえる。
③ これらの演劇は同じ時間に終わる。
④ **劇場で俳優に会うことができる。**

パレス劇場とグランド劇場のそれぞれ2つめの項目に，劇場で俳優に会えると述べられているので，正解は④。

B

【全訳】
あなたは高校生で，夏休みのあいだに英語力を伸ばすことに興味があります。インターナショナルスクールが主催する，夏期集中英語キャンプのウェブサイトを見つけます。

夏期集中
英語キャンプ

ギャリー・インターナショナルスクール(GIS)では1989年以来，日本の高校生対象に，夏期集中英語キャンプを行っています。英語だけの環境で2週間を過ごしましょう！

日程：2023年8月1日～14日
場所：山梨県河口湖ユースロッジ
費用：120,000円　食費と宿泊費を含みます(カヤック・カヌーなどのオプション活動には追加料金が必要です)

コース案内
◆フォレスト：基本的な文法構造を身につけ，簡単なトピックについて短いスピーチを行い，発音の秘訣を学びます。インストラクターは，複数の国において20年を超える英語教育の経験者です。キャンプの最終日には，スピーチコンテストに参加し，他のキャンパー全員がそれを聴きます。
◆マウンテン：グループで活動し，英語の短い劇を書きそれを演じます。このコースのインストラクターはニューヨーク市，ロンドン，シドニーの演劇スクールで

2023年度　本試験〈解説〉　5

働いたことがあります。8月14日に劇を発表し，それをキャンパー全員が見て楽しみます。

◆**スカイ**：このコースではディベート技能とクリティカルシンキングを学びます。インストラクターはこれまでに多くの国を訪問して，ディベートのチームのコーチをした人で，この分野でベストセラーのテキストを出版している人もいます。最終日には他のキャンパー全員の前で短いディベートを行います。（注意：上級レベルの英語力のある人だけがこのコースに認定されます。）

▲**申し込み**

第1ステップ：2023年5月20日までに<u>こちら</u>のインターネット上の応募欄に入力してください。

第2ステップ：あなたの英語力を測定し，ご希望のコースについてお尋ねするためのインタビューを手配するために，こちらからあなたにご連絡します。

第3ステップ：学習コースが決められます。

【語句】
- intensive「短期集中の」
- provide A for B「AをBに提供する」
- accommodation「宿泊」
- fee「料金」
- tip「秘訣／こつ」
- take part in A「Aに参加する」
- critical thinking「クリティカルシンキング／批判的な思考」
- advanced「上級の」
- fill in O / fill O in「Oに記入する」
- assess O「Oを測定[査定]する」
- assign A to B「AをBに割り当てる」

【設問解説】

問1 　3 　③

　　GIS のインストラクターはすべて 　3 。

① 1989年以来，日本在住である
② 国際コンクールで優勝したことがある
③ **他の国で働いたことがある**
④ 評判のよい本を何冊か書いている

　　フォレストの第2文「インストラクターは，複数の国において20年を超える英語教育の経験者です」などより，正解は③。

問2 　4 　④

　　キャンプの最終日には，キャンパーは 　4 。

— 221 —

① お互いのできばえを評価し合う
② 最高の賞を獲得するために競う
③ 将来に関するプレゼンを行う
④ キャンプで学んだことを披露する

フォレストの最終文「キャンプの最終日には，スピーチコンテストに参加し，他のキャンパー全員がそれを聴きます」などより，正解は④。

問3 5 ③

キャンプの申込書を提出した後に何が起こるか？ 5

① あなたは英語のインストラクターに電話をかける。
② あなたは英語の筆記テストを受ける。
③ あなたの英語のレベルがチェックされる。
④ あなたの英語のスピーチのトピックが送られる。

申し込みの**第2ステップ**「あなたの英語力を測定し，ご希望のコースについてお尋ねするためのインタビューを手配するために，こちらからあなたにご連絡します」より，正解は③。

第2問

A
【全訳】
　あなたは学校まで歩く距離が長く，よく足が痛くなるので，よい靴を買いたいと思っています。イギリスのウェブサイトを検索していて，この広告を見つけます。

ナビ55の「スマートサポート」シューズの新製品をご紹介します

「スマートサポート」シューズは丈夫で長持ち，そして値段もお手頃です。3つの色とスタイルをご用意しています。

ナノチップ

特別機能

「スマートサポート」シューズはナノチップを内蔵しており，「アイサポート」アプリに接続することにより，あなたの足の形状を分析します。スマートフォン，パソコン，タブレット，スマートウォッチなどにアプリをダウンロードしてください。そして，シューズ着用中，チップに足に関するデータを集めさせてください。正確で一人一人に合わせた足のサポートを提供するよう，自動的にシューズの内側が調節されます。ナビ55の他の製品と同様，好評のルート・メモリー機能が装備されています。

特長

バランスの向上：一人一人に合わせたサポート機能により，立っているときの姿勢が調整され，足，脚部，腰の痛みがなくなります。
運動の促進：とても履き心地がよいので，定期的に歩きたい気持ちになります。
ルート・メモリー：あなたが歩く毎日のルート，距離，ペースをチップが記録します。
ルート・オプション：ご自分のデバイスで現在の位置を見たり，イヤホンで自動的に道順を音声で流させたり，スマートウォッチを使って道順を読み込みます。

お客様のコメント

● 私は道順を知るのにやり方を選べるのが気に入ってる。私は視覚ガイダンスより，聴覚ガイダンスを使う方が好み。
● 1カ月で2キロやせたわ！
● 今では靴をとても気に入っているけど，慣れるには数日かかったよ。
● 雨でも滑らないので，一年中履いています。
● とても軽くて履き心地がいいので，自転車に乗るときでも履いている。

8

- 歩き回っても安心！　道に迷う心配がないわ。
- かっこいい。アプリの基本機能は使いやすいけど，お金を出してまで進んだ機能付きのオプションが欲しいとは思わない。

【語句】

・sore「痛い」

・long-lasting「長持ちする」

・reasonably priced「値段が手頃な」

・personalised「一人一人に合わせた」

・free from A「Aがない」

・live「今いる／生の」 形容詞。

・get used to A「Aに慣れる」

・get lost「道に迷う」

【設問解説】

問1 6 ②

メーカーの言葉によると，新製品のシューズを最もよく述べているのはどれか？
6

① 安い夏用シューズ

② ハイテクの日常用シューズ

③ 軽くて履き心地のよいスポーツ用シューズ

④ かっこいいカラフルな自転車用シューズ

特別機能の第1文「『スマートサポート』シューズはナノチップを内蔵しており，『アイサポート』アプリに接続することにより，あなたの足の形状を分析します」などより，正解は②。

問2 7 ②

このシューズで提供されているうちで，あなたにアピールする可能性が最も高い利点はどれか？ 7

① 定期的な運動量が増える

② 一人一人に合わせた足のサポートがある

③ 歩く速度がわかる

④ 履いているとかっこいい

指示文の「あなたは学校まで歩く距離が長く，よく足が痛くなるので，よい靴を買いたいと思っています」と，**特長**の「バランスの向上：一人一人に合わせたサポート機能により，立っているときの姿勢が調整され，足，脚部，腰の痛みがなくなります」より，正解は②。

問3 8 ②

1人の客によって述べられている1つの**意見**は 8 ということである。

① アプリは速く歩くことを促す

—224—

② アプリの無料の機能はユーザーに使いやすい
③ このシューズは値段に十分見合う価値がある
④ このシューズは自転車の速度を上げる

　お客様のコメント最後のものの「アプリの基本機能は使いやすい」より，正解は②。

問4　**9**　④

　ある客のコメントではオーディオ機器を使うことについて述べている。このコメントはどの利点に基づいているか？　**9**

① バランスの向上
② 運動の促進
③ ルート・メモリー
④ **ルート・オプション**

　お客様のコメント１つめに「私は道順を知るのにやり方を選べるのが気に入ってる。私は視覚ガイダンスより，聴覚ガイダンスを使う方が好み」とあるが，これは**特長**の「**ルート・オプション**：ご自分のデバイスで現在の位置を見たり，イヤホンで自動的に道順を音声で流させたり，スマートウォッチを使って道順を読み込みます」に基づいているので，正解は④。

問5　**10**　①

　ある客の意見では，**10**　が推奨されている。

① **シューズを履くのに慣れるための時間を考慮に入れること**
② やせるのに役立てるためにウォッチを買うこと
③ シューズを履く前にアプリにつなぐこと
④ お金を出して「アイサポート」の進んだ機能を買うこと

　お客様のコメント３つめ「今では靴をとても気に入っているけど，慣れるには数日かかったよ」より，正解は①。

— 225 —

10

B
【全訳】
　あなたは生徒会の会員です。会員たちは，生徒が自分の時間を効率的に使うのに役立つ，生徒のプロジェクトについて話し合っています。アイデアを得るために，あなたは学校でのチャレンジについてのレポートを読んでいます。それは日本の別の学校で学んでいる交換留学生によって書かれたものです。

通学時のチャレンジ

　私の学校では，ほとんどの生徒がバスか電車で通学しています。多くの生徒が電話でゲームをしたり，おしゃべりしたりしているのをよく見かけます。しかし，この時間を読書や，宿題をするのに使うこともできるのです。私たちは，生徒が通学時間をもっと効果的に使うのに役立てるためにこの活動を始めました。そこで，生徒に1月17日から2月17日まで，通学時の活動チャートに記入してもらいました。合計300人の生徒が参加しましたが，そのうち3分の2以上が2年生で，およそ4分の1が3年生で，1年生の参加者は15人だけでした。1年生の参加がこんなに少なかったのはどうしてでしょうか？　フィードバック（下を参照）によると，この質問への答えがあるようです：

参加者からのフィードバック

HS：このプロジェクトのおかげで，英語のボキャブラリーテストで今までの最高点が取れました。通学時に小さな目標を設定して，それを達成するのは楽でした。

KF：私の友達は参加できなかったのを残念がっていました。彼女は近くに住んでいて，学校へは歩いて通っています。他の参加方法があるとよかったです。

SS：私の乗る電車はいつも混んでいて立っていなければならないので，本やタブレットを開くスペースがありません。聴覚教材だけを使ったのですが，それでは決して十分ではありませんでした。

JH：私はスタディ・ログをつけていて，それのおかげで自分の時間の使い方がわかりました。どういうわけか，1年生の私のクラスメートのほとんどがこのチャレンジについて知らなかったようです。

MN：私はバスに乗っている間のほとんどをビデオを見て過ごしましたが，そのおかげで授業をよりよく理解することができました。時間がとても速く過ぎるように感じました。

【語句】
・student council「生徒会／学生自治会」
・commute「通学する／通勤する」
・complete O「Oに記入する」

・two thirds「3分の2」
・quarter「4分の1」
・How come 〜?「どうして〜?」
・material「教材」
・study log「スタディ・ログ」 学習状況をデジタル化して記録するもの。

【設問解説】

問1 ⬜11 ④

「通学時のチャレンジ」の目的は生徒が ⬜11 のに役立てることであった。

① より急いで通学する
② テストの点を良くする
③ 英語の授業をよりよく管理する
④ **よりよく時間を使う**

　本文第4文「私たちは,生徒が通学時間をもっと効果的に使うのに役立てるためにこの活動を始めました」より,正解は④。

問2 ⬜12 ①

「通学時のチャレンジ」についての1つの**事実**は ⬜12 ことである。

① **参加者の10%未満が1年生であった**
② 冬のあいだに2か月間行われた
③ 生徒はバスで携帯のデバイスを使う必要があった
④ 参加者の大部分が電車で通学していた

　本文第6文の「合計300人の生徒が参加しましたが…1年生の参加者は15人だけでした」より,参加者の10%未満が1年生なので,正解は①。

問3 ⬜13 ①

　フィードバックによると, ⬜13 は参加者によって報告された活動であった。

A：学習の記録をつけること
B：言語を学習すること
C：タブレットでメモをとること
D：携帯電話で授業メモを読むこと

① **AとB**
② AとC
③ AとD
④ BとC
⑤ BとD
⑥ CとD

　参加者からのフィードバックの「JH：私はスタディ・ログをつけていて,それのおかげで自分の時間の使い方がわかりました」より**A**と,「HS：このプロジェクトのおかげで,英語のボキャブラリーテストで今までの最高点が取れました」より**B**が当てはまる。よって,正解は①。

12

問4 $\boxed{14}$ ①

「通学時のチャレンジ」についての参加者の意見の1つは $\boxed{14}$ ことである。

① **徒歩で通学している生徒を含めることもできただろう**

② 電車は読書するのによい場所であった

③ 学習するための聴覚教材は豊富にあった

④ 楽しみのためにビデオを見ることは時間が素早く過ぎるのに役立った

参加者からのフィードバックの「KF：私の友達は参加できなかったのを残念がっていました。彼女は近くに住んでいて，学校へは歩いて通っています。他の参加方法があるとよかったです」より，正解は①。

問5 $\boxed{15}$ ②

筆者の質問は $\boxed{15}$ によって答えられている。

① HS

② **JH**

③ KF

④ MN

⑤ SS

筆者の質問とは，本文第6，7文の「合計300人の生徒が参加しましたが…1年生の参加者は15人だけでした。1年生の参加がこんなに少なかったのはどうしてでしょうか？」であるが，**参加者からのフィードバック**では JH が「どういうわけか，1年生の私のクラスメートのほとんどがこのチャレンジについて知らなかったようです」と述べているので，正解は②。

第3問

A

【全訳】

　あなたはシドニーのキャンバーフォード大学で学んでいます。クラスのキャンプ旅行に出かける予定で，準備のためにキャンピングクラブのニュースレターを読んでいます。

キャンプに出かけるなら，読んでみて!!!

こんにちは，私はケイトリン。クラブの最近の旅行での，キャンピングに関して実践的な教訓を2つお話しします。1つめはバックパックを3つの主な部分に分けて，バックパックのバランスを取るために真ん中の部分に最も重い物を入れること。次に，より頻繁に使う日用品は一番上に置くべきです。つまり，寝袋は一番下で，食べ物，料理道具，テントは真ん中，そして衣類は一番上に来るということ。良いバックパックにはたいてい，すぐに取り出せる小物を入れておくための，「ブレイン」（おまけのポーチ）が付いています。

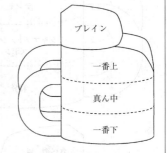

去年，私たちは夕方に屋外で料理と食事を楽しみました。私はキャンプファイアの近くに座っていたのですが，テントに戻るころには体が凍るほど寒くなっていました。寝る前に余分に何枚か着たのですが，それでも寒かったのです。すると友達が，上に着ている服を脱いでそれを寝袋に押し込み，空いているスペースをふさぐように言いました。こういう押し込むやり方は初めてで，驚いたことに，このおかげで一晩中暖かかったです！

私のアドバイスがあなたを暖かく，快適にするのにお役に立てばうれしいです。キャンプ旅行を楽しんで！

【語句】
- share O「Oを話す／共有する」
- divide A into B「AをBに分ける／分割する」
- daily necessities「日用品」
- come with A「Aが付いてくる」
- easy-to-reach「すぐに取り出せる」
- take off O / take O off「O（衣類など）を脱ぐ」

- stuff A into B「AをBの中に押し込む」
- fill up O / fill O up「Oをふさぐ／埋める」

【設問解説】
問1　16　②
　あなたがケイトリンのアドバイスを採用するとしたら，どのようにバックパックに物を入れるべきか？　16

　第1段落第4～6文の内容より，「ブレイン」にはすぐに取り出せる小物（救急用具，地図），一番上には衣類（ジャケット，シャツ，ズボン），真ん中にはテントなど（食べ物，皿，カップ，テント），一番下は寝袋を入れることになる。よって，正解は②。

問2　17　③
　ケイトリンによると，17 が一晩中暖かくしているための最良の方法である。
① テントから出ないでいること
② キャンプファイアのそばで温かい食事をとること
③ 寝袋の隙間を埋めること

④　余分の服をすべて着ること

　第2段落第4，5文「すると友達が，上に着ている服を脱いでそれを寝袋に押し込み，空いているスペースをふさぐように言いました。こういう押し込むやり方は初めてで，驚いたことに，このおかげで一晩中暖かかったです！」より，正解は③。

B
【全訳】
　あなたの所属する英語クラブでは学校祭のために「アドベンチャールーム」を作ります。いくつかアイデアを得るために，あるイギリス人男性が創った部屋についてのブログを読んでいます。

独自の「ホーム・アドベンチャー」を創りませんか

去年，私は「アドベンチャールーム」体験に参加しました。それは本当に楽しかったので，私も自分の子どもたちのために１つ創ってみました。こちらは自分で創るときのいくつかのヒントです。

アドベンチャーを創るときのキーステップ
テーマ　筋書き　なぞなぞ　衣装

最初にテーマを選びます。私の息子たちはシャーロック・ホームズの大ファンなので，探偵ミステリーに決めました。家族の部屋の家具の配置を変え，場面設定のために，私が持っている古い絵やランプをいくつか加えました。

次に，筋書きを創ります。私たちの筋書きは「消えたチョコレート事件」でした。子どもたちは，消えたチョコレートを見つけるための手がかりを探す「探偵」になるのです。

第3のステップはなぞなぞとチャレンジを考案することです。役に立つ考え方は，解決から逆に作っていくことです。もし課題が3桁の南京錠の鍵のかかった箱を開けることなら，3桁の暗号を隠すやり方を考えます。古い書物はメッセージを隠しておくにはぴったりです。謎の文を作るために，様々なページの単語に下線を引くのがものすごく楽しかったです。なぞなぞは最後のゴールに近づくにつれて，段階的に難しくなっていくようにすべきであることを，お忘れなく。次に，熱中できる

ように，子どもたちに衣装を着せました。拡大鏡を渡してやると長男はワクワクして，すぐにシャーロック・ホームズのように振る舞い始めました。その後，子どもたちは最初の手がかりを探し始めました。

この「アドベンチャールーム」は特に私の家族向けに考案されたものなので，チャレンジのいくつかを個人的なものにしました。最後の課題のために，小さなカップを2つ持ってきてそれぞれの中にビニールのステッカーを貼り，ヨーグルトで満たしました。「探偵」は手がかりを明らかにするために，食べながら底までたどり着かなければなりません。子どもたちはどちらもヨーグルトを食べようとしないので，これは彼らにとって本当に試練でした。アドベンチャーのあいだ，子どもたちは完全に集中していて，とても楽しんでいたので来月に別のをやってみるつもりです。

【語句】

- ・take part in A「Aに参加する」
- ・tip「ヒント／秘訣」
- ・detective「探偵」
- ・set the scene「場面を設定する」
- ・clue「手がかり」
- ・locate O「Oを見つける」
- ・design O「Oを考案する」
- ・locked with A「Aで鍵のかかった」
- ・three-digit「3桁の」
- ・get into the spirit「熱中する」
- ・magnifying glass「拡大鏡／虫メガネ」
- ・fill A with B「AをBで満たす」
- ・eat *one's* way to A「食べながらAにたどり着く」
- ・tough「つらい／大変な」
- ・focused「集中した」

【設問解説】

問1　18 ③　19 ④　20 ②　21 ①

次の出来事（①～④）を起きた順に並べよ。 18 ～ 21

① 子どもたちは好きでない食べ物を食べた。

② 子どもたちはチョコレートの探索を始めた。

③ 父は家のリビングの飾りつけをした。

④ 父は息子たちに着るための衣装を与えた。

第2段落最終文「家族の部屋の家具の配置を変え，場面設定のために，私が持っている古い絵やランプをいくつか加えました」より， 18 には③が入る。第4段落第7文「次に，熱中できるように，子どもたちに衣装を着せました」より， 19

— 232 —

には④が入る。第4段落最終文「その後，子どもたちは最初の手がかりを探し始めました」より，20 には②が入る。なお，探す物が甘い菓子(＝チョコレート)であることは，第3段落に述べられている。最終段落第3，4文「『探偵』は手がかりを明らかにするために，食べながら底までたどり着かなければなりません。子どもたちはどちらもヨーグルトを食べようとしないので，これは彼らにとって本当に試練でした」より，21 には①が入る。

問2 22 ③

　もし自分独自の「アドベンチャールーム」を創るために父のアドバイスに従うとしたら，あなたは 22 べきである。

①　3文字の言葉に集中する
②　秘密のメッセージをランプの下に置いておく
③　**チャレンジを徐々に難しくする**
④　シャーロック・ホームズのように振る舞う練習をする

　第4段落第6文「なぞなぞは最後のゴールに近づくにつれて，段階的に難しくなっていくようにすべきであることを，お忘れなく」より，正解は③。

問3 23 ②

　この話から，父は 23 ことがわかる。

①　チョコレートを探すことに集中するようになった
②　**特に自分の子どもたちのために体験を創った**
③　アドベンチャーゲームを準備するのにやや苦労した
④　部屋の装飾に多くのお金を費やした

　最終段落第1文「この『アドベンチャールーム』は特に私の家族向けに考案されたものなので，チャレンジのいくつかを個人的なものにしました」より，正解は②。

第4問

【全訳】

　あなたは効果的な勉強の仕方についての2つの記事を読むように先生に言われました。学んだことについて次回の授業で論じるつもりです。

効果的な勉強の仕方：文脈学習！

ティム・オックスフォード
ストーン市立中学理科教師

　私は理科教師として，覚えるのに苦労している生徒たちを助ける方法について常に関心を持っています。最近私は，彼らの主な学習方法は，新しい情報をすべて覚えるまで繰り返し勉強することだと知りました。例えば，テスト勉強をする際，彼らは下の例のようなワークブックを利用して，「黒曜石は火成岩で，黒っぽくて，ガラス質。黒曜石は火成岩で，黒っぽくて，ガラス質…」というように，空所に入る用語を反復するでしょう。このような生徒はまるでその情報を自分が覚えたかのように感じるでしょうが，すぐに忘れてしまい，テストでは悪い点を取るでしょう。また，この種の反復学習は退屈でやる気をなくさせます。

　彼らの学習の助けとなるように，私は「文脈学習」を採用してみました。この種の学習では，新しい知識は生徒自身の経験を通して構成されます。私の理科の授業で，生徒たちは様々な種類の石の特徴を学びました。彼らにワークブックの用語を暗記させる代わりに，私は様々な石の入った大きな箱をクラスに持ってきました。生徒たちはその石を調べ，自分たちが観察した特徴に基づいて，石の名前を確認しました。

石の名前	黒曜石
石の種類	火成岩
色	黒っぽい
手触り	ガラス質
写真	

　この経験のおかげで，この生徒たちは自分たちが勉強した石の特徴について常に述べることができるだろうと思います。しかし1つの問題は，私たちにはいつも文脈学習を行う時間があるとは限らないということで，そのため，生徒たちはやはりドリルを行うことによって勉強することになるのです。私はこれが最良の方法だとは思いません。私は今でも彼らの学習を改善する方法を探し求めています。

反復学習を効果的にする方法

チェン・リー
ストーン市立大学教授

　文脈学習に関するオックスフォード先生の考察は洞察に富んだものでした。それが

－234－

役立ち得ることを私は認めます。しかし，反復もまたうまく機能することがあるのです。ところが，先生が論じておられた，「集中学習」と呼ばれる反復学習ストラテジーは効果的ではありません。「分散学習」と呼ばれるまた別の種類の反復学習があり，このやり方では生徒は新しい情報を暗記し，次により長い間隔に渡って復習するのです。

勉強の間の間隔が重要な違いです。オックスフォード先生の例において，生徒はおそらくワークブックを使い，短い期間に渡って勉強したのではないでしょうか。この場合，生徒は復習し続ける際，その内容にはあまり注意を払わなかったかもしれません。この理由は，その内容はもはや目新しいものではなく，おそらく見落としてしまったかもしれないからです。それと対照的に，間隔がより長いと，内容に対する生徒の記憶はより薄れます。そのため，以前に学んだことを思い出すためにより多くの努力をしなければならないので，より多くの注意を払うのです。例えば，生徒がワークブックで勉強し，3日待ってその後に再び勉強すれば，教材をよりよく覚える可能性が高いのです。

以前の研究では，分散学習の利点を示す証拠が提供されていました。ある実験で，AグループとBグループの生徒が50の動物の名前を暗記しようとしました。どちらのグループも4回学習しましたが，Aグループが1日間隔をおいて行ったのに対して，Bグループは1週間の間隔をおいて学習しました。右の図が示すように，最後の学習日から28日後には，テストで名前を思い出した平均の割合は，分散学習を行ったグループの方がより高かったのです。

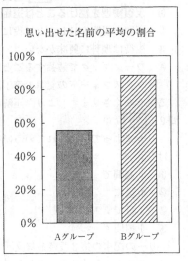

生徒がしばしばたくさんの情報を短い期間で覚える必要があり，勉強の間に長い間隔を置くことが実際的ではないこともあることは理解しています。しかし，集中学習は長期記憶には効果的ではないかもしれないことを理解すべきです。

【語句】
＜ティム・オックスフォード＞
　・contextual learning「文脈学習」
　・term「用語／言葉」
　・feel as if S had done「まるで〜したかのように感じる」
　・this sort of A「この種のA」
　・repetitive learning「反復学習」
　・property「特徴」
　・rather than doing「〜する代わりに」

・based on A「Aに基づいて」
・thanks to A「Aのおかげで」

＜チェン・リー＞
・insightful「洞察に富んだ」
・work「機能する／効果的である」
・strategy「ストラテジー／戦略」
・massed learning「集中学習」
・spaced learning「分散学習」
・pay attention to A「Aに注意を払う」
・no longer ～「もはや～ない」
・easily「おそらく」（can, may などとともに）
・make an effort to *do*「～する努力をする」

【設問解説】
問1 24 ①

オックスフォードは 24 と信じている。
① **反復練習を続けることは退屈だ**
② 用語の説明を読むことは役に立つ
③ 生徒は理科に興味がない
④ ワークブックで勉強することは成功につながる
オックスフォードの記事の第1段落最終文「また，この種の反復学習は退屈でや
る気をなくさせます」より，正解は①。

問2 25 ①

リーによって論じられている研究では，生徒は最後の学習から 25 テストを受
けた。
① **4週間で**
② 直後に
③ 1日で
④ 1週間で
リーの記事の第3段落最終文「右の図が示すように，最後の学習日から28日後に
は，テストで名前を思い出した平均の割合は，分散学習を行ったグループの方がよ
り高かったのです」より，正解は①。

問3 26 ② 27 ⑤

リーは分散学習を紹介しているが，これは 26 間隔で勉強することを含み，
オックスフォードが論じた 27 学習の短所を克服するためのものである。（それ
ぞれの空所に選択肢①～⑥から最適なものを選べ。）
① 文脈上の
② **長期の**
③ 固定した

－236－

④　不規則な

⑤　**集中的な**

⑥　実際的な

　リーの記事第1段落最終文「『分散学習』と呼ばれるまた別の種類の反復学習があり，このやり方では生徒は新しい情報を暗記し，次により長い間隔に渡って復習するのです」より，26 の正解は②。また，同段落第4文「ところが，（オックスフォード）先生が論じておられた，『集中学習』と呼ばれる反復学習ストラテジーは効果的ではありません」や第2段落以降の記述より，リーは，「分散学習」がオックスフォードが論じた「集中学習」の短所を克服するものだと述べているので，27 の正解は⑤。

問4 28 ①

　どちらの筆者も 28 は新しい情報を覚えるのに役に立つという点で意見が一致している。

①　**経験に基づく学習**

②　適切な休憩を取ること

③　長期的な注意

④　ワークブックで勉強すること

　オックスフォードの記事第2段落第2文「この種の学習（＝『文脈学習』）では，新しい知識は生徒自身の経験を通して構成されます」と，リーが第1段落第1，2文でそれに同意していることから，どちらも経験に基づく学習が新しい情報を記憶するのに役立つという考えを持っていると考えられる。よって，正解は①。

問5 29 ②

　分散学習に対するリーの主張をさらに裏付けるのに最適なのは，どの追加的情報か？ 29

①　理科の授業を魅力的なものにする主な要因

②　**分散学習の間隔の最も効果的な長さ**

③　生徒のワークブックに視覚的資料が含まれているかどうか

④　なぜオックスフォードの生徒が情報をうまく暗記できなかったのか

　リーの記事の第2段落第1文には「勉強の間の間隔が重要な違いです」とあり，同段落最終文まで，ある情報を覚えるには，勉強の間の間隔は長い方がより効果的であることが述べられている。よって，正解は②。

第5問

【全訳】

　英語の先生があなたのクラスの全員に，刺激を与えてくれる記事を見つけて，それについてメモを使いながら，ディスカッショングループに向けて発表するように言いました。あなたはイギリスの高校生によって書かれた記事を見つけました。

卓球から得た教訓

ベン・カーター

　球は電光石火の速さで，僕のバックハンド側に飛んできた。それはまったく予期しておらず，それに対応する時間はなかった。僕はそのポイントと試合を落とした。負けだ…再び！　卓球をやり始めてまだ最初の数か月は，こんな感じだった。もどかしい気持ちだったが，今ではこの競技が，ただ卓球がうまくなる方法以上のことを僕に教えてくれたことを知っている。

　中学のとき，僕はサッカーが大好きだった。僕は最もよくゴールを決める選手の１人だったが，チームメートとはうまくいっていなかった。コーチはもっとチームプレーヤーになるべきだとよく言った。その問題に取り組むべきだとわかってはいたが，コミュニケーションは全く僕の得意とするところではなかった。

　家族が新しい町へ引っ越すとき，僕はサッカーチームを去らねばならなかった。いずれにしてもサッカーはやめると決めていたので，動揺はしていなかった。新しい学校には卓球部があって，体育のトレント先生がコーチをしていて，僕はそこに入部した。正直言って，卓球部を選んだのは，個人プレーをする方が僕には楽だと思ったからだ。

　最初，試合では勝つより負ける方が多かった。僕はいらいらし，練習のあと誰とも口をきかず，まっすぐ家に帰ることが多かった。ところがある日，トレント先生が僕に言った。「ベン，君は良い選手になれるかもしれないが，試合についてもっと考える必要がある。何をする必要があると思うかね？」「わかりません」と僕は答えた。「もっと球に集中することですか？」「そうだ」とトレント先生は言い，こう続けた。「だが，君はまた相手の動きをよく観察して，それに合わせて自分のプレーを調節することも必要だ。いいかね，君が相手にしているのは球ではなくて，人間なんだ」この言葉は僕に深い感銘をもたらした。

　僕は注意深く自分のプレースタイルを修正し，相手の動きによりきめ細かい注意を払った。それは簡単ではなく，かなりの集中力を必要とした。しかし努力は実り，プレーはよくなった。自信が高まり，僕は練習後に以前より後に残るようになった。スタープレイヤーになっていき，クラスメートが以前より僕と話そうとするようになった。人気が出てきたと思ったが，会話は本当に始まる前に終わってしまうように思われた。プレーはよくなったかもしれないが，コミュニケーション能力がよくなっていないのは明らかだった。

兄のパトリックは，僕がうまくコミュニケーションをとれる数少ない人の1人だった。ある日僕は，コミュニケーションについての僕の問題を兄に説明しようとしたが，わかってもらえなかった。僕たちは話題を卓球に変えた。「お前は実際，卓球のどういうところが楽しいんだい？」と兄は興味深そうに尋ねた。相手の動きを分析して，次の動きを瞬時に決めるところがとても気に入っていると僕は言った。パトリックは考え深げな様子だった。「それはコミュニケーションをとる際に使うような技能のように思えるね」と兄は言った。

そのときは理解できなかったが，その会話のすぐあとに，僕は卓球のトーナメントで銀メダルを獲得した。クラスメートたちはすごく嬉しそうだった。その中の1人，ジョージが駆け寄って来た。「やあ，ベン！　お祝いパーティーをしようよ！」と彼は言った。僕は何も考えず，「だめだよ。練習があるから」と答えた。彼はちょっと傷ついた顔つきになり，他には何も言わないで歩き去った。

彼はなぜ動揺したのだろうか？　僕はこの出来事のことを長いあいだ考えた。彼はなぜパーティーをしようと言ったのだろうか？　僕は何か違うことを言うべきだったのだろうか？　たくさんの疑問が心に浮かんだが，そのとき僕は，彼はただ親切であのように言ったのだと気がついた。もし僕が「いい考えだね。ありがとう！　トレント先生に話して，練習を少し休んでもいいか聞いてみるよ」と言ったとしたら，おそらく結果はもっと良かっただろう。その瞬間，パトリックの言葉の意味がわかった。人の意図をつかもうとしなければ，返答の仕方もわからないのだ。

僕はまだ世界一コミュニケーションのうまい人ではないが，今では以前よりはたしかにコミュニケーション能力に自信を持っている。来年，僕は友人たちと他校との卓球のリーグ戦を行う予定だ。

メモ：

卓球から得た教訓

筆者（ベン・カーター）について
・中学ではサッカーをやっていた。
・ 30 ④ **チームスポーツをすることを避けたかった**ので，新しい学校では卓球を始めた。

他の重要人物
・トレント先生：ベンの卓球のコーチで，彼のプレーがよくなるのを助けた。
・パトリック：ベンの兄で， 31 ③ **彼に必要な社会的技能を習得するのを助けた**。
・ジョージ：ベンのクラスメートで，彼の勝利を祝いたがった。

24

よりコミュニケーションのうまい人になることへのベンの旅において，影響を及ぼした出来事

卓球を始めた
↓

| 32 | ② | 上手なプレーの仕方を先生と話し合った |

↓

| 33 | ④ | 相手をよく観察し始めた |

↓

| 34 | ⑤ | 卓球について兄と話した |

↓

| 35 | ③ | 彼の栄誉をたたえるためのパーティーを断った |

ジョージとの会話のあとでベンが気づいたこと

彼は | 36 | ③ | 適切な振る舞いをするために友達の考え方を理解しようとするべきだった。

この記事から学ぶことができること

· | 37 | ① | 周りの人のアドバイスは私たちが変わる助けとなることがある。

· | 38 | ⑤ | 私たちは１つのことから学ぶことを別のことに当てはめることができる。

【語句】

- present O「Oについて発表する／プレゼンを行う」
- at lightning speed「電光石火の速さで」
- get along with A「Aとうまくやる」
- work on A「Aに取り組む」
- strong point「得意な点／長所」
- upset「動揺した／気が動転した」
- focus on A「Aに集中する／焦点を当てる」
- make a deep impression on A「Aに深い感銘を与える」
- pay attention to A「Aに注意を払う」
- pay off「(努力などが)実る／(計画などが)うまく行く」
- turn into A「Aになる／変わる」
- switch to *doing*「〜することに移る」
- sound like A「Aのように聞こえる」
- walk off「立ち去る」
- come to *one's* mind「〜の頭に浮かぶ」

— 240 —

2023年度　本試験〈解説〉　25

・get time off A「A（仕事・練習など）を休む」
・make sense「意味を成す」

【設問解説】
問1　30　④

　　30　に入れるのに最もふさわしい選択肢を選べ。
①　コミュニケーションをとる助けになると信じた
②　学校で人気が出ることを望んだ
③　簡単に試合に勝てると思った
④　**チームスポーツをすることを避けたかった**
　　第3段落最終文「正直言って，卓球部を選んだのは，個人プレーをする方が僕には楽だと思ったからだ」より，正解は④。

問2　31　③

　　31　に入れるのに最もふさわしい選択肢を選べ。
①　コミュニケーションのどんなところが楽しいのかを彼に尋ねた
②　彼がもっと自信を持つよう励ました
③　**彼に必要な社会的技能を習得するのを助けた**
④　学校の友達に何と言うべきだったかを彼に話した
　　コミュニケーションの問題についてベンが兄のパトリックに相談したとき，パトリックは第6段落最終文で「それ（＝卓球において相手の動きを分析して，次の動きを瞬時に決めるところ）はコミュニケーションをとる際に使うような技能のように思えるね」と言い，第8，最終段落では，このアドバイスのおかげでベンのコミュニケーション能力が向上したことが述べられているので，正解は③。

問3　32　②　33　④　34　⑤　35　③

　　5つの選択肢（①～⑤）のうちの**4つ**を選び，起こった順にそれらを並べかえなさい。32　～　35
①　卓球で優勝した
②　**上手なプレーの仕方を先生と話し合った**
③　**彼の栄誉をたたえるためのパーティーを断った**
④　**相手をよく観察し始めた**
⑤　**卓球について兄と話した**
　　第4段落第3文以降でベンはトレント先生とプレーの仕方について話しているので，32　には②が入る。第5段落第1文「僕は注意深く自分のプレースタイルを修正し，相手の動きによりきめ細かい注意を払った」より，33　には④が入る。第6段落第3文以降でベンは兄のパトリックと卓球について話しているので，34　には⑤が入る。第7段落第3～6文「その中の1人，ジョージが駆け寄って来た。『やあ，ベン！　お祝いパーティーをしようよ！』と彼は言った。僕は何も考えず，『だめだよ。練習があるから』と答えた」より，35　には③が入る。

— 241 —

26

問4 36 ③

36 に入れるのに最もふさわしい選択肢を選べ。

① 自分の動機についてさらに知るために友達に質問をする
② 感謝を表すためにトレント先生と他のクラスメートをパーティーに招く
③ **適切な振る舞いをするために友達の考え方を理解しようとする**
④ 上手なコミュニケーションのために，よりよいチームプレーヤーになるよう懸命に努力する

第8段落第5文「たくさんの疑問が心に浮かんだが，そのとき僕は，彼はただ親切であのように言ったのだと気がついた」，同段落第9～最終文「その瞬間，パトリックの言葉の意味がわかった。人の意図をつかもうとしなければ，返答の仕方もわからないのだ」などより，正解は③。

問5 37 ・ 38 ①・⑤

37 と 38 に入れるのに最もふさわしい2つの選択肢を選べ。(順不同)

① **周りの人のアドバイスは私たちが変わる助けとなることがある。**
② コミュニケーションのうまい人になるためには自信が大切である。
③ 友達に対して自分の意図を明確にすることが大切である。
④ チームメートがお互いに与え合うサポートは助けになる。
⑤ **私たちは1つのことから学ぶことを別のことに当てはめることができる。**

筆者はトレント先生や兄から，卓球やコミュニケーションに関するアドバイスをもらい，それが筆者が変わるきっかけになったと考えられるので，①は正解。また，第6段落最終文で兄は「それ(＝卓球において相手の動きを分析して，次の動きを瞬時に決めるところ)はコミュニケーションをとる際に使うような技能のように思えるね」と言っており，これは卓球を通じて学ぶことがコミュニケーションにも当てはまる，という意味であるため，⑤も正解。

第6問

A

【全訳】

あなたは学校のディスカッショングループに所属しています。以下の記事を要約するよう求められています。メモだけを使って，それについて話すつもりです。

物の収集

物を集めることは文化や年齢層を越えて，社会のあらゆる層において昔から存在している。博物館は物が収集され，蓄えられ，未来の世代に受け継がれてきたという証拠である。収集を始めるには様々な理由がある。例えば，女性のAさんは毎週土曜日の朝，子どもたちと一緒にヤードセールに行くことを楽しんでいる。ヤードセールで

—242—

は，不要になった物を家の前に置いて売る。ある日，アンティークの皿を探していると，珍しい絵画が彼女の目にとまり，彼女はそれをほんの数ドルで買った。しばらくたつうちに，彼女はそれと同じような絵画で印象に残った物をいくつか見つけ，今では芸術作品のささやかなコレクションを持つにいたっているが，その中には払ったお金を超える価値のある物もあるかもしれない。ある人にとってはがらくたである物が，別の人にとっては宝であることもある。コレクションがどのように始まったかに関係なく，物を集めることは人間の特性である。

1988年，研究者のブレンダ・ダネットとテイマー・カトリエルは10歳未満の子どもを対象とした80年間にわたる研究を分析し，およそ90％が何かを集めていることを発見した。このことは，人は幼い頃から物を集めるのが好きであることを示している。人は大人になってからでも物を集め続ける。この分野の研究者は，大人のおよそ3分の1がこの行動を持ち続けているということで，一般に意見が一致している。これはなぜだろうか？　主な説明は感情に関連する。友達や家族から来た挨拶状，特別な出来事で使われたドライフラワー，浜辺での一日で拾った貝殻，古い写真などを取っておく人もいる。また他には，コレクションが自分の若い頃とのつながりである人もいる。小さい頃から取ってある野球のカード，漫画，人形，ミニチュアカーを持っている場合もある。また，歴史への愛着を持っている人もあり，そういう人は歴史的な文書，サイン入りの手紙や有名人のサインなどを求め，取っておく。

ある人にとっては，社会的な理由がある。飾りピンのような物を集め，それを共有し，見せ合い，交換さえし，このようにして新しい友達を作る。また，ギネス世界記録の保持者のように，自分のユニークなコレクションのために獲得した名声に価値を見出す人もいる。これまではカード，ステッカー，切手，コイン，おもちゃが「普通の」コレクションのトップであったが，もっと意外な物へ向かう収集家もいる。2014年9月，ギネス世界記録はドイツのハリー・シュパールを，3,724点のハンバーガーに関係する世界最大のコレクションの所有者として認定した。Tシャツから枕，犬のおもちゃにいたるまで，シュパールの部屋は「ハンバーガー」に関するあらゆる物であふれかえっている。同様に，中国のリュー・フーチャンはトランプの収集家である。彼は11,087組の異なるトランプを所有している。

おそらく，最も理解しやすい動機は喜びであろう。ある人は純粋な楽しみのために収集を始める。ただ頻繁に眺めるためだけに絵画を購入して飾ったり，自分の好きな音楽を聴くのを楽しむためにオーディオ録音・録画や旧式のビニールレコードを集めたりするかもしれない。こういうタイプの収集家は自分が大切にしている音楽の金銭的価値に非常に興味があることは少ないが，もっぱら投資として物を集める人もいる。昔のゲームの中には無料でダウンロードが可能なものもあるが，その同じゲームをもともとの包装に入れて未開封のまま，「新品同様の状態」で持っていると，そのゲームに多くの価値が付く場合もある。貴重な「コレクターズ・アイテム」を色々と所有することによって，何らかの金銭的安定が保障されることもある。

物を集めるというこの行動は確実に遠い未来まで続くだろう。人が物を持っている

理由はおそらく同じだろうが，テクノロジーの進歩がコレクションに影響を及ぼすだろう。テクノロジーは物理的な制約を取り除くことができるので，30年前なら想像できなかったであろう音楽や芸術の大規模なデジタルライブラリーを，今では個人が持つことが可能だ。しかし，テクノロジーが他にどんな影響をコレクションに及ぼすかは明らかではない。次世代のコレクションがどんな形態と規模を持つか，あなたは想像することさえできますか？

メモ：

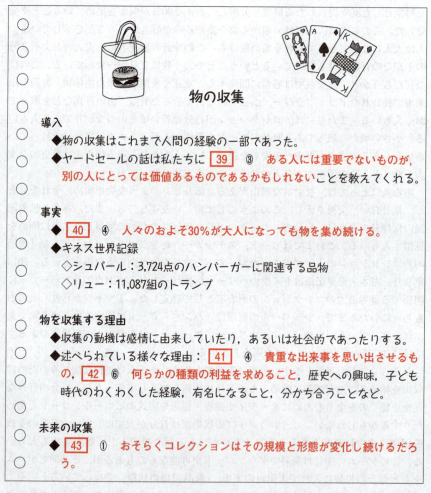

物の収集

導入
　◆物の収集はこれまで人間の経験の一部であった。
　◆ヤードセールの話は私たちに 39 ③ ある人には重要でないものが，別の人にとっては価値あるものであるかもしれないことを教えてくれる。

事実
　◆ 40 ④ 人々のおよそ30％が大人になっても物を集め続ける。
　◆ギネス世界記録
　　◇シュパール：3,724点のハンバーガーに関連する品物
　　◇リュー：11,087組のトランプ

物を収集する理由
　◆収集の動機は感情に由来していたり，あるいは社会的であったりする。
　◆述べられている様々な理由： 41 ④ 貴重な出来事を思い出させるもの，42 ⑥ 何らかの種類の利益を求めること，歴史への興味，子ども時代のわくわくした経験，有名になること，分かち合うことなど。

未来の収集
　◆ 43 ① おそらくコレクションはその規模と形態が変化し続けるだろう。

【語句】
　・pass down O / pass O down「Oを受け継ぐ」

2023年度　本試験〈解説〉　29

- catch *one's* eye「～の目にとまる」
- leave an impression on A「Aに印象を残す」
- regardless of A「Aに関係なく」
- stuff「(漠然と)物」
- one third「3分の1」
- be related to A「Aに関係がある」
- attachment to A「Aへの愛着」
- autograph「(有名人の)サイン」
- ..., and so forth「…など」(=..., and so on)
- lean toward A「Aへと向かう／傾く」
- be filled with A「Aでいっぱいである／満たされている」
- investment「投資」
- for free「無料で」
- mint「新品同様の」
- have an influence on A「Aに影響を及ぼす」
- constraint「制約／制限」

【設問解説】

問1　39　③

39　に入れるのに最もふさわしい選択肢を選べ。

① 人が収集家に高い値段で物を売るのにぴったりの場所はヤードセールである

② 人は品物に不正確な評価を下し，結局がらくたにあまりに多くのお金を払うこ とになることがある

③ **ある人には重要でないものが，別の人にとっては価値あるものであるかもしれ ない**

④ かつて収集され別の人の庭に捨てられた物が，他の人には価値があるかもしれ ない

ヤードセールに関しては第1段落第4～7文に述べられており，同段落第8文に は「ある人にとってはがらくたである物が，別の人にとっては宝であることもある」 と述べられている。これは，Aさんがヤードセールで見つけた絵画を集めるうち に，ささやかな絵画コレクションが出来上がったという話である。これはある人が 不用品として売りに出した物が，別の人にとっては価値のある物であったというこ とを表す話であるので，正解は③。

問2　40　④

40　に入れるのに最もふさわしい選択肢を選べ。

① 子どものおよそ3分の2は普通の物を集めない。

② 大人のほとんど3分の1は楽しみのために物を集め始める。

③ 子どものおよそ10％が，自分の友達と同じようなコレクションを持っている。

④ **人々のおよそ30％が大人になっても物を集め続ける。**

— 245 —

第2段落第3，4文「人は大人になってからでも物を集め続ける。この分野の研究者は，大人のおよそ3分の1がこの行動を持ち続けているということで，一般に意見が一致している」より，正解は④。

問3 $\boxed{41}$・$\boxed{42}$ ④・⑥

$\boxed{41}$ と $\boxed{42}$ に入れるのに最もふさわしい選択肢を選べ。（順不同）

① テクノロジーを進歩させたいという欲求
② 予期しない機会を逃すことへの不安
③ 空虚感を満たすこと
④ **貴重な出来事を思い出させるもの**
⑤ 未来のために物を再利用すること
⑥ **何らかの種類の利益を求めること**

第2段落第6，7文には，挨拶状，貝殻など，特別な思い出を留める物を収集することが述べられているので，④は正解。また，第4段落第4～最終文には，ゲームなどを金銭的価値のために集めることが述べられているので，⑥も正解。

問4 $\boxed{43}$ ①

$\boxed{43}$ に入れるのに最もふさわしい選択肢を選べ。

① **おそらくコレクションはその規模と形態が変化し続けるだろう。**
② 新品同様の状態のゲームの収集家は，それらのデジタルコピーをもっとたくさん持つことになるだろう。
③ 収集に対する情熱を失った人は再び始めるだろう。
④ テクノロジーの進歩によって，物を収集する理由は変わるだろう。

最終段落第3文には，「テクノロジーは物理的な制約を取り除くことができるので，30年前なら想像できなかったであろう音楽や芸術の大規模なデジタルライブラリーを，今では個人が持つことが可能だ」とあり，将来，コレクションはその規模と形態が変化することが述べられているので，正解は①。

B

【全訳】

あなたは国際科学プレゼンテーションコンテストのための準備をする学生グループに所属しています。驚くべき生物に関するプレゼンテーションのあなたの担当部分を作成するために，以下の文章を使っています。

誰かに世界で最も強い動物を挙げるように言ったとしたら，50℃もの高温で生き延びることができるという理由でフタコブラクダだと答えるか，または−58℃以下で生き延びることのできるホッキョクギツネと答えるかもしれない。ところが，どちらの答えも間違いであるだろう，というのは一般には，クマムシが地上最強の動物だと信じられているからだ。

－246－

クマムシはまたウォーターベアとしても知られていて，微生物であり体長は0.1～1.5ミリメートルである。6,000メートルの高さの山から海面下4,600メートルまで，ほとんどどこにでも生息する。厚い氷の下や温泉の中にさえ見つかる。ほとんどは水中に住んでいるが，クマムシの中には地上で最も乾燥した場所のいくつかで見つかるものもいる。クマムシが25年間全く降雨記録のない砂漠の，岩の下に住んでいるのを発見したことを報告した研究者もいる。彼らに必要なのは生息するための数滴の水，あるいは薄い水の層だけである。水が干上がると，彼らも干からびる。体内の水分の3パーセント以外の全てを失うと，新陳代謝速度が通常の0.01％にまで下がる。干からびたクマムシは，ある種の深い睡眠である「樽(tun)」と呼ばれる状態に入っている。再び水に浸されるまで，この状態が続く。そしてスポンジのように水を吸収して，まるで何もなかったかのように再び突然生き返る。クマムシが樽の状態に1週間いようが10年間いようが，それは大して問題ではない。水に囲まれた瞬間，再び生き生きとする。クマムシが樽の状態にいるときにはあまりに強いので，−272℃の低温でも151℃の高温でも生き延びることができる。いったいどのようにして彼らがこういうことを行っているのかは，まだ十分には理解されていない。

おそらく，地上で生き延びる能力 — 彼らはおよそ5億4,000万年間地球上にいる — よりもさらに驚くべきなのは，宇宙で生き延びる能力である。2007年にヨーロッパの研究者のチームが，生きている多くのクマムシをロケットの外側に付けて宇宙空間に10日間送った。地球へ戻ると，68％がまだ生きていたとわかって研究者は驚いた。これは10日の間ほとんどが，地球上の1,000倍の強さのX線と紫外線に耐えることができたことを意味する。そのあと2019年にイスラエルの宇宙船が月に衝突し，樽の状態にあった何千ものクマムシが月面にまき散らされた。それを回収しに行った人が誰もいないので，これらがまだ生きているかどうかは不明であり，残念なことである。

クマムシは短いキュウリのような形をしている。体のそれぞれの側に4本の短い脚がある。それぞれの脚の先端に粘着性の肉球のある種もあれば，かぎ爪を持つ種もある。かぎ爪は16種類あることが知られており，かぎ爪のある種を特定する助けとなる。全てのクマムシに目のための場所があるが，全ての種が目を持つわけではない。彼らの目は原始的で合計で5個の細胞しかなく，光を感知できるのはそのうちのただ1つだけである。

基本的に，クマムシは植物性の物質を食べるものと，他の生物を食べるものに分けられる。植物を食べるものは腹口 — サメのように頭の下部に位置する口 — を持っている。他の生物を食べるタイプは端子口を持つが，これはマグロのように口が顔の真ん前にあることを意味する。クマムシの口には歯がない。しかし，スタイレットと呼ばれる2本の鋭い針があり，植物細胞やより小さい生物の体に突き刺して中身を吸い出すのに用いる。

どちらのタイプのクマムシも消化器系はかなり単純である。口は咽頭(喉)につながっており，そこで消化のための分泌液と食べ物が混ぜられる。咽頭の上に位置するのは唾液腺である。ここでは，口の中に流れ込んで消化を助ける分泌液が作られる。

咽頭を過ぎると，食べ物を腸の方へ送る管がある。この管は食道と呼ばれる。中間の腸は単純な胃や腸のような種類の器官で，食べ物を消化して栄養分を吸収する。そして残ったものは，最終的に肛門へと移動する。

プレゼンテーション用スライド：

クマムシ： 地上の究極の生存者	**1．基本的な情報** ・体長0.1～1.5ミリメートル ・短いキュウリのような形 ・8本の短い脚 ・目が見えるか見えないかのどちらか ・草食性あるいは肉食性 ・歯ではなく2本のスタイレット
2．生息地 ・ほとんどどこにでも生息する ・以下のような極端な環境 ✓海抜6キロメートル ✓海面下4.6キロメートル ✓砂漠 ✓−272℃～151℃ ✓宇宙空間（おそらく）	**3．生存の秘密** 「樽」⇔活動的 ・ 45 ① 乾燥した状況では，新陳代謝が通常の1パーセント未満にまで下がる。 ・ 46 ⑤ 極端なレベルの放射線に耐える能力を持っている。
4．消化器系 47 ③	**5．まとめの言葉** 48 ④ クマムシは地上で最も厳しい条件のいくつかと，少なくとも1度の宇宙空間への旅を生き延びてきた。この注目すべき生物は人類より後まで生きるかもしれない。

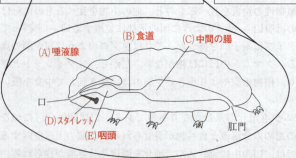

2023年度　本試験〈解説〉　33

【語句】
- extraordinary「驚くべき／異常な」
- as high as 50℃「50℃もの高温の」
- microscopic creature「微生物」
- all S need is ～「Sが必要なのは～だけである」
- dry up「干上がる／干からびる」
- so do they「彼らも干からびる」(＝they dry up, too)
- all but ～「～以外の全て」
- spring back to life「突然生き返る」
- the moment SV ...「…するとすぐ」
- ultraviolet radiation「紫外線」
- intense「強烈な」
- a pity「残念なこと」
- light sensitive「光を感知する」
- divide A into B「AをBに分ける／分割する」
- located in A「Aに位置する」
- suck out A / suck A out「Aを吸い出す」
- digestive「消化の」
- organ「器官」
- nutrient「栄養分」

【設問解説】
問1　44　④

　44　に含むべきで**ない**のは次のどれか？
① 8本の短い脚
② 目が見えるか見えないかのどちらか
③ 草食性あるいは肉食性
④ **異なる16種類の足**
⑤ 歯ではなく2本のスタイレット

　第4段落第4文「かぎ爪は16種類あることが知られており，かぎ爪のある種を特定する助けとなる」より，16種類あるのは足ではなくかぎ爪であるので，正解は④。

問2　45・46　①・⑤

　生存の秘密のスライドのために，生存を最も助けるクマムシの2つの特徴を選べ。(順不同)　45・46
① **乾燥した状況では，新陳代謝が通常の1パーセント未満にまで下がる。**
② 樽の状態のクマムシは151℃を超える温度で生き延びることができる。
③ クマムシの体内の水分が0.01％を上回ると，樽の状態は終わる。
④ サメのような口のおかげで，他の生物を食べることがよりたやすくなる。
⑤ **極端なレベルの放射線に耐える能力を持っている。**

—249—

第2段落第7，8文「水が干上がると，彼らも干からびる。体内の水分の3パーセント以外の全てを失うと，新陳代謝速度が通常の0.01％にまで下がる」より，①は正解。第3段落第3，4文「(宇宙から)地球へ戻ると，68％がまだ生きていたとわかって研究者は驚いた。これは10日の間ほとんどが，地球上の1,000倍の強さのX線と紫外線に耐えることができたことを意味する」より，⑤も正解。

問3 47 ③

消化器系のスライドの，クマムシのイラスト上の欠けている表示を完成させよ。
47

① (A) 食道　　　　　(B) 咽頭　　　　　(C) 中間の腸
　 (D) スタイレット　(E) 唾液腺

② (A) 咽頭　　　　　(B) スタイレット　(C) 唾液腺
　 (D) 食道　　　　　(E) 中間の腸

③ (A) 唾液腺　　　　(B) 食道　　　　　(C) 中間の腸
　 (D) スタイレット　(E) 咽頭

④ (A) 唾液腺　　　　(B) 中間の腸　　　(C) スタイレット
　 (D) 食道　　　　　(E) 咽頭

⑤ (A) スタイレット　(B) 唾液腺　　　　(C) 咽頭
　 (D) 中間の腸　　　(E) 食道

　第5段落最終文の「しかし，スタイレットと呼ばれる2本の鋭い針があり」より，口の下の突起物である(D)がスタイレットである。第6段落第2文の「口は咽頭(喉)につながっており」より(E)が咽頭，同段落第3文「咽頭の上に位置するのは唾液腺である」より，(A)が唾液腺である。同段落第5〜最終文「咽頭を過ぎると，食べ物を腸の方へ送る管がある。この管は食道と呼ばれる。中間の腸は単純な胃や腸のような種類の器官で，食べ物を消化して栄養分を吸収する。そして残ったものは，最終的に肛門へと移動する」より，(B)が食道で，肛門の直前にある(C)が中間の腸である。よって，正解は③。

問4 48 ④

最後のスライドに最もふさわしい記述はどれか？ 48

① 何千年ものあいだ，クマムシは地上や宇宙空間で最も厳しい条件のいくつかを生き延びてきた。彼らは人類より長く生きるだろう。

② クマムシは宇宙空間で発生し，ホッキョクギツネやフタコブラクダの限界を超えた温度で生きることができるため，間違いなく人間よりも強い。

③ クマムシは間違いなく地上最強の生物である。山の頂上，海の底，温泉の湯の中で生き延びることができ，また，月で成長することができる。

④ クマムシは地上で最も厳しい条件のいくつかと，少なくとも1度の宇宙空間への旅を生き延びてきた。この注目すべき生物は人類より後まで生きるかもしれない。

　第2段落には「クマムシが極端な高温や低温，乾燥した条件下で生き延びてきた

こと」，第3段落第3文には，クマムシが宇宙空間へ行っても，そのほとんどが生き残っていたことが述べられており，以上の内容から「クマムシが人類より後まで生きる可能性がある」と言える。よって，正解は④。

問5 49 ④

クマムシを宇宙空間に送ることについて何が推測できるか？ 49

① 宇宙空間でクマムシが生き延びることができるかどうかを見つけ出すことは，重要だとは決して考えられなかった。

② クマムシは，何百万年ものあいだ地上に存在している他の生物と同様，X線や紫外線に耐えることができる。

③ イスラエルの研究者は，そんなに多くのクマムシが宇宙空間の厳しい環境を生き延びるとは予期していなかった。

④ クマムシが月面で生き延びることができるかどうかを誰も見に行っていない理由が，筆者の注意を引いた。

第3段落第5，最終文「そのあと2019年にイスラエルの宇宙船が月に衝突し，樽の状態にあった何千ものクマムシが月面にまき散らされた。それを回収しに行った人が誰もいないので，これらがまだ生きているかどうかは不明であり，残念なことである」より筆者は，クマムシを回収するために誰も月に行かなかったことに対して疑問を抱いていると考えられる。よって，正解は④。

— 251 —

MEMO

英　　　語
（リーディング）

（2023年1月実施）

追試験
2023

英語（リーディング）

解答・採点基準　　　（100点満点）

問題番号(配点)	設問		解答番号	正解	配点	自己採点
第1問 (10)	A	問1	1	①	2	
		問2	2	②	2	
	B	問1	3	①	2	
		問2	4	①	2	
		問3	5	①	2	
第1問　自己採点小計						
第2問 (20)	A	問1	6	④	2	
		問2	7	①	2	
		問3	8	②	2	
		問4	9	②	2	
		問5	10	②	2	
	B	問1	11	①	2	
		問2	12	②	2	
		問3	13	①	2	
		問4	14	②	2	
		問5	15	④	2	
第2問　自己採点小計						
第3問 (15)	A	問1	16	③	3	
		問2	17	④	3	
	B	問1	18	②	3 *	
			19	④		
			20	①		
			21	③		
		問2	22	④	3	
		問3	23	①	3	
第3問　自己採点小計						

問題番号(配点)	設問		解答番号	正解	配点	自己採点
第4問 (16)		問1	24	②	3	
		問2	25	③	3	
		問3	26	②	2	
			27	①	2	
		問4	28	①	3	
		問5	29	②	3	
第4問　自己採点小計						
第5問 (15)		問1	30	①	3	
		問2	31	④	3 *	
			32	⑤		
			33	①		
			34	③		
		問3	35 - 36	①-③	3 *	
		問4	37	②	3	
		問5	38	①	3	
第5問　自己採点小計						
第6問 (24)	A	問1	39	③	3	
		問2	40	⑤	3 *	
			41	③		
		問3	42	④	3	
		問4	43	④	3	
	B	問1	44	③	2	
		問2	45	①	2	
		問3	46 - 47	①-④	3 *	
		問4	48	②	2	
		問5	49	③	3	
第6問　自己採点小計						
自己採点合計						

（注）　＊は，全部正解の場合のみ点を与える。

　　　－（ハイフン）でつながれた正解は，順序を問わない。

第1問

A

【全訳】
　あなたは城の徒歩ツアーのために列に並んでいて，新しい装置の試聴をするよう求められます。スタッフから以下の指示を受け取ります。

ウエストヴィル城徒歩ツアーの
オーディオガイドの試聴

新しいオーディオガイドの試聴にご協力いただきありがとうございます。ここウエストヴィル城での体験を楽しんでいただければと思います。

使い方
装置を耳に装着すると電源が入ります。城を歩き回ると，それぞれの部屋に入るたびに自動的に詳しい説明が流れます。説明を一時停止したくなったら，イヤホンのボタンを軽く1回押してください。この装置は部屋についての質問に答えるようプログラムされています。質問をしたくなったら，ボタンを軽く2回押して小声で話してください。マイクがあなたの声を拾って，答えが聞こえます。

お帰りの前に
出口左手の回収デスクに装置を返却し，短いアンケートに記入してスタッフにお渡しください。ご協力のお礼に，城の土産物店で利用できる割引クーポンを差し上げます。

【語句】
- wait in line「列に並んで待つ」
- turn on「電源が入る／(灯りなどが)つく」
- be programmed to do「～するようプログラムされている」
- twice「2回」
- pick up O / pick O up「Oを拾う／聞き取る」
- drop off O / drop O off「Oを返却する／O(荷物など)を降ろす」
- fill in O / fill O in「Oに記入する」
- in return「お礼に／お返しに」

40

【設問解説】

問1 **1** ①

　この装置は **1** についての質問に答えることができる可能性が最も高い。

① **城の内部**
② 徒歩ツアーの長さ
③ 装置の仕組み
④ 土産物店での値段

　使い方の第4文「この装置は部屋についての質問に答えるようプログラムされています」より，正解は①。

問2 **2** ②

　クーポンを手に入れるためには，**2** 必要がある。

① スタッフに装置についての質問をする
② **装置について何らかのフィードバックをする**
③ 左手の出口から帰る
④ 終了したオーディオガイドの試聴結果を提出する

　お帰りの前にの第1〜最終文「出口左手の回収デスクに装置を返却し，短いアンケートに記入してスタッフにお渡しください。ご協力のお礼に，城の土産物店で利用できる割引クーポンを差し上げます」より，正解は②。

B

【全訳】

　あなたは英語の先生から，市の国際短編映画フェスティバルのちらしをもらいました。あなたはフェスティバルに行ってみたいと考えています。

2023年スター国際短編映画フェスティバル

2月10日（金）〜12日（日）

フェスティバル開催10年を祝して，計50作の短編映画をお届けできますことをお喜び申し上げます。以下は大賞にノミネートされた4つの映画です。最終選考に残ったそれぞれの映画の初回上映の後，映画の監督による特別講演をお楽しみください。

— 256 —

大賞の最終選考に残った映画

「私のペットの豚」米国（27分）
このドラマは家族とペットについての心温まる物語です。
▶ 金曜日午後7時と土曜日午後2時
▶ シネマパラダイス，第2スクリーン

「塔への追跡」フランス（28分）
警察の追跡はエッフェル塔のスリリングなアクションで終わりを迎えます。
▶ 金曜日午後5時と日曜日午後7時
▶ シネマパラダイス，第1スクリーン

「金メダルガール」中国（25分）
このドキュメンタリーでは驚くべきスポーツ選手の人生に焦点を当てます。
▶ 土曜日と日曜日午後3時
▶ ムービーハウス，メインスクリーン

「洞窟の中で」イラン（18分）
このホラー映画では，ハイカーのグループが恐ろしい冒険に遭遇します。
▶ 金曜日午後3時と土曜日午後8時
▶ ムービーハウス，第1スクリーン

フェスティバル・パス	
タイプ	価格（円）
3日用	4,000
2日用	3,000
1日用	2,000

▶ フェスティバル・パスはそれぞれの映画館でお求めください。映画館ではまた，それぞれの上映の前に500円でシングルチケットを販売します。
▶ フェスティバル・パスをお持ちの方は，2月12日（日）午後8時の，シネマパラダイスのロビーでの特別レセプションへのご参加にお招きします。

フェスティバル中の短編映画の完全な上映スケジュールを知りたい方は，ウェブサイトをご覧ください。

【語句】
・flyer「ちらし／ビラ」
・finalist「最終選考に残ったもの［人］」

42

・heart-warming「心温まる」
・be invited to *do*「～するよう招かれる」

【設問解説】

問1 3 ①

日曜日の夕方に時間があるとしたら，最終選考に残ったどの映画を見ることができるか？ 3

① 「塔への追跡」
② 「金メダルガール」
③ 「洞窟の中で」
④ 「私のペットの豚」

「塔への追跡」は日曜日午後7時に上映されるため，正解は①。

問2 4 ①

フェスティバルの最後の夜に，シネマパラダイスでは何が行われるか？ 4

① フェスティバルが行われることを祝福するイベントが行われる。
② 大賞のためのノミネートが行われる。
③ 監督の1人が「塔への追跡」についての講演を行う。
④ 「私のペットの豚」という映画が上映される。

ちらしの上の部分より，フェスティバルは2月12日までだとわかるが，表右側の2つめの項目「フェスティバル・パスをお持ちの方は，2月12日（日）午後8時の，シネマパラダイスのロビーでの特別レセプションへのご参加にお招きします」より，正解は①。

問3 5 ①

短編映画フェスティバルについて正しいのはどれか？ 5

① 映画監督による4つの講演が行われる。
② パスはウェブサイトで購入できる。
③ シングルチケットには予約が必要である。
④ 最終選考に残った映画は同じ日に見ることができる。

上段の最終文「最終選考に残ったそれぞれの映画の初回上映の後，映画の監督による特別講演をお楽しみください」より，4つの映画を見た後に，それぞれの監督の講演を聞くとわかるので，正解は①。

— 258 —

第2問

A
【全訳】
　あなたは学校の新聞部の部員で，アメリカ人の交換留学生のポールからメッセージを受け取りました。

次号に関して提案があります。先日僕は自分用の新しい財布を探していて，カードと数枚の紙幣を挟むように出来ている，小さくてスリムな財布を販売しているウェブサイトを見つけました。重さはたったの60グラムで，カッコいい財布です。僕はたいてい電子マネーを使っているので，こういうタイプの財布は役に立つように思えました。友達とリンクをシェアして，彼らにどう思うか尋ねてみました。こちらが彼らのコメントです。

- 僕も同じような財布を使っているけど，カードがしっかり挟めるよ。
- 私はよく歩くからこれは自分にぴったりに見えるし，持ち歩きもしやすそう。
- 家の近くの店で電子マネーが使えれば，絶対これを使うんだけど。
- カードはほとんど場所をとらない。キャッシュレスの支払いはポイントを貯めやすいよ。
- 僕は電子マネーと現金のどちらも使ってる。硬貨はどうすればいいのかな？
- 面白い！　カードが6枚まで入るけど，私からすれば，これは財布じゃなくてカードホルダーね。
- 私はレシートのような物を財布に入れておくのが好きです。でも，兄に尋ねたら，こういうのが欲しいと言っていました！
- とてもコンパクトなので，失くしても気づかないかもしれないな。

彼らと話してみたら，こういうタイプの財布が好みでない人でさえ，カードや電子マネーを使うメリットをいくつか指摘してくれました。それで僕は，どうして多くの生徒がいまだに紙幣や硬貨を使っているのだろうかと思ったし，これは新聞で扱うよいトピックかもしれないと思いました。どう思いますか？

【語句】
・issue「（新聞・雑誌などの）号」
・be designed to *do*「〜するように作られている／〜することを意図している」
・share A with B「AをBとシェアする／共有する」
・take up O／take O up「O（スペースなど）をとる／必要とする」

・make it ~ to *do*「…するのを~にする」

・up to A「(最高)Aまで」

・point out O / point O out「Oを指摘する」

【設問解説】

問1 6 ④

ポールはおそらくどんな質問を友達に尋ねたのか？ 6

① あなたは財布を持ち歩いていますか？

② あなたは電子マネーを使いますか？

③ あなたは財布の中に何を入れていますか？

④ あなたはこういう財布についてどう思いますか？

ポールは第1段落第2~4文で，カードと紙幣を挟むタイプの財布について紹介した後，同段落第5~最終文で「友達とリンクをシェアして，彼らにどう思うか尋ねてみました。こちらが彼らのコメントです」と述べており，また，友達のコメントは主にこの財布についての感想が述べられている。よって，正解は④。

問2 7 ①

ポールの友達の1人によって述べられているスリムな財布についての**事実**は，それが 7 ということである。

① 6枚のカードを挟むことができる

② ポケットから滑り落ちやすい

③ 歩く人には理想的である

④ 80グラムより軽い

6つめのコメントの「カードが6枚まで入る」より，正解は①。③は，2つめのコメントに「持ち歩きもしやすそう」とあるが，これは意見なので，不可。

問3 8 ②

1つの返答は，ポールの友達の1人は 8 ということを示している。

① スリムな財布はかっこいいが，使いたくはない

② 普通の財布の容量の方をより好む

③ スリムな財布は将来，人気が下がるだろうと思っている

④ 硬貨用の別の財布とともにスリムな財布を使っている

7つめのコメントの「私はレシートのような物を財布に入れておくのが好きです」より，この友達はスリムな財布よりも容量の多い普通の財布をより好むと考えられるので，正解は②。

問4 9 ②

ポールの友達によると，この財布を電子マネーとともに使うことは，9 ことをより簡単にする。

① 安全に持ち歩く

② 特典をもらう

③ レシートを記録する

— 260 —

2023年度　追試験〈解説〉　45

④　どの店でも使う

　4つめのコメント「カードはほとんど場所をとらない。キャッシュレスの支払いはポイントを貯めやすいよ」より，正解は②。

問5　10　②

　ポールは　10　についてもっと知りたいと思っている。

①　色々なタイプの電子マネー

②　生徒が現金を使う理由

③　若い人たちにとってのスリムな財布の利点

④　小さい財布と大きな財布の違い

　最終段落第2文の「それで僕は，どうして多くの生徒がいまだに紙幣や硬貨を使っているのだろうかと思った」より，正解は②。

B

【全訳】

　あなたは留学に興味があるので，以下の記事を読んでいます。

イギリスで過ごした夏

チアキ・スズキ

2022年11月

　今年，私は英語を勉強しながら2週間を過ごしました。パントンという名の美しい都市に滞在することに決め，そこで素敵な時間を過ごしました。やることがたくさんあって，楽しかったです。全く退屈しませんでした。お金がかかる場合もありますが，学生証を見せると学生割引が得られたのが良かったです。また，ウィンドウショッピングをしたり，地元の図書館を利用したりするのも良かったです。そこには色々な文化的背景を持つ人がたくさん住んでいたので，世界中の様々な食べ物を食べました。そこでできた友達のほとんどが私の通っている英語学校の人たちだったので，予期していたほど地元の人と英語を話す練習はしませんでした。だが一方で，多くの異なる国の人たちと友達になりました。最後に，公共交通機関を利用しましたが，頻繁に来るので便利で利用しやすいと思いました。

　でも，田舎に滞在していたなら，イギリス生活の異なる面を見たことでしょう。田舎に滞在した友達は，楽しくてゆったりできる経験をしました。彼女によると，農家の人たちは作物を直売するのだそうです。また，その地域の劇場，バンド，アートや工芸品の展示会，レストラン，そしてストリーム・ジャンプのような変わった催しもいくつかあります。ただ，あちこち移動するのはそれほど楽ではないので，忙しくしている方がすごく大変です。バスや電車に乗るにはかなりの距離を歩く必要がありますし，それほど頻繁には来ません。実際，彼女は時刻表のコピーを持っていなければなりませんでした。私が田舎にいたとしたら，歩き回って土地

— 261 —

46

の人たちと話したことでしょう。

　豊かな文化的体験をしたので，再びイギリスに行きたいです。しかし，次回はイギリス人ともっと接して，イギリスの伝統料理をもっと食べたいです。

【語句】

・bored「退屈している」
・a variety of A「様々なA」
・not ... as much as S had expected「予期したほど…ない」
・on the other hand「また一方で」
・public transport「公共交通機関」
・produce「農作物」
・get around「あちこち移動する／歩き回る／動き回る」

【設問解説】

問1 [11] ①

　記事によると，チアキは [11] 。

① 色々な国の食べ物を食べた
② 望んだとおりに英語力を向上させた
③ 文化的体験についてメモを取った
④ 地元の店で働いた

　第1段落第7文「そこには色々な文化的背景を持つ人がたくさん住んでいたので，世界中の様々な食べ物を食べました」より，正解は①。

問2 [12] ②

　学生証によって，チアキは [12] ことができた。

① 地元の図書館に入る
② 割引価格を得る
③ 地元の学生バンドに加わる
④ 無料で公共交通機関を利用する

　第1段落第5文「お金がかかる場合もありますが，学生証を見せると学生割引が得られたのが良かったです」より，正解は②。

問3 [13] ①

　チアキはパントンでは [13] と思っている。

① 様々な文化を体験しやすい
② 地元の人たちと友達になりやすい
③ イギリスの食べ物を提供するレストランがたくさんある
④ 地元の変わったイベントがたくさんある

　第1段落第7文「そこには色々な文化的背景を持つ人がたくさん住んでいたので，世界中の様々な食べ物を食べました」，および，同段落第9文「だが一方で，多くの異なる国の人たちと友達になりました」より，正解は①。

— 262 —

2023年度　追試験〈解説〉　47

問4 　14　②

　田舎での滞在についてチアキが聞いた1つの**事実**は　14　ことである。

① 　地元の人々はバスの時刻表を持ち歩いている

② 　**人々は農家から食べ物を買う**

③ 　娯楽の値段が高い

④ 　するべき興味深いことがより少ない

　第2段落第3文「彼女によると，農家の人たちは作物を直売するのだそうです」より，正解は②。

問5 　15　④

　イギリスで過ごした時間についてのチアキの印象を最もよく表すものはどれか？　15

① 　工芸品の展示会への興味が高まった。

② 　地元の友達をたくさん作るのを楽しんだ。

③ 　田舎は美しいと思った。

④ 　**経験のいくつかは予期しないものだった。**

　第1段落第8文「そこでできた友達のほとんどが私の通っている英語学校の人たちだったので，予期していたほど地元の人と英語を話す練習はしませんでした」より，正解は④。

— 263 —

第3問

A

【全訳】
　あなたの学校の交換留学生はコイを飼っています。あなたは「ヤング・フィッシュキーパー」という雑誌に彼が書いた記事を読んでいます。

僕が初めて飼った魚

トム・ペスカトーレ

　僕は13歳のときにニューマンズ・コイクラブに入り，クラブの伝統の1つとして，部長は僕をつれて僕が初めて飼う魚を買いに行ってくれました。僕は誕生日にもらったお金を使って，15センチメートルのゴーストコイの稚魚を買いました。メスのその魚は今，部室の水槽で他の部員の魚たちとともに暮らしています。

　僕は自分の魚がとても気に入っていて，今でもゴーストのあらゆることについて読んでいます。日本ではあまりよく知られていませんが，1980年代にはイギリスでコイキーパーによって広く飼われるようになりました。ゴーストは交配種の魚です。僕のゴーストの父親は日本産のオウゴン・コイで，母親は野生のニシキゴイでした。ゴーストは成長が早く，僕のコイは2年もしないうちに体長85センチメートル，体重12キログラムになっていました。ゴーストは病気になりにくく，40年以上生きる場合もあります。僕のコイも今や，華やかな4歳のプラチナゴースト・コイの成魚になりました。

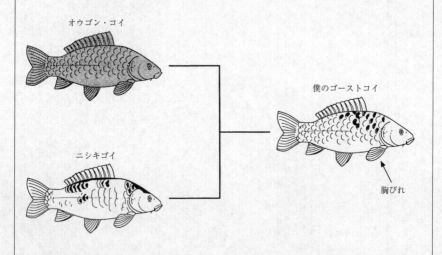

　ゴーストは日本産の有名な「純血種」の仲間ほどの価値はないとみなされているの

で，たいていそれほど値段は高くありません。そのため，13歳の子どもが誕生日プレゼントのお金で買うことができるのです。僕のゴーストの最も魅力的な部分は太陽の光で輝く金属のような光沢のある頭部と，派手な胸びれです。「ゴーストコイ」という名前が示すように，この魚は泳いでいるときに姿が消えたり現れたりします。すごくかっこいい魚ですから，ゴーストコイを飼うことから始めてみませんか？

【語句】
- ・purchase O「Oを買う／購入する」
- ・everything I can about ghosts「ゴーストについて読むことのできるすべてのこと」I can ～以下は everything を修飾しており，can の後ろに read を補って考える。
- ・hybrid「交配種の」
- ・mature「大人の／成熟した」
- ・pure-bred「純血種の」
- ・affordable「購入しやすい／値段が手頃な」
- ・fade in and out of sight「姿が消えたり現れたりする」

【設問解説】
問1　16　③

この記事から，トムの魚は　16　**ない**とわかる。
① 大人で
② 値段が安く
③ **純血種で**
④ 丈夫で

第2段落第3～4文「ゴーストは交配種の魚です。僕のゴーストの父親は日本産のオウゴン・コイで，母親は野生のニシキゴイでした」と，最終段落第1文「ゴーストは日本産の有名な『純血種』の仲間ほどの価値はないとみなされているので，たいていそれほど値段は高くありません」より，正解は③。

問2　17　④

この種が「ゴーストコイ」と名付けられたのは　17　からである。
① 外見がとても恐ろしい
② 泳ぐときに影のようなひれがきらりと光る
③ 長いあいだ隠れて暮らすことができる
④ **水の中で神秘的に姿を消すように見える**

最終段落第4文「『ゴーストコイ』という名前が示すように，この魚は泳いでいるときに姿が消えたり現れたりします」より，正解は④。

B

【全訳】

　あなたは英語のスピーチコンテストに申し込み，プレゼンテーション技能を高めるためにエッセーを読んでいます。

勇気を得ること

リック・ハルストン

　大学での最後の学期に，僕は最後の研究プレゼンテーションで賞を獲得しました。僕は人前で話すことが常に上手だったわけではなく，実は，最も恐いことの1つがスピーチをすることだったのです。小学校の頃から，シャイな性格は人前で話すことには決して理想的ではありませんでした。大学での第1日目から，僕は特に月に1度のクラスでのプレゼンテーションをすることを恐れていました。僕は何時間も続けて練習したものです。それが多少役には立ちましたが，それでもやはり話すときには緊張していたり，混乱したりしていました。

　大きな変化は最も重要なプレゼンテーションの前に，大好きな歌手の新発売のアルバムの音楽ビデオを見たときに起こりました。それが彼女の以前の作品とはまったく違って聞こえることに気づいたのです。ソフトロックからクラシックジャズへと切り替わり，衣装のスタイルもまた変わっていました。彼女はプロとしての大きなリスクを冒していると思いましたが，彼女は新しいスタイルに対して自信たっぷりだったので，僕はそれに刺激を受けました。僕も自分の声と外見を変えようと思いました。自分の声をより度胸のある，より落ち着いたものにしようと，ひたすら努力しました。シャツの上にスーツジャケットを着て，練習するたびに自信がふくれ上がっていくのを感じました。

　最後のプレゼンテーションを始めたとき，当然のことながら僕は緊張していましたが，徐々に落ち着きが体の中にみなぎってきました。明快に話すことができ，その後の質問にも言葉を言い間違えることなく答えることができました。そのとき，僕は実際に自信が出てきたのです。まさにそのとき，私たちは不安が自分を支配するのに任せてしまうこともできるし，不安を克服するための新たな道を見つけることもできるのだと，僕は理解しました。自信あるプレゼンターになるための唯一のはっきりした方法はありませんが，その歌手のおかげで，僕は自分自身の勇気を掘り起こしてそれを伸ばす必要があることに気づいたのです。

2023年度　追試験〈解説〉　51

【語句】
- courage「勇気」
- be ideal for A「Aにとって理想的である」
- on end「続けて／連続して」
- confused「混乱した／困惑した」
- newly released「新発売の」
- previous「以前の」
- switch from A to B「AからBへと切り替わる」
- take a risk「リスクを冒す」
- inspire O「Oを刺激する／触発する」
- work tirelessly to *do*「～しようとひたすら努力する」
- bold「大胆な」
- flow through A「Aにみなぎる／Aの中を流れる」
- trip over *one's* words「言葉を言い間違える」
- right then「まさにそのとき」
- allow O to *do*「Oが～するに任せる」
- overcome O「Oを克服する／乗り越える」
- thanks to A「Aのおかげで」

【設問解説】
問1　18 ②　19 ④　20 ①　21 ③

次の出来事(①～④)を起きた順に並べよ。 18 ～ 21

①　彼は最後のプレゼンテーションの初めに緊張した。
②　彼は定期的に短いプレゼンテーションを行った。
③　彼はプレゼンテーションで賞を与えられた。
④　彼は思い切って，より自信を持って振る舞おうという気持ちになった。

　第1段落第4文「大学での第1日目から，僕は特に月に1度のクラスでのプレゼンテーションをすることを恐れていました」より， 18 には②が入る。第2段落1～3文で筆者は，自分の好きな歌手の音楽傾向が大きく変わったことに気づき，続く第4～5文「彼女はプロとしての大きなリスクを冒していると思いましたが，彼女は新しいスタイルに対して自信たっぷりだったので，僕はそれに刺激を受けました。僕も自分の声と外見を変えようと思いました」と述べられているので， 19 には④が入る。第3段落第1文の「最後のプレゼンテーションを始めたとき，当然のことながら僕は緊張していました」より， 20 には①が入る。第1段落第1文「大学での最後の学期に，僕は最後の研究プレゼンテーションで賞を獲得しました」より， 21 には③が入る。この文は最後のプレゼンテーションについてのことなので，順番の最後に来ることに注意。

問2　22 ④

　リックは自分の大好きな歌手に感銘を受けて， 22 。

— 267 —

① 自分自身のシャイな性格を受け入れた

② 彼女の次のコンサートに行こうと決めた

③ クラスに行く新しいやり方を見つけた

④ 彼女の劇的な変化から学んだ

　第2段落で筆者は，自分の好きな歌手がソフトロックからクラシックジャズに大きく転向し，衣装も変わっていることに気づき，自分も声や外見を変えてみようと決心している。よって，正解は④。

問3　| 23 |　①

　このエッセーから，あなたはリックが | 23 | ことを知った。

① 自分の不安に対処し始めた

② 職業を変えようと決めた

③ 質問をする技能を向上させた

④ 自分の歌の才能を発見した

　第1段落では，筆者がスピーチに対して大きな不安を持っていたことが述べられているが，第2段落では，自分の好きな歌手に刺激を受けて，自分を変えようとする様子が述べられている。そして，第3段落第4文では，「まさにそのとき，私たちは不安が自分を支配するのに任せてしまうこともできるし，不安を克服するための新たな道を見つけることもできるのだと，僕は理解しました」と述べている。よって，正解は①。

第 4 問

【全訳】

あなたと 2 人の友達は，市民農園の 1 区画を初めて借りました。あなたの友達が，農園で野菜を育てるためのアイデアについてメールを書きました。彼らのアイデアに基づいて，あなたは農園のプランを最終的にまとめるために返信をします。

— ↗ ✕

2023 年 3 月 23 日

私たちの農園プラン

やあ！　ダニエルです！　私は図書館から借りたガーデニングの本の，この素晴らしい植え付けチャートをスキャンしました。黒い丸は種を土に直接まく時期を示しています。黒い四角は苗木，つまり植物の赤ん坊を植える時期を示しています。星印は野菜の収穫時期を示しています。

植え付けスケジュール

	3月	4月	5月	6月	7月	8月	9月	10月	11月
マメ		● ● ●			☆ ☆				
キャベツ		● ●			☆ ☆	■ ■		☆	☆ ☆
ニンジン		● ●			☆ ☆				
タマネギ				☆ ☆	☆		● ●		
ジャガイモ	● ●			☆	☆	●			☆ ☆
トマト		● ■ ■				☆	☆ ☆		

もう 3 月の後半なので，そろそろジャガイモを植えた方がいいと思います。6 月に収穫して，その後 8 月にもう一度植えることができます。また，ジャガイモと同時にニンジン，来月はキャベツを植えたいです。7 月にそれらを収穫した後は，タマネギを植えるのと同時にキャベツの苗を植えることができます。タマネギが食べられるのは，来年になってからですね！　トマトの苗が買ってありますが，植える前にもう少し時間をかけて大きくしたいです。4 月の終わり頃にはマメを，翌月にはトマトを植えましょう。

農園のレイアウトについて話し合いましょう。6 × 6 メートルの区画を借りることになっていて，北と南の半分ずつに分割することができます。マメ，キャベツ，トマトは地面で育つので，一緒に育てましょう。南側ではどうですか？　ニンジン，ジャガイモ，タマネギはどれも地下で育つので，一緒に育てることができます。これらは北側になります。

54

2023 年 3 月 24 日

返信：私たちの農園プラン

ダニエル，ありがとうございます！

レイチェルです。あなたのスケジュールは素晴らしいですが，農園のレイアウトについていくつか変更をしたいです。野菜は 6 種類なので，農園を 6 つの部分に分割しませんか？

どの野菜を隣どうしに植えるかについては注意が必要です。私たちが育てる野菜について，ガーデニングの本を少し調べてみました。それらの野菜のいくつかは一緒にうまく育ち，「仲間」と呼ばれています。そうでないものもあり，それらは「敵」です。レイアウトではこれを考慮に入れなければなりません。

まず，トマトは農園の南側にすべきです。トマトとキャベツは敵なので，離すべきなのです。キャベツは南西の隅に植えましょう。タマネギはトマトとキャベツのどちらとも仲間なので，真ん中にするとよいでしょう。

次に，農園の北側について考えてみましょう。マメとキャベツは仲間なので，マメは西の隅に植えましょう。ニンジンはトマトと仲間なので，それらは東の隅に植える方がいいでしょう。ジャガイモは真ん中がいいです。ジャガイモはマメと仲間で，タマネギとは中立です。

さて，このレイアウトについてどう思いますか？

— 270 —

2023年3月25日

返信：返信：私たちの農園プラン

こんにちは！

私です！ 素晴らしいアイデアをありがとうございます！ 下に示したのは，ダニエルが2日前に提案した植え付けスケジュールです。初めに，これからの2か月間に植えられるように，私たちは間もなく 24 ② 4種類の種を買う必要があります！

25 ③

3月	4月前半	4月後半	5月	8月	9月
-[A]ニンジン -ジャガイモ	-[B]キャベツ	-[C]マメ	-[D]トマト	-ジャガイモ	-タマネギ -キャベツ

レイチェルのアイデアを使って，この農園のレイアウトを作りました。

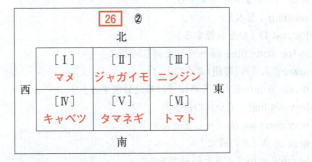

26 ②

北

	[Ⅰ] マメ	[Ⅱ] ジャガイモ	[Ⅲ] ニンジン	
西	[Ⅳ] キャベツ	[Ⅴ] タマネギ	[Ⅵ] トマト	東

南

これはダニエルのアイデアと同様です。北半分と南半分の野菜はほとんど同じです。 27 ① マメとタマネギだけが異なる区域になります。

レイチェルは仲間と敵をうまく考慮してくれました。参考のために，図を作成しました。

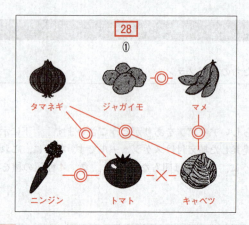

私たちはまだ 29 ② 農園の世話をする責任 については話し合っていませんが、話し合うべきだと思っています。

【語句】
- community garden「市民農園／コミュニティーガーデン」
- scan O「Oをスキャンする」
- seedling「苗木」
- harvest O「Oを収穫する」
- at the same time as ～「～と同じ時期に」
- toward A「A(時期)ごろに」
- divide A into B「AをBに分ける／分割する」
- halves＜half「半分」の複数形
- why don't we *do*「～しませんか？」
- next to A「Aの隣に」
- be similar to A「Aと同様である」

【設問解説】
問1　24　②

24 に入れるのに最もふさわしい選択肢を選べ。
① 3
② 4
③ 5
④ 6

　ダニエルのメール第2段落第1文「もう3月の後半なので，そろそろジャガイモを植えた方がいいと思います」と，同段落第3文「また，ジャガイモと同時にニンジン，来月はキャベツを植えたいです」より，3月後半の今，ジャガイモとニンジン，4月にキャベツを植えるとわかる。同段落最終文「4月の終わり頃にはマメを，

— 272 —

翌月にはトマトを植えましょう」より，4月の終わり頃にマメを植えるとわかる。よって，今からの2ヶ月で植えるのはジャガイモ，ニンジン，キャベツ，マメの4種類であるため，正解は②。なお，同段落第6文「トマトの苗が買ってありますが，植える前にもう少し時間をかけて大きくしたいです」より，トマトの種を買う必要はないので，トマトは含まれないことに注意。

問2 25 ③

あなたのメールの植え付けスケジュールを完成させよ。 25 に入れるのに最もふさわしい選択肢を選べ。

	[A]	[B]	[C]	[D]
①	キャベツ	ニンジン	マメ	トマト
②	キャベツ	ニンジン	トマト	マメ
③	ニンジン	キャベツ	マメ	トマト
④	ニンジン	トマト	キャベツ	マメ

ダニエルのメール第2段落第1文「もう3月の後半なので，そろそろジャガイモを植えた方がいいと思います」と，同段落第3文「また，ジャガイモと同時にニンジン，来月はキャベツを植えたいです」より，[A]はニンジン，[B]はキャベツである。同段落最終文「4月の終わり頃にはマメを，翌月にはトマトを植えましょう」より，[C]はマメ，[D]はトマトである。よって，正解は③。

問3 26 ② 27 ①

あなたのメールの農園のレイアウト情報を完成させよ。

26 に入れるのに最もふさわしい選択肢を選べ。

	[Ⅰ]	[Ⅱ]	[Ⅲ]	[Ⅳ]	[Ⅴ]	[Ⅵ]
①	マメ	タマネギ	トマト	キャベツ	ジャガイモ	ニンジン
②	マメ	ジャガイモ	ニンジン	キャベツ	タマネギ	トマト
③	キャベツ	タマネギ	ニンジン	マメ	ジャガイモ	トマト
④	キャベツ	ジャガイモ	トマト	マメ	タマネギ	ニンジン

26 の上の「レイチェルのアイデアを使って，この農園のレイアウトを作りました」より，レイチェルのメールを参考に野菜を植える場所を考える。第4段落第1～3文「まず，トマトは農園の南側にすべきです。トマトとキャベツは敵なので，離すべきなのです。キャベツは南西の隅に植えましょう」より，[Ⅳ]がキャベツで[Ⅵ]がトマトである。同段落最終文「タマネギはトマトとキャベツのどちらとも仲間なので，真ん中にするとよいでしょう」より，[Ⅴ]はタマネギである。第5段落第1～2文「次に，農園の北側について考えてみましょう。マメとキャベツは仲間なので，マメは西の隅に植えましょう」より，[Ⅰ]はマメである。同段落第3文「ニンジンはトマトと仲間なので，それらは東の隅に植える方がいいでしょう」より，[Ⅲ]はニンジン，同段落第4～最終文「ジャガイモは真ん中がいいです。ジャガイモはマメと仲間で，タマネギとは中立です」より，[Ⅱ]にはジャガイモが植えられる。よって，正解は②。

— 273 —

27 に入れるのに最もふさわしい選択肢を選べ。
① マメとタマネギ
② キャベツとジャガイモ
③ ニンジンとトマト
④ タマネギとジャガイモ

「これはダニエルのアイデアと同様です。北半分と南半分の野菜はほとんど同じです。 27 だけが異なる区域になります」という文なので， 27 にはダニエルとレイチェルでアイデアが異なる野菜が入るとわかる。ダニエルのメール第3段落第3〜4文「マメ，キャベツ，トマトは地面で育つので，一緒に育てましょう。南側ではどうですか？」より，マメを植える場所がレイチェルのアイデアと異なる。また，同段落第5〜最終文「ニンジン，ジャガイモ，タマネギはどれも地下で育つので，一緒に育てることができます。これらは北側になります」より，タマネギを植える場所がレイチェルのアイデアと異なる。よって，正解は①。

問4　28 ①
28 にはどの図が入るべきか？
(◎：仲間，×：敵)

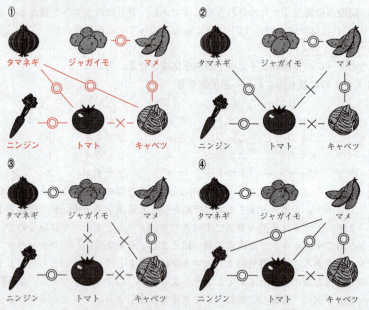

レイチェルのメール第4段落第2文の「トマトとキャベツは敵」，同段落最終文の「タマネギはトマトとキャベツのどちらとっとも仲間」，第5段落第2文の「マメとキャベツは仲間」，同段落第3文の「ニンジンはトマトと仲間」，同段落最終文の「ジャガイモはマメと仲間」より，正解は①。

問5 29 ②

29 に入れるのに最もふさわしい選択肢を選べ。

① 種と苗木の違い
② 農園の世話をする責任
③ 作物を収穫するタイミング
④ 一緒に植えるべき野菜

　農園の世話をする責任についてはまだ話し合われていないので，正解は②。①は，ダニエルのメール第1段落第4～5文「黒い丸は種を土に直接まく時期を示しています。黒い四角は苗木，つまり植物の赤ん坊を植える時期を示しています」，③は，ダニエルのメール第2段落全体，④は，レイチェルのメール第3～5段落に述べられているため，不可。

60

第 5 問

【全訳】

　英語の先生があなたのクラスの全員に，読むための英語の短い話を選ぶように言いました。あなたは以下の話を，ワークシートを使ってクラスメートに紹介する予定です。

芸術家になること

　ルーシーは期待に胸はずませて微笑んだ。間もなく彼女はステージに上がり，市長と絵画コンテストの審判から賞を受け取るだろう。マイクの高い音が響き，市長のアナウンスが聞こえた。「では，絵画コンテストの受賞者は…ロバート・マクギニス！　おめでとう！」

　ルーシーは相変わらず微笑んだまま立ち上がった。そして，顔は恥ずかしさで真っ赤になり，突然，再び座った。何ですって？　何かの間違いに違いないわ！しかし，ロバート・マクギニスという名の少年はすでにステージに上っていて，市長と握手して賞を受け取っていた。彼女は両親の方をちらっと見たが，彼女の目には失望の涙があふれていた。両親は，特に父は娘がよい結果を出してくれるものと期待していた。「ああ，お父さん，賞が取れなくてごめんなさい」と彼女は小さな声で言った。

　ルーシーは幼い少女の頃から，絵を描くことが楽しかった。幼稚園のとき，初めて父の絵を描いた。それは単なる子どもの絵にすぎなかったが，父にとてもよく似ていた。彼は喜び，その日以来，ルーシーはお母さんとお父さんにあげるための絵を描いて，何時間もの楽しいときを過ごした。

　彼女が大きくなっても，両親は彼女を励まし続けた。母は翻訳家として忙しかったが，娘が創造的なことをしているのが嬉しかった。父は彼女に絵画の本を買ってやった。本人は芸術家ではなかったが，彼はときどき娘に助言を与え，描いている対象をよく注意して見て，できる限り正確に写してはどうかと言った。ルーシーは自分の腕を磨いて父を喜ばせたかったので，熱心に取り組んだ。

　ルーシーはずっと，町の絵画コンテストに応募しようと考えていた。そこで受賞すれば，自分の芸術的な能力が認められると思っていた。学校が終わると毎晩，練習した。また，週末の間もずっと静かに絵に取り組み，描く対象をできる限り丹念に写し取った。

　うまくいかなかったことは大きなショックだった。本当に一生懸命頑張ってきたし，両親もとても協力的だった。しかし，父は困惑していた。コンテストの最後にルーシーはなぜ謝ったのだろうか？　謝る必要などなかったのに。後になってルーシーは，なぜ自分がコンテストで受賞できなかったのかを父に尋ねた。父は同情して，「私から見れば，お前の絵は完璧だったよ」と答えた。そして，微笑んでこう付

― 276 ―

け加えた。「だが、おそらくお母さんと話した方がいい。私よりもお母さんの方が芸術のことをわかっているからね」

母は考え込んだ。娘の自尊心を傷つけないで、ルーシーに助言をしたかった。「あなたの絵はよかったわ」と母は言った。「でも、何かが欠けていると思った。あなたは目に見える物を描いたにすぎないと思う。小説を翻訳するとき、私はその意味だけでなく、原作の心をとらえる必要もある。そのためには、言葉の背後にある意味を考えなければいけない。おそらく絵も同じで、表面にあらわれているものの下にあるものを見る必要があるわ」

ルーシーは絵を描き続けたが、自分の描く絵によって彼女は満たされない気持ちになった。彼女には母の言いたいことが理解できなかった。目に見える物を描くことの何がいけないのだろう？ 他に何ができるのだろう？

その頃、ルーシーはキャシーという名の少女と友達になった。2人は親友になり、ルーシーは彼女の優しさとユーモアあふれる個性のために、彼女のよさをだんだん認めるようになった。キャシーはよく冗談を言ったり、ばかげたことを言ったり、おかしな顔をしてみせたりしてルーシーを笑わせた。ある日の午後、キャシーがあまりにおかしな表情をしたので、ルーシーはそれをどうしても描かなければと感じた。「その顔のままでいて！」と彼女は笑いながらキャシーに言った。彼女は急いで絵を描き、自分の友達の表情を非常に楽しんでいたので、自分がしていることについてあまり考えなかった。

3年後にルーシーが美術学校に入学したとき、彼女はまだそのスケッチを持っていた。それはキャシーを、そのおかしな表情だけでなく、友達の優しさやユーモアのセンス — 表面にあらわれているものの下に見つけられるもの — も正確にとらえていた。

ワークシート：

1．話のタイトル
「芸術家になること」

2．話の中の人物
ルーシー：絵を描くことが大好き。
ルーシーの父： 30 ① ルーシーに絵を描くための秘訣をいくつか教える。
ルーシーの母：翻訳家でルーシーを支える。
キャシー：ルーシーの親友になる。

3．話の内容
芸術家としてのルーシーの成長：

62

31	④	贈り物として絵を描くことを楽しむ。
32	⑤	自分の絵の才能を証明するために懸命に努力する。
33	①	自分の絵に不満を抱くようになる。
34	③	自分の目でだけでなく，気持ちによっても絵を描く。

彼女の絵は 35 ① 彼女がスケッチしないではいられなかった友達と 36 ③ 母から受けた助言のおかげでよくなる。

4．話の中の私が大好きな部分

コンテストの結果が発表されたとき，ルーシーは「ああ，お父さん，賞が取れなくてごめんなさい」と言う。

これはルーシーが 37 ④ 父を失望させたのではないかと心配していたことを示している。

5．私がこの話を選んだ理由

私は声優になりたいと思っていて，この話は，自分が演じる人物をよりリアルに思えるようにするために， 38 ① 人々をよりよく理解することを試みることの大切さを教えてくれたから。

【語句】

- ・in anticipation「期待に胸はずませて」
- ・blaze red with A「A（感情）のために真っ赤になる」
- ・shake hands with A「Aと握手する」
- ・be filled with A「Aでいっぱいである」
- ・look like A「Aに似ている／Aのように見える」
- ・as 〜 as possible「できる限り〜」
- ・enter O「O（コンテストなど）に応募する」
- ・work on A「Aに取り組む」
- ・subject「（絵や写真の）対象」
- ・puzzled「困惑した／戸惑った」
- ・self-esteem「自尊心」
- ・capture O「（絵や写真などで）Oをとらえる」
- ・not only A but also B「AだけでなくBもまた」
- ・become friends with A「Aと友達になる」
- ・grow to *do*「だんだん〜するようになる」
- ・hold O「Oを変えないでいる／Oを動かさないでいる」

【設問解説】

問1 30 ①

30 に入れるのに最もふさわしい選択肢を選べ。

— 278 —

① ルーシーに絵を描くための秘訣をいくつか教える
② ルーシーによく自分の絵を描かせる
③ ルーシーと絵を描いて週末を過ごす
④ ルーシーに芸術家として働いて欲しい

　第4段落第4文「本人は芸術家ではなかったが，彼はときどき娘に助言を与え，描いている対象をよく注意して見て，できる限り正確に写してはどうかと言った」より，正解は①。

問2　[31] ④　[32] ⑤　[33] ①　[34] ③

　5つの記述（①〜⑤）のうちの**4つ**を選び，起こった順に並べかえなさい。[31]〜[34]

① 自分の絵に不満を抱くようになる。
② 誰にも自分の絵を見せないと決心する。
③ 自分の目でだけでなく，気持ちによっても絵を描く。
④ 贈り物として絵を描くことを楽しむ。
⑤ 自分の絵の才能を証明するために懸命に努力する。

　第3段落最終文「彼は喜び，その日以来，ルーシーはお母さんとお父さんにあげるための絵を描いて，何時間もの楽しいときを過ごした」より，[31] には④が入る。第5段落第2〜最終文「そこで受賞すれば，自分の芸術的な能力が認められると思っていた。学校が終わると毎晩，練習した。また，週末の間もずっと静かに絵に取り組み，描く対象をできる限り丹念に写し取った」より，[32] には⑤が入る。第8段落第1文「ルーシーは絵を描き続けたが，自分が描く絵によって彼女は満たされない気持ちになった」より，[33] には①が入る。最終段落「3年後にルーシーが美術学校に入学したとき，彼女はまだそのスケッチを持っていた。それはキャシーを，そのおかしな表情だけでなく，友達の優しさやユーモアのセンス —— 表面にあらわれているものの下に見つけられるもの —— も正確にとらえていた」より，[34] には③が入る。

問3　[35] ・ [36] ①・③

　[35] と [36] に入れるのに最もふさわしい2つの選択肢を選べ。（順不同）

① 彼女がスケッチしないではいられなかった友達
② 小説から得たメッセージ
③ 母から受けた助言
④ 友達を笑わせようとする彼女の試み
⑤ 室内で絵を描いて週末を過ごすこと

　第9段落第4文には「ある日の午後，キャシーがあまりにおかしな表情をしたので，ルーシーはそれをどうしても描かなければと感じた」とあり，第7段落第6〜最終文には「そのためには，言葉の背後にある意味を考えなければいけない。おそらく絵も同じで，表面にあらわれているものの下にあるものを見る必要があるわ」という母の助言が述べられている。この2つの出来事によって，最終段落最終文

「それはキャシーを，そのおかしな表情だけでなく，友達の優しさやユーモアのセンス ― 表面にあらわれているものの下に見つけられるもの ― も正確にとらえていた」にあるように，ルーシーの絵はよくなったと考えられるので，正解は①と③。

問4　37　④

　　37　に入れるのに最もふさわしい選択肢を選べ。

①　父が期待したほど練習しなかった

②　彼女がコンテストに応募することを父が喜んでいないことを知っていた

③　父の助言に従えばよかったと思った

④　父を失望させたのではないかと心配していた

　　第2段落第7～最終文「両親は，特に父は娘がよい結果を出してくれるものと期待していた。『ああ，お父さん，賞が取れなくてごめんなさい』と彼女は小さな声で言った」より，正解は④。

問5　38　①

　　38　に入れるのに最もふさわしい選択肢を選べ。

①　人々をよりよく理解する

②　私自身の気持ちをもっと深く分析する

③　自分の回りで起こっていることを正確に述べる

④　状況によって異なる技術を使う

　　第7段落で，ルーシーは「表面にあらわれているものの下にあるものを見るべきだ」と母から助言され，第9～最終段落では，友達のおかしな表情の下に隠された優しさやユーモアのセンスを描くことに成功したことが述べられている。よって，正解は①。

― 280 ―

第6問

A

【全訳】

　あなたは英語ディスカッショングループに所属しています。メンバーは毎週，記事を読み，要約を作り，共有するための難しいクイズの質問を作ります。次のミーティングのために，あなたは以下の記事を読みます。

水中生物について学ぶこと

　青色の深い海の持つ神秘は何千年もの間，海の観察者を魅了してきた。しかし，海の生物は簡単に私たちのところまでやって来ることはできない。私たちが彼らの方へ行くとしたら，どうだろう？　あなたが予期するかもしれないことに反して，ある海の生物たちはまさにあなたのところまで上がって来てくれるだろう。ハワイを拠点とする水中調査カメラマンのダン・マックスウィーニーは，興味深い話を語る。彼が水中でクジラの研究をしていたとき，1頭のクジラが彼めがけて突進してきた。クジラは巨大なため，彼は不安になった。そのクジラは止まって口を開き，彼にいくらかのマグロを「渡した」。彼はその贈り物を受け取った。マックスウィーニーは，タンクから空気の泡が出ていたため，そのクジラは彼が同じような動物だと認めて「刺身」を差し出してくれたのだと信じている。その後，同じクジラが戻って来て，マックスウィーニーはその食べ物を返した。

　イルカやクジラとの親しい交流は可能だが，タコの場合はどうだろう？　SFではときどき宇宙人をタコの姿をしているように描くため，「頭と足」を意味するcephalopods（頭足類）というこの生物群は，人間とはかけ離れたものだと認識されているのかもしれない。しかし，彼らについてもっと学べば，交流の可能性があることを確信するかもしれない。タコは柔らかくて丸みを帯びた体から伸びている長い触手（腕または脚）を持つ。それぞれの触手は触覚と動きだけでなく，匂いと味を経験し，物をつかんで操る「吸盤」と呼ばれる，物に吸いつく円盤状のものがある。目は2つの独立したカメラと同じように80度動き，2つの異なる物に同時に焦点を当てることができる。カリフォルニア大学バークレー校の研究者アレグザンダー・スタッブズは，タコは人間とは違ったやり方で光や色を感知するが，たしかに色の変化を認識できると確認している。これらの特徴は，彼らが私たちと交流ができるほど知能が高いことを示しているのかもしれない。実際，『エブリデイ・ミステリーズ』のある記事はこんなふうに始まる。「質問：タコはあなたと知り合いになることは可能か？　答え：可能である」

　タコは人から見られると，「相手の視線を返す」ことが知られている。相手のことを覚えていることさえある。この概念はローランド・C・アンダーソンと共同研究者によってテストされたのだが，彼らは，外見がよく似ていて同じ制服を着ている2人の

— 281 —

人で実験を行った。エサをやり彼らとの交流を図った友好的な人は，そうしなかったもう一方の人とは全く異なる反応をタコから受けた。

タコは自然の生息地から引き離されると，問題を起こしやすくなるため，気をつけた方がいい。水槽のふたを取り外して脱出し，散歩に出かけることもある。科学者はときに突然の訪問に驚かされることもある。1959年に書かれたナポリ動物学研究所の論文では，エサが欲しいときはレバーを引き下げることを3匹のタコに教える試みについて述べている。そのうちの2匹，アルバートとバートラムは実験に協力的だったが，利口なタコのチャールズは協力しようとしなかった。彼は科学者たちに向けて水を噴射し，器具を壊して実験を終わらせた。

彼らの自然界での行動や交流を見てみることに興味があるなら，海の中に入って，彼らに自分の方へ寄って来るようにさせる方が効果的かもしれない。彼らは触手を持ち上げて，手招きの合図さえするかもしれない。2007年頃，ハーバード大学で教鞭を取る哲学教授のピーター・ゴドフリー・スミスは，オーストラリア，シドニーの家で休暇中だった。海を探検中，彼は巨大なタコに遭遇した。ゴドフリー・スミスは自分が目にした行動に大きな感銘を受けたので，自分の観察に基づいて哲学理論を展開させ始めた。人間がタコからどんなことを学ぶことができるかを見つけ出そうと決意して，ゴドフリー・スミスは彼らに案内をさせた。あるときの海への旅では，別のタコがゴドフリー・スミスの共同研究者の手を取って自分の巣を10分間案内した。「まるで，とても小さな8本足の子どもによって，海底をあちこちと案内されているかのようでした！」

もし泳げないなら，海の生き物に寄って来てもらうにはどうしたらよいだろうか？カーン一家はこれをイスラエル，エイラートの「コーラル・ワールド」によって解決した。この建物の一番下のフロアーは実際に紅海の中に作られていて，「人間の展示」を創り出している。多くの水族館で見られる海中生物のパフォーマンスとは違って，人がいつのまにか「人間水槽」の中に入っていて，好奇心の強い魚や海の生き物が海中を自由に泳ぎながら，人間を見るために近寄って来てくれる。相手への印象をよくするために，おしゃれをして行ってはどうだろうか。

要約：

水中生物について学ぶこと

全般的な情報

筆者は主に 39 ③ 海の生き物との交流はどちらの側からでも始めることができることを言いたいと思っている。

人間とタコの交流

アンダーソンの実験は，タコは 40 ⑤ 自分が以前に会ったことのある人は親切だと判断することがあり得ることを示唆している。

ナポリ動物学研究所の実験は，タコは 41 ③ 実験室の環境では人間に対して非協力的であることがあり得ることを示唆している。
ゴドフリー・スミスの話は，タコは人なつっこいことがあることを示唆している。

カーン一家
42 ④ 人々と海の生き物の役割を逆にするという考えで，コーラル・ワールドを設立した。

クイズの質問：

答えは 43 ④ D

【語句】
・challenging「難しい／やりがいのある」
・aquatic「水中の」
・What if SV ...?「…だとしたら，どうだろう？」
・charge at A「Aめがけて突進する」
・describe A as B「AをBのように描く／述べる」
・manipulate O「Oを操作する」
・at once「同時に」
・interact with A「Aと交流する」(＝socialize with A)
・fed＜feed O「Oにエサをやる」の過去・過去分詞。
・habitat「生息地」

68

- watch out「警戒する／気をつける」
- cooperate with A「Aに協力する」
- work「効果がある／うまくいく」
- come across A「Aに遭遇する／ばったり出くわす」
- based on A「Aに基づいて」
- determined to *do*「～しようと決意して」
- take O by the hand「Oの手を取る／つかむ」
- make a ～ impression「～な印象を与える」
- you may want to *do*「～してはどうだろう？」提案の表現。

【設問解説】
問1　39　③

　39　に入れるのに最もふさわしい選択肢を選べ。
① 人間がタコと交流することのできるよい場所は海である
② 視線を合わせることが，異なる種の間の重要な友好の印である
③ 海の生き物との交流はどちらの側からでも始めることができる
④ 人々は海の生き物と友達になるために，それらを家で飼うべきである

　第1段落にはクジラが水中で写真家にマグロをくれたこと，第3段落にはタコが異なる人間を認識することができること，第5段落にはタコが人間に海の案内をしてくれたことなど，人間からばかりでなく海の生き物からも交流を求めてくることが述べられている。よって，正解は③。

問2　40　⑤　41　③

　40　と　41　に入れるのに最もふさわしい選択肢を選べ。
① 哲学的な理論を創るためのよい源である
② 泳いでいる人が巣に近づくと，彼らを警戒する
③ 実験室の環境では人間に対して非協力的である
④ ほうびをもらえるチャンスがあると，他のタコと競い合う
⑤ 自分が以前に会ったことのある人は親切だと判断する
⑥ 人間と同様，触れ，匂いをかぎ，味わい，そして光や色を感じる

　アンダーソンの実験結果について述べた第3段落最終文「エサをやり彼らとの交流を図った友好的な人は，そうしなかったもう一方の人とは全く異なる反応をタコから受けた」より，　40　には⑤が入る。ナポリ動物学研究所の実験結果について述べた第4段落第5～最終文「そのうちの2匹，アルバートとバートラムは実験に協力的だったが，利口なタコのチャールズは協力しようとしなかった。彼は科学者たちに向けて水を噴射し，器具を壊して実験を終わらせた」より，　41　には③が入る。

問3　42　④

　42　に入れるのに最もふさわしい選択肢を選べ。
① ユニークな水族館によってより多くの人々を引きつける

— 284 —

② 海の生き物と一緒に泳ぐ便利な場所を創る

③ より知能が高く協力的なタコを育てる

④ **人々と海の生き物の役割を逆にする**

　最終段落第3〜4文「この建物（＝コーラル・ワールド）の一番下のフロアーは実際に紅海の中に作られていて、『人間の展示』を創り出している。多くの水族館で見られる海中生物のパフォーマンスとは違って、人がいつのまにか『人間水槽』の中に入っていて、好奇心の強い魚や海の生き物が海中を自由に泳ぎながら、人間を見るために近寄って来てくれる」には、普通は見る側である人間が海の生き物によって見られる側になるという役割の逆転について述べられているので、正解は④。

問4　43　④

　クイズの質問に対する答えは　43　である。

① **A**

② **B**

③ **C**

④ **D**

　Dは水族館の客が水槽の中の飼育係を見ている様子を表したものだと考えられるが、記事ではそのようなことは述べられていないので、正解は④。①は、第1段落第8〜9文「そのクジラは止まって口を開き、彼にいくらかのマグロを『渡した』。彼はその贈り物を受け取った」、と同段落最終文「その後、同じクジラが戻って来て、マックスウィーニーはその食べ物を返した」、②は、第5段落最終文の「あるときの海への旅では、別のタコがゴドフリー・スミスの共同研究者の手を取って自分の巣を10分間案内した」、③は、第3段落第1文「タコは人から見られると、『相手の視線を返す』ことが知られている」の内容に合っているので、不可。

B

【全訳】

　あなたは以下の記事を使って、科学的発見に関する学校内でのプレゼンテーション用のポスターを準備しています。

　あなたはこれを読んでいる今、おそらく手に鉛筆を持っているだろう。どの鉛筆の真ん中にも「芯（＝鉛）」と呼ばれる物がある。濃い灰色のこの素材は実際には「鉛（Pb）」ではなく、グラファイトという異なる物質である。グラファイトはこれまで何年もの間、主な研究対象であった。グラファイトは簡単に分離させられる、薄い炭素の層から出来ている。実は、鉛筆で書くことができるのは、この分離しやすさのおかげである。鉛筆が紙にこすりつけられると、炭素の薄い層が鉛筆の芯から引きはがされて、線や文字となって紙の上に残される。

　2004年、アンドレ・ガイムとコンスタンティン・ノヴォセロフという2人の科学者

が，イギリスのマンチェスター大学でグラファイトの研究をしていた。彼らは研究のために，非常に薄いグラファイト箔を手に入れることができるかどうか試していた。彼らの目標は，10層から100層の厚みの炭素箔を手に入れることであった。大学の研究所には最新の科学的器具があったが，彼らは1巻きの安価な粘着性のテープだけを用いて，驚くべき大発見をしたが，これは後にノーベル賞を獲得する発見であった。

BBCニュースのインタビューで，ガイム教授はこの技術について説明した。最初の段階は，粘着性のテープを1片のグラファイトに載せることだと彼は言った。それから，テープを引きはがすと，グラファイトの薄片がはがれてテープに残る。次に，テープを半分に折りたたんで，その薄片をテープの反対側に貼り付ける。そして，テープを引っ張ってはがし，薄片を分離させる。これで2枚の薄片が出来たが，これは以前のおよそ半分の厚みである。薄片どうしが触れないようにするために，少し異なる位置でもう一度テープを折りたたむ。再びテープを引っ張ってはがすと，今度は以前のより薄い4枚の薄片が出来る。この過程を10から20回繰り返すと，テープにくっ付いたたくさんの非常に薄い薄片が手元に残る。最後に，化学薬品を使ってテープを溶かすと，残らず溶けて溶液になる。

それで，ガイムとノヴォセロフはその溶液を見て，薄い薄片が丸まっておらず平らであることを発見して驚き，薄片がグラファイトのわずか10層分の薄さであることにさらに驚いた。グラファイトは電気を通すので，わずか数週間後には，彼らはこれらの薄いグラファイト片がコンピュータチップに使えるかどうかを研究していた。2005年までには，彼らはグラファイトの1枚の層を分離することに成功していた。これは自然の中に存在するものではないので，この新しい素材はグラフェンという新しい名前を付けられた。グラフェンはわずか原子1個分の厚さで，おそらくこの世で最も薄い素材であろう。数少ない既知の2次元(2D)素材の1つで，六角形のハチの巣状の構造を形成している。その上，おそらく地上で知られる最も軽量で，最も強度のある物質である。また，電気を通すのに優れている。実際，実験室の温度(20〜25℃)で，グラフェンは既知のどの物質よりも速く電気を通す。これにより，製造業者はさらなる研究に投資をしている。なぜなら，グラフェンを主材料とした電池はリチウムイオン電池より3倍長持ちし，充電速度も5倍の速さになり得るからだ。

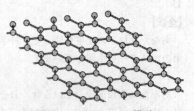

図1．グラフェンの構造

グラフェンはその驚くべき性質のために，スーパーマテリアルと呼ばれている。紙の1,000倍の軽さで，完全な透明に近い。光の98％を通すが，同時に，密度が非常に高いので，ヘリウムガスの1個分の分子さえ通ることができない。また，光を電気に変換することもできる。重量比で鋼鉄の200倍の強度を持つ。実際，あまりに強度があるため，1平方メートルの面積のグラフェン片を作ることができたら，人間の髪の毛1本の重さより軽く，1匹の猫の重さを支えるほど強度のあるものになるだろう。簡

2023年度　追試験〈解説〉　71

単に言えば，鉛筆の芯に入っているこの素材はコンピュータチップ，再充電可能な電池，そして強くて軽量の素材の開発に大変革をもたらす可能性を持っているのである。

プレゼンテーション用ポスターの原稿：

グラフェン

基本的情報　　44　③　C

グラフェンは…
- **A**．２次元素材である。
- **B**．グラファイトの分離された層である。
- **C**．極めて薄い金属片である。
- **D**．自然界で発生する物質ではない。
- **E**．ワイヤーメッシュ片に似ている。
- **F**．高度な器具を使わないで分離された。

ガイムとノヴォセロフはどのようにグラファイトを分離したか（５段階）

第１段階　粘着性のあるテープをグラファイトに貼り，それをはがす。

第２段階　**C**．テープを半分に折りたたんで引きはがす。

第３段階　45　①　**B**．テープの別の部分がグラファイトに触れるように，テープを再び半分に折りたたむ。

第４段階　**A**．このプロセスを何度も繰り返す。

第５段階　化学溶液の中でテープを溶かし，薄片を集める。

グラフェンの性質

46　①　平均的な室温では，それは電気を通すのに世界で最も効率的な素材である。

47　④　それはほとんど全ての光がその構造を通り抜けることを可能にする。

将来の利用

48　②　光に敏感なチップの開発

— 287 —

72

【語句】

- ・lead「(鉛筆などの)芯／鉛」
- ・be made up of A「Aで出来ている」
- ・enable O to *do*「Oが〜するのを可能にする」
- ・pull A off B「AをBから引きはがす」
- ・make a breakthrough「驚くべき大発見をする」
- ・come off「はがれる」
- ・fold O in half「Oを半分に折りたたむ」(＝fold O in two)
- ・procedure「過程／手順」
- ・be left with A「Aが手元に残る」
- ・attached to A「Aにくっ付いた」
- ・conduct electricity「電気を通す」
- ・only a matter of weeks「わずか数週間」
- ・be excellent at *doing*「〜するのに優れている」
- ・invest in A「Aに投資する」
- ・last long「長持ちする」
- ・transparent「透明の」
- ・dense「密度が高い」
- ・molecule「分子」
- ・convert A into B「AをBに変換する」
- ・potential to *do*「〜する可能性」

【設問解説】

問1　44　③

あなたはポスターをチェックしている。基本的情報の欄に誤りを見つけた。**取り除くべき**なのは次のどれか？　44

① **A**
② **B**
③ **C**
④ **D**
⑤ **E**
⑥ **F**

第4段落第3〜4文「2005年までには，彼らはグラファイトの1枚の層を分離することに成功していた。これは自然の中に存在するものではないので，この新しい素材はグラフェンという新しい名前を付けられた」より，グラフェンは金属ではなくグラファイトの薄片であるとわかるので，正解は③。①は，同段落第6文の「(グラフェンは)数少ない既知の2次元(2D)素材の1つ」，②は，同段落上記第3文，④は，同段落上記第4文，⑤は，図1，⑥は，第2段落最終文に「大学の研究所には最新の科学的器具があったが，彼らは1巻きの安価な粘着性のテープだけを用い

— 288 —

2023年度　追試験〈解説〉　73

て，驚くべき大発見をした」と述べられているので，不可。

問2 45 ①

　あなたはグラファイトの層を分離するのに使われる5段階のプロセスを要約しようとしている。プロセスを完成するために最も適切な段階の組み合わせを選べ。

A．このプロセスを何度も繰り返す。

B．テープの別の部分がグラファイトに触れるように，テープを再び半分に折りたたむ。

C．テープを半分に折りたたんで引きはがす。

D．より薄くなった薄片にテープを載せて押し付ける。

E．グラファイトの薄片を粘着性のあるテープから引きはがす。

① **C → B → A**

② C → E → D

③ D → C → B

④ D → E → A

⑤ E → C → A

⑥ E → C → D

　第3段落第4～5文「次に，テープを半分に折りたたんで，その薄片をテープの反対側に貼り付ける。そして，テープを引っ張ってはがし，薄片を分離させる」より最初は**C**，同段落第7文「薄片どうしが触れないようにするために，少し異なる位置でもう一度テープを折りたたむ」より次は**B**，そして，同段落第9文「この過程を10から20回繰り返すと，テープにくっ付いたたくさんの非常に薄い薄片が手元に残る」より，最後に**A**が来る。よって，正解は①。

問3 46 · 47 ① · ④

　以下のリストから，グラフェンの性質を最もよく表すものを2つ選べ。（順不同）
46 · 47

① 平均的な室温では，それは電気を通すのに世界で最も効率的な素材である。

② グラム当たりでは，グラフェンはより強度があり，電気への抵抗力も高い。

③ グラフェンは平方センチメートル当たりでは，グラファイトよりやや重い。

④ それはほとんど全ての光がその構造を通り抜けることを可能にする。

⑤ 六角形のハチの巣構造のために，ガスの粒子が1つの側から別の側に通ることができる。

　第4段落第8～9文「また，電気を通すのに優れている。実際，実験室の温度（20～25℃）で，グラフェンは既知のどの物質よりも速く電気を通す」より，①は正解。最終段落第3文の「光の98%を通す」より，④も正解。

問4 48 ②

　この文章より，将来グラフェンが使われる可能性があるのは，以下のどの用途か？ 48

① 大きな気体の分子をろ過して小さな気体の分子を取り除くための素材

— 289 —

74

② 光に敏感なチップの開発
③ 電気への抵抗力が強い素材
④ 電池の重さと強さを高めること
　第4段落第2文「グラファイトは電気を通すので，わずか数週間後には，彼らは
これらの薄いグラファイト片がコンピュータチップに使えるかどうかを研究してい
た」と，最終段落第3文の「光の98％を通す」，および同段落第4文「また，光を電
気に変換することもできる」より，正解は②。

問5　49　③
　この文章より，筆者は　49　と推測することができる。
① ノーベル賞を獲得した多くの偉大な発見は，低価格の器具を使ってなされたと
信じていた
② 再充電可能な電池の生産費用と再充電時間を少なくするグラフェンの可能性に
ついてわかっていた
③ ガイムとノヴォセロフによって明らかにされるまで，グラフェンとその性質の
全てが，鉛筆で書いたあらゆる印の中に隠されていたという事実に感銘を受けた
④ ガイムとノヴォセロフが，薄いグラフェン片をコンピュータチップに利用する
可能性に気づくのに，どれほど長くかかったかに驚いた
　第1段落では，鉛筆の芯がグラファイトという分離させやすい素材で出来ている
こと，第2段落以降では，ガイムとノヴォセロフがグラファイトを非常に薄くなる
まで分離させて，グラフェンという新しい素材を生み出したことが述べられてい
る。よって，筆者は，この2人の研究者が明らかにするまで，日ごろ見慣れている
鉛筆の中に，グラフェンとその性質の全てが隠されていたことに感銘を受けている
と考えられる。よって，正解は③。

— 290 —

英　語
（リーディング）

（2022年1月実施）

受験者数　480,763

平　均　点　　61.80

2022 本試験

英語（リーディング）

解答・採点基準　　　（100点満点）

問題番号(配点)	設問		解答番号	正解	配点	自己採点
第1問(10)	A	問1	1	①	2	
		問2	2	③	2	
	B	問1	3	②	2	
		問2	4	②	2	
		問3	5	①	2	
第1問　自己採点小計						
第2問(20)	A	問1	6	⑤	2	
		問2	7	③	2	
		問3	8	①	2	
		問4	9	③	2	
		問5	10	①	2	
	B	問1	11	②	2	
		問2	12	④	2	
		問3	13	②	2	
		問4	14	④	2	
		問5	15	②	2	
第2問　自己採点小計						
第3問(15)	A	問1	16	①	3	
		問2	17	①	3	
	B	問1	18	①	3 *	
			19	④		
			20	③		
			21	②		
		問2	22	②	3	
		問3	23	②	3	
第3問　自己採点小計						

問題番号(配点)	設問		解答番号	正解	配点	自己採点
第4問(16)		問1	24	③	3	
		問2	25	③	3	
		問3	26	②	3	
		問4	27	①	3	
	問5		28	②	2	
			29	④	2	
第4問　自己採点小計						
第5問(15)		問1	30	①	3	
		問2	31 - 32	④-⑤	3 *	
		問3	33	②	3 *	
			34	⑤		
			35	④		
			36	①		
		問4	37	③	3	
		問5	38	③	3	
第5問　自己採点小計						
第6問(24)	A	問1	39	③	3	
		問2	40	③	3	
		問3	41	①	3	
		問4	42	⑥	3 *	
			43	③		
	B	問1	44	②	3	
		問2	45	②	3	
			46	①	3	
		問3	47 - 48	③-④	3 *	
第6問　自己採点小計						
自己採点合計						

（注）　＊は，全部正解の場合のみ点を与える。

　　　　-（ハイフン）でつながれた正解は，順序を問わない。

第1問
A
【全訳】

　あなたは高校の国際クラブでブラジルについて研究しています。先生があなたにブラジルの食べ物について調べるように言いました。あなたはブラジルの料理の本を見つけ，デザートを作るために使われる果物について読みます。

人気のあるブラジルの果物	
 クプアス	 ジャボチカバ
・チョコレートのような匂いと味がします ・ケーキなどのデザート用に，またヨーグルトと一緒に食べるとおいしいです ・ブラジル人はこの果物のチョコレートのような味のジュースが大好きです	・ブドウのような外見をしています ・摘んでから3日以内に食べれば，甘い味が楽しめます ・酸っぱくなったら，ジャム，ゼリー，ケーキを作るのに使うとよいです
 ピタンガ	 ブリティ
・赤と緑の2種類があります ・ケーキ用には甘い赤色の方を使うとよいです ・酸っぱい緑色の方はジャムとゼリーにだけ向いています	・中はオレンジ色で，モモやマンゴーと似ています ・非常に甘く，口の中で溶けます ・アイスクリーム，ケーキ，ジャムにぴったりです

【語句】

◆指示文◆

・do research on A「Aについて調べる」

・dessert「デザート」

4

◆本文◆
- smell like A「Aのような匂いがする」
- taste like A「Aのような味がする」
- A, such as B「例えばBのようなA」
- chocolate-flavored「チョコレートのような味がする」
- look like A「Aのような外見をしている／Aのように見える」
- within A of B「BのA以内に」
- sour「酸っぱい」
- come in A「A（種類など）がある」
- (be) similar to A「Aと同様の」
- melt「溶ける」

【設問解説】

問1　　1　　①

　　1　　を作るにはクプアスとブリティのどちらも使うことができる。

① ケーキ

② チョコレート

③ アイスクリーム

④ ヨーグルト

　　クプアスの「ケーキなどのデザート用に，またヨーグルトと一緒に食べるとおいしいです」と，ブリティの「アイスクリーム，ケーキ，ジャムにぴったりです」より，正解は①。

問2　　2　　③

　　もし酸っぱいケーキを作りたければ，使うのに最適な果物は　　2　　である。

① ブリティ

② クプアス

③ ジャボチカバ

④ ピタンガ

　　ジャボチカバの「酸っぱくなったら，ジャム，ゼリー，ケーキを作るのに使うとよいです」より，正解は③。

— 294 —

B
【全訳】
　あなたはカナダ, トロントの市立動物園のウェブサイトを見ていて, 興味深いコンテストのお知らせを見つけます。あなたはコンテストに参加しようと考えています。

	コンテスト！ キリンの赤ちゃんに名前をつけてください 市立動物園の新しい仲間を歓迎しましょう！

市立動物園では5月26日に健康なキリンの赤ちゃんが生まれました。
このオスの赤ちゃんはすでに歩き回ったり, 走り回ったりしています！
体重は66キロ, 身長は180センチです。
あなたの任務は, 親のビリーとノエルが赤ちゃんの名前を選ぶのを助けてあげることです。

参加方法

◆　このリンクをクリックして名前のアイデアを応募し, 指示に従ってください。
　　　　　　　　　　　　　　　　　　　　　　　　→ <u>エントリーはこちら</u>
◆　名前の受け付けは6月1日午前0時から, 6月7日午後11時59分までです。
◆　ライブ・ウェブカメラでキリンの赤ちゃんを見て, アイデアを得るのに役立ててください。
　　　　　　　　　　　　　　　　　　　　　　　　→ <u>ライブ・ウェブカメラ</u>
◆　参加費は1回につき5ドルです。お金はすべて成長中のキリンの赤ちゃんのエサとして使われます。

コンテスト・スケジュール

6月8日	動物園の職員がすべてのエントリーの中から最終候補を5つ選びます。これらの名前は午後5時までに, 動物園のウェブサイトに掲載されます。
6月9日	親はどのようにして最終的な名前を決めるのでしょうか。 午前11時から正午の間にライブ・ストリーム・リンクをクリックして, 確かめてください！　　　　　　　　　　→ <u>ライブ・ストリーム</u> 決定した名前は動物園のウェブサイトで, 正午以降に確認してください。

賞

最終候補に残った5人の方は, 7月末まで使える, 動物園の無料一日券がもらえます。
決定した名前を応募した方はキリンの赤ちゃんが家族と写っている特別な写真と, 夜間サファリツアーの個人チケットがもらえます！

6

【語句】

◆指示文◆

- announcement「お知らせ／告知」
- enter O「O（コンテストなど）に参加する／エントリーする」

◆本文◆

- name O「Oの名前をつける」
- welcome O「Oを歓迎する」
- be born「生まれる」
- weigh C「体重がCである」
- mission「任務／ミッション」
- help O *do*「Oが～するのを助ける」
- pick O「Oを選ぶ」
- submit O「Oを応募する／提出する」
- follow O「O（指示など）に従う」
- direction「指示」
- accept O「Oを受け入れる」
- submission「応募／提出」
- go towards A「（お金などが）Aに使われる」
- finalist「最終選考に残ったもの」
- entry「エントリー／出品作品」
- post O「Oを掲載する／投稿する」
- prize「賞／賞金」
- free「無料の」
- pass「（施設の）入場券／（乗り物の）乗車券／パス」
- valid「有効な」

【設問解説】

問1 　3　　②

　あなたは　3　の間にこのコンテストに参加することができる。

① 　5月26日から5月31日
② 　**6月1日から6月7日**
③ 　6月8日から6月9日
④ 　6月10日から7月31日

　参加方法の2つ目の「名前の受け付けは6月1日午前0時から，6月7日午後11時59分までです」より，正解は②。

問2 　4　　②

　キリンの赤ちゃんの名前のアイデアを応募する際には，あなたは　4　必要がある。

① 　一日券を購入する

— 296 —

② **参加費を支払う**
③ 市立動物園で5ドル使う
④ ウェブサイトでキリンを見る

　参加方法の4つ目の「参加費は1回につき5ドルです」より，正解は②。

問3　5　①

　あなたが応募した名前が最終候補の5つに含まれているとしたら，あなたは 5 ことになる。

① **動物園に無料で一日入ることができる**
② ライブ・ウェブサイトを無料で見られる
③ キリンの赤ちゃんに会ってエサをやる
④ キリンの家族とともに写真を撮る

　賞の第1文「最終候補に残った5人の方は，7月末まで使える，動物園の無料一日券がもらえます」より，正解は①。

第2問

A

【全訳】

　あなたはイギリスのある大学のキャンパスで行われている，「未来のリーダー」の夏期プログラムの一員です。あなたはコース課題ができるように，図書館についての情報を読んでいます。

アバーマウス大学図書館
開館時間：午前8時～午後9時
配布資料　2022年

図書館カード：あなたの学生証がそのまま図書館カードとコピーカードと兼用になっています。学生証はウェルカムパックに入っています。

~~~~~~

本の貸し出し
一度に7日間，最大8冊まで借りることができます。本を借りるには，2階のインフォメーション・デスクへ行ってください。もし期限までに本が返却されない場合，返却された日から3日間は再び図書館の本を借りることができません。

コンピュータの利用
インターネットへの接続が可能なコンピュータは，2階のメイン・エントランスのそばのコンピュータ・ワークステーションにあります。学生は自分のラップトップ・コンピュータやタブレットを図書館内に持ち込むことができますが，利用は3階のスタディ・エリアでのみ可能です。学生は静かに作業をするように，また友達のために席を取ることはしないようにお願いします。

図書館のオリエンテーション
毎週火曜日の午前10時から，4階のリーディング・ルームで20分間の図書館のオリエンテーションが行われます。詳細はインフォメーション・デスクの職員にお尋ねください。

過去の学生のコメント
- 図書館のオリエンテーションは本当に役に立ったよ。資料も素晴らしかった！
- スタディ・エリアはすごく混むことがあるわ。席を取るには，できるだけ早く行ってね！
- 図書館の wi-fi はかなり遅いけど，隣のコーヒーショップのはいい。ところで，図書館へは飲み物は一切持ち込めないよ。
- インフォメーション・デスクの職員は私の質問に何でも答えてくれた。助けが必要なときは，あそこへ行くといいわ！
- 1階には，図書館のビデオを見るためのテレビが何台かある。ビデオを見るときは，自分のイヤフォンかヘッドフォンを使う必要がある。テレビの隣にはコピー機があるよ。

— 298 —

2022年度　本試験〈解説〉　9

【語句】
◆指示文◆
・take place「(催しなどが)行われる／(出来事が)起きる」
・so that S can *do*「～できるように」
◆本文◆
・handout「配布資料／宣伝ビラ」
・maximum「最大／最高」
・check out O／check O out「(図書館で)O(本)を借りる」
・due date「(返却の)期限／(課題などの)提出の)締め切り」
・be allowed to *do*「～することが許される」
・reserve O「O(席)を取る／O(ホテルなど)を予約する」
・hold O「O(イベントなど)を催す」
・details「詳細(な情報)」
・past「過去の」
・material「資料」
・crowded「混んでいる」
・as ～ as possible「できるだけ～」
・next door「隣の」
・the ground floor「(イギリス英語の)1階」イギリスでは the first floor が2階,
　the second floor が3階…という様に,階の数え方が日本やアメリカと異なる。
・next to A「Aの隣に」
・photocopier「コピー機」

【設問解説】
問1　6　⑤
　　6　は図書館でできる2つのことである。
A：コーヒーショップからコーヒーを持ち込む
B：スタディ・エリアで他の人のために席を取る
C：3階のコピー機を使う
D：学生証を使ってコピーを取る
E：スタディ・エリアでラップトップ・コンピュータを使う
①　AとB
②　AとC
③　BとE
④　CとD
⑤　**DとE**
　図書館カードの第1文「あなたの学生証がそのまま図書館カードとコピーカード
と兼用になっています」より,Dと,**コンピュータの利用**の第2文「学生は自分の
ラップトップ・コンピュータやタブレットを図書館内に持ち込むことができます

－299－

10

が，利用は3階のスタディ・エリアでのみ可能です」より，Eが当てはまる。した
がって，正解は⑤。

問2 　7 　③

あなたは図書館のメイン・エントランスにいて，オリエンテーションに行きたい
と思っている。あなたは　7 　必要がある。
① 　1階分降りる
② 　1階分上がる
③ 　**2階分上がる**
④ 　同じ階にとどまる

コンピュータの利用の第1文「インターネットへの接続が可能なコンピュータ
は，2階のメイン・エントランスのそばのコンピュータ・ワークステーションにあ
ります」より，メイン・エントランスは2階にあるため，あなたは現在2階にいる
とわかる。**図書館のオリエンテーション**の第1文「毎週火曜日の午前10時から，4
階のリーディング・ルームで20分間の図書館のオリエンテーションが行われます」
より，あなたは2階から4階まで，2階分上がる必要があるとわかるので，正解は
③。

問3 　8 　①

　8 　は図書館のメイン・エントランスの近くにある。
① 　**コンピュータ・ワークステーション**
② 　リーディング・ルーム
③ 　スタディ・エリア
④ 　テレビ

コンピュータの利用の第1文「インターネットへの接続が可能なコンピュータ
は，2階のメイン・エントランスのそばのコンピュータ・ワークステーションにあ
ります」より，正解は①。

問4 　9 　③

もし8月2日に3冊の本を借りて，それを8月10日に返却するとしたら，　9 　。
① 　8月10日にさらに8冊の本を借りることができる
② 　8月10日にさらに7冊の本を借りることができる
③ 　**8月13日より前にはそれ以上本を借りることはできない**
④ 　8月17日より前にはそれ以上本を借りることはできない

本の貸し出しの「一度に7日間，最大8冊まで借りることができます。本を借り
るには，2階のインフォメーション・デスクへ行ってください。もし期限までに本
が返却されない場合，返却された日から3日間は再び図書館の本を借りることがで
きません」より，8月2日に本を借りて，8月10日に返却すると，9日間借りてい
たことになるので，本を返却した8月10日から12日までの3日間は本を借りること
はできない。したがって，正解は③。

— 300 —

問5 10 ①

以前の学生によって述べられた1つの**事実**は 10 ということだ。

① ビデオを見るときはヘッドフォンかイヤフォンが必要である
② 図書館は午後9時まで開いている
③ 図書館のオリエンテーション用の配布資料は素晴らしい
④ スタディ・エリアには人が誰もいないことが多い

　過去の学生のコメントの最後のコメントの第2文「ビデオを見るときは，自分のイヤフォンかヘッドフォンを使う必要がある」より，正解は①。なお，②は，一番上の部分に**開館時間：午前8時～午後9時**とあるが，これは学生によって述べられた事実ではないので，不可。③は，学生の1つ目のコメントに「図書館のオリエンテーションは本当に役に立ったよ。資料も素晴らしかった！」とあるが，これは事実ではなく意見であるので，不可。

B

【全訳】

　あなたは学校の英語新聞の編集者です。イギリスから来ている交換留学生のデビッドが新聞のために記事を書きました。

動物は好きですか。イギリスは動物好きの国として知られていて，イギリスでは5つのうち2つの家庭でペットを飼っています。これは，半分を超える家庭でペットを飼っているアメリカよりは多くありません。しかし，家庭でペットを飼っている割合が最も高いのはオーストラリアです！

それはなぜでしょうか。オーストラリアで行われた調査の結果がいくつかの答えを与えてくれます。

ペットの飼い主はペットとともに生活することについて，以下のような利点を述べている。

➤ ペットが与えてくれる愛情，幸せ，そして友情(90%)
➤ 家族のメンバーがもう1人いるという感覚(犬と猫の飼い主の60%以上)
➤ ペットがもたらす楽しい時間。ほとんどの飼い主が「ふわふわの毛の生えた赤ちゃん」と毎日3～4時間を過ごしており，すべての犬と猫の飼い主のおよそ半分がペットを自分たちと一緒に寝させている！

1つの欠点は，ペットは飼い主が留守のときにも世話をしなければいけないということだ。世話の手配をするのは難しいことがあり，飼い主の25%は休暇旅行やドライブにペットを

— 301 —

12

連れて行く。

これらの結果は，ペットを飼うことは良いことだということを示唆しています。ところが一方，日本に来て以来，僕はスペース，時間，費用など他の問題を目にしています。それでも，小さなアパートでペットと暮らしていることで満足している人々がここにいることを知っています。最近，日本では小さな豚がペットとして人気が出ていると聞きました。中には豚を散歩に連れて行く人もいて，それはきっと楽しいにちがいありませんが，豚を家の中で飼うことがどれほど簡単なことなのだろうかと思ってしまいます。

【語句】

◆指示文◆

　・editor「編集者」

　・paper「新聞」（＝newspaper）

　・exchange student「交換留学生」

　・article「記事」

◆本文◆

　・be known as A「Aとして知られている」

　［例］　This hotel **is known as** the best one in this area.

　　　　　このホテルはこの地域では最高のホテルとして知られている。

　・A in B「BのうちのA」（＝A out of B）割合を表す表現。

　・more than A「Aを超える／A以上の」（＝over A）

　・result「結果」

　・mention O「Oを述べる／Oを挙げる」

　・advantage「利点／長所」

　・fur「ふわふわの毛の生えた」

　・around A「およそA」（＝about A）

　・let O *do*「Oに～させる」

　・disadvantage「欠点／短所」

　・care for A「Aの世話をする」

　・go away「留守にする」

　・organise O「Oの手配をする」

　・on the other hand「ところが一方」

　［例］　On the one hand the number of patients is increasing, but **on the other hand** that of doctors remains the same.

　　　　　患者の数が増える一方，医者の数は横ばいである。

　・still「それでもやはり」（＝yet）

— 302 —

・be content *doing*「～することで満足している」

・flat「アパート」

・take O for a walk「Oを散歩に連れて行く」

・wonder how＋形容詞＋SV ...「どれほど～だろうかと思う」

【設問解説】

問1　11　②

　　ペットを飼っている家庭の割合の点から考えて，**最も高いものから最も低いもの**の国の順位を表すものはどれか。11

①　オーストラリア ─ イギリス ─ アメリカ

②　**オーストラリア ─ アメリカ ─ イギリス**

③　イギリス ─ オーストラリア ─ アメリカ

④　イギリス ─ アメリカ ─ オーストラリア

⑤　アメリカ ─ オーストラリア ─ イギリス

⑥　アメリカ ─ イギリス ─ オーストラリア

　記事の第1段落第2～最終文「イギリスは動物好きの国として知られていて，イギリスでは5つのうち2つの家庭でペットを飼っています。これは，半分を超える家庭でペットを飼っているアメリカよりは多くありません。しかし，家庭でペットを飼っている割合が最も高いのはオーストラリアです！」より，ペットを飼っている家庭の割合は，イギリスはアメリカより低く，オーストラリアが最も高いとわかるので，正解は②。

問2　12　④

　　デビッドの報告によると，ペットを飼うことの1つの利点は　12　ことである。

①　お金を節約できる

②　睡眠時間が長くなる

③　人気者になる

④　**生活がより楽しくなる**

　引用された調査結果の3つ目の第1文「ペットがもたらす楽しい時間」より，正解は④。

問3　13　②

　　調査からわかった1つのことを最もよく反映している発言は　13　である。

①　「私は猫と一緒にテレビを見ているときに気持ちが落ち着きません」

②　**「私はペットと毎日およそ3時間過ごしています」**

③　「ほとんどのペットがドライブに出かけるのが好きです」

④　「ペットには自分の部屋が必要です」

　引用された調査結果の3つ目の第2文の「ほとんどの飼い主が『ふわふわの毛の生えた赤ちゃん』と毎日3～4時間を過ごしており」より，正解は②。

問4　14　④

　　日本でペットを飼うことについてのデビッドの意見を，最もよく要約しているも

のはどれか。14
① ペットを飼うことは面倒ではない。
② 人々はペットを飼うことをやめるかもしれない。
③ ペットの飼い主は家族の人数がより多い。
④ 中には家の中でペットを飼うのに満足している人もいる。
　記事の第3段落第3文「それでも，小さなアパートでペットと暮らしていることで満足している人々がここにいることを知っています」より，正解は④。
問5　15　②
　記事に付けるのに最もふさわしいタイトルはどれか。15
① あなたのペットはあなたのベッドで寝ますか
② ペットを飼うことが私たちに与えてくれるものは何ですか
③ あなたはどんなペットを飼っていますか
④ ペットの豚を飼ってはいかがですか
　この記事は，ペットとともに生活することの利点についての調査結果に基づいて書かれたものなので，正解は②。①と④は記事の中では述べられているが，全体的なテーマとは言えないので，不可。

第3問

A

【全訳】
　あなたは日本文化がどのように他の国で表されているかに興味を持っています。あなたはイギリス人の若いブロガーの投稿を読んでいます。

エミリー・サンプソン
7月5日月曜日　午後8時

　毎年7月の第1，第2日曜日にはウィンスフィールドで，「日本の一切れ」という異文化間のイベントが行われます。私は昨日そこへ行く機会がありました。それは本当に訪問する価値のあるものですよ！　*屋台*と呼ばれるたくさんの本格的な食べ物の露店，体験型アクティビティー，そして，いくつかの素晴らしいパフォーマンスがありました。*屋台*では抹茶のアイスクリーム，*たこ焼き*，*焼き鳥*を提供していました。私は抹茶アイスと*たこ焼き*を食べてみました。*たこ焼き*が特においしかったです。あなたも食べてみてはどうですか！

　パフォーマンスは3つ見ました。その1つは*落語*の喜劇で，英語で行われていました。中には笑っている人もいましたが，なぜだか私は面白いと思いませんでした。それは，私が日本文化をよく知らないからかもしれません。私にとっては，他の2

つ，太鼓と琴が一番の目玉でした。太鼓は力強く，琴は気持ちが落ち着きました。

ワークショップと文化体験に行き，どちらも楽しかったです。ワークショップでは，おにぎりの作り方を学びました。私が作ったものはちょっと変な形でしたが，おいしかったです。流しそうめん体験は本当に面白かったです！　竹で出来た水の滑り台をゆでためんが滑り落ちて来るのを，箸でキャッチしなければいけません。つかむのはとても難しかったです。

日本をちょっと経験したいなら，このフェスティバルはあなたにピッタリです！チラシの写真を撮りましたので，見てください。

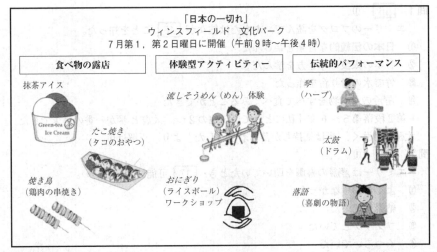

【語句】
◆指示文◆
　・be interested in A「Aに興味がある」
　・represent O「Oを表す」
　・post「投稿」
◆本文◆
　・intercultural「異文化間の」
　・definitely「本当に／まったく」
　・worth *doing*「〜する価値がある」
　・authentic「本格的な／本物の」
　・hands-on「体験型の／実地の」
　・serve O「O(食べ物・飲み物)を提供する」
　・try O「Oを食べて[飲んで]みる」

・especially「特に」

・find O C「OをCだと思う」

・highlight「(出し物などの)目玉／一番重要なもの」

・attend O「O(催し・授業など)に行く／出席する」

・odd「変な／奇妙な」

・taste＋形容詞「〜な味がする」

・involve *doing*「〜することを必要とする／〜することを伴う」

・chopsticks「箸」

・flyer「チラシ／広告」

・check out O ／ check O out「Oを見る／確かめる」

【設問解説】

問1 16 ①

　エミリーのブログを読んで，あなたは彼女が 16 ことを知った。

① **日本の伝統的な音楽を楽しんだ**

② 日本の太鼓の叩き方を学んだ

③ 竹で水の滑り台を作った

④ 屋台の食べ物をすべて食べてみることができた

　第2段落第5〜6文「私にとっては，他の2つ，太鼓と琴が一番の目玉でした。太鼓は力強く，琴は気持ちが落ち着きました」より，正解は①。

問2 17 ①

　エミリーは*落語*の喜劇を聴いていたとき， 17 可能性が最も高い。

① **よくわからなかった**

② 納得していた

③ ワクワクしていた

④ くつろいでいた

　第2段落第2〜4文「その1つは*落語*の喜劇で，英語で行われていました。中には笑っている人もいましたが，なぜだか私は面白いと思いませんでした。それは，私が日本文化をよく知らないからかもしれません」より，正解は①。

B

【全訳】

あなたは屋外スポーツを楽しんでいて，登山雑誌で興味深い話を見つけました。

— 306 —

スリー・ピークス・チャレンジに挑戦する

ジョン・ハイランド

去年の9月, 10人の登山家と2人のミニバス運転手から成る, 私たち12人のチームはスリー・ピークス・チャレンジに参加した。これは, イギリスの登山家の間でその困難さでよく知られている。目標はスコットランドのベン・ネヴィス, イングランドのスカフェル・パイク, そして

ベン・ネヴィス（標高1344メートル）
スカフェル・パイク（標高977メートル）
スノードン（標高1085メートル）

ウェールズのスノードンという, それぞれの地域の最高峰を24時間以内で登ることで, それには山と山の間のおよそ10時間の車での移動も含まれる。これに備えるために私たちは数か月間, 断続的に訓練し, 注意深くルートの計画を立てた。私たちのチャレンジはベン・ネヴィスのふもとから始まり, スノードンのふもとで終わることになっていた。

私たちは最初の登山をよく晴れた秋の朝6時に始めた。訓練のおかげで, 私たちは3時間未満で頂上に達した。ところが下山する途中, 私は携帯電話を落としてきたことに気づいた。運よくチームの助けのおかげで見つかったが, 私たちは15分を無駄にしてしまった。

私たちは次の目的地であるスカフェル・パイクに, その日の夕方早くに到着した。ミニバスで6時間休んだ後で, 元気いっぱいで2つ目の登山を始めた。しかし, 暗くなってきたので, ペースを落とさなければならなかった。スカフェル・パイクを登り終えるのには4時間半かかった。再び計画より時間が長くかかってしまい, 時間がなくなってきた。ところが, 道がすいていたので, 最後の登山を始めたときにはまったく計画どおりになっていた。これで, 私たちは制限時間内にチャレンジを終えることができるという自信に満ちてきた。

残念ながら, 最後の登山を始めた直後に, 激しい雨が降り始め, 私たちは再びペースを落とさなければならなかった。足元は滑りやすく, 前方もよく見えなかった。午前4時30分, もはや24時間では終えられないことに気づいた。それにもかかわらず, 私たちは相変わらず最後の山を登ろうという決意は固かった。雨はだんだん激しくなり, チームの2人のメンバーはミニバスに戻ることに決めた。疲れ果てて惨めな気持ちで, 私たち残りの者もまた今にも引き返して下山するところだったが, ちょうどそのとき空が晴れて, 自分たちが山の頂上のすぐ近くにいることがわかった。突然, 私たちはもはや疲れてはいなかった。時間のチャレンジには成功しなかったが, 登山のチャレンジには成功したのだ。私たちはやったのだ。それは何という気分だったことだろうか！

【語句】

◆第1段落◆

・participate in A「Aに参加する」

・be well known for A「Aでよく知られている」

［例］ Kyoto **is well known for** its traditional temples and shrines.
京都は伝統的な寺と神社でよく知られている。

・including A「Aを含んで」

・approximately「およそ」

・prepare for A「Aに備える」

・on and off「断続的に／ときどき」

・at the foot of A「Aのふもとで」

◆第2段落◆

・thanks to A「Aのおかげで」

［例］ **Thanks to** his help, we succeeded in our project.
彼の助力のおかげで，我々のプロジェクトはうまくいった。

・summit「頂上」

・under A「A（数字）未満」

・lose O「O（時間）を無駄にする／浪費する」

◆第3段落◆

・destination「目的地」

・full of energy「元気いっぱいで」

・slow down「ペースを落とす」

・It takes A to *do*.「〜するのにA（時間）かかる」

・比較級＋than planned「計画より〜」

・run out「（時間・お金などが）なくなる／尽きる」

［例］ Our money was **running out**.
私たちのお金は底をつきかけていた。

・light「（交通量が）少ない」（⟷ heavy「（交通量が）多い」）

・right on schedule「まったく計画どおりで」

・confident (that) SV ...「…という自信があって」

・within the time limit「制限時間内に」

◆第4段落◆

・unfortunately「残念ながら」

・soon after SV ...「…した直後に」

・slippery「滑りやすい」

・ahead「前方を」

・no longer「もはや〜ない」

［例］ I could **no longer** endure his rudeness.

― 308 ―

私はもはや彼の不作法には我慢できなかった。

・nevertheless「それにもかかわらず」
・be determined to *do*「～しようと決意している」
・get＋比較級＋and＋比較級「だんだん～になる」
・exhausted「疲れ果てた」
・miserable「惨めな」
・the rest of A「Aの残りの人［もの］」
・be ready to *do*「今にも～するところである」
　［例］　The girl **was ready to cry**.
　　　　その少女は今にも泣き出しそうだった。
・clear「（空が）晴れる」
・be close to A「Aの近くにいる」
・be successful with A「Aに成功する」

【設問解説】
問1　 18 　①　 19 　④　 20 　③　 21 　②
　　次の出来事（①～④）を起こった順に並べよ。 18 → 19 → 20 → 21
①　すべてのメンバーがスコットランドの最高峰の頂上にたどり着いた。
②　何人かのメンバーがスノードンを登るのをあきらめた。
③　一行はミニバスでウェールズまで移動した。
④　チームのメンバーは筆者の電話を見つけるのを手伝った。
　　第2段落第1～2文に「私たちは最初の登山をよく晴れた秋の朝6時に始めた。訓練のおかげで，私たちは3時間未満で頂上に達した」と述べられていて，第1段落最終文より，最初の山はスコットランドのベン・ネヴィスとわかるため， 18 には①が来る。次に，第2段落第3～最終文「ところが下山する途中，私は携帯電話を落としてきたことに気づいた。運よくチームの助けのおかげで見つかったが，私たちは15分を無駄にしてしまった」より， 19 には④が来る。第3段落第6文に「ところが，道がすいていたので，最後の登山を始めたときにはまったく計画どおりになっていた」と述べられていて，第1段落最終文より，最後の山はウェールズのスノードンとわかるため， 20 には③が来る。そして最後は，最終段落第5文「雨はだんだん激しくなり，チームの2人のメンバーはミニバスに戻ることに決めた」より， 21 には②が来る。

問2　 22 　②
　　彼らがスカフェル・パイクを登り終えたときに，計画より遅れていた理由は何であったか。 22
①　ベン・ネヴィスの頂上に到達するのに計画より長くかかった。
②　暗い中を順調に進むのが難しかった。
③　エネルギーを節約するために登山家が休憩を取った。
④　状況が改善するまでチームが待たなければならなかった。

－309－

第3段落第3〜5文「しかし，暗くなってきたので，ペースを落とさなければならなかった。スカフェル・パイクを登り終えるのには4時間半かかった。再び計画より時間が長くかかってしまい，時間がなくなってきた」より，正解は②。

問3 23 ②

この話から，あなたは筆者が 23 ことを知った。

① 満足感を感じなかった
② 3つのすべての山の頂上に到達した
③ 時間のチャレンジをうまく完遂した
④ ミニバスの2人目の運転手だった

最終段落第8〜9文「時間のチャレンジには成功しなかったが，登山のチャレンジには成功したのだ。私たちはやったのだ」より，3つのすべての山を登り切ったことがわかるため，正解は②。

第4問

【全訳】
　あなたはアメリカのロビンソン大学の新入生です。あなたはアパートのための物をどこで買えばよいか知るために，レンとシンディという2人の学生のブログを読んでいます。

ロビンソン大学の新入生ですか？
投稿者：レン　投稿日時：2021年8月4日　午後4時51分

　大学への準備をしているところですか。家庭電化製品や電子機器が必要だけど，あまり多くのお金は使いたくないのですか。大学の近くに，セカンドハンドという素晴らしい店があります。そこではテレビ，掃除機，電子レンジなどの中古商品を売っています。その店で自分の物を売買するのが好きな学生がたくさんいます。ここでは，現在売られている商品をいくつか紹介します。ほとんどが手頃な価格になっていますが，在庫は限られているので，お急ぎください！

セカンドハンド　新入生のためのセール！

テレビ
2016年モデル　250ドル
50インチ

掃除機
2017年モデル　30ドル
幅9インチ×長さ14インチ×
高さ12インチ

炊飯器
2018年モデル　40ドル
幅11インチ×奥行14インチ×
高さ8インチ

電子レンジ
2019年モデル　85ドル
1.1立方フィート　900ワット

ケトル
2018年モデル　5ドル
1リットル

---

https://secondhand.web

　中古商品を買うことは環境にやさしいです。しかも，セカンドハンドで買うことによって，地元のお店を支援することにもなります。店主は実はロビンソン大学の卒業生なんです！

ロビンソン大学へようこそ！

投稿者：シンディ　投稿日時：2021年8月5日 午前11時21分

　あなたは，もうすぐロビンソン大学で勉強を始める学生さんですか。現在，新生活のための家庭電化製品や電子機器を買う準備をしているところかもしれませんね。

　ここには4年間いることになるのですから，製品は新品を買いましょう！　私は最初の学年のとき，新品の物より安かったため，電化製品はすべて大学の近くの中古品店で買いました。しかし，中にはたった1カ月で動かなくなったものもあり，保証もありませんでした。私はそれらをすぐに買い替えなければならず，あれこれ店を見て回ることができなかったので，すべてを1つの大きなチェーン店で買いました。事前に，2つ以上の店で価格を比較できたらよかったのにと思っています。

　買い物に行く前に色んな店の商品の価格を比較するには，save4unistu.com というウェブサイトがとても役に立ちます。下の表では，3つの大きな店の最も人気のある新製品の現在の価格を比較しています。

商品	カットプライス	グレイトバイ	バリューセイバー
炊飯器 (幅11インチ×奥行14インチ×高さ8インチ)	115ドル	120ドル	125ドル
テレビ (50インチ)	300ドル	295ドル	305ドル
ケトル (1リットル)	15ドル	18ドル	20ドル
電子レンジ (1.1立方フィート　900ワット)	88ドル	90ドル	95ドル
掃除機 (幅9インチ×長さ14インチ×高さ12インチ)	33ドル	35ドル	38ドル

https://save4unistu.com

　すべての商品に保証が付けられることに注目してください。そのため，どの商品でも動かなくなったら，交換するのは簡単です。バリューセイバーは無料ですべての家庭用品に1年保証を付けます。300ドルを超える商品の場合は，保証は4年間延長されます。グレイトバイではすべての家庭用品に1年保証が付き，大学への入学証明書のある学生は上の表に挙げられている価格から10％値引きしてもらえます。カットプライスでは，無料で保証は付けられません。5年間保証に対して商品ごとに10ドルを払う必要があります。

　商品はすぐになくなります！　ぐずぐずしていると，チャンスを逃しますよ！

【語句】

◆指示文◆

・find out O / find O out「Oを知る」

◆レンの投稿◆

・get ready for A「Aへの準備をする」

・appliance「電化製品」

・electronics「電子機器」

・close to A「Aの近くに」

・used「中古の」

［例］　There are a lot of **used** bookstores along this street.

　　　　この通りにはたくさんの古本屋が並んでいる。

・A such as B「例えばBのようなA」

・vacuum cleaner「掃除機」

・microwave「電子レンジ」（＝microwave oven）

・item「商品」

・on sale「売られている」

・be priced reasonably「手頃な価格である」

［例］　The house **is priced reasonably**.

　　　　その家は手頃な価格である。

・stock「在庫」

・limited「限られている」

・purchase O「Oを買う」

・eco-friendly「環境にやさしい」

・support O「Oを支援する」

・local「地元の」

・graduate「卒業生」

◆シンディの投稿◆

・prepare to *do*「～する準備をする」

・brand-new「新品の」

・work「（機械などが）動く／作動する」

・warranty「保証」

・replace O「Oを買い替える／交換する」

・shop around「色んな店を見て回る」

・wish S had been able to *do*「～することができればよかったのに」　仮定法の表現

［例］　Oh, I **wish I had been able to reach** the station on time.

　　　　あー，駅に時間通りに到着できればよかったのに。

・compare O「Oを比較する」

・beforehand「事前に／前もって」（＝in advance）

- note that SV ...「…ということに注目する」
- available「入手できる」
- straightforward「簡単な」
- for free「無料で」
- over A「A（価格など）を超える」
- extend O「Oを延長する」
- by A「A（数値）分だけ」「差」を表す。
- proof「証明書」
- enrollment「入学」
- get A off B「B（価格）からA（値引き）を受ける」
- miss out「（チャンスなどを）逃す」

【設問解説】

問1 　24 　③

レンは，24 ため中古品を買うことを勧めている。

① 　大学を支援することになる
② 　商品のほとんどが環境に良いものである
③ 　学生にとって手頃な価格である
④ 　急いで必要なものを見つけられる

レンの投稿の第1段落全体，特に最終文の「ほとんどが手頃な価格になっています」より，正解は③。

問2 　25 　③

シンディは，25 買うことを勧めている。

① 　時間の節約になるので1つの大きなチェーン店から
② 　最も良い価格を提供してくれるのでウェブサイトで
③ 　交換のための保証の付いた新しい商品を
④ 　新しい商品よりずっと安いので中古品を

シンディの投稿の第4段落第1～2文「すべての商品に保証が付けられることに注目してください。そのため，どの商品でも動かなくなったら，交換するのは簡単です」より，正解は③。

問3 　26 　②

レンとシンディはどちらも，26 ことを勧めている。

① 　大学の近くの店で買う
② 　できるだけ早く電化製品を買う
③ 　学生割引を提供している店を選ぶ
④ 　保証付きの商品を選ぶ

レンの投稿の第1段落最終文「ほとんどが手頃な価格になっていますが，在庫は限られているので，お急ぎください！」と，シンディの投稿の最終段落「商品はすぐになくなります！　ぐずぐずしていると，チャンスを逃しますよ！」より，正解

—314—

は②。

問4 　27 　①

　新しい電化製品をできる限り良い価格で買いたいなら，あなたは 27 べきである。

① 　シンディの投稿にある URL にアクセスする
② 　レンの投稿にある URL にアクセスする
③ 　1つの大きなチェーン店に連絡する
④ 　キャンパスの近くの店に連絡する

　シンディの投稿の第3段落第1文「買い物に行く前に色んな店の商品の価格を比較するには，save4unistu.com というウェブサイトがとても役に立ちます」より，正解は①。

問5 　28 　② 　29 　④

　あなたは最も安いので，28 で電子レンジを買うことに決めた。あなたはまた5年間保証付きで最も安いので，29 でテレビを買うことに決めた。(それぞれの空欄に対して，選択肢①〜④から1つずつ選べ)

① 　カットプライス
② 　グレイトバイ
③ 　セカンドハンド
④ 　バリューセイバー

　シンディの投稿の価格比較表では，グレイトバイの電子レンジが90ドルである。また，シンディの投稿の第4段落第5文「グレイトバイではすべての家庭用品に1年保証が付き，大学への入学証明書のある学生は上の表に挙げられている価格から10%値引きしてもらえます」より，$90 \times 0.9 = 81$ドルである。セカンドハンドはレンの投稿より85ドル，シンディの投稿よりカットプライスは88ドル，バリューセイバーは95ドルである。グレイトバイが81ドルで最も安いので，28 には②が入る。

　また，シンディの投稿の価格表でバリューセイバーのテレビは305ドルだが，シンディの投稿の第4段落第3〜4文「バリューセイバーは無料ですべての家庭用品に1年保証を付けます。300ドルを超える商品の場合は，保証は4年間延長されます」より，5年間保証が付くとわかる。レンの投稿のセカンドハンドでは，テレビは250ドルだが，保証については述べられていない。シンディの投稿では，カットプライスのテレビは300ドルだが，第4段落第6〜最終文「カットプライスでは，無料で保証は付けられません。5年間保証に対して商品ごとに10ドルを払う必要があります」より，$300 + 10 = 310$ドルになる。同じ投稿で，グレイトバイのテレビは295ドルだが，第4段落第5文には「グレイトバイではすべての家庭用品に1年保証が付き，大学への入学証明書のある学生は上の表に挙げられている価格から10%値引きしてもらえます」とあるが，5年間保証については述べられていない。よって，5年間保証が付くテレビで最も安いのは，305ドルのバリューセイバーである。したがって，29 には④が入る。

— 315 —

第5問

【全訳】
　あなたは英語の授業で，偉大な発明家についてプレゼンテーションを行う予定です。あなたは以下の記事を見つけ，プレゼンテーションのためのメモを用意しました。

　テレビを発明したのは誰だろう。これは簡単に答えられる質問ではない。20世紀初期の頃，機械式テレビシステムと呼ばれるものがあったが，それは成功を収めなかった。発明家たちはまた電子式テレビシステムを開発しようと競い合ったが，のちにそれが現在のテレビの基礎となった。アメリカでは，電子式テレビシステムの特許をめぐって戦いがあり，それが人々の注意を引いた。というのは，それがある一人の若い男性と大企業との間のものであったからだ。この特許はテレビシステムを開発し，利用し，販売する唯一の人になる公式の権利を発明者に与えるものだったのである。

1939年当時のファーンズワース

　フィロ・テイラー・ファーンズワースは1906年に，ユタ州の丸太小屋で生まれた。彼が12歳になるまで，彼の家庭には電気が引かれていなかったので，新しい家に引っ越したときに発電機 ― 電気を生み出す機械 ― を見つけて，彼はわくわくした。彼は機械的な技術や電気的な技術に大変興味があり，こういう分野に関して見つけられるどんな情報でも読んだ。彼はしばしば古い発電機を直し，母親の手動の洗濯機を電動式のものに作り変えさえしたものだった。
　ある日，彼が父親のジャガイモ畑で働いているとき，振り返って，自分が耕したまっすぐで平行な土のうねのすべての列を見た。突然，彼の頭には，ちょうど畑のうねの列と同じように，平行した線を利用して，スクリーン上に電子的な映像を生み出すことが可能かもしれないという考えが浮かんだ。1922年，高校1年生の春学期に，彼はこの考えを化学教師のジャスティン・トルマンに示して見せ，電子式テレビシステムの概念について助言を求めた。黒板にスケッチや図表を描いて，彼は先生にどのようにそれが実現できるのかを説明すると，トルマンはその考えを発展させるようにと彼を励ました。
　1927年9月7日，ファーンズワースは最初の電子的映像を送ることに成功した。その後の何年かで，彼は生の映像をうまく送ることができるように，さらにテレビシステムを改良した。アメリカ政府は1930年，彼にこのシステムの特許を与えた。
　ところが，そのようなシステムに取り組んでいたのは，ファーンズワースだけではなかった。大企業のRCA（アメリカ・ラジオ会社）もまたテレビに有望な未来を見ており，その機会を逃したくはなかった。同社はウラジミール・ツヴォルキンを入社させた。彼はすでに電子式テレビシステムに取り組んでおり，早くも1923年に

特許を獲得していたのである。しかし，ファーンズワースのシステムの方がツヴォルキンのものより優れていたため，1931年に同社は大金を出すからと，特許を売ってくれるよう彼に申し出た。彼はこの申し出を断り，これによってファーンズワースとRCAの間に特許戦争が起こったのである。

　この会社は，ツヴォルキンは実用的なシステムを作ったことはないが，1923年に獲得した彼の特許が優先されるべきだと主張して，ファーンズワースに対して訴訟を起こした。ファーンズワースは最初の2度の裁判に敗れた。ところが，最後の裁判では，ファーンズワースが黒板に描いた図を書き写していた教師が，ツヴォルキンの特許が発行された少なくとも1年前に，ファーンズワースはたしかに電子式テレビシステムのアイデアを持っていたことを示す証拠を提出した。1934年，裁判官は，高校の恩師トルマンによってなされた手書きのメモを理由に，ファーンズワースの特許に関する主張を認めた。

　ファーンズワースは1971年，64歳でこの世を去った。彼はアメリカと外国で，主にラジオとテレビに関するおよそ300の特許を保持しており，「タイム」誌は1999年，「タイムが選ぶ今世紀の最重要人物100人」にファーンズワースを含めた。彼の死亡後のインタビューでファーンズワースの妻のペムは，ニール・アームストロングの月面着陸が放送されたときのことを回想した。妻とともにテレビを見ていたファーンズワースは，「ペム，これまでやってきた甲斐があった」と言ったのである。彼の物語は，電波を使って映像を送りたいという十代のころの夢，そして高校の黒板に描いたあの図といつも結び付けられることだろう。

28

プレゼンテーションメモ：

○　　　　　　フィロ・テイラー・ファーンズワース（1906－1971）
○　　　　　　　　　— 　30 　① 　若い発明家，大企業に挑む —
○　若い頃
○　　—電気のない丸太小屋に生まれた
○　— 　31 　④ 　家族のために家庭の器具を修理したり改良したりした
○　— 　32 　⑤ 　畑で働いているときに，電子式テレビシステムのアイデアを
　　　得た
○
○　一連の重要な出来事
○　　　　 　33 　② 　ファーンズワースは自分のアイデアを高校の教師に伝えた。
○　　　　 　34 　⑤ 　ツヴォルキンがテレビシステムで特許を承認された。
　　　　ファーンズワースは最初の映像を送るのに成功した。
○　　　　 　35 　④ 　アメリカ政府がファーンズワースに特許を与えた。
○　　　　 　36 　① 　ファーンズワースは RCA の申し出を断った。
　　　　RCA がファーンズワースを訴えた。
○
○　結果
○　　— 　37 　③ 　彼の恩師が長年の間保管していたスケッチのおかげで，
　　　ファーンズワースは RCA との特許戦争に勝った。
○
○　功績と評価
○　　—ファーンズワースはおよそ300の特許を獲得した。
○　　—「タイム」誌が彼を今世紀の最重要人物の1人に挙げた。
○　　— 　38 　③ 　彼の発明のおかげで，私たちは歴史的な出来事を生放送で見
○　　　ることができるようになった。

【語句】

◆指示文◆

・give a presentation「プレゼンテーションを行う」

・inventor「発明家」

・note「メモ／覚え書き」

◆本文◆

◆第1段落◆

・invent O「Oを発明する」

・success「成功したもの／人」

— 318 —

・compete to *do*「〜しようと競う」

［例］ Everybody **was competing to get** her attention.
　　　 誰もが彼女の注意を引こうと競い合っていた。

・later「のちに」

・basis「基礎／土台」

・battle over A「Aをめぐる戦い」

・patent「特許」

・attract O「O（人）を引きつける」

・corporation「企業」

・official「公式の／正式な」

・right to *do*「〜する権利」

◆第2段落◆

・log cabin「丸太小屋」

・be excited to *do*「〜してわくわくする」

・generator「発電機」

・move into A「Aに引っ越す」

・be interested in A「Aに興味がある」

・subject「話題／トピック」

・would often *do*「よく〜したものだ」 過去の習慣を表す。

［例］ He **would often go** fishing with his father.
　　　 彼はよく父と釣りに行ったものだ。

・change A into B「AをBに変える」

［例］ Can you **change** a dollar bill **into** four quarters?
　　　 1ドル札を25セント硬貨4枚に替えてくれませんか。

・hand-powered「手動の」

・electricity-powered「電動式の」

◆第3段落◆

・parallel「平行の」

・it occur to A that SV ...「…ということがAの頭に浮かぶ」

［例］ **It** never **occurred to** her **that** John would come to the party.
　　　 ジョンがパーティーに来るとは彼女は思いもしなかった。

・semester「学期」

・present O「Oを示して見せる／発表する」

・chemistry「化学」

・ask for A「Aを求める」

・concept「概念／コンセプト」

・diagram「図表」

・accomplish O「Oを実現する／成し遂げる」

・encourage O to *do*「O(人)が〜するよう励ます／促す」

[例]　The president **encouraged** his employees **to think** of better ways.
　　　社長は従業員にもっと良いやり方を考えるよう促した。

◆第4段落◆

・succeed in *doing*「〜することに成功する」
・further「さらに」
・improve O「Oを改良する／改善する」
・so that S can *do*「Sが〜できるように」

[例]　The father worked hard **so that** his family **could live** in comfort.
　　　家族が快適に暮らせるように，父は懸命に働いた。

・broadcast O「O(映像)を送る／O(番組)を放送する」
・live「生の」　形容詞

◆第5段落◆

・work on A「Aに取り組む」
・miss O「O(機会など)を見逃す」
・recruit O「O(人)を採用する」
・earn O「Oを獲得する」
・as early as A「早くもA(年号など)に」

[例]　The tribe settled down in the area **as early as** 1300s.
　　　その部族は早くも1300年代にその地域に住み着いた。

・be superior to A「Aより優れている」

[例]　This car **is superior** in every respect **to** that one.
　　　この車はあの車よりもあらゆる点で優れている。

・refuse O「Oを断る」

◆第6段落◆

・take legal action against A「Aに対して訴訟を起こす」
・claim that SV ...「…だと主張する」
・priority「優先権」
・working「実用的な」
・lose O「O(試合・裁判など)に敗れる」
・court case「裁判」
・evidence「証拠」
・did+動詞の原形「たしかに[実際]〜した」　did は動詞の意味を強める。

[例]　I **did see** the woman in front of the station this afternoon.
　　　私は今日の午後，たしかにその女性を駅の前で見ました。

・at least「少なくとも」
・issue O「Oを発行する」
・approve O「Oを認める／承認する」

— 320 —

2022年度　本試験〈解説〉　31

- ・on the strength of A「Aを理由に／Aに基づいて」
- ・*one's* old teacher「昔の恩師」

◆第7段落◆
- ・mostly「主に」
- ・recall O「Oを回想する／思い出す」
- ・Neil Armstrong「ニール・アームストロング」(1930-2012) 米国の宇宙飛行士。1969年にアポロ11号で月に着陸し，人類初の月面歩行をした。
- ・moon landing「月面着陸」
- ・worthwhile「価値がある」
- ・be tied to A「Aと結び付けられる」
- ・through the air「電波を使って」

◆プレゼンテーションメモ◆
- ・sequence of A「一連のA」
- ・take O to court「Oを訴える」
- ・achievement「功績／業績」
- ・recognition「評価」
- ・list A as B「AをBとして挙げる」

【設問解説】
問1　30　①
　あなたのプレゼンテーションに最もふさわしいサブタイトルはどれか。　30
　① 若い発明家，大企業に挑む
　② 高校教師から成功した発明家へ
　③ 電気を生み出すことへの果てなき情熱
　④ 電子式テレビの未来
　この英文は，若い発明家ファーンズワースが，電子式テレビシステムの特許をめぐって大企業 RCA を相手に戦うという話が中心的話題である。よって，正解は①。

問2　31・32　④・⑤
　若い頃を完成させるために，31 と 32 に入れるのに最もふさわしい2つの選択肢を選べ。（順不同）
　① 自分の家庭に電気を供給するために，発電機を買った
　② 父の助けを借りて，電気の通っている丸太小屋を建てた
　③ 学校であらゆる分野の本を読むことを楽しんだ
　④ 家族のために家庭の器具を修理したり改良したりした
　⑤ 畑で働いているときに，電子式テレビシステムのアイデアを得た
　第2段落最終文「彼はしばしば古い発電機を直し，母親の手動の洗濯機を電動式のものに作り変えさえしたものだった」より，④は正解。第3段落第1〜2文「ある日，彼が父親のジャガイモ畑で働いているとき，振り返って，自分が耕したまっすぐで平行な土のうねのすべての列を見た。突然，彼の頭には，ちょうど畑のうね

— 321 —

の列と同じように，平行した線を利用して，スクリーン上に電子的な映像を生み出すことが可能かもしれないという考えが浮かんだ」より，⑤も正解。

問3 33 ② 34 ⑤ 35 ④ 36 ①

一連の重要な出来事を完成させるために，5つの出来事（①〜⑤）から**4つ**を起こった順に選べ。 33 → 34 → 35 → 36

① ファーンズワースは RCA の申し出を断った。
② ファーンズワースは自分のアイデアを高校の教師に伝えた。
③ RCA が戦いの最初の段階で勝った。
④ アメリカ政府がファーンズワースに特許を与えた。
⑤ ツヴォルキンがテレビシステムで特許を承認された。

第3段落第3文「1922年，高校1年生の春学期に，彼はこの考えを化学教師のジャスティン・トルマンに示して見せ，電子式テレビシステムの概念について助言を求めた」より， 33 には②が入る。第5段落第3文の「彼（＝ツヴォルキン）はすでに電子式テレビシステムに取り組んでおり，早くも1923年に特許を獲得していたのである」より， 34 には⑤が入る。第4段落最終文「アメリカ政府は1930年，彼（＝ファーンズワース）にこのシステムの特許を与えた」より， 35 には④が入る。第5段落第4〜最終文の「しかし，ファーンズワースのシステムの方がツヴォルキンのものより優れていたため，1931年に同社（＝RCA）は大金を出すからと，特許を売ってくれるよう彼（＝ファーンズワース）に申し出た。彼はこの申し出を断り」より， 36 には，①が入る。⑤は1923年，④は1930年の出来事なので，⑤の方が先に来ることに注意。

なお，③については，第6段落第2文に述べられているが，「RCA がファーンズワースを訴えた」より後の出来事なので，どの空所にも入らない。

問4 37 ③

結果を完成させるために， 37 に入れるのに最もふさわしい選択肢を選べ。

① 彼の競争相手が技術的に劣っていることを認めたこと
② トルマンによって提供された金銭的援助
③ 彼の恩師が長年の間保管していたスケッチ
④ RCA が戦いから撤退したこと

第6段落最終文「1934年，裁判官は，高校の恩師トルマンによってなされた手書きのメモを理由に，ファーンズワースの特許に関する主張を認めた」より，正解は③。

問5 38 ③

功績と評価を完成させるために， 38 に入れるのに最もふさわしい選択肢を選べ。

① 彼と妻は RCA との仕事に対して賞を贈られた。
② 彼はアームストロングの初の月面着陸が放送されたときに，テレビに出演した。

③ 彼の発明のおかげで，私たちは歴史的な出来事を生放送で見ることができるようになった。

④ 彼をテレビで見てから，多くの十代の人たちが自分の夢を追い求めるようになった。

　最終段落第4文には「アームストロングによる初の月面着陸の放送」について述べられているが，私たちが現在，そのような歴史的な出来事を生放送で見ることができるようになったのは，ファーンズワースのテレビシステムの発明によってであることが本文からわかる。よって，正解は③。

第6問

A

【全訳】

　あなたの研究グループは「一日の中の時間が人々にどのような影響を及ぼすか」について学んでいます。あなたは自分が共有したいある記事を見つけました。次回のミーティングのために要約メモを完成させなさい。

あなたにとって一日の始まりはいつだろうか

　「あなたは朝型ですか」と尋ねられると，「いいえ，私は夜型（夜のフクロウ）です」と答える人もいるだろう。そのような人は夜に集中し，創造的なことをすることができる。時計のもう一方の側では，有名なことわざが「早起き鳥は虫を捕える（早起きは三文の得）」と主張しているが，これは，早起きをすることは食べ物を得たり，賞を獲得したり，目標を達成したりするための方法であるという意味だ。ヒバリは朝に鳴く鳥であるから，フクロウの反対の早起き鳥はヒバリである。昼間に活動する動物は「昼行性」で，夜に現れる動物は「夜行性」である。

　さらにまた別のことわざでは，「早く寝て，早く起きることは，人を健康で，裕福で，賢くする」と述べている。ヒバリはベッドからすぐに出て，たっぷりの朝食によって朝を迎えるのに対して，フクロウはアラーム一時停止ボタンを押して，時間ギリギリに準備をし，たいてい朝食を食べない。食事の回数はより少ないかもしれないが，一日の遅い時間に食事をとる。食後に運動をしないことは，太ることにつながる可能性がある。おそらくヒバリの方がより健康だろう。フクロウはヒバリのスケジュールで働いたり，勉強したりしなければならない。学校の授業はほとんどが午後4時より前に行われるから，ヒバリの若者の方がよりうまく行うことができる課題もあるかもしれない。一日の早い時間に行われる商取引によって，より裕福になるヒバリもいるかもしれない。

　ある人はヒバリに，別の人はフクロウになる要因は何だろうか。ある理論では，昼または夜への好みは生まれた時間と関係があることを示唆している。2010年に，

クリーヴランド州立大学の研究者は，人の体内時計は生まれた瞬間から始まるということだけでなく，また，夜に生まれた人は昼間に活動することに一生苦労するかもしれないという証拠を見つけた。たいていの場合，世の中での彼らの経験は暗い時間に始まる。従来の勉強やオフィスでの仕事は明るい時間に行われるので，私たちは一日が朝に始まるのが当然だと思っている。眠っている人は列の先頭には来られず，機会を逃す場合がある。

　すべての人が朝に一日を始めるシステムに従っているのだろうか。およそ六千年の歴史を持つ宗教的集団のユダヤ人は，一日は日没から次の日没まで，つまりイブからイブまでで測られると考える。クリスチャンはこの伝統をクリスマスイブによって続けている。中国人は12種類の動物のシステム（干支）を，年を記すためにだけでなく，一日を2時間ごとに区切るのにも用いている。ネズミの時間，つまり1つ目の区切りは午後11時から午前1時までである。中国の文化でもまた一日を夜から始める。言い換えれば，古代の習慣はフクロウの時間の見方を支持している。

　研究ではフクロウの方が頭がよく，より創造的であることを示している。だから，おそらく，必ずしもヒバリの方が賢いというわけではないのだ！　つまり，ヒバリは「健康」と，ときには「裕福さ」では勝利を収めるが，「賢さ」では敗北するかもしれない。初期の報告において，リチャード・D・ロバーツとパトリック・C・キロネンは，フクロウの方がより知能が高い傾向があると述べている。後に，ロバーツも共著者の1人となっている，フランシス・ブレッケルによる包括的な研究でも同じ結論に達した。ただ，それはフクロウにとってまったく良いニュースというわけではない。学校の勉強が困難なものになり得るだけでなく，彼らは昼間の仕事の機会を逃すかもしれないし，ヒバリが眠っている夜の間に遊んで「夜遊び」の悪習慣を楽しむようになる可能性がより高い。夜遊びはお金がかかりがちだ。バルセロナ大学での研究では，ヒバリは正確で，完璧さを求め，ほとんどストレスを感じないことを示唆している。フクロウは新しい冒険や刺激的な余暇の活動を求めるが，なかなかリラックスすることができないことが多い。

　人間は変わることができるだろうか。結果がすべて出ているわけではないが，成人の若者を対象とした研究は，いや，私たちはなかなか変われないのだ，ということを示しているようだ。そのため，若者が成長してより多くの自由を得るにつれて，結局，自分のヒバリあるいはフクロウの性質に戻ってしまう。ところが，この分類がすべての人に当てはまるわけではないのではないか，という懸念が起きる。生まれた時間が1つの兆候である可能性があることに加えて，「ネイチャー・コミュニケーション」誌に発表された報告では，時間に関する習慣にはDNAも影響しているかもしれないと示唆している。その他の研究では，老齢化や病気のためにある人々に起こる変化に焦点を当てている。この分野の新しい研究は常に発表されている。ロシアの大学生を対象としたある研究では6種類のタイプがあることを示唆しているので，周りにいる鳥はヒバリとフクロウだけではないかもしれないのだ！

要約メモ：

> ○　　　　　　　**あなたにとって一日の始まりはいつだろうか**
>
> ○　**語彙**
> 　　<u>diurnal（昼行性の）</u>の定義： 39 　③ 　昼間に活動的である
> ○　　⇔ 対義語：nocturnal（夜行性の）
>
> ○　**主要ポイント**
> ●　私たちのすべてが簡単に一般的な昼間のスケジュールに合わせられるわ
> ○　　けではないが，特に子どものころはそれに従わざるを得ない。
> ●　研究の中には，私たち一人一人にとって最も活動的な時間は，私たちの性
> ○　　質の一部になっていることを示すものもある。
> ●　基本的には， 40 　③ 　私たちが一日のうちで最もうまく活動できる時
> ○　　間を変えることは難しいかもしれない。
> ●　新しい研究によって，考え方は変わり続けている。
> ○
> 　　**興味深い詳細な点**
> ●　記事では， 41 　① 　ある特定の社会では一日が夜に始まると長い間信
> ○　　じていることを説明するために，ユダヤ教やキリスト教，また中国の時間
> 　　区分について言及されている。
> ○　●　研究の中には， 42 　⑥ 　生まれた時間が人の体内時計を決定し，それ
> 　　が知能や 43 　③ 　ふるまいの違いの説明となるかもしれないことを示
> ○　　すものもある。

【語句】
◆指示文◆
・affect O「Oに影響を及ぼす」
・share O「Oを共有する／伝える」
・summary「要約」
◆第1段落◆
・reply「答える」
・night owl「夜型の人」 owl は「フクロウ」のこと。
・concentrate「集中する」
・create「創造的なことをする」
・at the other end of A「Aの反対側では」
［例］ I heard a familiar voice **at the other end of** the phone.
　　　電話の向こう側で聞きなれた声が聞こえた。
・well-known「有名な／よく知られた」

36

- ・proverb「ことわざ」
- ・claim「主張する」
- ・the early bird catches the worm「早起き鳥は虫を捕える／早起きは三文の得」
- ・prize「賞」
- ・lark「ヒバリ」 ここでは「朝型の人」を意味する。
- ・opposite「反対」
- ・creature「動物」
- ・during the day「昼間に」
- ・diurnal「昼行性の」
- ・nocturnal「夜行性の」

◆第2段落◆
- ・yet another「さらにまた別の」
- ・state O「Oを述べる」
- ・rise「起きる／起床する」
- ・wealthy「裕福な」
- ・jump out of A「Aからすぐに出る／Aから飛び出す」
- ・snooze button「アラーム一時停止ボタン」
- ・get ready「準備をする」
- ・at the last minute「時間ギリギリで／土壇場で」
- ［例］ He changed his mind **at the last minute**.
　　　　彼は土壇場で気が変わった。
- ・weight gain「太ること」
- ・schooling「学校教育」
- ・perform O「Oを行う」
- ・task「課題」
- ・deal「取引」

◆第3段落◆
- ・What makes O C?「どんな原因でOはCになるのだろうか／何がOをCにするのだろうか」
- ［例］ **What** has **made** the boy so sad?
　　　　その少年はなぜそんなに悲しんでいるのだろうか。
- ・theory「理論」
- ・preference for A「Aに対する好み」
- ・have to do with A「Aに関係がある」
- ［例］ Exercise and diet **have to do with** good health.
　　　　運動と食事は健康と関係がある。
- ・researcher「研究者」
- ・evidence「証拠」

— 326 —

2022年度　本試験〈解説〉　37

- not only does a person's internal clock start at the moment of birth「人の体内時計は生まれた瞬間から始まるということだけでなく」　文頭に否定語 not があるため，倒置の語順(＝疑問文の語順)になっている。
  internal clock「体内時計」
- not only A but (also) B「AだけでなくBもまた」
- have challenges *doing*「～するのに苦労する」
- lifelong「一生の」
- challenge「困難なこと／難題」
- experience「経験」
- traditional「従来の／昔ながらの」
- assume that SV ...「…を当然だと思っている」
- asleep「眠っている」　前の People を修飾する。
- first in line「列の先頭」
- miss O「O(機会など)を逃す」

◆第4段落◆
- follow O「O(ルール，習慣など)に従う」
- Jewish「ユダヤの」
- approximately「およそ」
- religious「宗教的な」
- measure O「Oを測る／測定する」
- sundown「日没」
- following A「次のA」
- eve「イブ／前夜／夕刻」
- continue O「Oを続ける」
- mark O「Oを記す」
- separate O「Oを区切る／分ける」
- in other words「言い換えれば／つまり」
  ［例］　She loves pet animals — **in other words**, cats and dogs.
  　　　　彼女はペットの動物，つまり犬や猫が大好きだ。
- ancient「古代の」
- support O「Oを支持する」
- view O「Oを(ある見方で)見る」

◆第5段落◆
- indicate (that) SV ...「…だと示している」
- smart「頭がよい」
- not always ～「必ずしも～というわけではない」
- that is to say「つまり」
  ［例］　The accident occurred a week ago, **that is to say**, last Thursday.

— 327 —

　　　　その事故は1週間前，つまりこの前の木曜日に起こった。
・intelligent「知能が高い」
・comprehensive「包括的な」
・co-author「共著者」
・come to a conclusion「結論に達する」
・〜, though「ただ〜であるが」
・opportunity「機会」
・be likely to *do*「〜する可能性が高い」
・nightlife「夜遊び／夜の娯楽」
・tend to *do*「〜しがちである／〜する傾向が強い」
・precise「正確な」
・seek O「Oを求める」
・adventure「冒険／はらはらする経験」
・leisure「余暇(の)」
・have trouble *doing*「なかなか〜できない／〜するのに苦労する」
　[例]　I **had** a lot of **trouble finding** your house.
　　　　君の家を見つけるのにはすごく苦労したよ。

◆第6段落◆
・in「(結果などが)出ている／わかっている」
・hard-wired「変化しにくい／変わらない」
・acquire O「Oを獲得する／手に入れる」
・end up *doing*「結局〜する」
　[例]　We **ended up spending** most of our time watching TV.
　　　　私たちは結局ほとんどの時間をテレビを見て過ごした。
・nature「性質」
・concerns arise that SV ...「…という懸念が起きる」
・categorization「分類」
・fit O「Oに当てはまる／合致する」
・in addition to A「Aに加えて」
　[例]　Many university students have to learn a foreign language **in addition to**
　　　English.
　　　　多くの大学生は英語に加えて1つ外国語を学ばなければならない。
・indication「兆候／しるし」
・publish O「Oを発表する／出版する」
・concerning A「Aに関する」
・focus on A「Aに焦点を当てる」
・aging「老齢化」
・area「分野」

― 328 ―

2022年度　本試験〈解説〉　39

- all the time「常に」

◆要約メモ◆
- definition「定義」
- opposite「対義語」
- fit into A「Aに合わせる／順応する」
- be forced to *do*「～せざるを得ない／～させられる」

［例］　We **are forced to depend** on our parents when we are small.
　　　　私たちは子どもの頃は親に頼らざるを得ない。

- basically「基本的には」
- perspective「考え方／観点」
- keep *doing*「～し続ける」
- A, as well as B「AもBも／BだけでなくAもまた」
- division「区分」
- refer to A「Aについて言及する／述べる」

［例］　That matter **was referred to** during the meeting.
　　　　その問題は会議中に触れられた。

- explanation「説明」

【設問解説】
問1　39　③
　　39　に入れるのに最もふさわしい選択肢を選べ。
① 目標を素早く達成する
② ペットの鳥を飼うのが好きである
③ **昼間に活動的である**
④ 食べ物を見つけるのがうまい
　　第1段落最終文「昼間に活動する動物は『昼行性』で，夜に現れる動物は『夜行性』である」より，正解は③。

問2　40　③
　　40　に入れるのに最もふさわしい選択肢を選べ。
① 将来はより柔軟な時間と活動スケジュールが開発されるだろう
② 年を取るにつれて，午前中に社会的活動を楽しむことがより重要になる
③ **私たちが一日のうちで最もうまく活動できる時間を変えることは難しいかもしれない**
④ フクロウのスケジュールで生活することが最終的には社会的，経済的な利点につながるだろう
　　最終段落第1～2文「人間は変わることができるだろうか。結果がすべて出ているわけではないが，成人の若者を対象とした研究は，いや，私たちはなかなか変われないのだ，ということを示しているようだ」より，正解は③。

— 329 —

40

問3 41 ①

41 に入れるのに最もふさわしい選択肢を選べ。

① **ある特定の社会では一日が夜に始まると長い間信じていることを説明する**
② 昔は夜行性の人の方がより信心深かったことを示す
③ 朝の怠惰さのために人々が機会を逃すと長い間考えてきたと言う
④ フクロウはヒバリのスケジュールで仕事や学校に行かなければならないという考えを裏づける

第4段落には，ユダヤ人とクリスチャンは一日を日没から日没までと定めていること，中国文化でも一日が夜から始まると考えていることが述べられているので，正解は①。

問4 42 ⑥ 43 ③

42 と 43 に入れるのに最もふさわしい選択肢を選べ。

① 睡眠の長さ
② 外見
③ **ふるまい**
④ 文化的背景
⑤ 宗教的信条
⑥ **生まれた時間**

第3段落第1～2文「ある人はヒバリに，別の人はフクロウになる要因は何だろうか。ある理論では，昼または夜への好みは生まれた時間と関係があることを示唆している」より， 42 には⑥が入る。第5段落第9～10文「バルセロナ大学での研究では，ヒバリは正確で，完璧さを求め，ほとんどストレスを感じないことを示唆している。フクロウは新しい冒険や刺激的な余暇の活動を求めるが，なかなかリラックスすることができないことが多い」より，朝型・夜型のパターンが人のふるまいに影響を及ぼす可能性があることがわかるため， 43 には③が入る。

— 330 —

B

【全訳】

あなたは「環境を守るために私たちは何を知っていなければならないか」というテーマの科学研究プレゼンテーションコンテストのためのポスターを準備する生徒のグループに入っています。以下の文章を用いてポスターを作っています。

プラスチックのリサイクル
― あなたは何を知っている必要があるか ―

　世界には様々なタイプのプラスチックがあふれている。周りを見回せば，多くのプラスチック製品を目にすることだろう。もっとよく見てみれば，そこに書かれたリサイクルマークに気がつくことだろう。日本では，下の図1の先頭のマークを見たことがあるかもしれないが，アメリカやヨーロッパではもっと細かい分類がある。これらのリサイクルマークには後を追いかける矢印によって出来た三角形に見えるものや，ときには中に1から7の数字のある単純な三角形に見えるものもある。このシステムは米国プラスチック工業協会によって1988年に始められたが，2008年からは国際規格機関のASTM（米国試験材料協会）インターナショナルによって管理されている。リサイクルマークは，使用されているプラスチックの化学的構成と，再利用の可能性についての重要なデータを提供する。しかし，ある物に付いているプラスチックのリサイクルマークが，必ずしもその製品が再利用できることを意味するわけではない。それが示していることは，単にそれがどんなタイプのプラスチックから出来ているか，そして，それが再利用可能かもしれないということだけである。

図1． プラスチックのリサイクルマーク

　では，これらの数字は何を意味しているのだろうか。第1グループ（2，4，5番）は人間の体に安全だと考えられているが，他のグループ（1，3，6，7番）はある特定の状況においては問題となり得る。まず，より安全なグループの方を見てみよう。

　高密度ポリエチレンはリサイクルタイプ2のプラスチックで，一般にHDPEと呼ばれている。これは毒性がなく，体内で心臓の弁や人工関節として用いることができる。強度があり，-40℃もの低い温度や100℃もの高い温度で用いることができ

る。HDPE は再使用しても害がなく，またビール瓶のケース，ミルク用のつぼ，椅子，おもちゃに適している。タイプ2の製品は数回再利用することができる。タイプ4の製品は低密度ポリエチレン（LDPE）から出来ている。これは安全に利用でき，柔軟性が高い。LDPE は握りつぶせるボトルやパン用のラッピングとして使われている。現在，タイプ4のプラスチックはほとんど再利用されていない。ポリプロピレン（PP）はタイプ5の素材で，世界で2番目に広く生産されているプラスチックである。これは軽量で，伸縮性がなく，衝撃，熱，凍結への抵抗力が高い。家具，食べ物の容器，オーストラリアドルのようなポリマーの紙幣に適している。タイプ5が再利用されているのは，わずか3％だけである。

　では，第2グループのタイプ1，3，6と7を見てみよう。これらは含まれている化学物質のために，あるいは再利用の難しさのためにより扱いにくい。リサイクルタイプ1のプラスチックは一般に PETE（ポリエチレン・テレフタレート）として知られていて，主に食べ物や飲み物の容器で用いられている。PETE 容器 — あるいは，日本ではしばしば PET と書かれる — は，完全に清潔にするのは難しいので，1回しか使ってはいけない。また，容器によっては柔らかくなって変形する場合もあるので，70℃以上に熱してはいけない。汚れていない PETE は簡単に再利用でき，新しい容器，衣服，カーペットに作り変えることができるが，PETE がポリ塩化ビニル（PVC）で汚染されている場合は，再利用はできなくなる。PVC はタイプ3で，知られているうちで最も再利用のできないプラスチックの1つだと考えられている。処分は専門家によってのみ行われるべきで，絶対に家や庭でこれに火をつけてはいけない。タイプ3のプラスチックはシャワーカーテン，パイプ，フローリングに見られる。タイプ6のポリスチレン（PS），これはしばしば発泡スチロールとも呼ばれているが再利用が難しく，火がつきやすい。しかし，生産するには安価で軽量である。使い捨ての飲み物のカップ，インスタントヌードルの容器，その他の食べ物のパッケージに用いられる。タイプ7のプラスチック（アクリル塗料，ナイロン，ポリカーボネート）は再利用が難しい。タイプ7のプラスチックはしばしばシート，ダッシュボード，バンパーなど乗り物の部品の製造に用いられる。

　現在，プラスチックのおよそ20％しか再利用されておらず，およそ55％が埋立地に捨てられてしまう。そのため，様々なタイプのプラスチックに関する知識が廃棄物を減らし，環境に対する認識を高めるのに貢献するのに役立つ可能性がある。

2022年度　本試験〈解説〉　43

プレゼンテーション用ポスターの案

| プラスチックのリサイクルマークを知っていますか |

| プラスチックのリサイクルマークとは何か |

44 ②　リサイクルマークは，プラスチックの化学的構成と再利用の選択肢に関する情報を提供する。

| プラスチックのタイプとリサイクル情報 |

タイプ	マーク	説明	製品
1	PETE (PET)	このタイプのプラスチックはよく使われていて，一般に再利用しやすい。	飲み物のボトル，食べ物の容器など
2	HDPE	このタイプのプラスチックは再利用がしやすく 45 ②　そして広範囲の温度で使われる。	心臓の弁，人工関節，椅子，おもちゃなど
3	PVC	このタイプのプラスチックは 46 ①　再利用が難しく庭で燃やしてはいけない。	シャワーカーテン，パイプ，フローリングなど
4	4		

| 共通の性質を持つプラスチック |

47 ・ 48
③　1，2，4，5と6のマークの付いた製品は食べ物や飲み物の容器として適している。
④　タイプ5とタイプ6のマークの付いた製品は軽量である。

【語句】
◆指示文◆
・prepare O「Oを準備する」
・the following A「以下のA」

— 333 —

44

・passage「文章」
・create O「Oを作る」

◆第1段落◆

・be full of A「Aであふれている／いっぱいである」

　[例]　His English composition **was full of** spelling mistakes.
　　　　彼の英作文はスペルミスでいっぱいであった。

・various「様々な」
・look around「周りを見回す」
・dozens of A「多くのA」
・look close「よく見る」
・notice O「Oに気がつく」
・might have *done*「～したかもしれない」
・figure「図」
・below「下の」
・detailed「細かい／詳細な」
・classification「分類」
・look like A「Aのように見える」

　[例]　He **looked like** a professor when he was wearing that suit.
　　　　そのスーツを着ていると，彼はまるで教授のように見えた。

・triangle「三角形」
・chasing pointer「後を追いかける矢印」
・the Society of the Plastics Industry「プラスチック工業協会」
・administer O「Oを管理する」
・standards organization「規格機関」
・ASTM「米国試験材料協会」（＝American Society for Testing and Materials）
・provide O「Oを提供する」
・chemical composition「化学的構成」
・recyclability「再利用の可能性」
・item「製品」
・recycle O「Oを再利用する／リサイクルする」
・be made from A「Aから出来ている／Aから成る」

　[例]　A water molecule **is made from** two hydrogen atoms and one oxygen atom.
　　　　水の分子は2個の水素原子と1個の酸素原子から成る。

◆第2段落◆

・consider O to be C「OがCだと考える」
・.... while ～「…だが一方～」
・problematic「問題がある／問題が多い」
・circumstance「状況」

－334－

2022年度　本試験〈解説〉　45

・let us *do*「～しよう」

◆第3段落◆

・density「密度」

・Polyethylene「ポリエチレン」

・commonly「一般に」

・non-toxic「毒性がない」

・valve「弁／バルブ」

・artificial「人工的な」

・joint「関節」

・temperature「温度」

・as low as ～「～ほども低い」

・as high as ～「～ほども高い」

　［例］　The rate of the consumption tax in the country is **as high as** 20％.
　　　　その国の消費税は20％もの高さである。

・reuse O「Oを再使用する」

・harm「害」

・be suitable for A「Aに適している」

・jug「つぼ」

・product「製品」

・several times「数回／何度か」

・flexible「柔軟な」

・squeezable「握りつぶせる」

・wrapping「ラッピング」

・currently「現在」

・Polypropylene「ポリプロピレン」

・material「素材／材料」

・the second-most widely produced plastic「2番目に広く生産されているプラスチック」

　　the＋序数＋最上級「～番目に…な」

　　widely「広く」

　　produce O「Oを生産する」

・light「軽量の／軽い」

・non-stretching「伸縮性がない」

・resistance「抵抗力」

・impact「衝撃」

・freezing「凍結」

・furniture「家具」

・container「容器」

― 335 ―

46

- polymer「ポリマー／重合体」
- banknote「紙幣／銀行券」
- A such as B「例えばBのようなA」

◆第4段落◆
- challenging「扱いにくい／難しい」
- because of A「Aのために／Aが原因で」
- chemical「化学物質」
- contain O「Oを含む」
- difficulty in A「Aの難しさ」
- be known as A「Aとして知られている」
- Polyethylene Terephthalate「ポリエチレン・テレフタレート」
- mainly「主に」
- beverage「飲み物」
- thoroughly「完全に」
- heat O「Oを熱する」
- above A「Aを超えて」
- cause O to *do*「Oに～させる」
［例］ His laziness **caused** him **to lose** his job.
　　　怠慢のために彼は仕事を失った。
- soften「柔らかくなる」
- uncontaminated「汚れていない／汚染されていない」
- make A into B「AをBに作り変える」
［例］ Milk **is made into** cheese and butter.
　　　牛乳はチーズやバターに加工される。
- clothes「衣服」
- be contaminated with A「Aで汚染されている」
- Polyvinyl Chloride「ポリ塩化ビニル」
- unrecyclable「再利用できない」
- be thought to *do*「～すると考えられている」
- least＋形容詞［副詞］「最も～ない」
- dispose of A「Aを処分する」
- professional「専門家」
- set fire to A「Aに火をつける」
- Polystyrene「ポリスチレン」
- Styrofoam「発泡スチロール／スタイロフォーム」
- catch fire「火がつく／引火する」
- lightweight「軽量の」
- disposable「使い捨ての」

— 336 —

2022年度　本試験〈解説〉　47

- ・packaging「パッケージ」
- ・acrylic「アクリル塗料」
- ・nylon「ナイロン」
- ・polycarbonate「ポリカーボネート」
- ・manufacture「製造」
- ・vehicle「乗り物」

◆第5段落◆
- ・approximately「およそ」
- ・end up in A「結局Aに行くことになる」

［例］　She **ended up in** hospital because she didn't take care of herself.
　　　　彼女は体に気をつけていなかったので，入院するはめになった。

- ・knowledge「知識」
- ・help *do*「～するのに役立つ」
- ・reduce O「Oを減らす」
- ・waste「廃棄物」
- ・contribute to A「Aに貢献する」
- ・increased「増えた」
- ・awareness of A「Aに対する認識／意識」

◆プレゼンテーション用ポスターの案◆
- ・draft「案／草稿」
- ・description「説明／記述」
- ・…, etc.「…など」
- ・property「性質／特性」

【設問解説】

問1　44　②

　ポスターの最初の見出しの下で，あなたのグループは文章で説明されたように，プラスチックのリサイクルマークを紹介したいと考えている。最も適切なものは以下のどれか。44

① リサイクルマークは，プラスチックの再利用の可能性とその他の関連する問題をランク付けするマークである。

② **リサイクルマークは，プラスチックの化学的構成と再利用の選択肢に関する情報を提供する。**

③ リサイクルマークは，一般的な利用に対する承認を与えたのがどの規格機関であるかを利用者に教える。

④ リサイクルマークは，ASTMによって導入されプラスチック工業協会によって発展を遂げた。

　第1段落第7文「リサイクルマークは，使用されているプラスチックの化学的構成と，再利用の可能性についての重要なデータを提供する」より，正解は②。

— 337 —

48

問2 45 ② 46 ①

あなたはタイプ2とタイプ3のプラスチックの説明を書くよう求められている。 45 と 46 に入れる最もふさわしい選択肢を選べ。

タイプ2 45

① そして一般には1回だけ使うプラスチックとして知られている
② **そして広範囲の温度で使われる**
③ しかし人間に有害である
④ しかし飲み物の容器には適さない

　第3段落第3文「(リサイクルタイプ2のプラスチックは)強度があり，−40℃もの低い温度や100℃もの高い温度で用いることができる」より，正解は②。

タイプ3 46

① **再利用が難しく庭で燃やしてはいけない**
② 可燃性だが，柔らかく低価格で生産できる
③ 毒性がない製品として知られている
④ 再利用しやすいことでよく知られている

　第4段落第7〜8文「PVCはタイプ3で，知られているうちで最も再利用のできないプラスチックの1つだと考えられている。処分は専門家によってのみ行われるべきで，絶対に家や庭でこれに火をつけてはいけない」より，正解は①。

問3 47 ・ 48 ③・④

あなたは共通の性質を共有するいくつかのプラスチックについて述べようとしている。記事によると，以下のどの2つが適切であるか。(順不同) 47 ・ 48

① 沸騰している湯(100℃)はタイプ1とタイプ6のプラスチック容器に入れて提供することができる。
② タイプ1，2，3のマークの付いた製品は再利用しやすい。
③ **1，2，4，5と6のマークの付いた製品は食べ物や飲み物の容器として適している。**
④ **タイプ5とタイプ6のマークの付いた製品は軽量である。**
⑤ タイプ4と5のプラスチックは熱に強く，広く再利用されている。
⑥ タイプ6と7のプラスチックは再利用しやすく，環境にやさしい。

　第4段落第3文「リサイクルタイプ1のプラスチックは一般にPETE(ポリエチレン・テレフタレート)として知られていて，主に食べ物や飲み物の容器で用いられている」，第3段落第4文「(タイプ2の)HDPEは再使用しても害がなく，またビール瓶のケース，ミルク用のつぼ，椅子，おもちゃに適している」，第3段落第8文「(タイプ4の)LDPEは握りつぶせるボトルやパン用のラッピングとして使われている」，第3段落第12文「(タイプ5は)家具，食べ物の容器，オーストラリアドルのようなポリマーの紙幣に適している」，第4段落第12文「(タイプ6は)使い捨ての飲み物のカップ，インスタントヌードルの容器，その他の食べ物のパッケージに用いられる」より，③は正解。第3段落第11文「これ(=タイプ5)は軽量で，伸縮性が

— 338 —

なく，衝撃，熱，凍結への抵抗力が高い」と第4段落第11文「しかし，（タイプ6は）生産するには安価で軽量である」より，④も正解。

●写真提供：ユニフォトプレス，WISH-PLANNING/PIXTA（ピクスタ）

MEMO

英　　　語
（リーディング）

（2022年1月実施）

追試験
2022

英語（リーディング）

解答・採点基準　　（100点満点）

問題番号（配点）	設問		解答番号	正解	配点	自己採点
第1問（10）	A	問1	1	①	2	
		問2	2	③	2	
	B	問1	3	③	2	
		問2	4	②	2	
		問3	5	②	2	
第1問　自己採点小計						
第2問（20）	A	問1	6	③	2	
		問2	7	②	2	
		問3	8	①	2	
		問4	9	②	2	
		問5	10	④	2	
	B	問1	11	④	2	
		問2	12	③	2	
		問3	13	②	2	
		問4	14	③	2	
		問5	15	①	2	
第2問　自己採点小計						
第3問（15）	A	問1	16	④	3	
		問2	17	③	3	
	B	問1	18	①	3 *	
			19	②		
			20	④		
			21	③		
		問2	22	①	3	
		問3	23	④	3	
第3問　自己採点小計						

問題番号（配点）	設問		解答番号	正解	配点	自己採点
第4問（16）		問1	24	③	3	
		問2	25	④	3	
		問3	26	②	3	
		問4	27	①-④	2	
			28		2	
		問5	29	②	3	
第4問　自己採点小計						
第5問（15）		問1	30	④	3	
		問2	31	②	3	
		問3	32	②	3 *	
			33	⑤		
			34	①		
			35	④		
		問4	36	④	3	
		問5	37 - 38	②-④	3 *	
第5問　自己採点小計						
第6問（24）	A	問1	39	②	3	
		問2	40	④	3	
		問3	41 - 42	③-⑤	3 *	
		問4	43	③	3	
	B	問1	44	③	3	
		問2	45 - 46	②-⑤	3 *	
		問3	47	②	3	
		問4	48	①	3	
第6問　自己採点小計						
自己採点合計						

（注）　＊は，全部正解の場合のみ点を与える。

－（ハイフン）でつながれた正解は，順序を問わない。

第1問

A

【全訳】

あなたはカナダ，アルバータ州の高校で勉強しています。あなたのクラスメートのボブが今学期の放課後の活動について，あなたにメッセージを送って来ています。

やあ！　元気？

あら，ボブ。元気よ！

聞いたかい？　僕たち今学期の放課後の活動を選択しなければならないんだって。

そうよ！　私はボランティアプログラムに参加して，小学校で教えるつもり。

何を教えるんだい？

そこでは色んな学年と科目の先生を必要としているの。私は小学校の子どもたちが日本語を学ぶ手伝いがしたいわ。あなたはどうするの？　このプログラムに申し込むつもり？

うん，僕もボランティアプログラムにとても興味があるんだ。

あなたは地理と歴史が得意ね。高校1年生を教えてはどう？

僕は高校では教えたくないよ。小学校か幼稚園でボランティアをしようと考えていたんだけど，中学校でボランティアをしたことのある学生は多くない。だから，そこで教えるつもりだよ。

本当？　中学校で教えるのは難しそうね。そこでは何を教えたいと思ってるの？

中学生のとき，僕は数学がとても苦手だった。数学は生徒たちにとって難しいと思うから，数学を教えたいんだ。

2　③ わー，それは素敵な考えね！

— 343 —

【語句】
◆指示文◆
・after-school activity「放課後の活動」
・term「学期」

◆本文◆
・How are you doing?「お元気ですか？／調子はどうですか？」
・hear about A「Aについて聞く／耳にする」
・have got to *do*「〜しなければならない」（＝have to *do*）
・choose O「Oを選ぶ」
・join O「O(活動・イベント)に参加する／加わる」
・tutor「(個人や少人数の人に)教える」
・elementary school「小学校」
・tutor「(主に，個人や少人数の人を教える)教師」
・grade「学年」
・help O *do*「Oが〜するのを手伝う／助ける」
・How about A?「Aはどうですか？」
・sign up for A「A(講座など)に申し込む」
［例］ The children **signed up for** swimming lessons.
　　　その子どもたちは水泳教室に申し込んだ。
・be interested in A「Aに興味がある」
・be good at A「Aが得意である」
・geography「地理学」
・Why don't you *do*?「〜してはどうですか？」
・be thinking of *doing*「〜しようと考えている」
・kindergarten「幼稚園」
・sound＋形容詞「〜に聞こえる／〜な感じがする」

【設問解説】
問1　1　①
　　ボブはどこでボランティアとしての手伝いをしようと計画しているか？　1
　①　中学生で
　②　幼稚園で
　③　高校で
　④　小学校で
　　ボブの第5発話第2〜最終文「小学校か幼稚園でボランティアをしようと考えていたんだけど，中学校でボランティアをしたことのある学生は多くない。だから，そこ(＝中学校)で教えるつもりだよ」より，正解は①。
問2　2　③
　　ボブの最後のメッセージに対する最も適切な返信はどれか？　

— 344 —

① 私の好きな科目も数学だったわ。
② それでは，私たちは同じ学校で教えることになるわね。
③ わー，それは素敵な考えね！
④ わー，あなたは本当に日本語が好きなのね！

　ボブの最後のメッセージ「中学生のとき，僕は数学がとても苦手だった。数学は生徒たちにとって難しいと思うから，数学を教えたいんだ」に対する最も適切な返信は「わー，それは素敵な考えね！」であるため，正解は③。

56

B
【全訳】

あなたは高校生で，留学をしようと考えています。アメリカでの勉強や仕事について学べるオンラインイベントの広告を見つけます。

2022年留学と職業に関するオンライン説明会

アメリカ学生ネットワークではオンライン説明会を3回予定しています。

説明会／日時＊	詳細
留学：高校(中学生・高校生向け)	
第1回オンライン説明会 7月31日 午後3時～5時	アメリカの高校での勉強の実際。 ➤ 授業・宿題・成績 ➤ 放課後の活動やスポーツ ☆ アメリカ中の学生の話が聞けます。思い切って質問してみましょう！
留学：大学(高校生向け)	
第2回オンライン説明会 8月8日 午前9時～正午	アメリカの大学で勉強する際に期待できること。 ➤ 授業をうまくこなすためのアドバイス ➤ 大学生活と学生自治会 ☆ 有名な教授の生の講演を聴きます。遠慮なく質問してください！
仕事：職業(高校生・大学生向け)	
第3回オンライン説明会 8月12日 午後1時～4時	アメリカでの仕事の見つけ方。 ➤ 就職活動と履歴書の書き方 ➤ 客室乗務員，コック，俳優など様々な分野の職業の人たちに出会えます！ ☆ 仕事内容や就労ビザについて質問してください。

＊中部標準時(CST)

ここをクリックして2022年7月29日までにお申し込みください。 → **説明会申し込み**
あなたのフルネーム，生年月日，メールアドレス，学校名を記入し，ご興味のあるオンライン説明会を明記してください。

【語句】

◆指示文◆

・study abroad「留学する」

・advertisement「広告」

◆本文◆

・career「仕事／経歴」

・session「集まり／会合」

・virtual「オンラインの」

・date「日にち」

・detail「詳細」

・What is it like to *do*?「〜するとはどういうことか？」

［例］ **What is it like to live** in a foreign country?

　　　外国で暮らすとはどういうことですか？

・hear from A「Aの話を聞く」

・take a chance to *do*「思い切って〜する」

・expect O「Oを期待する」

・succeed in A「Aで成功する」

・student association「学生自治会」

・listen to A「Aを聴く」

・professor「教授」

・live「生の／ライブの」

・talk「講演」

・feel free to *do*「遠慮なく〜する」

［例］ If you have any questions, **feel free to send** me an e-mail.

　　　ご質問があれば，お気軽にEメールしてください。

・job hunting「就職活動」

・résumé「履歴書」

・a wide range of A「様々な分野のA」

・professional「専門職の人／知的職業人」

・including A「Aを含む」

・flight attendant「客室乗務員／フライトアテンダント」

・chef「コック／シェフ」

・many more「もっと多く（の人）」

・work visa「就労ビザ」

・Central Standard Time「中部標準時」（＝CST）　アメリカ，カナダなどで用いられる標準時。

・click「クリックする」

・register「申し込む／登録する」

58

・registration「申し込み／登録」
・provide O「Oを提供する」
・indicate O「Oを述べる／示す」
・be interested in A「Aに興味がある」

【設問解説】

問1 3 ③

どの日に講演を聞くことができるか。 3

① 7月29日
② 7月31日
③ **8月8日**
④ 8月12日

8月8日の第2回オンライン説明会の「☆有名な教授の生の講演を聴きます」より，正解は③。

問2 4 ②

4 ためには，第1回と第2回の説明会に参加するべきだ。

① 申し込み手続きについて知る
② **アメリカで勉強することについての情報を得る**
③ あなたの留学経験を共有する
④ 様々な仕事を持つ人々と話す

第1回は「アメリカの高校での勉強の実際」，第2回は「アメリカの大学で勉強する際に期待できること」が説明会のテーマであるため，正解は②。

問3 5 ②

これらのうちのどのオンライン説明会に申し込むためにも， 5 を提供する必要がある。

① 尋ねたい質問
② **誕生日**
③ 仕事の選択
④ 家の住所

最下段に「あなたのフルネーム，生年月日，メールアドレス，学校名を記入し，ご興味のあるオンライン説明会を明記してください」とあることより，正解は②。

― 348 ―

第2問

A

【全訳】

あなたはイギリスで学ぶ交換留学生です。週末にホストファミリーが文化体験のために，ハンベリーへ連れて行ってくれる予定です。ホテルの近辺でできることについての情報と，滞在するホテルのレビューを見ています。

ホワイトホースホテル
ハンベリースクエア

ホテル近辺でできること，見られる物：

◆ ハンベリー教会：徒歩わずか10分のところです。

◆ ファーマーズマーケット：第1週と第3週の週末ごとにスクエアで開催されます。

◆ キングズ・アームズ：ハンベリー最古の建物でランチをお楽しみください(ホテルの真向いです)。

◆ イースト・ストリート：お土産はすべてここで買えます(ホテルから徒歩15分)。

◆ スチーム・ハウス：駅の近くでハンベリー鉄道博物館の隣です。

◆ 徒歩ツアー(90分)：毎週火曜日と土曜日の午前11時にスクエアから出発します。

◆ ストーン・サークル：毎週火曜日のランチタイムに音楽のライブ演奏があります(教会の真裏です)。

◆ 古城(入場料：5ポンド)：毎週土曜日の夜に「ロミオとジュリエット」の劇が見られます。(劇のチケットは駅の向かいのお城の入口で，15ポンドで買えます。)

ホワイトホースホテルの会員特典*：

◆ 鉄道博物館の無料入場券

◆ お一人分の劇の鑑賞料金がたったの9ポンド

◆ メモリーフォトスタジオの割引クーポン(ビクトリア時代の伝統的な衣装を着て写真を撮りましょう)。午前9時から午後5時30分まで毎日営業。

＊ご宿泊のお客様の入会は無料です。

最も読まれているレビュー

また利用します

町の中心部の素敵なホテルで，朝食もおいしかったです。お店は限られているけれど，町はきれいで，美しい教会まで徒歩でたったの5分しかかかりませんでした。スチーム・ハウスの紅茶とケーキは絶品です。サリー

美しい町

部屋はとても快適で，スタッフの方たちも親切でした。オーストラリアから来たのですが，お城での劇は素晴らしく，徒歩ツアーはとても興味をそそるものだと思いました。ストーン・サークルもお勧めします(丘を10分歩いてのぼるのがお嫌でなければ)。ベン

【語句】

◆指示文◆

- ・exchange student「交換留学生」
- ・experience O「Oを経験する」
- ・review「レビュー／批評」

◆本文◆

- ・on foot「徒歩で」

［例］ I go to school **on foot** every day.
　　　私は毎日学校まで徒歩で通っている。

- ・hold O「Oを開催する」
- ・across from A「Aの向かいに」（＝opposite A）

［例］ There used to be a supermarket **across from** my house.
　　　かつて私の家の向かいにはスーパーがあった。

- ・〜 -minute walk from A「Aから徒歩〜分」
- ・next to A「Aの隣に」
- ・live「ライブの／生演奏の」
- ・admission「入場料」
- ・play「劇／芝居」
- ・free「無料の」
- ・discount coupon「割引クーポン」
- ・traditional「伝統的な」
- ・Victorian「ビクトリア時代の」
- ・clothes「衣装／服装」
- ・open「営業して」
- ・membership「会員であること」
- ・limited「限られている」
- ・take O「O（時間）かかる」
- ・must「必見のもの／不可欠のもの」 名詞である。
- ・comfortable「快適な／心地よい」
- ・interesting「興味をそそる」
- ・recommend O「Oを勧める」
- ・mind O「Oを嫌がる／気にする」

【設問解説】

問1　6　③

　6　はホワイトホースホテルに最も近い。

① 　イースト・ストリート
② 　ハンベリー教会
③ 　**キングズ・アームズ**

④　ストーン・サークル

　イースト・ストリートはホテルから徒歩15分，ハンベリー教会はホテルから徒歩10分，キングズ・アームズはホテルの真向かい，ストーン・サークルはハンベリー教会まで10分歩きその真裏にある。キングズ・アームズが最も近いので，正解は③。

問2　 7 　②

　 7 　は，月の第３土曜日にハンベリーを訪れた場合にできる活動の組み合わせの１つである。

A：徒歩ツアーに出かける

B：写真を撮ってもらう

C：音楽のライブ演奏を聴く

D：ファーマーズマーケットで買い物をする

①　AとBとC

②　**AとBとD**

③　AとCとD

④　BとCとD

　ホテル近辺でできること，見られる物の，徒歩ツアーの「毎週火曜日と土曜日の午前11時にスクエアから出発します」よりA，ファーマーズマーケットの「第１週と第３週の週末ごとにスクエアで開催されます」よりD，**ホワイトホースホテルの会員特典**の，メモリーフォトスタジオの説明の「午前９時から午後５時30分まで毎日営業」よりBが当てはまる。したがって，正解は②。なお，ストーン・サークルで行われる音楽のライブ演奏は毎週火曜日であるため，Cは不可。

問3　 8 　①

　あなたは「ロミオとジュリエット」のより安いチケットを手に入れたいと思っている。あなたは 8 ことになる。

①　**ホテルの会員になる**

②　城でチケットを買う

③　ホテルで無料のチケットを手に入れる

④　ビクトリア時代の伝統的な衣装を着る

　ホワイトホースホテルの会員特典の２つ目に「お一人分の劇の鑑賞料金がたったの９ポンド」とあるが，これは古城で行われる「ロミオとジュリエット」の料金のことである。また，**ホワイトホースホテルの会員特典**に関して，「＊ご宿泊のお客様の入会は無料です」とある。したがって，正解は①。

問4　 9 　②

　レビューで触れてい**ない**ホテルの１つの利点は 9 である。

①　快適さ

②　**割引**

③　食べ物

④　サービス

62

　割引については，どちらのレビューでも触れていないので，正解は②。①と④は，右のレビュー第1文「部屋はとても快適で，スタッフの方たちも親切でした」，③は左のレビュー第1文の「朝食もおいしかったです」に述べられているので，不可。

問5 　10　④

　レビューを書いた人の意見を最も反映しているのはどれか。　10

① 活動は楽しく，店はよかった。
② ホテルの部屋はきれいで，フォトスタジオは素晴らしかった。
③ 音楽は素晴らしく，活動は興味をそそるものだった。
④ 観光は楽しく，ホテルは便利なところに位置していた。

　左のレビュー第2文「お店は限られているけれど，町はきれいで，美しい教会まで徒歩でたったの5分しかかかりませんでした」と，右のレビュー第2文の「お城での劇は素晴しく，徒歩ツアーはとても興味をそそるものだと思いました」より，正解は④。

— 352 —

2022年度　追試験〈解説〉　63

B

【全訳】

　あなたの英語の先生が授業の議論の準備のために読むようにと，この記事を提供してくれました。

小学生のころ学校での私の大好きな時間は，休憩時，つまり昼食のあとの長い休み時間に友達と話したり走り回ったりするときでした。最近，アメリカのいくつかの小学校では休憩時間を昼食の前に変えているということを知りました。2001年には，昼食の前に休憩をとる小学校は5％未満でした。2012年までに，この新しいシステムに移行した学校は3分の1を超えています。この変化についてもっとよく知るために調査が行われました。以下がその結果です。

昼食の前に休憩をとることがよい理由は：
● 生徒がよりお腹が空いて食欲が増す。
● 生徒が昼食後に外で遊ぶために急いで食事をしない。
● 生徒が午後により落ち着き，より集中する。
● 無駄にされる食べ物が減る。
● 頭痛や腹痛を訴える生徒が減る。
● 養護教諭に診てもらう生徒が減る。

ところが，昼食の前に休憩をとることにはいくつかの問題がある：
● 生徒が食事の前に手を洗うのを忘れることがある。
● 昼食の時間が遅くなったために生徒のお腹が空きすぎることがある。
● 学校が時間割を変えなければならない。
● 教師と職員が自分の予定を変更しなければならない。

これは興味深い考えで，もっと多くの学校が検討する必要があります。子どものころ，私は昼食の前はとてもお腹が空いていたことを覚えています。昼食の時間を遅くすることは実際的ではないという意見があるかもしれません。しかし，学校が朝に少量の健康的なおやつを提供するのもよいという意見もあります。食事の回数を増やすことは生徒の健康にもいいことです。手を洗うことについてはどうでしょう？　何なら，手洗いを予定の一部に組み込んではどうでしょうか？

【語句】
◆指示文◆
・article「記事」
・prepare for A「Aのために準備する」

─ 353 ─

64

◆本文◆

- ・elementary school「小学校」
- ・favorite「大好きな」
- ・run around「走り回る」
- ・recess「休憩時間」
- ・break「小休止／休憩」
- ・change A to B「AをBに変える」
- ・less than A「A未満」
- ・more than A「Aを超える」(＝over A)
- ・one-third「3分の1」
- ・survey「調査」
- ・conduct O「Oを行う」
- ・find out more about A「Aについてもっとよく知る」
- ・result「結果」
- ・rush O「Oを急ぐ」
- ・calm「落ち着いた」
- ・focus「集中する」
- ・waste O「Oを無駄にする」
- ・headache「頭痛」
- ・stomachache「腹痛」
- ・school nurse「養護教諭」
- ・challenge「問題／困難」
- ・forget to *do*「～するのを忘れる」
- ・timetable「時間割」
- ・alter O「Oを変更する」
- ・consider O「Oについて検討する」
- ・as a child「子どものころ」
- ・remember *doing*「～したのを覚えている」
- ・practical「実際的な」
- ・offer O「Oを提供する」
- ・What about *doing*?「～することについてはどうですか？」
- ・make OC「OをCにする」

【設問解説】

問1　11　④

　　あなたが議論するのはどの問題か。学校では，11 べきか？

① 休憩をもっと短くする
② 食べ物の無駄を減らす
③ 昼食をもっと健康的にする

— 354 —

④　休憩の予定を変更する

　本文第1段落には，「アメリカでは2001年には昼食の前に休憩をとる小学校は5％未満であったのに対し，2012までにこのシステムに移行した学校が3分の1を超えた」ということが書かれており，全体の議論もこれに関するものになっている。よって，正解は④。

問2　12　③

　昼食の前に休憩をとることの1つの利点は，生徒が 12 ことである。

① 朝のおやつを必要としない
② より長い休憩を持つ
③ より落ち着いて勉強する
④ 手をもっとしっかり洗う

　「理由」に関する調査結果3つめの「生徒が午後により落ち着き，より集中する」より，正解は③。

問3　13　②

　昼食の前に休憩をとることの1つの懸念は，13 ことである。

① 学校はより多くの養護教諭を必要とするかもしれない
② 学校は新しい時間割を作る必要があるかもしれない
③ 生徒がより多くの時間を屋内で過ごすかもしれない
④ 生徒がより多くの食べ物を無駄にするかもしれない

　「問題」に関する調査結果3つめ「学校が時間割を変えなければならない」より，正解は②。

問4　14　③

　筆者の提案によって解決される可能性のあるのは次のうちのどれか。14

① 学校のスケジュールは変更する必要があるだろう。
② 学校の職員は食べる時間を遅くしなければならないだろう。
③ 生徒が手を洗う可能性が低くなるだろう。
④ 生徒は昼食を食べないで残すだろう。

　「問題」に関する調査結果の1つめに「生徒が食事の前に手を洗うのを忘れることがある」とある。これについて筆者は調査結果の下の第6・最終文で「手を洗うことについてはどうでしょう？　何なら，手洗いを予定の一部に組み込んではどうでしょうか？」と述べていて，手洗いに関する問題の解決が示唆されている。よって，正解は③。

問5　15　①

　筆者の意見では，より多くの学校が，生徒が 15 ことを助けるべきだ。

① よりよい食習慣を取り入れる
② 昼食をもっと早い時間に食べるのを楽しむ
③ 養護教諭に診てもらわない
④ 時間割の変更について心配しない

調査結果の下の第4・5文「しかし，学校が朝に少量の健康的なおやつを提供するのもよいという意見もあります。食事の回数を増やすことは生徒の健康にもいいことです」より，正解は①。

第3問

A
【全訳】
　イギリス出身のあなたの英語の先生が，自分の生徒たちのためにブログを書いています。彼女はあなたの都市で開催されている博覧会について書いたところで，あなたはそれに興味を持っています。

 トレーシー・パン
　　　　8月10日月曜日　午後11時58分

先週末，私はコンベンションセンターで開催された「地球を救おう」国際博覧会へ行ってきました。私たちが家庭でやってみることのできる創造的なアイデアがたくさん紹介されていました。あんなに多くの人が参加していたのも不思議ではありませんね。

家庭用品を作り変えることを扱った展示は特に触発させるものでした。私たちがたいてい捨ててしまう物を，どのようにして役に立ちおしゃれな物に作り変えることができるかを見て驚きました。元の製品とは全く違った物に見えました。ワークショップも素晴らしかったです。いくつかの集まりは英語で行われていて私には申し分ありませんでした(そして，皆さんにとってもね)！　私はその1つに参加して卵パックを使って宝石箱を作りました。最初に私たちは基本色を選び，次に装飾用の材料を決めました。私は使える物を作れるか自信がありませんでしたが，素敵な物が出来上がりました。

もし興味があれば，博覧会は8月22日まで行われています。ただ，週末の混雑は絶対に避けた方がいいと思います。下のカレンダーは博覧会とワークショップの日程です。

「地球を救おう」国際博覧会(8月4日～22日)							
(日)	(月)	(火)	(水)	(木)	(金)	(土)	
						1	
2	3	4	5　W★	6	7	8　W★	
9　W	10　W★	11	12　W	13	14	15　W	
16　W	17　W	18	19　W★	20	21	22　W★	
23	24	25	26	27	28	29	
30	31						

W＝ワークショップ(★英語で説明されます)

68

【語句】

◆指示文◆
- blog「ブログ」
- Expo「博覧会」（＝exposition）
- hold O「O（イベントなど）を開催する」
- be interested in A「Aに興味がある」

◆第1段落◆
- save the planet「地球を救う」
- Convention Centre「コンベンションセンター」 centre は center のイギリス英語の綴り。
- creative「創造的な」
- No wonder (that) SV ...「…なのも不思議はない／どおりで…」
- take part「参加する」

◆第2段落◆
- exhibition「展示」
- remake O「Oを作り変える／改造する」
- household item「家庭用品」
- particularly「特に」
- inspiring「触発させる」
- amazing「驚くべき」
- things we normally throw away「私たちがたいてい捨ててしまう物」 we 以下は things を修飾する節。
  normally「たいてい／普通」
  throw away O／throw O away「Oを捨てる」
- remake A into B「AをBに作り変える」
- stylish「おしゃれな」
- look nothing like A「全くAのように見えない」
- original product「元の製品」
- workshop「ワークショップ／研究会」
- excellent「素晴らしい」
- session「集まり／会合」
- be perfect for A「Aには申し分ない」
- join O「O（催しなど）に参加する」
- jewellery「宝石（の）」 jewellery は jewelry のイギリス英語の綴り。
- egg carton「卵パック」
- have no confidence in *doing*「〜するのに自信がない」
- turn out (to be) C「（結局）Cになる」

― 358 ―

◆第3段落◆

・be on「(イベントなどが)行われている/進行中である」
・strongly suggest that S *do*「Sが〜することを強く勧める」
・avoid O「Oを避ける」
・..., though「ただ…だが」　副詞である。
・date「日にち」

【設問解説】

問1　16　④

　　トレーシーは　16　について学ぶためにワークショップに参加した。

①　創造的に色を組み合わせること
②　家庭の食べ物ごみを減らすこと
③　家の部屋の模様替え
④　**日常の品物を改造すること**

　　第2段落第6文には「私はその1つに参加して卵パックを使って宝石箱を作りました」と述べているが，トレーシーがこのワークショップに参加した理由は，同段落第1〜4文「家庭用品を作り変えることを扱った展示は特に触発させるものでした。私たちがたいてい捨ててしまう物を，どのようにして役に立ちおしゃれな物に作り変えることができるかを見て驚きました。元の製品とは全く違った物に見えました。ワークショップも素晴らしかったです」と説明されている。したがって，正解は④。

問2　17　③

　　トレーシーの勧めに基づいて考えると，英語で行われるワークショップに参加するのに最もよい日は　17　である。

①　8月12日
②　8月16日
③　**8月19日**
④　8月22日

　　英語のワークショップが行われる★の付いた日は19日と22日だが，第3段落第2文「ただ，週末の混雑は絶対に避けた方がいいと思います」より，19日水曜日が最もよい。したがって，正解は③。

B
【全訳】
　イギリス人の友達があなたにイギリスの犬についての興味深い記事を見せます。

犬愛好家のパラダイス

　もしあなたがドッグシェルターに関して，しばしば犬たちが窮屈な状態で飼われている場所だというイメージを持っているとしたら，グリーンフィールズのロバート・グレイのドッグ保護シェルターを訪れて驚くことでしょう。この雑誌の写真を撮るためにこの前の夏にそこを訪問するよう頼まれたとき，私はその機会に飛びつきました。あんなに多くの健康的で幸福な犬たちが野を自由に駆け回っているのを見るのがどれほど素晴らしい経験だったか，決して忘れることはないでしょう。

　私が訪問したときは，およそ70頭の犬がそこで暮らしていました。それ以来，その数は増えて100頭を超えました。これらの犬にとって，そのシェルターは彼らが放置されていた過去の生活からは遠く離れた安全な場所です。所有者のロバート・グレイは2008年にメルチェスターの通りから野良犬を保護し始めたのですが，ちょうどそのころ市内で野放しにされている犬の問題が大きくなっていました。ロバートは自宅の裏庭でシェルターを始めたのですが，犬の数が日に日に増え続け，たちまち20頭に達しました。そのため，2009年の夏にシェルターをグリーンフィールズのおじの農場に移しました。

　私がグリーンフィールズで見た光景は犬にとってはパラダイスのように思えましたが，ロバートはシェルターを運営していくのに多くの問題に直面していると話しました。メルチェスターでの全く初期の頃から，犬にえさや医療を提供する費用が常に問題となっています。もう一つの問題は犬の振る舞いに関することです。近所の農家のなかには，犬がさまよって農地に入り込み大声で吠え，それによって家畜が怖がることがあると不満をもらす人もいます。ただ実際は，そこの犬は大部分がとても人なつっこいのですが。

犬の数は増え続けていて，ロバートは訪れる人が自分の気に入った犬を見つけて，その犬に永遠の住みかを与えてくれることを希望しています。マットリーという名の愛らしい犬がどこでも私のあとをついてきました。私は大好きになりました！　私はすぐにまた来て，うちに連れ帰るとマットリーに約束しました。

マイク・デイビス(2022年1月)

【語句】

・paradise「パラダイス／楽園」

◆第1段落◆

・rescue shelter「保護シェルター」

・surprise O「O(人)を驚かせる」

・crowded「窮屈な／混雑した」

・jump at A「A(機会など)に飛びつく」

・how+形容詞+it is to *do*「〜することがどれほど…か」

[例]　You don't know **how** difficult **it is to master** a foreign language.
　　　君は外国語をマスターすることがどれほど難しいか知らないんだ。

・see O *doing*「Oが〜しているのを見る」

◆第2段落◆

・grow to A「(数などが)増えてAに達する」

・past「過去の」

・neglect「(動物・子どもなどの)放置／ネグレクト」

・owner「所有者」

・take in O／take O in「Oを引き取る／回収する」

・homeless dog「野良犬」

・run wild「野放しにされている」

・keep *doing*「〜し続ける」

・day by day「日に日に／毎日」

・reach O「Oに達する」

・move A to B「AをBに移す」

◆第3段落◆

・seem like A「Aのように思える」

・face O「Oに直面する」

・run O「Oを運営する／経営する」

・cost「費用」

・provide A with B「AにBを提供する」

[例]　This university **provides** international students **with** scholarships.
　　　この大学では留学生に奨学金を提供している。

・medical treatment「医療」

72

- issue「問題」
- concern O「Oに関する」
- behaviour「振る舞い」 behavior のイギリス英語の綴り。
- neighbouring「近所の」 neighboring のイギリス英語の綴り。
- wander「さまよう」
- bark「(犬などが)吠える」
- loudly「大声で」
- frighten O「Oを怖がらせる」

◆第4段落◆
- continue to *do*「〜し続ける」
- permanent「永遠の」
- adorable「愛らしい／とてもかわいい」
- A named B「Bという名のA」
- follow O「Oのあとをついていく」
- be in love「大好きである」
- promise O that SV ...「Oに…すると約束する」

［例］ He **promised** his wife **that** he wouldn't be late again.
　　　　彼は妻に二度と遅れないと約束した。

- return「再び来る／戻ってくる」
- take O home with *one*「Oを家に連れて帰る」

【設問解説】
問1 　18 　① 　19 　② 　20 　④ 　21 　③
　　　次の出来事(①〜④)を起こった順に並べよ。 18 → 19 → 20 → 21
① 　ドッグシェルターに金銭的な問題が生じ始めた。
② 　ドッグシェルターは新しい場所に移った。
③ 　犬の数が100頭に達した。
④ 　筆者がグリーンフィールズのドッグシェルターを訪れた。
　　　第3段落第2文「メルチェスターでの全く初期の頃から，犬にえさや医療を提供する費用が常に問題となっています」より， 18 　には①が来る。第2段落最終文「そのため，2009年の夏にシェルターをグリーンフィールズのおじの農場に移しました」より， 19 　には②が来る。第2段落1・2文「私が訪問したときは，およそ70頭の犬がそこで暮らしていました。それ以来，その数は増えて100頭を超えました」より， 20 　に④が来て， 21 　に③が来る。①と②は，筆者がシェルターを訪れた後の④と③より前の出来事であることに注意。
問2 　22 　①
　　　ドッグシェルターが始められたのは， 22 　からである。
① 　メルチェスターには飼い主のいない犬がたくさんいた
② 　犬が街中で自由に走るのを人々が見たかった

— 362 —

③　グリーンフィールズの農家が自分たちの犬を心配した

④　人々が犬を引き取る場所が必要だった

　第2段落第4文「所有者のロバート・グレイは2008年にメルチェスターの通りから野良犬を保護し始めたのですが，ちょうどそのころ市内で野放しにされている犬の問題が大きくなっていました」より，正解は①。

問3　 23 　④

　この記事から，あなたは 23 ことがわかった。

①　ロバートのおじが2008年に犬を救助し始めた

②　その犬たちはおとなしくて行儀がよい

③　シェルターはそれ以上犬を受け入れるのをやめた

④　筆者は犬を引き取ろうと考えている

　最終段落第2～最終文「マットリーという名の愛らしい犬がどこでも私のあとをついてきました。私は大好きになりました！　私はすぐにまた来て，うちに連れ帰るとマットリーに約束しました」より，正解は④。

74

第4問

【全訳】

　ホームステイで受け入れるトムの予定を立てるために，あなたはあなたの家族とトムの間のメールのやり取りを読んでいます。

やあ，トム

あなたの到着の日が近づいてきたので，いくつかの細かな点をチェックするためにメールを書いています。まず，アスカ国際空港への到着時刻は何時ですか？　到着エリアであなたをお迎えしたいと思っています。

あなたのステイ中，食事はみんなで一緒にとります。平日は，朝食はたいてい午前7時半で夕食は午後7時です。あなたのご都合はそれでいいですか，それとも他の時間の方が都合がいいですか？

アスカをご案内しようと考えています。あなたが到着する次の日，正午から午後4時まで近所でお祭りがあります。あなたは，「神輿」と呼ばれる移動可能な神殿をかつぐグループの一つに加わることができます。お祭りの後は，午後8時から9時まで川べりで花火大会が行われます。

また，いつかの夜にレストランへお連れしたいと思っています。添付したのは私たちの好きな場所についての情報です。あなたの好みがわからないので，どれがあなたに一番合いそうか教えてください。

レストラン	コメント	備考
アスカ・ステーキ	肉の好きな人の地元のお気に入り	火曜定休
カグラ・ラーメン	チキンラーメンが有名	毎日営業
スシ・ホンバン	新鮮でおいしい魚介類	月曜定休
テンプラ・イロハ	すごくおいしい！	水曜定休

最後に，プロフィールによると，あなたはサムライのフィギュアを集めていますね。私たちの町のメインストリートの中央通りには，そういう物を売っている店がたくさんあります。また，食べ物，衣類，コンピュータゲーム，文房具などを売る店もあります。そこで楽しく過ごせますよ。どう思いますか？　そこへ行ってみたいですか？

— 364 —

お待ちしています
あなたのホストファミリーより

以下のメールはあなたの家族へのトムからの返信です。

ホストファミリーの皆さんへ

メールありがとうございました。日本への訪問をとても楽しみにしています。空港まで迎えに来ていただく必要はありません。ヒノデ大学がキャンパスへの私たちの移動を手配してくれています。メモリアルホールで午後7時まで歓迎会があります。歓迎会の後，建物の入り口で皆さんをお待ちしています。それでよろしいですか？

フライトから回復するのに半日必要だと思うので，次の日はたぶん遅く起きて，午後はただゆっくりしていたいと思っています。夜の花火は楽しそうですね。

月曜日に始まる語学のレッスンは午前8時からなので，朝食は30分早くしてもらってもいいですか？　午後のアクティビティーは午後5時に終わります。夕食は7時で問題ありません。

コメント付きのレストランのリスト，ありがとうございます。実を言いますと，僕は魚介類が好きではなく，また赤肉も食べないのです。10日には午後のアクティビティーがないので，その日に食事に出かけるのはいかがですか？

ショッピングについては，中央通りは素晴らしい場所のようですね。そこへ行くときは，僕は自分の家族のために日本のお菓子もいくらか買いたいと思っています。12日は語学の授業が正午で終わりなので，その日の午後にショッピングに出かけませんか？

お会いするのが待ちきれません！
トムより

［トムの予定に関するメモ］

日付(曜日)	家族と一緒に		学校
6日(土)	到着，及び 24 ③ メモリアルホールの入り口に出迎え		歓迎会
7日(日)	25 ④ 花火を見る		・語学の授業 午前8時〜午後3時 (金曜日は正午まで) ・午後のアクティビティー 午後5時まで (水曜日と金曜日を除く)
8日(月)			
9日(火)			
10日(水)	26 ② カグラ・ラーメンにて夕食		
11日(木)			
12日(金)	27 ① アクションフィギュアと 28 ④ 食べ物のためのショッピング		
13日(土)	出発		
＊月〜金 朝食 29 ② 午前7時 夕食 午後7時			

【語句】
◆指示文◆
・email exchange「メールのやり取り」
◆ホストファミリーからのメール◆
・arrival「到着」
・just around the corner「目前に迫って／もうすぐ」
・detail「細かい点／詳細」
・land「(飛行機が)到着する／着陸する」
・meet O「Oを迎えに行く／Oに会う」
・stay with A「A(人)のところに宿泊する」
［例］ I **stayed with** my uncle over the weekend.
　　　週末はずっとおじのところに泊まった。
・meal「食事」
・weekday「平日」
・work「(日時・予定などが)都合がいい」
・suit O「O(人)に合う」
・show A around B「A(人)をB(場所)のあちこちへ案内する」
［例］ Let me **show** you **around** the town.
　　　町を案内させてください。
・neighborhood「近所」

— 366 —

2022年度　追試験〈解説〉　77

・the day after SV ...「…する次の日」
・join O「Oに加わる」
・portable「移動可能な／携帯の」
・shrine「神殿／神社」
・fireworks display「花火大会」
・take A to B「A（人）をB（場所）へ連れて行く」
・Attached is A.「添付したのはAです」
・favorite「気に入りの／大好きな」
・look good to A「A（人）に合いそうだ」
・note「メモ／備考」
・local「地元の」
・closed「休業している／閉店している」（⟷ open「開店している」）
・(be) famous for A「Aで有名である」
・finally「最後に」
・according to A「Aによると」
・profile「プロフィール／紹介文」
・figure「フィギュア／人物の像」
・stationery「文房具」
・have a great time「楽しく過ごす」

◆トムからのメール◆
・look forward to A「Aを楽しみにする」
　［例］　I'm **looking forward to** the party this evening.
　　　　私は今晩のパーティーが楽しみだ。
・arrange O「Oを手配する」
・transportation「移動／輸送」
・welcome banquet「歓迎会」
・entrance to A「Aの入り口」
・half a day「半日」
・recover from A「Aから回復する」
・flight「フライト」
・sound＋形容詞「〜に聞こえる」
・activity「アクティビティー／活動」
・to tell you the truth「実を言うと」
・be fond of A「Aが好きだ」
・red meat「赤肉」　牛肉や羊肉などのこと。
・as for A「Aについては」
・sound like A「Aのように聞こえる」

— 367 —

・can't wait to *do*「〜するのが待ちきれない」

［例］　I **can't wait to hear** the details from you.

　　　　君から詳しい話を聞くのが待ちきれない。

◆メモ◆

　・pick up「出迎え」

　・reception「歓迎会」

　・except A「Aを除いて」

　・departure「出発」

【設問解説】

問1　24　③

　　あなたの家族はどこでトムと会うか。24

①　アスカ国際空港

②　歓迎会の部屋

③　**メモリアルホールの入り口**

④　ヒノデ大学の正門

　　トムのメール第1段落第4・5文「メモリアルホールで午後7時まで歓迎会があ
ります。歓迎会の後，建物の入り口で皆さんをお待ちしています」より，正解は③。

問2　25　④

　　トムが日曜日にすることを選べ。25

①　歓迎会に出席する

②　移動可能な神殿をかつぐ

③　お祭りに行く

④　**花火を見る**

　　ホストファミリーのメール第3段落第2〜最終文「あなたが到着する次の日（＝
7日，日曜日），正午から午後4時まで近所でお祭りがあります。あなたは，『神輿』
と呼ばれる移動可能な神殿をかつぐグループの一つに加わることができます。お祭
りの後は，午後8時から9時まで川べりで花火大会が行われます」に対して，トム
は第2段落で「フライトから回復するのに半日必要だと思うので，次の日はたぶん
遅く起きて，午後はただゆっくりしていたいと思っています。夜の花火は楽しそう
ですね」と答えているので，お祭りには行かず花火だけ見ると分かる。したがって，
正解は④。

問3　26　②

　　あなたの家族がトムを連れて行くレストランを選びなさい。26

①　アスカ・ステーキ

②　**カグラ・ラーメン**

③　スシ・ホンバン

④　テンプロ・イロハ

　　ホストファミリーのメールのレストランのリストについて，トムは第4段落第

— 368 —

2022年度　追試験〈解説〉　79

2・最終文で「実を言いますと，僕は魚介類が好きではなく，また赤肉も食べないのです。10日には午後のアクティビティーがないので，その日に食事に出かけるのはいかがですか？」と述べているので，魚介類の出されるスシ・ホンバンと赤肉の出されるアスカ・ステーキは除外され，10日の水曜日はテンプラ・イロハは定休日なので，残るカグラ・ラーメンに行くことになる。したがって，正解は②。

問4　27 ・ 28 　①・④
　　　トムが買いに行く物を選べ。 27 ・ 28 （順不同。）
① 　アクションフィギュア
② 　衣類
③ 　コンピュータゲーム
④ 　食べ物
⑤ 　文房具
　　ホストファミリーのメール第5段落第1・2文「最後に，プロフィールによると，あなたはサムライのフィギュアを集めていますね。私たちの町のメインストリートの中央通りには，そういう物を売っている店がたくさんあります」に対して，トムは第5段落第1・2文で「ショッピングについては，中央通りは素晴らしい場所のようですね。そこへ行くときは，僕は自分の家族のために日本のお菓子もいくらか買いたいと思っています」と答えているので，サムライのフィギュアとお菓子を買うことがわかる。したがって，正解は①と④。

問5　29 　②
　　　あなたは 29 にトムと朝食を食べる。
① 　午前6時30分
② 　午前7時
③ 　午前7時30分
④ 　午前8時
　　ホストファミリーのメール第2段落第2文「平日は，朝食はたいてい午前7時半で夕食は午後7時です」に対して，トムは第3段落第1文で「月曜日に始まる語学のレッスンは午前8時からなので，朝食は30分早くしてもらってもいいですか？」と答えているので，正解は②。

— 369 —

80

第5問

【全訳】

　あなたは夏期の国際プログラムに出席するための奨学金に応募しています。申し込みの過程の一環として，他の国の有名な人についてプレゼンテーションをする必要があります。以下の記事に基づいてプレゼンテーションスライドを完成させなさい。

　87年の生涯の間に，ジャック・クストーは波の上と下のどちらにおいても多くの偉大なことをなした。彼はフランス海軍の将校，探検家，環境学者，映画製作者，科学者，作家，そしてあらゆる形態の水中の生物を研究した研究者であった。

　彼は1910年フランスに生まれ，パリの学校に通い，それから1930年フランス海軍兵学校に入学した。1933年に卒業後，パイロットになるための訓練を受けている間に，車の事故に遭いひどいけがを負った。このために彼の飛行士としての経歴には終止符が打たれた。けがからの回復に役立つようクストーは地中海で水泳をするようになり，これによって水中生物への興味が高まった。この頃，彼は最初の水中での研究を行った。もはやパイロットになる夢を追うことはできなかったが，クストーは1949年まで海軍にとどまった。

　1940年代，クストーは同じ村に住むマルセル・イシャックと仲良くなった。これら2人の男性は未知の，そして到達するのが困難な場所を探検したいという欲求を共有していた。イシャックにとってこれは山の頂上であり，クストーにとっては海の中の神秘的な世界であった。1943年，これら2人の隣人はフランスで最初の水中のドキュメンタリーによって賞を獲得したときに，広く認められるようになった。

　彼らのドキュメンタリー「18メートルの深さで」はその前の年に，呼吸器具を付けないで撮影されたものだった。その成功の後，彼らは続いて，アクアラングとして知られる全く最初の水中での呼吸器具の1つを使って，別の映像「難破船」を撮った。「難破船」の撮影中，クストーは水中で呼吸のできる時間の長さに満足せず，その設計に改良を行った。改良された器具のおかげで，彼は1948年，ローマ時代の船「マディア号」の残骸を探査することができた。

　クストーは初めて泳ぎを覚えた4歳のころからでさえ，常に海に目を向けていた。1953年に出版された彼の著作「沈黙の世界」で彼は，自分の船の後をついてくるイルカの集団について述べている。彼は長い間，イルカは反響定位（音波を利用して進路を決めること）を利用しているのではないかと考えていたので，ある実験をやってみようと決心した。クストーは水中マップによって，船が最良の進路を取らないように方向を数度ずらした。イルカは数分の間ついてきたが，その後元の進路へと戻った。これを見て，クストーは彼らの能力に関する自分の予測が間違っていないことをはっきりさせた。人間の反響定位の利用はまだ比較的なじみがなかったにもかかわらず，である。

　生涯を通してクストーの研究は国際的に認められ続けることになる。彼にはカメ

― 370 ―

ラで海面下の世界の美しさをとらえる能力があり，そのイメージを多くの出版物を通して一般の人々と共有した。これにより彼は1961年に「ナショナルジオグラフィック」誌から，スペシャルゴールドメダルを授与された。その後，環境に関わる研究への生涯を通じての彼の情熱は，海と水生生物を守ることの必要性を人々に教えるのに役立っていく。この貢献により彼は1977年，国連国際環境賞を授けられた。

ジャック・クストーの人生は作家，映画製作者，そしてミュージシャンにもインスピレーションを与えた。2010年，ブラッド・マトソンは「Jacques Cousteau: The Sea King (海の王　ジャック・クストー)」を出版した。これに続いて2016年には「海へのオデッセイ　ジャック・クストー物語」という映画が製作されたが，ここでは彼が研究船「カリプソ号」の船長として過ごした日々が描かれている。クストーがその経歴の頂点にあったとき，アメリカのミュージシャンのジョン・デンバーは，「Windsong」というアルバムの中の1曲のタイトルとしてこの研究船の名前を使った。

クストー自身も50を超える書籍と120のドキュメンタリーを製作した。彼の最初のドキュメンタリーシリーズ「クストーの海底世界」は10年間放送された。彼の解説の仕方のためにこの番組は大人気を博し，2回目のドキュメンタリーシリーズ「クストーのオデッセイ」はさらに5年間放送された。ジャック・クストーの人生と研究のおかげで，私たちは波の下で起こっていることについて理解を深めることができたのである。

プレゼンテーションスライド：

1940年代

水中の世界を明らかにしたいと望んだ
↓

32	②	呼吸器具なしでドキュメンタリーを撮った
33	⑤	賞を獲得して有名になった
34	①	改良された器具を使って「マディア号」まで潜った
35	④	フランス海軍を去った

3

主要ないくつかの研究

タイトル	内容
18メートルの深さで	賞を獲得した初期のドキュメンタリー

36	④
(A)	「沈黙の世界」	彼の科学の実験について述べた本
(B)	「クストーの海底世界」	10年間続いたドキュメンタリーシリーズ

4

貢献

・ダイビングの装置を開発した
・イルカが反響定位を使っていることを確認した
・水生生物についての興味深いドキュメンタリーを作った

| ・ | 37 | ② | 人々に海の環境を守るよう促した |
| ・ | 38 | ④ | 水中世界の多くの美しいイメージを創り出した |

5

【語句】

◆指示文◆
・apply for A「Aに応募する／申し込む」
・attend O「Oに出席する」
・application「申し込み」
・make a presentation「プレゼンテーションを行う」
・complete O「Oを完成させる」
・based on A「Aに基づいて」

◆第1段落◆
・officer「将校／士官」
・navy「海軍」
・explorer「探検家」
・environmentalist「環境学者」
・filmmaker「映画製作者」
・all forms of A「あらゆる形態のA」
・underwater life「水中の生物」

◆第2段落◆

- ・(be) born in A「Aで生まれる」
- ・enter O「Oに入学する」
- ・naval academy「海軍兵学校」
- ・graduate「卒業する」
- ・train「訓練する」
- ・be involved in A「A(事故・事件など)に遭う／巻き込まれる」

［例］　He seems to **be involved in** criminal activities.
　　　　彼は犯罪活動に関与しているようだ。

- ・be badly injured「ひどいけがを負う」
- ・put an end to A「Aに終止符を打つ／Aを終わりにする」
- ・career「経歴／仕事」
- ・help *do*「〜するのに役立てる／〜するのを助ける」
- ・recover from A「Aから回復する」
- ・injury「けが」
- ・the Mediterranean「地中海」
- ・interest in A「Aへの興味」
- ・carry out O / carry O out「Oを行う／実行する」

［例］　We have to **carry out** the plan as soon as possible.
　　　　我々はできるだけすぐにその計画を実行しなければならない。

- ・research「研究／調査」
- ・remain「残る」
- ・no longer「もはや〜ない」
- ・follow O「O(夢など)を追う」
- ・*one's* dream of *doing*「〜するという夢」

◆第3段落◆

- ・become friends with A「Aと仲良くなる／友達になる」
- ・share O「Oを共有する」
- ・desire to *do*「〜したいという欲求／欲望」
- ・explore O「Oを探検する」
- ・unknown「未知の」
- ・difficult-to-reach「到達するのが困難な」
- ・peak「頂上」
- ・mysterious「神秘的な／不思議な」
- ・neighbor「隣人」
- ・become widely recognized「広く認められるようになる」
- ・won＜win O「Oを獲得する」の過去・過去分詞形
- ・prize「賞／賞金」

84

- documentary「ドキュメンタリー」

◆第4段落◆

- film O「Oを撮影する」
- the previous year「その前の年に」
- breathing equipment「呼吸器具」
- success「成功」
- go on to *do*「続けて〜する」
- shipwreck「難破船」
- the very first A「全く最初のA」
- device「器具」
- known as A「Aとして知られる」
- Aqua-Lung「アクアラング」
- be satisfied with A「Aに満足している」
- breathe「呼吸する」
- make an improvement to A「Aに改良を行う」
- improved「改良された」
- enable O to *do*「Oが〜することを可能にする」

［例］ Modern communications **enable** people **to work** from home.
現代の通信技術のおかげで人々は在宅勤務ができるようになっている。

- wreck「残骸／難破船」

◆第5段落◆

- publish O「Oを出版する」
- describe O「Oについて述べる」
- follow O「Oの後をついていく」
- suspect that SV ...「…ではないかと考える」
- echolocation「反響定位／エコロケーション」 コウモリやイルカが超音波で障害物を知る方法または能力のこと。
- navigate「進路を決める／操縦する」
- sound wave「音波」
- experiment「実験」
- direction「方向／方角」
- by a few degrees「(角度を)数度分だけ」
  by A「A(数値)分だけ」差を表す。
  degree「(角度や温度の単位の)度」
- so that SV ...「…するように」 目的を表す。
- follow O「O(進路など)をたどる／進む」
- according to A「Aにしたがって」

［例］ You have to act **according to** her instructions.

— 374 —

あなたは彼女の指示に従って行動しなければならない。

・change back to A「(変更して)Aに戻る」
・original「元の／最初の」
・confirm O「Oが間違っていないことをはっきりさせる」
・prediction「予測／予言」
・ability「能力」
・human use of A「人間のAの利用／人間がAを利用すること」
・relatively「比較的に」
・new「よく知られていない」

◆第6段落◆

・continue to *do*「〜し続ける」
・internationally「国際的に／世界中で」
・capture O「(カメラなどで)Oをとらえる／撮影する」
・beauty「美しさ」
・surface「表面」
・share A with B「AをBと共有する／AをBに伝える」
〔例〕 I **share** an apartment **with** my friend.
　　　 私は友達とルームシェアしている。
・ordinary「普通の」
・publication「出版物」
・award AB「AにB(賞など)を授与する」
・*National Geographic*「ナショナルジオグラフィック」 世界の自然・動物などを多くの写真とともに紹介する米国の雑誌。
・lifelong「生涯を通じての」
・passion for A「Aに対する情熱」
・educate O「Oに教える／Oを教育する」
・necessity of *doing*「〜することの必要性」
・protect O「Oを守る」
・aquatic life「水生生物」
・honor A with B「AにB(賞など)を授ける」

◆第7段落◆

・inspire O「Oにインスピレーションを与える／Oを触発する」
・at the peak of A「Aの頂点にあって」

◆第8段落◆

・air O「O(番組)を放送する」
・another＋数詞＋複数名詞「さらに〜」
・thanks to A「Aのおかげで」

86

◆プレゼンテーションスライド◆

・conduct O「Oを行う」

・prize-winning「賞を獲得した」

・mention O「Oについて述べる」

・last「続く」

・attractive「興味深い／魅力的な」

【設問解説】

問1　30　④

あなたのプレゼンテーションに最もふさわしいサブタイトルはどれか。30

① 自然美を写真でとらえる

② 知的生物の神秘を発見する

③ 世界の頂点と底を探る

④ 海中の未知の世界を明かす

この英文では，ジャック・クストーが海の中の世界をドキュメンタリーで紹介するなどして，環境への理解を促したことが述べられている。したがって，正解は④。

問2　31　②

初期の経歴（1940年以前）のスライドを完成させるために，最もふさわしい選択肢を選べ。31

① 水中の呼吸器具を開発した

② パイロットになる夢をあきらめざるを得なかった

③ 興味の中心を海から空へと移した

④ 水中にいるときにひどいけがを負った

第2段落第2・3文「1933年に卒業後，パイロットになるための訓練を受けている間に，車の事故に遭いひどいけがを負った。このために彼の飛行士としての経歴には終止符が打たれた」より，正解は②。

問3　32　②　33　⑤　34　①　35　④

1940年代のスライドを完成させるために，5つの出来事（①～⑤）を起こった順に4つ選べ。32 → 33 → 34 → 35

① 改良された器具を使って「マディア号」まで潜った

② 呼吸器具なしでドキュメンタリーを撮った

③ 隣人の1人が高い場所を探検するのを助けた

④ フランス海軍を去った

⑤ 賞を獲得して有名になった

第3段落最終文・第4段落第1文「1943年，これら2人の隣人はフランスで最初の水中のドキュメンタリーによって賞を獲得したときに，広く認められるようになった。彼らのドキュメンタリー『18メートルの深さで』はその前の年（＝1942年）に，呼吸器具を付けないで撮影されたものだった」より，32 には②，33 には⑤が入る。第4段落最終文「改良された器具のおかげで，彼は1948年，ローマ時代

— 376 —

の船『マディア号』の残骸を探査することができた」より，34 には①が入る。第
2段落最終文「もはやパイロットになる夢を追うことはできなかったが，クストー
は1949年まで海軍にとどまった」より，35 には④が入る。なお，③は，第3段落
にクストーが山の頂上を探検する隣人のマルセル・イシャックと親しくなったこと
が書かれているが，マルセルが高い場所を探検するのをクストーが助けたとは述べ
られていないので，どの空所にも入らない。

問4 36 ④

主要ないくつかの研究のスライドを完成させるために最もふさわしい組み合わせ
を選べ。36

	(A)	(B)
①	「難破船」	「クストーのオデッセイ」
②	「難破船」	「クストーの海底世界」
③	「沈黙の世界」	「クストーのオデッセイ」
④	「沈黙の世界」	「クストーの海底世界」

　第5段落第2文には，「1953年に出版された彼の著作『沈黙の世界』で彼は，自分
の船の後をついてくるイルカの集団について述べている」とあり，これに続く第3
文〜最終文より，彼が同書でイルカの反響定位について述べていることがわかり，
スライドの**内容**の「彼の科学の実験について述べた本」に一致するので，(A)には「沈
黙の世界」が来る。最終段落第2文「彼の最初のドキュメンタリーシリーズ『クス
トーの海底世界』は10年間放送された」より，スライドの**内容**の「10年間続いたド
キュメンタリーシリーズ」に一致するので，(B)には「クストーの海底世界」が来る。
したがって，正解は④。

問5 37 ・ 38 ②・④

貢献のスライドを完成させるための2つの功績を選べ。（順不同。）37 ・ 38
① 海洋生物に関するドキュメンタリーを放送するためにテレビ局を建てた
② 人々に海の環境を守るよう促した
③ 革新的な水中での映画製作を称える賞を設けた
④ 水中世界の多くの美しいイメージを創り出した
⑤ フランス海軍でパイロットや研究者を教育した

　第6段落第2文「彼にはカメラで海面下の世界の美しさをとらえる能力があり，
そのイメージを多くの出版物を通して一般の人々と共有した」より，④と，同段落
第4文「その後，環境に関わる研究への生涯を通じての彼の情熱は，海と水生生物
を守ることの必要性を人々に教えるのに役立っていく」より，②が正解。

— 377 —

88

第6問
A
【全訳】
　あなたの研究グループは「虚偽記憶」について学んでいます。グループのメンバーの1人がメモの一部を作成しました。次回の研究ミーティングのためのメモを完成させるために，この記事を読みなさい。

虚偽記憶

　記憶とは何だろうか。ほとんどの人はそれが何か自分の頭の中にある，出来事をビデオに録画したようなものだと想像している。自分が大切にしている愛情の記憶であれ，あるいは失敗のような，何かもっと自分が恐れているものであれ，私たちのほとんどは自分の記憶が起きたことの永久的な記録だと思っている。私たちは，記憶は時が経てば思い出すのが難しくなるという点では意見が一致するかもしれないが，自分が事実を記憶しているのだと考えている。現在，心理学者はこれが本当ではないと私たちに教えてくれる。私たちの記憶は変わることもあるし，変えることさえできる。記憶はやや正しくないという状態から，全く誤っているという状態のどこにでも動き得るのだ！　著名な研究者エリザベス・ロフタスによると，完全で，正しく，不変の記録というよりはむしろ，「記憶は，ちょっとウィキペディアの1ページのような働きをするのです」ということだ。元々それを書いた人を含め，誰だってその情報を編集することができる。

　「虚偽記憶」について調べた本格的な研究は比較的新しい。ハイマンとビリングズの2人の学者は大学生のグループを対象に研究を行った。この実験のために，初めに学生たちの親が，自分たちの子どもが幼い頃の色々な出来事のあったエピソードについての話をインタビュアーに送った。この家族の情報を用いて，インタビュアーは1人1人の学生に2度インタビューを行った。インタビュアーは学生の子どものころの実際にあったいくつかの経験に触れるが，実験のために色々な出来事のあった結婚式についてのでっち上げた話を付け加え，その学生に偽の結婚式が本当に行われたように信じるよう仕向けた。以下の2つの抜き出しには，ある学生とのインタビューからとった実際の会話が含まれている。欠けている言葉は「…」で示され，筆者のコメントは「（　）」で示されている。

インタビュアー：I　　　学生：S

1回目のインタビュー
I：…色々な出来事のあった結婚式のようですね…あなたは5歳で…他の子どもたちと遊んでいて…

—378—

（インタビュアーはまるでその情報を学生の親から聞いたかのように偽の出来事について触れた後、続けて、友達と遊んでいる間に、その学生が突発的な出来事を起こし花嫁の両親がずぶ濡れになったと言う。）

S：覚えてません…それは，すごく笑えますね…

I：…それはちょっと色々な出来事のあった…

S：…結婚式ですよね。誰の結婚式…披露宴かな？　自分が他の子どもたちと走り回ってる様子がはっきりと目に浮かびますよ。

I：君がそうしているのが目に浮かびますか？

S：…テーブルにぶつかったかな？　ああ，そうだ，ぶつかったよ…たぶん結婚式じゃなくて…大きなピクニックのような…

（この学生はテーブルにぶつかったのをよく覚えているように思い始める。インタビューが終わると，学生は行った会話について，次のインタビューの前によく考えるよう求められる。）

2回目のインタビュー

（インタビュアーは学生の子どもの頃の実際に起こったいくつかの出来事について尋ねたところで，再び前のインタビューで話し合われた結婚式の話に戻る。）

I：次に5歳のときの色々な出来事のあった結婚式の話に移りましょう。

S：ええ，このことについて考えたんですが…

（学生は続けて自分がずぶ濡れにさせた人々のことを述べる。）

S：…男性はダークスーツを着ているのが目に浮かびます…背が高くて大柄で…顔は四角くて…女性は淡い色のドレスを着ていました…

（学生は新しいイメージが頭に浮かび，それが実際の記憶であるかのようにこの話をすることができる。）

S：…木の近くで…テーブルには飲み物があって…僕はグラスか何かにぶつかったんです…

（その後，この学生は夫婦の衣装についてさらに情報を提供する。）

　この実験に参加した学生たちはインタビュアーが植え付けた偽の経験が全く本当だと信じるようになった。2回目のインタビューまでには，前回話し合われたことはすべて，実際の出来事についての自分の親からの情報に基づいていると思っていた学生もいた。このことは記憶について話すとき，言葉の選択が反応に大きな違いを生み出すということを示唆している。特定の言葉によって，私たちは状況を違ったように思い出す。インタビュアーは数回「色々な出来事のあった」結婚式について触れたので，学生はこの結婚式について虚偽記憶を持つようになったのである。

「現代心理学の父」と呼ばれるジークムント・フロイトの時代より，心理療法では人々に，自分の問題を理解するために子ども時代を振り返るよう求める。20世紀後半，昔の記憶を呼び起こすことは心を癒すためのよい方法だと人々は信じていたので，患者に昔の家族での様々な状況を想像することを促す練習やインタビューの技術があった。現在では，私たちの記憶は多くの要因に影響されるために，そのような活動は虚偽記憶へとつながることがあるとわかっている。それはただ何を覚えているかだけでなく，いつ思い出すか，思い出すときどこにいるか，誰が求めていて，その人がどのように求めているか，でもある。そのため私たちは，何か自分の想像から生み出されるものが実際には本当なのだと信じるのかもしれない。ひょっとしたら専門家は，「本当の記憶」というものが存在するのかということを調べ始めなければならないのかもしれない。

要約メモ：

○ 　　　　　　　　　　　　**虚偽記憶**

○ **導入**
● 「記憶は，ちょっとウィキペディアの１ページのような働きをするのです」と言うとき，エリザベス・ロフタスは，記憶は 39 　②　**自分自身や他人によって変えられることがある**ということを意味している。

○ **ハイマンとビリングズによる調査**
● １回目のインタビューは，学生が 40 　④　**インタビュアーが言ったあることについて不確かであった**ことを示している。
● 彼らの研究の結果は 41 　③　**人々はときどき自分に全く起こっていないことを思い出すように見えることがある**ことと， 42 　⑤　**記憶について尋ねるために用いられる言葉は人の反応に影響を及ぼす**ことを示唆している。

○ **結論**
人々は記憶が何か正確なものだと信じているが，私たちの記憶は多くのことに影響される。昔の出来事に焦点を当てることは心を癒すために採用された技術であったが，私たちは 43 　③　**この心理療法のアプローチは思ったより効果がないかもしれない**ということを考慮しなければならない。

【語句】
◆指示文◆
・false memory「虚偽記憶」

- partial「部分的な」
- note「メモ／覚え書き」
- article「記事」
- complete O「Oを完成させる」

◆第1段落◆
- imagine O to be C「OがCだと想像する」
- something like A「何かAのようなもの」
- recording「録画」
- event「出来事／イベント」
- mind「頭／頭脳」
- whether SV ～ or ...「～であろうと…であろうと」
- treasure O「Oを大切にする」
- failure「失敗」
- fear O「Oを恐れる」
- permanent「永久的な」
- record「記録」
- happen「起こる」
- agree that SV ...「…ということで意見が一致する」
- they get hard to recall「それら（＝記憶）は思い出すのが難しくなる」
  they＝memories
  recall O「Oを思い出す」
- as time goes on「時が経つにつれて」
- truth「事実／真実」
- psychologist「心理学者」
- be the case「本当である」（＝be true）
［例］ If this **is the case**, we must help her at once.
　　　もしこれが事実なら，彼女をすぐに助けなければならない。
- move「移動する」
- anywhere from A to B「AからBのどこにでも」
- slightly「やや／わずかに」
- incorrect「正しくない」（⟷ correct「正しい」）
- absolutely「全く／完全に」
- according to A「Aによると」
- well-known「著名な／よく知られた」
- researcher「研究者」
- rather than *doing*「～するよりむしろ／～するどころか」
- complete「完全な」
- unchanging「不変の」

- including A「Aを含んで」
- original「元々の／最初の」
- author「書く人／筆者」
- edit O「Oを編集する」

◆第２段落◆
- serious「本格的な／深刻な」
- investigate O「Oについて調査する」
- relatively「比較的に」
- scholar「学者」
- experiment「実験」
- eventful「出来事の多い／波乱に満ちた」
- episode「エピソード／出来事」
- youth「子どもの頃／若い頃」
- interviewer「インタビュアー／面接官」
- interview O「Oにインタビューをする」
- twice「２度」
- mention O「Oについて触れる／話す」
- actual「実際の」
- experience「経験」
- childhood「子どもの頃」
- add O「Oを加える」
- made-up「でっち上げた／嘘の」
- wedding「結婚式」
- encourage O to *do*「Oが〜するよう促す」

［例］　The teacher **encouraged** her students **to think** of better ways to solve the problem.
　　　　先生は問題を解決するためのもっとよい方法を考え出すよう生徒を促した。

- fake「偽の」
- the following A「以下のA」
- section「抜き出し／部分」
- contain O「Oを含む」
- conversation「会話」
- missing「欠けている」
- indicate O「Oを示す」

◆１回目のインタビュー◆
- look like A「Aのように見える」
- refer to A「Aについて触れる」
- as if S *did*「まるで〜であるかのように」　仮定法過去を用いた表現。

・go on to *do*「続けて〜する」
・cause O「Oを引き起こす」
・accident「突発的な出来事／事故」
・bride「花嫁／新婦」
・get all wet「ずぶ濡れになる」
・pretty＋形容詞［副詞］「とても〜」
・funny「笑える／おかしい」
・kind of 〜「ちょっと〜」
・wonder wh-節「〜だろうかと思う」
・wedding reception「披露宴」
・totally「完全に」
・see O (like) *doing*「Oが〜しているのが見える」
・run around「走り回る」
・bump into A「Aにぶつかる」
［例］ Bob **bumped into** someone when he was walking.
　　　 ボブは歩いているときに人にぶつかった。
・sound＋形容詞「〜に思える／聞こえる」
・familiar「覚えがある／なじみがある」
・ask O to *do*「Oに〜するよう求める／たのむ」
・think over O／think O over「Oについてよく考える」
・session「集まり／セッション」 ここではインタビューのこと。
◆2回目のインタビュー◆
・return to A「Aに戻る」
・previous「以前の」
・describe O「Oについて述べる／説明する」
・the people he got wet「彼がずぶ濡れにした人々」 he got wet は the people を修
　飾する節。
　get O wet「Oをずぶ濡れにさせる」
・picture O *doing*「Oが〜しているのが目に浮かぶ」
・have on O／have O on「Oを身につけている」
［例］ She always **has** an expensive dress **on**.
　　　 彼女はいつも高価なドレスを身につけている。
・square「四角い」
・light-colored「淡い色の」
・bump O「Oにぶつかる」
・provide O「Oを提供する」
・couple「夫婦」

◆第3段落◆

- participate in A「Aに参加する」
- come to *do*「～するようになる」
- plant O「Oを植え付ける」
- previously「以前に」
- be based on A「Aに基づいている」
- suggest that SV ...「…だと示唆する／暗示する」
- choice「選択」
- make a difference「違いを生じる」
- response「反応」
- certain「ある／何らかの」
- lead O to *do*「Oに～させる」
- situation「状況」
- several times「数回／何度か」

◆最終段落◆

- Sigmund Freud「ジークムント・フロイト」（1856-1939）オーストリアの医師で、精神分析学の創始者。
- psychology「心理学」
- mental therapy「心理療法」
- think back to A「Aを振り返る／回想する」

［例］ I often **think back to** my happy school days.
　　　私はよく楽しかった学生時代のことを思い出す。

- recall O「Oを思い出す」
- heal O「Oを癒す」
- patient「患者」
- various「様々な」
- realize that SV ...「…だとわかる」
- lead to A「Aにつながる」
- affect O「Oに影響を及ぼす」
- factor「要因」
- not just A but B「AだけでなくBも」
- imagination「想像」
- perhaps「ひょっとしたら」
- expert「専門家」
- research O「Oを調べる／調査する」
- such A as B「BのようなA」

◆要約メモ◆

- introduction「導入」

2022年度　追試験〈解説〉　95

・exact「正確な」
・focus on A「Aに焦点を当てる」
・consider that SV ...「…を考慮する」

【設問解説】
問1　39　②

　　39　の言葉を完成させるのに最もふさわしい選択肢を選べ。
①　人の本当の経験を述べたものだ
②　**自分自身や他人によって変えられることがある**
③　時が経つと思い出すのが難しくなる場合がある
④　他人と自由に共有されるべきだ
　　第1段落第8・最終文「著明な研究者エリザベス・ロフタスによると，完全で，正しく，不変の記録というよりはむしろ，『記憶は，ちょっとウィキペディアの1ページのような働きをするのです』ということだ。元々それを書いた人を含め，誰だってその情報を編集することができる」より，正解は②。

問2　40　④

　　40　の言葉を完成させるのに最もふさわしい選択肢を選べ。
①　結婚式でのすべての詳細をインタビュアーに述べた
②　子どもの頃の結婚式での思いがけない出来事について知っていた
③　結婚式についての偽の話を創るよう求められた
④　**インタビュアーが言ったあることについて不確かであった**
　　1回目のインタビューでインタビュアーが「…色々な出来事のあった結婚式のようですね…あなたは5歳で…他の子どもたちと遊んでいて…」と言ったのに対して，学生Sは「覚えてません…それは，すごく笑えますね…」と答え，その後も記憶が不確かである。したがって，正解は④。

問3　41 ・ 42　③・⑤

　　41　と　42　に入れるのに最もふさわしい2つの言葉を選べ。（順不同。）
①　偽の出来事は幼い子どもの記憶に簡単に植え付けられることがある
②　私たちの自信の程度は私たちの記憶の真実度に関係があるにちがいない
③　**人々はときどき自分に全く起こっていないことを思い出すように見えることがある**
④　虚偽記憶を植え付けることはしばしば研究者に批判される
⑤　**記憶について尋ねるために用いられる言葉は人の反応に影響を及ぼす**
⑥　子どもが色々な出来事のあった状況を経験するとき，それは安定した記憶を形成する
　　第3段落第1文「この実験に参加した学生たちはインタビュアーが植え付けた偽の経験が全く本当だと信じるようになった」より，③は正解。同段落第2～4文「2回目のインタビューまでには，前回話し合われたことはすべて，実際の出来事についての自分の親からの情報に基づいていると思っていた学生もいた。このことは

― 385 ―

記憶について話すとき，言葉の選択が反応に大きな違いを生み出すということを示唆している。特定の言葉によって，私たちは状況を違ったように思い出す」より，⑤も正解。

問4 43 ③

　　結論を完成させるために 43 に入れる最もふさわしい選択肢を選べ。

① 私たちの記憶について尋ねることは私たちがよりはっきりと思い出すのを助ける

② この技術では誰，何，いつ，どこで，そしてどのようにということに焦点を当てる

③ この心理療法のアプローチは思ったより効果がないかもしれない

④ 私たちはもっと正確に出来事を思い出す能力に取り組まなければならない

　　最終段落第3文「現在では，私たちの記憶は多くの要因に影響されるために，そのような活動（＝20世紀後半に行われた心理療法）は虚偽記憶へとつながることがあるとわかっている」より，正解は③。

B

【全訳】

あなたはプレゼンテーションコンテストのためのポスターを準備している学生グループに属しています。あなたは以下の文章を用いてポスターを作っています。

長さの単位に関する小史

大昔から，人々は物を測定してきた。測定することはある程度の正確さで，ある物がどれくらい長いのか，遠いのか，大きいのか，または重いのかを人が述べる助けとなる。重さと体積は食べ物の交換のためには重要だが，最も役に立つ寸法の1つは長さであると論じることもできる。というのは，長さは面積を計算するのに必要で，不動産の交換，保護，課税に役立つからだ。

測定体系はしばしば人体に基づいたり，関係したりしていた。知られている最も初期の測定体系の1つはキュービットで，紀元前3000年ごろにエジプトとメソポタミアで考案された。1キュービットは肘から中指の先端までの男性の前腕の長さで，王家の1つの基準によると524ミリメートル(mm)であった。加えて，古代ローマ時代のフィート(296mm)はおそらくエジプト人を起源とするものだろうが，人間の足を基にしていた。

ヤードとして知られる測定の単位はおそらくローマによる占領後のブリテン島で始まったもので，キュービットの2倍に基づいていると言われている。起源が何であれ，ブリテン島ではいくつかの異なるヤードが使われていた。それぞれは異なる長さだったが，12世紀に，ヘンリー1世の鼻から，腕をいっぱいに伸ばした際の親指までの長さとしてヤードは標準化された。しかし，ヤードが3つの等しい部分——3フィート——に分割され，1フィートは12インチから成ると公式の文書で述べられたのは，14世紀になってからのことだ。この記述はインチとフィートを標準化するのに役立ったが，人々がその本当の長さを正確に知ったのは，15世紀後半にヘンリー7世がフィートとヤードの公式の金属のサンプルを配布してからのことである。長年にわたって多くの細かい調整がなされ，最終的に，1959年の国際ヤード・ポンド協定が標準のインチ，フィート，ヤードをそれぞれ25.4mm，304.8mm，914.4mmと定義した。

測定体系を開発するための基準として人間の体を使うことは，西洋文化に限られたことではなかった。「chi」と呼ばれる昔からの中国の長さの単位——現在では1メートルの3分の1——は元々，親指の先端からいっぱい伸ばした中指の先端までの長さと定義され，およそ200mmであった。ところが，時が経つにつれその長さが伸び，中国のフィートとして知られるようになった。興味深いことに，日本の「尺」は「chi」に基づいていたのだが，標準の1フィートとほとんど同じである。わずか1.8mm短いだけである。

98

　人間の体と測定のつながりはまた航海にも見出される。海の深さを測る単位として英語圏で最もよく知られているファゾム（6フィート）は，歴史的には古代ギリシャの寸法であった。それは船員が広げた両腕の間で伸ばすことのできるロープの長さに基づいていたので，あまり正確な寸法ではなかった。それはまた他の多くのイギリスとアメリカの単位と同様，1959年に標準化された。

　メートル法は1668年に初めて記述され，1799年にフランス政府によって公式に採用されたが，現在では世界中で主要な測定体系となっている。メートル法は標準の測定体系あるいは，従来の体系に代わるものとして徐々に多くの国で採用されるようになっている。メートル法は主に科学，医学，工業に関わる職業によって用いられているが，昔ながらの商業活動ではいまだにその地域の従来の測定体系を使い続けている。例えば日本では，窓の幅は「間」（6尺）で測定されている。

　かつて，異なる寸法どうしの関係を理解することは，商人や税金を集める役人だけが知っている必要のあることだった。しかし，今や世界中で国際的なオンラインショッピングが普及しているので，自分が買おうとしているものがどれほど多いのか，あるいはどれほど少ないのかを知るために，私たちみんなが他の国の測定体系を少しは知っている必要があるのだ。

プレゼンテーション用ポスターの草稿：

文化が変われば，測定の仕方も変わる

1．共通の単位の目的

標準単位は以下の目的のために使われる：
44 ③ **C**（がふさわしくない）
A．人々が払うべき税金の額を計算する
B．商業的な目的
C．人間の体の部分を比較する
D．食べ物の量を測定する
E．個人の不動産を守る

2．長さの単位の起源と歴史

45 ② 「chi」は手に関係ある単位としてできたが，時とともに徐々に長くなった。
46 ⑤ ファゾムの起源は男性の伸ばした両腕の間の距離である。

3．長さの単位の比較

図1．主な長さの単位の比較　**47** ②

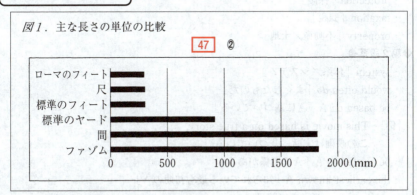

4．現在の単位

48 ① メートル法は世界中で優勢になっているが，それぞれの地域の状況では従来の測定体系が何らかの役割を果たし続けている。

【語句】

◆指示文◆

- prepare O「Oを準備する」
- the following A「以下のA」
- passage「文章」
- create O「Oを作る／考案する」
- brief「概略の／短い」
- unit「単位」
- length「長さ」

◆第1段落◆

- ancient times「大昔／遠い昔」
- measure O「Oを測定する」
- help O do「Oが〜するのを助ける」
- with some kind of accuracy「ある程度の正確さで」
- weight「重さ」
- volume「体積」
- exchange「交換」
- it can be argued that SV ...「…だと論じることができる」
- measurement「寸法／測定」
- calculate O「Oを計算する」
- area「面積」
- protection「保護」
- taxation「課税」
- property「不動産／土地」

◆第2段落◆

- system「体系／システム」
- would often do「よくしたものだ」
- be based on A「Aに基づいている」

［例］　This movie **is based on** a true story.
　　　　この映画は実話に基づいている。

- be related to A「Aに関係がある」
- the earliest known A「知られている最も初期のA」
- cubit「キュービット／腕尺」
- around A「およそA」（＝about A）
- millennium「1,000年間」
- forearm「前腕」
- elbow「肘」
- the tip of the middle finger「中指の先端」

— 390 —

- according to A「Aによると」
- royal「王室の」
- standard「基準／標準」
- millimeter「ミリメートル」(＝mm)
- in addition「加えて／さらに」
- Roman「ローマ(時代)の」
- foot「(長さの単位の)フィート／フット」 複数は feet。1 foot＝304.8mm。
- probably「おそらく」
- come from A「Aを起源とする」
- human foot「人間の足」

◆第3段落◆
- known as A「Aとして知られている」
- originate in A「Aで始まる／Aを起源とする」
- the Roman occupation「ローマによる占領」
- S is said to *do*「Sは〜だと言われている」
- whatever A「Aが何であれ」
- origin「起源／起こり」
- in use「使われている」
- standardize O「Oを標準化する」
- thumb「親指」
- outstretched「いっぱいに伸ばした」
- it is not until A that SV ...「…するのはAになってからである」
[例] **It was not until** late at night **that** he came home.
　　彼は夜遅くにようやく帰宅した。
- official「公式の／正式な」
- document「文書／書類」
- describe A as B「AがBであると記述する」
- divide A into B「AをBに分割する」
- equal「等しい」
- consist of A「Aから成る／構成される」
- inch「(長さの単位の)インチ」 1インチ＝25.4mm。
- description「記述」
- help *do*「〜するのに役立つ」
- distribute O「Oを配布する／配る」
- metal「金属(の)」
- for certain「正確に／はっきりと」
- adjustment「調整／調節」
- the International Yard and Pound Agreement「国際ヤード・ポンド協定」

102

- define A as B「AをBだと定義する」

［例］ Some people **define** a dog **as** "man's best friend."
犬を「人間の最良の友」と定義する人もいる。

- respectively「それぞれ」

◆第4段落◆
- the use of A as B「AをBとして使うこと」
- a standard from which to develop a measuring system「測定体系を開発するための基準」 from which 以下は a standard を修飾している。
- be not unique to A「Aに限られたことではない」
- one-third「3分の1」
- originally「元々は／最初は」
- the same as A「Aと同じ」
- A shorter「Aの分だけ短い」

◆第5段落◆
- connection between A and B「AとBの間のつながり／関係」
- sailing「航海」
- fathom「ファゾム」 水深測定単位で，およそ1.8メートル。
- depth「深さ」
- accurate「正確な」
- extend O「Oを伸ばす」
- from open arm to open arm「広げた腕の端から端まで」

◆第6段落◆
- the metric system「メートル法」
- adopt O「Oを採用する」
- government「政府」
- dominant「主要な／支配的な」
- worldwide「世界中で」
- either A or B「AかBのどちらか」
- alternative to A「Aに代わるもの」

［例］ There are a lot of **alternatives to** fossil fuels.
化石燃料の代わりとなるものはたくさんある。

- mainly「主に」
- medical「医学の」
- profession「職業」
- commercial activity「商業活動」
- continue to *do*「～し続ける」
- local「その地域の／地元の」
- width「幅」

— 392 —

2022年度　追試験〈解説〉103

◆第7段落◆
・relationship「関係」
・trader「商人／貿易業者」
・tax official「税金を集める役人」
・now that SV ...「今や…なので」
［例］　**Now that** we have come this far, we cannot turn back.
　　　　今や私たちはここまで来たのだから，後戻りはできない。
・spread「普及する／広まる」
・so that SV ...「…するように」

◆ポスターの草稿◆
・comparison「比較」
・figure「図／表」
・major「主な／重要な」

【設問解説】

問1　44　③

ポスターの最初の見出しの下の言葉をチェックしていたら，グループの全員が1つの提案がふさわしくないということで意見が一致した。あなたは以下のうちのどれを含めるべきで**ない**か。44

① 　A
② 　B
③ 　C
④ 　D
⑤ 　E

第2段落第1文には「測定体系はしばしば人体に基づいたり，関係したりしていた」とあり，その後にはキュービットという単位の例が挙げられているが，「人間の体の部分を比較する」ことについては述べられていないので，Cを含めるべきではない。したがって，正解は③。

問2　45 ・ 46　②・⑤

ポスターの2つめの見出しの下に，あなたは長さの単位に関する文を書く必要がある。下から最も正確なものを2つ選べ。（順不同。）45 ・ 46

① 　インチとメートルは1959年の国際ヤード・ポンド協定によって定義された。
② 　「chi」は手に関係ある単位としてできたが，時とともに徐々に長くなった。
③ 　キュービットは男性の足の長さに基づいた最も古い単位の1つである。
④ 　現在の標準のヤードの長さはヘンリー7世によって標準化された。
⑤ 　ファゾムの起源は男性の伸ばした両腕の間の距離である。
⑥ 　ローマのフィートの起源はグレートブリテン島までさかのぼる。

第4段落第2・3文「『chi』と呼ばれる昔からの中国の長さの単位 ― 現在では1メートルの3分の1 ― は元々，親指の先端からいっぱい伸ばした中指の先端まで

― 393 ―

の長さと定義され,およそ200mmであった。ところが,時が経つにつれその長さが伸び,中国のフィートとして知られるようになった」より,②と,第5段落第2・3文「海の深さを測る単位として英語圏で最もよく知られているファゾム(6フィート)は,歴史的には古代ギリシャの寸法であった。それは船員が広げた両腕の間で伸ばすことのできるロープの長さに基づいていたので,あまり正確な寸法ではなかった」より,⑤が正解。

問3　47　②

　ポスターの3つめの見出しの下に,あなたは文章の中の単位のいくつかを視覚化するためのグラフが欲しいと思っている。短いもの(一番上)から長いもの(一番下)まで単位の異なる長さを最もよく表すグラフはどれか。47

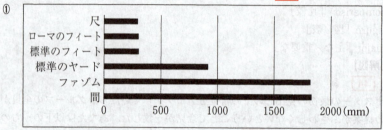

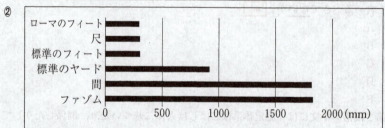

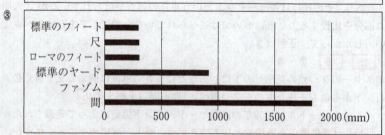

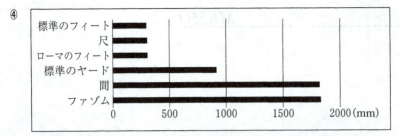

　第2段落最終文「加えて,古代ローマ時代のフィート(296mm)はおそらくエジプト人を起源とするものだろうが,人間の足を基にしていた」より,ローマのフィートは296mmとわかる。第3段落最終文「長年にわたって多くの細かい調整がなされ,最終的に,1959年の国際ヤード・ポンド協定が標準のインチ,フィート,ヤードをそれぞれ25.4mm,304.8mm,914.4mmと定義した」より,標準のフィートが304.8mm,標準のヤードが914.4mmとわかる。第4段落第4・最終文「興味深いことに,日本の『尺』は『chi』に基づいていたのだが,標準の1フィートとほとんど同じである。わずか1.8mm短いだけである」より,尺は303mm(304.8mm－1.8mm)とわかる。第6段落最終文「例えば日本では,窓の幅は『間』(6尺)で測定されている」より,間は1,818mm(1尺303mm×6)とわかる。第5段落第2文「海の深さを測る単位として英語圏で最もよく知られているファゾム(6フィート)は,歴史的には古代ギリシャの寸法であった」より,ファゾムは1,828.8mm(1フィート304.8mm×6)とわかる。以上より,ローマのフィートは296mm,尺は303mm,標準のフィートは304.8mm,標準のヤードは914.4mm,間は1,818mm,ファゾムは1,828.8mmである。したがって,正解は②。

問4　48　①

　ポスターの最後の見出しの下に,あなたのグループは文章に基づいて現在の単位についての文を加えたい。以下のどれが最も適切であるか。　48

① **メートル法は世界中で優勢になっているが,それぞれの地域の状況では従来の測定体系が何らかの役割を果たし続けている。**
② 普及した標準測定体系が受け入れられているにも関わらず,科学と医学では一貫性を維持するために現在でも従来の単位を使っている。
③ 国境を超えたオンラインショッピングの増加によってメートル法は世界の標準になった。
④ インチ,フィート,ヤードなどの現在の単位は,その起源が人間の体の部分に関係する「chi」に基づいている。

　第6段落第2・3文「メートル法は標準の測定体系あるいは,従来の体系に代わるものとして徐々に多くの国で採用されるようになっている。メートル法は主に科学,医学,工業に関わる職業によって用いられているが,昔ながらの商業活動ではいまだにその地域の従来の測定体系を使い続けている」より,正解は①。

MEMO

英　　語
（リーディング）

（2021年1月実施）

2021
第1日程

受験者数　476,174

平　均　点　　58.80

英語（リーディング）

解答・採点基準　　（100点満点）

問題番号(配点)	設問		解答番号	正解	配点	自己採点
第1問(10)	A	問1	1	①	2	
	A	問2	2	②	2	
	B	問1	3	④	2	
	B	問2	4	④	2	
	B	問3	5	③	2	
第1問　自己採点小計						
第2問(20)	A	問1	6	②	2	
	A	問2	7	②	2	
	A	問3	8	①	2	
	A	問4	9	③	2	
	A	問5	10	⑤	2	
	B	問1	11	④	2	
	B	問2	12	④	2	
	B	問3	13	②	2	
	B	問4	14	②	2	
	B	問5	15	①	2	
第2問　自己採点小計						
第3問(15)	A	問1	16	③	3	
	A	問2	17	②	3	
	B	問1	18	④	3 *	
	B	問1	19	②		
	B	問1	20	①		
	B	問1	21	③		
	B	問2	22	②	3	
	B	問3	23	②	3	
第3問　自己採点小計						

問題番号(配点)	設問	解答番号	正解	配点	自己採点
第4問(16)	問1	24	①	2	
	問1	25	⑤	2	
	問2	26	②	3	
	問3	27	②	3	
	問4	28	②	3	
	問5	29	④	3	
第4問　自己採点小計					
第5問(15)	問1	30	③	3	
	問2	31	④	3	
	問3	32	④	3 *	
	問3	33	③		
	問3	34	⑤		
	問3	35	①		
	問4	36 - 37	①-③	3 *	
	問5	38	①	3	
第5問　自己採点小計					
第6問(24)	A	問1	39	④	3	
	A	問2	40	③	3	
	A	問3	41	④	3	
	A	問4	42	②	3	
	B	問1	43	③	3	
	B	問2	44	③	3	
	B	問3	45 - 46	③-⑤	3 *	
	B	問4	47	④	3	
第6問　自己採点小計					
自己採点合計					

(注)　＊は，全部正解の場合のみ点を与える。

　　　－（ハイフン）でつながれた正解は，順序を問わない。

第1問

A

【全訳】

あなたの寮のルームメートのジュリーが，頼み事を書いたメッセージをあなたの携帯電話に送ってきました。

> 助けて！！！
> 昨日の晩，歴史の宿題をUSBのメモリースティックに保存したの。今日の午後，大学の図書館でプリントアウトするつもりだったんだけど，そのUSBを持って来るのを忘れちゃった。宿題のコピーを今日の午後4時までに先生に渡す必要があるわ。私のUSBを図書館に持って来てもらえない？　机の歴史の本の上にあると思うわ。本は必要ない，USBだけお願い。♡

> ごめん，ジュリー，見つからなかったわ。歴史の本はあったけど，USBのメモリースティックはなかった。机の下まで，あらゆる場所を探したわ。本当に持って行ってないの？　念のために，あなたのラップトップコンピュータを持って行くわ。

> あなたの言うとおりだった！　ちゃんと持っていたわ。バッグの底にあったの。安心したわ！
> いずれにしてもありがとう。☺

【語句】

◆指示文◆

- dormitory「寮」
- text message「携帯メッセージ」
- mobile phone「携帯電話」

◆本文◆

- save O「O（データなど）をコンピュータに保存する」
- USB memory stick「USBメモリースティック」　コンピュータに接続してデータの読み書きをするための装置。

・on top of A「Aの上に」
・look for A「Aを探す」
・just in case「念のために」
・did＋動詞の原形「ちゃんと／たしかに」 did は動詞を強調している。
・at the bottom of A「Aの底に」
・What a relief!「安心したわ！」
・Thanks anyway.「いずれにしてもありがとう」 相手の親切が無駄になったとき
  などに，相手へのねぎらいとして用いる。

【設問解説】
問1 　1　 ①
　　ジュリーの頼み事は何だったか。　1
①　彼女の USB のメモリースティックを持って来ること。
②　歴史の宿題を提出すること。
③　彼女に USB のメモリースティックを貸すこと。
④　歴史の宿題をプリントアウトすること。
　　ジュリーの最初のメッセージより，彼女の頼み事は「歴史の宿題を保存した USB
のメモリースティックを図書館まで届けてもらうこと」だとわかるので，正解は①。

問2 　2　 ②
　　ジュリーの2回目のメッセージに対して，あなたは何と返信するか。　2
①　心配ないわ。見つかるわ。
②　それを聞いて本当にうれしいわ。
③　もう一度，バッグの中を見てみて。
④　きっとがっかりしたでしょうね。
　　「探したけど，USB のメモリースティックが見つからなかった」というあなたの
メッセージに対して，ジュリーは「ちゃんと持っていたわ。バッグの底にあったの。
安心したわ！　いずれにしてもありがとう」と言っているので，あなたは「それを
聞いて本当にうれしいわ」と返信するのが自然である。よって，正解は②。

B
【全訳】
　　あなたの大好きなミュージシャンが日本でコンサートツアーをする予定で，あなた
はファンクラブに入会しようと考えています。あなたはファンクラブの公式サイトを
閲覧します。

タイラークイック　ファンクラブ
　　タイラークイック（**TQ**）ファンクラブの会員になると楽しいことがいっぱいで
す！　最新のニュースをいつでも知ることができ，たくさんあるファンクラブ会員

－400－

の楽しいイベントに参加することができます。新たに会員になる方は全員，新規会員パックを受け取ります。パックには会員証，無料のサイン入りポスター，**TQ**の3枚目のアルバム「*スピーディングアップ*」1枚が含まれています。ファンクラブへご入会後に，新規会員パックがあなたのご自宅へ発送され，1週間ほどで到着します。

　TQは世界中で愛されています。どの国からも入会でき，会員証は1年間有効です。**TQ**ファンクラブはペイサー，スピーダー，ズーマーの3つのタイプの会員形態があります。

　以下の会員オプションから選んでください。

特典(♫)	会員オプション ペイサー (20ドル)	スピーダー (40ドル)	ズーマー (60ドル)
定期発行のEメールとオンラインマガジンのパスワード	♫	♫	♫
コンサートツアー日程の先取り情報	♫	♫	♫
TQの週刊ビデオメッセージ	♫	♫	♫
月1度の絵はがき		♫	♫
TQファンクラブカレンダー		♫	♫
特別サイン会への招待			♫
コンサートチケットの20%割引			♫

注目！

◇ 5月10日までに入会すると，会員費が10ドル割引になります！
◇ 新規会員パックには1つにつき4ドルの配達費用がかかります。
◇ 入会後1年すると，更新または会員のランクアップが50%割引で行えます。

　ペイサー，スピーダー，ズーマーのどの会員の方も，**TQ**ファンクラブの活動を楽しむことでしょう。詳しい内容をお知りになりたい方，ご入会希望者は<u>こちら</u>をクリックしてください。

【語句】
◆指示文◆
　・think of *doing*「〜しようと考える」
　・official「公式の」

6

◆本文◆
- keep up with A「A（情報など）に遅れないでついていく」
- latest「最新の」
- take part in A「Aに参加する」
- contain O「Oを含む」
- free「無料の」
- a copy of A「A（CD・本など）の1枚［冊］」
- deliver O「Oを発送する」
- 〜 or so「〜かそこら」
- date「日程」
- invitation to A「A（イベントなど）への招待」

【設問解説】

問1　3　④

新規会員パックは　3　。

① TQの1枚目のアルバムを含んでいる
② 5月10日に配達される
③ 配達費用が10ドル必要である
④ **到着までおよそ7日間かかる**

第1段落最終文「ファンクラブへご入会後に，新規会員パックがあなたのご自宅へ発送され，1週間ほどで到着します」より，正解は④。

問2　4　④

新規のペイサー会員の特典は何か？　4

① コンサートチケットの割引とカレンダー
② 定期発行のEメールとサイン会への招待
③ ツアー情報と毎月のはがき
④ **ビデオメッセージとオンラインマガジンの利用**

表のペイサーの列には，「定期発行のEメールとオンラインマガジンのパスワード」と「TQの週刊ビデオメッセージ」に♬の記号があるため，正解は④。

問3　5　③

ファンクラブ会員になって1年経つと，　5　ができる。

① 50ドルの料金でズーマーになること
② 4ドルで新規会員パックをもらうこと
③ **半額で会員の更新をすること**
④ 無料で会員のランクアップ

表の下に「◇入会後1年すると，更新または会員のランクアップが50%割引で行えます」とあることから，正解は③。

— 402 —

第2問

A
【全訳】
　英国の学校祭のバンドコンテストを担当する学生として，あなたはランキングを理解し説明するために，3人の審査員の点数とコメントをすべて調べています。

審査員の最終平均点				
項目 バンド名	演奏 (5.0)	歌 (5.0)	曲のオリジナル性 (5.0)	合計 (15.0)
グリーンフォレスト	3.9	4.6	5.0	13.5
サイレントヒル	4.9	4.4	4.2	13.5
マウンテンペア	3.9	4.9	4.7	13.5
サウザンドアンツ	（棄権）			

審査員の個別のコメント	
ホッブス氏	サイレントヒルは演奏がうまく，また聴衆と本当につながっているようでした。マウンテンペアのボーカルは素晴らしかったです。私はグリーンフォレストの独創的な曲が気に入りました。すごく良かったです！
レイさん	サイレントヒルは素晴らしい演奏を見せてくれました。聴衆が彼らの音楽に反応している様子は信じられないほどでした。サイレントヒルはきっと人気が出ると思います！　マウンテンペアは素晴らしい歌声でしたが，ステージはあまり興奮するものではありませんでした。グリーンフォレストは素敵な新しい曲を披露してくれましたが，もっと練習が必要だと思います。
ウェルズさん	グリーンフォレストは新しい曲で，私はとても気に入りました！大ヒットするのではないかと思います！

審査員の総合評価(ホッブス氏の要約)
各バンドの合計点は同じですが，それぞれのバンドは非常に異なっています。レイさんと私はバンドにとっては演奏が最も大切なポイントだということで意見が一致しました。ウェルズさんもそれに賛同しました。そのため，1位は簡単に決定されます。 　2位と3位を決めるのに，ウェルズさんは曲のオリジナル性が歌のうまさよりも重要視されるべきだと言いました。レイさんと私はこの意見に賛同しました。

【語句】

◆指示文◆

- in charge of A「Aの担当の」
- competition「コンテスト／競技会」
- judge「審査員」

◆本文◆

- connected with A「Aとつながった」
- amazing「素晴らしい／驚くべき」
- incredible「信じられない」
- audience「(コンサートの)聴衆」
- respond to A「Aに反応する」
- first place「1位」
- determine O「Oを決定する」

【設問解説】

問1 　6　②

審査員の最終平均点によると，歌が一番うまかったのはどのバンドか。6

① グリーンフォレスト
② マウンテンペア
③ サイレントヒル
④ サウザンドアンツ

審査員の最終平均点の「歌」の項目では，マウンテンペアが5点中4.9点を取っていて最高点なので，正解は②。

問2 　7　②

好意的なコメントと批判的なコメントの両方を述べたのはどの審査員か。7

① ホッブス氏
② レイさん
③ ウェルズさん
④ 彼らの誰でもない

レイさんは「マウンテンペアは素晴らしい歌声でしたが，ステージはあまり興奮するものではありませんでした。グリーンフォレストは素敵な新しい曲を披露して

—404—

くれましたが，もっと練習が必要だと思います」など，好意的コメントと批判的コメントの両方を述べているので，正解は②。

問3 [8] ①
審査員の個別のコメントの中の1つの**事実**は [8] ということである。
① すべての審査員がグリーンフォレストの曲をほめた
② グリーンフォレストはもっと練習する必要がある
③ マウンテンペアは歌がとても上手である
④ サイレントヒルは将来有望である
ホッブス氏の「私はグリーンフォレストの独創的な曲が気に入りました」，レイさんの「グリーンフォレストは素敵な新しい曲を披露してくれました」，ウェルズさんの「グリーンフォレストは新しい曲で，私はとても気に入りました！」というコメントより，審査員全員がグリーンフォレストの曲をほめているので，正解は①。なお，他の選択肢はすべて事実ではなく意見なので，不可。

問4 [9] ③
審査員のコメントと総合評価の中の1つの**意見**は [9] というものである。
① 評価された各バンドは同じ合計点であった
② オリジナル性についてのウェルズさんの提案は賛同された
③ サイレントヒルは聴衆と本当につながっていた
④ 審査員のコメントがランキングを決定した
ホッブス氏の「サイレントヒルは演奏がうまく，また聴衆と本当につながっているようでした」というコメントより，正解は③。①，②はいずれも意見ではなく事実なので，不可。④はコメントだけで決定したわけではなく，また意見ではないので，不可。

問5 [10] ⑤
審査員の総合評価によると，最終ランキングは次のうちのどれか。 [10]

	1位	2位	3位
①	グリーンフォレスト	マウンテンペア	サイレントヒル
②	グリーンフォレスト	サイレントヒル	マウンテンペア
③	マウンテンペア	グリーンフォレスト	サイレントヒル
④	マウンテンペア	サイレントヒル	グリーンフォレスト
⑤	サイレントヒル	グリーンフォレスト	マウンテンペア
⑥	サイレントヒル	マウンテンペア	グリーンフォレスト

「レイさんと私はバンドにとっては演奏が最も大切なポイントだということで意見が一致しました。ウェルズさんもそれに賛同しました。そのため，1位は簡単に決定されます」より，審査員の最終平均点の「演奏」が4.9点で最も高かったサイレントヒルが1位である。また，「2位と3位を決めるのに，ウェルズさんは曲のオリジナル性が歌のうまさよりも重要視されるべきだと言いました。レイさんと私はこの意見に賛同しました」より，「曲のオリジナル性」が5.0点のグリーンフォレスト

10

が2位で，4.7点のマウンテンペアが3位である。よって，正解は⑤。

B
【全訳】

あなたは自分が今，交換留学生として勉強している英国の学校の方針の変更について耳にしました。オンラインフォーラムで方針に関する議論を読んでいます。

新しい学校の方針 ＜2020年9月21日に投稿＞
宛先：P. E. バーガー
投稿者：K. ロバーツ

バーガー博士へ
　すべての生徒を代表して，セント・マークス・スクールへのご就任を歓迎します。先生はビジネス経験のある初めての校長先生だと聞いていますので，先生のご経験が当校の力になることを望んでいます。
　私は，先生が放課後の活動スケジュールについて提案しておられる変更についての懸念を表明したいと思います。エネルギーの節約は重要ですし，これから暗くなるのがだんだん早くなることもわかっております。こういう理由で，先生は活動スケジュールを1時間半短くされたのですか。セント・マークス・スクールの生徒は勉学と放課後の活動のどちらにも，とても真剣に取り組んでいます。これまでと同じように午後6時まで学校に残りたい，という希望が多くの生徒からありました。そのため，この突然の方針の変更について考え直していただくようお願いします。

よろしくお願いします。
ケン・ロバーツ
生徒代表

2021年度　第1日程〈解説〉　11

件名：新しい学校の方針　＜2020年9月22日に投稿＞
宛先：K. ロバーツ
投稿者：P. E. バーガー

ケン君へ
　心のこもった投稿，本当にありがとう。君は特にエネルギー費用と学校活動に関する生徒の意見について，いくつかの重要な懸念を述べていますね。
　新しい方針はエネルギーの節約とは関係ありません。この決定は2019年の警察の報告に基づいてなされました。報告によると，大きな犯罪が5％増えたことによって，私たちの都市は前よりも安全ではなくなっています。私は生徒たちを守りたいと思っているために，彼らに暗くなる前に帰宅してもらいたいのです。

よろしく。
P. E. バーガー
校長

【語句】
◆指示文◆
- policy「方針」
- exchange student「交換留学生」

◆本文◆
- post O「Oを投稿する」
- on behalf of A「Aを代表して」
- concern about A「Aについての懸念」
- Is this why ～?「こういう理由で～なのですか」
- take A seriously「Aに真剣に取り組む／Aを真面目に考える」
- a number of A「多くのA／いくらかのA」
- as they have always done「これまでずっとそうしてきたように」
- think again about A「Aについて考え直す」
- many thanks for A「Aを本当にありがとう」
- especially「特に」
- have nothing to do with A「Aとは関係がない」
- due to A「Aが原因で」

— 407 —

12

【設問解説】

問1 11 ④

ケンは新しい方針が 11 と考えている。

① 生徒をもっと勉強させることができる

② 学校の安全を高めるかもしれない

③ 直ちに導入されるべきだ

④ 放課後の活動時間を減らす

ケン・ロバーツからの投稿の第2段落第1～3文「私は，先生が放課後の活動スケジュールについて提案しておられる変更についての懸念を表明したいと思います…こういう理由で，先生は活動スケジュールを1時間半短くされたのですか」より，新しい方針は放課後の活動時間を減らすものであるとわかる。よって，正解は④。

問2 12 ④

フォーラムへのケンの投稿で述べられている1つの**事実**は 12 というものである。

① この方針についてもっと多くの議論が必要である

② 校長の経験が学校を良くしつつある

③ 学校は生徒の活動について考えるべきだ

④ 新しい方針を歓迎しない生徒がいる

ケンの投稿の第2段落第5文「これまでと同じように午後6時まで学校に残りたい，という希望が多くの生徒からありました」より，正解は④。他の選択肢はすべて事実ではなく意見であるため，不可。

問3 13 ②

方針の目的がエネルギーを節約することだと考えているのは誰か。 13

① バーガー博士

② ケン

③ 市

④ 警察

ケンの投稿の第2段落第2～3文「エネルギーの節約は重要ですし，これから暗くなるのがだんだん早くなることもわかっております。こういう理由で，先生は活動スケジュールを1時間半短くされたのですか」より，正解は②。

問4 14 ②

バーガー博士は 14 という**事実**に基づいて新しい方針を立てている。

① 早く帰宅することは重要である

② 市内の安全性が低下した

③ 学校は電気を節約しなければならない

④ 生徒は保護が必要である

バーガー博士の投稿の第2段落第2～3文「この決定は2019年の警察の報告に基づいてなされました。報告によると，大きな犯罪が5％増えたことによって，私た

— 408 —

ちの都市は前よりも安全ではなくなっています」より，正解は②。なお，①と④は事実ではなく意見であるため，不可。

問5　15　①

ケンが新しい方針に反対するのを助けるために，あなたは何について調査するだろうか。15

① 犯罪率とそれの地元の地域との関係
② エネルギー予算と学校の電力費用
③ 学校の活動時間の長さ対予算
④ 放課後の活動をする生徒の勉強時間

校長のバーガー博士が学校の方針を変更したのは「エネルギーの節約」のためではなく，「増加する犯罪から生徒を守りたい」ためであるため，ケンが新しい方針に反対する助けとなるには「犯罪率とそれの地元の地域との関係」について調査するのがよいとわかる。よって，正解は①。

第3問

A

【全訳】

あなたは英国のホテルに滞在する予定です。旅行のアドバイスに関するサイトのQ&A欄で役に立つ情報を見つけました。

私は2021年3月に，キャッスルトンのホーリートゥリーホテルに滞在しようと考えています。このホテルはお勧めですか，また，バクストン空港からそこまでは簡単に行けますか。

(リズ)

回答

はい，ホーリートゥリーホテルはすごくお勧めです。そこには2回宿泊しました。値段は高くなく，サービスは素晴らしかったです！それに，素敵な朝食が無料でついています。(アクセス情報についてはこちらをクリックしてください)

そこへ行ったときの私自身の経験をお話しします。

1度目の訪問のとき，私は地下鉄を利用しましたが，安くて便利です。電車は5分ごとに出ます。空港からは，レッドラインに乗ってモスフィールドまで行きました。ヴィクトリア行きのオレンジラインへの乗り換えは通常はおよそ7分なのですが，行き方がはっきりわからなかったので，余分に5分かかりました。ヴィクトリアからは，ホテルまでバスで10分で行けました。

―409―

2度目は，ヴィクトリアまで急行バスで行ったので，乗り換えの心配はありませんでした。ヴィクトリアでは，2021年の夏まで道路工事をやっているという掲示がありました。市バスは10分ごとに来ますが，現在は市バスだとホテルまでは通常の3倍の時間かかります。歩くこともできますが，天気が悪かったのでバスを利用しました。

楽しいご滞在を！　　　　　　　　　　　　　　　　　　　　　（アレックス）

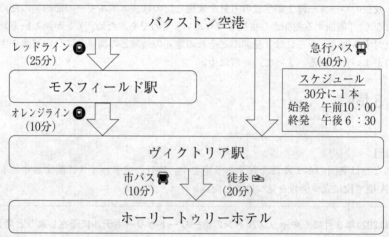

【語句】
◆本文◆
・consider *doing*「〜しようと考える」
・recommend O「Oを勧める」
・brilliant「素晴らしい」
・experience of *doing*「〜した経験」
・underground「地下鉄」
・every five minutes「5分ごとに」
・transfer to A「Aへ乗り換える」
・take O「O(時間)かかる」
・direction「(ある場所への)行き方／方向」
・extra「余分の」
・express bus「急行バス」
・notice「掲示」
・say (that) SV ...「…だと書いてある」

・it takes A times as 〜 as usual to *do*「…するのにいつものA倍(時間が)かかる」

【設問解説】

問1 16 ③

アレックスの回答から，アレックスは 16 とわかる。

① ホテルの便利な位置を評価している

② キャッスルトンへの最初の訪問ではヴィクトリア駅で道に迷った

③ ホテルが値段の割に価値があると考えている

④ 2回とも空港から同じルートを利用した

回答の第1段落第3〜4文「値段は高くなく，サービスは素晴らしかったです。それに，素敵な朝食が無料でついています」より，正解は③。

問2 17 ②

あなたは2021年3月15日の午後2時に，空港から公共交通機関で出発しようとしている。ホテルまで最も早く行く方法はどれか。 17

① 急行バスと市バス

② 急行バスと徒歩

③ 地下鉄と市バス

④ 地下鉄と徒歩

「ホーリートゥリーホテルまでのアクセス」によると，バクストン空港からヴィクトリア駅までは急行バスで40分，ヴィクトリア駅からホーリートゥリーホテルまでは徒歩で20分かかり，合計で60分でホテルまで行ける。これが最も早い行き方であるため，正解は②。①は，回答の第4段落より，市バスは2021年の夏までは道路工事のため通常の3倍，つまり30分かかり，40＋30で70分になるため，不可。また，③の地下鉄は，レッドラインとオレンジラインを足すと35分だが，アレックスは第3段落で乗り換えに7分に加えて余分に5分，つまり12分かかったと言っている。初めてそこを訪れるリズも同様に，空港からヴィクトリア駅まで35＋12で47分かかる可能性がある。さらに，市バスだと通常の3倍の30分かかり，合計で47＋30で77分になるため，不可。④は地下鉄で47分，徒歩で20分かかり，合計で67分になるため，不可。

16

B

【全訳】

あなたのクラスメートが，学校の会報の中の，英国から来た交換留学生が書いた次のメッセージを見せてくれました。

ボランティア求む！

みなさん，こんにちは。私はロンドンから来た交換留学生のセーラ・キングです。今日は，ある大事なことをみなさんにお伝えしたいと思います。

みなさんはサクラ国際センターについて聞いたことがあるかもしれません。そこでは，日本人と外国人の住民がお互いのことを知る貴重な機会を提供しています。料理教室やカラオケコンテストなど，人気のある催しが毎月行われています。ところが，深刻な問題があります。建物が老朽化しつつあり，高額の修理が必要なのです。センターを維持する資金を募る助けとなるために，多くのボランティアが必要です。

私はこの問題について数か月前に知りました。町で買い物をしているとき，何人かの人たちが募金活動をしているのを見かけたのです。活動リーダーのケイティーに話しかけると，状況を説明してくれました。私がいくらかのお金を寄付すると，彼女は感謝してくれました。町長に資金援助を頼んだのですが，彼らの要請は断られたと彼女は話しました。そのため，募金を始めるしか仕方がなかったのです。

先月，私はセンターでアートに関する講義を受けました。そこでもまた人々が寄付金を集めようとしていたので，私も協力することに決めました。私が彼らに加わって通行人に寄付を求めると，彼らは喜びました。私たちは一生懸命やりましたが，多くのお金を集めるには私たちだけでは足りませんでした。ケイティーはあの建物はもうあまり長くは利用できないだろうと，涙ながらに私に話しました。私はもっと何かをする必要があることを感じました。そのとき，協力するのをいとわない学生が他にもいるかもしれないという考えが浮かんだのです。ケイティーはこれを聞いて喜びました。

さあ，みなさん，サクラ国際センターを救うための募金活動に加わってくださいませんか。今日，私にEメールをください！　交換留学生としての私の日本での時間は限られていますが，私はそれを最大限に活かしたいのです。協力し合うことによって，本当に違いを生み出すことができるのです。

3Aクラス
セーラ・キング(sarahk@sakura-h.ed.jp)

セーラ・キング

— 412 —

【語句】

◆指示文◆
- following「次の」
- newsletter「会報」

◆第1段落◆
- A wanted「A求む」 広告で用いられる表現。
- share A with B「AをBに伝える／AをBと共有する」

◆第2段落◆
- hear of A「Aのことを聞く／耳にする」
- provide O「Oを提供する」
- resident「住民」
- A such as B「(例えば)BのようなA」
- hold O「Oを催す」
- require O「Oが必要である」
- raise O「O(お金)を集める」
- fund「資金」
- maintain O「Oを維持する」

◆第3段落◆
- take part in A「Aに参加する」
- fund-raising campaign「募金活動」
- donate O「Oを寄付する」
- ask A for B「AにBを求める」
- town mayor「町長」
- financial assistance「資金援助」
- reject O「Oを断る」
- have no choice but to *do*「〜するしか仕方がない」

◆第4段落◆
- passer-by「通行人」
- donation「寄付」
- be willing to *do*「〜するのをいとわない」
- be delighted to *do*「〜して嬉しい」

◆第5段落◆
- limited「限られている」
- make the most of A「Aを最大限に利用する」
- make a difference「違いを生み出す」

【設問解説】

問1 18 ④ 19 ② 20 ① 21 ③
　　以下の出来事(①〜④)を起きた順に並べよ。

① セーラはセンターの催しに出席した。
② セーラはセンターにお金を寄付した。
③ セーラはケイティーに提案をした。
④ 活動家たちは町長に助けを求めた。

　第3段落第4〜5文に「私がいくらかのお金を寄付すると，彼女は感謝してくれました。町長に資金援助を頼んだのですが，彼らの要請は断られたと彼女は話しました」より，最初は④，次に②が来る。同段落第5文の they had asked … は過去完了時制になっていることから，第4文の I donated some money より以前の出来事であることに注意。次に，第4段落第1文「先月，私はセンターでアートに関する講義を受けました」とあり，その後，同段落第7〜8文に「そのとき，協力することをいとわない学生が他にもいるかもしれないという考えが浮かんだのです。ケイティーはこれを聞いて喜びました」とあるため，①と③が続く。よって，正解は④→②→①→③。

問2 <u>22</u> ②

　セーラのメッセージより，サクラ国際センターは <u>22</u> とわかる。
① 外国の住民に金銭的援助をしている
② 友情を育てるための機会を提供している
③ 地域社会向けの会報を発行している
④ 交換留学生を英国に派遣している

　第2段落第2文「そこ（＝サクラ国際センター）では，日本人と外国人の住民がお互いのことを知る貴重な機会を提供しています」より，正解は②。

問3 <u>23</u> ②

　あなたはセーラのメッセージを読んで，活動に協力しようと決めた。まず初めに何をすればよいか。 <u>23</u>
① センターの催しについて宣伝する。
② より詳しい情報を得るためにセーラと連絡をとる。
③ 学校でボランティア活動を組織する。
④ 新しい募金活動を始める。

　セーラは第5段落第1文で「さあ，みなさん，サクラ国際センターを救うための募金活動に加わってくださいませんか」と述べた後，次の文で，「今日，私にEメールをください！」と言っているので，正解は②。

第4問

【全訳】

　あなたの英語の先生であるエマは，姉妹校からやって来る生徒たちをもてなすための一日のスケジュールの計画を立てる手伝いを，あなたとクラスメートのナツキに頼みました。あなたはスケジュールの草稿を書くことができるように，ナツキとエマの

— 414 —

2021年度　第1日程〈解説〉　19

Eメールのやり取りを読んでいます。

こんにちは，エマ先生

来月12人のゲストと出かける日のスケジュールについて，アイデアと質問がいくつかあります。先生が言われたように，どちらの学校の生徒も，午前10時からわが校の集会場でプレゼンテーションを行うことになっています。そのため，私は添付の時刻表を見ています。ゲストのみなさんは午前9時39分にアズマ駅に到着して，そこからはタクシーを拾って学校まで行くのですか。

私たちはまた午後の活動についても話し合っています。何か科学に関係のあるものを見学してはどうでしょうか。案は2つありますが，もし3つ目の案が必要なら知らせてください。

来月，ウエストサイド水族館で行われる特別展示についてお聞きになりましたか。海のプランクトンから作る新しいサプリメントに関するものです。それが良い選択だと思います。人気のある展示なので，訪問に最適の時間は一番混んでいないときでしょう。水族館のホームページで見つけたグラフを添付します。

イーストサイド植物園では，地元の大学と共同して，植物から電気を作る興味深い方法を開発しています。運よく，担当教授がその日の午後の早い時間にそれについての短い講演を行うのです！　行きませんか？

ゲストのみなさんは何かお土産が欲しいでしょうね。ヒバリ駅の隣のウエストモールが最適だと思いますが，一日中お土産を持ち歩きたくはないですね。

最後に，アズマを訪問する人は誰もが，私たちの学校の隣のアズマ・メモリアルパークの，町のシンボルである像を見るべきだと思いますが，スケジュールがうまく行きません。また，昼食の予定がどうなっているか教えてもらえませんか。

よろしくお願いします。
ナツキ

こんにちは，ナツキ

Eメールをありがとう！　すごく頑張ってくれていますね。あなたの質問に答えると，彼らは午前9時20分に駅に到着して，そこからはスクールバスに乗ります。

— 415 —

午後の2つのメインの行き先の水族館と植物園は，どちらの学校も科学教育に力を入れているし，このプログラムの目的は生徒の科学の知識を高めることなので，良いアイデアです。しかし，念のために，3つ目の提案を用意しておく方が賢明でしょうね。

お土産は一日の最後に買いましょう。モールに午後5時に着くバスに乗ればいいわ。そうすれば，買い物に1時間近くかけられるし，それでもなお，ゲストのみなさんは夕食のために午後6時半までにホテルに戻ることもできます。ホテルはカエデ駅から歩いてほんの数分のところですから。

昼食については，学校のカフェテリアがお弁当を用意します。あなたが書いていた像の下で食べられます。雨だったら，屋内で食べましょう。

提案を出してくれて本当にありがとう。あなたたち2人でスケジュールの原案を作ってもらえますか？

よろしくね。
エマ

添付された時刻表：

電車の時刻表
カエデ駅 ― ヒバリ駅 ― アズマ駅

駅	電車番号			
	108	109	110	111
カエデ駅	8:28	8:43	9:02	9:16
ヒバリ駅	8:50	9:05	9:24	9:38
アズマ駅	9:05	9:20	9:39	9:53

駅	電車番号			
	238	239	240	241
アズマ駅	17:25	17:45	18:00	18:15
ヒバリ駅	17:40	18:00	18:15	18:30
カエデ駅	18:02	18:22	18:37	18:52

添付されたグラフ：

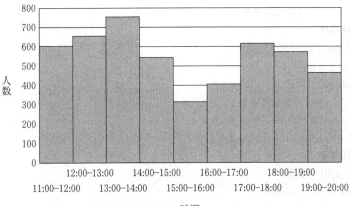

【語句】
◆指示文◆
- help O *do*「Oが〜するのを手伝う」
- host O「Oをもてなす／Oの接待をする」
- sister school「姉妹校」
- exchange「やり取り／交換」
- so that S can *do*「〜できるように」
- draft O「Oの草稿を書く」

＜ナツキからエマへのEメール＞
◆第1段落◆
- day out「出かけること／遠足」
- be supposed to *do*「〜することになっている」
- assembly hall「集会場」
- attached「添付された」
- timetable「時刻表」

◆第2段落◆
- How about *doing*?「〜してはいかがでしょうか」
- related to A「Aに関係のある」
- let O know「Oに知らせる」

◆第3段落◆
- exhibition「展示／展覧会」
- aquarium「水族館」
- food supplement「サプリメント」

22

- choice「選択」
- least ～「最も～でない」
- attach O「Oを添付する」

◆第4段落◆

- botanical garden「植物園」
- local「地元の」
- professor「教授」
- in charge「担当している」
- give a talk「講演[スピーチ]をする」
- Why don't we *do*?「～しませんか?」

◆第5段落◆

- souvenir「土産」
- next to A「Aの隣の」
- carry around O / carry O around「Oを持ち歩く」

　［例］　She always **carries around** her smartphone.
　　　　　彼女はいつもスマートフォンを持ち歩いている。

- all day「一日中」

◆第6段落◆

- statue「像」
- work out O / work O out「Oを何とかする」

＜エマからナツキへのEメール＞

◆第1段落◆

- in answer to A「Aに答えて」

◆第2段落◆

- place emphasis on A「Aを重要視する」
- improve O「Oを高める／改善する」
- just in case「念のために」

◆第3段落◆

- allow O「O（時間）の余裕を与える」
- ～ minutes' walk from A「Aから歩いて～分のところ」

◆第4～5段落◆

- mention O「Oについて述べる」
- draft「原案／草稿」

【設問解説】

問1　 24 　①　 25 　⑤

　姉妹校からのゲストは 24 番の電車で到着し， 25 番の電車に乗ってホテル
に戻る。

　①　　109

－418－

② 110
③ 111
④ 238
⑤ 239
⑥ 240

　ナツキからエマへのEメールの第1段落最終文より，ゲストはアズマ駅に到着することがわかる。エマからナツキへのEメールの第1段落最終文「あなたの質問に答えると，彼らは午前9時20分に駅に到着して，そこからはスクールバスに乗ります」より，アズマ駅に9時20分に到着するのは109番の電車なので，24 の正解は①。同じEメールの第3段落第2〜最終文「モールに午後5時に着くバスに乗ればいいわ。そうすれば，買い物に1時間近くかけられるし，それでもなお，ゲストのみなさんは夕食のために午後6時半までにホテルに戻ることもできます。ホテルはカエデ駅から歩いてほんの数分のところですから」より，ヒバリ駅を18時に出発してカエデ駅に18時22分に到着する239番の電車に乗ればよいので，25 の正解は⑤。なお，④の238番はヒバリ駅を17時40分に出発し，買い物に1時間かけることができないため，不可。

問2　26 　②

　草稿のスケジュールを最も良く完成させるのはどれか。26

A：水族館　　　　　　　　B：植物園
C：モール　　　　　　　　D：学校

① D→A→B→C
② D→B→A→C
③ D→B→C→A
④ D→C→A→B

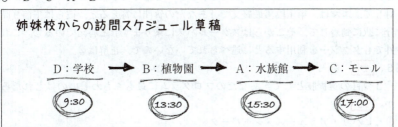

姉妹校からの訪問スケジュール草稿

D：学校 → B：植物園 → A：水族館 → C：モール
9:30　　　　13:30　　　　15:30　　　　17:00

　ナツキからエマへのEメールの第1段落第2文「先生が言われたように，どちらの学校の生徒も，午前10時からわが校の集会場でプレゼンテーションを行うことになっています」より，最初が「学校」である。第4段落第2文には，イーストサイド植物園に関して「運よく，担当教授がその日の午後の早い時間にそれについての短い講演を行うのです！」とあるので，2番目が「植物園」である。第3段落第4文には，ウエストサイド水族館に関して，「人気のある展示なので，訪問に最適の時

間は一番混んでいないときでしょう」とあり，添付された「ウエストサイド水族館の入館者数」のグラフによると，最も入館者が少ないのは15～16時なので，3番目が「水族館」である。そして，エマからナツキへのEメールの第3段落第1～2文に「お土産は一日の最後に買いましょう。モールに午後5時に着くバスに乗ればいいわ」とあるので，最後が「モール」である。よって，正解は②。

問3 27 ②

雨天でない限り，ゲストは昼食を 27 で食べることになる。
① 植物園
② 学校の隣の公園
③ 駅の隣の公園
④ 校庭

ナツキからエマへのEメールの第6段落第1文の「最後に，アズマを訪問する人は誰もが，私たちの学校の隣のアズマ・メモリアルパークの，町のシンボルである像を見るべきだと思います」と，エマからナツキへのEメールの第4段落「昼食については，学校のカフェテリアがお弁当を用意します。あなたが書いていた像の下で食べられます。雨だったら，屋内で食べましょう」より，正解は②。

問4 28 ②

その日，ゲストは 28 移動し<u>ない</u>。
① バスで
② タクシーで
③ 電車で
④ 徒歩で

ナツキからエマへのEメールの第1段落最終文「ゲストのみなさんは午前9時39分にアズマ駅に到着して，そこからはタクシーを拾って学校まで行くのですか」に対して，エマは，第1段落最終文で「あなたの質問に答えると，彼らは午前9時20分に駅に到着して，そこからはスクールバスに乗ります」と答えているし，これ以外でもタクシーを利用するとは述べられていないので，正解は②。

問5 29 ④

3つ目の選択肢として，あなたのプログラムに最もふさわしいのはどれだろうか。 29
① ヒバリ・アミューズメントパーク
② ヒバリ美術館
③ ヒバリ城
④ ヒバリ・スペースセンター

エマからナツキへのEメールの第2段落第1文に「どちらの学校も科学教育に力を入れているし，このプログラムの目的は生徒の科学の知識を高めることなので，良いアイデアです」とあることから，3つ目の訪問先の案は科学に関係のある場所がふさわしい。よって，正解は④。

2021年度　第1日程〈解説〉　25

第5問

【全訳】
　あなたは，国際ニュースレポートを利用して，英語のオーラルプレゼンテーションコンテストに参加する予定です。あなたのプレゼンテーションの準備のために，以下のフランスのニュース記事を読みなさい。

　5年前，サビーネ・ロウアス夫人は自分の馬を失った。馬が老齢で死ぬまで，彼女はその馬と20年を過ごした。そのとき，彼女は別の馬を所有することは二度とできないだろうと感じた。寂しい気持ちから，彼女は何時間ものあいだ，近くの乳牛牧場で牛を見て過ごした。そしてある日，彼女は農場主に牛の世話の手伝いをしてもよいかと尋ねた。

　農場主は同意し，サビーネは働き始めた。彼女はすぐに牛たちの1頭と友情をはぐくんだ。その牛が妊娠すると，他の牛たちよりも多くの時間をその牛とともに過ごした。牛の赤ん坊が生まれると，赤ん坊はサビーネのあとをついて回るようになった。あいにく，農場主は雄牛 ― オスの牛 ― を乳牛牧場で飼うことに興味がなかった。農場主は309と名付けたその赤ん坊の雄牛を肉市場に売ろうと計画していた。サビーネはそういうことにならないようにしようと決めて，雄牛とその母親を買ってもよいかと農場主に尋ねた。農場主は同意し，彼女は2頭を買った。それから，サビーネは309を町まで散歩に連れていくようになった。およそ9か月後，ついに牛たちを移してもよいという許可が出ると，牛たちはサビーネの農場に移った。

　それから間もなく，サビーネはポニーを買わないかと持ちかけられた。初め彼女はその馬を手に入れたいかどうか，自分でもわからなかったが，以前飼っていた馬の記憶はもはや辛いものではなくなっていたため，そのポニーを買いとってレオンと名付けた。それから昔やっていた趣味を再びやってみることに決め，障害飛越の訓練を彼に行い始めた。彼女は309をアストンと改名し，アストンは時間のほとんどをレオンと過ごし，この2頭は本当に親しい友達になった。ところが，サビーネはレオンとの日々の決まった訓練にアストンが特別の注意を払うとは予期していなかったし，アストンが芸をいくつか覚えるとも期待していなかった。若い雄牛はすぐに命令に従って歩いたり，ギャロップで駆けたり，立ち止まったり，後ろ向きに歩いたり，振り返ったりできるようになった。彼はまさに馬のように，サビーネの声に反応した。そして，体重が1300キロもあったにもかかわらず，サビーネを背中に乗せて1メートルの高さの障害の飛び越え方を覚えるのにたった18か月しかかからなかった。アストンはレオンを見ていなければ，そういったことは覚えなかったかもしれない。さらに，アストンは距離感をつかみ，飛ぶ前にステップを調節することができた。彼はまた自分の欠点に気付き，サビーネの助けがなくてもそれを正した。それは最も優れたオリンピック級の馬だけができることである。

　今や，サビーネとアストンは彼の技能を披露するために，ヨーロッパ中の週末の

— 421 —

市や馬の品評会に行っている。サビーネは語る。「お客さんの受けはいいです。たいてい，人々はすごくびっくりし，アストンの体が大きく，馬よりもずっと大きいので，最初は少し怖がることがあります。たいていの人は角の生えた雄牛にあまりに近づくのを嫌がります。でも，いったん彼の本当の性質を知り，芸をするのを見ると，『うわー，本当にすごく美しいですね』としばしば言ってくれます」

「見てください！」と言って，サビーネはスマートフォンのアストンの写真を見せる。そして，続けてこう述べる。「アストンがまだ幼いころ，人間に慣れるようにと，私はよく，犬のように彼にリードを付けて散歩させたものでした。おそらくは，そのために彼は人間を嫌がらないのでしょう。彼はとてもおとなしいので，特に子どもは彼を見て，近づく機会を持つのが本当に好きなのです」

この数年のあいだに，障害飛越をする大きな体の雄牛のニュースは急速に広まり，オンラインのフォロワーはどんどん増えていて，今やアストンは大きな呼び物になっている。アストンとサビーネはときには家から200から300キロも旅をする必要があるが，それは宿泊をしなければならないことを意味する。アストンは馬小屋で寝なければならないのだが，そこは実際，彼には十分な大きさがない。

「彼はそれが気に入りません。だから，小屋で一緒に寝てやらねばならないのです」とサビーネは言う。「でも，ほら，目が覚めて体の位置を変えるときなど，私を押しつぶしてしまわないようとても気を付けてくれるのですよ。本当に思いやりがあるのです。アストンはときには寂しくなって，レオンとあまりに長く離れていることを嫌がります。でも，それ以外はとても満足しています」

プレゼンテーション用スライド

30 ③馬のように振る舞う雄牛，アストンに出会おう

セントラル高校
英語プレゼンテーションコンテスト

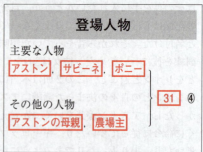

登場人物

主要な人物
アストン, サビーネ, ポニー

その他の人物   31 ④
アストンの母親, 農場主

有名になる前の物語

サビーネの馬が死ぬ
↓
32 ④ サビーネが近所の農場に働きに行く。
↓
33 ③ サビーネが309とその母親を買う。
↓
34 ⑤ サビーネが309を散歩に連れ出す。
↓
35 ① アストンがジャンプを覚える。

アストンとサビーネが品評会に出かけるようになる

アストンの能力

アストンができること：
・ただレオンの訓練を見ているだけで覚える
・サビーネの指示に従って歩き，ギャロップし，止まる
・距離感をつかんで，ステップを調整する
・ **36** ① 自分で誤りを正す。
・ **37** ③ 乗り手を背中に乗せて跳躍する。

現在のアストン

アストンは今：
・障害飛越をする雄牛である。
・サビーネとともに市やイベントに出かける。
・ **38** ① どんどん多くのファンができている。

【語句】
◆指示文◆
　・take part in A「Aに参加する」
　・following「以下の」
　・in preparation for A「Aの準備のために」
◆第1段落◆
　・lose O「Oを失う」
　・spend A with B「BとともにA(時間)を過ごす」
　・die of A「A(原因)で死ぬ」
　・own O「Oを所有する」
　・out of loneliness「寂しい気持ちから」
　・spend O *doing*「〜してO(時間)を過ごす」
　［例］　She often **spends** the weekend **playing** tennis with her friends.
　　　　彼女はよく週末は友達とテニスをして過ごす。
　・nearby「近くの」
　・milk farm「乳牛牧場」
　・ask O if SV ...「Oに…かどうか尋ねる」
　・help *do*「〜するのを手伝う」

28

　・look after A「Aの世話をする」
◆第2段落◆
　・quickly「すぐに」
　・develop a friendship with A「Aとの友情をはぐくむ」
　・pregnant「妊娠している」
　・be born「生まれる」
　・follow around O / follow O around「Oのあとをついて回る」
　・unfortunately「あいにく／残念ながら」
　・be interested in A「Aに興味がある」
　・keep O「O（動物）を飼う」
　・bull「雄牛」
　・male「オスの／男性の」
　・sell A to B「AをBに売る」
　・meat market「肉市場」
　・decide (that) SV ...「…だと決める」
　・let O do「Oに〜させる」　let that happen の that は「農場主が309を肉市場に売ること」を指す。
　・take O for walks「Oを歩かせる／散歩させる」
　・〜 later「〜後に」
　・at last「ついに／とうとう」
　・permission to do「〜してもよいという許可」
　・move O「Oを移す」
　・move to A「Aに移る／引っ越す」
◆第3段落◆
　・soon after「それから間もなく」
　・offer A B「A（人）にBを買わないかと持ちかける／申し出る」
　・pony「ポニー／小型の馬」
　・at first「初めは」
　・be not sure if SV ...「…かどうかわからない」
　・memory「記憶／思い出」
　・no longer「もはや〜ない」
　・painful「辛い」
　・accept O「Oを受け入れる」
　・name O C「OをCと名付ける」
　・return to A「Aに戻る」
　・train A for B「A（人・動物）にBの訓練を行う」
　・show jumping「（馬の）障害飛越」
　・rename O C「OをCと改名する」

— 424 —

2021年度　第1日程〈解説〉　29

- close friend「親しい友達／親友」
- expect O to *do*「Oが〜すると予期する」
- pay close attention to A「Aに特別の［細心の］注意を払う」
- routine「日々の決まり事／日課」
- nor＋倒置の語順「また〜でもない」 she had expected ... という文が，had she expected ... という倒置の語順になっている。

［例］ I have never been abroad, **nor do I want to**.
　　　私は海外に行ったこともないし，行きたいとも思わない。

- pick up O / pick O up「O（技術など）を覚える／身につける」

［例］ Children quickly **pick up** new things.
　　　子どもは新しいことを覚えるのが早い。

- master O「Oができるようになる／Oを習得する」
- gallop「（馬などが）ギャロップで駆ける」
- backwards「後ろへ」
- turn around「振り返る」
- on command「命令に従って」
- respond to A「Aに反応する」
- despite A「Aにもかかわらず」
- weigh C「重さがCである」
- it takes A B to *do*「Aが〜するのにB（時間）かかる」
- leap over A「Aを飛び越える」
- with A on *one's* back「Aを背中に乗せて」
- might never have *done* without *doing*「〜しなかったら…しなかったかもしれない」 仮定法過去完了。
- moreover「さらに」
- distance「距離」
- adjust O「Oを調節する」
- fault「欠点」
- correct O「Oを正す／訂正する」
- the very best A「まさに最高のA」
- Olympic-standard「オリンピック級の」

◆第4段落◆

- show off O / show O off「Oを披露する／見せびらかす」

［例］ Bob always wants to **show off** his new car.
　　　ボブはいつも買ったばかりの車を見せびらかしたがる。

- reaction「反応」
- mostly「たいてい」
- surprised「驚いて」

— 425 —

30

- a bit 〜「少し〜」
- scared「怖がる」
- much + 比較級「ずっと〜」
- get close to A「Aに近づく」
- horn「角」
- once SV ...「いったん…すると」
- nature「性質」
- see O *doing*「Oが〜しているのを見る」

◆第5段落◆

- continue「続ける」
- used to *do*「よく〜したものだ」
- on a lead「リードを付けて」
- so that S will [can] *do*「〜する[できる]ように」

［例］ Write the passage clearly **so that** everybody **can** understand it.
誰もが理解できるように，文章をわかりやすく書きなさい。

- get used to A「Aに慣れる」

［例］ I have not yet **got used to** my smartphone.
私はまだスマートフォンに慣れていない。

- that's why SV ...「そういうわけで…」
- mind O「Oを嫌がる」
- calm「おとなしい／落ち着いた」
- in particular「特に」
- be close to A「Aに近づく」

◆第6段落◆

- massive「巨大な」
- spread「(ニュースなどが)広まる」
- rapidly「急速に」
- major「(重要度などが)大きな」
- attraction「(ショウなどの)呼び物」
- growing number of A「どんどん増え続けるA」
- follower「フォロワー」
- stay overnight「宿泊する／外泊する」
- 〜 enough for A「Aにとって十分〜な」

◆第7段落◆

- you know「ほら〜」
- wake up「目が覚める」
- be careful not to *do*「〜しないよう気を付ける」
- crush O「Oを押しつぶす」

— 426 —

2021年度　第1日程〈解説〉　31

・gentle「思いやりがある／優しい」
・other than A「A以外は」
［例］　He sometimes gets angry, but **other than** that, he's good-natured.
　　　　彼はときには腹を立てることもあるが，それ以外は性質の良い人だ。

◆スライド◆
・Who's Who?「登場人物」　言葉通りには「誰が誰であるか」という意味。
・pre-fame「有名になる前の」

【設問解説】

問1　30　③
　　あなたのプレゼンテーションの最も良いタイトルはどれか。　30
①　動物好きな人がポニーの命を救う
②　アストンの夏の障害飛越ツアー
③　馬のように振る舞う雄牛，アストンに出会おう
④　農場主と牛の関係
　　この記事は，ある雄牛がまるで馬のように障害飛越をして人々を驚かせるように
なった出来事についてであるため，正解は③。

問2　31　④
　　「登場人物」のスライドに入る組み合わせとして最適なものはどれか。　31

	主要な人物	その他の人物
①	309，アストン，農場主	サビーネ，ポニー
②	アストン，アストンの母親，サビーネ	309，農場主
③	アストン，レオン，農場主	アストンの母親，サビーネ
④	アストン，サビーネ，ポニー	アストンの母親，農場主

　　サビーネと，彼女が飼っている雄牛のアストンとポニーがこの話の主要な登場人
物である。アストンの母親と農場主は物語の前半に登場するだけなので，主要な人
物とは言えない。よって，正解は④。

問3　32　④　33　③　34　⑤　35　①
　　「有名になる前の物語」のスライドを完成させるために，4つの出来事を起きた順
番に選べ。　32　～　35
①　アストンがジャンプを覚える。
②　サビーネとアストンが一緒に何百キロも旅する。
③　サビーネが309とその母親を買う。
④　サビーネが近所の農場に働きに行く。
⑤　サビーネが309を散歩に連れ出す。
　　第1段落には，サビーネが自分の馬を失った寂しさから近所の乳牛牧場で牛を見
て過ごし，そこの農場主に牛の世話の手伝いをしてもよいか尋ねたことが書かれて
いる。そして，第2段落第1文には「農場主は同意し，サビーネは働き始めた」と
あるため，　32　には④が入る。同段落第6～8文「農場主は309と名付けた赤ん坊

— 427 —

の雄牛を肉市場に売ろうと計画していた。サビーネはそういうことにならないようにしようと決めて，雄牛とその母親を買ってもよいかと農場主に尋ねた。農場主は同意し，彼女は2頭を買った」より， 33 には③が入る。同段落第9文「それから，サビーネは309を町まで散歩に連れていくようになった」より， 34 には⑤が入る。第3段落第8文「そして，体重が1300キロもあったにもかかわらず，サビーネを背中に乗せて1メートルの高さの障害の飛び越え方を覚えるのにたったの18か月しかかからなかった」より， 35 には①が入る。なお，第4段落第1文「今や，サビーネとアストンは彼の技能を披露するために，ヨーロッパ中の週末の市や馬の品評会に行っている」と第6段落第2文の「アストンとサビーネはときには家から200から300キロも旅をする必要がある」より，②は「アストンとサビーネが品評会に出かけるようになる」より後の出来事なので，不可。

問4 36 ・ 37 ①・③

「アストンの能力」のスライドに入る最も適切な2つの項目を選べ。（順不同。）
36 ・ 37

① 自分で誤りを正す
② ポニーと並んで跳躍する
③ 乗り手を背中に乗せて跳躍する
④ 馬より早く芸を覚える
⑤ 写真のためにポーズをとる

第3段落第11文「彼はまた自分の欠点に気付き，サビーネの助けがなくてもそれを正した」より，①と，第3段落第8文「そして，体重が1300キロもあったにもかかわらず，サビーネを背中に乗せて1メートルの高さの障害の飛び越え方を覚えるのにたったの18か月しかかからなかった」より，③が正解。

問5 38 ①

「現在のアストン」のスライドを最も適切な項目で完成させよ。 38

① どんどん多くのファンができている
② サビーネをとても裕福にした
③ とても有名なので，もはや人を怖がらせることはない
④ 一年のほとんどの夜を馬用のトレーラーで過ごす

第6段落第1文「この数年のあいだに，障害飛越をする大きな体の雄牛のニュースは急速に広まり，オンラインのフォロワーはどんどん増えていて，今やアストンは大きな呼び物になっている」より，正解は①。

2021年度　第1日程〈解説〉　33

第6問

A
【全訳】
　あなたはスポーツにおける安全についてのクラスでのプロジェクトに取り組んでいて，次の記事を見つけました。あなたはそれを読んで，見つけたことをクラスメートに発表するためにポスターを作っています。

アイスホッケーをより安全にする

　アイスホッケーはさまざまな人々によって，世界中で楽しまれているチームスポーツである。このスポーツの目的は「パック」と呼ばれる固いゴムのディスクをホッケースティックで運び，相手チームのネットに入れることだ。それぞれのチームが6人の選手からなる2つのチームが，この急速なペースのスポーツを，固くて滑りやすい氷のリンクで行う。選手は時速30キロに達することもあるスピードで滑りながら，パックを空中に飛ばす。こうしたペースでは，選手とパックのどちらも深刻な危険の原因になり得る。

　このスポーツはスピードが速く，また，氷のリンクの表面も滑りやすいため，選手が転倒したりお互いにぶつかり合ったりして，さまざまなケガにつながりやすい。選手を保護するために，ヘルメットやグラブ，そして肩，ひじ，脚を守るパッドなどの用具がここ何年かで導入されている。これらの努力にもかかわらず，アイスホッケーでは脳震とうを起こす率が高い。

　脳震とうは脳の機能の仕方に影響を及ぼす脳への損傷であり，頭や顔や首またはその他の部分への直接または間接の衝撃によって引き起こされ，ときには一時的な意識の喪失を招くこともある。あまり深刻でない場合は，しばらくのあいだ，選手はまっすぐに歩けなかったり，はっきり物が見えなかったりし，また，耳鳴りを生じることもある。軽い頭痛がするだけだと思い込んで，脳に損傷が起きたことに気づかない者もいる。

　ケガの深刻さに気づかないことに加えて，選手はコーチがどう思うかを気にしがちだ。昔は，コーチは痛くてもプレーするタフな選手をより好んでいた。言い換えれば，負傷した選手がケガの後でプレーをやめるのは理にかなっているように見えるだろうが，多くの選手はそうしなかった。ところが最近では，脳震とうは一生続く深刻な影響を及ぼすおそれがあることがわかっている。脳震とうの病歴のある人は集中したり眠ったりすることに困難を伴うことがある。さらに，そういう人は憂うつや気分の変化などの心理的問題に苦しむことがある。場合によっては，選手は嗅覚障害や味覚障害を患うこともある。

　ナショナルホッケーリーグ(NHL)はカナダとアメリカ合衆国のチームで構成さ

— 429 —

れていて，脳震とうに対処するためのより厳しい規則やガイドラインを設けている。例えば2001年には，NHLはシールド—顔を守るためにヘルメットに取り付ける透明のプラスチック板—の着用を導入した。最初，それは任意で，多くの選手が身に着けなかった。ところが，2013年からは義務づけられた。それに加えて，2004年には，NHLは故意に別の選手の頭にぶつかった選手には，一時出場停止や罰金などより厳しいペナルティーを課し始めた。

　NHLはまた2015年に，脳震とう監視者システムを導入した。このシステムでは，ライブストリーミングや録画によるリプレーを見ているNHLの審判員が，それぞれの試合中に目で見てわかる脳震とうの兆候がないか見ている。最初は，医療訓練を受けていない2人の脳震とう監視者が，競技場で試合を監視していた。次の年には，医療訓練を受けた1人から4人の脳震とう監視者が加えられた。彼らはニューヨークのリーグ本部から，それぞれの試合を監視した。選手が脳震とうを起こしたと監視者が判断した場合，その選手は試合から外され，医者による診察を受けるために「安静室」に運ばれる。その選手は医者の許可が出るまで試合に戻ることを許されない。

　NHLはアイスホッケーをより安全なスポーツにするために，多くの進歩を遂げてきた。脳震とうが起こる原因とその影響についてより多くのことがわかってきているので，NHLは必ずや選手の安全を確保するためのさらなる対策を取ることだろう。安全が高まることによって，アイスホッケーの選手とファンが増えることにもつながるだろう。

アイスホッケーを安全にする

アイスホッケーとは何か。
- 選手は相手チームのネットに「パック」を入れることによって点を獲得する
- それぞれのチームに6人の選手
- 速いスピードで氷の上で行われるスポーツ

主な問題点：脳震とうが起こる割合の高さ

脳震とうの定義
脳の機能の仕方に影響を及ぼす脳への損傷

影響

短期的影響
- 意識の喪失
- まっすぐ歩くことの困難さ
- 39 ④ 不明瞭な視力
- 耳鳴り

長期的影響
- 集中力の問題
- 40 ③ 睡眠障害
- 心理的問題
- 嗅覚，味覚障害

解決策

ナショナルホッケーリーグ(NHL)は
- シールド付きヘルメットを義務づける
- 危険な選手に厳しいペナルティーを与える
- 41 ④ 脳震とうの兆候を示す選手を特定するための脳震とう監視者を導入した

要約
アイスホッケーの選手は脳震とうを起こすリスクが高い。
そのため，NHL は 42 ② 新しい規則やガイドラインを履行している。

36

【語句】

◆指示文◆

- ・work on A「Aに取り組む」
- ・following「以下の」
- ・present O「Oを発表する」

◆第1段落◆

- ・a（wide）variety of A「さまざまなA／多様なA」
- ・object「目的」
- ・rubber「ゴムの」
- ・engage in A「Aを行う／Aに携わる」
- ・fast-paced「急速なペースの／急展開の」
- ・slippery「滑りやすい」
- ・reach O「Oに達する」
- ・〜 kilometer per hour「時速〜キロ」
- ・send O into the air「Oを空中に飛ばす」
- ・both A and B「AとBのどちらも」
- ・cause「原因」
- ・serious「深刻な」

◆第2段落◆

- ・surface「表面」
- ・make it easy for A to *do*「Aが〜しやすくする」

［例］ The many illustrations **make it easy for** children **to read** the book.
図解がたくさんあるので，その本は子どもに読みやすい。

- ・fall down「転倒する」
- ・bump into A「Aにぶつかる」
- ・each other「お互い」
- ・result in A「結果としてAに至る」
- ・injury「ケガ／損傷」
- ・in an attempt to *do*「〜するために／〜しようとして」
- ・equipment「用具／器具」
- ・A such as B「例えばBのようなA」
- ・introduce O「Oを導入する」
- ・despite A「Aにもかかわらず」（＝in spite of A）

［例］ They went for a walk **despite** the rain.
彼らは雨にもかかわらず散歩に出かけた。

- ・effort「努力」
- ・rate「率／割合」
- ・concussion「脳震とう」

— 432 —

◆第3段落◆
- affect O「Oに影響を及ぼす」
- function「機能する」
- impact to A「Aへの衝撃」
- elsewhere「他のどこかへの」
- temporary「一時的な」
- consciousness「意識」
- ringing in the ears「耳鳴り」
- slight「わずかな／少しの」
- injure O「Oに損傷を与える」

◆第4段落◆
- in addition to A「Aに加えて」
- realize O「Oに気づく」
- tend to *do*「〜しがちだ／〜する傾向がある」
- prefer O「Oをより好む」
- in other words「言い換えれば」
- logical「理にかなった／論理的な」
- get hurt「ケガをする」
- many did not＝many players did not stop playing
- have 〜 effect「〜な影響を及ぼす」
- last「続く」

[例] The meeting **lasted** five hours.
会合は5時間続いた。

- a lifetime「一生のあいだ」
- history「病歴」
- have trouble *doing*「〜するのに困難を伴う／〜するのに苦労する」
- concentrate「集中する」
- suffer from A「A（病気など）に苦しむ」
- depression「憂うつ」
- mood「気分」
- develop O「O（病気）になる／かかる」
- disorder「障害」

◆第5段落◆
- the National Hockey League「ナショナルホッケーリーグ」 アメリカ合衆国とカナダのプロホッケー選手のリーグ。
- consist of A「Aで構成されている」

[例] The committee **consists of** 12 members.
その委員会は12人のメンバーで構成されている。

- strict「(規則などが)厳しい」
- deal with A「Aに対処する」
- A attached to B「Bに取り付けられたA」
- at first「最初は」
- optional「任意の」
- choose to *do*「〜することを選ぶ」
- require O「Oを義務づける」
- suspension「一時出場停止」
- fine「罰金」
- deliberately「故意に／わざと」

◆第6段落◆
- spotter「監視者」＜spot O「Oを監視する」
- official「審判員」
- with access to A「Aを利用できる」
- live「ライブの／(放送などが)生の」
- watch for A「Aがないかと見る／Aを監視する」
- visible「目で見てわかる」
- indication of A「Aの兆候」
- medical training「医療訓練」
- monitor O「Oを監視する」
- add O「Oを加える」
- head office「本部／本社」
- suffer O「O(苦痛・損害など)を受ける」
- remove A from B「AをBから取り除く」
- quiet room「安静室」
- examination「診察／検査」
- allow O to *do*「Oが〜することを許可する」
- ［例］ You **are** not **allowed to smoke** in this area.
  この地域での喫煙は禁じられている。
- permission「許可」

◆第7段落◆
- make progress「進歩を遂げる」
- take measures to *do*「〜するための対策を取る」
- ensure O「Oを確実にする」
- lead to A「Aにつながる」
- ［例］ Careless driving may **lead to** a serious accident.
  不注意な運転は重大事故につながることがある。

— 434 —

2021年度　第1日程〈解説〉　39

【設問解説】

問1 　39　　④

ポスターの 39 に入れるのに最適な選択肢を選べ。

① 攻撃的な振る舞い

② 思考障害

③ 人格の変化

④ **不明瞭な視力**

第3段落第2文「あまり深刻でない場合は，しばらくのあいだ，選手はまっすぐに歩けなかったり，はっきり物が見えなかったりし，また，耳鳴りを生じることもある」より，正解は④。

問2 　40　　③

ポスターの 40 に入れるのに最適な選択肢を選べ。

① 視力の喪失

② 記憶力の問題

③ **睡眠障害**

④ 不安定な歩き方

第4段落第5文「脳震とうの病歴のある人は集中したり眠ったりすることに困難を伴うことがある」より，正解は③。

問3 　41　　④

ポスターの 41 に入れるのに最適な選択肢を選べ。

① 選手が試合に戻ることを許可する

② 脳震とうを起こした選手を診察する

③ 脳震とうを引き起こした選手に罰金を課す

④ **脳震とうの兆候を示す選手を特定する**

第6段落第2文「このシステムでは，ライブストリーミングや録画によるリプレーを見ている NHL の審判員が，それぞれの試合中に目で見てわかる脳震とうの兆候がないか見ている」などより，正解は④。

問4 　42　　②

ポスターの 42 に入れるのに最適な選択肢を選べ。

① 選手がもっとタフになることを期待している

② **新しい規則やガイドラインを履行している**

③ コーチに医療訓練を施した

④ シールドの着用を任意とした

第5段落第1文「ナショナルホッケーリーグ(NHL)はカナダとアメリカ合衆国のチームで構成されていて，脳震とうに対処するためのより厳しい規則やガイドラインを設けている」より，正解は②。

― 435 ―

B

【全訳】

あなたは保健の授業で栄養の勉強をしています。様々な甘味料についてもっと知るために，教科書の次の文章を読むところです。

ケーキ，キャンディー，ソフトドリンクなど，私たちのほとんどが甘いものが大好きだ。実際，若い人たちは英語で，何かが「良い」という意味で「スィート!」と言う。甘味について考えるとき，私たちはサトウキビやテンサイなどの植物から採る普通の白砂糖を想像する。ところが，科学の発見によって，甘味料の世界は変化した。現代では他の多くの植物から砂糖を取り出すことができる。最もわかりやすい例がトウモロコシである。トウモロコシは豊富で安く，加工がしやすい。高果糖液糖(HFCS)は普通の砂糖よりおよそ1.2倍甘いが，カロリーが非常に高い。科学をさらに一歩進めて，過去70年のあいだに科学者は様々な人工甘味料を開発した。

最近の米国国民健康栄養調査では，平均的アメリカ人のエネルギー摂取量の14.6%は「添加糖類」からのものであると結論づけた。添加糖類とは，自然食品から得られるのではない砂糖を指す。例えばバナナは自然食品だが，クッキーには添加糖類が含まれている。添加糖類のカロリーの半分以上は甘味飲料やデザートから摂取するものだ。多くの添加糖類は過度の体重の増加やその他の健康問題を含む，身体に良くない影響を及ぼすおそれがある。こうした理由から，多くの人は飲み物やお菓子やデザートには低カロリーの代用品を選ぶのである。

白砂糖に代わる自然の物にはブラウンシュガー，蜂蜜，メープルシロップなどがあるが，これらもまたカロリーは高くなりがちだ。そのため，多くの場合，人工化合物である代替の「低カロリー甘味料」(LCS)が人気となっている。今日最も一般的なLCSはアスパルテーム，アセスルファムカリウム，ステビア，スクラロースである。すべてのLCSが人工というわけではなく，ステビアは植物の葉からとれるものだ。

代替の甘味料は，熱することができないものもあるし，たいていは白砂糖よりもはるかに甘いので，料理では使いにくいことがある。アスパルテームとアセスルファムカリウムは砂糖の200倍の甘さだ。ステビアは300倍甘く，スクラロースはステビアの倍の甘さである。新しい甘味料の中にはさらに甘さの強烈なものもある。日本のある会社が最近「アドバンテーム」というものを開発したが，これは砂糖の2万倍の甘さである。何かを甘くするには，この物質がほんの少しあればいいのだ。

甘味料を選ぶときには，健康に関する点を考慮することが大切だ。例えば，白砂糖を多く含むデザートを作ることは，体重の増加をもたらすおそれのある高カロリーの食べ物を生む結果になる。まさにこういう理由でLCSの方をより好む人もいる。ところが，カロリーは別にして，人工的なLCSを摂取することを他の様々な

健康に関する懸念と結び付けている研究もある。LCS の中にはがんを発生させる疑いのある強い化学物質を含むものあるが，一方，記憶力や脳の発達に影響を及ぼすことが示されているものもあり，それらは特に幼い子どもや妊婦，そして高齢者には危険である可能性がある。キシリトールやソルビトールのように低カロリーの，比較的自然な代替となる甘味料も少しある。ただ残念ながら，これらは体内を極めてゆっくり移動するので，大量に摂取すると胃の問題を引き起こすおそれがある。

　人々は何か甘いものが欲しいときには，たとえあらゆる情報がある場合でも一般的なよりカロリーの高い砂糖のような甘味料に固執するか，それとも LCS を使うべきかを決めることは難しい。現在では多くの種類のガムやキャンディーには 1 つかそれ以上の人工甘味料が含まれているが，それにもかかわらず，熱い飲み物に人工甘味料を入れないような人であっても，そういう商品を買うこともあるだろう。個々の人が選択肢を慎重に検討し，自分の必要性と状況に最もよく合った甘味料を選ぶ必要がある。

【語句】
◆指示文◆
- nutrition「栄養」
- passage「文章」
- sweetener「甘味料」

◆第1段落◆
- Sweet!「いいねえ！／すごい！」
- sweetness「甘味／甘さ」
- sugar cane「サトウキビ」
- sugar beet「テンサイ／サトウダイコン」
- extract A from B「B から A を取り出す／抽出する」
- obvious「わかりやすい／明らかな」
- abundant「豊富な」
- process O「O を加工する」
- high fructose corn syrup「高果糖液糖」　トウモロコシを原料として作られる高カロリー甘味料。
- A times＋比較級＋than B「B より A 倍〜な」
- regular「普通の」
- be high in A「A が豊富である」
- take A one step further「A をさらに一歩進める」
- a wide variety of A「様々な A」
- artificial「人工的な」

◆第2段落◆

- US National Health and Nutrition Examination Survey「米国国民健康栄養調査」
- conclude that SV ...「…だと結論づける」
- intake「摂取(量)」
- added「添加された」
- refer to A「Aのことを指す」
- be derived from A「Aから得られる／Aに由来する」

［例］　These words **are derived from** German.
　　　　これらの語はドイツ語に由来する。

- whole food「自然食品」
- contain O「Oを含む」
- more than A「A以上／Aを超えた」
- sweetened「甘味の」
- have ～ effect on A「Aに～な影響を及ぼす」
- negative「良くない／否定的な」
- including A「Aを含む」
- excessive「過度の」
- gain「増加」
- substitute for A「Aに代わるもの」

◆第3段落◆
- alternative to A「Aに代わるもの」
- include O「Oを含む」
- consequently「その結果」
- chemical「化学的な」
- not all A ...「すべてのAが…とは限らない」
- leaves＜leaf「葉」の複数

◆第4段落◆
- sweetener「甘味料」
- far＋比較級「はるかに～」
- twice the A of B「Bの2倍のA」
- even＋比較級「さらに～」
- intense「強烈な」
- a tiny amount of A「少量のA」
- substance「物質」
- require O「Oを必要とする」

◆第5段落◆
- issue「点／問題」
- result in A「Aという結果を生む」

［例］　The accident **resulted in** injuries to those involved.

2021年度　第1日程〈解説〉　43

　　　その事故によって巻き込まれた人が負傷した。
・lead to A「Aにつながる／Aをもたらす」
・prefer O「Oをより好む」
・for this very reason「まさにこういう理由で」
・apart from A「Aを別にして」
・link A with B「AをBと結び付ける」
　［例］　The police found new evidence **linking** him **with** the crime.
　　　　警察は彼を犯罪と結び付ける新たな証拠を見つけた。
・consume O「Oを摂取[消費]する」
・concern「懸念／心配」
・chemical「化学物質」
・suspected of *doing*「〜する疑いのある」
・especially「特に」
・pregnant「妊娠している」
・relatively「比較的」
・unfortunately「残念ながら」
・move through A「Aの中を移動する」
・extremely「極めて」
・stomach「胃／腹」

◆第6段落◆
・whether to *do* 〜 or to *do* ...「〜すべきか，それとも…すべきか」
・stick to A「Aに固執する／こだわる」
　［例］　He **sticks to** his cause.
　　　　彼はあくまでも自分の主義に固執している。
・many varieties of A「多くの種類のA」
・nonetheless「それにもかかわらず」
・item「商品／品物」
・weigh O「Oを慎重に検討する」
・option「選択肢」
・suit O「Oに合う」
・circumstance「状況」

【設問解説】
問1　43　③
　　あなたは　43　によって，現代科学が甘味料の世界を変えたことを学ぶ。
①　いくつかの種類の新しくて，より甘い白砂糖を発見すること
②　アメリカ人のエネルギー摂取を測定すること
③　様々な新しい選択肢を提供すること
④　自然環境から多くの新たに開発された植物を使うこと

— 439 —

第1段落第4，5文「ところが，科学の発見によって，甘味料の世界は変化した。現代では他の多くの植物から砂糖を取り出すことができる」と，同段落最終文「科学をさらに一歩進めて，過去70年のあいだに科学は様々な人工甘味料を開発した」などより，正解は③．

問2 44 ③

あなたはたった今勉強した情報を要約しています。表はどのように完成するべきか。 44

甘さ	甘味料
高い	アドバンテーム
	(A) スクラロース
	(B) ステビア
	(C) アセスルファムカリウム，アスパルテーム
低い	(D) HFCS

① (A) ステビア　　　　　　　　　　　　(B) スクラロース
　 (C) アセスルファムカリウム，アスパルテーム　(D) HFCS

② (A) ステビア　　　　　　(B) スクラロース
　 (C) HFCS　　　　　　　　(D) アセスルファムカリウム，アスパルテーム

③ (A) **スクラロース**　　　　　　　　　(B) **ステビア**
　 (C) **アセスルファムカリウム，アスパルテーム**　(D) **HFCS**

④ (A) スクラロース　　　　　(B) ステビア
　 (C) HFCS　　　　　　　　(D) アセスルファムカリウム，アスパルテーム

第4段落第2，3文「アスパルテームとアセスルファムカリウムは砂糖の200倍の甘さだ。ステビアは300倍甘く，スクラロースはステビアの倍の甘さである」より，甘味の高いものから，スクラロース，ステビア，アスパルテームとアセスルファムカリウムの順になることがわかる。また，第1段落第8文の「高果糖液糖（HFCS）は普通の砂糖よりおよそ1.2倍甘い」より，これらの中で最も甘さの低いものがHFCSとわかる。よって，正解は③。

問3 45 ・ 46 ③・⑤

あなたが読んだ記事によると，次のうちのどれが正しいか。（2つの選択肢を選べ。順不同。） 45 46

① 代替の甘味料は体重の増加を引き起こすと証明されている。
② アメリカ人は代替の甘味料からエネルギーの14.6%を得ている。
③ **植物から代替の甘味料を得ることは可能だ。**
④ ほとんどの人工甘味料は料理に使いやすい。
⑤ **キシリトールやソルビトールのような甘味料は素早く消化されない。**

第3段落最終文「すべてのLCSが人工というわけではなく，ステビアは植物の葉

からとれるものだ」などより，③と，第5段落第6，7文「キシリトールやソルビトールのように低カロリーの，比較的自然な代替となる甘味料も少しある。ただ残念ながら，これらは体内を極めてゆっくり移動するので，大量に摂取すると胃の問題を引き起こすおそれがある」より，⑤が正解。

問4 47 ④

　筆者の立場を述べるために，最も適切なものは次のうちのどれか。47

① 筆者は，飲み物やデザートに人工甘味料を使うことに反対である。

② 筆者は，人工甘味料は従来の甘味料に取って代わることに成功していると信じている。

③ 筆者は，将来利用するためにずっと甘い製品を考案することが大切だと述べている。

④ **筆者は，人々が自分にとって理にかなった甘味料を選ぶことを重視することを提案している。**

　最終段落，特に最終文で筆者は「個々の人が選択肢を慎重に検討し，自分の必要性と状況に最もよく合った甘味料を選ぶ必要がある」と述べているので，正解は④。

— 441 —

MEMO

英　　語
（リーディング）

（2021年1月実施）

2021
第2日程

受験者数　1,693

平 均 点　56.68

英語（リーディング）

解答・採点基準　（100点満点）

問題番号(配点)	設問		解答番号	正解	配点	自己採点
第1問 (10)	A	問1	1	①	2	
		問2	2	④	2	
	B	問1	3	③	2	
		問2	4	③	2	
		問3	5	②	2	
第1問　自己採点小計						
第2問 (20)	A	問1	6	③	2	
		問2	7	②	2	
		問3	8	③	2	
		問4	9	①	2	
		問5	10	④	2	
	B	問1	11	①	2	
		問2	12	①	2	
		問3	13	③	2	
		問4	14	①	2	
		問5	15	③	2	
第2問　自己採点小計						
第3問 (15)	A	問1	16	②	3	
		問2	17	②	3	
	B	問1	18	③	3 *	
			19	②		
			20	④		
			21	①		
		問2	22	④	3	
		問3	23	③	3	
第3問　自己採点小計						

問題番号(配点)	設問		解答番号	正解	配点	自己採点
第4問 (16)		問1	24	③	3	
		問2	25	④	3	
		問3	26	①	3	
		問4	27	②	2	
			28	③	2	
		問5	29	③	3	
第4問　自己採点小計						
第5問 (15)		問1	30	①	3	
		問2	31 - 32	①-④	3 *	
		問3	33	③	3 *	
			34	④		
			35	①		
			36	②		
		問4	37	①	3	
		問5	38	①	3	
第5問　自己採点小計						
第6問 (24)	A	問1	39	②	3	
		問2	40	③	3	
		問3	41	③	3	
		問4	42	④	3	
	B	問1	43	④	3	
		問2	44	③	3	
		問3	45	④	3	
		問4	46 - 47	③-⑤	3 *	
第6問　自己採点小計						
自己採点合計						

（注）　＊は，全部正解の場合のみ点を与える。

－（ハイフン）でつながれた正解は，順序を問わない。

第1問

A
【全訳】

あなたは友人のシェリーに，家族で出かける1泊のキャンプ旅行に一緒に行くよう誘いました。彼女がいくつか質問をするメッセージをあなたの携帯電話に送ってきました。

> ハーイ！　明日のために今荷造りしてるとこなんだけど，いくつか確認したいことがあるの。夜にテントの中は寒くなるのかな？　毛布を持って行く必要はある？　先週教えてくれたことはわかってるんだけど，念のため，集合場所と集合時間は？

> シェリー，私が全員分の温かい寝袋を持って行くけど，たぶんダウンジャケットは持って来た方がいいわ。次の日，カナヤマに歩いて登るから履き心地がよい靴を持って来てね。朝6時にあなたの家の外まで車で迎えに行くわ。外にいなかったら，電話する。それじゃ朝に！

> ありがとう！　待ち遠しいわ！　ジャケットとハイキングブーツを持って行くわ。準備万端にするわ！☺

【語句】
◆指示文◆

- invite O to *do*「Oに〜するように誘う」
- overnight「1泊の」
- text message「携帯メッセージ」
- mobile phone「携帯電話」

50

◆本文◆

- pack O「Oに荷物を詰める」
- check O「Oを確認する」
- blanket「毛布」
- just to be sure「念のために」
- sleeping bag「寝袋」
- down jacket「ダウンジャケット」
- comfortable「(履き)心地のよい／快適な」
- footwear「靴／履物」
- walk up A「Aに歩いて登る」
- pick up O / pick O up「Oを車で迎えに行く／拾う」

【設問解説】

問1 　1　　①

シェリーは 　1　 を持って来る必要があるかどうかをあなたに尋ねる。

① **毛布**

② ジャケット

③ 寝袋

④ ウォーキングシューズ

シェリーの最初のメッセージの第3・4文「夜にテントの中は寒くなるのかな？ 毛布を持って行く必要はある？」より，①が正解。

問2 　2　　④

あなたはシェリーが明日の朝，　2　 ことを期待している。

① 準備ができ次第電話してくる

② キャンプ場に会いに来る

③ あなたの家の前に車で迎えに来る

④ **家の外であなたを待っている**

あなたのメッセージの第3・4文「朝6時にあなたの家の外まで車で迎えに行くわ。外にいなかったら，電話する」より，④が正解。

B

【全訳】

あなたは先生から英語のスピーチコンテストのチラシを受け取り，応募しようと思っています。

第7回青年リーダー・スピーチコンテスト

青年リーダー協会は例年のスピーチコンテストを開催します。私たちの目標は若い日本人がコミュニケーションとリーダーシップの技能を身につけるお手伝いをす

— 446 —

2021年度　第2日程〈解説〉　51

ることです。

　今年の大会はステージが3つあります。審査員はそれぞれのステージで勝者を選びます。グランドファイナルに参加するためには，3つのステージをすべて勝ち抜かなければなりません。

グランドファイナル

大賞
勝者は2022年3月にニュージーランドのウェリントンで開かれる**リーダーシップ研修**に出席できます。

場所：センテニアルホール
日時：2022年1月8日
論題：**今日の若者，明日のリーダー**

コンテストの情報

ステージ	アップロードするもの	詳細	2021年締め切り日時
ステージ1	概略	語数：150−200語	8月12日午後5時までにアップロードしてください
ステージ2	あなたがスピーチをしているビデオ	時間：7−8分	9月19日午後5時までにアップロードしてください
ステージ3		地方大会：勝者が発表され，グランドファイナルに進出します	11月21日開催

グランドファイナルの審査情報

内容	ジェスチャーと話し方	声とアイコンタクト	スライド	審査員からの質問に対する応答
50%	5%	5%	10%	30%

➤　資料はオンラインでアップロードしてください。日時はすべて日本標準時(JST)です。

➤　ステージ1と2の結果は，各ステージの締め切り5日後にウェブサイトで確認できます。

さらに詳しい内容と応募用紙は，<u>ここ</u>をクリックしてください。

【語句】
◆指示文◆
・flyer「チラシ」
・apply「応募する」

― 447 ―

52

◆本文◆
- hold O「Oを開催する」
- annual「例年の」
- help O *do*「Oが〜するのに役立つ」
- competition「大会／競技会」
- judge「審査員」
- take part in A「Aに参加する」
- successfully「成功して／首尾よく」
- attend O「Oに出席する」
- detail「詳細」
- deadline「締め切り」
- brief「短い」
- outline「概要」
- content「内容」
- material「資料／材料」
- Japan Standard Time「日本標準時」
- application from「応募用紙」

【設問解説】

問 1　 3 　③

第 1 ステージに参加するためには， 3 をアップロードしなければならない。

① スピーチの完全原稿
② スピーチのためのスライド一式
③ **スピーチの概要**
④ 自分がスピーチをしているビデオ

「コンテストの情報」の表のステージ 1 で「アップロードするもの」の欄に，「概略」とあるので，③が正解。

問 2　 4 　③

どの日から第 2 ステージの結果を確認できるか。 4

① 9 月14日
② 9 月19日
③ **9 月24日**
④ 9 月29日

「審査情報」の表の下の 2 つめの項目に「ステージ 1 と 2 の結果は，各ステージの締め切り 5 日後にウェブサイトで確認できます」とあり，「コンテストの情報」の表から，ステージ 2 の締め切りは 9 月19日とわかるので，③が正解。

問 3　 5 　②

グランドファイナルで高得点を取るためには，内容と 5 に最も注意しなければならない。

— 448 —

① 表現とジェスチャー
② 審査員への応答
③ 視覚的資料
④ 声のコントロール

　「グランドファイナルの審査情報」の表で，「内容」の次に比率が高いのが「審査員からの質問に対する応答」なので，②が正解。

第2問

A

【全訳】

あなたは，英国の環境キャンペーンの一環としてあなたのクラスメートが回答した，使い捨てボトルと再利用できるボトルに関するアンケート調査の結果を読んでいます。

質問1：使い捨てボトル入りの飲料を1週間にいくつ購入しますか？

ボトルの数	学生の数	週ごとの小計
0	2	0
1	2	2
2	2	4
3	3	9
4	4	16
5	9	45
6	0	0
7	7	49
合計	29	125

質問2：自分専用の再利用できるボトルを持っていますか？

答えの要旨	学生の数	学生の割合
はい，持っています	3	10.3
はい，でも使っていません	14	48.3
いいえ，持っていません	12	41.4
合計	29	100.0

—450—

質問3：再利用できるボトルを使わないのであれば，その理由は何ですか？

答えの要旨	学生の数
再利用できるボトルを洗うのに時間がかかりすぎる	24
使い捨てボトルの方が便利だと思う	17
着香飲料の多くが使い捨てボトルで売られている	14
使い捨てボトルを買うことはあまり金銭的負担にならない	10
学校の自動販売機で飲料を買うことができる	7
再利用できるボトルは重すぎると思う	4
家に使い捨てボトルが何十本とある	3
使い捨てボトル入りの水は未開封で長期間保存できる	2
（その他の理由）	4

【語句】
◆指示文◆
・result「結果」
・survey「（アンケート）調査」
・single-use「使い捨ての」
・reusable「再利用できる」
・environmental campaign「環境キャンペーン」

◆本文◆
・purchase O「Oを購入する」
・subtotal「小計」
・summary「要旨／要約」
・it takes O to *do*「～するのにO（時間）を要する」
・flavoured「風味をつけた」
・available「買うことができる／入手できる」
・cost O「Oの費用がかかる」
・vending machine「自動販売機」
・dozens of A「何十もの」
・store O「Oを保存する／蓄える」
・unopened「未開封の」

【設問解説】
問1　 6 　③
　　質問1の結果は， 6 　ということを示している。
　①　各学生が買う使い捨てボトルの数は平均して週に4本未満である
　②　多くの学生が買うボトルの数は週に2本未満である

56

③　半数以上の学生が買うボトルの数は週に少なくとも5本である

④　学生が買うボトルの数は週に125本を超える

　　質問1の表を見ると，5本以上ボトルを買う学生の数は16人で，4本以下が13人なので，③が正解。

問2　| 7 |　②

　　質問2の結果は，半数以上の学生が | 7 | ということを示している。

①　自分専用の再利用できるボトルを持っていない

②　自分専用の再利用できるボトルを持っている

③　自分専用の再利用できるボトルを持っているが，使っていない

④　自分専用の再利用できるボトルを使っている

　　質問2の表を見ると，「はい，持っています」「はい，でも使っていません」と答えた学生の数が合計17人で，「いいえ，持っていません」が12人なので，②が正解。

問3　| 8 |　③

　　質問3であなたのクラスメートが述べた1つの<u>意見</u>は，| 8 | ということである。

①　一部の学生は家に使い捨てボトルを貯めている

②　学校には飲料を買うための自動販売機がある

③　再利用できるボトルを洗うには時間がずいぶんかかる

④　未開封の使い捨てボトルに入った水は長持ちする

　　質問3の表を見ると，1つめの項目に「再利用できるボトルを洗うのに時間がかかりすぎる」とあるので，③が正解。①，②，④はいずれも意見ではなく事実なので，不可。

問4　| 9 |　①

　　質問3であなたのクラスメートが述べた1つの<u>事実</u>は，使い捨てボトルは | 9 | ということである。

①　学校で買うことができる

②　使いやすい

③　持ち歩けるほど軽い

④　買えないほど高価ではない

　　質問3の表を見ると，5つめの項目に「学校の自動販売機で飲料を買うことができる」とあるので，①が正解。②，③，④はいずれも事実ではなく意見なので，不可。

問5　| 10 |　④

　　あなたのクラスメートが再利用できるボトルを使わない最もありそうな理由は何か。| 10 |

①　使い捨てボトル入りの飲料が家にたくさんある。

②　買うことができる飲料の種類が少ない。

③　あなたのクラスメートには高価すぎる。

④　扱うのが面倒である。

再利用できるボトルを使わない理由を尋ねた質問3の表を見ると，「再利用できるボトルを洗うのに時間がかかりすぎる」(24人)，「使い捨てボトルの方が便利だと思う」(17人)，「再利用できるボトルは重すぎると思う」(4人)などの意見があがっているので，④が正解。

B

【全訳】

あなたは英国で夏期講習としてどのクラスを取るのかを決めなければならないので，講座の情報とその講座を以前取った学生のコメントを読んでいます。

コミュニケーションと異文化間研究

クリストファー・ベネット博士
bennet.christopher @ ire-u.ac.uk
電話：020-9876-1234
質問受付時間：予約のみ

2021年8月3～31日
火曜日，金曜日
午後1時～午後2時30分
授業回数9回—単位1

講座の説明：異文化を研究し，異文化出身の人との意思疎通の方法を学びます。この講座では，異文化間の問題に対処するための考えを学生が提示する必要があります。

目標：この講座を受講すると，出来るようになることは：
—異文化間における人間関係を理解する
—様々な異文化間の問題の解決策を提示する
—議論やプレゼンテーションを通じて意見を述べる

教科書：スミス，S (2019) 『異文化間研究』 ニューヨーク：DNC社

評価：単位を取るには総合で60%必要
—プレゼンテーション2回：90%(各45%)
—出席：10%

受講者の評価（レビューした人87名）　★★★★☆（平均：4.89）

コメント

　☺このクラスを取りましょう！　クリスはすばらしい先生です。とても頭がよくて親切です。この講座はちょっと大変ですけど，単位を取るのは簡単です。文化の違いについて大いに勉強になります。私のアドバイスは全授業に出席するように，ということです。うまくプレゼンテーションをするのに本当に役に立ちました。

【語句】

◆指示文◆

- ・decide O「Oを決定する」
- ・summer programme「夏期講習」　programme は program のイギリス英語の綴り。
- ・former「以前の」

◆本文◆

- ・intercultural「異文化間の」
- ・office hour「質問受付時間」
- ・appointment「(面会の)予約／約束」
- ・credit「(履修)単位」
- ・description「説明／記述」
- ・present O「Oを発表する／示す」
- ・deal with A「Aに対処する」
- ・goal「目標」
- ・human relations「人間関係」
- ・solution for A「Aの解決策」
- ・express O「Oを表現する」
- ・evaluation「評価」
- ・overall「総合で／全体で」
- ・require O「Oを必要とする」
- ・participation「参加」
- ・smart「頭がよい」
- ・participate in A「Aに参加する」
- ・help O *do*「Oが〜するのに役立つ」

【設問解説】

問1　11　①

　この講座では何をすることになるか。11

① 文化に関する様々な話題を議論する

② 多くの外国を訪問する

— 454 —

③　人間関係に関する映画を見る

④　文化に関するレポートを最後に書く

　「講座の説明」に「異文化を研究し，異文化出身の人との意思疎通の方法を学びます。この講座では，異文化間の問題に対処するための考えを学生が提示する必要があります」とあるので，①が正解。

問2　12　①

　この授業は　12　学生向けのものである。

①　**異文化間問題に関心がある**

②　うまくプレゼンテーションができる

③　英国で観光することが好きな

④　英語を話せるようになる必要がある

　「目標」に「様々な異文化間の問題の解決策を提示する」とあるので，①が正解。

問3　13　③

　ベネット博士に関する1つの**事実**は，13　ということである。

①　教える技能が優れている

②　よい指導官である

③　**この講座を担当している**

④　その講座を大変なものにする

　講座の情報に「クリストファー・ベネット博士」とあるのは，講座の担当教授と考えられるので，③が正解。①，②，④は「コメント」にある意見なので，不可。

問4　14　①

　この授業に関して述べられている1つの**意見**は，14　ということである。

①　**単位を取るのはそれほど難しくない**

②　たいていの学生はこの講座に満足している

③　出席は最終的な成績の一部になる

④　学生は週2回授業を受ける

　「コメント」の第4文「この講座はちょっと大変ですけど，単位を取るのは簡単です」より，①が正解。②，③，④は意見ではなく事実なので，不可。

問5　15　③

　この講座で単位を取るためには何をしなければならないか。15

①　すべての授業に出て，議論に参加する

②　異文化間の問題を見つけて，解決策を議論する

③　**異文化間の問題に関してよいプレゼンテーションを行う**

④　ベネット博士と面会する約束をする

　「評価」に「プレゼンテーション2回：90%（各45%）」「出席：10%」とあり，「単位を取るには総合で60%必要」なので，③が正解。

— 455 —

60

第3問

A

【全訳】

　あなたの英国の友人であるジャンが新しくできた遊園地を訪れ，その経験について
ブログに投稿しました。

サニー・マウンテン・パーク：訪れるのにすばらしいところ
投稿者　ジャン　2020年9月15日午後9時37分

　サニー・マウンテン・パークが先月ついに開園！　巨大ジェットコースターをは
じめ，ワクワクするアトラクションがたくさんある大きな遊園地です（地図参照）。
私は先週友人と一緒にそこでとても楽しく過ごしました。

　ジェットコースターに乗ってみたくてたまらなかったのですが，まず，配置を知
るために列車に乗って園を1周しました。列車から，ピクニックゾーンが見え，お
昼ごはんを食べるのによい場所だと思いました。ですけど，もうすでにとても混ん
でいたので，代わりにフードコートに行くことにしました。お昼ごはんの前に，発
見ゾーンに行きました。そこでの科学に関するアトラクションを経験することは待
つだけの価値が十分ありました。午後に，マウンテンステーションの近くでいくつ
か乗り物を楽しみました。もちろんジェットコースターにも乗ってみましたが，
がっかりすることはありませんでした。もっとアトラクションを楽しむために発見
ゾーンに戻る途中，休憩所で小休止しました。そこでは湖越しにお城がきれいに見
えました。最後にショッピングゾーンに行き，友人と家族のためにお土産を買いま
した。

　サニー・マウンテン・パークはすばらしいです。私たちの最初の訪問が最後にな
ることはきっとないでしょう。

― 456 ―

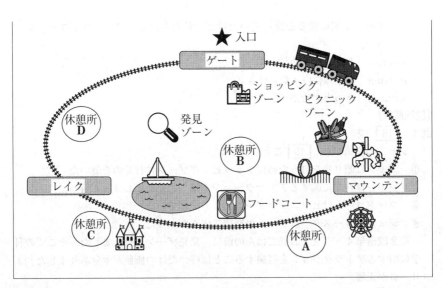

【語句】
◆指示文◆
- amusement park「遊園地」
- post O「Oを(ウェブ上に)投稿する」

◆本文◆
- attraction「アトラクション／呼び物」
- including A「Aを含む」
- roller coaster「ジェットコースター／ローラーコースター」
- fantastic「とてもすばらしい」
- layout「配置／レイアウト」
- crowded「混み合った」
- decide to *do*「～することに決める」
- instead「代わりに」
- be worth A「Aの価値がある」
- ride「乗り物」
- disappointed「がっかりした」
- on *one's* way back to A「Aに戻る途中で」
- break「休憩」
- rest stop「休憩所」
- view「眺め」
- end up at A「最後にAに行く」

［例］ I thought we were going straight home, but we **ended up at** the fast-food place.

まっすぐ家に帰ると思っていたけど，私たちは結局ファーストフード店に
行った。
・souvenir「お土産／記念品」
・amazing「すばらしい／驚くべき」
・certainly「きっと／確かに」

【設問解説】
問1　16　②

ジャンの投稿から，16　ことがわかる。

① 　ジャンは贈り物を買うためにショッピングゾーンに行くのを省いた
② 　ジャンは科学に関するアトラクションを楽しむためにしばらく待った
③ 　フードコートはピクニックゾーンよりも混んでいた
④ 　ジェットコースターはジャンの期待に応えなかった

　第2段落第4・5文「お昼ごはんの前に，発見ゾーンに行きました。そこでの科
学に関するアトラクションを経験することは待つだけの価値が十分ありました」よ
り，②が正解。

問2　17　②

ジャンと彼女の友人たちが午後に休憩したのはどの休憩所か。17

① 　休憩所A
② 　休憩所B
③ 　休憩所C
④ 　休憩所D

　第2段落第6〜9文に「午後に，マウンテンステーションの近くでいくつか乗り
物を楽しみました。もちろんジェットコースターにも乗ってみましたが，がっかり
することはありませんでした。もっとアトラクションを楽しむために発見ゾーンに
戻る途中，休憩所で小休止しました。そこでは湖越しにお城がきれいに見えまし
た」とあり，マウンテンステーションから発見ゾーンに移動する途中で休憩したこ
とがわかる。地図を見ると，休憩所Bがその途中にあり，湖越しにお城が見える位
置にあるので，②が正解。

B

【全訳】

英国の友人が大好きなミュージシャンを紹介してくれました。もっと知りたかった
ので，あなたは音楽雑誌で次の記事を見つけました。

デイブ・スター，生きる伝説

かつてブラック・スワンは英国で最も人気のあるロックバンドであり，その精力

— 458 —

的なリーダー，デイブ・スターはその功績において大きな役割を果たした。今なお
ソロシンガーとして活動を続け，デイブの途方もない才能は何世代にもわたって若
いミュージシャンを感化してきた。

　幼い少年だった頃，デイブはいつも歌を唄いおもちゃの楽器で遊んでいた。彼は
おもちゃのドラムを演奏しているとき以上に楽しいことはなかった。7歳で，最初
の本物のドラムセットを与えられ，10歳までにうまく演奏できるようになってい
た。14歳までに，ギターも習得していた。まだ高校生だったときに，ブルーバーズ
のメンバーになり，リズムギターを演奏した。経験を積むため学校の行事やコミュ
ニティセンターで，ブルーバーズは無料で演奏した。バンドは熱心なわずかなファ
ン層を徐々に拡大していった。

　デイブが大ブレイクしたのは，18歳の誕生日にブラック・スワンのドラマーにな
るように頼まれたときだった。わずか2年で，バンドの公演は大きなコンサート
ホールでも売り切れになった。そのため，リードボーカルがもっと家族と一緒に過
ごすために辞めたときは，衝撃であった。しかし，デイブは，たとえ自分が大好き
な楽器をもはや演奏できなくなっても，リードシンガーを引き継ぐチャンスを逃さ
なかった。

　その後数年で，ブラック・スワンはますます成功を収め，音楽チャートのトップ
を飾り，さらにファンを獲得した。デイブはバンドの主要なソングライターにな
り，バンドに対する貢献を誇りにした。しかし，キーボードプレイヤーが加わると，
その音楽は徐々に方向を変えた。デイブは不満をつのらせ，彼とリードギタリスト
は脱退し，新たなバンドを始めることに決めた。残念ながら，デイブの新しいバン
ドは，ブラック・スワンの成功のレベルに到達することはできず，わずか18ヶ月し
か一緒に活動を続けることはなかった。

【語句】
◆指示文◆
　・introduce A to B「AをBに紹介する」
　・favourite「大好きな」 favorite のイギリス英語の綴り。
　・following「次の」
　・article「記事」
◆第1段落◆
　・big「人気のある」
　・dynamic「精力的な」
　・play a ～ part in A「Aにおいて～な役割を果たす」
　・achievement「功績／達成」

- incredible「(信じられないほど)すばらしい」
- talent「才能」
- inspire O「Oを感化する／鼓舞する」

◆第2段落◆
- play with A「Aで遊ぶ」
- instrument「楽器」
- drum set「ドラムセット」
- rhythm guitar「リズムギター」　メロディーの伴奏をするギター(のパート)。
- for free「無料で」
- community centre「コミュニティセンター」　地域住民に文化・教育・娯楽などを提供する施設。centre は center のイギリス英語の綴り。
- build up O / build O up「Oを徐々に拡大する／築き上げる」
- circle「(共通の趣味・利害などで結ばれた)仲間／集団」
- passionate「熱心な／情熱的な」

◆第3段落◆
- break「ブレイク／成功の機会」
- ask O to *do*「Oに〜するように求める」
- show「公演／ショー」
- sell out「売り切れる」
- come as a shock「衝撃である」
- lead vocalist「リードボーカル」
- quit「辞める」
- spend A with B「AをBと一緒に過ごす」
- jump at A「Aを逃さない／Aに飛びつく」
- chance to *do*「〜するチャンス」
- take over as A「Aを引き継ぐ」
[例]　She **took over as** chief executive of the company.
　　　彼女がその会社の最高経営責任者を引き継いだ。
- no longer「もはや…ない」

◆第4段落◆
- increasingly「ますます」
- top O「Oのトップになる」
- gain O「Oを獲得する」
- even＋比較級「さらに〜」
- principal「主要な」
- be proud of A「Aを誇りにする」
- contribution to A「Aに対する貢献」
- addition「加わること／追加」

— 460 —

- gradually「徐々に」
- direction「方向」
- frustrated「不満な」
- decide to *do*「〜することに決める」
- unfortunately「残念ながら」
- fail to *do*「〜できない／〜しない」
- reach O「Oに到達する」

【設問解説】

問1　18 ③　19 ②　20 ④　21 ①

次の出来事(①〜④)を起きた順番に並べよ。

① デイブはソロアーティストになった。
② デイブはドラムの演奏を止めた。
③ デイブはギタリストとしてバンドに加わった。
④ デイブはキャリアの頂点に達した。

第2段落第5文「まだ高校生だったときに，ブルーバーズのメンバーになり，リズムギターを演奏した」より，18 が③。第3段落第1文「デイブが大ブレイクしたのは，18歳の誕生日にブラック・スワンのドラマーになるように頼まれたときだった」，第4文「しかし，デイブは，たとえ自分が大好きな楽器をもはや演奏できなくなっても，リードシンガーを引き継ぐチャンスを逃さなかった」より，19 が②。第4段落第1文「その後数年で，ブラック・スワンはますます成功を収め，音楽チャートのトップを飾り，さらにファンを獲得した」より，20 が④。第1段落第2文「今なおソロシンガーとして活動を続け，デイブの途方もない才能は何世代にもわたって若いミュージシャンを感化してきた」より，21 が①。よって，正解は③→②→④→①。

問2　22 ④

デイブがブラック・スワンのリードシンガーになったのは，22 からだ。

① ドラムを演奏することよりも唄うことを好んだ
② バンドの音楽的方向を変えたかった
③ 他のバンドのメンバーがより大きな成功を求めた
④ 以前のシンガーが私的な理由で脱退した

第3段落第3・4文「そのため，リードボーカルがもっと家族と一緒に過ごすために辞めたときは，衝撃であった。しかし，デイブは，たとえ自分が大好きな楽器をもはや演奏できなくなっても，リードシンガーを引き継ぐチャンスを逃さなかった」より，④が正解。

問3　23 ③

この話から，23 ことがわかる。

① ブラック・スワンはロック音楽の方向を変えるのに貢献した
② ブラック・スワンのグッズがコンサートホールでとてもよく売れた

③ デイブは幼い頃から音楽の才能を発揮した

④ デイブはリードギタリストに対して不満だったのでソロになった

第2段落第3・4文で「7歳で，最初の本物のドラムセットを与えられ，10歳までにうまく演奏できるようになっていた。14歳までに，ギターも習得していた」より，③が正解。

第4問

【全訳】
　あなたは日本の観光業に関するプレゼンテーションを準備しています。2018年の日本への訪問者に関するデータをクラスメートのハンナとリックにメールで送りました。彼らの返信に基づいて、プレゼンテーションの概要の原案を作ります。

データ:

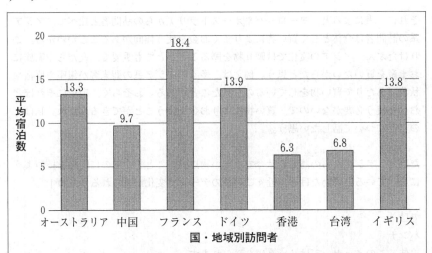

図1　日本での滞在の長さ
(国土交通省観光庁による平成30年統計資料の一部を参考に作成)

表1
日本訪問中に使った平均金額

国・地域別訪問者	飲食	娯楽	買い物
オーストラリア	58,878	16,171	32,688
中国	39,984	7,998	112,104
フランス	56,933	7,358	32,472
ドイツ	47,536	5,974	25,250
香港	36,887	5,063	50,287
台湾	28,190	5,059	45,441
イギリス	56,050	8,341	22,641

(円　一人当たり)
(国土交通省観光庁による平成30年統計資料の一部を参考に作成)

68

あなたのメールに対する返信

こんにちは

メールありがとう！　面白いデータだね。海外から日本への訪問者数がこれまでに
増加したことは知っているけど，滞在の長さには注目してなかった。アジアからの
訪問者の滞在が短いのは，簡単に行き来できるからだと思う。

それに，表によると，ヨーロッパやオーストラリアからの訪問者と比べて，アジア
系の訪問者は全体として買い物により多くお金を使う傾向があることがわかる。こ
れはたぶん，アジアの文化では贈り物を贈ることがとても重要で，友だちや家族に
お土産を買いたいからだと思う。例えば，多くのアジア系の観光客が銀座や原宿や
秋葉原あたりで買い物をしているのを見たことがある。おそらく，宿泊にそれほど
お金を使う必要がないので，買い物によりお金を使うことができるんだね。私はこ
のことについて話したい思う。

だけど，アジアからの訪問者は今では買い物以外のことをするのに関心を持つよう
になっていると聞いたけど。近々この種のデータで変化が見られるかもね！

では
ハンナ
追伸　このメッセージはリックにも送られます。

こんにちは

データを送ってくれてありがとう！　これは，プレゼンテーションの準備をするの
に役に立つよ！

データから，オーストラリア人が娯楽に最もお金を使っていることがわかるね。僕
はこのことを発表しようと思う。

それに，先日日本のテレビで，オーストラリアの人が北海道でウィンタースポーツ
を楽しんでいるっていう番組を見たんだ。いくら使ってるんだろう。もっと情報を
探してみるよ。何か見つかったら，教えてね。これはこの先のプロジェクトに役立
ちそうだね。

— 464 —

それから，訪問者の出身国や地域によって，滞在の長さに大きな差があるようだという点はハンナに賛成だね。

君はどう？　消費習慣に関してハンナが見つけたことについて話したい？　これはとても面白いと思うけど。

それじゃ
リック
追伸　このメッセージはハンナにも送られます。

プレゼンテーションの原案

プレゼンテーションのタイトル：　24　③　海外からの訪問者の日本における消費習慣

プレゼンター　　　トピック
ハンナ：　25　④　アジアからの訪問者による消費のパターン
リック：　26　①　オーストラリアの観光客の娯楽に対する関心
私　：　滞在の長さに関して
比較例：
27　②　中国からの人は，28　③　フランスからの人と比べて，日本での滞在時間は半分より少し多いだけだが，娯楽に使うお金は少し多い。
この先の研究テーマ：　29　③　A：日本でウィンタースポーツに使うオーストラリア人の予算
D：日本に来るアジア系の訪問者が今後何にお金を使うか

【語句】
◆指示文◆
・prepare O「Oを準備する」
・tourism「観光業」
・based on A「Aに基づいて」
・response「返信／応答」
・draft O「Oの原案[草稿]を作る」
・outline「概要」
＜データ＞
・region「地域」

— 465 —

70

- ・length「長さ」
- ・amount「額／量」
- ・per person「1人当たり」

＜ハンナのメール＞

◆第1段落◆

- ・previously「これまでに／以前」
- ・pay attention to A「Aに注目する」
- ・assume that SV ...「…だと思う／想定する」
- ・go back and forth「行き来する」

◆第2段落◆

- ・table「表」
- ・overall「全体として」
- ・spend A on B「A（金・時間）をBに使う」
- ・compared to A「Aと比べて」

［例］　There hasn't been much rain this rainy season **compared to** last year's.
　　　　今年の梅雨は昨年と比べてあまり雨が降っていない。

- ・guess (that) SV ...「…だと思う／推測する」
- ・around A「Aあたりで」
- ・accommodation「宿泊」

◆第3段落◆

- ・instead of *doing*「～する代わりに」

＜リックのメール＞

◆第1段落◆

- ・help O *do*「Oが～するのに役に立つ」

◆第2段落◆

- ・notice that SV ...「…だと気づく」
- ・present on A「Aについて発表する」

◆第3段落◆

- ・the other day「先日」
- ・a program about A *doing*「Aが～することに関する番組」
- ・wonder wh-節「…かなと思う」
- ・let O know「Oに知らせる」

◆第4段落◆

- ・in addition「それから／加えて」
- ・agree with A that SV ...「…ということでAに賛成する」
- ・depending on A「Aによって／A次第で」

◆第5段落◆

- ・What about A?「Aはどうですか」

— 466 —

・in relation to A「Aに関して」

【設問解説】

問1　24　③

24　にはどれが最も適切か。

① 北海道で冬休みに使われるお金
② 海外からの観光客の東京における買い物の予算
③ **海外からの訪問者の日本における消費習慣**
④ 日本における娯楽への消費の増加

　　プレゼンテーションのタイトルを選ぶ。データは「日本での滞在の長さ」と「日本訪問中に使った平均金額」に関するものであり，①や②のように特定の地域や，④のように特定の分野での消費行動に限られたものではないので，③が正解。

問2　25　④

25　にはどれが最も適切か。

① オーストラリアからの訪問者の日本での活動
② アジア系訪問者の日本での食費
③ ヨーロッパの文化における贈り物を贈る習慣
④ **アジアからの訪問者による消費のパターン**

　　ハンナからのメールの第2段落では「アジア系の訪問者は全体として買い物により多くお金を使う傾向がある」ことについて述べられており，同段落最終文に「私はこのことについて話したい思う」とあるので，④が正解。

問3　26　①

26　にはどれが最も適切か。

① **オーストラリアの観光客の娯楽に対する関心**
② 中国人の東京における消費習慣
③ 北海道に関するオーストラリアのテレビ番組
④ アジア人が日本で楽しむ様々な経験

　　リックのメールの第2段落「データから，オーストラリア人が娯楽に最もお金を使っていることがわかるね。僕はこのことを発表しようと思う」より，①が正解。

問4　27　②　28　③

　　あなたはリックの提案に賛成し，データを見る。27　と　28　に最適なものを選べ。

① オーストラリア
② **中国**
③ **フランス**
④ 台湾

　　図1から，日本での滞在時間が半分より少し多いのは，フランスの18.4泊に対して中国の9.7泊か，オーストラリアの13.3泊に対して台湾の6.8泊である。表1を見ると，娯楽に使うお金が少し多いのは，フランスの7,358円に対して中国の7,998円で

あるので， 27 には②中国が， 28 には③フランスが入る。

問5 29 ③

29 にはどれが最も適切な組み合わせか。

A：日本でウィンタースポーツに使うオーストラリア人の予算
B：東京への海外からの訪問者数の将来的な変化
C：北海道への海外からの訪問者に人気のある食べ物
D：日本に来るアジア系の訪問者が今後何にお金を使うか

① A，B
② A，C
③ A，D
④ B，C
⑤ B，D
⑥ C，D

　ハンナのメールの第3段落「だけど，アジアからの訪問者は今では買い物以外のことをするのに関心を持つようになっていると聞いたけど。近々この種のデータで変化が見られるかもね」より，Dと，リックのメールの第3段落「それに，先日日本のテレビで，オーストラリアの人が北海道でウィンタースポーツを楽しんでいるっていう番組を見たんだ。いくら使ってるんだろう。もっと情報を探してみるよ。何か見つかったら，教えてね。これはこの先のプロジェクトに役立ちそうだね」より，Aがあてはまる。したがって，③が正解。

第5問

【全訳】

　あなたは，もしもまだ生きていたらインタビューしたかったと思う人について話をする予定です。あなたが選んだ人に関する次の文章を読んで，メモを完成させなさい。

ヴィヴィアン・マイヤー

　これは，写真を撮ることに対する情熱を死ぬまで隠し通したアメリカ人のストリートフォトグラファーの話である。彼女は子守の仕事をして生涯を過ごし，もしも競売会社で彼女の所持品が販売されることがなかったら，彼女のすばらしい作品が発見されることはなかったのかもしれない。

　2007年のことだった。あるシカゴの競売会社が，ヴィヴィアン・マイヤーという名前の高齢の女性の所持品を売り払っていた。彼女が保管料を払うのをやめたために，その会社は彼女の物を売ることに決めたのである。彼女の所持品は，主に古い写真とネガであったが，3人の買い手，マルーフとスラッタリィ，プロウに売られ

— 468 —

た。

　スラッタリィはヴィヴィアンの作品が興味深いと思い，2008年7月に，画像共有ウェブサイトに彼女の写真を公表した。その写真はあまり注目されなかった。その後10月になって，マルーフが自分のブログからヴィヴィアンの写真を集めたページにリンクを貼ると，すぐに何千人もの人が目にすることになった。マルーフはヴィヴィアン・マイヤーの名前を写真のプリントとともに見つけていたが，彼女のことは何もわからなかった。その後インターネットで調べて，彼女の死に関する2009年の新聞記事にたどり着いた。マルーフはこの情報を使ってヴィヴィアンの人生についてより多くのことを知り，ヴィヴィアンの謎に満ちた生涯と写真が結びついたことで，あらゆる人の関心をとらえた。

　ヴィヴィアンの人生の詳細については2つの理由で限られたことしかわからない。1つめに，生前彼女にインタビューした人はいないので，なぜそれほど多くの写真を撮ったのかは不明であった。2つめに，彼女が働いていた家族とのインタビューから，ヴィヴィアンが自分のことを話さない人であったことが明らかである。友だちも少なかった。さらに，自分の趣味を秘密にしていた。

　　フィルムのネガ　　　　　　　プリントされた画像

　ヴィヴィアンは1926年，アメリカ合衆国で，オーストリア人の父とフランス人の母のもとに生まれた。その結婚は幸せなものではなく，彼女の母と父は数年間別居していたようだ。子ども時代，ヴィヴィアンはアメリカとフランスの間を頻繁に引っ越し，フランスで暮らしていることもあれば，アメリカで暮らしていることもあった。しばらく，ヴィヴィアンと母は成功した写真家であるジャンヌ・ベルトランと一緒にニューヨークで暮らしたこともあった。ヴィヴィアンが写真に関心を持ったのは10代の終わりのころだと考えられている。というのも，彼女の最初の写真が，とても簡単なカメラを使って1940年代末にフランスで撮影されているからである。彼女は1951年にニューヨークに戻り，1956年にはシカゴに引っ越し，ゲンズバーグ家で子守として働くようになった。この仕事のおかげで，彼女は写真を撮る

ための自由な時間が増えた。

1952年，26歳のとき，初めての6×6カメラを購入し，このカメラを使ってシカゴの街の生活をとらえた彼女の写真の大半が撮られた。30年以上にわたって，彼女は子どもや高齢者，裕福な人や貧しい人の写真を撮った。中には，写真を撮られていることに気づいてもいない人もいた。彼女はまた何枚も自分の写真を撮った。ショーウインドーに自分が映ったものもあるし，自分自身の影もある。ヴィヴィアンは1970年代初めまでシカゴの生活を記録し続けたが，そのころ新しいスタイルの写真を始めた。

『ヴィヴィアン・マイヤーを探して』というタイトルの，国際的な賞を受賞したドキュメンタリー映画は，彼女の作品に対する関心をより多くの人に広げた。この映画がきっかけとなって，ヨーロッパとアメリカで展覧会が開かれることになった。彼女のスタイルを最もよく表した写真を選ぶために，展覧会の責任者たちは，「ヴィヴィアン・マイヤーならどれをプリントしただろうか」という問いに答えようとした。この問いに答えるために，彼らは彼女のメモや，彼女が実際にプリントした写真，ゲンズバーグ家の人の話からわかる彼女の好みに関する情報を用いた。ヴィヴィアンは結果よりも，瞬間をとらえることにはるかに関心があった。そのため，ヴィヴィアンの作品の背後にある謎は大部分が「未現像」のままであると言えるだろう。

プレゼンテーションメモ

ヴィヴィアン・マイヤー

写真家ヴィヴィアン

☆ 彼女は子守として働いている間多くの写真を撮った。

☆ 生前彼女にインタビューした人はいなかったので，彼女のことはよくわからない。

☆ 30 ① 彼女の作品は，競売で売られるまで未発見のままだった。

ヴィヴィアンの作品

☆ 彼女の写真が主に映したものは：

・若者と老人，裕福な人と貧しい人

・ 31 ① ドキュメンタリー風の写真

・ 32 ④ 自分自身の写真

どのように彼女の作品は認められたか

☆ ヴィヴィアンの保管料が支払われなかった。

☆ 33 ③ 競売会社が彼女の古い写真とネガを売り始めた。

☆ 34 ④ 彼女の作品がインターネットで公表された。

☆ 35 ① 買い手が自分のブログから彼女の写真のいくつかにリンクを貼った。

☆ 36 ② ヴィヴィアンの死に関する記事が新聞に載った。

☆ 彼女の人生に関する情報と作品が結びついて，人々の関心が高まった。

どのように彼女の作品が世界中で知られるようになったか

☆ 彼女の人生と作品を扱った，賞を受賞したドキュメンタリー映画によって新たな鑑賞者が増えた。

☆ 37 ① 彼女の作品の展覧会が世界各地で開かれてきた。

答えの出ていない「大きな」問い： 38 ④「彼女はなぜ，誰にも見せることなくそれほど多くの写真を撮ったのか？」

76

【語句】
◆指示文◆
- following「次の」
- passage「文章」
- note「メモ」

◆第 1 段落◆
- street photographer「ストリートフォトグラファー」 街で見かける光景を撮影する写真家。
- passion for A「Aに対する情熱」
- caregiver「子守／介護者」
- if it had not been for A「もしAがなかったら」

［例］ **If it hadn't been for** Jane, I would never have met Bill.
もしもジェーンがいなかったら，私がビルに会うことはなかっただろう。

- belongings「所持品」
- auction house「競売会社」
- incredible「(信じられないほど)すばらしい」
- work「(芸術)作品／成果」

◆第 2 段落◆
- sell off O／sell O off「Oを売り払う／安く売る」
- A named B「Bという名前のA」
- storage fee「保管料」
- decide to *do*「～することに決める」
- negative「(写真の)ネガ／陰画」

◆第 3 段落◆
- publish O「Oを公表する」
- photo-sharing「画像共有の」
- attention「注目」
- link A to B「AをBにリンクさせる／関連付ける」
- right away「すぐに」
- thousands of A「何千ものA」
- view O「Oを目にする／見る」
- lead A to B「AをBに導く」

［例］ The evidence **led** him **to** a different conclusion.
その証拠が彼を別の結論へと導いた。

- article「記事」
- the combination of A and B「AとBが結びつくこと」
- mysterious「謎に満ちた」
- grab O「Oをとらえる／つかむ」

— 472 —

◆第 4 段落◆

- detail「詳細」
- be limited「限られている」
- the family she worked for「彼女が働いていた家族」 she worked for は the family を修飾する節。
- private「自分のことを話さない／人と交わらない」
- besides「さらに」

◆第 5 段落◆

- Austrian「オーストリア人の」
- live apart「別居する」
- frequently「頻繁に」
- for a while「しばらく」
- as a young adult「10代の終わりに」

◆第 6 段落◆

- purchase O「O を購入する」
- 6×6 camera「6×6カメラ」 フィルムのサイズが縦横およそ6センチのカメラ。
- the elderly「高齢者」
- the rich「裕福な人」
- the poor「貧しい人」
- a number of A「多くの A」
- self-portrait「自画像」
- reflection「映ったもの／反射」
- shop window「ショーウインドー」
- shadow「影」
- document O「O を記録する」
- photography「写真撮影技術」

◆第 7 段落◆

- award-winning「賞を取った」
- A called B「B と呼ばれる A」
- audience「鑑賞者」
- lead to A「A につながる」
- exhibition「展覧会」
- represent O「O を表す」
- those「人々」
- in charge of A「A を担当して／A の責任を担って」
- the photos she actually did print「彼女が実際にプリントした写真」 she actually did print は the photos を修飾する節。

78

- preference「好み」
- as reported by A「Aによって報告されたような」
- capture O「Oをとらえる」
- A rather than B「BよりもA」
- remain C「Cのままである」
- largely「大部分が」
- undeveloped「(フィルムが)現像されていない」

◆プレゼンテーションメモ◆
- concentrate on A「Aに集中している」

【設問解説】
問1 30 ①
30 に入る最も適切な記述を選べ。
① 彼女の作品は，競売で売られるまで未発見のままだった。
② 彼女は，30代で写真に惹かれたと考えられている。
③ 彼女はどこに行くときもカメラを持って行き，自分の撮った写真を人に見せた。
④ 彼女の写真の大半はニューヨークで撮られた。

第1段落第2文「彼女は子守の仕事をして生涯を過ごし，もしも競売会社で彼女の所持品が販売されることがなかったら，彼女のすばらしい作品が発見されることはなかったのかもしれない」とあり，①が正解。

問2 31 32 ①・④
31 と 32 に入る最も適切な項目を2つ選べ。(順不同。)
① ドキュメンタリー風の写真
② 工場などの風景
③ 自然の風景
④ 自分自身の写真
⑤ ショーウインドー

第6段落第1・2文「1952年，26歳のとき，初めての6×6カメラを購入し，このカメラを使ってシカゴの街の生活をとらえた彼女の写真の大半が撮られた。30年以上にわたって，彼女は子どもや高齢者，裕福な人や貧しい人の写真を撮った」より，①と，第4～6文「彼女はまた何枚も自分の写真を撮った。ショーウインドーに自分が映ったものもあるし，自分自身の影もある」より，④が正解。

問3 33 ③ 34 ④ 35 ① 36 ②
次の出来事を起きた順番に並べよ。 33 ～ 36
① 買い手が自分のブログから彼女の写真のいくつかにリンクを貼った。
② ヴィヴィアンの死に関する記事が新聞に載った。
③ 競売会社が彼女の古い写真とネガを売り始めた。
④ 彼女の作品がインターネットで公表された。

— 474 —

第2段落第1・2文「2007年のことだった。あるシカゴの競売会社が，ヴィヴィアン・マイヤーという名前の高齢の女性の所持品を売り払っていた」より， 33 には❸が入る。第3段落第1文「スラッタリィ（＝ヴィヴィアンの写真を競売で買った3人のうちの1人）はヴィヴィアンの作品が興味深いと思い，2008年7月に，画像共有ウェブサイトに彼女の写真を公表した」より， 34 には❹が入る。第3段落第3文「その後10月になって，マルーフ（＝ヴィヴィアンの写真を競売で買った3人のうちの1人）が自分のブログからヴィヴィアンの写真を集めたページにリンクを貼ると，すぐに何千人もの人が目にすることになった」より， 35 には❶が入る。第3段落第5文「その後インターネットで調べて，彼女の死に関する2009年の新聞記事にたどり着いた」より， 36 には❷が入る。

問4 37 ❶

　 37 に入る最も適切な記述を選べ。

① 彼女の作品の展覧会が世界各地で開かれてきた。

② 街の光景を主に撮った彼女の写真集が賞を取った。

③ 彼女は，自分の写真がどのように扱われるべきかに関して詳細な指示を残した。

④ ヴィヴィアンの雇用者の子どもたちが写真を提供した。

　最終段落第2文「この映画がきっかけとなって，ヨーロッパとアメリカで展覧会が開かれることになった」より，①が正解。

問5 38 ❹

　 38 に入る最も適切な問いを選べ。

① 「写真を撮るために，彼女はどのような種類のカメラを使ったのか？」

② 「彼女はネガとプリントした写真をすべてどこに保管していたか？」

③ 「彼女はなぜ，子守になるためにニューヨークを離れたのか？」

④ 「彼女はなぜ，誰にも見せることなくそれほど多くの写真を撮ったのか？」

　文章全体の導入として，第1段落第1文には「これは，写真を撮ることに対する情熱を死ぬまで隠し通したアメリカ人のストリートフォトグラファーの話である」とあり，ヴィヴィアン・マイヤーの人生の詳細について限られたことしかわからない理由が，第4段落に「生前彼女にインタビューした人はいないので，なぜそれほど多くの写真を撮ったのかは不明であった」ことと「ヴィヴィアンが自分のことを話さない人で」，「自分の趣味を秘密にしていた」ことが述べられている。また，最終段落に「ヴィヴィアンは結果よりも，瞬間をとらえることにはるかに関心があった。そのため，ヴィヴィアンの作品の背後にある謎は大部分が『未現像』のままであると言えるだろう」とあることから，④が正解。

80

第6問

A

【全訳】

　あなたはアメリカ合衆国の交換留学生で，学校の演劇クラブに入りました。クラブがよくなるのに役に立つアイデアを得るために，アメリカのオンラインの芸術雑誌の記事を読んでいます。

ロイヤル・シェイクスピア劇団の最近の変化

ジョン・スミス
2020年2月20日

　私たちは誰もが異なっている。世の中は実に多様な人々から成り立っていることをたいていの人は認めているが，多様性 — 違いを示し受け容れること — が舞台芸術の団体には反映されていないことが多い。このため，映画や演劇は，様々な背景を持つ人々と障害を持つ人々をより適切に表すようにすべきであるという要求が高まっている。イングランド芸術評議会は，このような要求に応えて，公的な資金援助を受けているあらゆる芸術団体に対して，この面で改善を図るように促している。積極的に応えている劇団が，世界で最も影響力のある劇団の1つであるロイヤル・シェイクスピア劇団（RSC）である。

　イギリスのストラットフォード・アポン・エイボンに本拠があり，RSCはウィリアム・シェイクスピアや多くの他の有名な作家による劇を上演している。最近，RSCはイギリスの社会をすべて正確に表そうとする試みにおいて多様性に重点を置いている。採用する際には演者とスタッフ双方の民族的社会的背景，性別，身体的能力のバランスを取るように努力している。

　2019年の夏季公演では，RSCはシェイクスピアの喜劇のうち3作，『お気に召すまま』『じゃじゃ馬ならし』『尺には尺を』を上演した。国中から俳優が雇用され，27名からなるキャストを構成し，今日のイギリスの多様な民族的，地理的，文化的人口を反映している。上演期間全体にわたって，性別のバランスが取れるように，すべての役の半分が男性の俳優に，半分が女性の俳優に割り振られた。キャストには障害のある俳優（現在では「異なる能力を持った」俳優と呼ばれている）3人 — 視覚障害のある俳優と聴覚障害のある俳優，車いすを使用している俳優 — が含まれていた。

　変化は採用方針にとどまらない。RSCは，観客が男性と女性の権力関係を熟考するように促すために劇の一部を実際書き換えた。例えば，女性と男性の役が逆にされたのである。『じゃじゃ馬ならし』では，原作の「娘」の役が「息子」に変えられ，男性の俳優によって演じられた。同劇では，男性の召使の登場人物が女性の召使に

— 476 —

書き換えられた。その役は，車いすを使っている女性の俳優であるエイミー・トリグによって演じられた。トリグは，その役を演じることに心はずませ，RSC の変更は他の舞台芸術団体に大きな影響を与えるだろうと考えていると述べた。あらゆる多様性に心はずませ，RSC の他のメンバーも同様の希望 ― より多くの芸術団体が RSC の足跡をたどるように促されるようになること ― を述べている。

2019年の夏季公演で多様性を反映しようとした RSC の決断は，自分たちの団体を包括的なものにすることを願っている芸術団体にとって新しいモデルと見なすことができる。古典劇において多様性を受け容れたがらない人もいるが，心から歓迎する人もいる。残っている課題もあるが，RSC は進歩に立ち向うことで評判を得たのである。

【語句】
◆指示文◆
- ・exchange student「交換留学生」
- ・article「記事」
- ・help *do*「～するのに役立つ」
- ・improve O「Oを改善する」

◆第1段落◆
- ・recognize that SV ...「…であることを認める」
- ・be made up of A「Aから成り立っている」
- ［例］ Up to 70% of your total body weight **is made up of** water.
  全体重の最大70%が水でできている。
- ・a wide variety of A「実に多様なA」
- ・diversity「多様性」
- ・be reflected in A「Aに反映している」
- ・performing art「舞台芸術」
- ・organization「団体／組織」
- ・increasing「高まる／増えている」
- ・demand for A to *do*「Aが～するようにという要求」
- ・represent O「Oを表す」
- ・A as well as B「AもBも／B同様Aも」
- ・disability「障害」
- ・Arts Council England「イングランド芸術評議会」 芸術活動を促進するための政府機関。
- ・in response to A「Aに応えて」
- ・encourage O to *do*「Oに～するように促す」
- ・publicly funded「公的援助を受けている」
- ・make improvements「改善する」

82

- theater company「劇団」
- influential「影響力のある」

◆第2段落◆
- based in A「Aに本拠を置いて」
- Stratford-upon-Avon「ストラットフォード・アポン・エイボン」 イングランド中部，ロンドンの北西にある都市。シェイクスピアの生地として有名。
- produce O「Oを上演する／作成する」
- play「劇／芝居」
- a number of A「多くのA」
- these days「最近／近頃」
- be focused on A「Aに重点を置いている／焦点を絞っている」

[例]　Our company **is focused on** reducing the cost.
　　　うちの会社はコストの削減に重点を置いている。

- an attempt to *do*「～しようという試み」
- accurately「正確に」
- balance O「Oのバランスを取る」
- ethnic「民族の」
- gender「性別／ジェンダー」
- physical「身体の」
- performer「演者／俳優」
- when *doing*「～する際」
- hire「採用する／雇う」

◆第3段落◆
- put on O / put O on「Oを上演する」
- *As You Like It*『お気に召すまま』 1598～1600年頃の執筆。宮廷を追われた4組の男女が結ばれる話。
- *The Taming of the Shrew*『じゃじゃ馬ならし』 1594年執筆とされている。気の強い女性を求婚者が貞淑な妻に変える話。
- *Measure for Measure*『尺には尺を』 1604年頃初演。権力と人間性，正義と慈悲，法とモラル，愛と情欲の対立を描いた作品。
- from all over A「A中から」
- employ O「Oを雇う／雇用する」
- form O「Oを形成する」
- cast「キャスト／配役」
- diverse「多様な」
- geographical「地理的な」
- achieve O「Oを達成する」
- role「役／役割」

－478－

- include O「Oを含んでいる」
- currently「現在では」
- refer to A as B「AをBと呼ぶ」
- visually-impaired「視覚障害のある」
- hearing-impaired「聴覚障害のある」
- wheelchair「車いす」

◆第4段落◆
- go beyond A「Aにとどまらない」
- rewrite O「Oを書き換える」
- audience「観客／聴衆」
- reflect on A「Aを熟考する」
- power relationship「権力関係」
- reverse O「Oを逆にする」
- transform A into B「AをBに変える」
- play O「Oを演じる」
- servant「召使／使用人」
- have a ～ impact on A「Aに～な影響を与える」
- follow in A's footsteps「Aの足跡をたどる」

◆第5段落◆
- decision to *do*「～しようという決定」
- see O as C「OをCと見なす」
- inclusive「包括的な／非排他的な」
- be reluctant to *do*「～したがらない」
  ［例］　The teacher **was reluctant to admit** he was wrong.
  　　　その先生は自分が間違っていることを認めたがらなかった。
- classic「古典の」
- with open arms「心から／諸手を挙げて」
- certain A「あるA」
- challenge「課題／難題」
- remain「残っている」
- earn O「Oを得る」
- reputation「評判」

【設問解説】
問1　<u>39</u>　②
　　　記事によると，RSC は2019年の夏季公演で <u>39</u> 。
① 　有名な俳優に仕事の機会を与えた
② 　3名の異なる能力を持った演者を採用した
③ 　27名の登場人物が出てくる劇を探した

④　シェイクスピアと他の作家による劇を上演した

　2019年の夏季公演に関して第3段落最終文に「キャストには障害のある俳優（現在では『異なる能力を持った』俳優と呼ばれている）3人 ― 視覚障害のある俳優と聴覚障害のある俳優，車いすを使用している俳優 ― が含まれていた」とあるので，②が正解。

問2　40　③

　この記事の筆者がエイミー・トリグに言及しているのはおそらく彼女が　40　からである。

①　RSCによって公演された劇の1つですばらしい演技をした
②　RSCのメンバーに選ばれるように努力した
③　**包括的であろうとするRSCの取り組みの好例であった**
④　RSCのメンバーにとって模範となった

　第3段落では，RSCが2019年の夏季公演に障害のある俳優を含め社会の多様性を反映するように俳優を選んだことが，第4段落第1～3文では女性と男性の役を逆にしたことが述べられている。それに続く具体例の中で，車いすを使っている女性の俳優であり，『じゃじゃ馬ならし』において，男性から女性に書き換えられた役を演じたエイミー・トリグに関して言及されている。したがって，③が正解。

問3　41　③

　あなたはクラブの他のメンバーのためにこの記事を要約している。次の選択のうちどれが最もうまく要約を完成させるか。

[要約]

　イギリスのロイヤル・シェイクスピア劇団（RSC）はその上演に当たってイギリス社会の人口を反映するように努力している。これを達成するために，多様な背景と能力を持つ女性と男性の俳優とスタッフをバランスよく雇うようになった。また，劇にも変更を加えた。その結果，RSCは　41　。

①　世界中から多くの才能ある俳優を引きよせた
②　2019年の公演を反対もなく終えた
③　**社会的な期待と活動を一致させることに寄与した**
④　保守的な劇団として評判を得た

　第1段落第3文に「映画や演劇は，様々な背景を持つ人々と障害を持つ人々をより適切に表すようにすべきであるという要求が高まっている」とあり，同段落最終文では「積極的に応えている劇団が，…ロイヤル・シェイクスピア劇団である」と述べられている。さらに，第2～4段落でロイヤル・シェイクスピア劇団の取り組みについて述べた上で，最終段落第1文には「2019年の夏季公演で多様性を反映しようとしたRSCの決断は，自分たちの団体を包括的なものにすることを願っている芸術団体にとって新しいモデルと見なすことができる」，第3文には「残っている課題もあるが，RSCは進歩に立ち向うことで評判を得たのである」とあるので，③が正解。

— 480 —

2021年度　第2日程〈解説〉　85

問4 42 ④

　あなたの演劇クラブは RSC の考えに賛同している。こうした考えに基づき，あなたの演劇クラブは 42 かもしない。

① 新しい国際的な作家によって書かれた劇を公演する
② 古典劇を原作の話で上演する
③ 地元の人に車いすを買うために資金を募る
④ 性別に関する固定観念を公演から取り除く

　RSC の考えは，第4段落第2・3文「RSC は，観客が男性と女性の権力関係を熟考するように促すために劇の一部を実際書き換えた。例えば，女性と男性の役が逆にされたのである」に述べられている。したがって，こうした考えに基づいて劇では，性別に関する固定観念が取り除かれることになると考えられるので，④が正解。

B

【全訳】

　あなたは，市役所で行われる健康フェアでポスター・プレゼンテーションを行う学生のグループの一員です。あなたのグループのタイトルは，『社会の中でよりよい口腔健康を促進する』というものです。次の文章を使ってポスターを作成しているところです。

口腔健康：鏡を覗き込む

　近年，世界中の政府が口腔健康に対する意識を高めることに取り組んでいる。多くの人が1日に複数回歯を磨くことがよい習慣であることは聞いたことがあっても，このことが極めて重要である理由をすべて考えたことはたぶんないだろう。簡単に述べると，歯は重要なのである。歯は言葉を正確に発音するのに必要である。実際，口腔健康がすぐれないことで，話をするのが困難になることもある。さらに基本的に必要なこととして，うまく噛むことができるということがある。噛むことは食物を細かく砕き，身体が消化することをより容易にする。適切に噛むことは，食物を楽しむことにも関係がある。平均的な人は歯科処置の後，片側で噛むことができないイライラを経験している。歯が弱い人はこのような落胆を常に経験するのかもしれない。言い換えれば，口腔健康は人々の生活の質に影響するのである。

　歯の基本的な機能は明らかであるが，口が身体の鏡になることを多くの人はわかっていない。研究によると，良好な口腔健康は，全体的に良好な健康の明らかな印であるということだ。口腔健康がすぐれない人は重大な身体の病気を発症する可能性がより高い。推奨される毎日の口腔健康のための日課を怠ることは，すでに病気を患っている人に否定的な影響を与えることがある。逆に，良好な口腔健康を実践することが病気の予防にさえなるかもしれない。丈夫で健康な身体は，清潔で手

— 481 —

入れの行き届いた口を反映していることが多い。

　良好な口腔健康を維持することは生涯続く使命である。フィンランドとアメリカ政府は，親が幼児をその子が1歳になる前に歯科医に連れて行くように推奨している。実際フィンランドでは，親に通知が送られる。ニュージーランドでは，18歳まですべての人に無料の歯科治療が提供される。日本政府は8020（80と20）運動を促進している。人は年を取るにつれて，様々な理由で歯を失うことがある。この運動の目標は，80歳の誕生日に口の中に少なくとも歯が20本残っていることである。

　日本をより詳しく見てみると，厚生労働省は長年にわたって高齢者の残っている歯の数に関する調査のデータを分析してきた。ある研究者は，最も高齢の参加者を4つの年齢グループ，A（70-74），B（75-79），C（80-84），D（85＋）に分けた。それぞれの調査で，1993年を例外として，少なくとも20本歯がある人の割合は，高い方から低い方にA-B-C-Dの順であった。しかし，1993年から1999年の間に，グループAは6ポイントほどしか改善しなかったが，Bの増加はそれよりわずかに多かった。1993年，グループAの25.5％は少なくとも20本歯があったが，2016年までにグループDの割合は実際，グループAの最初の数値よりも0.2ポイント高かった。グループBは最初のうち着実に増加したが，2005年から2011年の間に劇的に上がった。より高い意識のおかげで，すべてのグループがその年月のうちにかなり改善した。

　歯科医は以前から食後の歯磨きを推奨してきた。すぐれた口腔健康を積極的に求める人は1日に数回歯磨きをするかもしれない。たいていの人は就寝前に歯磨きをして，次の日の朝ある時点でもう一度磨く。歯と歯の間に詰まったものを取り除くために特殊な糸を使って，毎日歯間をきれいにすることが重要であると，歯科医はまた考えている。もう1つの予防法は，歯科医が歯の表面で硬化し損傷を予防する可塑性のゲル（シーラント）を使って，歯を密閉することである。シーラントは，特に子どもの使用で人気を得ている。1回コーティングするだけで，よくある歯の問題を驚くべきことに80％予防してくれる。

　歯科医に年に1度あるいはもっと頻繁に行くことがカギとなる。歯科治療は痛みを伴うこともあるので，歯科医に診てもらうことを積極的に避ける人もいる。しかし，重要なことは，歯科医を，文字通り一生にわたって笑顔にしてくれる重要な味方であると，人々が見なすようになることである。

プレゼンテーション用ポスター

社会の中でよりよい口腔健康を促進する

1．歯の重要性

A. 適切に話すのに極めて重要
B. 食物を細かく砕くのに必要
C. 食物を楽しむのに役立つ
D. よい印象を与えるのに必要
E. 高い生活の質にとって必須

2． 44 ③ 口腔ケアを促す国の努力

フィンランドとアメリカ：1歳前の治療を推奨
ニュージーランド：若者に無料の治療
日本：8020（80と20）運動（図1参照）

45 ④

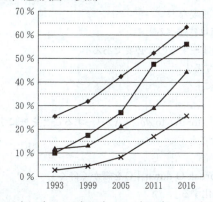

図1．少なくとも20本歯のある人の割合

3．役に立つアドバイス

46 ③ 1年に少なくとも1回歯科医に行く。
47 ⑤ 毎日歯間にデンタルフロスを使う。

【語句】
◆指示文◆
- ・wellness「健康（状態）」
- ・fair「フェア／展示会」
- ・City Hall「市役所」
- ・promote O「Oを促進する」
- ・oral「口腔の／口の」
- ・following「次の」
- ・passage「文章」

◆第1段落◆
- ・in recent years「近年」
- ・raise O「Oを高める」
- ・awareness「意識」
- ・brush *one's* teeth「歯を磨く」
- ・multiple「多数の／複数の」
- ・per day「1日につき」
- ・most likely「たぶん」
- ・crucial「きわめて重要な」
- ・simply stated「簡単に述べると」
- ・be required to *do*「～するのに必要である」
- ・pronounce「発音する」
- ・accurately「正確に」
- ・in fact「実際に」
- ・make it＋形容詞＋(for A) to *do*「(Aが)～することを…にする」
- ・necessity「必要なこと」
- ・chew「嚙む」
- ・break down O / break O down「Oを細かく砕く」
- ・digest O「Oを消化する」
- ・proper「適切な」
- ・link A to B「AをBと関連付ける」
- ・frustration「イライラ／欲求不満」
- ・dental procedure「歯科処置」
- ・disappointment「落胆／失望」
- ・all the time「常に」
- ・in other words「言い換えれば／すなわち」
- ・impact O「Oに影響する」
- ・quality of life「生活の質」

◆第2段落◆
・function「機能」
・realize that SV ...「…だと気づく／実感する」
・provide O「Oを提供する」
・research「研究」
・be likely to *do*「〜する可能性が高い」
・develop O「Oを発症する」
・physical「身体の」
・disease「病気」
・ignore O「Oを怠る／無視する」
・recommend O「Oを推奨する／薦める」
・routine「日課」
・have 〜 effects on A「Aに〜な影響を与える」
・those「人々」
・suffer from A「Aを患う／Aで苦しむ」

［例］ He **suffers from** stress in his office.
　　　彼は職場でストレスに苦しんでいる。

・conversely「逆に」
・practice O「Oを実践する」
・prevent O「Oを予防する／防ぐ」
・reflection「反映」
・well-maintained「手入れの行き届いた」

◆第3段落◆
・maintain O「Oを維持する」
・lifelong「生涯続く」
・mission「使命／任務」
・Finnish「フィンランドの」
・infant「幼児」
・dentist「歯科医」
・turn 〜 years old「〜歳になる」
・notice「通知」
・offer A to B「AをBに提供する」
・free「無料の」
・dental treatment「歯科治療」
・up to A「最大Aまで」
・at least「少なくとも」

◆第4段落◆
・taking a closer look at A「Aをより詳しく見てみると」

— 485 —

90

- the Ministry of Health, Labour and Welfare「厚生労働省」
- analyze O「Oを分析する」
- researcher「研究者」
- divide A into B「AをBに分ける」

［例］　They **divided** the pizza **into** three and had a slice each.
　　　彼らはピザを3つに分けて，それぞれ1枚食べた。

- participant「参加者」
- survey「調査」
- exception「例外」
- in ～ order「～の順に」
- improve「改善する」
- percentage point「(パーセント)ポイント／パーセントの数値」
- increase「増加」
- slightly「わずかに」
- initial「最初の」
- figure「数値／数字」
- steadily「着実に」
- at first「最初は」

［例］　**At first** I didn't like her, but now I do.
　　　初めは彼女のことが好きではありませんでしたが，今では好きです。

- dramatically「劇的に」
- thanks to A「Aのおかげで」
- significantly「かなり」

◆第5段落◆

- seek O「Oを求める」
- floss「(デンタルフロスで)歯間をきれいにする」
- string「糸」
- remove A from B「AをBから取り除く」
- substance「物質」
- prevention「予防」
- seal O「Oを密閉する」
- plastic「可塑性の／形を変えることができる」
- gel「ゲル」
- harden「硬化する」
- surface「表面」
- popularity「人気」
- coating「コーティング／表面を覆うこと」
- amazing「驚くべき」

― 486 ―

2021年度　第2日程〈解説〉　91

◆第6段落◆
・annually「年に1度」
・frequently「頻繁に」
・view O as C「OをCと見なす」
・ally「味方／同盟」
・literally「文字通り」
【ポスター】
・impression「印象」
・essential for A「Aにとって必須の／不可欠の」
【設問解説】
問1　43　④
　ポスターの最初の見出しの下で，あなたのグループは文章で説明されている歯の重要性を述べたいと思っている。1つの提案がうまく合わないと全員が同意する。次のうちどれを含めるべきではないか。43
① A
② B
③ C
④ D
⑤ E
　A.「適切に話すのに極めて重要」は，第1段落第4・5文「歯は言葉を正確に発音するのに必要である。実際，口腔健康がすぐれないことで，話をするのが困難になることもある」で述べられている。B.「食物を細かく砕くのに必要」は，同段落第7文「嚙むことは食物を細かく砕き，身体が消化することをより容易にする」で述べられている。C.「食物を楽しむのに役立つ」は，同段落第8文「適切に嚙むことは，食物を楽しむことにも関係がある」で述べられている。E.「高い生活の質にとって必須」は，同段落最終文「言い換えれば，口腔健康は人々の生活の質に影響するのである」で述べられている。したがって，④のD.「よい印象を与えるのに必要」が正解。
問2　44　③
　あなたはポスターの2つめの見出しを書くように頼まれた。次のうちどれが最も適切か。44
① 若者を対象とした国の8020計画
② よりよい歯科治療に対する国の宣伝
③ 口腔ケアを促す国の努力
④ 幼児を歯科医に行かせる国の制度
　ポスターの2つめの見出しの下には，第3段落で述べられた各国政府が行っている口腔健康を促進するための施策が列挙されているので，③が正解。

— 487 —

問3 45 ④

あなたは，日本の研究者の調査結果を見せたいと思っている。次のグラフのうちどれがあなたのポスターに最も適切か。

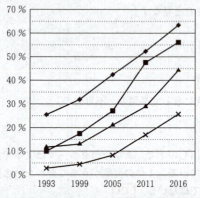

第4段落第3文「それぞれの調査で，1993年を例外として，少なくとも20本歯がある人の割合は，高い方から低い方にA-B-C-Dの順であった」，同段落第5文「1993年，グループAの25.5%は少なくとも20本歯があったが，2016年までにグループDの割合は実際，グループAの最初の数値よりも0.2ポイント高かった」，同段落第6文「グループBは最初のうち着実に増加したが，2005年から2011年の間に劇的に上がった」で述べられている条件を満たすのは④のグラフである。したがって，④が正解。

問4 46 47 ③・⑤

ポスターの最後の見出しの下に，あなたは文章に基づいた具体的なアドバイスを追加したいと思っている。次の記述のうちどの2つを使うべきか。（順不同。） 46 47

① 朝食を食べる前に歯を磨く。
② 毎日鏡で歯を確認する。
③ **1年に少なくとも1回歯科医に行く。**
④ 可塑性のゲルを頻繁に歯に付ける。
⑤ **毎日歯間にデンタルフロスを使う。**

第5段落第4文「歯と歯の間に詰まったものを取り除くために特殊な糸を使って，毎日歯間をきれいにすることが重要であると，歯科医はまた考えている」より，⑤が正解。第6段落第1文「歯科医に年に1度あるいはもっと頻繁に行くことがカギとなる」より，③も正解。

英　語

（2020年1月実施）

受験者数　518,401

平均点　116.31

2020 本試験

英 語

解答・採点基準　(200点満点)

問題番号(配点)	設問	解答番号	正解	配点	自己採点
第1問 (14)	A	問1 [1]	②	2	
		問2 [2]	③	2	
		問3 [3]	④	2	
	B	問1 [4]	②	2	
		問2 [5]	①	2	
		問3 [6]	①	2	
		問4 [7]	②	2	
第1問　自己採点小計					
第2問 (47)	A	問1 [8]	③	2	
		問2 [9]	①	2	
		問3 [10]	③	2	
		問4 [11]	③	2	
		問5 [12]	①	2	
		問6 [13]	①	2	
		問7 [14]	①	2	
		問8 [15]	④	2	
		問9 [16]	②	2	
		問10 [17]	①	2	
	B	問1 [18]	④	4 *	
		[19]	②		
		問2 [20]	④	4 *	
		[21]	③		
		問3 [22]	⑤	4 *	
		[23]	②		
	C	問1 [24]	③	5	
		問2 [25]	①	5	
		問3 [26]	③	5	
第2問　自己採点小計					

問題番号(配点)	設問	解答番号	正解	配点	自己採点
第3問 (33)	A	問1 [27]	②	5	
		問2 [28]	②	5	
		問3 [29]	②	5	
	B	[30]	③	6	
		[31]	③	6	
		[32]	④	6	
第3問　自己採点小計					
第4問 (40)	A	問1 [33]	④	5	
		問2 [34]	④	5	
		問3 [35]	②	5	
		問4 [36]	④	5	
	B	問1 [37]	①	5	
		問2 [38]	①	5	
		問3 [39]	②	5	
		問4 [40]	④	5	
第4問　自己採点小計					
第5問 (30)		問1 [41]	①	6	
		問2 [42]	④	6	
		問3 [43]	④	6	
		問4 [44]	②	6	
		問5 [45]	②	6	
第5問　自己採点小計					
第6問 (36)	A	問1 [46]	①	6	
		問2 [47]	③	6	
		問3 [48]	②	6	
		問4 [49]	④	6	
		問5 [50]	②	6	
	B	[51]	②	6 *	
		[52]	④		
		[53]	③		
		[54]	①		
第6問　自己採点小計					
自己採点合計					

(注)　*は，全部正解の場合のみ点を与える。

第1問 発音・アクセント

A 発音

問1 | 1 | ②

① scarce /skéərs/「乏しい」/sk/

② **scenery** / síːnəri /「景色」/s/

③ scratch /skrǽtʃ/「ひっかく」/sk/

④ scream /skríːm/「金切り声を上げる」/sk/

したがって，②が正解。

問2 | 2 | ③

① arise /əráɪz/「起こる」/z/

② desire /dɪzáɪər/「強く望む」/z/

③ **loose** /lúːs/「ゆるんだ」/s/

④ resemble /rɪzémbl/「似ている」/z/

したがって，③が正解。

問3 | 3 | ④

① accuse /əkjúːz/「非難する」/júː/

② cube /kjúːb/「立方体」/júː/

③ cucumber /kjúːkʌmbər/「キュウリ」/júː/

④ **cultivate** /kʌ́ltəvèɪt/「耕す」/ʌ/

したがって，④が正解。

B アクセント

問1 | 4 | ②

① allergy /ǽlərdʒi/「アレルギー」第1音節

② **objective** /əbdʒéktɪv/「客観的な」第2音節

③ physical /fízɪkl/「身体の」第1音節

④ strategy /strǽtədʒi/「戦略」第1音節

したがって，②が正解。

問2 | 5 | ①

① **alcohol** /ǽlkəhɔ̀ːl/「アルコール飲料」第1音節

② behavior /bɪhéɪvjər/「ふるまい」第2音節

③ consider /kənsídər/「熟慮する」第2音節

④ magnetic /mæɡnétɪk/「磁石の」第2音節

したがって，①が正解。

問3 | 6 | ①

① **canal** /kənǽl/「運河」第2音節

— 491 —

4

  ② instance /ínstəns/「例」第 1 音節

  ③ island /áɪlənd/「島」第 1 音節

  ④ workshop /wə́:rkʃɑ̀:p/「作業場／ワークショップ」第 1 音節

したがって，①が正解。

問 4　|7|　②

  ① administer /ədmínəstər/「管理する」第 2 音節

  ② **beneficial** /bènəfíʃəl/「有益な」第 3 音節

  ③ competitor /kəmpétətər/「競争相手」第 2 音節

  ④ democracy /dɪmɑ́:krəsi/「民主主義」第 2 音節

したがって，②が正解。

第 2 問　文法・語法空所補充問題・語句整序問題・応答文完成問題

A　文法・語法

問 1　|8|　③

雨のせいで，我々の試合のできばえは完璧にはほど遠いものだった。

──【ポイント】──────────────────────

イディオム be far from A

be far from A は「A にはほど遠い／まったく A でない」という意味を表す。A は形容詞または名詞である。

〔例〕　His essay **was far from** satisfactory.

    彼の小論文はまったく満足のゆくものではなかった。

【他の選択肢】

  ① be apart from A で「A から離れている」という意味を表す。本問では不可。

  ② be different from A で「A と異なる」という意味を表す。本問では不可。

  ④ be free from A で「A（心配など）のない」という意味を表す。本問では不可。

・perfect「完璧な」　形容詞である。

問 2　|9|　①

非常扉はこの廊下の両端に見つかる。

──【ポイント】──────────────────────

形容詞 both

both ＋ 複数名詞で「両方の〜／どちらの〜も」という意味を表す。

〔例〕　There are bus stops on **both** sides of the street.

    通りの両側にバス停がある。

— 492 —

【他の選択肢】

② each＋単数名詞で「それぞれの〜」という意味を表す。本問では不可。

③ either＋単数名詞で「片方の〜／どちらの〜も」という意味を表す。本問では不可。

④ neither＋単数名詞で「どちらの〜も…ない」という意味を表す。本問では不可。

・emergency door「非常扉」

問3 **10** ③

私の留学の計画は奨学金をもらえるかどうか次第だ。

【ポイント】

接続詞 whether

whether SV … で「…かどうか」という意味を表す。

［例］ I don't know **whether** he likes the plan.

彼がその計画を気に入っているかどうかは分からない。

【他の選択肢】

① that は接続詞で，that SV … は前置詞の後ろに置くことができない。本問では不可。

② what は関係代名詞で，要素の欠けた不完全な文が続く。本問では不可。

④ which は関係代名詞で，which の前に先行詞となる名詞が必要である。本問では不可。

・depend on A「A次第だ／Aによる」

・scholarship「奨学金」

問4 **11** ③

ノリコはスワヒリ語を話せるし，マーコも話せる。

【ポイント】

so＋助動詞［be動詞］＋S

so＋助動詞［be動詞］＋S の形で，前の肯定文に対して，「S もそうである」という意味を表す。前に否定文がある場合は，neither＋助動詞［be動詞］＋S となる。

［例］ Robert likes reading books and **so does** his brother.

ロバートは本を読むのが好きで，弟もそうだ。

［例］ Meg isn't good at math and **neither are** all her friends.

メグは数学が得意でないし，また彼女の友達もみんなそうだ。

問5 **12** ①

毎日ジョギングするつもりだと言うのと，実際にそうするのとは違うことだ。

— 493 —

6

【ポイント】

代名詞 another

　another は「別のこと／もう１つのもの」という意味だが，A is one thing, but B is another で「A は１つのことだが，B は別のことだ」，つまり，「A と B は違うことだ」という意味を表す。

［例］　To know is **one thing** but to teach is **another**.
　　　　知っていることと教えることは別物である。

【他の選択肢】

② 　one another は「お互い」という意味を表す。本問では不可。

③ 　the other は「（２つのうちで）もう１つ」という意味を表す。本問では不可。

④ 　the others は「（３つ以上のうちで）他の全て」という意味を表す。本問では不可。

問6　 **13** 　①

　　私たちの上司は勤勉な人だが，気難しいことがある。

【ポイント】

イディオム get along with A

　get along with A で「A とうまくやる」という意味を表す。本問では，主語の Our boss が get along with の意味上の目的語になっていて，but 以下は「（私たちの上司と）うまくやることは難しいことがある」が直訳。

［例］　It is important to **get along** well **with** your neighbors.
　　　　隣近所とうまく付き合うことは大切なことだ。

【他の選択肢】

② 　get around to A は「A をする余裕を見つける」という意味を表す。本問では不可。

③ 　get away with A は「A（悪事など）をうまくやってのける」という意味を表す。本問では不可。

④ 　get down to A は「A（仕事など）にとりかかる」という意味を表す。本問では不可。

問7　 **14** 　①

　　アヤノが私の家に来たとき，うちにはたまたま誰もいなかった。

【ポイント】

It happens that SV ...

　It happens that SV ... は「たまたま…である」という意味を表す。

［例］　**It happens that** I know why he left his job.
　　　　彼がなぜ仕事を辞めたのかを私はたまたま知っている。

― 494 ―

2020年度　本試験〈解説〉　7

問8　15　④
　道がすいていさえすれば，私たちは時間通りに家に着くことができるだろう。

―【ポイント】―

１．接続詞 as long as
　as long as SV ... は接続詞で，「…でありさえすれば／もし…なら」という意味を表す。
［例］　Any book is fine **as long as** it's interesting.
　　　　面白ければどんな本でもかまいません。
２．形容詞 clear
　clear は「(道が)すいていて／妨げるもののない」という意味を表す。なお，blocked は「ふさがれた」の意味なので不可。
［例］　The roads were **clear** except for a few cars.
　　　　道路はすいていて，数台の車しかなかった。

【他の選択肢】
　①，②は，as far as SV ... で「…する限り」という意味を表す。本問では不可。
［例］　**As far as** I'm concerned, I have no complaint.
　　　　私に関する限り不満はありません。

問9　16　②
　君が運動会に来ないと言ったのは知っていますが，重要な催しだから，もう一度考え直してくれませんか。

―【ポイント】―

イディオム give A a second thought
　give A a second thought で「Aを考え直す／Aについて改めて考える」という意味を表す。
［例］　He suggested to me that I **give** it **a second thought**.
　　　　彼は私にもう一度考え直した方がよいのではないかと言った。

問10　17　①
　後ろの列に座っていた２人を除いては，どの客も誰だか分からなかった。

―【ポイント】―

１．代名詞 any
　any は否定文で「(３人[３つ]以上のうちで)誰も[何も]…ない」という意味を表す。「後ろの列に座っていた２人」とあることより，客は３人以上いることが分かる。
［例］　I have not finished **any** of the assignments.
　　　　私はまだその宿題のどれも終えていない。
２．except for A
　except for A は「Aを除いて」という意味を表す。

― 495 ―

8

［例］　We had a very pleasant time **except for** the accident.
　　　　その不測の出来事を除いては，私たちはとても楽しい時を過ごした。

【他の選択肢】
　③，④の either は，否定文で「(2人[2つ]のうちで)どちらも…ない」という意味を表す。本問では不可。
［例］　I will not vote for **either** of these candidates.
　　　　私はこれらの候補者のどちらにも投票しません。
　②，④は，A rather than B で「B というよりむしろ A」という意味を表す。本問では不可。
・in the back row「後ろの列に」

B　語句整序問題

問1　[18]　④　[19]　②

　　　トニー：ホールのあの飾り付け，素敵ですね。予定通りに完成して嬉しいです。
　　　　メイ：ええ，本当にありがとうございます。あなたの助けがなかったら，今日の午後にお客さんがみんな到着するまでに準備は終わっていなかったでしょう。

── 【正解】──

Without your help, the preparations <u>would not</u> [have] been completed [by]
　　　　　　　　　　　　　　　　　　　⑥　　　　④　　　①　　　③　　　②

the time all the guests arrive this afternoon.
　　⑤

── 【ポイント】──

1．仮定法過去完了
　would have ＋過去分詞は，過去の事実に反する仮定を表して「(もし～なら)…だっただろう」という意味を表す。本問では，Without your help が if 節の代用表現となり，「あなたの助けがなかったら」という意味を表す。
［例］　Without his support, I **would** never **have** succeeded.
　　　　彼の支援がなければ，私は決して成功しなかっただろう。
2．接続詞 by the time
　by the time SV ... で「…するまでに」という意味を表す。
［例］　**By the time** he had walked four miles, he was exhausted.
　　　　4マイルも歩かないうちに彼はくたくたになった。

問2　[20]　④　[21]　③

　　　イチロー：スミスさんには学校に通っている娘さんが2人いらっしゃるんだよね？

── 496 ──

ナターシャ：実は3人いて，一番若い娘さんはロンドンで音楽を勉強していらっ
しゃるのよ。あなたは彼女にまだ会ったことはないと思うわ。

【正解】

Actually, he has three, the youngest of whom is studying music in London.
⑥ ④ ⑤ ② ③ ①

【ポイント】

関係代名詞 A of whom

A of whom は「人」を表す先行詞を受けて，「その人のうちのA」という意味を表
す。Aには many，most などの代名詞や，形容詞の最上級などがくる。本問は，最
上級がきて the youngest of whom で「（3人の娘のうちで）最も若い人」の意味に
なっている。

[例]　Mike had three sons, **the oldest of whom** I married.
　　　マイクには息子が3人いて，私はその一番年上と結婚したのです。

問3　22 ⑤　23 ②

ピーター：今週末には雨が降るかもしれないが，それでも公園でクラスのバーベ
キューをすべきだろうか？

ヒカル：そうだね，予定通り行うか，それとも来週のいつかの日まで延期する
かを今決めなければいけないね。雨が降るかもしれないってことを考
えておくべきだったよ。

【正解】

Yeah, we have to decide now whether to hold it as planned or put it off until
① ⑤ ④ ⑥ ② ③

some day next week.

【ポイント】

1．as planned

as planned は「予定通り」という意味を表す。

[例]　The concert will go ahead **as planned**.
　　　コンサートは予定通りに開かれる。

2．イディオム put off A / put A off

put off A / put A off は「A（催しなど）を延期する」の意味を表すが，Aが代名詞
のときは put A off の語順になることに注意。本問では，put off it は不可。

[例]　The event was scheduled to be held on Monday, but they had to **put** it **off**
　　　until Thursday.
　　　そのイベントは月曜日に開催される予定だったが，木曜日まで延期しなけれ
　　　ばならなくなった。

・whether to-不定詞「～すべきか」

10

・chance of A「Aが起こる可能性」

C　応答文完成

問1　　24　③

チサト：近所に新しい遊園地が出来るんですってね。

ルーク：ほんと？　この地域の子どもにはいいことだね。

チサト：ええ，でも家の近くの交通量が増えるのを喜ぶ人は誰もいないわ。

ルーク：でも，<u>専門家によると，これによって若者の仕事が増える</u>そうだよ。そうすればきっと僕らの市にも好ましい経済的効果があるだろうね。

【正解】

But according to the experts, | it will create more jobs | for young people.
　　　(A)　　　　　　　　　　　　(B)　　　　　　　　　　(A)

【ポイント】

1．according to A

according to A は「A（人・新聞など）によると」という意味を表す。なお，thanks to A は「Aのおかげで」という意味で，対話の内容に合わない。

〔例〕　**According to** a survey, more than half of Japanese men have given up smoking.

　　　ある調査では，日本人男性の半分以上がタバコをやめたということだ。

2．動詞 create

create は「（仕事）を創出する／（作品など）を創造する」の意味を表す。it will create more jobs for 〜 は「〜のためにより多くの仕事を作ることになるだろう」の意味。中列の(A)は「騒音が少なくなる」の意味で，後ろの文の内容に合わない。

〔例〕　The new office building will **create** more jobs for the local people.

　　　新しく出来るオフィスビルは地元の人々にさらなる雇用を創出するだろう。

【解法のヒント】

　近所に新しい遊園地が出来ることについての会話。チサトが「家の近くの交通量が増えるのを喜ぶ人は誰もいない」と言ったのに対して，ルークは「でも〜」と言っており，チサトとは反対の考えを述べていると分かるし，後ろで「好ましい経済的効果がある」と言っているため，「専門家によると，これによって若者の仕事が増えるそうだよ」と続けるのが自然である。したがって，③が正解。

問2　　25　①

ユウ：エマはフルタイムの仕事を辞めるつもりだってね。

リー：うん，自分で会社を興すつもりだよ。

ユウ：うわー！　新しい家のためにお金が必要だから，ご主人は怒っているにちがいないね。

— 498 —

2020年度　本試験〈解説〉　11

リー：ほんと，そうだよ。でも，すごく戸惑ってるけど，エマの計画に反対はし
　　　ていないよ。結局は，いつもお互いを支え合っているからね。

---【正解】---

But [although] [he is quite upset,] [he doesn't object] to Emma's plan.
　　　(A)　　　　　(A)　　　　　　　　(A)

---【ポイント】---

1．接続詞 although

　although SV ... で「…だけれど」という意味を表す。because SV ...「…なので」
は，対話の内容に合わない。

[例]　**Although** it was raining, Bob went fishing.
　　　雨が降っていたのに，ボブは釣りに出かけた。

2．動詞 object

　object to A で「Aに反対する」という意味を表す。

[例]　No one **objected to** the plan.
　　　その計画に異を唱える者は誰もいなかった。

【解法のヒント】

　エマが今の仕事を辞めて新しく会社を始めようとしていることについての会話。
ユウが「ご主人は怒っているにちがいないね」と言ったのに対して，リーは「まっ
たくそうだよ」と認めたうえで，「でも～」と続けていることから，「すごく戸惑っ
てるけど，エマの計画に反対はしていないよ」と続けるのが自然である。したがっ
て，①が正解。

問3 26 ③

　ケンジロウ：どうして学校の前に消防車が停まっているんですか？
　坂本先生：午前中に火災訓練が予定されているからよ。
　ケンジロウ：またですか？　前の学期にもやったばかりですよね。何をすべきか
　　　　　　　はもう分かってます。
　坂本先生：たとえあなたがそう思っていても，災害のときにお互いを助け合う
　　　　　　ことができるために訓練はとても大切よ。真剣にとらえなければい
　　　　　　けないわ。

---【正解】---

Even if you think you do, the drill is [essential] [so that] [we can] help each other
in case of a disaster.　　　　　　　　　(A)　　　(B)　　　(A)

---【ポイント】---

1．形容詞 essential

　essential は「きわめて大切な／不可欠な」という意味を表す。なお, meaningless

— 499 —

は「無意味な」という意味で，対話の内容に合わない。

［例］　If you're going walking in the mountains, strong boots are **essential**.
　　　　もし山歩きをするつもりなら，頑丈なブーツが不可欠だ。

2．接続詞 so that

　so that S can ～ で「～できるために／～できるように」という意味を表す。なお，even so は「そうだとしても」という意味を表すが，副詞句なので文同士を接続することはできない。

［例］　We left early **so that** we **could** catch the first train.
　　　　一番列車に間に合うように，私たちは早く出発した。

【解法のヒント】

　午前中に行われる予定の火災訓練についての会話。「火災訓練は前の学期にやったばかりだから不要だ」と言うケンジロウに対して，坂本先生は「たとえあなたがそう思っていても～」と言っているので，「災害のときにお互いを助け合うことができるために訓練はとても大切よ」と続けるのが自然である。したがって，③が正解。
・fire drill「火災訓練」

第3問　不要文選択問題・意見要約問題

A　不要文選択問題

問1　 27 　②

【全訳】

　北アメリカ最大のプロバスケットボールリーグである NBA の初期の歴史において，しばしば試合の点数が低く，その結果，必ずしもわくわくする試合ではないことがあった。①典型的な例は1950年のレイカーズ対ピストンズの試合であった。試合の結果は19対18でピストンズの勝ちだった。これらの試合は当時のファンをいらいらさせ，このことが，試合での点数を上げるために，1回のシュートに対して24秒の制限を設けるという新しいルールを導入する大きな動機づけとなった。②時間の制限の圧迫があるため，選手はシュートをミスすることが多くなった。③大いに議論がなされたのちに，そのルールは1954年10月30日のある公式試合で初めて用いられた。④それ以来ずっと，個々のチームは1試合で100点を超す点を取ることが多くなった。この単純な変更によって，試合はよりわくわくするものになり，リーグは救われたのだ。

【語句】

・as a result「その結果」

・frustrate「(人)をいらいらさせる」

・A of the day「当時の A」

・motivation to-不定詞「～するための動機づけ」

— 500 —

・cause A to-不定詞「Aに〜させる」

［例］ His lack of preparation **caused** him **to fail** the oral exam.

　　　彼は準備不足だったので口答試験に落ちた。

・ever since「それ以来ずっと」

・individual「個々の」

【解法のヒント】

　このパラグラフは，「NBA のルール変更の歴史」について書かれたものである。①「1950年のある試合について」，②「24秒の時間制限によるシュートのミスの増加」，③「1954年の新ルールの導入」，④「100点を超す試合が増えたこと」について述べられている。②の前には，「点数が増えずファンがいらいらしたので，1回のシュートに対して24秒の時間制限を設けた」とあるのに，②には「時間制限のためにシュートのミスが増えた」と書かれており文脈的に矛盾している。②を取り除くと，③，④に「そのルールが公式試合で用いられて以来，100点を超す試合が多くなった」という文が続き，自然な流れになる。したがって，②が正解。

問2 　28 　②

【全訳】

　これまでに「背筋を伸ばして座りなさい，さもないと腰痛になりますよ」と言われたことがあるかもしれない。だが，これは本当だろうか？　人々はこれまで長い間，腰痛には姿勢が何らかの役割を果たしていると思い込んでいた。驚いたことに，姿勢と腰痛を結びつける調査による証拠は弱いかもしれない。①私たちの背中は生まれつきカーブしていて，横から見るとS字形になっている。②個々の人には，体型を決める独自の骨の大きさがある。③よい姿勢とはそのカーブをある程度まっすぐにすることだと考えられていた。④医者の意見を調べるある研究によると，適切な姿勢について誰もが認めるただ1つの標準はないということが分かった。ある研究者は，腰痛を防ぐためには，特に座っているときに，しばしば姿勢を変えることの方が重要だとさえ言う。腰痛の主な原因は座り方ではなく，ストレスや睡眠不足かもしれない。

【語句】

・backache「腰痛」

・posture「姿勢」

・play 〜 role in A「Aにおいて〜な役割を果たす」

［例］ Forests **play** an important **role in** water circulation.

　　　森は水の循環において重要な役割を担っている。

・link「結びつける」

・straighten out A「Aをまっすぐにする」

・agreed-upon「誰もが認める」

・lack of A「Aの不足」

— 501 —

14

【解法のヒント】

　このパラグラフは「腰痛の原因」について書かれたものである。①「背中は元々S字形にカーブしている」，②「体型を決める独自の骨の大きさ」，③「よい姿勢についての従来の考え方」，④「ある決まった適切な姿勢はないこと」が述べられている。全体としては，「従来は，背筋を伸ばして座ることが腰痛の予防に役立つと考えられていたが，実際にはそれよりも姿勢を頻繁に変えることや，ストレス，睡眠不足などが関係している」という流れであるが，②は「骨の大きさ」について述べられていて，全体の内容に合わない。②を取り除くと，①で述べられているS字形のカーブについて，続けて③でも述べられていることになり，自然な流れである。したがって，②が正解。

問3 　29 　②

【全訳】

　文明の発達において最も重要な特徴の1つは食べ物の保存であった。ポークの足をハムにして保存することはそうしたことの1例である。今日では，世界の多くの国でハムを作っているが，それはいつ，どこで始まったのだろうか？　①多くは生のポークを塩漬けにすることを最初に記録したのは中国人であるとしているが，ヨーロッパの西部に住んでいた古代人のガリア人を引き合いに出す人もいる。②もう1つの一般的な調味料は胡椒で，これもまた食べ物の保存には同じくらい効果的である。③それがローマ時代までには確立されたやり方になっていたことはほとんど確かなようだ。④早くも紀元前160年に，古代ローマのある有名な政治家が「ハムの塩漬け」について広範囲に書き記している。起源はどうであれ，ハムのような保存食は人間の文化が発達するのに役立ってきたし，歴史の中に深く根差しているのだ。

【語句】

・preservation「保存」
・credit A with B「AにBの功績があると考える」
〔例〕　Who **is credited with** inventing the radio?
　　　　ラジオを発明したのは誰だとされていますか？
・salt「塩漬けにする」
・cite「引用する」
・seasoning「調味料」
・work「効果的である／うまくいく」
・just as well「ちょうど同じくらいうまく」
・well-established「確立された」
・as early as ～「早くも～に」
・regardless of A「Aはどうであれ／Aには関係なく」
・be deeply rooted in A「Aに深く根差している」

— 502 —

2020年度　本試験〈解説〉　15

【解法のヒント】

　このパラグラフは,「食べ物の保存が文明の発達に役立ったこと」について書かれたものである。①「生のポークの塩漬けの起源」,②「胡椒という調味料」,③「ローマ時代に確立されたやり方」,④「ハムの塩漬けについての文献」が述べられている。②には Another common seasoning「もう 1 つの調味料」とあるが,①には,「最初にポークを塩漬けにした記録があるのは中国人だと考える人がいる」と書かれているが,「調味料」については書かれていないため,文の流れに矛盾する。②を取り除くと,③の 2 つ目の it が①の salting raw pork「生のポークを塩漬けにすること」を指すことになり,自然な流れとなる。したがって,②が正解。

B　意見要約問題

30 ③

【全訳】

アキラ：やあ,みんな。立ち寄ってくれてありがとう。今日,みんなにここに集まってもらったのは,毎年恒例の慈善活動のためにお金を工面する方法についてのアイデアを考えてもらうためなんだ。できるだけ多くのお金を稼ぐために,この夏はおよそ 1 か月間ある。何か考えはある？

テレサ：近所で何か臨時の仕事をやるのはどうかしら？

アキラ：それ何？　聞いたことがないけど。

ジェナ：ええ,多分ここ日本では一般的ではないわね。ほら,どんな仕事でもいいんだけど,芝生を刈ったり,窓をきれいにしたり,ガレージの片付けをしたりとか,いろいろと家の用事をすることよ。私はアメリカで高校生のころに,近所の庭仕事をしてひと夏で300ドル稼いだわ。それに,ときにはクリーニングを取ってくるとか,食料品の買い物とかを頼まれて町を走り回ることもあるわ。これは若者が余分にいくらかのお金を稼ぐためのかなり典型的なやり方ね。

アキラ：じゃあ,ジェナ,君は③無作為に仕事をするのがお金を稼ぐ 1 つの方法だと言っているんだね。

【語句】

・drop in「立ち寄る」

・come up with A「A（アイデアなど）を考える／思いつく」

［例］ I couldn't **come up with** any good ideas.

　　　 何もいい案が浮かばなかった。

・raise「（お金）を集める／募る」

・earn「（お金）を稼ぐ」

・as ～ as S can「できるだけ～」

・odd「臨時の」

— 503 —

- stuff「こと／もの」
- pick up A／pick A up「Aを取ってくる／回収する」
- pretty「とても」
- extra「余分の」

【解説】

① 庭の掃除はとても価値のある仕事だ
② 家族のあいだで家事を分担するのが一番よい
③ **無作為に仕事をするのがお金を稼ぐ１つの方法だ**
④ アメリカでは庭仕事がたしかに儲かるだろう

　ジェナはテレサが言った odd jobs「臨時の仕事」について，第２文で「ほら，どんな仕事でもいいんだけど，芝生を刈ったり，窓をきれいにしたり，ガレージの片付けをしたりとか，いろいろと家の用事をすることよ」と説明し，そのあとで「クリーニングの回収」や「食料品の買い物」にも触れているので，③が正解。

31 ③

【全訳】

ジェナ：ええ。それは日本でもうまくいくと思うわ。

ルーディー：ここでは，地元の会社でバイトをする学生がたくさんいるだろ。レストランやコンビニで働く人もいるかもね。臨時の仕事はそれとは違う。どちらかと言えば，ヘルパーという感じだよ。気楽な働き方なんだ。会社じゃなくて，手伝いをしてあげた人から直接お金をもらう。そして，どんな仕事をやりたいかは自分で決めることができるんだ。

マヤ：でも，危険じゃない？　たいてい，人々は知らない人の家に入るのは気が進まないわ。それに，お金を払ってもらえなかったら，どうなるの？　稼いだお金をどうやってもらうことができるの？

ルーディー：家の中の仕事ばかりじゃないよ。自分にとって心地よい仕事の種類を選ぶことができるんだ。僕の経験では，だまされたことは一度もないよ。基本的に，自分の住んでいる地域の人のために働くから，多少はその人たちのことを知っているとも言える。近所に長いこと住んでいる年配の人であることが多いよ。それに，僕はいつも現金でもらっていたから，使えるお金があってわくわくしたものさ。

テレサ：この地域にはお年寄りがたくさんいるわ。誰かに大変な仕事をやってもらったり，ただ友情のこもった顔を近くで見たりするだけでも，きっと嬉しいと思うわ。私たちをだますなんてことするとは思わないわ。一般的には，ほとんどの人は正直で親切だと思わない？

アキラ：③自分の住んでいる地域で働くのはほとんど危険がないから，あまり心配しすぎない方がいいようだね。

2020年度　本試験〈解説〉　17

【語句】
・a kind of A「一種のA」
・be unwilling to-不定詞「〜するのに気が進まない」
・be comfortable with A「Aを心地よいと感じる」
・sort of 〜「多少は〜」
・heavy lifting「大変な仕事」
・take advantage of A「Aをだます／Aにつけ込む」
〔例〕　Some people **take advantage of** your kindness.
　　　　人の親切につけ込む人がいます。

【解説】
① 　お年寄りは私たちの仕事を不安に感じる
② 　近所の人に仕事を欲しいと頼むのは恥ずかしい
③ 　自分の住んでいる地域で働くのはほとんど危険がない
④ 　町の会社で働くのなら安全だ
　近所で臨時の仕事をやることについて，ジェナは「それは日本でもうまくいくと思うわ」と言い，ルーディーは「基本的に，自分の住んでいる地域の人のために働くから，多少はその人たちのことを知っているとも言える。近所に長いこと住んでいる年配の人であることが多いよ」，そして，テレサは「誰かに大変な仕事をやってもらったり，ただ友情のこもった顔を近くで見たりするだけでも，きっと嬉しいと思うわ。私たちをだますなんてことするとは思わないわ」と言っていて，近所で臨時の仕事をすることは心配でないということで意見が一致している。したがって，③が正解。

32 　④

【全訳】
ダン：ボランティアの仕事でお金をもらってもいいのかい？　お年寄りのためには心からの親切で働くべきじゃないかな？　人々を助けることそのものがほうびだと思うよ。

カナ：最初から，慈善活動のためのお金を集めていると，私たちの目的をはっきり説明したら，人々は喜んで協力してくれると思うわ。それに，一時間あたり5千円を請求するわけじゃないのよ。一時間500円を提案したらどうかしら？　どこかの会社にその仕事をやってもらうように頼むよりはずっと手頃な額だわ。

マヤ：税金はまったく払わなくていいのかしら？　お役所に見つかったらどうなるかしら？

ジェナ：私たち，どんな法律も犯していないと思うわ。ともかく，アメリカではそんな風でうまくいくわ。ただ，念のために，市の税務署の誰かに尋ねてみましょう。

アキラ：そうだね，いろいろと素敵なアイデアを出してくれてありがとう。これで

— 505 —

かなり前に進んだと思うよ。今日なされた提案に従えば，僕たちが次にやるべきことは，④地元の地域の役に立つ計画を考え出すことだ。そうだろ？

ジェナ：よさそうね。

【語句】

- reward「ほうび」
- charge「請求する」
- Why don't we ～?「～してはどうか？」
- reasonable「(金額が)手頃な」
- break「(法律)を犯す」
- That's the way SV ...「…はそんな風だ」
- to be on the safe side「念のために」

［例］ We'd better think of a next best plan, just **to be on the safe side**.
念のために，次善の策を考えておいた方がいい。

- it looks like SV ...「…のようだ」

【解説】

① お互いに対してまったく正直でいようと考える
② 賃金の高いアルバイトを探す
③ 役に立つサービスを無料で近所の人に提供する
④ 地元の地域の役に立つ計画を考え出す

　ダンが「ボランティアの仕事でお金をもらってもいいのかい？」と尋ねるのに対して，カナは「最初から，慈善活動のためのお金を集めていると，私たちの目的をはっきり説明したら，人々は喜んで協力してくれると思うわ」と答え，マヤは「税金はまったく払わなくていいのかしら？」と税金のことを問題にしているが，それに対してジェナは「念のために，市の税務署の誰かに尋ねてみましょう」と答えており，全体として，臨時の仕事を始める方向に話がまとまっているので，この先は「地元の地域の役に立つ計画を考え出す」ことが必要になると考えられる。したがって，④が正解。

第４問　図表・広告問題

A　図表問題

【全訳】

　スポーツのコーチや選手は，成果を高めるためには訓練プログラムをどのように計画すればよいかに興味がある。練習の順番は，練習量を増やさないで，学習の結果を向上させる可能性がある。様々な訓練スケジュールが，物を投げたときの成果にどのように影響を及ぼすかを調べるために，ある研究が行われた。

— 506 —

この研究では，床に置かれた的に向かって小学生がテニスボールを投げた。彼らは的から3，4，5メートルという距離の3つの投球位置からボールを投げた。的は中心（幅が20センチ）と，それより大きな9個の外輪からなっていた。それらは投球の正確さを示す区域としての役割を果たした。もしボールが的の中心に落ちれば，100ポイントが与えられた。もしボールが外の区域の1つに落ちた場合は，その位置にしたがって90，80，70，60，50，40，30，20，あるいは10ポイントが記録された。ボールが的の外に落ちた場合は，ポイントは与えられなかった。ボールが2つの区域を分割する線の上に落ちた場合は，より高い方の点が与えられた。

生徒は「ブロック」，「ランダム」，「コンバイン」の3つの練習グループの1つに割り当てられた。全ての生徒が上手投げの動きを使って，ボールで的の中心に当てようとするよう指示された。この研究の1日目には，1人1人が全部で81回の練習投球を終えた。ブロックグループの生徒は，3つの投球位置の1つから27回投げ，次の位置から27回投げ，最後の位置から27回投げて練習を終えた。ランダムグループでは，1人1人の生徒は研究者が決めておいた投球位置の順に81回ボールを投げた。このグループは，同じ位置から続けて2回より多く投げることは許されなかった。コンバイングループでは，生徒はブロックグループのスケジュールから始めて，徐々にランダムグループのスケジュールへと移った。次の日には，全ての生徒が12回投げる成果テストを終えた。

その結果は，81回の投球練習の間，ブロックグループは他の2つのグループよりも悪い成績だった。成果テストの点数もまた分析された。コンバイングループは3つのグループの中で一番良い成績で，次にランダムグループ，その次にブロックグループが続いた。大人の場合，ボウリング，野球，バスケットボールで見られるような，他の投球行為の訓練プログラムでも，同じような結果が得られるかどうかはまだ分からない。このことは次の節で扱う。

（出典：エスマイル・サエミ他(2012)*文脈干渉の連続に則った練習：小学校の体育における3つの練習スケジュールの比較*の一部を参考に作成）

【語句】
◆第1段落◆
・be interested in A「Aに興味がある」
・enhance「高める」
・order「順番」
・facilitate「促す／容易にする」
◆第2段落◆
・distance「距離」
・consist of A「Aから成る」
［例］　The committee **consists of** 50 members.
　　　　委員会は50人のメンバーから構成されている。

20

- serve as A「Aの役割を果たす」
- indicate「示す」
- accordingly「それにしたがって」
- separate「分割する／分ける」

◆第3段落◆

- assign A to B「AをBに割り当てる」
  ［例］ More than ten detectives **were assigned to** the investigation.
      10人を超える刑事がその調査に割り当てられた。
- instruct A to-不定詞「Aに〜するよう指示する」
- each「1人1人が／それぞれが」
- followed by A「その後Aが続く」
- in the order of A「Aの順に」
- no more than A「Aより多く〜ない」
- consecutive「連続した」
- shift to A「Aに移る」

◆第4段落◆

- analyze「分析する」
- similar「同じような」
- obtain「得る」
- address「(問題など)を扱う」

【解説】

問1　33　④

この図では，5回投げて得られたスコアの合計はどれだけか？　33

① 200点
② 210点
③ 220点
④ 230点

図では，ボールは50点と30点の区域にそれぞれ1つずつあり，80と70の間，50と40の間，20と10の間にボールがそれぞれ1つずつあるが，第2段落最終文に「ボールが2つの区域を分割する線の上に落ちた場合は，より高い方の点が与えられた」とあるので，それぞれ80点，50点，20点が与えられたことになる。よって，50＋30＋80＋50＋20＝230となる。したがって，④が正解。

問2　34　④

実験について当てはまるものは次の文のどれか？　34

① ブロックグループでは，最初の同じ投球位置から81回ボールが投げられた。
② コンバイニンググループでは，実験の間じゅう的からの距離は変わらなかった。
③ コンバイニンググループでは，同じ位置からの一連の投球には様々な投げ方が含まれていた。

－508－

④　ランダムグループでは，同じ位置から続けて３回以上投げることはルールに反していた。

第３段落第６文「このグループ(＝ランダムグループ)は，同じ位置から続けて２回より多く投げることは許されなかった」より，④が正解。

問3　35　②

結果について当てはまるものは次の文のどれか？　35

①　ブロックグループは，練習と成果テストのどちらにおいても一番良い点をとった。

②　ブロックグループは，成果テストでは３つのグループの中で最も悪い点数であった。

③　成果テストで，コンバイングループはランダムグループより正確さが低かった。

④　ランダムグループは，練習と成果テストのどちらにおいても正確さが一番低かった。

成果テストについては，最終段落第３文に「コンバイングループは３つのグループの中で一番良い成績で，次にランダムグループ，その次にブロックグループが続いた」と述べられているので，②が正解。

問4　36　④

この報告では次に論じられる可能性が最も高いのは何か？　36

①　下手投げのメンタルイメージ訓練

②　もっと幼い生徒の動きについての観察

③　目を閉じて行う上手投げ

④　様々な種類の投球モーション

最終段落の最後の２文には「大人の場合，ボウリング，野球，バスケットボールで見られるような，他の投球行為の訓練プログラムでも，同じような結果が得られるかどうかはまだ分からない。このことは次の節で扱う」と述べられているので，この後には，いろいろなスポーツにおける様々な投球モーションについて述べられると考えられる。したがって，④が正解。

— 509 —

B 広告問題

【全訳】

グリーンリー　秋のフリーマーケット

ただ今，グリーンリー・スポーツセンター，秋のフリーマーケットへのお申し込みを受け付け中です！　中古または手作りの品物をお持ちください。スペースは限られた数しかなく，お申し込みの順に受け付けますので，今すぐメールでお申し込みください。こちらはペットの持ち込みもできるマーケットですが，ペットを持ち込む予定の方は屋外のスペースにお申し込みください。屋外のスペースでは，追加料金なしで管理者がテントの設営をお手伝いします。品物の搬送が必要な方には，追加料金でトラックをお貸しすることができます。

	10月3日（土） （13：00〜17：00）	10月4日（日） （10：00〜15：00）
屋内スペース （2×2メートル）	8ドル	10ドル
屋外スペース （4×4メートル）	9ドル	11ドル

➤ 屋内スペースでは水道がご利用できます。
➤ 土曜日と日曜日の両方に申し込まれる場合は，それぞれの日に対して2ドルずつの割引があります。

ご注意

1．スペースの場所は管理者が決定します。場所の希望や変更は受け付けできません。
2．開始と終了時間の変更がある場合は，2日前にお知らせします。
3．お申し込みを取り消す場合は，料金全額の80％を払い戻します。
4．ごみはそれぞれの日の最後に分別して，所定のごみ収集箱に捨ててください。
5．火気とガス機器の使用は禁止します。

2020年度　本試験〈解説〉　23

【語句】

- flea market「フリーマーケット／のみの市」中古品などを安価で売るマーケット。
- limited「限られた」
- in order of arrival「申し込み順に／到着順に」
- pet-friendly「ペットに優しい」
- apply for A「Aに申し込む／志願する」

〔例〕　An estimated one hundred people have **applied for** the job.
　　　　その仕事には推定100人の応募があった。

- for no extra charge「追加料金なしで」
- for additional fees「追加料金で」
- discount「割引」
- A in advance「A（期間）前に」
- refund「払い戻す」
- garbage「ごみ」
- prohibit「禁じる」

【解説】

問1　37　①

　　フランは手作りの宝石を両方の日に売るつもりだ。彼女が必要としているのはほんの少しのスペースである。料金はいくらになるか。37

① 　14ドル
② 　16ドル
③ 　18ドル
④ 　20ドル

　　ほんの少しのスペースが必要とあるため，2×2メートルの屋内スペースを借りればよい。2日間では8＋10＝18で，18ドルになるが，表の下に，「土曜日と日曜日の両方に申し込まれる場合は，それぞれの日に対して2ドルずつの割引があります」とあるので，18－（2＋2）＝14となる。したがって，①が正解。

問2　38　①

　　パットは冷蔵庫を含む大きな家財道具をいくつか売りたいので，屋外スペースが必要である。彼女が利用できるのはどのサービスか？　38

① 　テント設営の無料のお手伝い
② 　キャンセルの際の現金による全額払い戻し
③ 　自分のスペースの場所の選択
④ 　無料の大型トラックの貸し出し

　　表の上に，「屋外のスペースでは，追加料金なしで管理者がテントの設営をお手伝いします」と述べられているので，①が正解。

— 511 —

問3　39　②

　マークはハーブ入り石鹸とロウソクを作っている。彼は屋内スペースを選んだ。彼がすることを許されるのは次のうちのどれか？　39

① 水道が使いやすいように流しの近くのスペースを選ぶこと
② 客が石鹸を試してみるために水の入ったボウルを置いておくこと
③ 飼育ケースに入ったペットのハムスターを自分のブースに置いておくこと
④ 客に試供品のロウソクのいくつかに火を点けさせること

　表の下に「屋内スペースでは水道がご利用できます」と述べられているので，②が正解。

問4　40　④

　このフリーマーケットに当てはまるのは次のうちのどれか？　40

① 手作りの物を売ることは禁止である。
② 同じゴミ箱にどんな物を捨ててもよい。
③ 管理者が両方の日に申し込みをする申し込み者を選ぶ。
④ 管理者は予定の変更についての情報を提供する。

　「ご注意」の2に「開始と終了時間の変更がある場合は，2日前にお知らせします」と述べられているので，④が正解。

第5問　長文読解問題（物語）

【全訳】

　数週間前，私が犬をつれて山を歩いていたら，ある予期しない出来事が起こって，私は彼の姿を見失ってしまった。必死に探し回ったが彼を見つけることはできなかった。彼はあまりにも長い間私とともにいたので，それはまるで自分の魂の一部を失ってしまったようだった。

　その日以来ずっと，私には奇妙な感覚があった。それは悲しみを越えた，よく理解できない感覚で，まるで何かが私をその山へと引き戻しているかのようだった。そのため私は機会あるごとに，バックパックをひっつかんで，山が何らかの安心感を与えてくれるかどうかを確かめに出かけた。

　ある晴れた朝，私はその山のふもとに立った。この日は何かが違って感じられた。「どうか私を許して」と私は大きな声で言った。「必ずあなたを見つけ出すわ！」私は深く息を吸い込んで歩き始めたが，この不思議な，引かれるような感覚は強まるばかりだった。自分ではよく知っているはずの道を通って行くと，私はどういうわけか見覚えのない場所に出たことに気づいた。少し気が動転し，足を滑らせて転倒した。するとどこからともなく1人の老人が私の方へ走ってきて，助け起こしてくれた。

　優しく微笑んでいる彼の顔を見て，私は安らぎを感じた。その老人は山の頂上にたどり着く道を探しているのだと言ったので，私たちは一緒に登ることにした。

—512—

間もなく道は再び，見慣れたものに感じられてきた。私たちは私の犬のことを含めて，いろいろなことについて話した。私は老人に，その犬はジャーマンシェパードだったと言った。犬は若いころ，少しのあいだ警察犬として務めていたが，ケガのために辞めなければならなくなった。男性は，自分も少しのあいだ警察官をしていたが辞めたと言って，声を出して笑った。なぜ辞めたかは言わなかった。その後，彼は長いあいだボディーガードをした。彼もまたルーツがドイツだった。私たちはこれらの共通点に笑った。

ふと気がつくと，私たちは広い空き地にたどり着き，休憩をとった。私は男性に自分の犬に何が起こったかを話した。「彼はクマを追い払うために首輪に小さな鈴をつけていたんです。私たちはまさにこの場所に来て，1頭のクマに出会いました。クマは私たちを見返していました。私は彼を抑えているべきでした，というのも彼は危険を感じてクマの後を追いかけていったからです。その後，彼を見つけることはできませんでした。もっと注意すべきだったのです」

私がその話をしていると，男性の表情が変わった。「あなたのせいではありません。あなたの犬はただあなたを危険な目に合わせたくなかっただけですよ」と彼は言った。「きっとトモはあなたにこう言いたいと思います。それに，あきらめないでありがとうとね」

トモは私の犬の名前である。このことは男性に話しただろうか？ 老人の言葉が<u>ある印象を残した。</u>

私が尋ねるより先に，男性は山の頂上に急ぎましょうと言った。数週間前には，私の犬とともにこうするつもりだったのだ。さらに2時間歩くと，私たちは頂上にたどり着いた。私はバックパックを下ろし，私たちは座って素晴らしい眺めに見入った。老人は私を見て言った。「山は本当に神秘的な経験を与えてくれますね」

私は休む場所を探してあたりを見回した。おそらくひどく疲れていたにちがいない，というのはすぐに眠ってしまったからだ。目が覚めると，老人がいなくなっているのに気がついた。私は待ったが，彼は二度と現れなかった。

突然，太陽の光の中で，何かが私の目をとらえた。そちらへ歩いて行くと，バックパックのそばに金属の小さな札が見えた。それは元々私の両親が犬に付けてくれたのと同じ銀の名札だった。そこには「トモ」と書いてあった。

まさにそのとき，後ろで聞きなれた音が聞こえた。それは小さな鈴の鳴る音だった。私は振り向いた。そのとき見たものは，私にさまざまな感情を起こさせた。

しばらくして，山の頂上で，私は古い友達に名札を付け，山の贈り物を傍らに家路を注意深くたどった。私の魂はすっかり完全になったように感じた。

【語句】

◆第1段落◆

- unexpected「予期しない」
- lose sight of A「Aを見失う」

26

［例］　We **lost sight of** the boy in the forest.
　　　　私たちは森の中で少年を見失った。

・be missing「～がない／～を欠いている」

◆第2段落◆

・as if SV ...「まるで…であるかのように」

・see if SV ...「…かどうか確かめる」

［例］　He looked around to **see if** anyone was about.
　　　　彼は近くに誰かいるか確かめようと見回した。

・sense of relief「安心感」

◆第3～4段落◆

・at the foot of A「Aのふもとに」

・take a deep breath「深く息を吸い込む／深呼吸する」

・pull「引かれるような感覚」

・unfamiliar「見慣れない」

・lose *one's* footing「足を滑らせる」

・from out of nowhere「どこからともなく」

・sense of ease「安らぎ／安心感」

◆第5～6段落◆

・including A「Aを含めて」

・serve as A「Aとして務める」

［例］　He **served as** principal of our school for many years.
　　　　彼は長年，わが校の校長を務めた。

・due to A「Aのために／Aのせいで」

・let out a laugh「声を出して笑う」

・roots「(自分・祖先の)ルーツ／故郷」

・collar「首輪」

・scare away A / scare A away「Aを追い払う」

・this very A「まさにこのA」

・should have＋過去分詞「～すべきだった」

◆第7～9段落◆

・fault「(誤りの)責任」

・keep A＋形容詞「Aを～にしておく」

・ring in the air「空気中で鳴る」ここでは「(老人の言葉が)ある印象を残す」という
　意味を表す。

・propose (that) S＋動詞の原形「…することを提案する」

・magnificent「素晴らしい」

・magical「神秘的な」

－514－

2020年度　本試験〈解説〉　27

◆第10〜13段落◆
・look around「見回す」
・pretty＋形容詞[副詞]「かなり〜／とても〜」
・fall asleep「眠る／眠りに落ちる」
・catch *one's* eye「目にとまる」
　［例］　The flier happened to **catch my eye**.
　　　　そのチラシにふと目がとまった。
・originally「元々／最初に」
・*Tomo* it said.「そこには『トモ』と書かれていた」It said *Tomo*. の *Tomo* が強調
　されて前に出されている。
・turn around「振り向く」
・cause A to-不定詞「Aに〜させる」
・rush over A「A（人）に起こる」
・attach A to B「BにAを付ける」
・make *one's* way home「家路をたどる」
・the mountain's gift「山の贈り物」ここでは「私の犬」のこと。

【解説】
問1　41　①
　　筆者が何度も山に戻ったのは，41　からだ。
① 　説明することのできない衝動を感じた
② 　その老人に会うつもりだった
③ 　魔法をかけることができると思っていた
④ 　クマのことについて知りたいと思った
　　第1段落には「筆者が自分の犬を山で見失ってしまったこと」が述べられていて，
第2段落第1，2文には「その日以来ずっと，私には奇妙な感覚があった。それは
悲しみを越えた，よく理解できない感覚で，まるで何かが私をその山へと引き戻し
ているかのようだった」と述べられているので，①が正解。

問2　42　④
　　筆者のもっとも最近の旅で，最初に起こったのは次のうちのどれか？　42
① 　広い空き地に着いた。
② 　山の頂上まで登った。
③ 　クマが走り去るのを見た。
④ 　ある老人に助けられた。
　　第3段落には，筆者が「見覚えのない場所に出て，足を滑らせて転倒したこと」
が述べられているが，その段階の最終文に「するとどこからともなく1人の老人が
私の方へ走ってきて，助け起こしてくれた」と述べられているので，④が正解。

問3　43　④
　　筆者の犬と老人の間のどんな共通点について述べられていたか。　43

— 515 —

① どちらも仕事場でケガをした。

② どちらも最近，家族の親しい友人を失った。

③ どちらも筆者の知り合いであった。

④ どちらも人々を守る助けをするために働いた。

第5段落によると，筆者の犬は「若いころ警察犬をしていたこと」と，老人は「少しのあいだ警察官をしていたこと」が分かるので，④が正解。

問4 | 44 | ②

本文で用いられている，下線を引いた表現 rang in the air に意味が最も近いのは次のうちのどれか？ | 44 |

① 幸せをもたらした

② ある印象を残した

③ 大きな音を立てた

④ 不快に思えた

The old man's comment rang in the air. という文は，言葉通りには「老人の言葉は空中で鳴った」という意味である。その前で，老人が筆者の犬を「トモ」と呼んだことに対して，筆者は，「犬の名前を老人に話しただろうか」，といぶかしんでいるという場面であるため，この文は「老人の言葉がある印象を残した」という意味だと考えられる。したがって，②が正解。

問5 | 45 | ②

最後の山歩きの間に筆者の気持ちはどのように変化したか？ | 45 |

① 落ち込んでいて，その後さらに悲しくなった。

② 決意していて，その後慰められた。

③ 希望に満ちていたが，ホームシックになった。

④ 惨めな気持ちだったが，楽しい気持ちになった。

筆者は山で犬を見失ってしまうが，第3段落第4文で「『必ずあなたを見つけ出すわ！』」と決意を表明する。そして，最後には犬と再会し，最終文では「私の魂はすっかり完全になったように感じた」とあり，慰めを得ていると分かる。したがって，②が正解。

第6問　長文読解問題（論説文）

【全訳】

(1) 自販機は日本では非常にありふれたものなので，ほとんどどこへ行っても見つかる。これらの機械の中には列車の切符や食事券を売るものもあれば，お菓子や飲み物を売るものもある。自販機は何かを素早く便利に手に入れたい人々に特に役に立つ。

(2) 今では自販機は日本じゅうで見つかるが，元々は日本で開発されたものではない。最初の自販機はおよそ2,200年前に，ギリシャ人の数学の教師によって作られ

たと一般には信じられている。この機械は礼拝堂のお祈りで使われる特別な水を売っていた。この水を買いたい人々が硬貨を入れると，硬貨は紐に取り付けられた金属のレバーに当たる。そして，硬貨の重さによってある特定の量の水が，硬貨が下に落ちるまで流れ出た。これによって，人々は必ず，等しい一人分の量の特別な水を受け取ることができた。

(3)　およそ1,000年前には，鉛筆を売る自販機が中国で開発された。その後，1700年代には，コイン式のタバコ販売用ボックスが英国のバーで登場した。人々がこれらのボックスの1つで売られている製品を欲しいときには，硬貨を入れてレバーを回す。すると，製品が落ちてきて，客はそれを拾うというものだった。ところが，自販機が世界中に広まったのは1880年代になってからやっとのことだった。1883年，イギリス人のある発明家がハガキや紙を売る自販機を作った。これが人気を博し，間もなく紙や切手やその他の物を売る自販機が多くの国で現れた。1904年には，日本で自販機が使われるようになった。1926年には技術がすでに進んでいて，値段の異なる製品を売るよう機械を設定することができるようになった。その後，さらに様々な製品が売られるようになった。このことが起きたとき，自販機産業は急速に拡大したのだ。

(4)　拡大するなかで世界の自販機産業が直面した最大の問題は硬貨の使用ではなく，紙幣だった。これは難題であった，というのは不正を働く人が機械をだますことのできるお金を作ることは簡単だと分かったからだ。これによって，自販機産業はより優れた発見方法を確立せざるを得なくなり，またこれが，偽造することの難しいお金を諸国が開発するための措置をとる1つの理由となった。今では，自販機は技術的に進歩しており，現金の問題を防止できるだけではなく，またクレジットカードやもっと最近の電子決済方法にも対応できるようになった。

(5)　自販機が一番広まったのは日本においてである。現在，日本には420万台を超える自販機があり，そのおよそ55％はお茶，コーヒー，ジュースなどの飲み物を売っている。日本が世界でも有数の自販機王国になっている主な理由の1つは，国全体の安全性の高さである。窃盗を防ぐために自販機を監視しなければいけない多くの場所と違って，日本ではほとんどどこにでも自販機を設置することができる。こうした公共での並外れた安全性は，手に入る製品の範囲の広さとともに，驚くべきことだと訪問者に考えられている。観光客はしばしば，バナナ，生卵，袋入りの米など思いもよらない製品を売る機械の写真を撮る。訪問者が自販機を日本文化特有の1つの側面だと考えるのはうなずけることである。

(6)　自販機の人気と有用性を考えると，近い将来のいつかそれらが消えるなどとは考えられない。自販機は，店員を必要としないで様々な商品を売ることができる場所を提供する。今度，寒い日に温かい飲み物を買いたいと思ったときには，少なくとも日本では，おそらくすぐ近くに自販機があることを思い出すがよい。

30

【語句】

◆第1段落◆

- vending machine「自販機／自動販売機」
- so＋形容詞［副詞］＋that SV ...「非常に～なので…」
- especially「特に」

◆第2段落◆

- It is believed that SV ...「…だと信じられている」
- construct「作る」
- prayer「祈り」
- A attached to B「Bに取り付けられたA」
- pour out「流れ出す」
- ensure that SV ...「…を確実にする」

［例］ Please **ensure that** all the doors are locked before you leave the room.
部屋を出る前に，必ず全てのドアに施錠をしてください。

- a portion of A「一人分のA」

◆第3段落◆

- insert「入れる」
- it is not until ～ that SV ...「…するのは～になってやっとのことである」

［例］ **It was not until** 11 p.m. **that** the boy came back home.
少年が帰宅したのは午後11時になってやっとのことだった。

- inventor「発明家」
- come into service「使われるようになる」
- advance「（技術などが）進む」
- a wide variety of A「様々なA」

◆第4段落◆

- challenge「難題」
- prove＋形容詞「～だとわかる」
- fool「だます」
- force A to-不定詞「Aが～せざるを得なくする」

［例］ He **was forced to act** against his will.
彼は自分の意志に逆らって行動させられた。

- detection「発見／検知」
- take a step to-不定詞「～するための措置をとる」
- counterfeit「偽造する」
- not only A but also B「AだけではなくBもまた」

◆第5段落◆

- with A ～ing「Aが～していて」　付帯状況。
- beverage「飲み物」

— 518 —

2020年度　本試験〈解説〉　31

- capital of A「Aの中心地」
- theft「窃盗／盗み」
- virtually「ほとんど／事実上」
- extraordinary「並外れた／異常な」
- available「手に入る」
- see A as B「AをBとみなす」

◆第6段落◆
- given A「Aを考えると／考慮に入れると」
  ［例］　**Given** his inexperience, he has done well.
  　　　　彼が未経験であることを考えると，彼はよくやった。
- the next time SV ...「今度…するときには」
- at least「少なくとも」
- just around the corner「すぐ近くに」

【解説】

A

問1　46　①
　　第2段落によると，最初の自販機ができたことは何だったか？　46
① 人々がある決まった量の液体を手に入れることができるようにすること
② 古代ギリシャの数学の原理についての書物を提供すること
③ 訪問者が祈りたいときに礼拝堂に入ることができるようにすること
④ 自販機を作った人に決まった収入を提供すること
　　最初の自販機については，第3文「この機械は礼拝堂のお祈りで使われる特別な水を売っていた」と述べられているので，①が正解。

問2　47　③
　　第3段落によると，自販機についての次のどの文が正しいか？　47
① イギリス人発明家の自販機は商品を様々な値段で売っていた。
② 価値の高い硬貨が現れたときに，自販機による売上が増加した。
③ 自販機の技術は何世紀も前のアジアに見つけられた。
④ 18世紀までに自販機は世界でありふれたものになっていた。
　　第1文「およそ1,000年前には，鉛筆を売る自販機が中国で開発された」より，③が正解。

問3　48　②
　　第4段落の下線を引いた語 <u>counterfeit</u> の意味に最も近いものは次のうちのどれか？　48
① 違法の小切手を受け付ける
② 認可されていない偽物を作る
③ 無認可の技術を制限する

—519—

④　不必要な援助を取り消す

　下線部の単語を含む文は「またこれが，counterfeit の難しいお金を諸国が開発するための措置をとる１つの理由となった」という文だが，その前には，「にせの紙幣を作って自販機をだますことが簡単だと分かった」ということが述べられているので，counterfeit とは「（お金を）偽造する／偽物を作る」という意味だと分かる。したがって，②が正解。

問4　49　④

　第５段落によると，日本の自販機に当てはまるのはどれか？　49

①　外国の観光客は自販機で物を買うのにちゅうちょする。

②　自販機の４分の３以上が様々な飲み物を売っている。

③　自販機で売られているきわめて安全な製品が客を魅了する。

④　商品の多様性によって自販機は世界でも独特のものとなっている。

　最後の２文に「観光客はしばしば，バナナ，生卵，袋入りの米など思いもよらない製品を売る機械の写真を撮る。訪問者が自販機を日本文化特有の１つの側面だと考えるのはうなずけることである」と述べられているので，④が正解。

問5　50　②

　この文章に最も適切なタイトルは何か？　50

①　日本社会における自販機の文化的な利点

②　歴史的観点から見た自販機の発展

③　国際的比較による自販機の経済的影響

④　現代の技術による自販機の国際化

　この文章は，「最初の自販機がいつ，どこで作られ，それがどのような商品を売るものであったか」から始まり，「偽札の使用に対する対策」，そして，「現在，世界の中でも特に日本で自販機が最も人気があること」について述べられている。したがって，②が正解。

B

51 ② 52 ④ 53 ③ 54 ①

段落	内容
(1)	導入
(2)	51　②
(3)	52　④
(4)	53　③
(5)	54　①
(6)	結論

①　自販機がある1つの国で広く普及することを可能にしているある要因
②　1つの自販機の発明と，その機械がどのように使われていたかについての記述
③　異なる形態のお金が導入された後の，自販機を作ることの難しさ
④　過去の様々な場所で売られていた自販機商品の種類

　第2段落は「最初の自販機が礼拝堂の祈りのための水を売るものであったこと」について述べており，これは②「1つの自販機の発明と，その機械がどのように使われていたかについての記述」に相当する。第3段落は「中国，イギリス，日本で自販機が使われていたことと，それが扱っていた商品」について述べており，これは④「過去の様々な場所で売られていた自販機商品の種類」に相当する。第4段落は「偽造紙幣や，クレジットカード，電子決済への自販機の対応」について述べており，これは③「異なる形態のお金が導入された後の，自販機を作ることの難しさ」に相当する。第5段落は「並外れた安全性のために日本では多くの自販機が設置されていること」について述べており，これは①「自販機がある1つの国で広く普及することを可能にしているある要因」に相当する。したがって，51 ②，52 ④，53 ③，54 ①が正解である。

MEMO

英　語

（2019年1月実施）

受験者数　537,663

平　均　点　123.30

2019 本試験

英　語

解答・採点基準　　（200点満点）

問題番号(配点)	設問		解答番号	正解	配点	自己採点
第1問 (14)	A	問1	1	②	2	
		問2	2	①	2	
		問3	3	②	2	
	B	問1	4	③	2	
		問2	5	②	2	
		問3	6	②	2	
		問4	7	①	2	
第1問　自己採点小計						
第2問 (47)	A	問1	8	②	2	
		問2	9	③	2	
		問3	10	①	2	
		問4	11	②	2	
		問5	12	④	2	
		問6	13	③	2	
		問7	14	③	2	
		問8	15	②	2	
		問9	16	④	2	
		問10	17	④	2	
	B	問1	18 / 19	② / ⑤	4 *	
		問2	20 / 21	⑥ / ②	4 *	
		問3	22 / 23	② / ⑥	4 *	
	C	問1	24	⑥	5	
		問2	25	②	5	
		問3	26	②	5	
第2問　自己採点小計						

問題番号(配点)	設問		解答番号	正解	配点	自己採点
第3問 (33)	A	問1	27	①	5	
		問2	28	②	5	
		問3	29	④	5	
	B		30	①	6	
			31	③	6	
			32	③	6	
第3問　自己採点小計						
第4問 (40)	A	問1	33	②	5	
		問2	34	④	5	
		問3	35	②	5	
		問4	36	②	5	
	B	問1	37	③	5	
		問2	38	②	5	
		問3	39	②	5	
		問4	40	②	5	
第4問　自己採点小計						
第5問 (30)		問1	41	①	6	
		問2	42	②	6	
		問3	43	①	6	
		問4	44	③	6	
		問5	45	③	6	
第5問　自己採点小計						
第6問 (36)	A	問1	46	②	6	
		問2	47	③	6	
		問3	48	④	6	
		問4	49	①	6	
		問5	50	④	6	
	B		51	①	6 *	
			52	④		
			53	②		
			54	③		
第6問　自己採点小計						
自己採点合計						

（注）　＊は，全部正解の場合のみ点を与える。

2019年度　本試験〈解説〉　3

第1問　発音・アクセント

A　発音

問1　□1□　②
① cough /kɔ́:f/「咳」/f/
② **frighten** /fráɪtn/「驚かす」/φ/
③ laughter /lǽftər/「笑い」/f/
④ tough /tʌ́f/「骨の折れる」/f/
したがって，②が正解。

問2　□2□　①
① **blood** /blʌ́d/「血」/ʌ/
② choose /tʃú:z/「選ぶ」/ú:/
③ mood /mú:d/「気分」/ú:/
④ proof /prú:f/「証拠」/ú:/
したがって，①が正解。

問3　□3□　②
① stone /stóun/「石」/óu/
② **story** /stɔ́:ri/「物語」/ɔ́:/
③ total /tóutl/「全体の」/óu/
④ vote /vóut/「投票」/óu/
したがって，②が正解。

B　アクセント

問1　□4□　③
① agree /əgrí:/「同意する」第2音節
② control /kəntróul/「支配」第2音節
③ **equal** /í:kwəl/「平等な」第1音節
④ refer /rɪfə́:r/「参照する」第2音節
したがって，③が正解。

問2　□5□　②
① approval /əprú:vl/「賛成」第2音節
② **calendar** /kǽləndər/「カレンダー」第1音節
③ remember /rɪmémbər/「思い出す」第2音節
④ successful /səksésfl/「成功した」第2音節
したがって，②が正解。

問3　□6□　②
① character /kérəktər/「性格」第1音節

— 525 —

② **delicious** /dɪlíʃəs/「おいしい」第2音節

③ opposite /ά:pəzɪt/「反対の」第1音節

④ tragedy /trǽdʒədi/「悲劇」第1音節

したがって，②が正解。

問4 <u>7</u> ①

① **architecture** /ά:rkətèktʃər/「建築」第1音節

② biology /baɪά:lədʒi/「生物学」第2音節

③ spectacular /spektǽkjələr/「目を見張るような」第2音節

④ surprisingly /sərpráɪzɪŋli/「驚くほど」第2音節

したがって，①が正解。

第2問 文法・語法空所補充問題・語句整序問題・応答文完成問題

A 文法・語法

問1 <u>8</u> ②

空港行きのバスが明らかに予定より遅れていたので，ケイシーは心配になっていた。

─【ポイント】─────────────

イディオム behind schedule

behind schedule は「予定より遅れて」という意味を表す。on schedule で「予定通りに」，ahead of schedule で「予定より早く」という意味を表す。

［例］ The concert was **behind schedule** and they had to line up for three hours.
コンサートが予定より遅れていたので，彼らは3時間列に並ばなければならなかった。

─────────────────────────

・get worried「心配する」

問2 <u>9</u> ③

もし急いでいるなら，ダブルクイックタクシーを呼んだ方がいいよ。たいていすぐに来るからね。

─【ポイント】─────────────

イディオム in no time

in no time で「すぐに／あっという間に」の意味となる。

［例］ Try these suggestions, and they will have you speak like a native **in no time**.
これらの提案を試してみなさい。そうすれば，あっという間にその国の人と同じくらいに話せるようになるでしょう。

─────────────────────────

── 526 ──

2019年度　本試験〈解説〉　5

問3　10　①

　　もう少しで高価なガラスの花瓶を落としそうになった後，ジェームズは店のその他の物には何も触らないことにした。

【ポイント】

副詞 almost

　副詞の almost は「〜しそうになって／すんでのところで〜／危うく〜するところ／ほとんど〜」という意味を表し，もう少しのところで，ある状態になりそうになったことを表す。

[例1]　I **almost** drowned.
　　　　もう少しで死ぬところだった。

[例2]　I **almost** went to work on my day-off.
　　　　休みの日に仕事に行きそうになった。

【他の選択肢】

②　at most は「せいぜい／多くても」という意味を表す。本問では不可。
③　most は「たいていの」という意味を表す。本問では不可。
④　mostly は「たいていの場合」という意味を表す。本問では不可。

問4　11　②

　　時間切れになろうとしているのだから，我々はすぐにその書類に変更を加えるべきだ。

【ポイント】

イディオム run out of A

　run out of A で「Aを使い果たす／A不足に陥る」という意味を表す。

[例]　My cellphone **ran out of** charge when I was driving.
　　　私は車を運転中に携帯電話の電池を切らした。

問5　12　④

　　その新しいプロジェクトについて，全員の要求を満たすことは不可能だった。

【ポイント】

動詞 meet

　動詞の meet は，基本的意味で「会う」だが，後ろに条件・要求を表す名詞が来るとき「満足させる／応じる」の意味となる。後ろには need(s)「要求／ニーズ」，demand「要求／需要」，requirement「必須要件／前提条件」，criteria「基準／尺度」，standard「基準／標準」などが来る。

[例1]　I'm sorry I cannot **meet** your **demand**.
　　　　残念ながら私は君の要求を満たせません。

[例2]　Airlines must work hard to **meet the needs** of its passengers.
　　　　航空会社は乗客のニーズを満たすために必死に働かなければならない。

— 527 —

6

問6 　13　　③

　　キャンプ旅行に必要とする物全部のリストを書きなさい。そうしないと，いくつ
か物を買い忘れるかもしれないよ。

【ポイント】

副詞 otherwise

　otherwise は接続詞的な副詞で，「そうしないと／そうでなければ」という意味を
持つ。

〔例〕　Keep your word; **otherwise** you'll end up losing your face.

　　　　約束を守りなさい。そうしないと，最後には面目を失うことになりますよ。

【他の選択肢】

①　As a result は「その結果／したがって」という意味を表す。本問では不可。

②　In addition は「さらに」という意味を表す。本問では不可。

④　Therefore は「それゆえに／したがって」という意味を表す。本問では不可。

問7 　14　　③

　　携帯電話のメールは個人間でのコミュニケーションの一般的な手段となった。

【ポイント】

名詞 means

　名詞 means は「手段」という意味を表す。

〔例〕　I hope that this kind of **means** of communication will be expanded in the
　　　future.

　　　　将来この種のコミュニケーション手段が広がることを願います。

・text messaging「携帯電話のメール」

・individual「個人」

問8 　15　　②

　　その映画のまったく驚く結末を見て，私はショックを受けた。

【ポイント】

1．shocked

　shocked は「ショックを受けて／とても驚いて」という意味を表す。

〔例〕　Christine was **shocked** by a sudden loud noise.

　　　　突然の大きな音でクリスティーンはとてもびっくりした。

2．surprising

　surprising は「驚くべき／(人を)驚かせるような」という意味を表す。

〔例〕　What she said was **surprising** to me.

　　　　彼女が言ったことは私には驚くべきことだった。

・completely「まったく／徹底的に」

— 528 —

2019年度　本試験〈解説〉　7

問9 16 ④

この幹線道路が休日に交通量を増すのは避けようがない。

─【ポイント】─

There is no ～ing

　There is no ～ing で「～することはできない」という意味を表す。

［例］　**There is no knowing** who's going to be the next president.

　　　　誰が次の大統領になるかはわからない。

問10 17 ④

警官は目撃者に状況をできるだけ正確に説明するように頼んだ。

─【ポイント】─

1．ask A to-不定詞

　ask A to-不定詞は，「Aに～するよう頼む」という意味になる。

［例］　He **asked** her **to** appear when the meeting was over.

　　　　彼は彼女に会議が終ったとき現われるように頼んだ。

2．as＋形容詞［副詞］＋as possible

　as＋形容詞［副詞］＋as possible で，「できるだけ～」という意味になる。本問では，describe the situation accurately「正確に状況を説明する」の accurately をこの形式にしている。

［例］　We'd better leave this room **as** quickly **as possible**.

　　　　私たちはできるだけ早くこの部屋から出たほうがいい。

・witness「目撃者」

B　語句整序問題

問1 18 ② 19 ⑤

　　ユキオ：新しい入館 ID システムが来月導入されるというのを聞いた？

　　ルーカス：本当に？　僕らもそれは必要？　現行のシステムを変えるのに費用がどれぐらいかかるのかな。

─【正解】─

I wonder how much it will cost to replace the current system.
⑥　　②　　④　③　⑤　　①

─【ポイント】─

1．動詞 cost

　動詞 cost は「費用がかかる」という意味を表す。

［例］　The tour seems to **cost** 100 dollars per person.

　　　　そのツアーは 1 人につき100ドルかかるようだ。

— 529 —

8

２．間接疑問文

　疑問文が他の文の１部(主語や目的語)になった場合，疑問詞＋SV の語順になる。本問の場合，How much will it cost to replace the current system? が how much it will cost to replace the current system となり，目的語となっている。

［例］　I don't know **where she went yesterday**.
　　　　彼女が昨日どこへ行ったのか私は知らない。(疑問文は Where did she go yesterday?)

問２　20　⑥　21　②

　デイビッド：君のイングランド旅行の計画はどんな感じ？
　　　　サキ：最初の数日間はロンドンで過ごして，それからはケンブリッジで残りを過ごすつもりよ。

┌─【正解】─────────────────────
│
│　I'll spend the first few days in London and then be in Cambridge for the rest of
│　　　　　　　　　　　　　　　　　　　　　　　　　　　　　　　　　　 ①　 ⑥　④　③
│
│　my stay.
│　②　⑤
│
└────────────────────────────

┌─【ポイント】───────────────────
│
│**the rest of A**
│
│　the rest of A は，「Aの残り」という意味を表す。なお，その前の for は期間を表す前置詞である。
│
│［例］　I'll remember what you said for **the rest of** my life.
│　　　　あなたの言ったことを一生覚えておきます。
│
└────────────────────────────

問３　22　②　23　⑥

　ジュンコ：私たちが昨夜行ったパーティーはとてもうるさかったね。ずっと大声で話していたから今もまだ喉が痛いわ。
　ロナルド：ああ。あんな混雑した場所ではときどき相手に自分の声が届きにくくなることがあるよ。

┌─【正解】─────────────────────
│
│　It can sometimes be difficult to make yourself heard in such a crowded place.
│　　　　　　　　　　　 ①　　②　 ⑤　④　　⑥　　 ③
│
└────────────────────────────

┌─【ポイント】───────────────────
│
│**１．形式主語構文**
│
│　形式主語の構文は，It is＋形容詞＋to-不定詞の形で，「～することは…」という意味になる。
│
│［例］　**It is** important **to** learn self-defense.
│　　　　護身術を学ぶのは重要です。

— 530 —

2019年度　本試験〈解説〉　9

2．make *oneself* heard

make *oneself* heard で「自分の話[考え]を聞いてもらう／相手に自分の声を届かせる」という意味を表す。

[例]　Saki couldn't **make herself heard** in the discussion.

　　　サキは討論のとき，自分の考えを聞いてもらうことができなかった。

・throat「喉」
・sore「痛い」

C　応答文完成問題

問1　24　⑥

　　博物館ガイド：今月は入館者数が減ったよ。

　　博物館守衛：多分2階の工事のせいだな。

　　博物館ガイド：そう，2階の「エジプトの宝」展はいつもとてもたくさんの人を引き付けたね。

　　博物館守衛：そうだね，一番人気のある場所が閉館の期間は入館者がより少なくても仕方がないな。

┌─【正解】────────────────────────

So, | it can't be helped | | that there are fewer people | | while | the most popular
　　　　　(B)　　　　　　　　　　　　(A)　　　　　　　　　　(B)

area is closed.

└──────────────────────────────

┌─【ポイント】──────────────────────

1．it can't be helped

it can't be helped で「仕方がない」という意味を表す。この場合 help は「避ける」という意味で can't be helped で「避けられない」の意味である。

[例]　**It can't be helped** that I am sleepy during work.

　　　仕事中，眠くてしょうがありません。

2．during と while

during と while はそれぞれ「～の間」という意味を表す。during は前置詞で during A で「Aの間」という意味になり，while は接続詞で while SV ... で「～している間」という意味を表す。

[例]　Norris came up with the better way to solve this problem **during** his stay in Tokyo.

　　　ノリスは東京滞在中にこの問題を解決するためのより良い方法を見つけた。

[例]　There was a call **while** you were taking a bath.

　　　入浴中に電話があったわよ。

└──────────────────────────────

－531－

10

【解法のヒント】

　博物館のガイドと守衛が入館者数の減少について話をしている。いつもは入館者数の多い２階が工事中なので今は少なくても仕方がないという内容のことを述べている場面。空所の直後で，「一番人気のある場所が閉館」と言っているので，空所で「入館者がより少なくても仕方がない」と言ったと推測できる。中列は「少ない」の fewer のある (A)，右列は空所の後が節なので接続詞の (B) が入る。したがって，正解は⑥となる。

問2 ┃25┃　②

　　マサ：昨夜の野球の試合は今シーズン最長だったらしいね。そこに行ってたよね？

　アリス：そうよ。球場で生で見るのは大興奮だったのよ。

　　マサ：終わったのは遅かったんじゃない？　どうやって家まで帰ったの？

　アリス：ええ，本当に遅くなったわ。<u>かろうじて終電に間に合ったの</u>。混んでたけど，何百人という他のファンと一緒に乗るのは楽しかったわ。

┌─【正解】─────────────────────

I was barely able to	catch	the last train.
(A)	(A)	(B)

┌─【ポイント】────────────────────

１．副詞 barely と seldom

　barely は，「かろうじて～する」という意味を表し，seldom「めったに～しない」という意味を表す。

〔例〕　He **barely** escaped disaster.
　　　　彼はかろうじて災難を免れた。

〔例〕　Alice was **seldom** late for work.
　　　　アリスはめったに仕事に遅刻しない。

２．動詞 catch と miss

　動詞 catch と miss は目的語に乗り物がくると，それぞれ「間に合う」と「乗りそこなう」という意味になる。

〔例〕　Brent **caught** the first bus.
　　　　ブレントは始発バスに間に合った。

〔例〕　Alice **missed** the last train.
　　　　アリスは終電に乗りそこねた。

【解法のヒント】

　野球観戦が遅く終わり，遅くなったアリスが帰る交通手段をどうしたのかを決める問題。空所直後の「混んでたけど，何百人という他のファンと一緒に乗るのは楽しかったわ」というアリスの発言から，終電に間に合ったと分かるので，(A)→(A)→(B)だと分かる。したがって，正解は②となる。

— 532 —

2019年度　本試験〈解説〉　11

問3　26　③

テツヤ：今日ジョンを見なかったな。

ブレント：病気で2〜3日仕事を休むそうだよ。

テツヤ：それは気の毒に。彼は今日この後の会議の係じゃなかった？

ブレント：そうだよ。残念ながら来週まで延期せざるを得ないだろうね。彼がいないと，あれらの問題について話すことができないね。

【正解】

I'm afraid	the meeting will have to be put off	until next week.
(A)	(B)	(A)

【ポイント】

1．I'm afraid (that) SV ...

I'm afraid (that) SV ... で「残念ながら…だと思う／〜だと心配だ」という意味を表す。

[例]　**I'm afraid** you are wrong.

残念ながらあなたは間違っている。

2．イディオム put off

put off は「延期する／伸ばす」という意味を表す。本問では受動態になっている。

[例]　The meeting was **put off** till further notice.

追って通知があるまで会合は延期された。

【解法のヒント】

ジョンの姿が見えず戸惑っているテツヤに，ブレントが「病気で2〜3日仕事を休むそうだよ」と言い，それに対してテツヤがジョンは今日の会議の担当だと言っている。これに続けてブレントが会議の延期を心配するのは自然な流れである。したがって，正解は(A)→(B)→(A)の③となる。

第3問　不要文選択問題・意見要約問題

A　不要文選択問題

問1　27　①

【全訳】

米国上空を飛行機で飛んでいると，地上にコンクリート製の巨大な矢印を目にするかもしれない。今日では，これらの矢印は基本的に好奇心を引く場所ではあるけれども，過去には国を端から端まで飛ぶとき，パイロットはそれらの矢印を絶対に必要とした。①矢印はとてもうまくいっているとみなされたので，大西洋に矢印を浮かべることを提案した者さえいた。②パイロットはニューヨークとサンフランシスコ間の飛行の目印として矢印を用いた。③16キロメートルごとに，パイロッ

— 533 —

12

トは山吹色に塗られた21メートルの矢印を通過した。④真ん中の回転灯と両端に1つずつある照明のおかげで，矢印は夜間でも見えた。1940年代から，他のナビゲーション方法が導入されて，矢印は今日ではほとんど使われなくなった。とはいっても，モンタナの山岳地域を飛行するパイロットは，いまだにこの矢印のいくつかに頼っている。

【語句】

- giant arrows made of concrete「コンクリート製の巨大な矢印」made of 以下は直前の arrows を修飾している。
  giant「巨大な」
  arrow「矢印」
  made of A「Aでできた」
- ground「地上／地面」
- nowadays「今日では」
- basically「基本的には」
- curiosity「好奇心」
- in the past「過去には」
- absolutely「絶対に」
- be seen as A「Aとみなす」
- so 〜 that SV ...「とても〜なので…」
- the Atlantic Ocean「大西洋」
- guide「道標／指針」
- bright yellow「山吹色／明るい黄色」
- rotating light「回転灯」
- in the middle「真ん中に」
- visible「目に見える」
- navigation「ナビゲーション／航行」
- method「方法」
- introduce「導入する」
- generally「たいてい／普通」
- mountainous area「山岳地域」
- do still＋動詞の原形「いまだに実際〜する」do は強調の助動詞。
- rely on A「Aに頼る」
  ［例］ Alex can't **rely on** her for help.
  アレックスは彼女の援助に頼れない。

【解法のヒント】

　このパラグラフは「米国上空から見える地上の巨大コンクリート製矢印」について書かれたものである。それは①「太平洋に浮かぶ矢印の提案」，②「パイロットに

— 534 —

とっての矢印」，③「矢印の色や大きさ」，④「矢印の回転灯」が述べられている。矢印がいかにパイロットに役立っているかという文脈に対して，①は別の提案の内容なので，前後の文脈と合わないことになる。したがって，①が正解。

問2　28　②

【全訳】
　都会生活と田舎暮らしでは異なった技能を必要とする。このことは，もちろん人間に当てはまるが，鳥にも当てはまる。ある研究では，科学者たちがカリブ諸島のひとつ，バルバドスの都会地域と田舎の地域で53羽の鳥を捕らえて，様々なテストを行い，彼らを自然環境へ戻し，自分たちの発見を報告した。①都会地域の鳥は田舎の環境の鳥よりも問題解決の仕事で優れていた。②研究者は鳥のグループ間の差を調べるいくつかの実験を用意していた。③都会の鳥は田舎の鳥よりも病気に対する抵抗力があった。④研究者たちは，田舎の鳥と比べたとき，都会の鳥は賢いが弱いだろうと予想していた。賢くもあり強くもあるというのはありえないと思われていた。しかし，都会の鳥は両方持っているようである。

【語句】
・skill「技能」
・be true for A「Aに当てはまる」
［例］　This **is true for** adults.
　　　　このことは大人にも当てはまる。
・human「人間」
・study「研究」
・urban「都会の」
・rural「地方の／田舎の」
・Caribbean islands「カリブ諸島」
・conduct tests「テストを行う」
・release「放す」
・natural surroundings「自然環境」
・finding「発見(したこと)」
・be better at A「Aにより優れている」＜be good at A
・problem-solving「問題解決」
・task「仕事／課題」
・environment「環境」
・researcher「研究者／調査者」
・prepare「用意する」
・experiment「実験」
・resist「抵抗する」
・disease「病気」

14

- expect「予想する」
- in comparison to A「Aと比べると」

[例] **In comparison to** other candidates, she was very good.
　　　　他の候補と比べると，彼女はとても優れていた。

- smart「賢い」
- weak「弱い」
- unlikely「ありえない」

【解法のヒント】
　このパラグラフは「都会の鳥と田舎の鳥」について書かれたものである。それは ①「都会の鳥の問題解決能力」，②「鳥のグループ間の差の実験」，③「都会の鳥の病気に対する抵抗力」，④「都会の鳥は賢いが弱いという予想」が述べられている。全体の流れは，都会の鳥と田舎の鳥の比較なのだが，②だけが「鳥のグループ間の差の実験」についてであるので，前後の文脈と合わないことになる。したがって，②が正解。

問3　29　④
　【全訳】
　チューダー朝(1485-1603)時代の英国の正式なディナーは饗宴と呼ばれた。それは豪華で，自分の富と社会的地位を見せるためにすべてが慎重になされた。①饗宴で起こることはどんなことも，人々が部屋へ歩いて入る順番でさえも社会階級を反映していた。②主賓席があって，最高位の地位の客は王もしくは女王の右側に座った。③金銀の食器も家門の裕福さを強調するために並べられた。④チューダー朝時代に饗宴が行われた様子は様々な映画で豪華に映し出されている。客は支配者より前に食べ始めることは許されず，ひとたび支配者が食べ終えると食べるのをやめなければならなかった。饗宴のすべての側面と同様に，いつ食べることができてまたできないかは厳しく複雑な規則に従っていた。

【語句】
- formal「正式な／公式な」
- the Tudor era「チューダー朝時代」イギリスの王朝
- feast「饗宴」
- magnificent「豪華な」
- in order to-不定詞「～するために」
- wealth「富」
- society「社会」
- whatever happened「起こったことはどんなことでも」
- reflect「反映する」
- social class「社会階級」
- order「順番」

— 536 —

- top table「主賓席」
- ranking「地位の」
- emphasize「強調する」
- ruler「支配者」
- once SV ...「ひとたび…すれば」

［例］　**Once** you make a decision, you should stick to it.
　　　　ひとたび決心したなら，あなたはそれを固守すべきです。

- follow「従う」
- strict「厳しい」
- complicated「複雑な」
- aspect「側面」

【解法のヒント】

　このパラグラフは「チューダー朝時代の饗宴のマナー」について書かれたものである。①「入室の順番」，②「主賓席」，③「食器」，④「映画化されていること」があげられている。④だけが「映画」を問題にしているので，「饗宴のマナー」を述べている前後の文脈と合わないことになる。したがって，④が正解。

B　意見要約問題

30　①

【全訳】

　ショーン：土曜日なのに来てくれてありがとう，みんな。全員が集まって話のできる時間を見つけるのはなかなか難しかった。さて，知っての通り，ギヨ先生は今年で退職されます。在学生と昔の学生たちを代表して，先生に贈り物を手配するのが我々の義務です。パーティーまであまり時間がないので，何としても今日中に最終決定まで到達したいと思っています。何か思いついた？

　アレックス：正確には分からないけど，退職後は多くの先生が退屈するそうだね。僕は絵みたいな物を贈らない方がいいと思う。それだとただ壁に掛けておくだけなので。毎日大いに使うことができる物を買えば，先生が学生たちみんなの感謝の気持ちをもっと頻繁に感じられると思うよ。

　ショーン：ありがとう，アレックス。だから，君は，①彼女がまったく普通に使える物を贈るのがふさわしいと思っているんですね。

【語句】

- thanks for -ing「～してくれてありがとう」

［例］　**Thanks for** inviting me to your party.
　　　　パーティーにお招きいただいてありがとうございます。

- As you know「さて，知っての通り／ご存知の通り」

— 537 —

16

・retire「退職する」

・responsibility「義務／責任」

・arrange「手配する」

・on behalf of A「Aを代表して／Aの代理として」

［例］ I want to say thank you **on behalf of** my husband.

　　　夫に代わってお礼を申し上げたい。

・current「現在の」

・former「昔の／元の」

・final decision「最終決定」

・come up with A「Aを思いつく／考え出す」

［例］ Walter **came up with** a brilliant idea from his own experience.

　　　ウォルターは自分の経験からすばらしいアイディアを思いついた。

・exactly「正確に」

・get bored「退屈する」

・painting「絵画」

・make the most of A「Aを最大限に利用する／思い切り楽しむ」

［例］ You should **make the most of** smartphone.

　　　スマートフォンを最大限に利用すべきだ。

・on a daily basis「毎日」

・appreciation「感謝」

・appropriate「ふさわしい」

【解説】

① 彼女がまったく普通に使える

② 彼女の家をすてきに見せる

③ 退職パーティーで共有する

④ 私たち学生が自分で作った

　アレックスの発話第3文に「毎日大いに使うことができる物を買えば，先生が学生たちみんなの感謝の気持ちをもっと頻繁に感じられると思うよ」とあるので，①が正解。

<u>31</u>　③

┈┈┨【全訳】┠┈┈

アレックス：そう。それがベストだろうと思う。

　トーマス：僕はギヨ先生が退職後に退屈はしないと思う。先生はとても活動的だとみんな知っている。先生はスポーツイベントによく参加するし，外で過ごすのが大好きだ。土曜日と日曜日には，午前にはジョギング，夕方はテニスをしているそうだ。先生が家から出ないことはほとんどなくて，毎日の散歩も雨が降ろうが絶対に欠かさないんだ。

　　　アン：それに，先生は庭いじりも大好きです。私，先生の家の写真を何枚か

— 538 —

　　　　　見たことがあるんです。先生の家には，きれいな庭ととても広いベラ
　　　　　ンダがあるわ。先生はすごくたくさんの種類のお花と野菜を育ててい
　　　　　ます。先生はよく，ベランダでくつろいで，ただ庭を眺めて楽しんで
　　　　　いるんです。
　ショーン：トーマス，アン，どうやら君たち２人とも，ギヨ先生へのプレゼント
　　　　　を買うときは，先生の③余暇を考慮すべきだと思っているのですね。

【語句】
・active「活動的な」
・participate in A「Aに参加する」（＝take part in A）
［例］　She was quite pleased to **participate in** the game.
　　　　彼女はとても喜んでそのゲームに参加しました。
・hardly ever ...「めったに…しない」
［例］　Sally **hardly ever** goes out on Sundays.
　　　　サリーは日曜日にはめったに外出しない。
・massive「巨大な」
・deck「(家の)ベランダ／テラス」
・a great variety of A「すごくたくさんの種類のA」
・vegetables「野菜」
・view「眺め」

【解説】
① 芸術作品
② 庭
③ 余暇
④ 週末

　　トーマスはその第２文以降で「先生はとても活動的だとみんな知っている。先生
はスポーツイベントによく参加するし，外で過ごすのが大好きだ。土曜日と日曜日
には，午前にはジョギング，夕方はテニスをしているそうだ。先生が家から出ない
ことはほとんどなくて，毎日の散歩も雨が降ろうが絶対に欠かさないんだ」と述べ
ているし，アンも第１文で「それに，先生は庭いじりも大好きです」と述べている。
２人に共通するのは，ジョギング，テニス，散歩ができることと，庭いじりができ
ることから「余暇」と推測できるので，③が正解。

32　③

【全訳】
　アン：そのとおりね。だけど，実際の物を思いつくのがちょっと難しいですよ
　　　　ね。
　ミミ：先生が人をもてなすときに使える物を買うのはどうですか？　ギヨ先生
　　　　は料理が大好きで，２～３週間おきに家で小さなパーティーを開いてい

18

　　　　らしいですよ。う〜ん…，台所で使う物は何もいらなそうですよね。
　　　　先生はもうそういう種類の物は十分持っていそう。それにふつう，料理
　　　　好きの人って，その手のものについては自分の好みがありますよね。
サリー：私も賛成です。先生はパーティーのことを私たちに話してくれました。
　　　　よく言っていたのは，パーティーをするといつも，全員が座りたい場合，
　　　　食事のために家の中に入らないといけないということでした。もしかし
　　　　たら，先生がお客さんたちをもてなすときに使えるような物が1番ふさ
　　　　わしいのかもしれないわ。
　　アン：それはすごくいい指摘だと思うわ。先生は引退したら，きっとそういう
　　　　パーティーももっと開くわ。分からないけど，ひょっとすると？　もし
　　　　かすると，私たちを招待さえしてくれるかも！
ショーン：それはいいんじゃない，アン？　さて，みんなの考えをどうもありがと
　　　　う。議論したことを考慮すると，ギヨ先生に関してみんなが言ったこと
　　　　に合っているようなので③屋外用の家具のようなプレゼントがベストだ
　　　　と思います。

【語句】

- entertain「もてなす」
- plenty of A「たくさんのA」
- that kind of A「そういう種類のA」
- stuff「物」
- preference「好み」
- when it comes to A「Aということになると」

　［例］　**When it comes to** invention, you can't beat Tobby.
　　　　発明ということととなると，トビーにはかなわない。

- agree「賛成する」
- mention「述べる」
- I'm sure SV ...「きっと…だと思う」
- Who knows?「何とも言えないが，ことによったら／誰にも分からないよ／
　ひょっとしたら」

　［例］　**Who knows**, this book may become a best seller?
　　　　ひょっとするとこの本はベストセラーになるかもしれない。

- considering ...「…を考慮すると」
- A such as B「（たとえば）BのようなA」
- match「合う／当てはまる」

【解説】

① 　大きな花束
② 　彼女の庭におく像

— 540 —

③　屋外用の家具
④　料理用具一式

　ミミが「先生が人をもてなすときに使える物を買うのはどうですか」と言い，サリーも「もしかしたら，先生がお客さんたちをもてなすときに使えるような物が1番ふさわしいのかもしれないわ」と発言し，アンも賛成している。アレックスの「普通に使えるもの」，トーマスの「余暇を考慮すべき」という意見も含めて，皆が考えているのは「先生がパーティーの招待客をもてなすときに必要なもの」なので，正解は③。

第4問　図表・広告問題

A　図表問題

【全訳】

　芸術は人々がどう生きたかを反映するものなのかもしれない。研究者たちは，芸術がどのように衣服と社会的背景を描き出すかを議論してきた。家族の食事を特徴とした絵画にまでこの考えが拡大しうるかどうかを決定づけるために，ある研究が行われた。この研究の結果は，ある特定の種類の食物がなぜ描かれたのかを説明するのに役だつかもしれない。

　研究者たちは，1500年から2000年までに描かれた140の家族の食事の絵画を調査した。これらの絵画は，アメリカ，フランス，ドイツ，イタリア，オランダの5ヵ国のものであった。研究者たちはそれぞれの絵画を91種の食物の有無について調査し，無いなら0のコードで，有れば1のコードを付けた。たとえば，ある絵の中に1個あるいは複数個のタマネギが現れれば，研究者たちはそれを1というコードで表した。それから，それぞれの食物を含む各国の絵画の割合を計算した。

　表1は，選んだ食物についての絵画の割合を表している。研究者たちはいくつかの発見について議論した。第1に，これらの国々のいくつかの絵画には，研究者たちが予想していた食物が含まれていた。貝類はオランダ絵画において最も一般的であり，このことは国境の半分近くが海に接してしていることから予期されていた。第二に，いくつかの絵画には，研究者たちが予想していた食物が含まれていなかった。アメリカ，フランス，イタリアの絵画には，貝や魚はどちらも12%未満しか現れなかった。これらの国々の大部分が大洋や海に接しているにもかかわらずである。一般的な食物である鶏肉はどの絵画にもほとんど現れなかった。第三に，いくつかの絵画には，研究者たちが予想していなかった食物を含むものがあった。たとえば，ドイツ絵画でいうと，その国土はわずか6%しか海に接していないにもかかわらず，絵画の20%に貝が含まれていた。それにまた，レモンはオランダ絵画の中で最も普通にあったのだが，オランダにレモンは自生していないのである。

— 541 —

表1

特定の食物の絵画に現れる頻度の割合

食品	アメリカ	フランス	ドイツ	イタリア	オランダ
リンゴ	41.67	35.29	25.00	36.00	8.11
パン	29.17	29.41	40.00	40.00	62.16
チーズ	12.50	5.88	5.00	24.00	13.51
鶏肉	0.00	0.00	0.00	4.00	2.70
魚	0.00	11.76	10.00	4.00	13.51
レモン	29.17	20.59	30.00	16.00	51.35
タマネギ	0.00	0.00	5.00	20.00	0.00
貝類	4.17	11.11	20.00	4.00	56.76

　これらの結果をこれまでの研究と比較して，研究者たちは食物を描いた絵画は，必ずしも実生活を描き出すわけではない，という結論を出した。研究者たちはこれについていくつか説明をした。1つの説明は，画家はより広い世界への自分の関心を表現するために食物を描いたのだということである。別の説明では，画家はより難しい食物を描くことによって己の技量を示したかったということである。たとえば，レモンの表面や中身の複雑さは，特にオランダの画家たちの間で，人気があった原因を説明しているのかもしれない。別の解釈もできるので，いろいろな観点から絵画を調査する必要がある。それらは絵画が完成した時代と食物の文化的関連性である。両者の問題は次章以降で取り上げることにする。

(ブライアン・ワンシンク他(2016)*食べ物の絵画は現実を反映しない：大衆絵画における食事の量的内容分析* の一部を参考に作成)

【語句】
◆第1段落◆
　・researcher「研究者／調査者」
　・portray「描き出す」
　・clothing「衣服」
　・determine「決定づける」
　・extend「拡大する」
　・family meal「家族の食事」
　・result「結果」
　・illustrate「(詳しく)説明する」
　・certain「ある特定の」
◆第2段落◆
　・examine「調査する」
　・the Netherlands「オランダ」

・coded「コード化された／符号化された」
・for example「たとえば」
・onion「タマネギ」
・calculate「計算する」
・percentage「割合／パーセント」
・include「含む」

◆第3段落◆
・table「表」
・selected「選ばれた」
・shellfish「貝（類）」
・common「一般的な／普通の」
・border「国境」
・large portion of A「Aの大部分」
・border「隣接する／接する」
・ocean「大洋」
・even though SV ...「…であるにもかかわらず」
［例］　You reply to me **even though** you're busy.
　　　　あなたは忙しいにもかかわらず，私に返事をくれる。
・grow「育つ」

◆第4段落◆
・compare A with B「AをBと比較する」
［例］　At the last meeting, we **compared** this year's outcome **with** last year's.
　　　　前回のミーティングで，今年の結果と去年の結果を比較しました。
・previous「以前の」
・conclude「結論を出す」
・not necessarily ...「必ずしも…ではない」
・explanation「説明」
・challenging「難しい／骨の折れる」
・complexity「複雑さ」
・surface「表面」
・interior「内部」
・popularity「人気」
・interpretation「解釈」
・perspective「観点」
・complete「完成させる」
・association「関連性」
・issue「問題」
・take up「取り上げる」

・the following section「次章／以下の章」

【解説】

問1　33　②

　この研究での「リンゴ」のカテゴリーでは，完全なリンゴ2個と半分にカットされたリンゴが1個描かれた1つの絵画は　33　と分類される。

① 　0
② 　1
③ 　2
④ 　3

　第2段落第3～4文に「研究者たちはそれぞれの絵画を91種の食物の有無について調査し，無いなら0のコードで，有れば1のコードを付けた。たとえば，ある絵の中に1個あるいは複数個のタマネギが現れれば，研究者たちはそれを1というコードで表した」とある。したがって，②が正解。

問2　34　④

　表1によれば，絵画は　34　。

① 　フランスはドイツ絵画よりもリンゴを含む割合が低かった
② 　フランスはオランダ絵画よりもチーズを含む割合が高かった
③ 　イタリアはアメリカ絵画よりもパンを含む割合が低かった
④ 　イタリアはドイツ絵画よりもタマネギを含む割合が高かった

　表を見ると，①は，フランス(35.29)はドイツ(25.00)よりもリンゴを含む割合が高いので不可。②は，フランス(5.88)はオランダ(13.51)よりもチーズを含む割合が低いので，不可。③は，イタリア(40.00)はアメリカ(29.17)よりもパンを含む割合が高いので不可。④は，イタリア(20.00)はドイツ(5.00)よりもタマネギを含む割合が高いので正解。

問3　35　②

　本文と表1によれば，　35　。

① 　アメリカ人はよく鶏肉を食べたので，アメリカ絵画の中には鶏肉が頻繁に現れた
② 　イタリアの大部分は海に接しているが，イタリア絵画の10分の1未満にしか魚は現れなかった
③ 　オランダが原産なので，レモンはオランダ絵画の半分以上に現れた
④ 　貝類が5ヵ国それぞれの絵画の半分に登場したのは，それらの国が海に接しているからである

　第3段落第6文に「アメリカ，フランス，イタリアの絵画には，貝や魚はどちらも12%未満しか現れなかった。これらの国々の大部分が大洋や海に接しているにもかかわらずである」とあり，表1の魚の項目を見ると，イタリア絵画では，4.00で10分の1未満なので，正解は②。

— 544 —

問4 36 ③

本文によると，これらの絵画の中の食物は 36 可能性がある。

① 描いた画家の歴史に対する知識を示している
② 画家が自国にとどまりたいという願望を表している
③ **描いた画家の芸術的技量と能力を示している**
④ 描いた画家の地元の食物への愛情を反映している

最終段落第4文に「別の説明では，画家はより難しい食物を描くことによって己の技量を示したかったということである」とある。したがって，正解は③。

24

B 広告問題

【全訳】

グランドルフォークの城

クレストヴェイル城

この13世紀の城址は，グランドルフォーク北方国境を守るために作られたものですが，現在，研究者によって調査中です。公開期間中，日曜日を除き，ガイドが地元の歴史について，何が調査で明らかになっているのか，説明をします。

ホルムステッド城

ホルムステッド城は，南側の国境付近を守るために12世紀に作られましたが，16世紀には廃墟と化しました。入口にある看板に歴史の説明があります。この城の広場はパフォーマンスをするのに適しています。

キングズ城

11世紀に遡るキングズ城は国でも最も壮大な城の一つです。城の膨大な絵画や家具のコレクションがその地域の過去の様子をうかがわせます。ガイドは毎日ご利用可能です。

ローズブッシュ城

城と呼ばれていますが，この完全な状態で保存されている15世紀の建物は，純粋にある家族の自宅として建設されたものです。月曜から金曜まで，ガイドはその家族の歴史を語り，彼らの近代彫刻のコレクションを説明します。部屋のいくつかは，公的なイベントにご利用可能です。

	開城時間		一日料金	
	月	時間	大人	子供 (5－16歳)*
クレストヴェイル城	4月－10月	10：00－16：00	3ユーロ	1ユーロ
ホルムステッド城	4月－9月	10：00－17：00	5ユーロ	2ユーロ
キングズ城	4月－11月	10：00－18：00	7ユーロ	3ユーロ
ローズブッシュ城	4月－7月	9：00－12：00	10ユーロ	5ユーロ

＊5歳未満の子供は入場無料です。

2019年度　本試験〈解説〉　25

【語句】

- castle「城」
- ruined「荒れ果てた／荒廃した」
- defend「守る」
- except「除いて」
- research「調査」
- reveal「明らかにする」
- protect「守る」
- fall into A「A（の状態）になる」
- signboard「看板」
- open space「広場／オープンスペース」
- date back to A「〔起源などが〕Aに遡る」

［例］　The origins of Saint Valentine's Day are obscure, but the practice of sending a gift to one's sweetheart **dates back to** the England of the mid 1400s.
　　　聖バレンタインデーの起源は曖昧だが，恋人に贈り物をする習慣は1400年代中頃のイングランドに遡る。

- grandest＜grand「壮大な」
- furniture「家具」
- available「利用できる／手に入る」
- preserve「保存する」
- construct「建設する」
- family home「家族の自宅」
- sculpture「彫刻」
- free of charge「無料で」

【解説】

問1　37　③

　　4つすべての城の共通の特徴は何か？　37

① 損傷の度合い
② 絵画と武器の展示
③ **500年以上の歴史**
④ 建設の目的

　各城の説明の中で，城の建設時期がそれぞれ，13世紀，12世紀，11世紀，15世紀とあるので，21世紀の現在から500年以上の歴史となるので，正解は③。①の「損傷の度合い」は，クレストヴェイル城は ruined（荒廃した）状態。ところが，ローズブッシュ城は perfectly preserved（完全に保存された）状態なので，不可。②の「絵画と武器の展示」は，キングズ城には「絵画」についての記述があるのみ，ローズブッシュ城は「彫刻」の記述のみ。「武器」については4つとも記述がないので，不可。④の「建設の目的」は，敵からの防衛がほとんどの城の目的だが，ローズブッ

— 547 —

シュ城は「ある家族の自宅」として建てられているので，不可。

問2　38　②

グランドルフォーク大学の3人のギタークラブのメンバーが4月のある午後にコンサートを催したいと思っている。どの城が最も選ばれそうか？　38

① 　クレストヴェイル城

② 　ホルムステッド城

③ 　キングズ城

④ 　ローズブッシュ城

ホルムステッド城の説明に，「この城の広場はパフォーマンスをするのに適しています」とあるので，②が正解。

問3　39　②

ある学校の先生たちが5月のある土曜日にグランドルフォークに生徒を連れていきたいと思っている。その目的は，城を訪れ，城のスタッフから説明を聞いて，その地域の歴史の知識を生徒に広げてほしいということである。先生が最も選びそうなものはどの2つの城か？　39

① 　クレストヴェイル城とホルムステッド城

② 　クレストヴェイル城とキングズ城

③ 　ローズブッシュ城とホルムステッド城

④ 　ローズブッシュ城とキングズ城

それぞれの城の説明から，ガイドがいるのはクレストヴェイル城とローズブッシュ城とキングズ城の3つ。しかし，ローズブッシュ城のガイドは「月曜から金曜まで，ガイドはその家族の歴史を語り，彼らの近代彫刻のコレクションを説明します」とあり，土曜日はいない。したがって，クレストヴェイル城とキングズ城の②が正解となる。

問4　40　②

母親，父親，2人の子供（4歳と8歳）が，9月のある日にグランドルフォークの城の1つを訪れて，美術品を見たいと思っている。いくらになるか？　40

① 　14ユーロ　　　　② 　17ユーロ　　　　③ 　20ユーロ　　　　④ 　25ユーロ

城の説明から，「美術品」があるのは，キングズ城とローズブッシュ城だと分かる。それぞれ，「絵画と家具」，「近代彫刻」がある。表からローズブッシュ城は4月から7月までしか開いていないので，訪れるのはキングズ城だと分かる。表の入場料の項目を見て，大人1人は7ユーロ。父親，母親の大人2人なので14ユーロ。子供（5-16歳）は3ユーロ。8歳の子供なので3ユーロ。4歳の子供は表の下に5歳未満は無料とある。合計すると14ユーロ＋3ユーロ＝17ユーロ。したがって，正解は②。

第5問　長文読解問題（物語）

【全訳】

「クリスティーン，庭に来て手伝ってくれ。今日は種を全部植えたいんだ」父は私に呼びかけていた。「忙しいのよ」と私は言った。父は庭が大好きだが，私には，その頃はなぜ土いじりが父をそれほどまでに興奮させるのか分からなかった。

4月末までに，彼の植物はきちんと列になって出てきて，それぞれの列に野菜の名前を書いた木の杭をつけた。残念なことに，5月上旬に，父は事故で重傷を負った。彼は約2ヶ月間入院していたが，その間，よく自分の庭について私に尋ねた。彼は帰宅してもしばらくの間ベッドにいなければならなかった。母は数回出張があったので，庭の世話はできなかった。私は父を心配させたくなかったので，頼まれもしないのに，父が回復するまで，庭の世話をするつもりだと言った。その小さな植物は，水さえあれば成長し続けるだろうと私は思っていて，運よく雨がかなりよく降ったので庭のことはあまり考えなかった。

7月のある土曜日の朝，父は私に「クリスティーン，野菜はもう摘んでもいいはずだと思う。今日はサラダを食べよう！」と言った。私はボウルを取って庭へ出た。リーフレタスを見ると葉の多くが半分食べられていると分かりあわてた。葉の上一面に何百という虫がいた！　私はそれらを取り除こうとしたが，あまりにもたくさんいすぎた。次にニンジンを見たが，それらも大丈夫そうには見えなかった。1本のニンジンを引き抜いたが，それはとても小さくて，何かがそれを少しかじったようだった。

私は一瞬，パニックになったが，その時ある良い考えを思いついた。財布を手にして静かにドアを出て，野菜を買うために最も近い店へ自転車に乗って行った。帰宅して父にサラダを作ろうと野菜をカットした。

父にサラダを渡したとき，「おや，クリスティーン，なんて素晴らしいサラダだ！ニンジンがもうこんなに大きくなっているなんて信じられない。レタスはとてもシャキシャキしておいしい。庭の世話をとても熱心にしていてくれているにちがいない」と父は言った。父は嬉しそうに見えたが，私は少し後ろめたい気持ちになった。

私が台所へ戻って片付けをしていたとき，母が直近の出張から帰ってきた。彼女はスーパーの袋を見た。彼女が私を見たとき私は恥ずかしかった。それで，「パパがサラダを欲しがったんだけど，庭はひどい状態だったの。彼をがっかりさせたくなかったので，店へ行ったんだ」と告白した。彼女は笑ったが，庭で私を手伝う暇を作ることを約束してくれて，次の数週間一生懸命私たちは働いた。私たちはみじん切りの新鮮な唐辛子と水を混ぜたものを作って野菜にスプレーした。スプレーは人間や動物，あるいは虫にさえ有害ではないので，私はこれは素晴らしい考えだと思った。虫は香辛料の入った水を絶対に好まない。<u>虫のいない野菜は急速に育ち</u>，ついに私はいくつか野菜を摘むことができた。

私は慎重にサラダを作って，それを父のところに持って行った。彼は少し微笑みながらそれを見た。「クリスティーン，このサラダの中ではニンジンは前のより小さいけど，美味い」私が買い物に出かけたことについて彼がすべてずっと知っていたことに気づいた。私は彼に微笑みを返した。

　今では，何かを世話することに多大な努力をすることは，その結果がいかに小さなことであっても，その結果をより感謝する助けになることが，私にはよく分かる。多分これが父がガーデニングを愛する理由の1つだった。

　数日後に，彼は庭に戻る。私は彼のそばにいて，できる限り彼を手伝うつもりだ。

【語句】
◆第1段落◆
・plant「植える」
・seed「種」
・at that time「その頃」
・dirt「土」
◆第2段落◆
・by the end of A「A末までに」
・come up「出てくる／現れる」
・neat「きちんとした」
・row「(横の)列」cf. line
・wooden stake「木の杭」
・unfortunately「残念なことに／あいにくなことに」
・seriously injured「重傷を負って」
・accident「事故」
・hospital「病院」
・for a while「少しの間」
・business trip「出張」
・take care of A「Aの世話をする」
・worry「心配する」
・recover「回復する」
・assume that SV ...「…だと思い込む」
・as long as SV ...「…さえすれば／…であるならば」
［例］　**As long as** I don't forget my credit card, I'll be O.K.
　　　　クレジットカードさえ忘れなければ何とかなる。
・fairy「かなり」
◆第3～5段落◆
・be about ready to-不定詞「もう～する用意ができている」
・pick「摘む」

・bowl「ボウル／鉢」

・be upset「あわてる／狼狽する」

[例] He **was** terribly **upset** to hear that.
　　　彼はそれを聞いてひどくうろたえた。

・hundreds of A「何百という A」

・all over A「A 一面に」

・carrot「ニンジン」

・panic「パニックになる」

・for a moment「一瞬」

・wallet「財布」

・crisp「シャキシャキした」

・feel guilty「後ろめたい気持ちになる」

◆第 6 段落◆

・clean up「片づける／きれいにする」

・recent「最近の」

・be embarrassed「恥ずかしい思いををする」

・confess「告白する」

・disaster「ひどい状態／大惨事」

・disappoint「がっかりさせる」

・mixture「混ぜたもの」

・chopped-up「みじん切りの」

・hot pepper「辛い唐辛子」

・spray「吹き付ける」

・harmful「有害な」

・bug-free「虫のいない」A-free で「A がいない／A がない」の意味。

◆第 7 〜 9 段落◆

・a hint of A「少量の A ／少しだけの A」

[例] Can you add **a hint of** brandy to my coffee?
　　　私のコーヒーに少しだけブランデーを入れてくれますか？

・realize「気づく」

・all along「(最初から)ずっと」

・put a lot of effort into A「A に多大な努力をする」

・care for A「A の世話をする」

・appreciate「感謝する／正しく理解する」

・however ＋形容詞[副詞] SV ...「S がどんなに〜でも」

・in any way「どんな形でも」

【解説】

問 1　41　①

クリスティーンは当初，　41　ので，ガーデニングをやると言った。

① ガーデニングが父親には重要だと知っていた
② ガーデニングのスキルを向上させたいと思っていた
③ 父親にガーデニングをするように頼まれた
④ 野菜栽培に興味があった

第1段落最終文に「父は庭が大好きだが，私には，その頃はなぜ土いじりが父をそれほどまで興奮させるのか分からなかった」とあり，第2段落第6文に「私は父を心配させたくなかったので…庭の世話をするつもりだと言った」とある。したがって，①が正解。②，③，④は本文に記述はない。

問2　42　②

以下のどれが庭の問題だったのか？　42

① 動物がよく庭で穴を掘った。
② 虫がレタスとニンジンを食べた。
③ 植物にあまりに多く水が与えられた。
④ 野菜は誤った印を付けられた。

第3段落は筆者のクリスティーンが父親の頼みでサラダを作ろうと庭の野菜を摘もうとする段落である。第3〜7文に「リーフレタスを見ると葉の多くが半分食べられていると分かりあわてた。葉の上一面に何百という虫がいた！　私はそれらを取り除こうとしたが，あまりにもたくさんいすぎた。次にニンジンを見たが，それらも大丈夫そうには見えなかった。1本のニンジンを引き抜いたが，それはとても小さくて，何かがそれを少しかじったようだった」とあり，庭の野菜が虫にやられている状況を述べている。したがって，②が正解。

問3　43　①

　43　ので，クリスティーンは店で買った野菜でサラダをひそかに作ることができた。

① 彼女の父親は庭の進み具合を見ることができなかった
② その時，彼女の父親は入院していた
③ 彼女の母親はクリスティーンが野菜を買うのを助けた
④ 彼女の母親はクリスティーンがスプレーを作るのを手伝った

第4段落の状況は，退院して家で療養している父親にサラダ作りを頼まれ庭で野菜を取ろうと思ったら，虫食いでパニックになり，店で食材を買ってサラダをあわてて作るというところである。第4段落第2〜3文に「財布を手にして静かにドアを出て，野菜を買うために最も近い店へ自転車に乗って行った。帰宅して父にサラダを作ろうと野菜をカットした」とあるので，①が正解。

問4　44　③

以下のどれが下線部の bug-free という語に意味的に最も近いか？　44

① 虫はすべて殺された。
② 虫は好きなことをすることができる。

— 552 —

③　虫は一匹も見つからない。

④　虫にはお金がかからない。

　　下線部のある第6段落最終文と直前の文に「虫は香辛料の入った水を絶対に好まない。bug-free の野菜は急速に育ち，ついに私はいくつか野菜を摘むことができた」とある。第3・4段落の虫でパニックになった状況を考えると，虫がいないことだと分かるはず。また，duty-free「関税なしの／免税の」からも推測できる。③が正解。

問5　　45　　③

　　クリスティーンはガーデニングの経験から何を学んだか？　　45

①　常にまさかの時にそなえなさい。

②　虫でがっかりするな。

③　つらい仕事は報われる。

④　1人で働くことが結果を生む。

　　第8段落で「今では，何かを世話することに多大な努力をすることは，その結果がいかに小さなことであっても，その結果をより感謝する助けになることが，私にはよく分かる。多分これが父がガーデニングを愛する理由の1つだった」とあるので，③が正解。

第6問　長文読解問題（論説文）

【全訳】

(1)　森の中の小川の脇の静かな小道から町を走る賑やかな道路にいたるまで，人々はいろいろな場所にさまざまな形のルートを作ってきた。これらは現在でも私たちの周りのいたる所に存在しており，その利用は社会にとって不可欠である。これらのルートのおかげで，人々は移動したり，物を運搬したり，情報を送ったりすることが素早く安全にある場所から別の場所へすることができる。歴史を通して，それらは私たちの日常生活において重要だった。

(2)　初期のルートは陸で自然にできることが多かった。それらは人々が徒歩や馬で移動した長期間にわたって徐々に発達した。歴史的に重要な転換点は，古代で最初の車輪付き荷馬車が登場したときに訪れた。いったんこれが起こると，人々は手入れの行き届いたルートの重要性が分かった。それで，町，都市，そして国中が繁栄するためにルートを改良した。その結果，生活がより便利になり，地域社会が成長し，経済が発展し，文化が広がった。陸のルートの重要性は，特に自動車の出現後に，さらに高まった。

(3)　人々は水上のルートも確立した。河川や運河は，人々が移動し物を運ぶのに効果的なルートとして役立った。たとえば，古い日本の都市の江戸では，水路が農産物，海産物，それと木材の運搬に使われ，都市の生活と経済を支えた。人々はまた海を横断するルートも開いた。風，波，水深，海岸線の地理に基づいて開発

— 553 —

された海路は，特に主として風力で移動した時代には，船舶の航行にとってとても重要だった。これらの海路を使うことで，人々は遠くへ移動し，これまで到達することができなかった場所へ行くことができた。多くの重要な海路が出現し，天然資源，製品，そして考え方のやり取りにつながった。これが，今度は，都市や町の繁栄に役立った。

(4) 人々は続けて空路も開いた。飛行機の発明以来，これらのルートのおかげで，人々は長距離を簡単に移動することができるようになった。風や空気の流れのような条件を考慮することで最善のルートを見つけた。ついに，人々は空高く，安全かつ快適に移動できるようになり，膨大な距離を進むのに短時間しかかからなかった。実際，かつては人々は船で日本からヨーロッパへ行くのに1か月余を要したが，今日では飛行機で1日で移動できる。これらの空路の確立のおかげで，非常に多くの人たちが今では，観光，友人の訪問，ビジネスを行うために世界中を移動する。

(5) 今日，私たちは情報を電子的に交換するのを専門とする新しいタイプのルートであるインターネットを持っている。この世界的なルートを使用することによって，人々はかつては主として，書物や面と向かってのコミュニケーションから入手できた情報を容易に得ることができる。また，一度に多数の人々にメッセージを直ちに送ることもできる。ある研究によると，世界の人口の約半分にあたる35億人以上の人たちが今日ではこの電子ルートにアクセスをしている。科学技術の進歩に伴い，ますます多くの人々がこのルートを利用して情報を集めたり，コミュニケーションをしたりするだろう。

(6) 人が存在する限り，彼らをつなぐルートが存在してきた。これらは人々，物，情報の動きだけでなく，地域社会，経済，文化の発展にも貢献してきた。ルートは人類の発展と繁栄に重要な役割を果たしてきた。現在では未知のルートが将来さらに遠くへ私達を連れて行くことは確実だろう。

【語句】

◆第1段落◆

・path「小道」

・stream「小川」

・forest「森」

・various「様々な」

・route「ルート／道」

・imperative「不可欠な／絶対に必要な／避けられない」

・enable A to-不定詞「Aが～するのを可能にする」

〔例〕 This app **enables** you **to** learn vocabulary easily.
このアプリを使えば語彙が楽に学べる。

・throughout history「歴史を通して」

— 554 —

◆第2段落◆
- gradually「徐々に」
- on foot「徒歩で」
- on horseback「馬に乗って」
- significant「重要な」
- turning point「転換点」
- wheeled「車輪のついた」
- cart「荷馬車」
- in ancient times「古代では」
- well-maintained「手入れの行き届いた」
- therefore「それゆえに／したがって」
- prosper「繁栄する」
- as a result「その結果／したがって」

［例］ **As a result**, the number of comments decreased sharply.
その結果，コメント数が激減した。

- convenient「便利な」
- expand「拡大する」
- appearance「出現」
- automobile「自動車」

◆第3段落◆
- establish「確立する」
- canal「運河」
- serve as A「Aとして役立つ」
- for instance「たとえば」
- transportation「輸送」
- agricultural product「農産物」
- seafood「海産物」
- seaway「海路」
- water depth「水深」
- coastline「海岸線」
- geography「地理」
- critical「（とても）重要な」
- a number of A「多くのA」
- lead to A「Aにつながる」
- exchange「交換」
- natural resources「天然資源」
- in turn「今度は」

- thrive「繁栄する」

◆第4段落◆
- go on to-不定詞「続けて〜する」
  [例] She started as a waitress and **went on to** become a film star.
    彼女はウェイトレスから始めて続けて映画スターにまでなった。
- A as well「Aもまた」
- owing to A「Aのおかげで」
- sightseeing「観光」

◆第5段落◆
- specialize in A「Aを専門とする」
- electronic「電子の」
- information「情報」
- according to A「Aによれば」
- advance「進歩」
- take advantage of A「Aを利用する／生かす／つけこむ」
  [例] We should **take advantage of** global information.
    我々は世界中の情報を利用すべきだ。
- gather「集める」

◆第6段落◆
- connect「つなぐ」
- contribute to A「Aに貢献する／役立つ」
- not only A, but also B「AだけでなくBもまた」
- play 〜 role in A「Aにおいて〜な役割を果たす」
  [例] Repetition **plays** an important **role in** language study.
    言葉の学習では繰り返しが重要な役割を果たす。
- prosperity「繁栄」
- unknown「未知の」
- surely「確実に」
- in the future「将来に」

【解説】
A
問1 　46　 ②
　　以下のどれが第1段落の下線部の <u>imperative</u> に意味的に最も近いか？　46
　① 偶然の
　② 不可欠の
　③ 産業の

— 556 —

④　伝統的な

　　第1段落の第2文に「これらは現在でも私たちの周りのいたる所に存在しており，その利用は社会にとって <u>imperative</u> である」とあり，そのあとの第3〜4文で，「これらのルートのおかげで，人々は移動したり，物を運搬したり，情報を送ったりすることが素早く安全にある場所から別の場所へすることができる。歴史を通して，それらは私たちの日常生活において重要だった」とある。imperative が「必要」とか「重要」に近い意味だと推測できるので「不可欠の／必須の」の**②**が正解。

問2　47　③

　　第2段落によれば，以下の記述のどれが正しいか？　47

①　初期のルートは，車輪のついた荷馬車で移動する人々が作り出した。

②　人々の最初の陸上のルートは町や都市の成長のあとに生じた。

③　**陸上ルートの発展は，社会の多くの分野での進歩につながった。**

④　ルートの改良は，自動車の発明という結果をもたらした。

　　第2段落第6文に「その結果，生活がより便利になり，地域社会が成長し，経済が発展し，文化が広がった」とあるので，**③**が正解。なお，①，②は，第1文に「初期のルートは陸で自然にできることが多かった」とあるので，不可。④は，第2段落最終文に「陸のルートの重要性は，特に自動車の出現後に，さらに高まった」とはあるが，ルートの改良が自動車の発明をもたらしたことは述べてはいないので，不可。

問3　48　④

　　江戸の例は，第3段落でなぜ紹介されているのか？　48

①　水路を作ることの難しさを述べるために

②　それが重要な都市だったという事実を強調するために

③　海岸線に沿って移動するのに水路を使用することを説明するために

④　**都市の水路の重要な役割を説明するために**

　　第3段落第3文に「たとえば，古い日本の都市の江戸では，水路が農産物，海産物，それと木材の運搬に使われ，都市の生活と経済を支えた」とあるので，**④**が正解。

問4　49　①

　　第5段落はルートについて何を語っているか？　49

①　**ルートは，見えずに世界中に存在すると考えることができる。**

②　情報を移動するルートは危険だと考えられうる。

③　ルートの根本的な機能はおとろえつつある。

④　いろいろな種類のルートの重要性は同じだ。

　　第5段落第1文に「今日，私たちは情報を電子的に交換するのを専門とする新しいタイプのルートであるインターネットを持っている」とあるので，**①**が正解。

問5　50　④

　　本文の主題は何か？　50

① 人類は最初に陸に様々な種類の便利なルートを作った。
② 輸送の改善には多大な費用がかかった。
③ 科学技術は世界中にルートを開くことを妨げてきた。
④ 人類の進歩はルートの開発で助けられた。

　第1段落の導入に続けて，第2段落で「陸路」の発生が述べられ，以下の段落では「水路」，「空路」，「インターネット」と各ルートが人類の進歩に貢献してきたことについて述べている。したがって，④が正解。

B

| 51 | ① | 52 | ④ | 53 | ② | 54 | ③ |

段落	内容
(1)	導入
(2)	51　①
(3)	52　④
(4)	53　②
(5)	54　③
(6)	結論

① 人，動物と乗り物によって使用される道路の創設
② 人が場所から場所へ飛ぶための方法を開発すること
③ 情報伝達のための世界的な経路の確立
④ 船舶が移動したり物を輸送したりするための航路の開設

　第2段落では「陸でどのようにルートができたかとその重要性」について述べており，これは①「人，動物と乗り物によって使用される道路の創設」に相当する。第3段落では「水上のルートが確立し，多くの重要な海路が出現し，天然資源，製品，そして考え方のやり取りにつながった。これが，今度は，都市や町の繁栄に役立った」と述べている。これは④「船舶が移動したり物を輸送したりするための航路の開設」に相当する。第4段落では，「人々は続けて空路も開いた。飛行機の発明以来，これらのルートのおかげで，人々は長距離を簡単に移動することができるようになった」と述べられており，これは②の「人が場所から場所へ飛ぶための方法を開発すること」に相当する。第5段落では，「今日，私たちは情報を電子的に交換するのを専門とする新しいタイプのルートであるインターネットを持っている」とあり，これは③「情報伝達のための世界的な経路の確立」に相当する。したがって，51 ①，52 ④，53 ②，54 ③が正解である。

英　語

（2018年1月実施）

受験者数　546,712

平均点　123.75

英　語

解答・採点基準　(200点満点)

問題番号(配点)	設問		解答番号	正解	配点	自己採点
第1問 (14)	A	問1	1	④	2	
		問2	2	③	2	
		問3	3	②	2	
	B	問1	4	①	2	
		問2	5	④	2	
		問3	6	③	2	
		問4	7	②	2	
第1問　自己採点小計						
第2問 (47)	A	問1	8	③	2	
		問2	9	②	2	
		問3	10	①	2	
		問4	11	④	2	
		問5	12	①	2	
		問6	13	③	2	
		問7	14	①	2	
		問8	15	③	2	
		問9	16	③	2	
		問10	17	③	2	
	B	問1	18	③	4 *	
			19	②		
		問2	20	④	4 *	
			21	②		
		問3	22	③	4 *	
			23	②		
	C	問1	24	②	5	
		問2	25	④	5	
		問3	26	⑧	5	
第2問　自己採点小計						

問題番号(配点)	設問		解答番号	正解	配点	自己採点
第3問 (33)	A	問1	27	②	5	
		問2	28	③	5	
		問3	29	②	5	
	B		30	①	6	
			31	③	6	
			32	④	6	
第3問　自己採点小計						
第4問 (40)	A	問1	33	②	5	
		問2	34	③	5	
		問3	35	②	5	
		問4	36	④	5	
	B	問1	37	④	5	
		問2	38	②	5	
		問3	39	③	5	
		問4	40	④	5	
第4問　自己採点小計						
第5問 (30)		問1	41	③	6	
		問2	42	②	6	
		問3	43	②	6	
		問4	44	①	6	
		問5	45	③	6	
第5問　自己採点小計						
第6問 (36)	A	問1	46	④	6	
		問2	47	②	6	
		問3	48	①	6	
		問4	49	①	6	
		問5	50	②	6	
	B		51	④	6 *	
			52	②		
			53	③		
			54	①		
第6問　自己採点小計						
自己採点合計						

(注)　＊は，全部正解の場合のみ点を与える。

第1問　発音・アクセント問題

A　発音

問1　**1**　④

① commit /kəmít/「委託する」/í/
② convince /kənvíns/「確信させる」/í/
③ insist /ɪnsíst/「主張する」/í/
④ **precise** /prɪsáɪs/「正確な」/áɪ/

したがって，④が正解。

問2　**2**　③

① helped /hélpt/＜help「助ける」の過去・過去分詞 /t/
② laughed /lǽft/＜laugh「笑う」の過去・過去分詞 /t/
③ **poured** /pɔ́ːrd/＜pour「注ぐ」の過去・過去分詞 /d/
④ searched /sə́ːrtʃt/＜search「探す」の過去・過去分詞 /t/

したがって，③が正解。

問3　**3**　②

① bird /bə́ːrd/「鳥」/ə́ːr/
② **hard** /háːrd/「固い」/áːr/
③ journey /dʒə́ːrni/「旅行」/ə́ːr/
④ work /wə́ːrk/「働く」/ə́ːr/

したがって，②が正解。

B　アクセント

問1　**4**　①

① **advance** /ədvǽns/「進歩する」第2音節
② danger /déɪndʒər/「危険」第1音節
③ engine /éndʒən/「エンジン」第1音節
④ limit /límət/「制限する」第1音節

したがって，①が正解。

問2　**5**　④

① deposit /dɪpάːzət/「保証金」第2音節
② foundation /faundéɪʃən/「土台」第2音節
③ opinion /əpínjən/「意見」第2音節
④ **register** /rédʒɪstər/「登録する」第1音節

したがって，④が正解。

問3　**6**　③

① agency /éɪdʒənsi/「代理店」第1音節

— 561 —

4

② frequently /fríːkwəntli/「頻繁に」第 1 音節
③ **introduce** /ìntrəd(j)úːs/「紹介する」第 3 音節
④ officer /áːfəsər/「将校」第 1 音節

したがって，③が正解。

問 4　7　②

① championship /tʃǽmpiənʃip/「選手権」第 1 音節
② **delivery** /dɪlívəri/「配達」第 2 音節
③ relatively /rélətɪvli/「比較的」第 1 音節
④ supermarket /súːpərmàːrkət/「スーパーマーケット」第 1 音節

したがって，②が正解。

第2問　文法・語法空所補充問題・語句整序問題・応答文完成問題

A　文法・語法

問 1　8　③

ジェフは給料が低いので仕事の申し出を断った。

─【ポイント】─

形容詞 low

　形容詞 low は「低い」という意味を表す。salary「給料」，wage「賃金」の低い，安いときに用いる。

［例］　His **low salary** prevents him from buying the house.
　　　　給料が安いため，彼はその家を買うことが出来ない。

【他の選択肢】

① cheap は，「(商品が)安っぽい／安い」の意味なので，不可。
［例］　This hat is too **cheap** for me.
　　　　この帽子は私には安っぽい。
② inexpensive は，「(商品が)安い」という意味なので，不可。
［例］　This fish is **inexpensive** but nourishing.
　　　　この魚は安いけど栄養はある。
④ weak は「(体が)弱い」という意味なので，不可。
［例］　Melanie rarely runs about because she is very **weak**.
　　　　体がとても弱いので，メラニーはめったに走り回らない。

問 2　9　②

ブレンダは何か飲み物を得るために階下へ行った。

─ 562 ─

―【ポイント】

go downstairs

go downstairs で「階下に行く／階下へ降りる」の意味となる。downstairs は副詞で，to，at などの前置詞とともには用いない。反対語は upstairs。

［例］ He went **downstairs** to sign the agreement.

彼はその合意書に署名するために階下へ降りた。

問3 10 ①

肘を負傷した後，学校のバドミントンチームでプレーするのをやめなければならなかった。

―【ポイント】

動詞 quit

動詞 quit は「やめる」という意味を表す。quit の後には〜ing が続き，to-不定詞は来ない。

［例］ I **quit drinking** several years ago and now in the least interested in alcohol.

私は数年前に飲むのをやめ，今ではアルコールに全然興味がありません。

問4 11 ④

彼がなぜそんなに古い車を買うと決めたのか私には理解できない。

―【ポイント】

イディオム beyond *one's* understanding

イディオムの beyond *one's* understanding は，「理解力を超えていて／理解できない」の意味となる。

［例］ This problem was **beyond her understanding**.

この問題は彼女には理解できなかった。

問5 12 ①

ニコルは約7年間小説を書き続けて全国小説コンテストで賞をとった。

―【ポイント】

時制　過去完了進行形

過去完了進行形は had been 〜ing の形で「〜しつづけてきた」という意味を表す。過去のある時点までの継続の動作を示す表現。

［例］ My father **had been working** in the garage to repair his car for three hours when I arrived home.

僕が帰宅したとき，父は3時間ずっとガレージで車の修理をしていた。

問6 13 ③

私たちの上司は病気で家で寝ているので，私たちはその企画を終えるのに必要だと私たちが考えることをやった。

― 563 ―

6

【ポイント】

1．関係代名詞 what

関係代名詞の what は「〜するもの／〜すること」という意味を持ち，先行詞をその中に含んだ関係代名詞で，what は the thing(s) which に相当する。したがって，名詞節を導く。

［例］　**What** surprised me was his cold attitude.

私を驚かせたのは彼の冷たい態度だった。

この例文では，what は節の中では動詞 surprised の主語の働きをしている。また，What surprised me がこの例文全体で，動詞 was の主語となっている。

2．連鎖関係代名詞

S think[believe]と関係代名詞節が重なると連鎖関係代名詞となる。本問の場合，we thought と what was needed to finish the project が合体するとき，we thought what was needed to finish the project とはならず，what we thought was needed to finish the project となる。つまり，関係代名詞の後に S think[believe]が入り込んでくるのである。

［例 1 ］　I want to know **what I thought** he had in mind.

私は彼が心に抱いていると私が思っていたことを知りたい。

［例 2 ］　He is the man **who we thought** was her father.

彼は私たちが彼女のお父さんだと思っていた人でした。

問7　　14　　①

最初のうち，気付かなかったが，風呂場に大きなクモがいた。

【ポイント】

イディオム at first

at first は「最初のうち／初めは」という意味を表す。

［例］　**At first** his collection of stamps was a very valuable one, but it turned out to be of no value.

最初のうち，彼の切手のコレクションはとても価値があったが，何の価値もないと分かった。

問8　　15　　③

ラファエルは家の前の木に一対のツバメが巣を作っているのを見た。

【ポイント】

知覚動詞 see

知覚動詞 see は see A 〜ing の形で「Aが〜しているのを見る」という意味になる。

［例］　I **saw** her **chatting** with my brother cheerfully.

私は彼女が私の弟と快活に喋っているのを見た。

－564－

問9　16　③

まもなく梅の花が開花するだろう。この週末にも咲くかもしれない。

――【ポイント】――

It shouldn't be long before SV ...

　It shouldn't be long before SV ... で「まもなく…だろう」という意味になる。直訳は「～する前に長くはないだろう」

［例］　**It shouldn't be long before** he turns up here.

　　　まもなく彼はここに現れるだろう。

問10　17　③

メリッサは来週末スケートに行くよりもスノボに行きたいと言った。

――【ポイント】――

would rather＋動詞の原形 than ～

　would rather＋動詞の原形 than ～ は，「～するよりむしろ…したい」という意味になる。

［例］　**I'd rather** study in Germany **than** study here at this university.

　　　私はここのこの大学で勉強するよりもドイツで勉強したい。

B　語句整序

問1　18　③　19　②

　　学生：オーストラリア人学生が到着後，彼らと何をする予定ですか？

　　教師：最初の夜は，川のそばでバーベキューをやるので皆すぐにお互いに知り合うことができます。

――【正解】――

you all can $\underbrace{\text{get}}$ to know $\underbrace{\text{each}}$ other quickly.
　①　③　⑥　　④　　②　⑤

――【ポイント】――

1．get to know

　get to know で「知り合いになる」という意味を表す。

［例］　Dick is a nice guy when you **get to know** him.

　　　ディックは知り合いになるといいやつだ。

2．each other

　each other は「お互い」という意味を表す。

［例］　Until we get to know **each other** better, certain acceptable small-talk topics are important.

　　　お互いにより知り合えるようになるまで，ある種の無難な世間話的話題は重要である。

― 565 ―

8

問2 　20 ④　21 ②

　　　ブリジット：昨シーズンのバスケットボールはどんなだった？

　　　　　トシ：僕はチームで２番目の得点ゲッターだった。

【正解】

I was the second highest scorer on the team.
⑥　 ④　　　①　　③　 ②　　⑤

【ポイント】

the second＋最上級

　the second＋最上級で「２番目に最高の〜」という意味を表す。

［例］　Los Angeles is **the second** largest city in the US.

　　　　ロサンゼルスはアメリカで２番目の大都市です。

問3 　22 ③　23 ②

　　　エバン：僕の初のコンピュータを買いたいんだが，どれを買ったらよいのか分か
　　　　　　　らない。

　　　　　サム：心配はいらないよ。電気店にはコンピュータに詳しくない人にアドバイ
　　　　　　　　スをしてくれる専門家がいつもいるよ。

【正解】

to give advice to those who aren't familiar with using computers.
　　　　　　 ④　　 ③　 ⑤　　 ①　　 ②　 ⑥

・electronic store「電気店／電子製品店」

【ポイント】

1 ．those who 〜

　those who 〜 で「〜の人たち」という意味を表す。

［例］　**Those who** experienced this phenomenon thought that it was brought about
　　　　by pollution and global warming.

　　　　　この現象を経験した人たちは，それは汚染と地球温暖化によってもたらされ
　　　　ていると考えた。

2 ．be familiar with A

　be familiar with A で「Aに詳しい／Aに精通している」という意味を表す。

［例］　He **is** quite **familiar with** this type of computer.

　　　　彼はこの種のコンピュータにかなり精通しています。

C　応答文完成

問1 　24 ②

　　　シェリー：来週の火曜日まで待てないわ。

　　　　　リサ：来週の火曜日に何があるというの？

— 566 —

2018年度　本試験〈解説〉　9

シェリー：覚えていない？　授業後にジャズコンサートがある予定なの。

リサ：本当に？　<u>木曜日にあると思ってたけど，たぶん私の間違いね。</u>

【正解】

I thought it | was going to be | on Thursday, | but maybe I'm wrong.
　　　　　　　　　(A)　　　　　　　　(A)　　　　　　　(B)

【ポイント】

1．be going to＋動詞の原形

be going to＋動詞の原形で「〜する予定だ」という意味を表す。

〔例〕　It **is going to** be fine tomorrow.

　　　明日は晴れるでしょう。

2．be wrong

be wrong で「間違っている」という意味になる。

〔例〕　He **is wrong** to criticize her.

　　　彼女を批判するなんて彼は間違っている。

【解法のヒント】

　シェリーの来週の火曜日にコンサートがあるという言葉に，リサはピンとこないので「木曜日にあると思ってたけど，たぶん私の間違いね」と言ったと推測できる。中列に(A)を入れると右列の(B)が自然に入る。正解は②となる。

問2　25　④

トモヒロ：やあ，ケイシー。君が間に合って嬉しいよ。僕らの飛行機はすぐに出発の予定だよ。

ケイシー：バスに乗らないように教えてくれてありがとう。この時間帯が車の交通がとても渋滞するなんて思ってもみなかったわ。

トモヒロ：僕は飛行機に乗るときはいつも車の交通と列車の状況をチェックするんだ。

ケイシー：あなたがいるととても助かるわ。<u>あなたのアドバイスがなかったら，列車に乗っていなかったと思うわ。</u>

【正解】

I wouldn't have taken | the train | without your suggestion.
　　　　(A)　　　　　　　　　(B)　　　　　　　　(B)

【ポイント】

1．without A

without A で，「Aがなかったならば／Aがないのなら」という意味を表す。

〔例〕　**Without** your help I wouldn't have been rescued.

　　　あなたの助けがなかったならば，私は救出されていなかっただろう。

— 567 —

2．仮定法過去完了

仮定法過去完了は過去の仮定法的な内容を表す。「If S' had＋過去分詞 ..., S would have＋過去分詞」の形で「S' が～していたら，S は…だっただろう」という意味になる。

［例］　If he hadn't gone there, he would have caught the train.

　　　　彼がそこへ行っていなかったならば，彼は列車に間に合っていただろう。

【解法のヒント】

　ケイシーが「あなたがいるととても助かるわ」と言っているのは，バスに乗るなという適切なアドバイスをしてもらったことを示している。つまり，バスでなく列車を利用したことが分かれば，(A)→(B)→(B)だと分かる。したがって，正解は④となる。

問3　26　⑧

　　ホアン：週末にあった台風はかなり強かったね。

　　　ナオ：ええ，それでうちのクラブの福岡パークのサッカーの試合がキャンセルされたのさ。

　　ホアン：天気がどうなるか予測することは決してできないよ。

　　　ナオ：同感だね。その台風は静岡も通ったのですか？

　　ホアン：ええ，そうです。だから，残念ながら，私たちは富士山への旅行をキャンセルしなければならなかった。またそれをする機会があるといいね。

── 【正解】 ──

That's why	we had to cancel our trip to Mt. Fuji,	unfortunately.
(B)	(B)	(B)

── 【ポイント】 ──

That's why SV ...

　That's why ... で「だから…／それ（前文）が原因で…ということになる」という意味になる。

［例］　He went there. **That's why** he witnessed the accident.

　　　　彼はそこへ行った。だから彼はその事故を目撃した。

【解法のヒント】

　台風が静岡も通ったのかというナオの質問に，ホアンがそうだと言っていることから，「だから，残念ながら，私たちは富士山への旅行をキャンセルしなければならなかった」が出てくるのは自然な流れである。また，空所の後で，「またそれをする機会があるといいね」と言っていることもヒントになっている。したがって，正解は(B)→(B)→(B)の⑧となる。

2018年度　本試験〈解説〉　11

第3問　不要文選択問題・意見要約問題

A　不要文選択

問1　**27**　②

【全訳】

　新しい環境で見知らぬ物に遭遇すると，自国においてでさえカルチャーショックを経験するかもしれない。ツバサは家族と離れて大学生活を始めたとき，すべてがわくわくするようなことで新しいことのように思ったが，その後自分の環境に思いがけず不安を感じ始めた。①彼は人々が彼の地方の訛りと表現のせいでときどき彼のことを誤解するのに気付いた。②彼は一人っ子なので，親がひどく寂しがっているのが分かっていた。③彼はまた彼のクラスメートの多くが彼の一度も聞いたことのない様々なことを高校で学んでいたことに気付いた。誰もが自分よりも賢く大人びており，おしゃれにさえ見えた。④彼はすべての点ですでにあまりにも遅れをとっていると心配していた。しかし，他のほとんどの学生も多かれ少なかれ彼と同じ不安感を持っていたことが分かった。今では，彼はそんな気持ちもなく大学で楽しく学んでいる。

【語句】

- encounter「遭遇する／出会う」
- unfamiliar「よく知らない」
- environment「環境」
- unexpected「思いがけない／予期しない」
- anxiety「不安」
- surroundings「環境／境遇」
- realize「気付く／分かる」
- misunderstand「誤解する」
- regional「地域の」
- accent「訛り」
- expression「表現」
- miss「寂しく思う」
- smart「頭が良い／賢い」
- mature「成熟している」
- fashionable「流行の／流行を追って」
- It turns out that SV ...「〜だと分かる」

［例］　**It turned out that** the plan was impractical and inefficient.
　　　その計画は実行不可能で非効率であることが分かった。

- more or less「多少とも／やや」

— 569 —

12

【解法のヒント】

　このパラグラフは「ツバサの初めての親元を離れての大学生活」について書かれたものである。その内容は，①「人々の誤解」，②「親が寂しがっていること」，③「同級生の様子」，④「同級生に遅れをとっている不安感」となっている。②だけが「親のこと」を問題にしているので，「大学生活という新しい環境」を問題にしている前後の文脈と合わないことになる。したがって，②が正解。

問2　28　③

【全訳】

　トマトは野菜なのか果物なのか？　1890年代に，この問題についてアメリカの裁判事例があった。その当時，人々は野菜の輸入に税金を払わなければならなかったが，果物はそうではなかった。生物学的には，果物は花の根元の一部分から発達し，種を含んでいる。①この科学的な定義によれば，キュウリ，カボチャやピーマンと同じく，トマトは果物である。②科学者が言っていることに反して，たいていの人たちはトマトを野菜と考え，野菜として用いている。③たとえば，いくつかの国々で，トマトは「金色のリンゴ」と「愛のリンゴ」のような名前をつけられている。④トマトは多くの野菜と同じように調理されたり生のままで食べられ，昔から果物のようにデザートとして出されることはない。たいていの人がトマトを野菜と考えているという単純な事実に基づいて，法廷はトマトは野菜だと結論を下した。

【語句】

・vegetable「野菜」
・court case「訴訟事件」
・issue「問題」
・tax「税金」
・import「輸入する」
・biologically「生物学的に」
・base「根元／基礎」
・contain「含む」
・seed「種子」
・definition「定義」
・cucumber「キュウリ」
・pumpkin「カボチャ」
・green pepper「ピーマン」
・contrary to A「Aに反して」
　〔例〕　What I said was **contrary to** what I felt.
　　　　気持ちとは反対のことを言ってしまった。
・raw「生の」
・traditionally「伝統的に」

— 570 —

・conclude「結論を下す」

【解法のヒント】

　このパラグラフは「トマトが野菜であること」について書かれたものである。その内容は①「トマトの科学的定義」，②「人々のトマトに対する考えと扱い方」，③「トマトの別称」，④「トマトの食べ方」があげられている。全体の流れはトマトを野菜とみなす記述であるが，③だけが「トマトの別称で果物」とみなしているので，前後の文脈と合わないことになる。したがって，③が正解。

問3　29　②

【全訳】

　世界的に動物性蛋白質の需要が増えているのに応えて，ブタ，ニワトリ，ウシの代用食物源として，昆虫を用いる様々な利益について話し合うために会議が開かれた。①よくは知られていないが，昆虫は蛋白質，ビタミン，ミネラルが豊富なので，きわめて健康的な食物である。②昆虫は何百万年前から周りにおり，恐竜とともに生存し，その後は，最初期の人間とともに生存してきた。③昆虫はあまり場所も取らず，あまり餌も食べず，あまり温室効果ガスも出さないので，昆虫を育てることは，環境にやさしいかもしれない。④たいていの昆虫はほとんど水無しで生きのびることができるので，昆虫を厳しい水不足の場所の理想的な代用食にできる。昆虫を食物として使うことには多くの利益があることは証拠が示している。昆虫を食べることについて人々の心を変えるにはやや時間がかかるかもしれない。

【語句】

・in response to A「Aに応えて」

［例］　Lisa gave him a smile **in response to** his question.

　　　リサは彼の質問に応えて彼に微笑んだ。

・demand「要求」

・protein「タンパク質」

・conference「会議」

・benefit「利益／恩恵」

・insect「昆虫」

・alternative「代用の」

・source of food「食物源」

・extremely「極度に／とても」

・dinosaur「恐竜」

・human being「人間」

・raise「栽培する／育てる」

・release「放出する」

・greenhouse gas「温室効果ガス」

・survive「生き残る」

14

- ideal「理想的な」
- severe「厳しい」
- water shortage「水不足」
- evidence「証拠」

【解法のヒント】

　このパラグラフは「昆虫食の利益」について書かれたものである。その内容は，①「栄養分満点で健康によい」，②「昆虫の生存の歴史」，③「昆虫は養殖にもよい」，④「水無しでも生存する」である。②だけが「昆虫の生存の歴史」を問題にしているので，「代用食としての昆虫食」を問題にしている前後の文脈と合わないことになる。したがって，②が正解。

B　意見要約

30　①

【全訳】

ジェニファー：さあ，始めましょう。私たちは映像制作クラスのグループプロジェクトとして映画を作ることになっています。グループのリーダーとして，早く始めれば，映画はそれだけ良くなると思います。私たちの映画に何かアイディアはありますか？

マイケル：あります。多くの人が幸せな気分になるために映画を見ると思うので，人が良い気分になれるものを作ったらどうだろうか？　去年，このクラスの1つの学生グループが僕らの大学のバスケチームについてのドキュメンタリーを作った。彼らは3ヶ月間に渡り，何度も選手のインタビューとトレーニングを撮影した。観客にとっては，ドキュメンタリーは選手の熱心な練習，いろいろな背景のチームメートの間の友情，選手とコーチの信頼，最後に全国大会での優勝の喜びを経験する1つの方法だった。彼らの優勝の驚くべきストーリーは大勢の観客の心に訴えかけ，映画に関係した誰もが多くの賞賛を受けた。僕は，人々が懸命に努力して目標を達成するという似たようなドキュメント映画を作りたい。

ジェニファー：それでは，あなたは①観客は人々が成功に達するストーリーを見て楽しむと言っているのですね？

【語句】

- film-making「映画制作」
- friendship「友情」
- background「素性／経歴」
- trust「信頼」
- national tournament「全国大会」

— 572 —

・triumph「勝利」

【解説】

① **観客は人々が成功に達するストーリーを見て楽しむ**
② 観客は熱心に練習をする選手のインタビューを見たがっている
③ ドキュメンタリー映画は観客を簡単に幸せにすることができる
④ 私たちが映画制作に長時間をかけることは重要である

・spend A（時間）〜ing「〜するのにA（時間）を費やす／Aを〜して過ごす」

〔例〕 We **spent** many hours **discussing** our plan.

我々は何時間も計画について話し合った。

　マイケルは，ドキュメンタリー映画制作の熱心な思いを述べている。最終文に「僕は，人々が懸命に努力して目標を達成するという似たようなドキュメント映画を作りたい」とあるので，①が正解。

[31] ③

【全訳】

マイケル：ええ，その通り。

　　キム：スター選手とか成功している人たちを映画にするのは面白そうだけど，普通の人がこれらの驚くべきストーリーの人物と自分を重ね合わせるのは難しいかもしれない。自分が結びつくことができる映画を見るとき，人々はより満足すると思う。それが人々が恋愛ストーリーを好きな理由だ。人々は次のように想像するのが好きだ。「どうやって彼女の気を引こう？」「どのように彼にデートを申し込もう？」とか「最初のデートでどこへ行こう？」

メアリー：賛成だわ。人々は，自分たちがそれをよく見慣れているので自分たちがやっていると想像することができることをスクリーンで見たいと思っている。それと日常場面で「もし〜ならどうする」という質問を観客にすることで，少しのサスペンスや興奮を付加することができる。たとえば，キャンパスのどこかで宝物の地図を見つけたとしてどうするか？　これは素敵な楽しいストーリーの始まりではあるし，それはわくわくする映画になりうる。

ジェニファー：キムとメアリー，あなたたち2人とも私たちは③普通の人が関係しうる状況がある映画を作るほうがいいと思っているのですね。

【語句】

・ordinary people「普通の人たち」
・identify *oneself* with A「Aと同一視する」

〔例〕 Ben **identified** himself **with** the middle class.

ベンは自分は中流階級だと考えた。

・extraordinary「驚くべき／並はずれた」

16

- ・feel satisfied「満足する」
- ・ask A out on a date「Aをデートに誘う」
- ・be familiar to A「Aにとって馴染みがある」
- ・suspense「サスペンス」
- ・what if「～したらどうなるのか」
- ・setting「設定／状況」
- ・treasure map「宝物の地図」

【解説】

① 観客に多くの途方もない質問をする
② 驚くべき仕事をしている成功者に焦点を当てる
③ 普通の人が関係しうる状況がある
④ 楽しみとサスペンスを生み出すキャンパスという環境を用いる

　キムはその第2文で「自分が結びつくことができる映画を見るとき，人々はより満足すると思う」と述べているし，メアリーもその第1文～第2文で「賛成だわ。人々は，自分たちがそれをよく見慣れているので自分たちがやっていると想像することができることをスクリーンで見たいと思っている」と述べている。2人とも日常的に関係しうる状況が出てくる映画を作りたいと思っている可能性があることが分かるので，③が正解。

32　④

【全訳】

メアリー：その通りよ。

タケシ：でもクリエイティブな仕事として，クリエイターの独特のビジョン，いわば，独創的な世界の見方を反映すべきだよ。偉大な映画は通常，そのストーリーとか語られる仕方に監督の独創的なビジョンを反映している。いいかい，観客も新奇なものを見たがっている。だから，僕らなりの観点はどのようなものになるのかについて考える必要があると思う。

アリサ：その通り。もしも私たちが普通に普通のものを示したら，人々は興味を抱かないかもしれないわ。たとえば，私たちは大学生にすぎない。生活費を親に頼っている学生もいれば，一方で，初めての自活をしている人もいる。小さな町の出身の人もいれば，大都市出身者もいる。中には自分の経歴に不安を持っている人もいるかもしれない。こういったことはすべてとても普通に思えて本当に特別なことではないわ。だから，私たちの世界を観客に訴えかける独特な方法で示すことができるのかしら？

ジョン：できると思う。これらのことは個々には特別なことではないが，それを全部一緒に組合わせると，僕らの作品は独特のものになれるよ。それは人々が見たいと思っているものだと思う。つまり，彼ら

— 574 —

には連想できるけど独特な観点から語られている映画さ。

ジェニファー：えっと，私たちの映画について私たちはいくつかいろいろな考えを
　　　　　　　持っていますが，私たちの映画を作るとき，みんなが④観客の好み
　　　　　　　について考えることが重要だと言っているように思えます。

ジェニファー：それじゃあ，もっと詳しくこのことについて議論しましょう。

【語句】

- reflect「反映する」
- unique「独特な／珍しい」
- vision「ビジョン」
- namely「いわば」
- director「監督」
- novel「新奇な」
- perspective「観点／展望」
- be dependent on A「Aに頼る」
- support「生活費／扶養」
- ～, whereas SV ...「～だが一方…」
- for the first time「初めて」
- uneasy「不安な」
- career「経歴／進路」
- separately「個々に」
- combination「組み合わせ」
- associate with A「Aを連想する」

【解説】

① 人々の現実の生活を記録すること
② 内容を非常に独創的にすること
③ 私たちのいろいろな背景を示すこと
④ 観客の好みについて考えること

　ジェニファーの発言に「みんなが 32 が重要だと言っているように思えます」
とあるので，皆が共通して重要だと考えていることを探せばよい。タケシは独特な
ビジョンを強調しているが，第3文で「いいかい，観客も新奇なものを見たがって
いる」と述べている。アリサは第2文で「もしも私たちが普通に普通のものを示し
たら，人々は興味を抱かないかもしれないわ」と述べ，さらに最終文で「だから，
私たちの世界を観客に訴えかける独特な方法で示すことができるのかしら？」と観
客に訴えかけるには，普通ではないものを主張している。ジョンは，最終文で普通
のことでも組み合わせで独特なものになり，「それは人々が見たいと思っているも
のだと思う」と発言している。以上から，皆が考えているのは観客の関心を得るこ
とで，正解は④。

— 575 —

第４問　図表・広告問題

A　図表

【全訳】

　様々な商品の買い物をするとき，色は消費者によって考えられる重要な特徴である。マーケティング会社は小売店での購買意欲と望ましい雰囲気を作り出しうる色を特定する必要がある。しかし，個々の商品についてどの色が人気があるのかを予想するのは容易ではない，なぜなら商品の種類によって消費者は別々の好みを持っているからだ。ここで報告される調査によって，我々は消費者に色が与える影響について理解を深めることができる。

　この調査で，調査者は，調査参加者が買い物時に色が重要と考えているかどうか，彼らが様々な商品を買うとき色にどれだけ影響を受けるのか，様々な色にどんな感情や連想が関係しているのかについて情報を得るためにドイツの消費者を調査した。第１に，調査者は，データを調べ，色が参加者にとって買い物時に色が本当に重要だと発見し，彼らの68％が，色は彼らが購入するつもりの商品を選ぶときの決定要因だと述べた。

　次に，調査者は，消費者が色に置く重要度が購入商品によって異なるかどうかを調べた。図１は６つの日用品を選び，それらの商品の購入時に色をとても重視する参加者の割合を示している。上位２つの商品は，ともに参加者が身につける商品で，３つの下位商品はどれも電子機器だった。参加者の合計36.4％は携帯電話の色を重視していた。これは電子商品のうちで一番高かったが，１つ上のランクにあるバッグの割合の半分をほんの少し上まわっているだけだった。

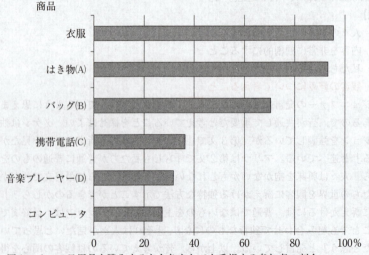

図１．６つの日用品を購入するとき色をとても重視する参加者の割合。

第3に，調査者は参加者の色についての感覚と連想を調べた。その結果は，赤は様々な意味をもつことが分かった。つまり，愛，危険，怒りと力だ。緑は自然，幸運そして健康を示していた。さらに，白色は，バランス，健康と平穏と結びついていた。結果は，それぞれの色にはいくつかいろいろな意味があることを示していた。

　上記の本文にまとめられている発見は，いかにドイツの消費者に色が影響しているかを説明していた。しかし，この影響は国によって異なるかもしれない。この国際化した世界では，ひとつにはインターネットが使用されるようになってきたせいで，商品を国際的に市場に出すのはさらに容易になってきた。したがって，商品を選ぶ際に他の国の消費者が色に置く重要性を考慮する必要がある。本文の次の箇所はこの話題を調べることになる。

(オカンアッケイ(2013)*商品の色の選択と色の意味：ドイツの例*の一部を参考に作成)

【語句】
◆第1段落◆
・feature「特徴」
・consumer「消費者」
・shop「買い物をする」
・various「様々な」
・product「商品／生産物」
・marketing company「マーケティング会社」
・identify「特定する」
・intention「意図」
・purchase「購入する」
・atmosphere「雰囲気」
・retail store「小売店」
・anticipate「予想する」
・individual item「個々の品物」
・preference「好み」
・depending on A「Aによって」
・deepen「深める」
・influence of A on B「AがBに与える影響」
◆第2段落◆
・study「調査／研究」
・researcher「調査者／研究者」
・survey「調査(する)」
・obtain「得る」
・participant「参加者」

20

- influence「影響する」
- emotion「感情」
- association「連想」
- examine「調べる」
- determining factor「決定要因」

◆第3段落◆
- investigate「調べる／捜査する」
- degree「度合い」
- vary「異なる」
- figure「図／表／グラフ」
- electronic device「電子機器」
- cellphone「携帯電話」

◆第4～5段落◆
- perception「感覚」
- relationship「関係」
- furthermore「さらに」
- summarize「まとめる／要約する」
- globalized world「国際化した世界」
- partly due to A「ひとつにはAのせいで」

［例］ Most of the firm's problems are **partly due to** bad management.
その会社の抱える問題のほとんどはひとつには経営のひどさのせいである。

- therefore「したがって」

【解説】

問1 　33　 ②

　33　 ので，消費者がどの色を好きなのかを理解するのは難しいと本文は述べている。

① 色の好みは世代によって異なる
② 消費者の好きな色はいろいろな商品で異なる
③ 商品のマーケティング担当者は最も人気のある色を選ぶ
④ 買い物をするとき，消費者によって様々な商品が買われる

　第1段落第3文に「しかし，個々の商品についてどの色が人気があるのかを予想するのは容易ではない，なぜなら商品の種類によって消費者は別々の好みを持っているからだ」とある。したがって，②が正解。

問2 　34　 ③

　図1において，(A)，(B)，(C)，(D)は次のどれを指すか？ 　34

① (A) バッグ　(B) はき物　(C) 携帯電話　(D) 音楽プレーヤー
② (A) バッグ　(B) はき物　(C) 音楽プレーヤー　(D) 携帯電話
③ (A) はき物　(B) バッグ　(C) 携帯電話　(D) 音楽プレーヤー

—578—

④ (A) はき物 (B) バッグ (C) 音楽プレーヤー (D) 携帯電話

　第3段落に表の説明がある。「図1は6つの日用品を選び，それらの商品の購入時に色をとても重視する参加者の割合を示している。上位2つの商品は，ともに参加者が身につける商品で，3つの下位商品はどれも電子機器だった。参加者の合計36.4％は携帯電話の色を重視していた。これは電子商品のうちで一番高かったが，1つ上のランクにあるバッグの割合の半分をほんの少し上まわっているだけだった」とある。「上位2つの商品は，ともに参加者が身につける商品」なので，1つは衣服でもう1つは(A)の「はき物」となる。また「これは電子商品のうちで一番高かったが，1つ上のランクにあるバッグの割合の半分をほんの少し上まわっているだけだった」から，電子製品で一番高かったのは(C)の「携帯電話」だと分かる。それの倍近くあるのは(B)の「バッグ」となる。すると，(D)が「音楽プレーヤー」と分かる。したがって，③が正解。

問3　35 ②

　本文によれば，以下の文のどれが正しいか？　35
①　ドイツの企業は，緑が消費者にとって情熱を表すと考える。
②　ドイツの消費者は1つの色が複数のイメージを含んでいると感じている。
③　ドイツの人たちは赤い服よりも緑の服が好きなようだ。
④　ドイツの生産者は彼らの販売を観察したあと，商品の1つの色を選ぶ。

　第4段落最終文に「結果は，それぞれの色にはいくつかいろいろな意味があることを示していた」と説明がなされていることから，②が正解だと分かる。

問4　36 ④

　どんな話題が最終段落に続く可能性が最も高いか？　36
①　国際企業での色の選択に及ぼすグロバリゼーションの影響
②　他の国々での電子機器販売の重要性
③　国際企業での商品選択に及ぼすインターネットの影響
④　他の国々の消費者にとっての色の重要性

　最終段落の最終文に「したがって，商品を選ぶ際に他の国の消費者が色に置く重要性を考慮する必要がある。本文の次の箇所はこの話題を調べることになる」とある。したがって，次に続く可能性が最も高いものは④と判断できる。

B 広告
【全訳】

パパベアクッキングスクール
父親のためのクッキングコース

パパベアクッキングスクールはラルフ・ベアリソンによって1992年に創立されました。彼は多くの父親が料理は好きなのだが，食事の準備をする暇がないことが多いことに気付きました。彼は短時間でおいしくて家族にとってよい食事を料理する興味を共有したいと思いました。パパベアクッキングスクールでは，プロのコックの指導のもとで様々な食事を作ることができるようになり，家族や友人の羨望の的になります。以下のクッキングコースは5月の第1週から始まります。

クッキングコース	曜日	時間	料金
イタリアン	火曜日	10:00 – 12:00	150ドル
フレンチ	水曜日	9:00 – 12:00	250ドル
和食	木曜日	15:00 – 18:00	250ドル
中華	土曜日	17:00 – 19:00	200ドル
日曜家族朝食*	日曜日	8:00 – 10:00	150ドル

＊10歳－15歳の子供は日曜家族朝食コースに子供1人につき100ドルで父親と一緒に参加するのは歓迎されます。

➢ どのコースも10週間です。
➢ 料金はすべての材料代も含んでいます。
➢ 包丁類，フォークとスプーンのような銀器，皿はスクールのほうで用意しています。

持参するもの
➢ エプロンとタオル(エプロン－タオルセットを1週間につき6ドルで借りることができますし，お店で新しいセットを50ドルでお買い求めいただけます)
➢ 空っぽの胃袋で！

施設と他のクッキングコースの詳細はパパベアクッキングスクールのウェブサイトを調べてください。

10％オフ
コース料金
パパベアクッキングスクール

2018年度　本試験〈解説〉　23

【語句】

・establish「創立する」
・a variety of A「様々なA」
・envy「羨望の的／ねたみ」
・ingredient「(料理の)材料」
・silverware「銀器」
・empty stomach「空っぽの胃袋／空腹」
・check out「調べる」
・detail「詳細」
・facility「施設」

【解説】

問1　37　④

どうしてパパベアクッキングスクールをラルフ・ベアリソンは始めたのか？　37

①　彼は家族と友人が彼の調理技術に嫉妬していることを知っていた。

②　彼は父親たちが調理に十分関心がないと知っていた。

③　彼は父親たちにプロのコックになる機会を与えたかった。

④　彼は父親たちに素早く，おいしくて健康な食事を調理することを教えたかった。

広告の第1段落第2文〜第3文に「彼は多くの父親が料理は好きなのだが，食事の準備をする暇がないことが多いことに気付きました。彼は短時間でおいしくて家族にとってよい食事を料理する興味を共有したいと思いました」とある。したがって，④が正解。

問2　38　②

トニーはフレンチコースに参加し，与えられている割引クーポンを使おうと思っています。彼は学校からエプロン－タオルセットも買うつもりです。彼は合計いくら払うことになりますか？　38

①　270ドル

②　275ドル

③　285ドル

④　300ドル

広告の中ほどにある価格表に基づいて計算すると，フレンチコースは250ドルで，クーポンで10%引き，エプロン－タオルセットの購入で50ドルを合計すると，250×0.9＋50ドル＝275ドルで，②が正解。

問3　39　③

エドは家族のために料理できる料理の種類を広げたいと望んでいます。週末や午前中は暇がありません。どのクッキングコースを取る可能性が最も高いか？　39

①　中華

②　イタリアン

— 581 —

③ 和食

④ 日曜家族朝食

　表から，土曜日・日曜日にある中華と日曜家族朝食は不可。また午前中に開かれるイタリアンとフレンチも不可。したがって，15：00－18：00に開かれる和食の③が正解となる。

問4　40　④

　広告は　40　と示唆している。

① 12歳の子供は無料で日曜日のコースに参加できる

② 父親のためのクッキングコースは3ヶ月より長く続くだろう

③ パパベアクッキングスクールは受講生がクラスに材料を持参するように要求する

④ パパベアクッキングスクールの受講生は自分たちが作った料理を食べることができる

　①は，表の下の注意事項に「10歳－15歳の子供は日曜家族朝食コースに子供1人につき100ドルで父親と一緒に参加するのは歓迎されます」とあり，無料ではないので，不可。②は，注意事項に「どのコースも10週間です」と述べられているので，不可。③は，注意事項に「料金はすべての材料代も含んでいます」と述べられているので，不可。④は，持参するものに「空っぽの胃袋で！」とあり，作った料理を食べることができると推測できるので，④が正解。

第5問　長文読解問題（物語）

【全訳】

惑星Xの探査日誌からの抜粋

1日目

　我々の科学的発見の任務は継続していて，報告すべきわくわくするものがある。生命維持ができる惑星をついに我々は発見したかもしれない。近辺の惑星は生命維持には暑すぎるか乾燥しすぎていたが，この惑星はそうではないようだ。その表面はたいてい青い液体だ，もっとも いくつか緑や茶色の所が点在してはいるが，そしてある種の白い物質が惑星の周りを移動しているように見える。

4日目

　今，我々は惑星の周りを回っている。我々の想定は正しかったようだ！　いくつか機械的な機器が惑星の周りを回っていて，そのデザインはかなり複雑だ。それらはある種の知的存在によって作られたのは確実だ。これらの機械は監視システムの一部なのだろうか？　我々の接近に信号を送っているのだろうか？　脅威はなさそうで，我々はそれらを無視することを決意し惑星に接近した。その発明者が友好的だといいのだが。

－582－

8日目

　我々を維持する貴重な液体で完全に覆われている我々の惑星とは異なって，この惑星の緑と茶色の所は生命維持には乾燥しすぎている。青い部分は大部分，液体状態の H_2O だ。液体ではあるが，それは我々の故郷の惑星の液体とまったく同じではない。それでも，ここで生物を見つけられるかもしれない。少なくとも，我々の機器によれば，この下には何か生きているものが存在するようだ。我々は直接観察する準備ができていてすぐに潜るつもりだ。私はとても興奮しているので今夜は眠れそうになれない！

9日目

　我々はこの未踏の液体に無事に入るのに成功した。周りの景色は我々の惑星ととても似ていて，軟らかい植物があちらこちらにやさしく揺らめいていた。我々は様々な細い形の泳いでいる生物にも気付いた。なんて興奮するのだろう！　この惑星で生物を見つけたのだ！　しかし，進化した文明を生み出せる生物を全然見つけることができない。腕がないのならば，たとえ頭が良いとしてもこの泳いでいる生物が複雑な機械を作ることはできないだろう。この惑星の指導者は我々から姿を隠しているのだろうか？　彼らは我々に会うのに不安を抱いているのだろうか？　だから彼らは宇宙を調べるためにあの飛行物体を使っているのか？できれば我々が何らかの答えを見つけられるといいのだが。

12日目

　我々は大きな物体が底にあるのを見つけた。その長い胴体は幾分我々の宇宙船のように見えた。それはとても古くて損傷しているようで静かにじっとしていた。どうやらそれはもう使用されていないようだ。多分，それはこの惑星の古代文明の痕跡の一部だろう。

19日目

　我々が潜り始めて以来，さらに多くの異常な生物を目にした。我々にとてもよく似た生物を見つけたときはとくに驚いた。その体の上半身は，丸くて軟らかかった。その下には 2 つの大きな目と数本の長い腕があった。それはもうもうと雲状の黒い物質をあとに残して，すばやく逃げた。それがこの惑星で最も知的な生物であるかどうか我々には分からないが，新しい発見に対する期待は大きくなり続ける。

39日目

　我々の調査のこの部分はまもなく終わるであろう。我々が以前に見つけたのと似たさらに多くの遺跡と見捨てられた物体を見つけたが，それらを作った生物の気配は何もなかった。おそらく，この惑星の指導者は死に絶えたのだろう。ともあれ，この惑星に生物を見つけたが，それはすごい大発見だ。もうこの惑星を発たなければならないが，調査を継続するためにいつの日かきっと戻るだろう。驚

くべき報告を携えて故郷に戻るつもりだ。

<u>40日目</u>
　我々は静かに表面へそれから空中へ浮かび上がった。その惑星を離れようとしたちょうどそのときに，乾燥地域にたくさんの奇妙な生物を見た。なんというショックだ！　我々，液体に住んでいる生物は，彼らのような生物を今まで想像したことがない！　宇宙船内の液体に無事浮かびながら，我々の常識が間違った結論に導いたのだと分かった。

【語句】

◆1日目・4日目◆

- mission「任務」
- discovery「発見」
- finally「ついに／とうとう」
- be capable of ～ing「～できる／～できる資格がある」

［例］　The smartphone **is capable of** storing much information.
　　　スマートフォンは多くの情報を保存できる。

- support life「生命を維持する」
- surface「表面」
- be spotted with A「Aが点在している」

［例］　The field **was spotted with** the droppings of small birds.
　　　野原には小鳥の糞が点在していた。

- orbit「軌道を回る／軌道に乗る」
- assumption「想定／推定」
- correct「正しい」
- device「機器」
- complex「複雑な」
- intelligent being「知的存在」
- monitoring system「監視システム」
- threat「脅威／脅し」
- ignore「無視する」
- get closer「（より）接近する」

◆8日目・9日目◆

- unlike A「Aとは異なって」

［例］　**Unlike** other disasters, which are often natural, global warming is unique in that it is not natural.
　　　他の災害，よく自然なものが多いが，それとは違って，地球温暖化は自然のものではないという点が特異である。

2018年度　本試験〈解説〉　27

・be covered with A「Aで覆われている」

［例］　The valley **was covered with** snow, as far as the eye could reach.
　　　　見渡す限り，谷は雪で覆われていた。

・liquid「液体」
・sustain「維持する」
・state「状態」
・at least「少なくとも」
・according to A「Aにしたがって／Aによれば」
・alive「生きている」
・dive in「潜る／突入する」
・unexplored「未踏の／未探検の」
・scenery「景色」
・back and forth「あちこちに」

［例］　She was walking **back and forth** in the room.
　　　　彼女は部屋の中をあちこち歩いていた。

・notice「気付く」
・thin「細い」
・reservation「懸念／疑念」
・hopefully「できれば／願わくは」

◆12日目・19日目◆

・bottom「底」
・somewhat「幾分」
・spaceship「宇宙船」
・damaged「損傷して」
・apparently「どうも〜らしい」
・remains「痕跡／残骸／遺跡」
・ancient「古代の」
・civilization「文明」
・unusual「異常な／普通でない」

◆39日目・40日目◆

・come to an end「終わる」

［例］　The negotiation will soon **come to an end**.
　　　　交渉はすぐに終わるだろう。

・abandoned「見捨てられた」

【解説】

問1　41　③

　　探索者の旅の目的は何か？　41

　①　惑星の知的生物を援助すること

— 585 —

② 惑星を侵略し植民地を拡張すること
③ **自分たちの故郷の惑星の外で生命体を探すこと**
④ 自分たちの新しい宇宙船の性能をテストすること

　日誌の1日目～8日目までに宇宙船がついに惑星Xに接近，9日目に海のような場所に入ったと分かる。9日目に「なんて興奮するのだろう！　この惑星で生物を見つけたのだ！」とある。したがって，③が正解。

問2　42　②

　探索者が宇宙から惑星を観察していたとき，彼らはその惑星の知的生物は　42　だろうと想像した。
① 他者に攻撃的
② **技術を進歩させている**
③ 宇宙に何の関心もない
④ もうそこには住んでいない

　4日目に探索者たちは惑星Xの軌道上で周回航行をしていて宇宙ステーションのようなものを目にして「いくつか機械的な機器が惑星の周りを回っていて，そのデザインはかなり複雑だ。それらはある種の知的存在によって作られたのは確実だ」とあるので，②が正解。

問3　43　②

　9日目で使われている<u>reservations</u>という語は意味的に　43　にもっとも近い。
① 約束
② **不安**
③ 期待
④ 防御

　9日目第9文に「彼らは我々に会うのに<u>reservations</u>を抱いているのだろうか？」とある。reservationには「予約」，「留保」，「不安」などの意味があるが，その直前で，「この惑星の指導者は我々から姿を隠しているのだろうか？」とあるので，②の「不安」だと推測できる。②が正解。

問4　44　①

　次のどれが日誌の著者を最もよく述べているか？　44
① **タコに似た形をした生物**
② 他の惑星を探査している人間の科学者
③ 人間によく似た宇宙の生物
④ 腕のない平たい知的な動物

　19日目第2文～第5文に「我々にとてもよく似た生物を見つけときはとくに驚いた。その体の上半身は，丸くて軟らかかった。その下には2つの大きな目と数本の長い腕があった。それはもうもうと雲状の黒い物質をあとに残して，すばやく逃げた。」とある。この描写の生物はイカかタコなので，①が正解。

2018年度　本試験〈解説〉29

問5　45　③
　　探索者たちはすべての知的生物は 45 だろうと間違って思い込んだ。
　① 自分たちの種よりも創造力がない
　② 地上へと前進した
　③ ある種の液体の中に住んでいる
　④ 彼らの言語を理解する
　　日誌の39日目までで，探索者たちは，惑星Xの生物は海だと思われる場所に住ん
　でいたが，死に絶えて遺跡を残しているのだと考えていた。しかし，最終日の40日
　目に惑星から離れようとして，乾燥地域の生物を見て，最終文で「宇宙船内の液体
　に無事浮かびながら，我々の常識が間違った結論に導いたのだと分かった」とある
　ので，③が正解。

第6問　長文読解問題(論説文)

【全訳】

(1) 技術とそれに結びついた発見がいかに我々が世界を理解する仕方を変えてきた
　かを，歴史が教えてくれる。多くの技術的な機器が，五感のような我々の自然な
　能力にさらに範囲と能力を与えている。これらの機器の中の多くのもののおかげ
　で，我々は肉眼では見られない物を見ることができる。見えないから見えるへの
　この変化は，我々が世界を理解する際の膨大な発展につながり，我々の考え方に
　強い影響を与えた。

(2) 17世紀に，ある科学者は，ある方法で2つのレンズをまとめることで，物を大
　きく見えるようにすることができることに気付いた。彼はこの技術を用いて最初
　の簡単な望遠鏡を作った。これらの初期の望遠鏡を使うことで，昔の科学者たち
　は詳細に月の表面を描き，木星には少なくても4つそのような衛星があるのを見
　ることができた。そのとき以来，人々は視野を広げる様々な機器を発達させ，そ
　の結果，地球の彼方にある宇宙についての事実を明らかにした。望遠鏡は，我々
　に直接届く距離を越えたものについて，新しい見方を与え続けている。

(3) 後になると，望遠鏡に似た原理を用いて顕微鏡が発展した。顕微鏡のおかげ
　で，小さすぎて我々には通常見ることができない物を研究することができる。顕
　微鏡を通して見ることは，科学者たちにまったく新しい世界を開いた。顕微鏡の
　発明以前には，彼らは，人間の細胞組織の構造や動植物の細胞を見ることはでき
　なかった。これらのものを見たとき，全体で分けることができないと思っていた
　ものが実際はより小さな物でできていることに彼らは気付いた。これらの物は顕
　微鏡の助けでしか見ることができなかった。今日では，電子顕微鏡によって，
　我々は分子のような一層小さな物を調査することができる。これらの進歩は世界
　の物の構成について我々の概念を変えてしまった。

(4) カメラの発明もまた見えない世界を見えるものにした。世界中ですべてが変化

— 587 —

30

している。なかには，我々の目に見えない速さで変化するものもある。カメラは様々な時点で変化を止める力を我々に与えてくれる道具である。一連の写真は鳥が飛ぶときにどのように動き，運動選手がどのように走るかを明らかにしてきた。カメラはまた，我々が通常気付かないほどゆっくりとした変化を見るのに役立つ。たとえば，何ヶ月も何年もへだてて撮った同じ場面の写真を比べると，いかに社会が変化するのかに関して深い理解を得ることができる。これらの他に，カメラが我々の世界認識を変えた別の多くの方法もある。

(5) 19世紀後半には，新たに発見されたX線を用いた機械が物を見る方法に革命を起こした。ある物の表面だけを見るのではなく，物の中をあるいは物を通して見る能力を得て，多くの物の内的要素を我々の視野に入れた。この能力は職場で実用でき，実験室や美術館で役に立ち，大学で教育的だと分かった。最も重要な応用のひとつは医学においてである。医者たちは病気の診断や体内の問題を見つけるのに苦労することが多かった。X線のおかげで医者は患者を調査し，どこに問題があるのかを突き止め，治療することができた。このようなX線の使用が診断と治療に新たな理解と方法をもたらした。

(6) いろいろな技術機器が肉眼では見ることができなかった物を観察することを可能にしてきた。これは周りの世界の理解を著しく変えた。それぞれの技術的進歩で我々は予測できない形で変化し，それぞれの発見は世界についての我々の知識を増加させる。上に挙げた機器がしたのとまったく同じように，新しい機器は将来にも，我々の生活に影響を与え，我々の考え方を変え続けるだろう。

【語句】

◆第1段落◆

- ・history「歴史」
- ・technology「(科学)技術」
- ・associated「結びついた」
- ・device「機器」
- ・provide A to B「AをBに与える／提供する」
- ・additional「さらなる／付加の」
- ・range「範囲」
- ・capacity「能力」
- ・such as A「たとえばAなど」

［例］ I like fruits, **such as** bananas and mangos.
　　　私はフルーツ，たとえばバナナ，マンゴーなどが好きです。

- ・naked eye「肉眼」
- ・from invisible to visible「見えないから見えるへ」
- ・tremendous「膨大な」
- ・growth「発展／成長」

— 588 —

2018年度　本試験〈解説〉　31

- comprehension「理解」
- influence「影響を与える」
- *one's* way of thinking「考え方」

◆第2段落◆
- notice「気付く」
- hold A together「Aをまとめる」
- telescope「望遠鏡」
- archaic「初期の／十分に発達していない／古めかしい」
- describe「描写する／述べる」
- in detail「詳しく」
- satellite「衛星」
- expand「拡張する」
- concerning A「Aに関して」
- immediate「直接の」
- reach「[しばしば *one's* 〜] 届く範囲／届く距離」

◆第3段落◆
- later「後に」
- microscope「顕微鏡」
- entirely「まったく」
- invention「発明」
- structure「構造」
- tissue「(細胞)組織／線維」
- cell「細胞」
- plant「植物」
- become aware「気付く」
- whole「全体」
- divide「分ける」
- actually「実際」
- consist of A「Aでできている／構成されている」
  - ［例］ The panel **consists of** hundreds of scientists and reviewers.
    その委員会は何百人もの科学者と審査員で構成されている。
- component「構成要素／部分」
- assistance「助け／援助」
- electron microscope「電子顕微鏡」
- investigate「調査する」
- molecule「分子」
- alter「変える」
- concept「概念」

— 589 —

- ・regarding A「Aに関して」
- ・composition「構造／構成／組織」

◆第4段落◆
- ・tool「道具」
- ・freeze「中止させる／凍らせる」
- ・series of A「一連のA」
- ・reveal「明らかにする」
- ・flight「飛ぶこと／飛翔」
- ・athlete「運動選手」
- ・gradual「徐々の」
- ・for example「たとえば」
- ・compare「比べる」
- ・apart「へだてて」
- ・gain「得る」
- ・insight「深い理解／洞察(力)／見識」
- ・society「社会」
- ・besides A「Aの他に」
- ・perception「認識／感覚」

◆第5〜6段落◆
- ・X-ray「X線」
- ・revolutionize「革命を起こす」
- ・rather than A「Aではなく／Aよりもしろ」

[例] Ayurveda focuses on preventing disease, **rather than** simply treating it.
アーユルヴェーダは単に疾患を治療するのではなく，それを防ぐことに重点を置いている。

- ・inner element「内的要素」
- ・practical「実際の役に立つ／実用的な」
- ・laboratory「実験室」
- ・instructive「教育的な」
- ・application「応用／適用」
- ・look into A「Aを調査する」
- ・significantly「著しく」
- ・unpredictable「予測できない」
- ・future「将来」

2018年度　本試験〈解説〉　33

【解説】

A

問1　46　④

　以下のどれが第2段落の archaic と意味的に最も近いか？　46

①　進歩した

②　現代の

・contemporary「現代の／同時代の」

③　普通の

④　初期の

　第2段落の第1～2文に「17世紀に，ある科学者は，ある方法で2つのレンズを
まとめることで，物を大きく見えるようにすることができることに気付いた。彼は
この技術を用いて最初の簡単な望遠鏡を作った」とあるので，④が正解。

問2　47　②

　第3段落によれば，顕微鏡を使うことで人々は何を学んだか？　47

①　細胞は顕微鏡で見るには小さすぎる。

②　物質はより小さな物でできている。

・be made up of A「Aでできている」

③　分子はもっとも小さな構成要素である。

④　レンズの組み合わせは物の大きさを減少させる。

・decrease「減少させる」

　第3段落第2文に「顕微鏡のおかげで，小さすぎて我々には通常見ることができ
ない物を研究することができる」とあるので，②が正解。

問3　48　①

　第4段落によると，カメラで何をすることができるか？　48

①　正確に時間の瞬間を捉えること

②　急速な社会変化を比較すること

③　目に見えない物をより速く動かすこと

④　何が起こるかを予測すること

　第4段落第4～5文に「カメラは様々な時点で変化を止める力を我々に与えてく
れる道具である。一連の写真は鳥が飛ぶときにどのように動き，運動選手がどのよ
うに走るかを明らかにしてきた」とあるので，①が正解。

問4　49　①

　第5段落によると，X線はどのように使われるのか？　49

①　体内の問題の場所を見つける

②　物の表面の見える状態を良くする

・visibility「見える状態／目に見えること」

③　絵画がいつ創作されたかを知る

— 591 —

34

④　化学的化合物の性質をテストする

・compoud「化合物」

　　第5段落第6文に「X線のおかげで医者は患者を調査し，どこに問題があるのを突き止め，治療することができた」とあるので，①が正解。

問5　$\boxed{50}$　②

　　本文の主題は何か？　$\boxed{50}$

①　2つのレンズの適用が人々の視力を良くすることができる。

②　技術の発展が我々の考え方に影響を与える。

③　人々は技術の危険性に気付く必要がある。

④　技術は我々の五感を変える点で重要な役割を果たす。

　　第1段落の要約は，「技術と発見が我々の世界理解を変え，考え方に強い影響を与えた」から始まり，以下の段落ではその技術の具体例として，望遠鏡，顕微鏡，カメラ，X線が続く。最後の第6段落でも「上に挙げた機器がしたのとまったく同じように，新しい機器は将来にも，我々の生活に影響を与え，我々の考え方を変え続けるだろう」と結論している。したがって，②が正解。

B

$\boxed{51}$　④　　$\boxed{52}$　②　　$\boxed{53}$　③　　$\boxed{54}$　①

段落	内容
(1)	導入
(2)	$\boxed{51}$　④
(3)	$\boxed{52}$　②
(4)	$\boxed{53}$　③
(5)	$\boxed{54}$　①
(6)	結論

①　物の内部を調べること

②　小さな物の世界を詳しく調査すること

③　一連の変化の間の瞬間を見ること

④　宇宙を研究するためにレンズを使用

　　第2段落では「望遠鏡の製作と宇宙についての研究」について述べており，これは④「宇宙を研究するためにレンズを使用」に相当する。第3段落では「顕微鏡の登場とそれを使って人間の細胞組織の構造や動植物の細胞を見ることができるようになった」と述べている。これは②「小さな物の世界を詳しく調査すること」に相当する。第4段落では，「カメラは，我々の目には見えない速さの変化を様々な時点で止める力を与えてくれる」と述べており，これは③の「一連の変化の間の瞬間を

－592－

2018年度　本試験〈解説〉　35

見ること」に相当する。第5段落は，X線についてであり，「ある物の表面だけを見るのではなく，物の中をあるいは物を通して見る能力を得て，多くの物の内的要素を我々の視野に入れた」とあり，X線が職場，実験室，美術館で用いられ，特に重要なのが医学分野での使用だと述べている。これは①「物の内部を調べること」に相当する。したがって，51 ④，52 ②，53 ③，54 ①が正解である。

MEMO

英　語

（2017年1月実施）

2017 本試験

受験者数　540,029

平　均　点　123.73

英 語

解答・採点基準 （200点満点）

問題番号(配点)	設問		解答番号	正解	配点	自己採点
第1問 (14)	A	問1	1	④	2	
		問2	2	③	2	
		問3	3	④	2	
	B	問1	4	②	2	
		問2	5	①	2	
		問3	6	②	2	
		問4	7	①	2	
第1問 自己採点小計						
第2問 (44)	A	問1	8	①	2	
		問2	9	②	2	
		問3	10	④	2	
		問4	11	①	2	
		問5	12	②	2	
		問6	13	③	2	
		問7	14	④	2	
		問8	15	①	2	
		問9	16	③	2	
		問10	17	①	2	
	B	問1	18	②	4 *	
			19	⑥		
		問2	20	⑤	4 *	
			21	①		
		問3	22	⑥	4 *	
			23	②		
	C	問1	24	⑤	4	
		問2	25	②	4	
		問3	26	⑦	4	
第2問 自己採点小計						

問題番号(配点)	設問		解答番号	正解	配点	自己採点
第3問 (41)	A	問1	27	②	4	
		問2	28	③	4	
	B	問1	29	③	5	
		問2	30	②	5	
		問3	31	③	5	
	C		32	③	6	
			33	④	6	
			34	②	6	
第3問 自己採点小計						
第4問 (35)	A	問1	35	③	5	
		問2	36	①	5	
		問3	37	④	5	
		問4	38	②	5	
	B	問1	39	④	5	
		問2	40	②	5	
		問3	41	④	5	
第4問 自己採点小計						
第5問 (30)		問1	42	①	6	
		問2	43	②	6	
		問3	44	④	6	
		問4	45	①	6	
		問5	46	②	6	
第5問 自己採点小計						
第6問 (36)	A	問1	47	④	6	
		問2	48	②	6	
		問3	49	④	6	
		問4	50	④	6	
		問5	51	①	6	
	B		52	④	6 *	
			53	②		
			54	③		
			55	①		
第6問 自己採点小計						
自己採点合計						

（注） ＊は，全部正解の場合のみ点を与える。

第1問　発音・アクセント

A　発音

問1　□1□　④

① app<u>ear</u> /əpíər/「現れる」/íər/
② f<u>ear</u> /fíər/「恐怖」/íər/
③ g<u>ear</u> /gíər/「ギア」/íər/
④ **sw<u>ear</u>** /swéər/「ののしる／誓う」/éər/

したがって，④が正解。

問2　□2□　③

① atta<u>ch</u> /ətǽtʃ/「取り付ける」/tʃ/
② <u>ch</u>annel /tʃǽnl/「チャンネル」/tʃ/
③ **<u>ch</u>orus** /kɔ́ːrəs/「コーラス」/k/
④ mer<u>ch</u>ant /mə́ːrtʃənt/「商人」/tʃ/

したがって，③が正解。

問3　□3□　④

① as<u>s</u>ert /əsə́ːrt/「断言する」/s/
② as<u>s</u>ociation /əsòusiéɪʃən/「協会」/s/
③ impre<u>ss</u> /ɪmprés/「印象付ける」/s/
④ **po<u>ss</u>ess** /pəzés/「所有する」/z/

したがって，④が正解。

B　アクセント

問1　□4□　②

① marine /məríːn/「海洋の」第2音節
② **rapid** /rǽpɪd/「急速な」第1音節
③ severe /sɪvíər/「厳しい」第2音節
④ unique /ju(ː)níːk/「ユニークな」第2音節

したがって，②が正解。

問2　□5□　①

① **enormous** /ɪnɔ́ːrməs/「莫大な」第2音節
② evidence /évədəns/「証拠」第1音節
③ satellite /sǽtəlàɪt/「衛星」第1音節
④ typical /típɪkl/「典型的な」第1音節

したがって，①が正解。

問3　□6□　②

① assembly /əsémbli/「集会」第2音節

— 597 —

4

② **correspond** /kɔ̀:rəspáːnd/「一致する」第 3 音節
③ distinguish /dɪstíŋgwɪʃ/「区別する」第 2 音節
④ expensive /ɪkspénsɪv/「高価な」第 2 音節
したがって，②が正解。

問4 　7 　①

① **definitely** /défənətli/「明確に」第 1 音節
② democratic /dèməkrǽtɪk/「民主的な」第 3 音節
③ independence /ìndɪpéndəns/「独立」第 3 音節
④ resolution /rèzəlúːʃən/「決意」第 3 音節
したがって，①が正解。

第 2 問　文法・語法空所補充問題・語句整序問題・応答文完成問題

A　文法・語法

問1 　8 　①

　今日，私は理科の授業で塩水は摂氏 0 度で凍らないと習った。

―― 【ポイント】 ――――――――――――――――――――――

前置詞 at

　前置詞 at は，「温度／速度／距離など」を表す場合に用いられる。

［例 1 ］　The temperature stands **at** 30℃.
　　　　　気温は摂氏30度です。
［例 2 ］　He usually drives **at** 50 miles an hour.
　　　　　彼は通常，時速50マイルで運転する。
［例 3 ］　She lives **at** 50 meters from the station.
　　　　　彼女は駅から50メートル離れたところに住んでいる。

問2 　9 　②

　若者にもっと多くの仕事の機会を創出する必要があると，多くの専門家が考えている。

―― 【ポイント】 ――――――――――――――――――――――

the＋形容詞

　the＋形容詞で「～の人たち」という意味を表すことがある。本問の the young は，「若者」（＝young people）の意味。

［例］　The government must do something to help **the unemployed**.
　　　失業者の人たちを助けるために政府は何かしなければいけない。
［例］　As a doctor Dick devoted his life to caring for **the sick**, **the injured** and the

― 598 ―

disabled.

医者として，ディックは病人，負傷者や障害のある人たちの世話に一生を捧げた。

・expert「専門家」

問3 10 ④

最近，近所の木の葉が黄葉した。

─【ポイント】─

動詞 turn

動詞 turn は turn A で「Aになる」という意味になる。

［例］　The milk I bought a week ago has **turned** sour.

1週間前に買った牛乳が酸っぱくなった。

問4 11 ①

家で食べるのはレストランで食べるのよりはるかに経済的なことが多いと，私は思う。

─【ポイント】─

比較級の強調

比較級の強調には，far，much，a lot などを用いる。

［例1］　This tea is **far** stronger than usual. Will you add some hot water?

このお茶はいつもよりずっと濃いです。お湯を少し加えてくれませんか？

［例2］　This box is **much** larger than that one.

この箱のほうがあれよりもずっと大きい。

問5 12 ②

その映画の主演俳優に選ばれて，ラメシュはすぐにスターになった。

─【ポイント】─

分詞構文

分詞構文が文の述部動詞よりも前の「時」を示すときに，having＋過去分詞の形を用いる。本問では，述部動詞 became より be chosen が前の「時」を示している。

［例］　**Having read** the book, Mike returned it to the library.

マイクはその本を読み終えたので，図書館へ返した。

また，分詞構文が受動態の場合，(having been)過去分詞とする。たいていは過去分詞だけの場合が多い。

［例］　**Having been written** on a red paper, the poem was hard to read.

赤い紙に書かれていたので，その詩は読みづらかった。

この例文も本問も，過去分詞で始めることができる。

［例］　**Written** on a red paper, the poem was hard to read.

［本問］　**Chosen** as the leading actor in the film, Ramesh soon became a star.

── 599 ──

6

問6 　13　　③
　　あなたが入手する情報なら何でも，できるだけ早く私にお知らせください。

─【ポイント】─────────────────────────────

whatever の用法

　whatever A（名詞）SV で「Sが〜するどんなAでも」という意味を表す複合関係
形容詞の用法。先行詞は取らず含んでいる。

[例]　You can buy **whatever toys** you like.
　　　どれでも好きなおもちゃを買っていいよ。

　関係代名詞を用いて書き換えると，any A that SV という形になる。

[例]　You can buy **any** toys **that** you like.

[本問]　Please give me **any** information **that** you get as soon as possible.
─────────────────────────────────────

　・information「情報」
　・as soon as possible「できるだけ早く」

問7　　14　　④
　　台風が突然勢力を弱めたが，それは村にとっては朗報だった。

─【ポイント】─────────────────────────────

前文の内容を受ける関係代名詞 , which

　関係代名詞 which が，前文の内容を先行詞にとることがある。この場合，つねに
非制限用法（, which ...）で用いられ，that など他の関係代名詞は用いられないことに
注意。

[例]　She said she was thirty years old, **which** was not true.
　　　彼女は30歳だといったが，それは本当ではなかった。
─────────────────────────────────────

　・typhoon「台風」
　・village「村」

問8　　15　　①
　　彼は，ラッシュアワーの電車に乗ったとき，誤ってドアに傘をはさまれた。

─【ポイント】─────────────────────────────

get A＋過去分詞

　get A＋過去分詞で「Aを〜させる／〜してもらう／〜してしまう」という意味を
表す。この形では，Aと過去分詞の間には，受動の意味関係が成り立つ。

[例]　I **got** my bicycle **repaired**.
　　　僕は自転車を修理してもらった。
─────────────────────────────────────

問9　　16　　③
　　このクラスでアビーほど親切な人はいない。彼女はいつも困っている人を助けて
いる。

─ 600 ─

【ポイント】

否定と比較

　否定と比較を用いると，最上級に相当する意味となる。本問の場合，否定の Nobody[Nothing] に as+原級+as A の同等比較で「Aほど〜なものはない」という意味になる。同様な表現は Nobody[Nothing]+比較級 than A でもできる。

［例］　**Nobody** in the neighborhood is **as rude as** Ronald.
　　　　近所の人でロナルドほど無作法な人はいない。

［例］　**Nothing** is **as important as** passion.
　　　　何物も情熱ほど大切なものはない。

［例］　**Nothing** you wear is **more important than** your smile.
　　　　君が身につけているもので君の微笑ほど大切なものはない。

・in trouble「困って」

問10 ┃17┃ ①
　　アンジェリーナはこの前の土曜日に私が祭りを楽しんだかどうか尋ねた。

【ポイント】

時制の一致

　動詞が2つ以上ある場合は，共通の時制を用いるのが原則である。とくに，think, say, know, ask などの伝達動詞が過去になるとその後の従属節中の動詞は時制をひとつ前へずらして用いる。本問の場合は，「尋ねた(asked)」のが過去のことなので，空所では enjoy を had enjoyed にする。

［例1］　He **thought** that he **would** become a writer in future.
　　　　 彼は将来，作家になろうと思った。

［例2］　My uncle **said** that he **had returned** from England three days before.
　　　　 おじは3日前にイギリスから戻ったところだと言った。

・festival「お祭り」

B　語句整序問題

問1 ┃18┃ ② ┃19┃ ⑥
　　ケイタ：君の部屋は物が多いね。
　　シンディ：分かってるわ。実は，<u>部屋をきちんと整頓しておくのがむずかしいの。</u>

【正解】

Actually, I ┃find┃ it difficult ┃to┃ keep it neat and clean.
　　　　　③　②　　④　　①　⑥　⑤

【ポイント】

1. find it difficult to-不定詞

　find it difficult to-不定詞で「〜することがむずかしいと思う」という意味を表す。

8

it は形式目的語で，to-不定詞以下の内容を指している。

［例］ He **found it difficult to do** the work by himself.

　　　 彼はその仕事を一人でやるのがむずかしいと思った。

２．keep A＋形容詞

　keep A＋形容詞で「Aを～にしている」という意味を表す。

［例］ Mary is very sensitive to heat, so she **keeps** the window **open** however cold it is outside.

　　　 メアリーは暑さにとても弱いので，外がどんなに寒くても窓を開けたままにしている。

問2　20　⑤　21　①

　　　テッド：ジョーンズ教授にこの論文を書き直すように言われたよ。

　　　ジャック：そうか，まあ，<u>数時間かかるかもしれないが</u>，きっともっと高い点数が取れるさ。

―【正解】――――――――――――――――――――――――――――

　Oh, well, it ｜may｜ cost you ｜a few｜ hours ,
　　　　　 ④　 ⑤　 ②　 ⑥　 ①　　 ③

―【ポイント】――――――――――――――――――――――――――

動詞 cost

　cost は cost A B の形で「A（人）にB（時間・労力・費用）がかかる／A（人）にB（損失・犠牲）を支払わせる」という意味となる。

［例］ It **cost** you much time, money and patience to get it.

　　　 あなたがそれを手にするには多くの時間と金と根気がかかった。

［例］ Only one mistake may **cost** a person his life.

　　　 ただひとつのミスで人は生命を失うかもしれない。

問3　22　⑥　23　②

　　　リタ：ダニエルと私，もう帰らなきゃ。

　　　父親：おや，<u>どうしていつもより早く帰るんだい？</u>　夕食まではいるだろうと思っていたのに。

―【正解】――――――――――――――――――――――――――――

　Oh, how come ｜you｜ are leaving ｜earlier｜ than usual?
　　　　 ③　　 ⑥　 ①　　 ④　　 ②　　 ⑤

―【ポイント】――――――――――――――――――――――――――

１．How come

　How come SV ...? で「なぜ…？」という意味になる。How come の後ろは，普通語順なのに注意が必要。

［例］ **How come** you missed the train?

― 602 ―

なぜ列車に乗り遅れたの？

2．earlier than usual

earlier than usual で「いつもより早く」という意味になる。

[例]　The first snow came a month **earlier than usual**.

初雪が例年より1ヶ月早く降った。

C　応答文完成問題

問1　24　⑤

労働者：一度にこれらの仕事を全部はできない。どれを最初にしたらいいと思う？

同僚：ええっと，月報がとても重要だから，忘れずに月報を5時までに提出しなければいけない。

―【正解】

you have to remember	to turn it in	by five o'clock.
(B)	(A)	(A)

・at the same time「一度に／同時に」

・realize「はっきりと理解する／実感する／気づく」

・turn in A / turn A in「Aを提出する」（＝submit）

―【ポイント】

1．動詞 remember

remember は後に to-不定詞と動名詞を目的語に取る。remember to-不定詞は「～するのを覚えている／忘れずに～する」の意味となる。remember ～ing は「～したのを覚えている／～したのを思い出す」の意味となる。本問では，「月報」の仕事が重要でそれをまず提出すべきだとアドバイスしているので，to-不定詞を目的語にとる。

[例1]　I **remembered to fill out** the form.

私は忘れずにその書類に記入した。

[例2]　I **remembered filling out** the form.

私はその書類に記入したことを覚えていた。

2．前置詞 by

前置詞 by は，by A「Aまでには」の意味を表し，動作・行為の完了の時点を示す。一方，till A は「Aまで（ずっと）」という意味を表し，動作・状態がある時点までの継続を示す。

[例]　He will come **by** midnight.

彼は真夜中までにはやって来るでしょう。

[例]　The concert has been put off **till** next week.

コンサートは来週まで延期になった。

10

【解法のヒント】

「一度にこれらの仕事を全部はできない。どれを最初にしたらいいと思う？」の返事に同僚が何と答えたかを問う問題。左１列目では(B)が可で、(A)のrealizeは直後にto-不定詞も動名詞もこないので不可。提出するのがこれからのことなので、２列目は(A)だと分かる。また、３列目も(A)のbyと結びつく。したがって、正解は⑤となる。

問2　[25]　②

　　テイラー：またクリケットを見ているのかい？　どうしていつもクリケットの試
　　　　　　　合を見るのか分からないよ。
　　アデール：私、クリケットが大好きだし、これは大一番なの。ルールが分かれば、
　　　　　　　あなたにもクリケットは本当に面白いと思うわ。

┌─【正解】────────────────────────────┐
│ If you knew the rules, │ it would be │ really interesting │ for you, too. │
│ 　　　(A) 　　　　　　　　(A) 　　　　　　(B) │
└────────────────────────────────┘

┌─【ポイント】──────────────────────────┐
│ １．仮定法過去
│ 　If S'＋過去..., S would［could / should / might］＋動詞の原形... の形で用いられ
│ る。現在と反対の事実や可能性の少ない未来の内容について述べる。
│ ［例］　**If** we **caught** the 6 o'clock train, we **could** get there by lunchtime.
│ 　　　　もし我々が６時の列車に乗れば、昼食時までにそこへ着けるだろう。
│ ２．分詞形容詞
│ 　動詞interestは「(人に)興味をいだかせる」の意味を表すので、現在分詞
│ interestingは「人に興味をいだかせるような／興味深い」の意味になり、過去分詞
│ interestedは「人が興味をいだかせられている／人が興味をいだいている」の意味
│ になる。本問ではitはcricket matchなので「人に興味をいだかせるような」の意
│ 味であるinterestingを選ぶ。このような動詞の現在分詞・過去分詞を元にしてで
│ きた形容詞を「分詞形容詞」と呼ぶことがある。
└────────────────────────────────┘

┌─【関連】────────────────────────────┐
│ 注意すべき分詞形容詞には次のようなものがある。
│ an exciting game「わくわくする試合」⟷ an excited audience「興奮した観衆」
│ a surprising report「驚くべき報告」⟷ a surprised look「驚いた顔つき」
│ disappointing results「期待外れの結果」⟷ a disappointed voice「がっかりし
│ 　　　　　　　　　　　　　　　　　　　　　　　　　　　　　　た声」
│ amazing skills「驚くほどの技能」⟷ an amazed face「驚いた顔」
└────────────────────────────────┘

－604－

【解法のヒント】

　アデールがクリケットの試合を見ていて，テイラーに「どうしていつもクリケットの試合を見るのか分からないよ」と言われ，何と答えたかを問う問題。左１列目は(A)，(B)ともに可だが，２列目で(A)，(B)ともに仮定法の形になっているので，１列目は仮定法過去の(A)だと決まる。すると２列目は仮定法過去で(A)と決まる。３列目は主語が it で cricket なので(B)になる。したがって，正解は②となる。

問3 　26　⑦

　フリッツ：学生たちがナオキの噂^{うわさ}を聞いたと言っていたよ。

　ソフィア：私もそれを聞いたけど，そのうわさは嘘だわ。<u>どうすれば噂が広まるのを止められる</u>のかしら。

【正解】

I wonder | how we can | prevent it | from spreading.
　　　　　　(B)　　　　　 (B)　　　　　 (A)

【ポイント】

１．動詞 wonder

　動詞 wonder は **wonder＋疑問詞**で「…かなと思う／…かなと知りたがる」という意味になる。wonder の後ろは間接疑問文となり，普通語順。

［例］　I **wonder why** he refused her invitation.

　　　　どうして彼は彼女の招待を断わったのかな。

２．prevent A from ～ing

　prevent A from ～ing で「Aが～するのを妨げる／防ぐ」という意味になる。

［例１］　The new medicine **prevented** the disease **from** spreading all over the world.

　　　　その新薬は病気が世界中に広がるのを防いだ。

［例２］　James had a back injury that might **prevent** him **from** playing in tomorrow's game.

　　　　ジェイムズは背中に怪我をしたので明日の試合には出場できないかもしれなかった。

【解法のヒント】

　フリッツにナオキの噂について話しかけられたソフィアが何と言ったかを問う問題。左１列目は(B)が可。(A)は wonder の後なのに，間接疑問になっていないので不可。２列目は(A)の persuade は「説得する」，(B)の prevent「妨げる」だが，３列目に spread「広まる」が来ているので，(B)の prevent だと推測できる。そうなると３列目は from のある(A)しかない。したがって，正解は(B)→(B)→(A)の⑦となる。

12

第3問　対話文空所補充問題・不要文選択問題・意見要約問題

A　対話文空所補充問題

問1　27　②

> 学生：今日あとで，先生に僕のスピーチの原稿をチェックしていただく時間はありますか？
> 教師：いや，今日は時間がないと思う。今日の午後，いくつか約束があるんだ。
> 学生：分かりました。ええっと，…②<u>明日授業後に先生の部屋へ行ってもいいですか?</u>
> 教師：いいよ。それから，来る前に読んでおけるようにメールで原稿を送っておいて。

・draft「草案／原稿」
・appointment「(人と会う)約束」

【他の選択肢】
① その約束を必ずキャンセルできるのですか？
③ 今日先生と約束しましょうか？
④ どうか見るべき原稿を渡してくれませんか？

【解法のヒント】
　スピーチの原稿のチェックを教師に断られた学生が次に何と言うかの場面。空所の直後で「いいよ。それから，来る前に読んでおけるようにメールで原稿を送っておいて」と教師が言っているので，「明日授業後に先生の部屋へ行ってもいいですか」を入れると自然な会話の流れになる。②が正解。

問2　28　③

> 　　ケン：今週末メモリアルパークに行くのはどう？
> イーサン：ここからの距離はどのくらい？
> 　　ケン：そうだね，急行電車で2時間くらいだよ。
> イーサン：おお，ちょっと遠いね。そこまではいくら？
> 　　ケン：6千円くらいだけど，本当に美しい場所だと聞いてるよ。
> イーサン：分かってるけど，③<u>それはかなり高すぎるね。</u>どこか他に行くところを見つけようよ。

【他の選択肢】
① 僕は外出する気になれない
② それは僕らがそこに行く助けになる
④ 僕らはこの機会を見逃すわけにはいかない
・express train「急行電車」
・a bit「少し」

— 606 —

2017年度　本試験〈解説〉　13

【解法のヒント】

　週末にメモリアルパークに行こうと誘うケンに対してイーサンが何と答えるかの場面。空所の直後で「どこか他に行くところを見つけよう」と言うイーサンはメモリアルパークに反対する理由が入ると判断できる。ケンの「6千円くらいだけど」という発言に対応した③が正解。

B　不要文選択問題

問1　29　③

【全訳】

　足にあった靴を履くことで，足の問題を減少することができる。正しい靴を選ぶために考えるべきいくつかの重要な点がここに述べてある。①インソール，つまり靴の内底は，歩く時に足にかかる衝撃を吸収する素材で作られていることを確認しなさい。②靴の上部は革や布のような通気性のある素材で作られているほうが良い。③ブランド品の革靴には流行のデザインなので有名なものがある。④ためしに履いてみるときは，靴の長さだけでなく深さや幅にも注意しなさい。正しい靴を履くことで，問題が減って歩くのを楽しむことができる。

【語句】

・proper「適切な」
・reduce「減少する」
・in order to-不定詞「～するために」
・make sure (that) SV ...「必ず…する／…を確かめる」

　　［例］　**Make sure** that you keep all the receipts.
　　　　　　レシートは必ず全部取っておくようにしてください。

・insole「インソール／靴の内底」
・be made of A「Aでできている」
・absorb「吸収する」
・impact「衝撃」
・breathable「通気性のある」
・leather「革」
・cloth「布」
・try on A / try A on「Aを試着する／履いてみる」

　　［例］　Can I **try on** this dress?
　　　　　　この服を試着してみてもいいですか？

・pay attention to A「Aに注意する」
・not only A but also B「AだけでなくBもまた」

　　［例］　The playwright **not only** wrote the plot and lines in detail, **but also** the detailed settings of places and camerawork.

－ 607 －

その脚本家は筋とせりふだけでなく，場所の詳しいセッティングとカメラワークも書いた。

- length「長さ」
- depth「深さ」
- width「幅」

【解法のヒント】

このパラグラフは「正しい靴の選び方」について書かれたものである。その注意すべき点として①「靴のインソール」，②「靴の上部」，③「ブランド品の革靴」，④「ためし履き」があげられている。③だけが「ブランド品の革靴と流行のデザインと知名度」を問題にしているので，前後の文脈と合わないことになる。したがって，③が正解。

問2　30　②

【全訳】

日本には物資を運ぶ方法がいくつかある。それぞれの方法にはいずれもその長所と欠点がある。①空輸は，高価になることもあるが，迅速な配送を要する物資の輸送には適している。②バスは多くの乗客を運ぶことができ，日常生活に便利である。③一方，船は低費用で大量のものを運ぶことができるが，目的地に着くまでに多くの時間がかかる。列車は駅にしか停車できないが，到着時間を容易に見積もることができる。④トラックは，列車に比べるとあまり多くの物資を運べはしないが，各戸に1件ずつ物を運ぶには有用である。それぞれの輸送方法のこのような長所と欠点は，必要に応じて最善の方法を選べるよう，考慮されるべきである。

【語句】

- transport「運ぶ／輸送する」
- goods「物資／品物」
- advantage「長所／利益」
- disadvantage「欠点／不利益」
- delivery「配送」
- passenger「乗客」
- convenient「便利な」
- daily life「日常生活」
- large quantity「大量」
- destination「目的地」
- estimate「見積もる」
- compared with A「Aと比べると」

[例]　She is very meek **compared with** her noisy older sister.

彼女はやかましい姉に比べてとてもおとなしい。

- merit「長所／利点」

— 608 —

・demerit「短所／欠点」
【解法のヒント】
　このパラグラフは，「物資の輸送方法」について述べたものである。①「空輸」，②「バスと乗客」，③「船での輸送」，④「トラック輸送」があげられている。②だけが物資の輸送ではないので，前後の文脈と合わないことになる。したがって，②が正解。

問3　31　③
　【全訳】
　かつて覚えたことを忘れたら，最初にそれを覚えたところに戻りなさい。実証研究がこの考え方を支持している。たとえば，2つのダイバーのグループが海に潜った。①水中で一連の単語を聞いてから，ダイバーたちは陸に戻って思い出せる限りの単語を書き出した。②1日後，1つのグループは陸にいたが，もう1つのグループは海中に戻った。③研究者たちは，その単語のリストを慎重に選び，ダイバーたちはダイビングする場所を選んだ。④それぞれのグループは前日に覚えた単語を思い出して書くように要求された。　海に戻ったダイバーたちは陸に残ったダイバーたちよりも単語をよく思い出すことが分かった。したがって，人の記憶力は，覚えることと思い出すことが同じ環境でなされた方が勝っているようである。

【語句】
　・originally「最初に」
　・experimental study「実証研究／実験的な研究」
　・underwater「水中で」
　・write down「書き留める」
　・researcher「研究者／調査者」
　・selected「選ばれた」
　・diving site「ダイビングする場所」
　・recall「思い出す」
　・It turned out that ...「…ということが分かった」
　［例］　**It turned out that** most people use ordinary toothbrushes, but as they get older, more people start to use electric toothbrushes and dental floss.
　　　　ほとんどの人が普通の歯ブラシを使っていますが，年齢が上がるに従って電動歯ブラシやデンタルフロスを使うようになる人が多いことが分かりました。
　・environment「環境」
【解法のヒント】
　このパラグラフは，「記憶の実験」について書かれたものである。冒頭の2文では，覚えたことを忘れたら，最初にそれを覚えたところに戻るという実証研究が行われたとある。①「水中で単語を聞いて陸で書き出す」，②「1日後，1つのグループは陸，もう1つのグループは海中に」，④「それぞれのグループは前日に覚えた単

— 609 —

語を思い出して書く」という実験内容と手順が述べられている。③は「研究者たち
は，単語リストを選び，ダイバーたちはダイビング場所を選ぶ」という実験趣旨か
らずれている。よって，③が正解。不要文選択問題の特徴である，語彙は似ている
が脱線した内容の文を挿入するという問題の典型である。

C　意見要約問題

32　③

【全訳】

アリス：市長はこの町を発展させる方法を話し合うために，私にこの会議の進行を
　　　　するように頼まれました。トム，あなたから始めてくれませんか？

　トム：分かりました。ここに新工場が建てられたら，もっと多くの人たちがこの
　　　　町に移って来るでしょう。それは，お客さんがもっと増えるのですから，
　　　　地元の店やレストランの助けになります。また，ここの住民で隣の町で働
　　　　いている人の中には，ここで仕事を見つけられる人も出てくるでしょう。
　　　　たくさんの人たちが通勤で運転する往復時間の長さに不平をこぼしてきま
　　　　した。自宅にもっと近いところで働ければ，家族で一緒に過ごす時間が増
　　　　えて彼らの家庭生活が良くなることでしょう。

アリス：トム，あなたは，③私たちの町の人たちはここの新しい職場から利益を受
　　　　けるだろうと言っているのですね？

【語句】

・mayor「市長」

・factory「工場」

・customer「お客」

・resident「住民」

・complain about A「Aについて不平を言う」

［例］Bobby is always **complaining about** the food.
　　　ボビーはいつも食物のことで不平を言っている。

・back and forth to work「仕事の行き帰りに」

・improve「良くする／改良する」

【解説】

①　私たちの町の住民には他の町に仕事に行くことを好む人が多い

②　新しいビジネスは販売を増やすためにもっと多くのことをすべきである

③　私たちの町の人たちはここの新しい職場から利益を受けるだろう

④　隣の町で働くことが人々の生活をもっと良くするだろう

　　トムは，自分たちの町に新しい工場ができることで地域住民に様々な利益がある
と述べている。したがって，③が正解。

2017年度　本試験〈解説〉　17

33　④

【全訳】

トム：そう，その通りです。

キャロル：ええと，私はショッピングモールを建てた方がいいと思います。それは客にも店主にも良いことでしょう。新しい住宅団地が町の北東部に完成すれば，そこに住む人たちは近くで買い物ができるモールを喜ぶでしょう。私の商売仲間の多くは新しい場所に移転できることを望んできました。そのようなモールは，より多くの人たちが店を訪れるでしょうから，店主の利益になるでしょう。

リック：賛成です。モールは，町の他の地区の人たちが1箇所で買い物を全部できるわけですから，彼らにも役立ちます。皆さんの時間を省いてくれるし，家族は生活をもっと楽しむことになるでしょう。それに，幹線道路の出口も同じ地区にあります。ですから，この町の人たちがそこに建てられたモールで買い物をするだけでなく，他の町の人たちもそこを利用しやすくなるでしょう。それで，ここの地域企業の利益は上がるでしょう。

キャロル：その通り。その結果もっとお客がこの町に来てくれるだけでなく，この町の家庭生活もずっと良くなるでしょう。

アリス：それでは，2人ともモールは，④<u>私たちの町の経済と利便性を向上させる</u>助けになると感じているのですね。

【語句】

- ・shopping mall「ショッピングモール」
- ・housing complex「団地／集合住宅」
- ・complete「完成する」
- ・northeastern「北東の」
- ・be pleased with A「Aに喜ぶ／満足している」
- ・merchant「商人」
- ・benefit「利益」
- ・agree「賛成する」
- ・save A B「AのBを省く／AからBを省く」

［例］　Your help **saved** me a lot of work.

　　　あなたが手を貸してくれたのでとても手間が省けました。

- ・highway「幹線道路」
- ・exit「出口」
- ・area「地域／分野」
- ・profit「利益」
- ・Right.「その通り」

－611－

18

【解説】

① 幹線道路を修復する金銭をこの町にもたらす

② 繁華街と北東部を発展させる

③ 多くの論争や議論を引き起こす

・give rise to A「Aを引き起こす／生じさせる」

［例］ High unemployment can often **give rise to** crimes.

しばしば，高い失業率は犯罪増加につながることがある。

④ **私たちの町の経済と利便性を向上させる**

キャロルとリックの考えはリックがキャロルに賛成しているので，キャロルの発言の「新しい住宅団地が町の北東部に完成すれば，そこに住む人たちは近くで買い物ができるモールを喜ぶでしょう。…そのようなモールは，より多くの人たちが店を訪れるでしょうから，店主の利益になるでしょう」に要約されている。また，リックの最終2文も「ですから，この町の人たちがそこに建てられたモールで買い物をするだけでなく，他の町の人たちもそこを利用しやすくなるでしょう。それで，ここの地域企業の利益は上がるでしょう」と述べている。したがって，④が正解。

34 ②

【全訳】

レスリー：私はモールを建てたり，企業を立ち上げることがここの経済を伸ばすのに役立つ唯一の方法だとは思いません。私たちは，もうすでにこの町を有名にしている自然の美しさを利用する方法を見つけるべきです。それがこの町を家族の住みやすい場所にするのです。

エレン：私もそう思います。私たちは，ここに住む家族や訪問者たちが楽しんでいるものを変えることなく発展するように努力すべきです。この町の美しい風景をもっと創造的に利用することは，人がここに来て住むのを促すことになるでしょう。そうなれば，この町にもっとお金が入ってきます。

レスリー：全く同感です。長い目で見れば，自然環境を保全しないとこの町は損害をこうむることになります。

アリス：それでは，レスリーとエレンはこの町の自然的特徴を維持する重要性について述べているのですね。さて，これまでの話し合いから，皆さんが考えていらっしゃるのは，この町を発展させる際に，私たちは②住民の家庭生活を考慮するべきだということだと思えます。他に考慮すべき点があるかどうか確かめましょう。

【語句】

- economy「経済」
- scenery「風景」
- creative「創造的な」
- encourage A to-不定詞「Aに〜するよう促す」
- in the long run「長い目で見れば／結局(は)」

［例］ **In the long run**, it is cheaper to buy the larger bottle than the small one.
　　　長い目で見れば，小瓶より大瓶を買った方が安い。

- surroundings「環境」
- preserve「保全する／保護する」
- maintain「維持する」
- features「特徴」
- so far「これまでの／今までのところ」

［例］ There has been no contact **so far** with her.
　　　これまでのところ，彼女との連絡がつかない状態になっている。

【解説】

① 大きなショッピングセンターを建設する
② 住民の家庭生活を考慮する
③ 従業員の数を増やす
④ 自然環境のことを考える

　アリスの発言は，前半はレスリーとエレンの発言「モールを建てることに反対し，自然的特徴を維持することの重要性」を要約しているが，後半はレスリーとエレンだけでなく，「工場やモールの建設を重視する」というトムやキャロルの意見を含めた内容になっているので，4人に共通する点が空所に入る。経済的な手法では対立しているが，「地域住民の家庭生活の向上」という点では共通していると推測できる。したがって，②が正解。①，③はトムやキャロルの考え方，④はレスリーとエレンの考え方。

第4問　図表・広告問題

A　図表問題

【全訳】

　スポーツや運動のような子供時代の身体活動は，大きくなってからの健康にとてもためになることがある。したがって，健康のために子供時代の身体活動を促進することは重要である。校庭は子供や若者が身体活動に参加する気持ちになる場所の1つである。よって，どのように校庭が生徒たちに利用されるかを知ることで，彼らの身体活動を促進するのに役立つ考えを得られる可能性がある。

　ある調査がデンマークの4つの学校で，どれ程異なるタイプの校庭エリアが利用

されているか，またそれらのエリアで生徒たちが活発であるか不活発であるかを調査するために実施された。その調査では，校庭エリアはその主要な特徴によって分類され定義された。グラスは運動場，または天然の緑の芝生エリアを表していて，サッカーによく使われたが，引かれたラインやゴールはなかった。マルチコートはテニスや他の球技用に設計され，表面は人工芝やゴムなど様々でフェンスで囲まれたエリアを指していた。ナチュラルはたとえば灌木や木立，自然石のあるエリアを表していた。プレイグランドは砂のような安全な表面にブランコや滑り台のような遊具のあるエリアを表していた。ソリッド・サーフェスはコンクリートのような最も硬い表面のエリアのことを指していた。このエリアは平らな広場で，競技用に数多くのペンキの印があり，様々な所にベンチが置かれていることが多かった。

　GPS装置や他の機器を使って，研究者たちは生徒たちが異なる校庭エリアで過ごす時間の長さとその身体活動の程度を測定した。図1は全生徒の各エリアにおける1日の使用時間の平均，そして子供(12歳以下)と若者(13歳以上)に分けられたそれぞれの平均を表している。ソリッド・サーフェスは全生徒がほとんどの時間を使ったエリアであることが明らかで，次にマルチコート，そしてグラスが続いていた。ナチュラルとプレイグランドは全生徒の平均が似ているが，プレイグランドの全生徒の平均は2分をわずかに超えていた。

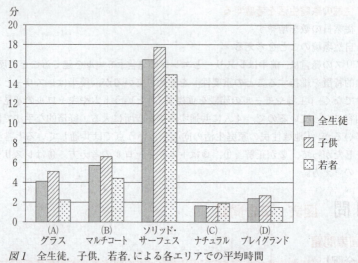

図1　全生徒，子供，若者，による各エリアでの平均時間

　さらに，研究は子供と若者が校庭で過ごす平均使用時間の違いを明らかにした。若者と比べて，子供はナチュラル以外のすべての校庭エリアでより多くの時間を過ごしていた。子供の方がより多くの時間を過ごすことは，4校すべての校則によって子供は昼休みに校庭を離れることは許されないが，若者は望めばそれが許されるという事実によって説明されるかもしれない。

　身体活動の程度に注目したとき，研究者たちは校庭エリアの違いを発見した。生

徒たちはグラスとプレイグランドにおいて最も活発だった。一方，ソリッド・サーフェスでは彼らは全く不活発で，若者が体を活発に動かしたのはそこで過ごした時間のわずか７％だけだった。

　この調査結果は，校庭の様々な環境や特徴の可能性を調査することの重要性を示している。生徒の健康を増進するためには，子供や若者がする様々な競技が身体活動に参加して消費される時間の長さにどう影響するかを観察することも有益である。今度はこれらの関係に注目してみよう。

(アンリエット ボンド アンデルセン他(2015) *5種類の校庭エリアでの身体活動の客観的に測定された違い*を参考に作成)

【語句】
◆第1段落◆
- physical activity「身体活動」
- childhood「子供時代」
- benefit「ためになる／利益を与える」
- therefore「したがって」
- promote「促進する／奨める」
- schoolyard「校庭」
- adolescent「若者／青少年」
- take part in A「Aに参加する」

　［例］　Many singers **took part in** the recording of this song.
　　　　　多くの歌手がこの歌のレコーディングに参加した。

- thus「よって」

◆第2段落◆
- study「調査／研究」
- conduct「行う」
- investigate「研究する／調査する／捜査する」
- area「エリア／場所」
- active「活発な／積極的な」
- passive「不活発な／受身の」
- classify「分類する」
- define「定義する」
- primary「主要な」
- characteristics「特徴」
- represent「表す」
- lawn「芝生」
- surface「表面」
- artificial grass「人工芝」

— 615 —

- rubber「ゴム」
- bush「灌木」
- play equipment「遊具」
- swing「ブランコ」
- slide「滑り台」
- describe「述べる」
- concrete「コンクリート」
- identify「確認する／特定する」
- flat「平らな」
- open space「広場」
- numerous「数多くの」

◆第3～4段落◆

- GPS「衛星利用測位システム／全地球測位システム」（＝global positioning system）
- instrument「機器」
- measure「測定する」
- degree「程度」
- figure「図／表／グラフ」
- display「表す」
- per day「1日につき」
- divide「分ける」
- similar「似た」
- furthermore「さらに」
- in comparison with A「Aと比べる[比較する]と」

［例］ This phone is heavy **in comparison with** the new models that are now available.
　　　 この電話機は，現在入手可能な新型モデルと比べると重い。

- explain「説明する」
- according to A「Aにしたがって／Aによれば」

◆第5～6段落◆

- on the other hand「一方／他方では」

［例］ **On the other hand**, most of the students don't like studying.
　　　 一方，ほとんどの学生が勉強嫌いだ。

- findings「調査結果／研究成果」
- potential「可能性／潜在能力」
- beneficial「有益である」
- affect「影響を与える」
- relationship「関係」

2017年度　本試験〈解説〉　23

【解説】
問1　35　③
　本文によれば，マルチコートとソリッド・サーフェスの違いは何か？　35
① マルチコートとは異なり，ソリッド・サーフェスは年少の生徒が遊ぶ人工芝を含む。
② マルチコートとは異なり，ソリッド・サーフェスは生徒の競技用につけられた境界線を含まない。
③ ソリッド・サーフェスとは異なり，マルチコートは様々な素材で作られた比較的柔らかい表面になっている。
④ ソリッド・サーフェスとは異なり，マルチコートは何にも囲まれておらず，そのため利用しやすくなっている。
　第2段落第4文に「マルチコートは…表面は人工芝やゴムなど様々でフェンスで囲まれたエリア」とあり，第2段落第7文に「ソリッド・サーフェスはコンクリートのような最も硬い表面」とあるから，③が正解。なお，②については第2段落最終文に「このエリアは平らな広場で，競技用に数多くのペンキの印があり」とあることから不正解。

問2　36　①
　図1において，(A)，(B)，(C)，(D)は次のどれを指すか？　36
① (A) グラス　(B) マルチコート　(C) ナチュラル　(D) プレイグランド
② (A) グラス　(B) マルチコート　(C) プレイグランド　(D) ナチュラル
③ (A) マルチコート　(B) グラス　(C) ナチュラル　(D) プレイグランド
④ (A) マルチコート　(B) グラス　(C) プレイグランド　(D) ナチュラル
　第3段落の第3文〜最終文に「ソリッド・サーフェスは全生徒がほとんどの時間を使ったエリアであることが明らかで，次にマルチコート，そしてグラスが続いていた。ナチュラルとプレイグランドは全生徒の平均が似ているが，プレイグランドの全生徒の平均は2分をわずかに超えていた」とあるから，(B)がマルチコート，(A)がグラス，(D)がプレイグランド，(C)がナチュラルだと分かる。したがって，①が正解。

問3　37　④
　本文の主目的は　37　ことである。
① 子供時代に学校で体を活発に動かすことの利点を議論する
② 体を活発に動かす若者の数を増やすためにアドバイスする
③ 芝生のエリアで遊ぶことを生徒に促している学校を紹介する
④ 校庭のタイプがそこにいる生徒の行動に影響を及ぼすことを示す
　本文の第1段落は「どのように校庭が生徒たちに利用されているかを知ること」の重要性を述べ，第2段落では「デンマークの4つの学校での調査と5種類の校庭エリア」の説明がなされている。第3〜4段落は「図1の全生徒，子供，若者，による各エリアに費やされる平均時間」の説明がなされている。第5段落は「調査か

— 617 —

ら分かった校庭と身体活動の程度」について述べている。ここから，④が正解だと分かる。また，本文の最後の出典の名称「*5種類の校庭エリアでの身体活動の客観的に測定された違い*」も参考になる。

問4　38　②

　どんな話題が最終段落に続く可能性が最も高いか？　38

① 異なる活動のための様々な学校環境を調査する利点

② 競技の種類と活動的な時間の長さの関係

③ 校庭の環境が若者の身体活動に及ぼす影響

④ 校庭の表面が身体活動を行うのに使われる時間にどう影響するか

　最終段落の最終2文に「生徒の健康を増進するためには，子供や若者がする様々な競技が身体活動に参加して消費される時間の長さにどう影響するかを観察することも有益である。今度はこれらの関係に注目してみよう」とある。したがって，次に続く可能性が最も高いものは②と判断できる。

B 広告問題

【全訳】

ビデオクリップ・コンテスト：エントリー求む

若手プロデューサー国際協会(IAYP)は，毎年恒例のビデオクリップ・コンテストを本年もまた光栄にも開催致します。本コンテストは皆様の作品を数多くの視聴者と共有する素晴らしい手段です。25歳以下の方ならどなたでも参加できます。IAYPは，以下の4カテゴリーへの出品をご案内しています。

	テーマ	最長時間
カテゴリーA	チームスポーツに関するトピック	3分
カテゴリーB	友情に関する考え	5分
カテゴリーC	実話に基づく社会問題	5分
カテゴリーD	劇的な結末のミステリー	7分

締め切りは2017年10月31日午後11時59分(日本標準時)。各カテゴリーの最優秀作品3点が，著名なビデオ制作者の委員会によって選ばれ，12月にこのウェブサイトに掲載されます。総合優勝者1名は次回のオーストラリアにおけるIAYPシドニー大会への招待券が贈られます。ですから，この機会をお見逃しなく！ ビデオカメラを取り出して撮影を始めましょう！

次の手順に従ってください：
▶ビデオを撮り，コンピューターでお選びのカテゴリーに合わせて適切な長さに編集して下さい。
▶ ここ をクリックして，あなたの詳細を入力し，ビデオクリップをアップロードして下さい。

規則及び条件：
▶各個人またはグループにつき1つのカテゴリーだけ選択できます。
▶締め切り前に送られたクリップのみ受け付けます。
▶クリップはオリジナルで，かつコンテストに初めて出品されるものでなければなりません。

26

【語句】

- ・video clip「ビデオクリップ／録画ビデオの一部」
- ・association「協会」
- ・be proud to-不定詞「〜できて誇りに思う／〜できて光栄だ」
- ［例］ I am **proud to** hear that.
  私はそれを聞いて誇りに思う。
- ・annual「毎年恒例の／１年に１度の」
- ・wide audience「数多くの視聴者」
- ・participate「参加する」
- ・related to A「Aに関係する」
- ・connected to A「Aに関する」
- ・based on A「Aに基づく」
- ・deadline「締め切り」
- ・committee「委員会」
- ・conference「大会」
- ・step「手順」
- ・condition「条件」
- ・for the first time「（生まれて）初めて」

【解説】

問1 　39　　④

IAYP ビデオクリップ・コンテストの目的は　39　を提供することである。

① 同年齢の新しい友だちと出会う場所
② ビデオクリップを制作するためのオーストラリアへの航空券
③ ビデオクリップをコンピューターで制作するための指導
④ **若い人々が自分の作品を発表する機会**

サイトの第２文〜第３文に「本コンテストは皆様の作品を数多くの視聴者と共有する素晴らしい手段です。25歳以下の方ならどなたでも参加できます」とある。したがって，④が正解。

問2 　40　　②

ある高校の野球チームのメンバーたちが海外の姉妹校の選手たちとの絆に関する４分のビデオクリップを出品予定である。そのビデオクリップはどのカテゴリーに出品すべきか？　40

① カテゴリーA
② **カテゴリーB**
③ カテゴリーC
④ カテゴリーD

表中の４つのカテゴリーのうち長さが４分の作品が許されるのは，B，C，Dである。また，姉妹校の選手との絆を描いた作品なので友情をテーマとするカテゴ

― 620 ―

リーBが適切。したがって，②が正解。

問3 　41　④

このコンテストの出品要件に合うものは，次のどれか？　41

① 　若い日本人の探偵を主演とする 9 分のミステリードラマ
② 　ラグビーの試合の練習をする学生たちを描いた 6 分のビデオクリップ
③ 　地元の映画祭で 3 等賞をとった 3 分のビデオクリップ
④ 　2017年10月30日にこのウェブサイトにアップロードされた 3 分のビデオクリップ

④はウェブサイトで下線を施された締め切りより前の提出であり，指示された「手順」や「規則及び条件」にも合っていて，時間の長さも表中のどのカテゴリーにも合うので正解と分かる。なお，①は時間がすべてのカテゴリーの規定外，②は内容的にはカテゴリーAかカテゴリーBに相当するが，時間が規定外，③は他のコンテストに出品済みの作品であることが「規則及び条件」の第 3 項に違反しており，誤り。

第 5 問 　長文読解問題（物語）

【全訳】

　ア————！

　大あくびをして僕は目を覚ました。なんて爽やかな朝なんだろう！　感覚がとても鋭く，いつもよりずっと鋭敏だと感じた。今までにないほどはっきりと鳥のさえずりが聞こえた。コーヒーの匂いが階下からのぼってくるのに気づいた。身体の前で両腕を伸ばし背中を上げた：それはとても気持ちがよかった。僕はきちんと座り直して，手をなめ，それから手で顔を洗い始めた…はぁ？　…　何かおかしかった。なぜ僕は舌で手をなめたりしているんだ？　なぜ体が毛皮で覆われているんだ？　何か言おうとしたが，口から出た音は…「ミャオー」

　僕がいるのは僕の寝室なのは確かだった。座っているのは確かに僕のベッドだった。すべてがいつもと同じだった。ただ自分が別の生き物に変わってしまったらしいことを除いて。すごく驚いたので身動きできなかった。何もできなかった。僕は思いめぐらした——人生の残りを動物として過ごさなければならないのだろうか？　僕は恐ろしくなり始めた…しかし，すぐに，そんな感情は消えた。それから，尻尾を一振りして，周囲を探検し始めた。猫の気持ちはそんな風に変わりやすいのだそうだ。

　下の階へ降りるにつれて，コーヒーの匂いがより強くなり，朝食が何なのか分かった。多分，猫の感覚は人間よりも鋭いのだろう。ダイニングに入ると，目にしたもののせいで心臓が止まりそうになった。それは*僕*だった！　人間の*僕*が食卓に座っていたのだ！　*僕自身*から目をそらすことができなかった。

　人間の*僕*はスマホに夢中になっていて，多分，友達のメッセージに返信している

のか，オンラインゲームをしているのだろう。僕の頭を下のスマホの方に傾けながら，僕は肩を丸め，背中を曲げて座っていた。僕はとても居心地悪そうに見えた。

僕は時々トーストを少しかじったが，僕の口の中の味にまったく気づいていないように見えた。実際，僕の記憶の中のトーストの味はぼんやりしていた。僕は最近，朝食に他に何が出されたかも思い出せなかった。人間の僕は，スマホをいじりながら，愚かにも，皿の上に乗っているものなら何でも自分の口の中に入れているだけだった。僕はメールの内容やゲームにとても集中していたので，僕の周囲で起きていることにほとんど興味を示さなかった。実際，僕の顔には何の表情もなかったのである。

「ユージ，最近，全然勉強しないわねえ。期末試験の準備はしたの？　あなたを見てるとちょっと心配になってくるわ」とママが言った。

「うーん」と僕は言った。僕の顔に不満の様子が少しの間浮かんだが，それは一瞬のうちに消えた。僕の顔は，また前と同じように無表情になった。

<u>「こいつは好きじゃない」</u>と僕は思った。しかし，こいつは僕だった。それを否定することができなかった。初めて，僕は自分が他の人に本当はどのように見えるのかに気づいたのだ。

そのとき，僕が食卓を離れようとしたとき，我々の目が合った。「わあ！　ママ，見て！　ダイニングルームに猫がいるよ！」

どうしてか分からなかったが，僕は走っていた。僕は逃げなければならないと感じた。階段を駆けのぼると，部屋の窓が開いているのが分かった。僕はジャンプした！　僕は奇妙な感じがした。世界が突然，変わってしまったように思えた。自分の体が下へ落ちて行っているのを感じた，そして…

バタン！

目が覚めると，部屋の床の上に寝ていた。僕はのろのろと起き上がりまわりを見た。すべてがいつもと同じように見えた。自分の両手を見た。僕はもはや手が毛で覆われていないのを見てほっとした。立ち上がって，あくびをすると，背中を伸ばすために両手を頭の上で伸ばした。僕はいつもの朝の習慣通り，何も考えず，充電が終わったスマホのある机まで歩き始めた，そして…僕は立ち止まった。

一瞬停止した後，僕は向きを変え，朝食に階段を降りていった。

【語句】

◆第1～2段落◆

- yawn「あくび」
- sharp「鋭敏な」
- than ever before「今までにないほど」
- notice「気づく」
- downstairs「階下」
- stretch out「伸ばす」

・back「背中」
　・meow「ミャオー／ニャー」猫の鳴き声。
◆第3〜5段落◆
　・certainly「確かに」
　・except A「Aを除いて」
　・creature「生き物」
　・the rest of A「残りのA」
　・explore「探検する」
　・changeable「変わりやすい」
　・stair「階」
　・human「人間」
　・be absorbed in A「Aに夢中になる」
　［例］　She **was** totally **absorbed in** her work.
　　　　　彼女は自分の仕事に全く夢中になっていた。
　・bend「曲げる」
　・rounded shoulder「丸まった肩」
　・curved back「曲がった背中」
◆第6〜8段落◆
　・bite「ひとかみ」
　・taste「味」
　・vague「曖昧な／ぼんやりとした」
　・mindlessly「愚かにも」
　・these days「最近／近頃」
　・sign「兆し／兆候／表れ」
　・disappear「消える」
　・in an instant「一瞬のうちに」
　［例］　The ghost disappeared **in an instant**.
　　　　　その亡霊は一瞬のうちに消えた。
　・expressionless「無表情な」
◆第9〜14段落◆
　・this guy「こいつ／この男」
　・deny「否定する」
　・escape「逃げる」
　・shift「変化する」
　・bump「バタン／ドスン」
　・awake「目覚めて」
　・relieved「ほっとして」

30

【解説】

問1 [42] ①

　ユージは自分が猫に変わったと気づいたとき，最初は [42] 。

① **驚いた**

② 恥ずかしかった

③ 興奮した

④ 満足した

　第3段落第4文に「すごく驚いたので身動きできなかった」とあり，その後の第5文で，「何もできなかった」とあり，主人公の驚きの激しさが分かるので，①が正解。

問2 [43] ②

　ユージの母親が彼に話しかけたとき，[43] ので，彼はいらいらした。

① 彼は母親を喜ばせたかった

② **母親の言葉が彼を困らせた**

③ 彼の口は食べ物で一杯だった

④ 母親が彼の勉強を中断させた

　第7～8段落に母親に勉強のことを話しかけられたユージの反応が描写されている。「僕の顔に不満の様子が少しの間浮かんだが，それは一瞬のうちに消えた。僕の顔は，また前と同じように無表情になった」とあるので，②が正解。

問3 [44] ④

　ユージが [44] ので，猫は「<u>こいつは好きじゃない</u>」と思った。

① 朝食で食べた食べ物の味を思い出すことができなかった

② 期末試験のために勉強する努力を隠そうとした

③ 母親が彼の将来を心配することをからかっていた

④ **自分の周囲の人や物に敬意を示していなかった**

　下線部の直前の第6～8段落で猫の自分は，人間の自分が食べ物や母親の言葉など周囲の事に全く関心を示さず，無表情のままスマートフォンに夢中になっているのを見た。そして「こいつ（＝人間の自分）は好きじゃない」と思い，「初めて，僕は自分が他の人に本当はどのように見えるのかに気づいたのだ」とあるので，④が正解。

問4 [45] ①

　物語の最後でユージはスマートフォンを手に取らなかった，なぜなら，彼は [45] から。

① **自分の態度を改める時だと決心した**

② スマートフォンがまだ十分に充電されていないことが分かった

③ 自分の昔からの優先順位にこだわりたかった

④ 母親に叱られるのがこわかった

　第13段落と最終段落は主人公のユージが猫から人間に戻る瞬間が描かれている。

ユージはそれまでの所で猫の目を通して見た自身の姿に嫌悪感を抱き，その典型がスマートフォンに熱中する姿であり，それを改める決意をしたと推測できる。特に最後の2文に，「僕はいつもの朝の習慣通り，何も考えず，充電が終わったスマホのある机まで歩き始めた，そして…僕は立ち止まった。一瞬停止した後，僕は向きを変え，朝食に階段を降りて行った」とあり，いつものようにスマートフォンを取りに行こうとしたが，思い直してスマートフォンを手に取らなかった。したがって，①が正解。

問5 46 ②

この物語の主題は何か？ 46

① 猫は人間よりもずっと優れた感覚を持っている。

② **自分自身を観察することは自己変革につながりうる。**

③ スマートフォンを使う人は奇妙に見える。

④ 信じられないことが夢の中で起きうる。

猫になって，他者の視線で自分の姿を観察することになり，スマートフォンに夢中になり周囲の状況に全く関心がない自分に気づき，態度を改めようと思った，というのがこの物語のストーリーなので，②が正解。

第6問 長文読解問題（論説文）

【全訳】

(1) たいていの人にとって，友情は今の自分の価値ある重要な一部分である。確立した友情は我々自身をより理解するのにつながると，心理学者たちは指摘している。私たちは知人だけでなく，親友との対立に直面し，その結果，友情のいくつかが終わることもありうると述べている。運のいいことに，そのような対立が起きるときでさえ，友情を維持したり，守る方法を見つけることは可能である。

(2) 危うくなった友情を救うのに役立つ1つの方法は絶えず連絡をとることである。ある友人が私たちの気分を害することをしたと私たちが思うとき，私たちの最初の反応は接触を絶つことかもしれない。しかしながら，プライドを捨て，そうするのを避けた方が良いかもしれない。たとえば，メアリーは友人のスーザンの子供を，スーザンが夜間学校を終え，卒業するまで，毎週世話をした。しかしその後，メアリーはスーザンから数か月間，連絡をもらわなかった。だから，彼女はスーザンが自分をただ利用していただけだと思った。彼女はもうスーザンとは口をきかないと決めた。しかし，最後には，無理やり自分の感情を押さえつけてスーザンに自分の落胆について話した。スーザンはすぐに謝り，自分の勉強が終了した後，ただひたすら追いつくことだけしていたと語った。もしもメアリーが言い出さなかったら，問題があることを決してスーザンは，知らなかっただろう。私たちは怒っているときでさえ，接触を絶たないことが良い人間関係を維持していくのにとても重要である。

— 625 —

32

(3)　もう１つの友情を救う方法は，友人の観点から物事を見ることである。たとえば，マークは親友のケイトにとても腹を立てていた。彼女が病院にお見舞いに来なかったからである。彼女は幼い少女だった頃，重病で入院してから病院が怖いのだと，ケイトの友人から後で聞いた。それからマークはケイトが来なかった理由を理解して，怒る代わりに，彼女に同情をした。

(4)　友情に対応することの重要な部分は，私たちの必要性と生活様式が発展するにつれて，友情は変化しうるということを認め受け入れることである。たとえば，私たちは高校で親友を得るかもしれないが，いったん私たちが卒業し，仕事や勉強で別の町へ引っ越しをしたり，結婚したりすると，その友人に会うことは少なくなり，私たちの気持ちも変わるかもしれない。言い換えれば，時々，親密な友情が自然に変わるかもしれない。私たちはいまだに友人ではあるが，以前と同じようにではないかもしれないということを留意しておくべきである。

(5)　人々はどのように友情を長い間保つのだろうか？　あるひとつの研究では，その秘訣を見つけるために，研究者たちは長いこと友人だった多くの人たちにインタビューした。その人たちは，些細な誤解が友情を終わらせる原因となる大きな言い争いになっていかないようにしているということを発見した。友人の観点をとり，自分の正直な気持ちを言うのを恐れないことで，インタビューされた人たちは，些細なことが大きな議論になってしまわないようにすることができた。

(6)　私たちは皆，友情は大切だと知っているが，常に安定したものではないことも分かっている。友情を維持していく上での難しい点は，あらゆる人間関係で起こる良い時期にも悪い時期にも関係を強く保つことである。うまくいっているとき，私たちは友情を享受する。仲が悪くなるとき，上にあげた点を思い出すべきである。時には，私たちは人間関係を順調なものに戻すことができることもあるが，また時には，人間関係は変わりうることを受け入れ十分理解すべきである。しかし，友情がどのような状態であっても，友情は私たちの人生の大切な一部であり続けるだろう。

【語句】
◆第１段落◆
・friendship「友情」
・who S are「今の自分／～（である）人」先行詞を含む用法で関係詞節中の補語となっている。
　［例１］　He is not **who he was**.
　　　　　　彼は今では以前の彼ではない。
　［例２］　She is satisfied with **who she is**.
　　　　　　彼女は今の自分に満足している。
・psychologist「心理学者」
・point out「指摘する」

— 626 —

・well-established「確立した/定評のある/定着した」

・conflict「対立」

・acquaintance「知人」

・result in A「Aという結果になる」

・fortunately「運のいいことに」

・save「守る」

◆第2段落◆

・in trouble「危うい状態で/トラブル状態で/困難な状況で/ピンチに立って」

[例]　You should always help your friend who is **in trouble**.
　　　困っている友達がいたら，いつでも助けてあげなさい。

・response「対応」

・cut off「絶つ」

・swallow *one's* pride「プライドを捨てる/面子を捨てる/自尊心を抑える」

[例]　In order to succeed in business, you sometimes have to **swallow your pride**.
　　　仕事で成功するためには，プライドを捨てなければならない時もある。

・watch「世話をする/気をつける」

・night school「夜間学校」

・hear from A「Aから連絡をもらう/Aから便りをもらう」

・in the end「最後には」

・force *oneself* to-不定詞「無理やり～する/勇気を奮い起こして～する」

・disappointment「落胆」

・immediately「すぐに」

・apologize「謝る」

・catch up with A「Aに追いつく/Aについて行く」

[例]　Lucy wanted to **catch up with** the car in front of her.
　　　ルーシーは彼女の前を走っている車に追いつこうとした。

・complete「終了する」

◆第3段落◆

・from *one's* point of view「～の観点から」

・upset「腹を立てて」

・be afraid of A「Aが怖い」

・be hospitalized「入院する」

・instead of ～「～の代わりに」

・feel sympathy「同情する」

◆第4段落◆

・deal with A「Aに対応する/対処する」

[例]　Some people find it difficult to **deal with** confrontation and prefer to find solutions through compromise.

人との対立に対処することが苦手だと思い、妥協しながら解決を図ることを好む人もいる。

・needs「必要性」
・evolve「発展する／進化する」
・once SV ...「いったん～したら」

［例］　You should stick to something **once** you have started it.
　　　何かを一度始めたら、それにこだわるべきだ。

・in other words「言い換えれば」
・close friendship「親密な友情」
・alter「変化する」
・in nature「自然に」
・keep in mind「留意する、覚えておく／肝に銘じる／心に焼きつけておく」

［例］　**Keep in mind** that money doesn't grow on trees.
　　　金は木になるわけではないということを覚えておきなさい。

◆第5段落◆
・researcher「研究者／調査者」
・keep A from ～ing「Aが～するのを防ぐ」

◆第6段落◆
・precious「大切な／貴重な」
・stable「安定した」
・challenge「難問」
・ups and downs「良い時期にも悪い時期にも／いろいろなこと／浮き沈み」

［例］　We've had our **ups and downs**, but we are still the best of friends.
　　　いろいろなことがあったが、私たちは今でも親友だ。

・on track「順調に（進んで）」

［例］　We carried out our project **on track**.
　　　私たちはプロジェクトを順調に実行した。

・at other times「またある時には」
・appreciate「十分理解する／正しく認識する」
・regardless of A「Aにかかわらず」

［例］　**Regardless of** what you may think, I am a hard worker.
　　　あなたがどう思っているか知らないが、私は勤勉だ。

【解説】

A

問1　47　④

　第1段落によると、心理学者たちは友情について何と言っているか？　47

①　友情は所有物にたとえられることが多い。

—628—

・compare「たとえる」

② 友情は不安定になるとき，修復するのが不可能である。

③ 友情のせいで私たちは知人と対立するようになることがある。

④ **友情は私たちが自分自身について知ることに役立つが，問題を生じうる。**

第1段落の第2～3文に「確立した友情は，我々自身をより理解するのにつながると，心理学者たちは指摘している。私たちは知人だけでなく，親友との対立に直面し，その結果，友情のいくつかが終わることもありうると述べている」とあり，友情関係の2つの面を述べている。したがって，④が正解。

問2　48　②

以下のどれが第2段落の <u>swallow our pride</u> の意味に最も近いか？　48

① 誰かに感謝を伝える

② **自分の感情を抑える**

・hold back「(感情を)抑える／控える／思いとどまる」

③ 問題が起こるのを認識する

④ 誰かに会うのをやめる

第2段落下線部の直前の第2文で，「ある友人が私たちの気分を害することをしたと私たちが思うとき，私たちの最初の反応は接触を絶つことかもしれない」とあり，その直後に逆接の副詞 However があることから，反対の内容が下線部を含む第3文に入ることが分かる。つまり，「しかしながら，□□□□して，そうするのを避けた方が良いかもしれない」から推測する。直訳で，「プライドを飲み込む」から「プライドを抑える／捨てる」を推測できると良い。また第2段落後半の「メアリーとスーザン」のエピソードの「最後には，無理やり自分の感情を押さえつけてスーザンに自分の落胆について話した」とあることもヒントとなる。②が正解。

問3　49　④

第5段落によると，研究は　49　ことが重要だと見つけた。

① 自分の本当の気持ちを表すのを躊躇する

② 誤解と口論を無視する

③ できるときはいつでも問題に我慢する

④ **問題が些細なもののときに解決する**

第5段落の第3文に「些細な誤解が友情を終わらせる原因となる大きな言い争いになっていかないようにしているということを発見した」とあるので，④が正解。

問4　50　④

第6段落によると，友情を維持するのに何が難しいのか？　50

① 新しいおもしろい友人を見つけること

② 関係をいつ変えるべきかを知ること

③ 友人が問題を抱えているかどうかを確かめること

④ **悪い時期も親しいままでいること**

第6段落の第2文に「友情を維持していく上での難しい点は，あらゆる人間関係

で起こる良い時期にも悪い時期にも関係を強く保つことである」とあり，④が正解。また具体的に第5文で，「時には，私たちは人間関係を順調なものに戻すことができることもあるが，また時には，人間関係は変わりうることを受け入れ十分理解すべきである」と，友情を維持するのに何が難しいのかを述べている。

問5 51 ①

本文の最適な表題になりそうなのは何だろうか？　51

① **長続きする友情のためのアドバイス**
② 自分自身と友人を守ること
③ 友情の秘訣としての長所
④ 友情の性質の変化

第1段落の「友情を維持したり，守る方法を見つけること」から始まり，以下の段落ではその具体例を述べている。とくに後半では，友情を維持するのが難題となる点を述べ，第6段落の第1～2文「私たちは皆，友情は大切だと知っているが，常に安定したものではないことも分かっている。友情を維持していく上での難しい点は，あらゆる人間関係で起こる良い時期にも悪い時期にも関係を強く保つことである」とすすめている。したがって，①が正解。

B

52 ④　53 ②　54 ③　55 ①

段落	内容
(1)	友情が重要であるという認識
(2)	52 ④
(3)	53 ②
(4)	54 ③
(5)	55 ①
(6)	覚えておくべき重要なことは何か

① 長期の友情に関する研究の結果についての報告
② 友人の観点から状況を見ることの重要性
③ 友情は変化を経験するということを理解することの重要性
④ 友人と接触と交流をし続けることの価値

第2段落では「危うくなった友情を救うのに役立つ1つの方法は絶えず連絡をとること」であり，「私たちは怒っているときでさえ，接触を絶たないことが良い人間関係を維持していくのにとても重要である」と述べられており，これは④「友人と接触と交流をし続けることの価値」に相当する。第3段落では「もう1つの友情を救う方法は，友人の観点から物事を見ることである」と述べている。これは②「友

人の観点から状況を見ることの重要性」に相当する。第4段落では，「友情に対応することの重要な部分は，私たちの必要性と生活様式が発展するにつれて，友情は変化しうるということを認め受け入れることである」と論じられており，これは③の「友情は変化を経験するということを理解することの重要性」に相当する。第5段落は，「人々はどのように友情を長い間保つのだろうか？　あるひとつの研究では，その秘訣を見つけるために，研究者たちは長いこと友人だった多くの人たちにインタビューした」とあり，その結果について述べている。これは①「長期の友情に関する研究の結果についての報告」に相当する。したがって，52 ④，53 ②，54 ③，55 ①が正解である。

MEMO

英　語

（2016年1月実施）

受験者数　529,688

平　均　点　112.43

2016
本試験

英　語

解答・採点基準　(200点満点)

問題番号(配点)	設問		解番答号	正解	配点	自己採点
第1問(14)	A	問1	1	②	2	
		問2	2	④	2	
		問3	3	②	2	
	B	問1	4	③	2	
		問2	5	③	2	
		問3	6	④	2	
		問4	7	①	2	
第1問　自己採点小計						
第2問(44)	A	問1	8	①	2	
		問2	9	①	2	
		問3	10	②	2	
		問4	11	④	2	
		問5	12	②	2	
		問6	13	①	2	
		問7	14	①	2	
		問8	15	③	2	
		問9	16	①	2	
		問10	17	④	2	
	B	問1	18	⑤	4 *	
			19	①		
		問2	20	②	4 *	
			21	⑤		
		問3	22	④	4 *	
			23	⑥		
	C	問1	24	②	4	
		問2	25	②	4	
		問3	26	④	4	
第2問　自己採点小計						

問題番号(配点)	設問		解番答号	正解	配点	自己採点
第3問(41)	A	問1	27	④	4	
		問2	28	②	4	
	B	問1	29	①	5	
		問2	30	②	5	
		問3	31	①	5	
	C		32	④	6	
			33	④	6	
			34	①	6	
第3問　自己採点小計						
第4問(35)	A	問1	35	②	5	
		問2	36	①	5	
		問3	37	③	5	
		問4	38	②	5	
	B	問1	39	②	5	
		問2	40	③	5	
		問3	41	①	5	
第4問　自己採点小計						
第5問(30)		問1	42	②	6	
		問2	43	③	6	
		問3	44	②	6	
		問4	45	③	6	
		問5	46	②	6	
第5問　自己採点小計						
第6問(36)	A	問1	47	①	6	
		問2	48	③	6	
		問3	49	①	6	
		問4	50	③	6	
		問5	51	③	6	
	B		52	③	6 *	
			53	①		
			54	④		
			55	②		
第6問　自己採点小計						
自己採点合計						

(注)　*は，全部正解の場合のみ点を与える。

2016年度　本試験〈解説〉　3

第1問　発音・アクセント

A　発音

問1　□1□　②

① illegal /ɪlíːgl/「非合法の」/g/
② **logical** /láːdʒɪkl/「論理的な」/dʒ/
③ tiger /táɪgər/「虎」/g/
④ vague /véɪg/「曖昧な」/g/
したがって，②が正解。

問2　□2□　④

① bounded /báundɪd/ bound「はずむ」の過去・過去分詞 /áu/
② founded /fáundɪd/ found「創設する」の過去・過去分詞 /áu/
③ surrounded /səráundɪd/ surround「囲む」の過去・過去分詞 /áu/
④ **wounded** /wúːndɪd/「傷つける」の過去・過去分詞 /úː/
したがって，④が正解。

問3　□3□　②

① church /tʃə́ːrtʃ/「教会」/ə́ːr/
② **curious** /kjúəriəs/「好奇心のある」/júər/
③ curtain /kə́ːrtn/「カーテン」/ə́ːr/
④ occur /əkə́ːr/「起こる」/ə́ːr/
したがって，②が正解。

B　アクセント

問1　□4□　③

① civil /sívl/「市民の」第1音節
② purchase /pə́ːrtʃəs/「購入する」第1音節
③ **unite** /ju(ː)náɪt/「結合する」第2音節
④ valid /vǽlɪd/「有効な」第1音節
したがって，③が正解。

問2　□5□　③

① abandon /əbǽndən/「捨てる」第2音節
② decision /dɪsíʒən/「決定」第2音節
③ **politics** /páːlətɪks/「政治」第1音節
④ potential /pəténʃəl/「可能性」第2音節
したがって，③が正解。

問3　□6□　④

① charity /tʃérəti/「慈善」第1音節

— 635 —

4

② continent /ká:ntənənt/「大陸」第1音節
③ demonstrate /démənstrèɪt/「実証する」第1音節
④ **opponent** /əpóunənt/「敵」第2音節

したがって，④が正解。

問4　⃞7⃞　①

① **agriculture** /ǽgrɪkʌ̀ltʃər/「農業」第1音節
② discovery /dɪskʌ́vəri/「発見」第2音節
③ material /mətíəriəl/「物質」第2音節
④ philosophy /fəlá:səfi/「哲学」第2音節

したがって，①が正解。

第2問　文法・語法空所補充問題・語句整序問題・応答文完成問題

A　文法・語法

問1　⃞8⃞　①

　プラットホームに着いたとき電車はもう到着していたので，私は寒い中で待つ必要はなかった。

──【ポイント】─────────────────────────

過去完了形

　過去のある時点までに動作が完了したことを表すには，過去完了形 had＋過去分詞を用いる。本問では，「私がプラットホームに着いた」時点までに，「電車が到着する」という動作がすでに完了したことを表すために過去完了形を用いる。

〔例〕　When I arrived at the party, Lucy **had** already **gone** home.
　　　　私がパーティーに到着した時には，ルーシーはもう帰宅していた。

──────────────────────────────────

問2　⃞9⃞　①

　東京は土地面積が比較的狭いけれども，巨大な人口を抱えている。

──【ポイント】─────────────────────────

従属接続詞 although

　従属接続詞 although は「～だけれども」という意味を表す。

〔例〕　**Although** I did not have personal contacts, it was my pleasure to meet and talk with her.
　　　　彼女とは個人的な付き合いはなかったが，会って話をするのが楽しみだった。

②But は等位接続詞なので不可。③は前置詞，④は副詞なので不可。

──────────────────────────────────

・relatively「比較的」

── 636 ──

・huge「巨大な」

・population「人口」

問3　10　②

　バイリンガルの親に育てられた子供たちは，当然なことに2つの言語を身につけるかもしれない。

―【ポイント】―――――――――――――――――――――

1．イディオム bring up

　bring up は「育てる」という意味になる。

［例］　Ben **brought up** three children by himself.

　　　ベンは一人で3人の子供を育てた。

2．過去分詞の後置修飾

　直前の名詞を過去分詞が修飾する用法。

［例1］　It has a ribbon **tied around it**.

　　　　それにはリボンが巻いてある。

　　　　tied around it は a ribbon を修飾する tie の過去分詞の後置修飾。

［例2］　Each dot may have only three lines **connected to it**.

　　　　それぞれの点は，それに接続している線は3本しかないのかもしれない。

　　　　connected to it は three lines を修飾する connect の過去分詞の後置修飾。

―――――――――――――――――――――――――――

・naturally「当然なことに」

問4　11　④

　私の姉はまじめな高校生ではなかったし，私もそうではなかった。

―【ポイント】―――――――――――――――――――――

neither＋倒置

　neither は否定文または否定の節の後で，倒置の形になり，「…もまた～ない」という意味を表す。

［例1］　I don't smoke, **neither** do I drink.

　　　　私はタバコは吸いませんし，酒も飲みません。（＝I don't smoke, and I don't drink either. / I neither smoke nor drink.）

［例2］　They were not sympathetic to our demands, **neither** would they tolerate any disruption.

　　　　彼らは私たちの要求に好意的ではなかったし，どんな混乱も大目に見ることとはしなかっただろう。

　ちなみに，肯定文または肯定の節の後で，倒置の形になり，「…もまたそうである」という意味を表すには，so＋倒置の形を用いる。

［例］　Ben was tired and **so** were the others.

　　　ベンは疲れていたが，他の者もそうだった。

―――――――――――――――――――――――――――

・serious「まじめな」

― 637 ―

6

問5 $\boxed{12}$ ②

映画が始まる前に，携帯電話のスイッチが切ってあることを確かめてください。

─【ポイント】─────────────────────

イディオム make sure (that) SV ...

イディオム make sure (that) SV ... は，「…ということを確かめる／きっと…となるようにする」という意味を表す。

[例]　Please **make sure that** the doors and windows are locked before going to bed.

　　　寝る前にドアや窓の戸締りを確認して下さい。

──────────────────────────────

・switch off「スイッチを切る」

問6 $\boxed{13}$ ①

私たちはとてもはかどったので，もうすでに予定より早く進んでいる。

─【ポイント】─────────────────────

前置詞 ahead of

ahead of A で「Aより進んで／Aより先[前]に／Aの前方に」という意味を表す。

[例]　We were more than three days **ahead of** schedule.

　　　我々は3日以上も予定より進んでいた。

なお，②apart from ～「～は別として」，③far from ～「～から遠い／決して～でない」④out of ～「～から外へ」の意味でいずれも不可。

──────────────────────────────

・make good progress「はかどる／順調に進展する」

問7 $\boxed{14}$ ①

私のプレゼンテーションの後で彼らが好意的なコメントを言ってくれたおかげで，私はとてもほっとした。

─【ポイント】─────────────────────

形容詞 friendly

形容詞 friendly は「友好的な／好意を持つ／愛想のいい／気さくな」という意味を表す。

[例]　She is **friendly** to everyone.

　　　彼女は，だれにでも気さくだ。

形容詞には，friendly, ghostly, daily などのように名詞＋ly で形容詞になるものがある。

選択肢の②，③，④は形容詞＋ly で副詞となっている。副詞は名詞 comments を修飾できないので不可。

──────────────────────────────

・thanks to A「Aのおかげで」

・comment「コメント／意見」

・relieved「ほっとして」

─ 638 ─

問8 │15│ ③

あなたはこの必修授業を修了するまでは，卒業できません。

─【ポイント】─────────────

1．接続詞 until

接続詞 until は「～まで」という意味を表す。

〔例〕 **Until** you have published a short story, you can't join this organization.

短編小説を発表するまで，あなたはこの組織には入れません。

2．時の副詞節内における未来

時の副詞節内では未来は現在時制で表し，未来完了は現在完了で表す。本問では until 以下が時の副詞節である。

〔例〕 The baby will probably cry **as soon as** she **gets** hungry.

赤ちゃんはお腹がすくとすぐに泣くでしょう。

本問の場合も，until に続く you've completed this required class は未来の内容で「この必修授業を修了してしまう(未来のある時)までは」の意味。したがって，主節も未来を表す won't でなければならない。①If も未来を表すが，ここでは意味的に不可。

・required class「必修授業」

問9 │16│ ①

以前は木材が主たる燃料として使われていたが，今日では化石燃料が広く使われている。

─【ポイント】─────────────

1．used to＋動詞の原形

used to は過去の状態を示す助動詞で，動詞は一般に be-動詞，stay のような状態動詞が用いられて，「(昔は)～だった／以前は～だった」の意味を表す。

〔例〕 Believe it or not, there **used to** be an enormous shrine around here.

こんなことを言っても信じないだろうが，このあたりに昔は巨大な神社があった。

また，本問のように過去と現在の対比を表す場合は，but now[nowadays]と共に現在形を用いる。

〔例〕 She **used to** play tennis, **but now** she plays squash.

彼女は昔テニスをしていたが，今はスカッシュをする。

2．be used to-不定詞

be used to-不定詞は受動態で，「～するために使われている」という意味を表す。

〔例〕 In *The Wizard of Oz*, color **was used to** describe the imaginary world, while real life was in black-and-white.

*オズの魔法使い*では，空想の世界を描写するためにカラーが使われ，現実生活は白黒で描かれていた。

─ 639 ─

8

　ちなみに，紛らわしい表現の be used to ＋（動）名詞は「～に慣れている」という意味を表す。

［例］　He **is used to** living in small houses.
　　　　彼は小さい家に住むのに慣れている。

・fuel「燃料」
・nowadays「今日では」
・fossil「化石」

問10　17　④

　毎日病院に祖母を見舞いに来るとは，彼はとても思いやりがある。

── 【ポイント】 ──

It is ＋形容詞＋of A to-不定詞

　It is ＋形容詞＋of A to-不定詞で，「～するとはAは…だ」の意味となる。形容詞には「人の性格」を表す，kind, good, careless, foolish, stupid, silly, clever, wise, considerate, generous, polite, rude などが用いられる。

［例］　**It was careless of** her **to** do that.
　　　　そんなことをするなんて彼女は不注意だった。

・considerate「思いやりのある」

B　語句整序問題

問1　18　⑤　19　①

　ホテル従業員：こんばんは，ゴメス夫妻。どのようなご用件でしょうか？
　　ゴメス夫人：ええと，劇場への行き方を教えていただけないしょうか。

── 【正解】 ──

we're wondering if you could tell us how to get to the theater.
　④　　⑤　　②　⑥　①　③

── 【ポイント】 ──

1．丁寧な依頼

　I wonder if は丁寧な依頼を表す。I wonder if → I am wondering if → I wondered if → I was wondering if の順に控え目で丁寧になっていく。過去形でも意味内容は現在で，過去形の方がより丁寧な表現。文末はピリオドだけでなく，？も用いられる。

［例1］　**I was wondering if** I could use the telephone.
　　　　電話をお借りしてもいいですか。

［例2］　**I wonder if** I might have a glass of water?
　　　　水を1杯いただいてもいいですか？

── 640 ──

2016年度　本試験〈解説〉　9

２．動詞 tell

　動詞 tell は，tell A how to-不定詞で「Aに〜の仕方を教える」という意味になる。

［例］　He **told me how to** play squash.

　　　　彼は私にスカッシュの仕方を教えてくれた。

問2　20 ③　21 ⑤

　　学生：すみません。来週のゼミで何を討論するのか知りたいのですが。

　　教授：まだ決めていないので，詳細はメールで送らせてくれないか。

┌**【正解】**────────────────────────
│
│　let me send you the details by email.
│　　②　③　　④　⑥　　⑤　　　①
└───────────────────────────────

┌**【ポイント】**──────────────────────

１．let A＋動詞の原形

　使役動詞 let は，let A＋動詞の原形で「Aに（望み通り）〜させてやる／許す」という意味を表す。

［例］　Sue doesn't **let** her kids **eat** candy.

　　　　スーは子どもにキャンディーを食べさせない。

　let me＋動詞の原形で「私に〜させる／許す」という意味になる。

［例］　**Let me make** some brief suggestions to you.

　　　　あなたがたにいくつか簡単な提案をさせてください。

２．動詞 send

　動詞 send は，send A B で「AにBを送る」という意味になる。

［例］　They **sent** her a congratulatory telegram.

　　　　彼らは彼女に祝電を打った。

問3　22 ④　23 ⑥

　　インタビュアー：こんな大会社のトップになられてから，あなたはどう変わられ
　　　　　　　　　　ましたか？

　　　　　　　社長：自分の時間をもっと有効にやりくりする必要性に気付くように
　　　　　　　　　　なったね。

┌**【正解】**────────────────────────
│
│　I came to realize the need to manage my time more effectively.
│　　①　　　④　　⑤　　③　⑥　　②
└───────────────────────────────

┌**【ポイント】**──────────────────────

１．come to-不定詞

　come to-不定詞で「〜するようになる／〜するはめになる」の意味となる。to-不定詞には know，love，be，realize，regard，have などの状態動詞が来る。

— 641 —

10

［例1］ Through his experiences overseas, Bill has **come to** have a more international outlook.

　　　　海外での経験を通じて，ビルはより国際的な視野を持つようになった。

［例2］ People **come to** know better in proportion to their age.

　　　　人は年をとるにつれて分別がついてくる。

2．the need to-不定詞

　the need to-不定詞は，「～する必要性」という意味になる。

［例］ We really felt **the need to** have individual education.

　　　私たちは個別教育の必要性を痛感した。

C　応答文完成問題

問1　24　②

　　マイカ：サマーキャンプの最後の夜にキャンプファイアーをするのはどう？

　　ナオミ：最近はとても乾燥しているから，先生たちは私たちが火をつけるのを許<u>してくれないと思う。</u>

【正解】

I don't think	our teachers will allow	us to light a fire.
(A)	(A)	(B)

【ポイント】

1．don't think (that) SV ...

　don't think (that) SV ... 「…でないと思う」

［例］ I **don't think** it is expensive.

　　　それは高価でないと思う。

　that-節の内容が否定のときは，that-節中の述部を否定するより動詞 think 自体を否定するのが普通。believe, consider, expect, imagine, suppose も同様の not の繰り上げをする。

2．allow A to-不定詞

　allow A to-不定詞で「Aが～するのを許す／Aに～させておく」という意味を表す。

［例］ He **allowed** his son **to** use his car.

　　　彼は息子に車を使うことを許した。

【解法のヒント】

　マイカのキャンプファイアーの提案にナオミが何と言ったかを問う問題。左1列目の(A)，(B)ともに可で，ここでは決定できない。2列目は(A)が正しい。3列目の(A)の動名詞は allow, agree とも不可。(B)→(A)→(B)は文法的には可だが，空所の直前と意味的に合わないので不可。(B)→(B)はポイント1の説明のように，I

— 642 —

don't suppose our teacher will agree としなければいけないので不可。したがって，正解は②となる。

問2 25 ②

　　ジョージ：時々僕は，自分があまり優秀な音楽家ではない気がする。
　　ロビン：よしてくれよ！　君より才能のある人はいない。

【正解】

No one is	more talented	than you.
(A)	(A)	(B)

【ポイント】

否定＋比較級

　否定＋比較級で最上級相当の意味になる。本問は，No one is more talented than you.＝You are the most talented of all. となる。

［例］　**No** other mountain in Japan is **higher** than Mt. Fuji.
　　　　富士山ほど高い山は日本にはない。(＝Mt. Fuju is the highest mountain in Japan.)

【解法のヒント】

　自分の音楽の才能に自信を失くしているジョージにロビンが何と答えたかを問う問題。左1列目の(A)，(B)ともに可で，また2列目もともに可。3列目で，(A)→(A)→(B)は否定＋比較で可となる。他の選択肢はすべて3列目でつながらなくなる。ちなみに，(B)→(B)は3列目で(A)にも，(B)にもつながらない。したがって，正解は②となる。

問3 26 ④

　　ポール：ねえ，ヨウコ，ピアノのことで僕が息子に教えられることは本当にもうないよ。今では息子の方が僕よりうまく弾くのだから。
　　ヨウコ：ええ，多分，私たちは，誰か他の人に彼を指導してもらった方がいいわ。

【正解】

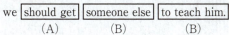

we	should get	someone else	to teach him.
	(A)	(B)	(B)

【ポイント】

get A to-不定詞

　get は，get A to-不定詞で「Aに〜させる／してもらう」という意味を表す。

［例］　We **got** him **to** sign the agreement.
　　　　我々は彼にその同意書に署名してもらった。

【解法のヒント】

　息子のピアノが上達し，教えることが何もなくなったと嘆くポールに，ヨーコが何と応答したかを問う問題。左1列目の(A)の should get に続けられるのは，2列

目は(B)で3列目はto-不定詞の(B)となる。したがって，正解は(A)→(B)→(B)の
④となる。なお，左1列目の(B)のshould takeに続けられるのは，2列目(B)→3
列目(B)だが，これは，「我々は彼を教えるために誰か他の人を連れて行くべきだ」
となり，意味的には不可。

第3問　対話文空所補充問題・不要文選択問題・意見要約問題

A　対話文空所補充問題

問1　27　④

> スー：ねえ，ピーターの誕生日がもうすぐだね。サプライズパーティーの準備は
> すべてうまくいってる？
> ポリー：ええ。プレゼントはもう買って，包装したのよ。ほら，見て。
> スー：④彼に見えないように，それを隠しておくべきだわ。今にも彼が入ってく
> るかもしれないわ。
> ポリー：いいわ。パーティーまで，しまっておくわ。

・wrap「包装する」
・put away「しまっておく／片付ける」

【他の選択肢】
① 彼はその包装の色が気に入らないわ。
② 何を買うべきか私には少しも分からない。
③ 彼が来たら，あなたが買ったものを彼に見せて。

【解法のヒント】
　ピーターのサプライズ誕生パーティーについて，スーとポリーが会話をしてい
る。ポリーがプレゼントを出して「ほら，見て」と言ったのに対して，スーが何と
言ったかを問う問題。空所の直後で「今にも彼が入ってくるかもしれないわ」と
言っているので，「彼に見えないように，それを隠しておくべきだわ」を入れると自
然な会話の流れになる。④が正解。

問2　28　②

> ディエゴ：英語の宿題は済ませた？　難しかったよね？
> フレッド：あっ！　完全に忘れてたよ。
> ディエゴ：昼食の時にできるよ。
> フレッド：やってみても，あまり意味がないよ。②時間の無駄になるさ。
> ディエゴ：あきらめるなよ。英語に受かる必要があるんだろ？

・totally「完全に」
・point「意味／意義」
・give up「あきらめる」

— 644 —

2016年度　本試験〈解説〉　13

- right?「だよね？／でしょ？　間違っていないよね？」文末に付けて，自分の言ったことの確認，あるいは相手にコメントを求める。

［例］　It's his fault, **right?**
　　　　彼が悪いんだよね？

【他の選択肢】

① 　きっと僕にはできる。

- make it「うまくやる」

③ 　君が何をできるか見せてくれ。

④ 　君はそれを逃したくない。

【解法のヒント】

　ディエゴの言葉に，宿題をすっかり忘れていたフレッドが何と言ったかを問う問題。空所直前で，「やってみても，あまり意味がないよ」と言っていることから，昼休みに宿題に取り組むことに否定的な言葉が入ることが分かるので，「時間の無駄になるさ」と言うのが自然な会話の流れとなる。したがって，②が正解。

B　不要文選択問題

問1　29　①

【全訳】

　日本の学生たちは，今や授業で実践的活動をすることが増え，事柄の暗記は減っている。学生たちは実体験を通して科学的原理を学んでいる。①彼らは，世界の他の学生たちと比べて科学の成績が良い。②彼らは針金や磁石，ペーパー・クリップといった日用品を使って電気モーターを作る。③塩と氷でアイスクリームを手作りする。④学生たちは，楽しく教育的なだけでなく実践的なので新しい学習スタイルが好きだと言っている。この新しい方法によって，学生たちが科学にもっと興味を持つことが望まれる。

【語句】

- engage in A「Aに従事する／Aに携わる」

［例］　In this building, there're many who **engage in** international trade.
　　　　この建物には，国際貿易に従事している人が大勢いる。

- practical activity「実践的活動」

- memorization「暗記」

- fact「事柄」

- scientific principle「科学的原理」

- do well「成績が良い」

- in comparison with A「Aと比べると」

［例1］　This phone is heavy **in comparison with** the new models that are now available.

— 645 —

この電話機は，現在入手可能な新型モデルと比べると重い。

［例2］ **In comparison with** China, Japan is a tiny country.
中国に比べると，日本はちっぽけな国である。

・electric motor「電気モーター」
・everyday goods「日用品」
・A, such as B「BのようなA／A，たとえばB」
・paper clip「ペーパー・クリップ／書類止めクリップ」
・by hand「手で」
・salt「塩」
・enjoyable「楽しい」
・educational「教育的な」
・It is hoped that SV ...「…ということが望まれる／期待される」

［例］ **It is hoped that** Japan's support will play an important role in developing human resources in this country.
日本の援助がこの国の人材育成に重要な役割を果たすことが期待されます。

・method「方法」
・encourage A to-不定詞「Aが〜することを促す」
・become interested in A「Aに興味を持つ」

【解法のヒント】
　この文章は「日本の学生の実践的活動による科学を学習していること」について書かれたものである。①「日本と他国の生徒の科学の成績の比較」，②「日用品を使った電気モーターの作成」，③「アイスクリームを手作りすること」，④「この新しい学習スタイルについての学生の意見」について述べている。①だけが「成績」を問題にしているので，前後の文脈と合わないことになる。したがって，①が正解。

問2 　30 　②
　【全訳】
　科学で用いられる方法である試行錯誤は，日常生活でしばしば見られる。それは人々が気分が良くないときに観察される。人々は以前に使ったことのある治療法の一覧をすでに持っているかもしれない。また，医学書を調べたり，インターネットで新しい治療法を探すこともできる。そうした治療法のどれかを使うことにすることもあるだろう。①その治療法で体調が良くならなければ，別の治療法を試す。②人々はその治療法がどれほど科学的であるかを気にかけている。これは，いかにこの方法が日常生活に取り入れられているかを示す1例である。③問題を解決する際に，科学者たちは2つ以上のアイディアを思いつき，可能性のある選択肢の1つを用いる。④1つのアイディアがうまくいかないときは，他の選択肢を考える。このように，科学と日常生活で用いられる方法にはいくつかの共通点がある。

2016年度　本試験〈解説〉　15

【語句】

- trial and error「試行錯誤」種々の方法を繰り返し試みて失敗を重ねながら解決方法を追求すること。同名の Anthony Berkeley の有名な推理小説がある。
- approach「方法」
- daily life「日常生活」
- observe「観察する」
- treatment「治療法」
- consult「（本・辞書・参考書・文献を）調べる／参考にする」
- medical「医学の」
- check「調べる」
- decide「決める」
- improve「良くする」
- condition「状態」
- be concerned about A「Aを気にかけている」
- example「例」
- adopt「取り入れる」
- solve「解決する」
- come up with A「Aを思いつく」

［例］　Did you **come up with** an idea for a new product?
　　　　新製品のアイディアを思い付いた？

- possible option「可能性のある選択肢」
- alternative「他の選択肢」
- in this way「このようにして」
- have A in common「Aを共通して持つ」

［例］　The two cultures **have** a lot **in common**.
　　　　その2つの文化には共通点が多い。

【解法のヒント】

　この文章は，「日常生活での試行錯誤」について述べたものである。①，③，④とも「ある方法がダメなら別の方法をためすこと」について述べている。②の「人々はその治療法がどれほど科学的であるかを気にかけている」は，試行錯誤とは関係がない。よって，②が正解。

問3 31 ①

【全訳】

　食べ物は私たちの腹を満たす以上のことができる ― 感情も満足させる。空腹でないときにそれらの感情を食べ物で満足させようとすれば，これは情動的摂食として知られている。情緒的空腹感と肉体的空腹感には重要な違いがいくつかある。①情緒的空腹感と肉体的空腹感はともに，食物で取り除こうとする空虚感の合図である。②情緒的空腹感が突然起こり始めるのに対して，肉体的空腹感は徐々に起こ

— 647 —

16

る。③情緒的空腹感は自分のほしい食物ですぐに対処しなければならないような気がするが，肉体的空腹感は待つことができる。④情動的摂食はうしろめたさを残すことがあるが，肉体的空腹感による食事にはうしろめたさがない。情緒的空腹感は食べ物で十分に満たされることはありえない。食べることでその瞬間は気分が良くなるかもしれないが，空腹感をひきおこした感情は依然として存在しているのである。

【語句】
- fill「満たす」
- stomach「腹／胃」
- satisfy「満足させる」
- hungry「空腹な」
- emotional eating「情動的摂食」ストレス自体が暴飲暴食を起こさせることにより，最悪の事態を想定して情緒的に過剰反応を起こすことで発生する。
  emotional「情動的な／情緒的な／感情的な」
- hunger「空腹感／飢餓」
- physical「肉体的な」
- signal「合図」
- emptiness「空虚感」
- eliminate「解消する／なくす／取り除く」
- come on「(病気・疾患などが)起こり始める／出てくる」
- suddenly「突然」
- ..., while 〜「…に対して〜／…だが一方〜」(＝but / whereas)while節の前後で対照を表現する。
［例］ He's read fifty pages, **while** she's read only twenty.
　　　彼は50ページ読んだが，彼女は20ページしか読んでいない。
- gradually「徐々に」
- feel like SV ...「…のような気がする／まるで…のようだ」
［例］ His headache made him **feel like** an elephant was jumping on his head.
　　　彼は頭痛のせいでまるで象が頭の上で飛び跳ねているような気分だった。
- deal with A「Aに対応／対処する／処理する／取り組む」
［例］ Some people find it difficult to **deal with** confrontation and prefer to find solutions through compromise.
　　　対立に対処することが苦手な人たちのなかには，妥協によって解決策を見つけたがるものもいる。
- instantly「すぐに／直ちに」
- the food you want「自分のほしい食物」you want は the food を修飾する接触節。
- leave behind「後に残す」

— 648 —

2016年度 本試験〈解説〉 17

・guilt「うしろめたさ／罪悪感」
・due to A「Aが原因で／Aのせいで」
［例］ He says that his success is **due to** his sense of humor.
自分の成功はユーモアのセンスのせいだと彼は言う。
・fully「十分に／完全に」
・at that moment「その瞬間は」
・cause「生じさせる／ひきおこす」

【解法のヒント】
　この文章は，「情緒的空腹感と肉体的空腹感の違い」について書かれたものである。冒頭の２文では，情動的摂食のことから情緒的空腹感と肉体的空腹感の違いが取り上げられ，❷「両者の起こり方の違い」，❸「両者への対処の仕方」，❹「両者とうしろめたさ」が述べられ，最終２文では，食物と感情について述べられている。①は違いでなく，逆に共通点を説明しているので，前後の文脈と合わない。したがって，①が正解。

C　意見要約問題

32　④

【全訳】
　教授：おはよう。全員がきっと宿題を読んだと思うので，今日の異文化間コミュニケーションに関する授業を始めたいと思います。私の最初の質問は「なぜ私たちは異文化間コミュニケーションを勉強する必要があるのか」です。誰か答えたい人は？

学生１：はい，それに答えようと思います。人は自分の物事のやり方や世界の見方が「自然」で「正しい」と思うかもしれません。物事のやり方が違う人に出会うと，人はそれを「奇妙だ」とか「間違いだ」とみなします。異文化間コミュニケーションの意識を持つことは，誤解が起きたときに私たちがそれを理解して対処するのに役立ちます。それが特に今日重要だと思うのは，人々が仕事や勉強，休暇など多くの理由で海外に出かけるからです。他の国の人々に会う機会は非常に増えています。これほど接触が増えると，異文化出身者の間でトラブルが起こる機会がもっと多くなります。

　教授：その通り。君の言ったように，異文化間コミュニケーションを勉強することが役立つのは，<u>④私たちが文化的な誤解をもっと容易で円滑に処理できるからです。</u>

【語句】
・intercultural communication「異文化間コミュニケーション」
・the way SV ...「…の仕方」
・view「見る／考察する」

— 649 —

18

・encounter「出会う」
・regard A as B「AをBとみなす」
［例］　If so, we may safely **regard** him **as** a person with a small mind.
　　　　もしそうなら，彼は心の狭い人間だとみなして間違いないかもしれない。
・awareness「意識」
・help A＋動詞の原形「Aが〜するのに役立つ／Aが〜するのを助ける」
・misunderstanding「誤解」
・arise「起きる」
・especially「特に」
・these days「今日／最近」
・vacation「休暇」
・opportunity「機会」
・contact「接触」

【解説】
①　異文化間の知識が人々に留学したいと思わせる
②　生き方の中には，他のものよりも正しいと思われるものがある
③　過去には異文化間コミュニケーションの事例がもっと多くあった
④　私たちが文化的な誤解をもっと容易で円滑に処理できる
・cope with A「Aを処理する」
　空所の前で教授は学生1の発言を「その通り」と認めている。学生1は，第4文で「異文化間コミュニケーションの意識を持つことは，誤解が起きたときに私たちがそれを理解して対処するのに役立ちます」と述べている。したがって，④が正解。
33 　④

【全訳】
教授：「文化」という概念に移りましょう。文化というものは常に私たちを取り巻いていますから，定義するのは難しいと君たちは分かっているはずです。ですから，私たちは文化を特徴において議論する傾向があります。誰か文化的特徴の事例を挙げられますか？
学生2：私が面白いと思った特徴は，ある文化に属する人々が同じ価値観，信念，振る舞いを持っているということです。価値観とは「もったいない」という日本的な概念のように，価値があると思われている物事のことです。信念とは，人々が真実であると信じている物事で，これは広範囲な領域に及びます。たとえば，ある文化の人々は受け入れられない食物の種類に関する信念を共有しているかもしれません。振る舞いは人々の行為に関するもので，同じ文化の人々は同じように振る舞うことがよく見られます。
教授：良い説明です。それはつまり，④共有される振る舞いによって，人はある文化集団の一員になるのかもしれない。

2016年度　本試験〈解説〉　19

【語句】
- move on to A「Aに移る」
- concept「概念」
- all the time「常に」
- define「定義する」
- therefore「したがって／それゆえ」
- tend to-不定詞「〜する傾向がある／〜しがちである」

[例]　They **tend to** think that he is the most efficient of the four.
　　　　彼が4人の中で一番有能だと，彼らは思いがちだ。

- in terms of A「Aにおいて／Aの観点から」

[例]　Of the OECD countries surveyed, Japan and Spain were below the average **in terms of** donated money and volunteered time.
　　　　調査対象となったOECD加盟国のうちで，日本とスペインは寄付金とボランティア活動に割いた時間において平均を下回っていた。

- characteristic「特徴」
- belong to A「Aに属する」
- value「価値観」
- of worth「価値がある」（＝worthy）

[例]　Eliot's poems are **of** more lasting **worth** than the plays.
　　　　エリオットの詩は戯曲よりも長く残る価値がある。

- cover「及ぶ」
- a wide variety of A「広範囲のA」
- area「領域」
- share「共有する」
- similarly「同様に」
- explanation「説明」

【解説】
① 他の文化集団と同じ信念を持つことは，重要である
② 同じ文化集団出身の人は，普通，異なった振る舞いをする
③ 人々の食物に対する考え方は，どの文化の出身であるかを決定する
④ 共有される振る舞いによって，人はある文化集団の一員になるのかもしれない

　学生2が，同じ価値観，信念，振る舞いについて説明しており，発言の最終文に「同じ文化の人々は同じように振る舞うことがよく見られます」とあるので，④が正解。

34　①

【全訳】

学生3：1つ質問してもいいでしょうか？
　教授：もちろん。

— 651 —

学生3：いつも周囲の人と違って見える人々はどうなのでしょうか？　時々，私は友人とは同じように物事をしません。ですから，集団の一員として同じ行動をする必要があるとしたら，同じでない人たちは自分の文化集団の一員ではないということになるのでしょうか？

教授：それはいい質問です。これに答えるには，個々の事例ではなく文化規範の点から考える必要があります。

学生3：文化規範って何ですか？

教授：そうですね，文化規範とは，文化集団の一員たちが共有している行動の規則や基準のことです。

学生3：で，その文化規範に従わない人々は，どうなるのですか？

教授：まあ，彼らはより小さな集団，つまりサブカルチャーの集団に属するということになるかもしれませんが，それでもその集団はその文化の一部とみなされます。彼らの行為がその特定の文化に受け入れられる行動の範囲内にある限り，このことは当てはまります。

学生3：それでは，①文化には，より大きな集団を構成している複数の集団を含むと考えてよろしいでしょうか？

教授：そうです。これで，状況が明らかになったのではないでしょうか。よろしい。私たちは，さらに続けて文化のもう1つの特徴について考えることができると思います。

【語句】
・in the same way as A「Aと同じように」
・norm「規範」
・individual「個々の」
・standard「基準」
・happen to A「Aに起こる／Aに発生する」
・sub-cultural「サブカルチャーの」
・as long as SV ...「…である限り」
　〔例〕　My parents don't care what I work at **as long as** I'm happy.
　　　　　両親は，私が楽しんでいる限り，私が何に取り組むかは気にしない。
・within A「A内」
・limit「範囲／限界」
・particular「特定の」

【解説】
①　文化には，より大きな集団を構成している複数の集団を含む
②　違った行動をすることは，集団の一員として許されない
③　文化規範に従う集団にいることは，重要である
④　サブカルチャーの集団の数は，制限されるべきである

空所直前の教授の発言の第1文で「彼らはより小さな集団，つまりサブカルチャーの集団に属するということになるかもしれませんが，それでもその集団はその文化の一部とみなされます」と述べられている。したがって，①が正解。

第4問　図表・広告問題

A　図表問題

【全訳】

　アメリカ合衆国の消費者は，特に1990年代以降，増加した新鮮な果物の輸入の量と種類から恩恵を受けている。今日の食料品店の青果コーナーには，数十に及ぶ異なる新鮮果物が陳列されていることが多く，国産の新鮮果物の追加分として世界各地からやってくる。

　新鮮果物の輸入品の急速な伸びは，合衆国の青果市場の多くの面に影響を与えている。たとえば，オレンジは合衆国の主要な国産果実だが，合衆国のオレンジ輸入量は1990年代以降着実に増えており，合衆国の収穫物が凍りつくような天候に見舞われたときに時折突然増加することもあった（グラフ1参照）。

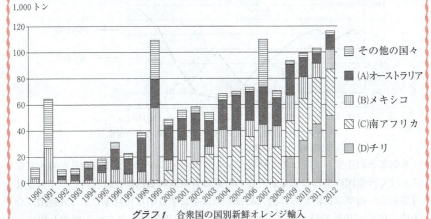

グラフ1　合衆国の国別新鮮オレンジ輸入

　合衆国の国内市場は，様々な国や地域からオレンジの輸入品を入手している。主な供給国の中で，メキシコは長期にわたる輸入元である。しかし，年間を通じて合衆国の新鮮なオレンジに対する需要が高いために，特に国産のネーブルオレンジが手に入らない夏の数カ月間では，南半球の国々も主要な供給国になっている。オーストラリアはそのような国の一番手で，合衆国政府からネーブルオレンジを合衆国に輸出する許可を得た後，1990年代初期に輸出を開始した。オーストラリアに続いて，1990年代後半には南アフリカが，そしてごく最近にはチリも加わった。

　アメリカ合衆国では，主に2種類のオレンジが国内で生産されている。つまり，「ネーブルオレンジ」と「バレンシアオレンジ」である。ネーブルオレンジは，ほぼ

種なしで，果肉がはがれやすく，水っぽくなく実がしまっていて，生で食べるのに最も人気のあるオレンジである。ネーブルオレンジが，合衆国の青果市場のオレンジ生産に占める割合は，2010年－2012年度で76パーセントだった。それに比べて，バレンシアオレンジは，皮が薄く，時々種があり，果汁の多い甘い果肉を持ち，同じ期間で24パーセントを占めていた。合衆国で一番の青果市場向けオレンジ供給元として，カリフォルニア州は青果市場用ネーブルオレンジの87パーセントと青果市場用バレンシアオレンジの81パーセント以上を生産した。

　国内の青果市場向けオレンジの主たる収穫期間は，11月から5月末で，それはカリフォルニア州のネーブルオレンジが旬の時期である。しかし，国内で生産され出荷されるオレンジの量は，6月から10月末に著しく減少する。新鮮なオレンジの輸入品がまだ国内消費のほんのわずかな部分しか占めていなかった初期の時代では，ネーブルオレンジが旬ではない時期はバレンシアオレンジが人気品種だった。しかし，グラフ2に見るように，南半球諸国からのネーブルオレンジの輸入品は，夏季に合衆国を席捲するようになった。

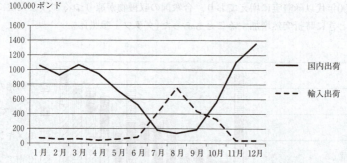

グラフ2 輸入オレンジと国内オレンジの季節の関係
(2010-2012 平均値).

　季節ごとの生産パターンのために，メキシコのオレンジの大半は12月から6月末にかけて合衆国の市場に届くが，この時期は合衆国の供給が比較的高い。それとは対照的に，南半球諸国からの輸入品の季節は主に7月から10月末で，この時期は合衆国の供給が比較的低い。この傾向は他の多くの果物にも見られる傾向と似ている。

【語句】
◆第1段落◆
　・consumer「消費者」
　・benefit from A「Aから恩恵を受ける／によって得をする」
　・increased「増加した」
　・volume「量」
　・variety「種類」

- fresh-fruit「新鮮な果物」
- import「輸入品」通例複数形。
- particularly「特に」
- fruit and vegetable section「青果コーナー」
- grocery store「食料品店」
- dozens of A「数十のA／多数のA」

［例］There were **dozens of** street musicians around the entrance to our office.
私たちの会社の入り口の周りに，多数のストリート・ミュージシャンがいた。

- on display「陳列して／展示して／並べて」
- all year around「1年中」
- all corners of the globe「世界各地」
- addition「追加分／増加分」
- domestic「国内の」
- fresh fruit「新鮮果物」

◆第2段落◆
- rapid growth「急速な伸び」
- affect「影響を与える」
- aspect「局面／様相」
- for example「たとえば」
- leading「主要な」
- domestically「国内で」
- steadily「着実に」
- occasional「時折の／時々」
- sudden「突然の」
- crop「農作物」
- freezing weather「凍りつくような天候」
- figure「グラフ／図」

◆第3段落◆
- region「地域」
- supplier「供給国」
- longtime「長期の」
- the Southern Hemisphere「南半球」
- navel orange「ネーブルオレンジ」
- obtain「得る」
- permission「許可」
- export「輸出する」
- recently「最近」

24

◆第4段落◆
- virtually「ほぼ／ほとんど／事実上」
- seed「種」
- flesh「果肉」
- separate「はがれる／分離する」
- firm「実がしまって／堅い」
- watery「水っぽい」
- share「割合／シェアー」
- in comparison「それに比べ／相対的に」
- thin「薄い」
- skin「皮」
- contain「含む」
- account for A「Aの割合を占める／Aから成る」

［例］ Our company's sales in the US alone **account for** about one third of the total revenue.
　　　当社の米国市場における売り上げだけで，当社の総収入の約3分の1を占めている。

◆第5段落◆
- harvest「収穫」
- from A through B「A〈日時〉からB〈日時〉の終わりまで」
- in season「旬で／シーズンで／（食物が）食べごろの」

［例］ Crabs are now **in season** in this area.
　　　カニはこの地域では今が旬である。

- amount「量」
- ship「出荷する」
- significantly「著しく」
- portion「部分」
- out of season「季節外れの／シーズンオフの」
- dominate「席捲する」

◆第6段落◆
- because of A「Aのために／Aのせいで」

［例］ He decided to work all the harder **because of** his failure.
　　　彼は失敗のためによりいっそう一生懸命勉強しようと決心した。

- seasonal「季節ごとの」
- the majority of A「Aの大半」
- in contrast「それとは対照的に」
- trend「傾向」
- similar to A「Aに似ている」

－ 656 －

2016年度　本試験〈解説〉　25

［例］　You may not believe that hair consists of materials **similar to** nails.
　　　　あなたは毛が爪に似ている物質から成るとは信じないかもしれません。

【解説】
問1　35　②
　グラフ1において，(A)，(B)，(C)，(D)は次のどれを指すか？　35
① （A）オーストラリア　（B）チリ　（C）メキシコ　（D）南アフリカ
② （A）オーストラリア　（B）メキシコ　（C）南アフリカ　（D）チリ
③ （A）南アフリカ　（B）チリ　（C）オーストラリア　（D）メキシコ
④ （A）南アフリカ　（B）メキシコ　（C）オーストラリア　（D）チリ
　第3段落第2文に「主な供給国の中で，メキシコは長期にわたる輸入元である」
とあり，グラフの1990年からずっと存在している(B)がメキシコだとわかる。同段
落第4文に「オーストラリアはそのような国の一番手で，1990年代初期に輸出を開
始した」とあるから，グラフ上で1992年に初登場する(A)はオーストラリアだとわ
かる。さらに，第5文に「オーストラリアに続いて，1990年代後半には南アフリカ
が，そしてごく最近にはチリも加わった」とあるから，グラフ上でそれぞれ1999年
と2009年に初登場する(C)が南アフリカ，(D)がチリだとわかる。よって，②が正
解。

問2　36　①
　本文によると，ネーブルオレンジとバレンシアオレンジの違いの1つを正しく説
明しているのは，次のどれか？　36
① ネーブルオレンジはバレンシアオレンジより種が少ない。
② ネーブルオレンジはバレンシアオレンジより果汁が多い。
③ バレンシアオレンジは，冬にネーブルオレンジより人気がある。
④ バレンシアオレンジは，ネーブルオレンジより生で食べるのに適している。
　第4段落第2文に，「ネーブルオレンジは，ほぼ種なしで，果肉がはがれやすく，
水っぽくなく実がしまっていて，生で食べるのに最も人気のあるオレンジである」
とあり，同段落第4文に「バレンシアオレンジは，皮が薄く，時々種があり，果汁
の多い甘い果肉を持つ」とあるから，①が正解。

問3　37　③
　本文の主目的は何か？　37
① 合衆国のオレンジ生産の季節による変化を説明すること
② ネーブルオレンジとバレンシアオレンジの違いを説明すること
③ 合衆国のオレンジの生産と輸入の関係を説明すること
④ 合衆国で生産されるネーブルオレンジの品質を改良すること
　③が本文全体や2つのグラフの内容をよく表しているので正解となる。①に関し
ては第5段落に述べられているが，季節による生産の変化は輸入の一因として挙げ
られているにすぎない。②は第4段落と第5段落に限定された内容である。④につ
いては文中に述べられていない。

— 657 —

問4 **38** ②

どんな話題が最終段落に続くと思われるか？ **38**

① 合衆国から南半球への他の果物の輸出比率

② 他の果物の輸入における季節による変化を示す統計

③ 南半球からのネーブルオレンジの出荷方法

④ 合衆国とメキシコで一般的に栽培されている果物の種類

最終段落の第1文と第2文でオレンジ輸入の季節による変化に触れた後，最終文で「この傾向は他の多くの果物にも見られる傾向と似ている」とある。したがって，次に続く可能性が最も高い話題は②と推理できる。

B 広告問題
【全訳】

オクタゴン美術館　OMA

　オクタゴン美術館(OMA)は，絵画，彫刻，写真などの現代美術を特集する展覧会やプログラムをご提供しています。オクタゴン財団によって1972年に設立され，多くの常設展示物を伴う膨大なコレクションを有し，また特別展示やプロの芸術家・評論家による講演，学童向け各種教室，専門家がご案内する館内ツアーもご提供しています。

入館料：1人5ドル（6歳以下のお子様は**無料**）

プログラム料金：

ショート・ツアー (90分)	大人(18歳以上)	10ドル	毎日2回 午前9時・午後2時
	学生（7歳−17歳）	8ドル	
	子供（6歳以下）	無料	
総合ツアー (3時間)	大人(18歳以上)	20ドル	火曜日・土曜日 午前10時
	学生（7歳−17歳）	15ドル	
	子供（6歳以下）	無料	
スケッチ教室 (90分)	大人(18歳以上)	15ドル	月曜日，午後7時
	学生（7歳−17歳）	8ドル	水曜日，午後4時
	子供（6歳以下）	無料	水曜日，午前10時
写真ワークショップ (2時間)	大人(18歳以上)	17ドル	日曜日，午後7時
	学生（7歳−17歳）	12ドル	日曜日，午前10時

注意：
- ツアー，教室，ワークショップの料金は入館料を含んでいます。
- ツアー，教室，ワークショップには少なくとも1週間前には こちら で登録をお願いします。
- 当館では，「アート・トーク」（隔週土曜日OMAホールにてゲスト講演者をお招きし，成人観客とお話をします）もご提供しています。ご予約や追加料金は不要です。今月の予定については， こちら をクリックして下さい。

28

【語句】
・offer「提供する」
・exhibition「展覧会」
・feature「特集する／特ダネにする／呼び物［目玉］にする」
・sculpture「彫刻」
・photograph「写真」
・establish「設立する」
・foundation「財団」
・permanent exhibit「常設展示物」
・critic「評論家」
・admission fee「入館料」
・adult「大人」
・comprehensive「総合的な／包括的な」
・workshop「ワークショップ／セミナー／研修会／講習会／研究会」
・include「含む」
・sign up「登録する／入会する」
・reservation「予約」
・additional fee「追加料金」
・click「クリックする」

【解説】
問1　39　②

　19歳の店員カズコは，美術館の活動に参加したがっているが，暇なのは平日の夕方だけである。彼女が最も選びそうな活動はどれか？　39
①　総合ツアー
②　スケッチ教室
③　写真ワークショップ
④　ショート・ツアー
　プログラムの中で「平日の夕方」に設定されているものは，「月曜日午後7時」のスケッチ教室しかない。また，18歳以上の大人とあるから19歳のカズコにふさわしいと分かる。したがって，②が正解。

問2　40　③

　退職した夫婦と6歳の孫が，一緒に平日の午後の活動に参加したいと望んでいる。彼らが最も選びそうな活動はどれで，合計で支払う金額はいくらか？　40
①　総合ツアー，20ドル
②　総合ツアー，40ドル
③　ショート・ツアー，20ドル
④　ショート・ツアー，28ドル
　表中の2種類のツアーのうち「平日午後」にあるのはショート・ツアーである。

－660－

金額は，6歳の孫は無料で大人2人分の料金は20ドルになる。これは，「注意」書きの1つ目にあるように入館料を含むので，これ以上の費用は払わなくてよい。よって，③が正解。

問3 41 ①

ウェブサイトによれば，正しいのは以下のどれか？ 41

① 事前予約は「アート・トーク」には不要である。
② 総合ツアーは毎日開催される。
③ 入館料はツアー料金には含まれない。
④ アマチュアの芸術家による講演がある。

「注意」書きの3つ目で，「当館では，『アート・トーク』（隔週土曜日 OMA ホールにてゲスト講演者をお招きし，成人観客とお話をします）もご提供しています。ご予約や追加料金は不要です」から①が正解とわかる。なお，③は「注意」書きの1つ目から，④は最初の案内記事の最終文から，誤りだとわかる。また，②は表から誤りと分かる。

第5問　長文読解問題（物語）

【全訳】

「私が大物になるとは誰も思わなかったよ」と，ジョンおじさんは，台所に立ち，受賞した4品料理のディナーの作り方を私に教えながら言った。私は大学を卒業したばかりで，この食事は彼の私への贈り物だった。有名シェフが私のために料理をしてくれているというのは，すばらしい気分だった。さらに，彼が数日後に全国放送のテレビ料理コンテスト「ザ・ビッグタイム・クックオフ」に参加することになっているため，私は興奮していた。

ジョンおじさんが若かった頃，彼の家族は田舎に住んでいた。彼の母親は地元の学校で教えていたが，ジョンが10歳の時に，彼女は年老いた母親の世話をするために仕事をやめなければならなくなった。それまで，彼の父親は優しくて，ジョンや2人の妹と一緒に遊んでくれる暇が十分にあった。しかし，請求書が積もり続けるにつれて，家族は困難に陥った。ジョンの父親は，結局遠く離れた都会で仕事に就かなければならなくなり，それで彼は週末だけしか家に帰れなかった。

次第に，忙しい仕事のスケジュールのせいで，ジョンの父親は，家に帰ってくるときはいつも疲れたように見えるようになった。実は，彼は上機嫌な人物から始終不機嫌な人物に変わってしまった。彼は家にいるときは，ただ休みたいだけだった。彼はよく些細なことでジョンを叱りつけた。父親に受け入れられたいと思い，ジョンは最善を尽くそうとしたが，十分だと思うことは決してなかった。最後には，彼は父親を避け始めた。彼は友達とショッピングモールにたむろするようになり，時々授業をさぼるようになった。少しずつ，ジョンの成績は悪くなっていった。彼の両親と先生は彼の将来のことを心配した。

—661—

ある日曜日の朝，ジョンの母親が自分の母親の世話をしに出かけている間，彼の父親がテレビのある部屋でうたた寝をしていた。ジョンの妹たちがおなかを空かせていたので，ジョンは彼女たちのために何か料理を始めた。料理の仕方をよく知らなかったが，彼は父親に面倒をかけたくなかった。

突然台所のドアが開くと，彼の父親がそこにたたずんでいた。「パパ，起こしたのならごめん。チェルシーとジェシカが腹をすかしていたんで，卵を料理してやろうとしていたんだ」彼の父親は一瞬彼を真剣に見た。「卵だって？ 卵は今日みたいないい天気の日曜日に昼にするにはふさわしくない。裏庭でステーキを焼こう」「本当に？ パパは疲れてるんじゃないの」「大丈夫さ。料理は好きなんだ。大学時代にコックのアルバイトをしていたときのことを思い出すよ。おいしいステーキの作り方を教えよう」

ジョンが驚いたことには，彼の父親は料理を始めると元気になった。彼はジョンをわきに連れて行き，料理は，ある意味で，科学プロジェクトのようなものだと詳しく説明した。「材料を正確に測ってどの品目が相性がいいのか知らなければいけない。これをマスターすれば，とても多くの人々に喜びを与えることができる。」ジョンは久しぶりに父親に親近感を覚えた。そのときからずっと，ジョンが家で過ごす時間が増えた。彼は定期的に家族のため，その後は大学の友人のために料理をするようになった。ジョンは料理をするときはいつも幸せだと感じ，そしてこの幸せが彼の人生の他の分野に波及していった。

ジョンおじさんはレストランの仕事をしながら大学を卒業し，結局は有名レストランのシェフになった。彼はその仕事が本当に好きで，自分自身の特別な技術を伸ばしながら熱心に仕事をした。とうとう彼は彼独自のスタイルの料理を出す自分のレストランを開くことができた。彼はいくつかの賞を受賞し金持ちや有名人のために料理した。

ここでコンテストの話に戻ろう。ジョンおじさんが選出されたことに彼と私は興奮した。とはいえ，その台所で，彼は本当に心を動かすものを私と共有したのだった。「いいかい，マイク」とジョンおじさんは言った。「私は，『ザ・ビッグタイム・クックオフ』の一部としてテレビ出演することにわくわくしている。だが，私を最も幸せにしてくれることは，私が大事に思う人の1人であるお前と一緒にここに立っていること，そしてお前と私の2人だけで話すことだ。まさにそれは，ずっと昔の夏のある晴れた日に，パパが私にしてくれたことにそっくりなんだ。そして，そのことが私の人生を全く一変させたのだよ」

【語句】

◆第1段落◆

・amount to much「大物になる／大したものだ／役に立つ」
・put together「（複数のものをひとまとめにして）作る／組み立てる／統合する」
［例］It takes half a day to **put together** the stage set.

2016年度　本試験〈解説〉　31

　　　　　舞台装置を組み立てるのに半日かかる。
・award-winning「受賞した／賞を取った」
・four-course dinner「4品料理／4品料理のディナー」
・graduate from A「Aを卒業する」
・well-known「有名な」
・on top of this「この上に／さらに」
・compete「競争する／参加する」
・nationwide「全国的な」

◆第2〜3段落◆
・quit「やめる」
・take care of A「Aの世話をする」
［例］　I had to **take care of** my mother.　That's why I quit my job.
　　　　私は母の世話をしなければなりませんでした。それで仕事をやめたのです。
・elderly「年老いた」
・bill「請求書」
・pile up「積み重なる／山積みになる」
・get into trouble「困難に陥る／困ったことになる」
・finally「結局」
・weekend「週末」
・gradually「次第に」
・look tired「疲れたように見える／疲労の色を見せる」
・whenever SV ...「…するときはいつでも」
［例］　Martin wants to sit next to the aisle **whenever** he goes to a baseball stadium.
　　　　マーティンは野球場に行くときはいつも通路のすぐ横に座りたがる。
・to tell the truth「実は／実を言うと」
［例］　**To tell the truth**, I didn't get any sleep last night.
　　　　実は昨晩一睡もできませんでした。
・good-humored「上機嫌な」
・be in a bad mood「不機嫌である」
・all the time「始終／いつも」
・scold「叱る」
・do *one's* best「最善を尽くす」
・good enough「十分に良い」
・eventually「結局は／最後には」
・avoid「避ける」
・hang out「ぶらぶらする／たむろする／巣くう」
［例］　A group of hooligans are **hanging out** in the town.
　　　　不良グループが町に巣くっている。

— 663 —

32

- skip「さぼる」
- little by little「少しずつ」
- grade「成績」
- be worried about A「Aのことを心配する」

◆第4～5段落◆
- nap「うたた寝をする」
- bother「面倒をかける」
- suddenly「突然」
- dad「パパ／お父ちゃん／おやじ」
- wake up「起こす」
- seriously「真剣に」
- for a moment「一瞬／少しの間」
- grill「焼く／網焼きにする」
- steak「ステーキ」
- remind A of B「AにBのことを思い出させる」

［例］ The lullaby **reminds** me **of** my mother.
その子守唄は私に母を思い出させる→その歌を聞くと私は母を思い出す。

- prepare「（食事を）作る／用意する」

◆第6段落◆
- to A's＋感情名詞「Aが～したことには」感情名詞には amusement, surprise, delight, dismay, regret, disappointment, amazement, astonishment, annoyance, chagrin, embarrassment, joy, relief, sorrow などが来る。

［例］ **To their** great **disappointment**, they failed to carry out the plan.
ひどくがっかりしたことには，彼らはその計画を実行しそびれてしまった。

- energetic「元気な／エネルギッシュな／活発な」
- take A aside「Aをわきに連れて行く」

［例］ I **took** him **aside** and told him the news.
私は彼をわきに連れて行き，彼にそのニュースを伝えた。

- explain to A that SV ...「Aに…だと説明する」
- in detail「詳しく」
- in a way「ある意味で」
- measure「計測する」
- ingredient「材料／成分」
- precisely「正確に」
- item「品目」
- go together「相性がいい／合う」
- provide A for B「AをBに与える」
- a great many people「とても多くの人々」

— 664 —

2016年度　本試験〈解説〉　33

- feel close to A「Aに親近感を覚える」
- for the first time in a long time「久しぶりに」
- from then on「その後は／それ以降」
- regularly「定期的に」
- spill over「波及する／あふれ出る／こぼれる」

  ［例］　The problem from his first stage may **spill over** into his new film.
  　　　彼の初舞台からの問題が彼の新作映画に波及することもあり得る。

◆第7～8段落◆

- work *one's* way through college「苦学して［働きながら・アルバイトをしながら］大学を卒業する」
- serve「(料理を)出す」
- win award「受賞する」
- select「選ぶ」
- yet「とはいえ／それでもやはり」
- be thrilled「わくわくしている」
- care about A「Aを大事に思う」

【解説】

問1 　42 　②

　物語の冒頭で，ジョンおじさんは 42 。

① 　『ザ・ビッグタイム・クックオフ』のために料理をしていた

② 　マイクのために特別な食事を作っていた

③ 　コンテストのためにマイクを訓練していた

④ 　彼のレシピを改良しようと努めていた

　第1段落の第1～2文に「ジョンおじさんは，台所に立ち，受賞した4品料理のディナーの作り方を私に教えながら言った。私は大学を卒業したばかりで，この食事は彼の私への贈り物だった」とあるので，②が正解。

問2 　43 　③

　ジョンおじさんの父親が都会で働き始めたのは 43 からである。

① 　彼が田舎で暮らすのに飽きた

② 　家族と一緒に過ごす方がより容易だった

③ 　家族が生活のためのお金をもっと必要とした

④ 　ジョンおじさんの母親が病気なってしまった

　第2段落の第4文と最終文に「しかし，請求書が積もり続けるにつれて，家族は困難に陥った。ジョンの父親は，結局遠く離れた都会で仕事に就かなければならなくなり，それで彼は週末だけしか家に帰れなかった」とあるので，③が正解。

問3 　44 　②

　ジョンおじさんの両親と先生たちはなぜジョンの将来のことを心配したのか？

　44

— 665 —

① 彼が家で休みたがるだけだったから。
② **彼が勉強に対する興味を失ったから。**
③ 彼が父親を避けるのをやめたから。
④ 彼はもはや上機嫌な人物ではなかったから。

　第3段落の第7～9文に「彼は友達とショッピングモールにたむろするようになり，時々授業をさぼるようになった。少しずつ，ジョンの成績は悪くなっていった。彼の両親と先生は彼の将来のことを心配した」とあるので，②が正解。

問4 　45 　　③

　ジョンおじさんの人生を最も大きく変えるのに役立ったものは何か？　45

① 賞を勝ち取ったディナーを友達と一緒に食べること
② 『ザ・ビッグタイム・クックオフ』のような料理コンテストに出場すること
③ **料理を通して父親との結びつきを持つこと**
④ 台所でマイクと話して過ごすこと

　第4～6段落では，ある日曜日の朝ジョンおじさんの父親がジョンと一緒に料理を作った話が語られており，第6段落の第5～8文に「ジョンは久しぶりに父親に親近感を覚えた。そのときからずっと，ジョンが家で過ごす時間が増えた。彼は定期的に家族のため，その後は大学の友人のために料理をするようになった。ジョンは料理をするときはいつも幸せだと感じ，そしてこの幸せが彼の人生の他の分野に波及していった」とある。また，最終段落のジョンおじさんの発言に「まさにそれは，ずっと昔の夏のある晴れた日に，パパが私にしてくれたことにそっくりなんだ。そして，そのことが私の人生を全く一変させたのだよ」とあるので，③が正解。

問5 　46 　　②

　ジョンおじさんが最も満足感が得られると思うものは何か？　46

① 有名人のために独自の四品料理のディナーを開発すること
② **彼と親しい人々と意味のある関係を持つこと**
③ テレビショー番組の料理を通して人々を幸せにすること
④ 彼のレストランで多くの人においしい料理を出すこと

　最終段落の第5文に「だが，私を最も幸せにしてくれることは，私が大事に思う人の1人であるお前と一緒にここに立っていること，そしてお前と私の2人だけで話すことだ」とあるので，②が正解。

第6問　長文読解問題（論説文）

【全訳】

(1) オペラは最高レベルの表現で人間の声を賛美する芸術形式である。特に，優れた歌手によって演じられるときは，オペラのように興奮を生み出し，心を動かす芸術形式は他にない。そのような歌手は，人間の声のためにこれまでに作曲されてきた最も優れた最も魅力的な音楽の一部を上演するよう訓練されている。

— 666 —

(2)　オペラは，西洋クラシック音楽の伝統の重要な一部分である。それは音楽，言葉，演技を用いて，劇的な物語を生き生きとしたものにする。オペラは16世紀末にイタリアで始まり，その後ヨーロッパ中に普及した。長年にわたり，オペラは世界中の様々な音楽や演劇の発展に対応してきたし，今もそうし続けている。ここ数十年，現代の録音技術によって，さらに幅広い聴衆がオペラを知るようになってきている。歌手のなかには，ラジオやテレビ，映画での演奏のおかげで有名人になった者もいる。

(3)　しかし，近年，オペラは深刻な難題に直面している。これらのいくつかの原因は，対応のしようがないものである。オペラの現代の難題の1つは，経済的なものである。現代の世界的な景気後退は，文化団体や芸術家に対して使うことのできる資金が少なくなるということを意味するようになった。この資金不足は，オペラ歌手やその他の芸術家を支援するのにどのくらいのお金が支払われるべきかという，より幅広い問題を提起する。企業経営者に支払われる多額の給料や，運動選手に対してなされる数百万ドルという契約を，社会は受け入れているようだ。<u>しかし，オペラ歌手についてはどうだろうか？</u>　どういうわけか，貧困に苦しむ場合に限り，芸術家は創造的になれるという考えを人々は抱いているようだが，これは非現実的である。もし，オペラ歌手を含む芸術家が，必要とする支援を受けられないとすれば，貴重な才能が無駄になるのだ。

(4)　資金不足だけでなく，オペラ界における資金の運用法も困難を引き起こしてきた。一般的には，いったん舞台が終わると，主演歌手には出演料が支払われる。彼らはたいてい，舞台が始まる前の何週間ものリハーサル期間中，何ももらわない。役作りのため，彼らはレッスン料やマンツーマンの指導料を払わなければならない。病気になったり出演をキャンセルしたりすれば，出演料を失うことになる。この制度の不安定さが，オペラの将来を危険にさらしているのである。

(5)　オペラが直面するもう1つの問題は，大衆娯楽の影響を受けた聴衆の要望にどのように応えるかということである。流行歌手は，その音楽と同様にその外見で評価されることが多い。したがって，この大衆文化の影響を受けた聴衆に対して演じるオペラ歌手は，今や「歌うモデル」になることを期待されている。このような要望は非現実的で，もしかすると有害かもしれない。オペラ歌手は，その体重が軽すぎれば，マイクなしで大劇場やコンサートホールに響くほど大きな声を出すことなど絶対にできない。歌唱力以上に肉体的な外見を強調すれば，聴衆は最高の状態の人間の声を聞き逃してしまうことになるかもしれない。

(6)　オペラの問題には容易な解決策はないし，オペラの価値については多くの異なる意見がある。しかし，毎年，多くの若者が，この特別な芸術形式で自分の才能を伸ばすことを望み夢みて，音楽コースに登録する。オペラが多くの障害を切り抜け，若い世代を魅了し続けるという事実は，オペラが依然として価値にあふれた尊敬を集める芸術形式であることを実証している。

36

【語句】

◆第1段落◆

- art form「芸術形式」
- celebrate「賞賛する／賛美する」
- expression「表現」
- create「生み出す」
- excitement「興奮」
- move「感動させる」
- in the way that SV ...「…の仕方で／…のように」

［例］ Although American men and women share a common desire to shop, differences exist **in the way that** they think about and approach shopping.

アメリカ人の男性と女性は買い物をしたいという共通の願望を持っているが，買い物に対する考え方とアプローチの仕方には，男女で違いが存在する。

- especially「特に」
- perform「演じる／演奏する」
- train「訓練する」
- present「上演する」
- challenging「魅力的な／やりがいのある／困難な」
- compose「作曲する」

◆第2段落◆

- tradition「伝統」
- bring A to life「Aを生き生きとしたものにする」
- become popular「普及する」

［例］ The Internet has **become popular** in many aspects of our daily life.

インターネットは我々の日常生活の多くの面で普及した。

- throughout A「Aを通して」
- over the years「何年にもわたって」
- respond to A「Aに対応する」

［例］ The conventional treatments can't **respond to** this virus.

従来の治療法ではこのウイルスは対応できない。

- various「様々な」
- theatrical「劇場の」
- continue to-不定詞「〜し続ける」
- decade「十年間」
- audience「聴衆」

◆第3段落◆

- however「しかしながら」
- face「直面する」

— 668 —

・challenge「難題」

・cause「原因」

・beyond *one's* control「どうすることもできなくて／(人)の手に負えなくて」

［例］ There are economic factors which are **beyond** the government's **control**.
政府にはどうすることもできない経済的要因がある。

・current「現在の／現行の」

・economic「経済の」

・economic slowdown「景気後退」

・available「利用できる」

・institution「(大規模な)団体／組織／協会」

・shotage「不足」

・raise「提起する」

・business manager「企業経営者」

・multi-million-dollar contract「数百万ドルという契約」

・athlete「運動選手」

・somehow「どういうわけか／どうやら／何とかして」

・creative「創造的な」

・only if ～「～の場合に限り」

・suffer「苦しむ」

・poverty「貧困」

・unrealistic「非現実的な」

・including A「Aを含む」

・waste「浪費する」

◆**第4段落**◆

・not only A but also B で「AばかりでなくBも」。

［例］ In times of crisis, people **not only** depend on their government to help them out, **but also** depend on each other.
危機の時代には，人々は政府が自分たちを救出してくれるのを当てにするだけでなく，お互いを当てにするものだ。

・lead to A「Aを引き起こす／結局Aとなる／Aをもたらす」

［例］ The parents' physical abuse **leads to** their child's death.
両親の虐待が子供の死を引き起こした。

・hardship「困難／苦境」

・principal singer「主演歌手」

・generally「一般的には」

・once SV ...「いったん…すると」

［例］ **Once** you begin, you must continue.
いったん始めたら，継続しなければいけません。

38

- typically「たいてい」
- reharsal「リハーサル」
- prepare for A「Aの準備をする」

[例] We will **prepare for** your goodbye party.
あなたのお別れパーティーの準備をします。

- coaching session「マンツーマンの指導」
- insecurity「不安定さ」
- put A at risk「Aを危険にさらす」

[例] This explosion **put** billions of dollars' worth of satellites **at risk**.
この爆発は何十億ドルもの価値のある衛星を危険にさらした。

◆第5段落◆

- meet the demands of A「Aの要望に応じる／要求を満たす」

[例] This method will **meet the demands of** today's global financial system.
この方法は，今日の世界金融システムの要求を満たすだろう。

- influence「影響を与える」
- pop singer「流行歌手」
- on the basis of A「Aで／Aに基づいて」

[例] We should discuss this **on the basis of** these figures.
これらの数字に基づいて，この議論をすべきだ。

- be expected to-不定詞「～することを期待されている」
- possibly「もしかすると／ひょっとしたら／たぶん」
- harmful「有害な」
- simply ... not「絶対に…ない／どうしても…ない」

[例] That is **simply not** true.
そんなこと絶対に本当でないよ。

- emphasize「強調する」
- physical appearance「肉体的な外見」
- cause A to-不定詞「Aに～させる／…のせいでAは～する」

[例] This incident **caused** him **to** leave school before the term is over.
この出来事のせいで，彼は学期が終わる前に学校をやめた。

- miss out on A「Aを逃す／Aのチャンスを逃す」

[例] The company **missed out on** the first wave of the Internet boom.
その会社はインターネットブームの最初の波を逃した。

- at *one's* best「最高の状態で」

◆第6段落◆

- solution to A「Aへの解決策」

[例] We have to find a **solution to** this problem.
私たちはこの問題の解決策を見つけなければならない。

— 670 —

2016年度　本試験〈解説〉　39

・value「価値」
・register「登録する」
・the fact that SV ...「…という事実」
・survive「切り抜ける／生き残る」
・obstacle「障害」
・rising generation「若い世代／青年層」
・demonstrate「実証する」
・respected「尊敬を集めている／尊敬されている／立派な」
・full of A「Aでいっぱいの／Aに満ちた」

【解説】
問1　47　①
　第2段落によると，以下の文のうち正しいのはどれか？　47
①　**オペラは新たな状況に適応することで発展する。**
②　オペラファンはオペラ上演について有名人に感謝している。
③　オペラ歌手はTVや映画で歌うのを避ける。
④　オペラ歌手の人生の物語は劇的である。
　第2段落第4文で「長年にわたり，オペラは世界中の様々な音楽や演劇の発展に対応してきたし，今もそうし続けている」とあるので，①が正解。

問2　48　③
　第3段落において，"But what about opera singers?" という疑問を，別の言い方にすればどうなるか？　48
①　オペラ歌手はどのように準備するのか？
②　我々はオペラ歌手をどのように利用すべきか？
③　**オペラ歌手にはどれくらいの価値があるのか？**
④　オペラ歌手は総額でいくら支払うか？
　下線部の直前で，「企業経営者に支払われる多額の給料や，運動選手に対してなされる数百万ドルという契約を，社会は受け入れているようだ」とあり，その直後に「オペラ歌手についてはどうだろうか？」という疑問なので，オペラ歌手の報酬がどれくらいかという疑問となるはずである。したがって，③が正解。

問3　49　①
　第3・4段落によると，どの文が正しいか？　49
①　**オペラ歌手は収入が不安定である。**
②　オペラ歌手がオペラを見に来てくれと頼むのは裕福な人々だけである。
③　オペラ歌手は公演の前に出演料をもらう。
④　オペラ歌手は貧しければいっそううまく演じる。
　第3段落の第5文に「この資金不足は，オペラ歌手やその他の芸術家を支援するのにどのくらいのお金が支払われるべきかという，より幅広い問題を提起する」とあり，第4段落の第5文と最終文に「病気になったり出演をキャンセルしたりすれ

— 671 —

ば，出演料を失うことになる。この制度の不安定さが，オペラの将来を危険にさら
しているのである」とあるので，①が正解。③は第4段落の第2・3文に，④は第
3段落の第8文に矛盾する。

問4　50　③

第5段落における筆者の意見を最もよく表しているものはどの文か？　50

① オペラがどのように上演されるべきかは聴衆が一番よく知っている。

② オペラをもっと楽しくするためにマイクが使用されるべきだ。

③ オペラ歌手の声は外見よりも高く評価されるべきだ。

④ 大衆文化はオペラによい影響を及ぼしてきた。

　第5段落の第5文と最終文に「オペラ歌手は，その体重が軽すぎれば，マイクな
しで大劇場やコンサートホールに響くほど大きな声を出すことなど絶対にできな
い。歌唱力以上に肉体的な外見を強調すれば，聴衆は最高の状態の人間の声を聞き
逃してしまうことになるかもしれない」とあり，オペラ歌手の場合は外見よりも声
を重視すべきだというのが筆者の意見である。したがって，③が正解。筆者は大衆
文化の影響を受けた聴衆に対して否定的であり，①，④は本文と矛盾する。②のよ
うな記述はない。

問5　51　③

本文の最適な表題は何だろうか？　51

① オペラで金を儲ける方法

② 大衆文化の一部としてのオペラ

③ オペラが直面している課題

④ オペラの歴史的背景

　第3段落の第1文に「しかし，近年，オペラは深刻な難題に直面している」とあ
り，これがこの文章全体を貫く主題であることは，第6段落の第1文「オペラの問
題には容易な解決策はないし，オペラの価値については多くの異なる意見がある」
からもわかる。したがって，③が正解。

— 672 —

B

52　③　53　①　54　④　55　②

段落	内容
(1)	オペラの紹介
(2)	52　③
(3)	53　①
(4)	54　④
(5)	55　②
(6)	オペラの展望

① オペラに対する世界経済の影響
② 大衆文化がオペラに与えた衝撃
③ 過去から現在までのオペラ
④ 資金運営面の諸問題

　第2段落では西洋クラシック音楽の一形式であるオペラの歴史が述べられており，これは③「過去から現在までのオペラ」に相当する。第3段落ではオペラが現在直面している課題，特に世界的な景気後退による経済的問題が論じられており，これは①「オペラに対する世界経済の影響」に相当する。第4段落では，オペラ上演における資金運用法の問題が論じられており，これは④「資金運営面の諸問題」に相当する。第5段落は，現代の大衆文化がオペラに与える影響について論じており，これは②「大衆文化がオペラに与えた衝撃」に相当する。したがって，52③，53①，54④，55②が正解である。

MEMO

英 語

（2015年1月実施）

受験者数　523,354

平 均 点　116.17

英語

解答・採点基準　(200点満点)

問題番号(配点)	設問		解答番号	正解	配点	自己採点
第1問 (14)	A	問1	1	②	2	
		問2	2	①	2	
		問3	3	①	2	
	B	問1	4	②	2	
		問2	5	④	2	
		問3	6	④	2	
		問4	7	③	2	
第1問　自己採点小計						
第2問 (44)	A	問1	8	①	2	
		問2	9	③	2	
		問3	10	③	2	
		問4	11	②	2	
		問5	12	①	2	
		問6	13	③	2	
		問7	14	①	2	
		問8	15	④	2	
		問9	16	②	2	
		問10	17	④	2	
	B	問1	18	⑤	4 *	
			19	⑥		
		問2	20	⑤	4 *	
			21	①		
		問3	22	④	4 *	
			23	⑤		
	C	問1	24	⑦	4	
		問2	25	⑥	4	
		問3	26	①	4	
第2問　自己採点小計						

問題番号(配点)	設問		解答番号	正解	配点	自己採点
第3問 (41)	A	問1	27	④	4	
		問2	28	②	4	
	B	問1	29	②	5	
		問2	30	④	5	
		問3	31	①	5	
	C		32	②	6	
			33	②	6	
			34	①	6	
第3問　自己採点小計						
第4問 (35)	A	問1	35	④	5	
		問2	36	①	5	
		問3	37	②	5	
		問4	38	②	5	
	B	問1	39	②	5	
		問2	40	③	5	
		問3	41	①	5	
第4問　自己採点小計						
第5問 (30)		問1	42	③	6	
		問2	43	③	6	
		問3	44	④	6	
		問4	45	④	6	
		問5	46	④	6	
第5問　自己採点小計						
第6問 (36)	A	問1	47	④	6	
		問2	48	②	6	
		問3	49	②	6	
		問4	50	②	6	
		問5	51	①	6	
	B		52	③	6 *	
			53	①		
			54	②		
			55	④		
第6問　自己採点小計						
自己採点合計						

(注)　＊は，全部正解の場合のみ点を与える。

2015年度　本試験〈解説〉　3

第1問　発音・アクセント問題

A　発音

問1　1　②

① <u>a</u>ncestor /ǽnsestər/「先祖」/æ/
② **<u>a</u>ncient** /éɪnʃənt/「大昔の」/eɪ/
③ h<u>a</u>ndle /hǽndl/「取っ手」/æ/
④ h<u>a</u>ndsome /hǽnsəm/「ハンサムな」/æ/
したがって，②が正解。

問2　2　①

① fl<u>oo</u>d /flʌ́d/「洪水」/ʌ/
② h<u>oo</u>k /húk/「フック」/ʊ/
③ sh<u>oo</u>k /ʃúk/ shake の過去「振る」/ʊ/
④ w<u>oo</u>den /wúdn/「木製の」/ʊ/
したがって，①が正解。

問3　3　①

① confu<u>s</u>ion /kənfjúːʒən/「混乱」/ʒ/
② expan<u>s</u>ion /ɪkspǽnʃən/「拡張」/ʃ/
③ mi<u>ss</u>ion /míʃən/「使命」/ʃ/
④ profe<u>ss</u>ion /prəféʃən/「職業」/ʃ/
したがって，①が正解。

B　アクセント

問1　4　②

① admire /ədmáɪər/「賞賛する」第2音節
② **modest** /máːdəst/「控えめな」第1音節
③ preserve /prɪzə́ːrv/「保存する」第2音節
④ success /səksés/「成功」第2音節
したがって，②が正解。

問2　5　④

① ambitious /æmbíʃəs/「野心的な」第2音節
② component /kəmpóʊnənt/「構成要素」第2音節
③ detective /dɪtéktɪv/「探偵」第2音節
④ **dinosaur** /dáɪnəsɔ̀ːr/「恐竜」第1音節
したがって，④が正解。

問3　6　④

① consequence /káːnsəkwèns/「結果」第1音節

— 677 —

②　discipline /dísəplən/「規律」第 1 音節
③　residence /rézədəns/「住まい」第 1 音節
④　**sufficient** /səfíʃnt/「十分な」第 2 音節
したがって，④が正解。

問 4　7　③

①　accompany /əkÁmpəni/「付き添う」第 2 音節
②　appropriate /əpróupriət/「適切な」第 2 音節
③　**complicated** /kÁ:mpləkèɪtɪd/「複雑な」第 1 音節
④　ingredient /ɪngrí:diənt/「成分」第 2 音節
したがって，③が正解。

第 2 問　文法・語法空所補充問題・語句整序問題・応答文完成問題

A　文法・語法

問 1　8　①

またおじいさんを怒らせたの？　そんなばかなことはするべきじゃないよ。

─【ポイント】─────────────────────────

イディオム know better

　イディオム know better は「もっと分別がある／わきまえている／慎重である」という意味。know better than A「Aするばかではない」や know better than to-不定詞「〜するばかではない」の形で用いることが多い。

［例 1 ］　You should **know better**.
　　　　もっと分別があってもいいんじゃないか。

［例 2 ］　He is old enough to **know better**.
　　　　彼はこんなことをしていてはいけない年齢なんです。

［例 3 ］　You should **know better than to** trust such a dubious story.
　　　　そんな疑わしい話を信じるほど君はばかではないはずだ。

【他の選択肢について】

②　know less than 〜 は，「〜よりも分からない／知らない」の意味を表すが，イディオムではない。ここでは不適。

［例］　I **know less** about friendship **than** I did before.
　　　友情のことが以前より分からない。

③　make do with A「A(代用品・代替手段など)で済ます／間に合わせる」の意味で不適。

［例］　The supermarkets are now closed, so we'll have to **make do with** what is left

─ 678 ─

in the refrigerator.
　　スーパーはもう閉まっているので，冷蔵庫に残っているもので済まさなければならないだろう。
④　make up with A「A（人）と仲直りする」の意味で不適。
　［例］　You should apologize and **make up with** him.
　　　　あなたは謝って彼と仲直りするべきです。

問2　9　③
　　スコットはコンピュータを盗まれたので，警察署へ出かけた。

【ポイント】

have A＋過去分詞

　have A＋過去分詞は「Aが～される」の意味で用いられることがある。この形では，Aと過去分詞の間には，受動の意味関係が成り立つ。本問では，his computer と stolen の間に「彼のコンピュータが盗まれた」という受動の意味関係が成り立っている。
　［例］　She **had** her textbook **stolen** in the library.
　　　　彼女は図書館で教科書を盗まれた。

【他の選択肢について】

①　caused his computer stolen は不可。cause A＋to-不定詞で，「Aに～させる」という意味を表すが，to-不定詞を用いなければならない。
　［例］　Her behavior **caused** me **to laugh**.
　　　　彼女のしぐさが私を笑わせた。
②　got stolen his computer は不可。get A＋過去分詞で「Aに～させる／してもらう」という意味を表す。
　［例］　He **got** that gift **wrapped**.
　　　　彼はそのプレゼントを包装してもらった。
④　was stolen his computer は不可。be stolen は主語に物が来なければならない。His computer was stolen なら正しい。

【関連】

　have A＋過去分詞は「Aを～してもらう／Aを～してしまう」の意味でも用いられることがある。
　［例］　When we kept getting unwanted calls, I called the phone company and **had** my phone number **changed**.
　　　　迷惑電話が続いたときには，電話会社に電話して，番号を変えてもらった。
　［例］　Ken, **have** the job **done** by tomorrow.
　　　　ケン，明日までにその仕事をしてしまいなさい。

問3　10　③
　　北日本で雪がほとんど降らなかった点で，この前の冬はかなり異常だった。

6

【ポイント】

接続詞 in that

接続詞 in that SV ... は「…という点で／…なので」という意味になる。

［例］　They agree **in that** neither can win the argument.

どちらも議論では勝てないという点で，彼らの意見は一致した。

なお，前置詞＋that-節は，in that のほかに，接続詞 except that SV ...「…以外は／…という点を除いて」がある。

［例］　I know nothing about Kate **except that** she works in a nursery school.

保育園で働いている以外は，ケイトについては何も知りません。

問4　□11□　②

孫娘は，歌手としての道を進み始めたが，私は，本当は彼女には将来女優にもなってもらいたいと思っている。

【ポイント】

動詞 hope の用法

動詞の hope は，未来の内容とともに用いられることが多い。hope (that) S will ＋動詞の原形で，「～ということを望む／したいと思う」という意味を表す。本問でも文尾の in the future が未来の内容を示している。なお，wish は「可能とは思わないが望む」の意味。仮定法で用いる。

［例］　I **hope** you **will** give us some advice.

私たちに何か助言をいただければと考えております。

［例］　I **wish** I knew her address.

彼女の住所が分かっていればいいのに。

問5　□12□　①

私はぐっすり眠っていたので，今朝の2時に起こった自動車事故は聞こえなかった

【ポイント】

時制の一致

動詞が2つ以上ある場合は，共通の時制を用いるのが原則である。think, say, know などの伝達動詞が過去になっている場合や文全体が過去になっている場合がそれである。本問の場合，was, didn't hear と過去時制になっているので，過去形の①happened が正解。

［例1］　He **thought** that he **would** become a writer in future.

彼は将来，作家になろうと思った。

［例2］　They **stopped** in a small village where the inhabitants **spoke** an unfamiliar language.

彼らは，聞いたことのない言語を住民が話す小さな村に立ち寄った。

— 680 —

2015年度　本試験〈解説〉　7

・fast asleep「ぐっすり眠って／熟睡して」

【他の選択肢について】

② happens は現在形で不可。

③ was happened は非文。happen は自動詞で受動態にはならない。

④ would happen は［例1］のような文では，その時点での未来の時制を表す場合では可。しかし，本問では，at 2 a.m. this morning とあり，過去の内容なので不可。

問6 ☐13 ③

私は，海の眺めを楽しみながら，いつも浜辺を犬の散歩をしている。

【ポイント】

分詞構文（現在分詞）

分詞構文では，ふつう文の主語と分詞の間に「能動／受動関係」が成立している。主語と分詞の間に「能動の関係」が成り立つときには，現在分詞を用いて，「〜して／〜しながら」という意味となる。本問では，I と enjoying の間に能動の関係が成り立っている。

［例］　**Walking** along the street, she came across John.

通りを歩いていたら，彼女はジョンに偶然会った。

なお，「受動の関係」が成り立つ場合，過去分詞を用いる。

［例］　**Respected** by all his classmates, Tom was elected chairman.

トムはクラスメート全員に尊敬されていたので議長に選ばれた。

問7 ☐14 ①

富士山が，青空を背に堂々とそびえ立っている。

【ポイント】

前置詞 against

前置詞 against は，against A で，「Aを背景にして／後ろに置いたときに」という意味を表す。

［例］　Pearls look best when set **against** black cloth.

真珠は黒布を後ろに置いたときに一番美しく見える。

・impressively「堂々と／見事に／立派に」

問8 ☐15 ④

すみません。たった今話したばかりですが，最善の解決策は何だとおっしゃいました？

【ポイント】

間接疑問文

疑問文の語順が疑問詞＋SV … となり，文の目的語などになっている形を間接疑問文と呼ぶ。間接疑問文は，(1) Yes-No で答えられるものと(2) Yes-No で答えられないものと2種類ある。

—681—

［例］⑴　Did you ask him **what he was looking for**?
　　　　何をさがしているのかと彼に尋ねましたか？

［例］⑵　**What** do you think **he reads**?
　　　　彼が何を読んでいると思いますか？

　⑴では，do you know などが用いられ，⑵では do you think［imagine / suppose / believe / guess / say］などが用いられる，疑問詞を文頭に出す。

　本問の場合，do［did］you say に間接疑問が続く⑵の場合であり，疑問詞を文頭に出す。本問では，疑問文 What was the best solution? が間接疑問 what the best solution was となり，what だけが did you say の前に出る。

［例］　**What** did you say **you wanted**?
　　　何が欲しいって言ってたっけ？

・solution「解決策」

問9　16　②

　　インターネットはとても強力な道具になったので，どこに住んでいる人でも，どんな教育資源にもアクセスできる。

―【ポイント】

so ... that-構文

　so ... that-構文は，... に形容詞・副詞がきて「とても…なので〜」という意味になる。形容詞の場合，そのあとに名詞がくると so＋形容詞＋a［an］＋名詞の語順となる。また such ... that-構文の場合，such a［an］＋形容詞＋名詞の語順で「とても…なので〜」という意味になる。本問の場合，such a powerful tool の語順なら可となる。

［例］　He got up **so** early **that** he was in time for the first train.
　　　彼は早く起きたので一番列車に間に合った

［例］　He said it in **so** high a voice **that** we were able to hear him clearly.
　　　彼はとても高い声でそう言ったので私たちにはよく聞こえた。

［例］　It was **such** a wonderful film **that** I saw it three times.
　　　それはとてもすばらしい映画だったので私は3回見た。

・powerful「強力な」
・tool「道具」
・educational resource「教育資源」

問10　17　④

　　監督はチームがサッカーリーグで勝つと言っていたが，実際，次のシーズンに本当に勝った。

―【ポイント】

1．時制の一致

　主節が過去になったとき，従属する名詞節はその影響を受け，過去，過去完了な

― 682 ―

どに変化して一致させる。また，will, can などの助動詞は，would, could などになる。

［例］ I **know** that Kathy **will** work hard. → I **knew** that Kathy **would** work hard.
　　　キャシーが熱心に働くことを私は知っている。→キャシーが熱心に働くことを私は知っていた。

2．next の用法

next は無冠詞で用いる場合，現在の直後の未来を表すが，the next で用いるときは，現在以外の時を基準にして「その次の〜」の意味をもつ。

［例］ She came home **the next** month.
　　　彼女はその翌月帰って来た。

［例］ She will come home **next** month.
　　　彼女は来月帰って来るだろう。

・manager「監督」
・actually「実際」

B 語句整序問題

問1 18 ⑤ 19 ⑥

　　ユキ：以前に会ったことあります？　あなたは，私にはとても見覚えがあるようなんです。

　　アン：そうは思いません。もし会ったことがあるなら，きっとあなたのことが分かったと思います！

【正解】

If we had met, I would have recognized you for sure!
　　　　　　　　③　⑤　　②　　　④　　　⑥　①

【ポイント】

1．仮定法過去完了

仮定法過去完了は，If S' had + 過去分詞 ..., S would have + 過去分詞 .... の形で表す。それが表すのは，「過去の事実に反する内容」である。

［例］ I didn't know when the meeting would be held. **If** I **had known**, I **would have attended** it.
　　　集会がいつ行われるのか知らなかった。もしも知っていたなら，出席していただろう。

2．イディオム for sure

for sure は，「きっと／確実に」

［例］ I'll call you **for sure** by five o'clock.
　　　5時までにはきっと電話します。

10

問2 20 ⑤ 21 ①

　お客：車のレンタル期間を延長してもらえますか？
　　係：ええ，でも追加の日数で１日50ドルの追加料金がかかります。

━【正解】━━━━━━━━━━━━━━━━━━━━━━━━━━━━━━━━━

　you | will | be charged | an extra fee | of $50 for each additional day.
　⑥　　⑤　　②　　③　　　　①　　　　　④

━【ポイント】━━━━━━━━━━━━━━━━━━━━━━━━━━━━━━━

動詞 charge

　動詞 charge は charge A B for C で「A（人）にCのB（料金）を請求する」と言う意味を表す。本問は受動態で，be charged になっている。能動態だと，they will charge you an extra fee of $50 for each additional day.

〔例１〕　How much did they **charge** you **for** repairing your old car?
　　　　　君の古い車の修理にいくらかかったの？

〔例２〕　They **charged** me 500 yen **for** repairing my bicycle.
　　　　　私は自転車の修理代として500円を請求された。

問3 22 ④ 23 ⑤

　レイコ：今夜は料理しようか，それとも中華料理を頼もうか？
　キョウコ：疲れていて料理をする気にはならないので，中華を頼もうよ。

━【正解】━━━━━━━━━━━━━━━━━━━━━━━━━━━━━━━━━

　Let's order Chinese because | I'm | feeling too tired | to start | cooking.
　　　　　　　　　①　　　　④　　　③　　⑥　　　⑤　　　②

━【ポイント】━━━━━━━━━━━━━━━━━━━━━━━━━━━━━━━

too ... to-不定詞

　too ... to-不定詞で「とても…で～できない／～するには…すぎる」の意味を表す。

〔例〕　He is **too** stubborn **to** change his mind.
　　　　彼はとても頑固なので決心を変えない。

C　応答文完成問題

問1 24 ⑦

　客：先週ここでこの本を買ったんだけど，真ん中の数ページが抜けているのです。
　店長：レシートをお持ちですか？　それをご提示いただけないと，⑦それを新しい本と交換できません。

━【正解】━━━━━━━━━━━━━━━━━━━━━━━━━━━━━━━━━

　I'm afraid | we can't exchange it | for a new copy.
　　(B)　　　　　(B)　　　　　　　(A)

━ 684 ━

・receipt「レシート」

【ポイント】

exchange A for B

　exchange A for B で,「A を B（別のもの）と交換する」という意味になる。

〔例〕　I would like to **exchange** this shirt **for** a size bigger.

　　　　このシャツを１サイズ大きいものと交換してほしい。

【解法のヒント】

　本を取り替えてほしいと言っているお客に店員が何と言ったかを問う問題。左１列目の(A)だと「躊躇する」となり,あとに to-不定詞がくるが,２列目の(A)は完了不定詞なのでつながらない。また,I'm afraid も to-不定詞の形はあるが,完了不定詞は普通とらないので２列目は(A)はない。そうすると,(B)→(B)となれば exchange A for B から３列目は(A)となる。したがって,⑦が正解。

問2　25　⑥

エレナ：あなたが着いてホッとしたわ。飛行機は40分後に離陸するのよ。

ユウコ：分かってるわ！　⑥<u>ジョンが車でここまで送ってくれたおかげで,間に合ったの。</u>

【正解】

Thanks to	John driving me here,	I'm in time.
(B)	(A)	(B)

【ポイント】

１. thanks to A「A のおかげで／A のために」

　前置詞句の thanks to A／〜ing は「A のおかげで／A のために／〜したおかげで」という意味で用いられる。

〔例１〕　Our communities are sprouting and thriving **thanks to** e-mail.

　　　　我々の社会はＥメールのおかげで急速に成長発展している。

〔例２〕　**Thanks to** your being late, we must wait till the next train.

　　　　君が遅刻したおかげで,私たちは次の電車まで待たなくてはいけない。

２. イディオム in time

　in time は,「〔…するのに〕間に合って／遅れずに」という意味を表す。

〔例１〕　Will we be **in time** for the train?

　　　　電車に間に合うでしょうか？

〔例２〕　If it had not been for the storm, we would have been **in time**.

　　　　もし嵐がなかったらば,私たちは間に合っていたのに。

【解法のヒント】

　空港で到着の遅れているユウコがやっと着いて,心配していたエレナにユウコが

12

なんと答えたかを問う問題。左1列目の(A)だと分詞構文になり，後が続かないので，1列目は(B)となる。Thanks to の次に来るのは名詞か動名詞なので2列目は(A)となる。3列目は今ここに着いているのだから(B)となる。したがって，⑥が正解。

問3 26 ①

> ソフィー：あのきれいな蝶を見て！ 1羽捕まえて家に持って行こうよ。
> ヒデキ：だめだよ！ ①<u>そんなことやろうなんて思ってもいないよ！</u> 眺めて楽しむだけにしようよ！

・butterfly「蝶」
・No way!「だめだよ！／とんでもない！」

【正解】

I wouldn't	dream of doing	such a thing!
(A)	(A)	(A)

【ポイント】

動詞 dream

　動詞 dream は，dream of ～ing で「～することを夢見る」の意味を表す。また，否定文で「～しようとは(夢にも)思わない」の意味となる。

［例］ I wouldn't **dream of** asking him to pay damages.
　　　私は損害の支払いを彼に要求しようとは思わない。

【解法のヒント】

　美しい蝶を見つけたソフィーが家に持ち帰ろうと言うのに対して，ヒデキがそれを止めようとしている状況。真ん中の列の動詞が dream であることから，(B)の dream to do は文法的に不可であり，左の列も It は不可だと分かるので，(A)→(A)は確定する。右の列は(doing) such a thing か，(doing) your best になる。(A)だと「そんなことをする」になり，文脈に合う。(B)にすると，「ベストを尽くす」となり，空所のあとの「眺めて楽しむだけにしようよ！」には合わない。したがって，①が正解。

第3問 　対話文空所補充問題・不要文選択問題・意見要約問題

A　対話文空所補充問題

問1 27 ④

> ヒロ：今週末何をやった？
> デイビッド：ショッピングモールへ行ったよ。春の大売出しをやっていた。
> ヒロ：何かいい物を買った？

— 686 —

2015年度　本試験〈解説〉　13

> デイビッド：ああ，新しいジャケットを買ったよ。
> 　　　ヒロ：④それで思い出した。ドライクリーニング店へ行かなきゃならない。
> 　　　　　　自分のジャケットを取ってくる必要があったよ。

・That reminds me.「それで思い出した／そういえば」
・pick up「（預けていたものを）引き取る／受け取る」

【他の選択肢】
① 　思い出すことができない。
② 　それを覚えている。
③ 　思い出しなさい。

【解法のヒント】
　　ショッピングモールでジャケットを買ったと言うデイビッドに，ヒロが何と言っ
たかを問う問題。空所の後で「ドライクリーニング店へ行かなきゃならない。自分
のジャケットを取ってくる必要があったよ」と言っており，デイビッドの話の内容
とは関係のないことを言っているので，デイビッドの話をきっかけに何かを思い出
したと分かる。④「それで思い出した」を入れると自然な会話の流れになるので，④
が正解。

問2　28　②

> エイミー：テニスのトーナメントはどうだった？　決勝戦に勝った？
> 　　ミキ：いいえ，疲れきっていたし，とてもあがっていたので，決勝で負けたわ。
> エイミー：かわいそうに残念だったわね。
> 　　ミキ：大丈夫よ。②私にはいい教訓になったわ。今は次回の大試合のために休
> 　　　　　息をとり，リラックスするのが大切だと分かってるから。
> エイミー：来年はきっともっといいプレーをすると思うわ。

・championship「決勝戦／選手権」
・final match「決勝戦」
・I'm sorry to hear that.「かわいそうに／それはお気の毒に」相手または第三者の
　不幸などを聞いた時に用いる。
・It's OK.「大丈夫／まあまあね」
・turn out to be ～「（結局）～だと分かる」

【他の選択肢】
① 　決勝戦にほとんど負けそうになったわ。
・close to A「ほとんどA／A寸前」
③ 　今までで最も楽な試合だったわ。
④ 　テニスをやるのをすっかりやめたの。

【解法のヒント】
　　テニスの決勝で敗退したミキがエイミーの慰めに何と言ったかを問う問題。空所

— 687 —

14

の後で，「今は次回の大試合のために休息をとり，リラックスするのが大切だと分かってるから」と言っていることから，負けたことを次の試合につなげようとしていることが分かるので，「いい教訓になった」と思っているのが自然な会話の流れとなるので，②が正解。

B　不要文選択問題

問1　29　②

【全訳】

　切手収集は，お金のかからない，好きなときにいつでも楽しめる教育的な趣味である。①それは世界中の様々な国の歴史，地理，有名人と慣習について学ぶとても実用的な方法を提供してくれる。②この趣味は1840年に英国で発行された最初の郵便切手を世界が目撃した直後から始まった。③受け取った封筒の切手を貯めることでお金を使うことなく始めることもできる。④さらに，いつでも，何があっても収集に取り組むことができる。もしも新しい趣味を探しているならば，切手収集はふさわしいかもしれない。

【語句】

・stamp collecting「切手収集」
・educational「教育的な」
・hobby「趣味」
・whenever you want「好きなときにいつでも」
・provide「提供する／与える」
・nice and 〜「ずいぶん〜／とても〜」
〔例〕　Andy was **nice and** drunk at the party.
　　　　アンディーはそのパーティーでひどく酔っ払っていた。
・practical「実用的な」
・geography「地理」
・worldwide「世界中の」
・postage stamp「郵便切手」
・Great Britain「英国」
・get started「始める／スタートする」
〔例〕　Let's **get started**.
　　　　さあ始めましょう。
・save「貯める」
・envelope「封筒」
・in addition「さらに／その上」
・any time「いつでも」
・rain or shine「何があっても／晴雨にかかわらず」

— 688 —

[例] We'll throw the party **rain or shine** this coming Friday.

何があっても今度の金曜にパーティーをやります。

【解説】

　この文章は「切手収集の利点」について書かれたものである。①「実用的な学習法となる趣味」，③「お金のかからない趣味」，④「いつでもできる趣味」について述べているのに対し，②はそれとは関係のない②「切手収集の起源」，について述べているので，これが前後の文脈と合わないことになる。また，③の also，④の In addition に注目すれば，これらが①の追加情報だと分かる。したがって，②が正解。

問2　30　④

【全訳】

　比較的最近まで，世界のいくつかの地域では，人々は塩を一種のお金として使い続けた。塩がお金として使われたのにはいくつかの理由がある。塩を大量に生産した場所は非常に少なかったので，塩は経済的価値を与えられていた。①もうひとつの理由は，塩はかなり軽くて取引目的で運びやすいからである。②さらに，塩は測ることができるので，重量に基づいてその価値を容易に計算できる。③なおその上に，非常に長期間腐らないので，その価値が保たれる。④大事なことを言い忘れていたが，塩は雪の多い地域で道路の氷を溶かすなどのその他多くの用途がある。要するに，塩は一種のお金としてふさわしい特定の特徴を持っている。

【語句】

- relatively「比較的」
- continue「続ける」
- economic「経済上の」
- value「価値」
- fairly「かなり」
- trading「取引」
- purpose「目的」
- additionally「さらに／その上(に)」(＝in addition)
- measure「計測する」
- calculate「計算する」
- furthermore「なおその上に／さらに／ひいては」
- in good condition「(食べ物などが)腐っていない／良い保存状態で」
- last but not least「大事なことを言い忘れていたが／後回しになったが」

[例] **Last but not least**, you'll get a bonus next week.

大事なことを言い忘れていたが，皆さんには来週ボーナスが出ます。

- melt「溶かす」
- in short「要するに／手短に言えば」

[例] **In short**, I have to tell you that I completely disagree with you on this issue.

要するに，この件に関して，あなたとは完全に正反対の意見であると言わざるを得ません。

【解説】

　この文章は，第1文と最終文ではっきりと示されているように「お金としてふさわしい塩の特徴」について書かれたものである。「塩は一種のお金としてふさわしい特定の特徴を持っている」1つ目の理由は，生産される場所が限られているという点での経済価値。2つ目は①「運びやすい」，3つ目は②「計算しやすい」，4つ目は③「長持ちする」である。ところが，④は「お金としての塩」から逸脱して「塩の他の用途」を述べているので，前後の文脈と合わない。したがって，④が正解。

問3　31　①

【全訳】

　過去にはほとんどの日本のテレビ番組は，ちょうど正時に始まり，正時に終わっていた。①テレビ番組は，テレビ局ごとに違っているが，概して早朝の時間帯はニュース番組で，夕方の時間帯はバラエティ番組で占められている。②競争のため，放送局の中には少し早目に番組を始めることで，ライバル局より有利になろうとするものもあった。③多くの人が，1つの番組の終り近くにチャンネルを次々回し始めるので，放送局は，もし番組を数分早く始めれば，人々はそれを見始めるだろうと考えた。④もう1つの戦略は，人々が1つのチャンネルに貼り付いて，他のチャンネルの番組の始まりを見逃すように，人気番組を正時より少し後に終わらせることだった。今では多くのテレビ局がこうした戦略を取っているので，どの局の有利性も失われてしまった。それでも，多くのテレビ局は視聴者を失うことを恐れて，この習慣を続けている。

【語句】

・in the past「過去には」

・exactly「正確に／まさに」

・on the hour「正時に」

［例］　Someone has been ringing my cell phone every hour **on the hour**.
　　　誰かが，私の携帯に毎正時ごとに電話してくる。

・on the whole「全体的に見ると／概して」

［例］　**On the whole**, this plan looks all right now.
　　　概して，今のところ，この計画は順調に進行しているようだ。

・dominate「占める／支配する」

・competition「競争」

・channel surfing「チャンネルを次々に切り替える／チャンネル・サーフィン」テレビのチャンネルを次々に切り替えていろいろな番組を見ること。

・strategy「戦略」

・stick to A「Aに貼り付く／くっつく／粘着する」

・now that SV ...「今や…だから／…からには」

［例］　**Now that** things are better, we should talk about the problem.

　　　　今や状況も好転してきたので，我々は問題について話し合うべきだ。

・adopt「取る／採用する」

・even so「それでも／それにしても」

・practice「習慣」

・be afraid of ～ing「～するのを恐れる／怖がる」

［例］　She **was afraid of going** out alone after dark.

　　　　彼女は暗くなってから一人で外出するのを恐れていた。

【解説】

　この文章は，「テレビ局の視聴率競争」について述べたものである。②，③，④とも「テレビ局が競争に勝つため，番組の開始や終了の時刻を正時からずらしたこと」について述べている。①の時間帯による番組の種類は，それと直接的な関係がない。よって，①が正解。

C　意見要約問題

32　②

【全訳】

　司会者：今日の討論のタイトルは「迷信—迷信とは何か，そして人々はなぜ迷信を信じるのか」です。ゲストの講演者は在日の大学教授のジョセフ・グラントとカナダからの客員教授のリリー・ネルソンです。ジョセフ，迷信とは何か，説明してもらえますか？

　ジョセフ：迷信は，はっきりとした合理的な根拠が何らない考えです。例えば，人々が迷信を信じる日付や数がいろいろあります。多くの地域で，「13日の金曜日」は不吉だと思われているし，ここ日本では，「4と9」もまた不吉と考えられています。それとは対照的に，7は「ラッキー7」として知られています。迷信深い人はたとえ直接的な関係が全然なくても，ある数を選んだり避けたりするような行動が，未来の出来事に影響を与えることがありえると信じています。迷信を信じることは，人に幸運とか不運とかを感じさせる一連の異常な出来事を人間が理解しうる方法のひとつなのです。これは歴史を通じて，人種とか文化背景に関係なく正しかったように思えます。

　司会者：それでは②迷信は我々の周りの奇妙なできごとを説明するために使われることがあるというのがあなたの見解ですね。

【語句】

・moderator「司会者」

・superstition「迷信」

— 691 —

- guest speaker「来賓講演者／来賓演説者」
- visiting professor「客員教授」
- superstitious「迷信的な／迷信を信じる」
- explain「説明する」
- belief「考え／信念」
- obvious「明らかな」
- rational「合理的な」
- basis「根拠」
- for example「例えば」
- unlucky「不吉な」
- in contrast「対照的に／それにひきかえ」

［例］ Kathy says that cats are the best. **In contrast**, Ted says that dogs are the best.

　　　キャシーは猫が一番だと言う。それにひきかえ，テッドは犬が一番だと言う。

- avoid「避ける」
- influence「影響する」
- event「出来事」
- connection「関係」
- humans「人間」
- make sense of A「Aの意味を理解する」

［例］ Ken tried to **make sense of** his life but could not.

　　　ケンは人生の意味を理解しようとしたが，できなかった。

- regardless of A「Aにもかかわらず／Aに関係なく」

［例］ **Regardless of** what you may think, she is reliable.

　　　あなたがどう思っているかに関係なく，彼女は信頼できる。

- race「人種」
- cultural background「文化的背景」

【解説】

① 迷信はある日付や数に合理的に基づいている
② 迷信は我々の周りの奇妙なできごとを説明するために使われることがある
③ 迷信的な人たちは人種と文化が運に関係していると信じている
④ 迷信的な人たちは歴史に関して同一の信念を持つ傾向がある

　ジョセフ教授は，第6文で，「迷信を信じることは，人に幸運とか不運とかを感じさせる一連の異常な出来事を人間が理解しうる方法のひとつなのです」と述べている。よって，②が正解。①，③，④については本文に述べられていないので，不正解。

2015年度　本試験〈解説〉　19

33 ②

【全訳】

ジョセフ：そのとおりです。迷信は，原始的な信仰体系と偶然の一致 ― 偶然起こること ― の組み合わせから出てくる傾向があります。

司会者：そのことについてもっと説明していただけますか？

ジョセフ：原始的な信仰体系は，周囲の世界にパターンを探すという自然な人間の傾向から発達します。パターンに注目すると私たちは物事を早く覚えることができます。しかし，毎回同じ鉛筆を使ってひと続きのテストに受かることのように，偶発のあるいは偶然一致する出来事がある1つのパターンだと間違われます。鉛筆はテストの合格に無関係ですが，その鉛筆は偶然一致の関係のせいで「幸運な」鉛筆になります。それで，ある出来事が2つの出来事をつなぐ何の自然な過程もなく，もうひとつの出来事を引き起こすのだと考えるようになるかもしれません。日本人の友人に「雨男」つまり，「レインマン」と言われた時，私自身このことを体験しました。偶然に，雨が降っている場合に私がいて「雨の評判」を得ました。合理的に言えば，空から雨を降らせることは誰にもできないことだと私たちには分かっていますが，私たちの原始的な信仰体系は，偶然一致と結びついて，「雨男」をめぐる迷信を生み出すのです。

司会者：実におもしろいですね。あなたは，②偶然の出来事とか偶然のパターンは迷信を生むことがあると言っているのですね。

【語句】

・That's right.「そのとおり」

・tend to-不定詞「～しがちである／～する傾向がある／どちらかといえば～だ」

〔例〕　They **tend to** think that he is the most efficient in this office.
　　　彼はこの会社で最も有能だと思われがちだ。

・combination「組み合わせ」

・primitive「原始の／初期の／未発達な」

・belief system「信仰体系」

・coincidence「偶然の一致」

・by chance「偶然に／たまたま」

〔例〕　These techniques were discovered **by chance**.
　　　これらの技術は偶然発見されたものだ。

・tendency「傾向／性向／風潮」

・pattern「傾向／パターン」

・a series of A「ひと続きのA／一連のA」

〔例〕　**A series of** interviews with famous actors was broadcast last week.
　　　有名な俳優たちとの一連のインタビューが先週放送された。

― 693 ―

20

- ・be unrelated to A「Aに関係がない」
- ・be present「存在している」
- ・occasion「場合」
- ・gain「得る」
- ・reputation「評判／うわさ」
- ・rationally「合理的に／理性的に」
- ・combine A with B「AとBを結び付ける」

【解説】
① 「雨男」つまり，「レインマン」は雨が空から降るようにさせる
② **偶然の出来事とか偶然のパターンは迷信を生むことがある**
③ パターンを探すことは人間にとって異常な行動である
④ 原始的な信念体系は偶然一致する出来事を生む

　ジョセフ教授の第2文で「迷信は，原始的な信仰体系と偶然の一致 ― 偶然起こること ― の組み合わせから出てくる傾向があります」と述べている。よって，②が正解。

34 ①

　【全訳】
司会者：リリー，あなたはどうですか？　ジョセフに賛成ですか？
リリー：ええ，賛成します。とくに，偶然の一致とか偶然という概念に関して。人間の行動をよりよく理解するために，あるアメリカ人の心理学者が「ハトの迷信（行動）」と呼ばれる有名な実験を，1グループの空腹の鳥に行いました。ハトが鳥かごに入っていて餌機が自動的に決まった時間間隔で少量の餌を配りました。ハトは餌が配られるときいつも行ってきた特定の体の動きを繰り返し始めるのを，その心理学者は観察しました。ハトは自分たちが繰り返す運動で餌を配るようにその機械に影響を与えようとしているのだと，彼は信じました。私たち人間も同様のことをして，非論理的な行動をすることで，未来の出来事に影響を与えようとするのだと彼は想定しました。迷信深い人間は「迷信深い」ハトと全く同じように，論理的関係は何もないとしても，ある行動とある結果を結び付けます。
司会者：それでは，その心理学者はその実験から①ハトも人間もともに迷信深い行動をすると思ったのですね。
リリー：ええ，まさにその通りです。
司会者：ジョセフとリリー，迷信についてと人々がなぜ迷信深いのかについて知っていることを話していただきありがとうございます。討論に移る前に，ここで急いで休憩をしましょう。

― 694 ―

2015年度　本試験〈解説〉　21

【語句】

- ・agree with A「Aに賛成する／同意する」
- ・especially「特に」
- ・regarding A「Aに関して」
- ・notion「概念」
- ・in an attempt to-不定詞「～しようとして／～しようと企てて」
- ・human behavior「人間の行動」
- ・psychologist「心理学者」
- ・conduct a ～ experiment「～な実験を行う」
- ・Superstition in the Pigeon「ハトの迷信(行動)」アメリカの心理学者スキナーが1948年に行った実験。8羽のハトを実験箱に入れ，そのときのハトの行動に関わらず15秒ごとに自動給餌装置から穀物1粒を与えて次のような観察をした。8羽のハトのうち6羽までが，餌粒が提示される間に，1羽は，時計と反対周りに回り，別のハトは床をつつき，また別のハトは実験箱の天井の隅に向かって首を突き出し，4羽目のハトは頭をぐいと上へ持ち上げ，他の2羽は体を左右にゆすっていた。たとえ偶然であっても，ある行動が生起した直後に餌粒が提示されれば，その行動は将来的に起こりやすくなり，起こりやすくなった行動にはさらに強化される機会が増えた。この現象が，人間が迷信を信じてしまうメカニズムに似ているので，スキナーは「ハトの迷信行動」と名付けた。
- ・pigeon「ハト」
- ・cage「鳥かご／ケージ」
- ・feeding machine「餌機／自動給餌装置」
- ・deliver「配る」
- ・interval「間隔」
- ・specific「特定の」
- ・assume「想定する」
- ・non-logical「非論理的な／直観的な」
- ・associate A with B「AをBと結びつける／関連付ける」

　［例］　She persuaded me to **associate** blood type **with** character.
　　　　彼女は私を説得して血液型と性格を関連づけようとした。

- ・outcome「結果」
- ・share「分かち合う／話す」
- ・break「休憩」

【解説】

① 　ハトも人間もともに迷信深い行動をする
② 　ハトも人間もともに機械に影響を与えがちだ
③ 　ハトは餌がいつ配られるかを知っていた
④ 　ハトが繰り返した行動は餌の配布に影響を与えた

— 695 —

リリー教授は，その第6・7文で「私たち人間も同様のことをして，非論理的な行動をすることで，未来の出来事に影響を与えようとするのだと彼は想定しました。迷信深い人間は『迷信深い』ハトと全く同じように，論理的関係は何もないとしても，ある行動とある結果を結び付けます」とアメリカの心理学者について述べている。よって，①が正解。

第4問　図表・広告問題

A　図表問題
【全訳】

　ユーザーが他のユーザーと連絡できるオンラインのサービスである ソーシャル・ネットワーキング・サービス(SNS)は，友人や家族と連絡をとるためにますます多くの若者によって使われている。しかし，若者によるSNS使用のこの増加には親と教師の間の懸念の増大が続いている。彼らは，プライバシーの問題や迷惑な接触を含むSNSを使って起きるリスクに若者が備えているかについて懸念している。

　2011年の調査はオーストラリア人の親，生徒，そして教師にSNS使用時のリスク度合いの認識について—具体的に言うと，彼らがSNSを「安全」，「やや危険」，「とても危険」あるいは「危険だが誰もがやること」と感じているかどうかを訊ねた。図1は生徒の4分の1以上が「安全」を選び，要するに，彼らはSNSの使用はリスクがないと感じていることを示している。さらに，危険を分かっているけれども，「誰もがやること」なので，それでもSNSを使用したと生徒の19.6%は報告した。生徒の回答とは対照的に，彼らの親と教師はSNS使用に関連するリスクについてもっと警戒心が強く，教師は高いリスクを見る可能性がやや高い。

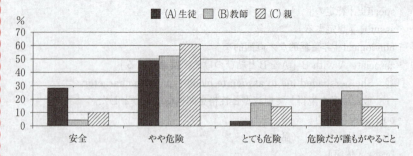

図1　親，生徒，そして教師によるSNSリスクの認識

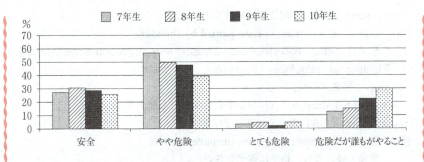

図2 学年別の生徒によるSNSリスクの認識

　興味深いことには，すべての生徒が同じリスク認識を持っているわけではなかった。図2は学年別の生徒の比較を示している―「7年生」は中1の生徒で「10年生」は高1生を示している。SNS使用は「安全」と回答した生徒の割合は，学年に関係なくほぼ同じだったが，「やや危険」を選んだ生徒の割合は学年で下落があり，「危険だが誰もがやること」を選んだ生徒では上昇した。

　さらに，調査は情報セキュリティについて生徒に訊ねた。7年生から10年生の生徒はプライバシーにますます用心深くなっており，オンラインで誰が自分たちの個人的情報を見ることができるのかについて学年でもっと注意深くなるのが調査から分かった。7年生は，情報セキュリティについて最も用心深くないのに加えて，SNS使用を「安全」か，ほんの「やや危険」とみなす傾向もあるので，彼らは最大の危機にいると考えられた。

　それから調査は大人が若者とSNSリスクについて話し合っているかどうかを調べた。しかし，ここではその結果ははっきりしていなかった。調査からは91%以上の親と68%の教師がSNS問題を生徒と話し合うと言ったと分かるが，生徒のほぼ半分(46.1%)は親とは話していないと回答し，ほぼ4分の3の学生(74.6%)が教師とは話していないと回答した。このギャップにはいくつか考えられうる説明がある。

【語句】
◆第1段落◆
・SNS「ソーシャル・ネットワーキング・サービス」（＝Social Networking Service）インターネットを介して，友人・知人の輪を広げていくためのオンラインサービスの総称。
・allow A to-不定詞「Aが～するのを許す／Aが～できる」
・a growing number of A「ますます多くのA」
・keep in touch with A「Aと絶えず連絡を取る／連絡を保つ」
　[例]　We can **keep in touch with** each other by e-mail.
　　　　私たちは電子メールでお互いに連絡を取り続けることができる。

24

- ・accompany「付随して起こる／続けて生じる」
- ［例］ Lightning is normally **accompanied** by thunder.
  稲光には通常，雷鳴が続く。（＝Thunder normally accompanies lightning.＝
  Thunder normally follows lightning.）
- ・anxiety「懸念／心配」
- ・be concerned about A「Aについて懸念する／心配する」
- ・prepare for A「Aに備える／準備をする」
- ［例］ If you want peace, you must **prepare for** war.
  平和を望むなら，戦争に備えなさい。
- ・including A「Aを含む」
- ・privacy issue「プライバシーの問題」
- ・unwelcome「迷惑な／歓迎されない／ありがたくない」

◆第2段落◆
- ・perception「認識」
- ・degree「度合い」
- ・risk「リスク／危険(性)」
- ・specifically「具体的に言うと／特に」
- ・safe「安全な」
- ・risky「危険な／リスクの伴う」
- ・figure「図」
- ・a quarter of A「Aの4分の1」
- ・in other words「要するに／換言すれば」
- ・in addition「さらに」
- ・in contrast with A「Aと対照的に／Aとは大違いで」
- ［例］ **In contrast with** the beautiful countryside, the cities were very
  disappointing.
  美しい田舎とは対照的に，都会にはとてもがっかりした。
- ・cautious「警戒心が強い／用心深い／慎重な」
- ・slightly「わずかに」
- ・(be) likely to-不定詞「～する可能性がある」

◆第3段落◆
- ・interestingly「興味深いことには」
- ・comparison「比較」
- ・refer to A「Aを指す／言及する」
- ・while ..., SV ～「…だが，～」
- ［例］ **While** I like the shape of the table, I don't like its color.
  私はそのテーブルの形は気に入っているのだが，色が好きでない。
- ・regardless of A「Aに関係なく」

— 698 —

2015年度　本試験〈解説〉　25

- drop「落ち込み／下落」
- rise「上昇」

◆第4段落◆
- furthermore「さらに」
- study「(詳細な)調査／研究」
- information security「情報セキュリティ」
- in addition to A「Aに加えて」

［例］　You have to study German **in addition to** economics.
　　　あなたは経済学に加えてドイツ語も勉強しなければならない。

- see A as B「AをBとみなす」

［例］　She is widely **seen as** one of the most influential writers.
　　　彼女は最も影響力のある作家の1人だと広くみなされている。

- be at risk「危険にさらされて／危険を冒して」

◆第5段落◆
- examine「調べる」
- result「結果」
- three-quarters「4分の3」
- possible「可能性のある／考えられうる」

【解説】
問1　35　④

　図1で，以下のどれを(A)，(B)，(C)は指しているか？　35

① (A) 親　　　　(B) 生徒　　　(C) 教師
② (A) 親　　　　(B) 教師　　　(C) 生徒
③ (A) 生徒　　　(B) 親　　　　(C) 教師
④ (A) 生徒　　　(B) 教師　　　(C) 親

　図1についての説明は，第2段落にある。第2文で，「図1は生徒の4分の1以上が『安全』を選び，要するに，彼らはSNSの使用はリスクがないと感じていることを示している」とある。図のSafeで4分の1以上は(A)なので，(A)は「生徒」と分かる。さらに，第2段落最終文に，「生徒の回答とは対照的に，彼らの親と教師はSNS使用に関連するリスクについてもっと警戒心が強く，教師は高いリスクを見る可能性がやや高い」とある。図のVery riskyで(B)が一番高く，次が(C)なので，(B)が「教師」で(C)が「親」だと分かる。したがって，正解は④。

問2　36　①

　以下のうちのどれが，7年生が最も高いリスクを持っていると考えられる理由の1つとして述べられているか？　36

① 彼らはSNSを使う時に安全に最も注意深くない。
② 彼らはSNSが「安全」だと考える可能性が最も低い。
③ 彼らはSNSが「とても危険」だと考える可能性が最も高い。

— 699 —

④　彼らは友人と連絡をとるのに SNS を使う可能性が最も高い。

　　第 4 段落最終文「7 年生は，情報セキュリティについて最も用心深くないのに加えて，SNS 使用を「安全」か，ほんの「やや危険」とみなす傾向もあるので，彼らは最大の危機にいると考えられた」から，正解は①だと分かる。

問 3　37　②

　　本文の主目的は　37　ことである。

① 　SNS を使用することの様々な危険を述べる

② 　SNS のリスク認識の違いについて議論する

・awareness「認識／自覚」

③ 　なぜ生徒が SNS をより多く使っているかを説明する

④ 　SNS 問題の解決策を提案する

　　本文の調査目的を示唆しているのは，第 2 段落第 1 文「2011 年の調査はオーストラリア人の親，生徒，そして教師に SNS 使用時のリスク度合いの認識について訊ねた」から，②が正解となる。

問 4　38　②

　　どんな話題が最終段落に続くと思われるか？　38

① 　SNS を使用する際，生徒が直面する様々なリスクの例

② 　生徒と大人から異なった回答がされる理由

③ 　どのように生徒と大人がインターネットを使用しているかの傾向

④ 　SNS を使用しているより若い生徒の数を減少させる方法

　　最終段落では，大人 (親と教師) が生徒と SNS リスクについて話し合うと言っているのに対し，生徒は話し合わないと言っている。最終文に「このギャップにはいくつか考えられうる説明がある」と述べている。したがって，なぜ回答が異なるのかについて述べた段落が続く可能性があるので，②が正解となる。

B 広告問題

【全訳】

グリーン国立公園キャンプ場案内

グリーン国立公園のキャンプ場は4月1日から11月30日までオープンしています。

|アプリコットキャンプ場|
このキャンプ場から，散策道がグリーンマウンテンの頂上に続いています。頂上からの絶景を楽しんで下さい。また，森の中の自転車道でサイクリングも楽しめます。

|メープルキャンプ場|
メープルキャンプ場からはグリーンリバーへ直接行けます。魚釣り，ボート乗り，水泳などの活動をして楽しんで下さい。川辺でキャンプファイヤーも楽しめます。

|オレンジキャンプ場|
このキャンプ場はオレンジ湖の湖畔にあり，快適な野外体験を与えてくれます。湖では水上スキーに人気があります。他の活動には，魚釣り，水泳とバードウォッチングもあります。

|ストーンヒルキャンプ場|
ストーンヒルキャンプ場を松林が取り囲んでいます。巨大な松の木は感動的です。森の中を自転車に乗ったり，ハイキングをしながら野生動物をたくさん見ることができます。

キャンプ場情報

キャンプ場	キャンプ地のタイプ（利用できるスペース）	キャンプ地1泊料金	最大人数	最大宿泊数	設備	禁止事項
アプリコット	テント(15)	20ドル	4	15泊	BG	―
メープル	テント(20)	24ドル	5	12泊	BG PG	―
オレンジ	デラックスキャビン(5)	96ドル	7	7泊	K E HS	ペット禁止
ストーンヒル	スタンダードキャビン(10)	32ドル	6	14泊	E HS	花火禁止

キャンプ地料金＝1キャンプ地についての料金（最大人数まで）；MAX.＝最大
K＝台所　　E＝電気　　BG＝バーベキューグリル　　HS＝熱いシャワー
PG＝運動場

28

【語句】

- ・national park「国立公園」
- ・campground「キャンプ場」
- ・trail「(人・動物が通ってできた)道／(通った)跡」
- ・comfortable「快適な」
- ・pine tree「松の木」
- ・impressive「感動的な／印象的な／目覚ましい」
- ・site「用地(キャンプ地)／現場」
- ・facility「設備」
- ・restriction「禁止事項／制限」
- ・electricity「電気」
- ・playground「運動場」

【解説】

問1 ` 39 ` ②

ウォータースポーツが好きな人がウェブサイトを見ている。この人が最も興味を持ちそうなキャンプ場はどれか？ ` 39 `

① アプリコットキャンプ場とメープルキャンプ場

② **メープルキャンプ場とオレンジキャンプ場**

③ オレンジキャンプ場とストーンヒルキャンプ場

④ ストーンヒルキャンプ場とアプリコットキャンプ場

 各キャンプ場の説明の中で，水泳，魚釣りなどができるのはメープルキャンプ場とオレンジキャンプ場なので，正解は②となる。

問2 ` 40 ` ③

 2人の人がグリーン国立公園で9泊する計画をたっている。2人は自然を楽しみたいが，コンピュータを使うために電源が必要である。彼らが選びそうなキャンプ地の1泊料金はいくら支払わなければならないか？ ` 40 `

- ・power supply「電源(装置)／電力供給(装置)」

① 20ドル

② 24ドル

③ **32ドル**

④ 96ドル

 キャンプ場情報の項目の「9泊」できるところで，設備として「電気」の記号 **E** のあるのはストーンヒルキャンプ場で，その「宿泊料金」は1泊32ドルなので，③が正解。①，②はそれぞれアプリコットキャンプ場とメープルキャンプ場だが，「電気」の設備がないので不可。また，④はオレンジキャンプ場だが，宿泊が最大7泊とあるので，④は不可。

問3 ` 41 ` ①

 4人家族が犬を連れて，4日間のキャンプ旅行を計画している。彼らのキャンプ

— 702 —

地に当てられる費用は 3 泊で100ドル未満である。彼らの旅行での主な興味は，国立公園でのバーベキューとサイクリングである。この家族はどのキャンプ場を最も選ぶ可能性があるか？ 41

・budget「費用／予算(額)／経費」

① **アプリコット**
② メープル
③ オレンジ
④ ストーンヒル

　キャンプ情報で「バーベキュー」のマーク BG があるのはアプリコットキャンプ場とメープルメープルキャンプ場だが，案内説明の中で，サイクリングができるのはアプリコットキャンプ場なので，①が正解。

第5問　長文読解問題(メール)

【全訳】

発信元：ジェフ・ウィトモア＜JeffW@xxxxxx.com＞
宛先：ケンジ・オカモト＜okamoto@xxxxxx.com＞
日付：2015年1月10日
件名：アドバイスのリクエスト

拝啓　岡本先生

　私の名はジェフ・ウィトモアで，娘のアナはあなたの生徒の1人です。ご存知のように，私たちは3年間シカゴに住んだ後，6ヶ月前に日本に帰って来たばかりです。アナはシカゴへ行く前に日本の学校に通っていましたが，今度は彼女の日本での中学校の1年目なのです。妻と私は彼女のことが少し心配であなたにアドバイスを求めればうまく行くだろうと思っています。

　アナはいい成績をあげていて授業や先生たちを好きです。特に，数が大好きで数学の授業をとても気に入っています。彼女はよくあなたの楽しい英語の授業についても話をします。しかし，ほぼ半年がたっても，友だちがいないようです。彼女は授業の間の休憩には普通，1人で読書をしているが，他の女の子たちは遊んだり，おしゃべりしたりしていると，彼女は先週言っていました。アナは毎日1人で通学するとも言っていました。これは彼女がアメリカにいたときの様子とはとても違っています。

　新しい学校で友人を作るには時間がかかるとは理解できますが，それでも私は，彼女は少し孤立しているのかもしれないと心配しています。できるだけ早く仲の良い友人のグループを作り出すのがいいだろうと思っています。たったひとりでも親

— 703 —

友ができれば，良い第1歩となるでしょう。私は以前に1度も娘の担任の誰1人とも連絡をとったことがなく，あなたに迷惑をかけていないことを望んでいます。あなたが彼女の学校での生活についてより知っているかもしれないと思っただけなのです。もし彼女がどうしたらもっと個人的な交際をできるかをについてあなたが何かアイディアをお持ちなら，それを喜んでお聞きしたいものです。

敬具
ジェフ・ウィトモア

発信元：ケンジ・オカモト＜okamoto@xxxxxx.com＞
宛先：ジェフ・ウィトモア＜JeffW@xxxxxx.com＞
日付：2015年1月11日
件名：Re：アドバイスのリクエスト

拝啓　ウィトモアさん

　私の生徒の1人の親御さんからお便りをいただくことはいつもうれしいことで，お手伝いできれば喜んでそうします。私はアナと一対一で数回話したので，彼女が自信に満ちて気さくな楽しい人だと分かっています。実際，クラスの中で，他の生徒ととても仲良くしているようなので，あなたの心配を聞いて驚いています。多分，彼女はすぐに親しい友人関係を作るでしょうが，彼女がそうするのに役立つとあなたが考えるアイディアがいくつか実際に私にはあります。

　第1に，友人関係を育むのに良い環境を与えてくれる多くのいろいろなクラブが私どもの学校にあります。彼女は音楽を楽しんでいるのを知っていますので，多分，コーラス部に入りたいのだと思います。もしスポーツの方が好きなら，バレーボールクラブ，サッカークラブや空手クラブさえあります。それと，私は現在新しい英語クラブを計画しているところです。私たちは1週間に1回集まって，英語で話したり，音楽や映画を楽しむつもりです。もしもアナが参加してくれて，リーダーの役割を取ってくれれば，英語という共通の興味を持つ他の生徒と理解し合えます。ニュージーランドで過ごしたことがあり，クラブに参加する予定の別のクラスの1人の日本人の生徒を知っています。彼女らは共通点をたくさん見つけるかもしれません。

　もうひとつの方法は，自分が注目の的になるような社交状況を作りあげることです。あなたがよくアメリカの自宅の庭でバーベキューパーティーを催したとアナから話を聞いています。もしできるなら，アメリカ式のバーベキューパーティーを開いて彼女のクラスの生徒を何人か招いていただけないでしょうか。きっと彼女らにとって素晴らしい体験になると思います。多分，アナはくつろいでもっと自分を取

り戻し，生徒は彼女のことをもっとよく知るようになるでしょう。

　私の経験から，あなたには何も心配することなく，彼女が自分で遅かれ早かれ，友情を築くことに自信を持っていいと私は正直に思います。しかし，もしあなたが私のアイディアのどれかが役立つと思うなら，どうかお知らせください。そうすれば，次の手段を考えることができます。

敬具
岡本ケンジ

【語句】

＜ジェフのメール＞

- ・move back to A「Aに帰って来る」
- ・attend「出席する」
- ・be worried about A「Aについて心配する」
- ・good grade「良い成績」
- ・in particular「特に」
- ・have a penchant for A「Aを大好きである」
  [例]　She really seems to **have a penchant for** vintage jeans.
  　　　彼女は本当にヴィンテージ・ジーンズが大好きなようである。
- ・hang out「遊ぶ／ブラブラする」
- ・isolated「孤立した／隔離された／(集団の中で)浮いている」
- ・develop「作り出す／生み出す」
- ・as soon as possible「できる早く」
- ・contact「連絡を取る／接する」
- ・connection「関係／交際」

＜岡本先生のメール＞

- ・one-on-one「マンツーマンで／一対一で」
- ・delightful「気持ちのよい」
- ・confident「自信のある／自信に満ちた／確信して」
- ・concern「懸念／心配／関心」
- ・currently「目下／今／現在(のところ)」
- ・organize「組織する／編成する／計画する」
- ・connect with A「Aと気持ちが通じる／互いに理解し合う」
- ・in common「共通の／共通して」
  [例]　You and I have so much **in common**.
  　　　あなたと私には共通点がいっぱいある。
- ・a center of attention「注目の的」
- ・establish「確立する」

- at home「くつろいで／気楽に」
- Best regards「敬具／よろしく」

【解説】

問1 42 ③

アナは，多分，シカゴの学校でどのような感じだったか？ 42
① 彼女は教室で1人でいるのが好きだった。
② 彼女は自分の日本語の能力を見せびらかした。
- show off「見せびらかす／誇示する」
③ 彼女は多くの時間を友達と過ごした。
④ 彼女は他の学生を嫉妬していた。
- jealous「嫉妬して／うらやんで」

　父親のジェフのメールの第2段落第5〜7文で「彼女は授業の間の休憩には普通，1人で読書をしているが，他の女の子たちは遊んだり，おしゃべりしたりしていると，彼女は先週言っていました。アナは毎日1人で通学するとも言っていました。これは彼女がアメリカにいたときの様子とはとても違っています」とあり，アナの今の状態が彼女のアメリカのときとは違っていると述べていることから，「1人で読書したり，1人で通学する」のは本来のアナの姿ではないと分かるので，③が正解。②，④に関しては本文に記述がないので不可。

問2 43 ③

ウィトモアさんのメールの第2段落にある has a penchant for という語句は，意味の上で 43 に，最も近い。
① 集めている
② 交換している
③ 大好きである
④ 不確かである

　ジェフのメールの第2段落第2文に「特に，数が◯◯で数学の授業をとても気に入っています」とあるので，数学がとても気に入っている理由と思われるので，③が正解。ちなみに，2010年にも同じ have a penchant for が出題されている。

問3 44 ④

メールの内容の情報によると，以下の文のどれが正しいか？ 44
① アナは家で親と学校の生活について話をしない。
② アナは英語の授業よりも国語の授業の方が好きである。
③ ウィトモアさんはアナの学校の成績を心配している。
④ これはウィトモアさんが岡本先生に送った最初のメールの内容です。

　ジェフ・ウィトモアさんのメールの第1段落で自己紹介をしていることと，岡本先生のメールの第1段落第1文で「私の生徒の1人の親御さんからお便りをいただくことはいつもうれしいことで，お手伝いできれば喜んでそうします」とあり，お互いが初めてだと思われるので，④が正解。

— 706 —

問4 | 45 | ④

ウィトモアさんと違い，岡本先生はアナが | 45 | と思っている。

① クラスで他の学生から孤立している
② 学校で読書して多くの時間を過ごしている
③ 良い成績を取るのに苦労する
④ **何ら特別な助けなしに仲良くなれる**

　岡本先生のメール第1段落第3文に「実際，クラスの中で，他の生徒ととても仲良くしているようなので，…」とあり，また第4段落第1文に「私の経験から，あなたには何も心配することなく，彼女が自分で遅かれ早かれ，友情を築くことに自信を持っていいと私は正直に思います」から，岡本先生はアナがクラスのみんなと仲良くできると思っているので，④が正解。

問5 | 46 | ④

　以下のどれが岡本先生のウィトモアさんへの提案のひとつでは**ない**ですか？
| 46 |

① アナを運動クラブか音楽クラブに参加させなさい。
② アナのクラスメートをある催しに招待しなさい。
③ アナを英語クラブに参加させなさい。
④ **アナをニュージーランドへの旅行に連れて行きなさい。**

　岡本先生のメールの中の第2段落で，音楽クラブ，運動クラブ，英語クラブへの参加を提案しているので，①，③は不正解。②は第3段落第3文に「もしできるなら，アメリカ式のバーベキューパーティーを開いて彼女のクラスの生徒を何人か招いていただけないでしょうか」とあるので，不正解。④については文中で述べられていない。したがって，正解は④だと分かる。

第6問　長文読解問題（論説文）

【全訳】

蜂を捕まえることと魚を数えること：どのように「市民科学」は作用するのか

(1)　ここはテキサスで陽の降り注ぐ午後で，妻のバーバラはまた公園に出て，オオカバマダラが産んだ卵の数を数えて，記録している。データを集めた後，彼女を採用した専門の科学者と，そのデータを共有するのである。また別の州では，私たちの友人のアントニオが，年に4回，12箇所の異なる所へ出かけて，カエルの声を聴く。今ではもう，ほぼ20年間，彼は科学者に自分の調査結果を提出し続けている。そして，国の反対側では，姪のエミリーが，土着のハチを捕まえては，小さなタグを付けて，地元の大学の生物学部に週間報告を提出している。バーバラやアントニオ，エミリーの努力に誰も報酬を支払っていないが，3人とも自分が「市民科学者」になれて幸運だと考えている。

— 707 —

(2) ボランティアがこのような活動に助手として参加するとき，情報収集の手助け
を一般の人々に依頼する貴重な研究技術である市民科学に，彼らは従事している
のだ。彼らの中には理科の教師や学生もいるが，ほとんどは，自然の中で過ごす
のを楽しむアマチュアにすぎない。彼らはまた，科学者を手伝い，環境を保護す
るのに間接的に役立っていることを誇りに思っている。彼らが関わっている運動
は，新しいものではない。実は，そのルーツは100年以上もさかのぼる。この種の
最初期のプロジェクトの1つは，1900年に米国オーデュボン協会によって始めら
れた，クリスマス・バード・カウントである。しかしながら，市民科学プロジェ
クトはこれまでになく急増している：そのうちの60以上が，先頃，米国生態学会
の会議で言及された。

(3) 正式な研究では，専門の科学者や他の専門家は，できるだけ最高の水準を維持
する必要がある。研究が根拠のあるものであると認められるためには，研究は徹
底的であるばかりでなく，客観的で正確でなければならない。市民科学者は，細
部にまで必要な注意力を維持することはできないとか，アマチュアは調査の状況
を誤解したり，情報を収集して整理する際に，間違いをすると主張する者もいる
かもしれない。つまり，市民科学は本当に信頼できるものなのだろうか？

(4) 2つの最近の研究は，それが信頼できることを示している。最初のものは，ボ
ランティアの知識と技能を重点的に取り上げた。この研究では，科学者がボラン
ティアにアメリカ合衆国の大西洋岸のカニの種類を特定するように頼んだ。ほと
んどの大人のボランティアがその仕事を果たし，小学3年生でさえ成功率が80％
だったことが分かった。2つ目の研究は，専門家と専門でない者の方法を比較し
た。厳密で伝統的な手順に従って，12人のスキューバダイバーのグループは，カ
リブ海で106種の魚を特定した。専門家がボランティアにとってもっとリラック
スして楽しめるように企画した手順を使って，12人の別のダイバーのグループ
が，同じ水域で同じ時間を費やした。驚いたことに，2番目の方法の方がはるか
に成功を収めたのだ：このグループは，合計137種を特定したのだ。このような結
果が示唆しているのは，アマチュアが手伝った調査は，科学者が組織すれば信頼
できるものになる，ということである。

(5) 最良の市民科学プロジェクトは，お互いが得をする状況である。一方で，科学
界は，それ程お金をかけないで，他の方法で手に入れる場合よりもずっと多くの
データを入手する。他方，市民科学は，一般の人々にとってよいものである：そ
れは，人々を自然界に出させ，科学的プロセスに関わらせる。さらに，器具を用
い，データを収集し，調査結果を共有するための訓練を含む綿密に計画された研
究に参加すると，人々は新しいアイディアや技術について学ぶという満足感を持
つことになる。

(6) 市民科学者を使っている科学的研究のリストが急速に長くなっていることは，
励みになることだと，私は思う。それでも，私たちは市民科学の可能性を認識し
始めたばかりである。ボランティアが専門の研究にいかに多く寄与しうるかを，

もっと多くの科学者が理解する必要がある。私の考えでは,「人々のための科学」という古い保守的な考え方を,「人々による科学」というより民主的な見方を含む見方に広げるべき時である。

【語句】
◆第1段落◆
・sunny「陽の降り注ぐ／日当たりの良い」
・lay「産む」
・monarch butterfly「オオカバマダラ」南北アメリカ,オーストラリア,ハワイ諸島などに分布するオレンジと黒の鮮やかな羽をした10cmほどの大型のチョウ。
  monarch「君主／王者／帝王」
  butterfly「チョウ」
・recruit「採用する／募集する」
・frog「カエル」
・site「場所」
・submit「提出する」
・finding「調査結果」
・niece「姪」
・tiny「小さな」
・hand in A「Aを提出する」(= submit A)
［例］ This report doesn't have to be **handed in** until next week.
　　　このレポートは来週まで提出する必要はありません。
・biology department「生物学部」
・citizen scientist「市民科学者」
◆第2段落◆
・volunteer「ボランティア」
・participate「参加する」
・activity「活動」
・engage in A「Aに従事する」
・valuable「価値ある／貴重な」＜value「価値」
・public「一般の人々／一般人／一般市民」
・gather「収集する」
・amateur「アマチュアの／素人の」
・take pride in A「Aを誇りに思っている／自負する」
［例］ The chef **takes pride in** his sauces.
　　　そのシェフは自分のソースを誇りに思っている。
・aide「手助けする」
・indirectly「間接的に」

— 709 —

36

- environment「環境」
- be involved in A「Aに関わる」
- in fact「実際」
- go back「さかのぼる」
- National Audubon Society「米国オーデュボン協会」
- burgeon「急成長する／急増する」

[例] Sales **burgeoned** after introduction of the new product.
新製品の発表後，売り上げが急に伸びた。

- The Ecological Society of America「米国生態学会」
- not long ago「先ごろ」

◆第3段落◆
- formal「正式な」
- expert「専門家」
- maintain「維持する」
- possible「できる限りの」
- standards「基準」
- valid「根拠のある／正当な／妥当な」
- thorough「徹底的な」
- objective「客観的な」
- accurate「正確な」
- argue「主張する」
- detail「細部／詳細」
- misunderstand「誤解する」
- context「状況／文脈」
- investigation「調査／捜査」
- in other words「言い換えれば／つまり／要するに」

[例] One element of insurance is purchasing a sense of security and a guarantee.
In other words, you are paying money to eliminate the sense of unease about
remote possibilities.
保険のひとつの要素には安心や保証を買うということがある。つまり，まず起
こりそうにないことについての不安感を解消するために金を支払っているのだ。

- truly「本当に」
- reliable「信頼できる」

◆第4段落◆
- focus on A「Aに重点的に取り組む／焦点を合わせる／集中する」

[例] I want to **focus on** pronunciation problems today.
今日は発音の問題を重点的に取り上げたいと思います。

- skill「技能」

— 710 —

2015年度　本試験〈解説〉　37

- identify「確認する／同定する」動植物の種類を特定することや，物質の組成・機能を特定すること。
- crab「カニ」
- Atlantic「大西洋の」
- perform「行う」
- task「(課せられた)仕事／(作業)課題／任務」
- elementary school「小学校」
- success rate「成功率」
- strict「厳しい／厳格な」
- procedure「手続き」
- scuba diver「スキューバダイビングをする人」
- species「種」単複同形。
- Caribbean「カリブ海」
- surprisingly「驚いたことに」
- organize「組織する」

◆第5段落◆
- win-win situation「お互い得をする状況／両者[双方]に利益のある状況」
- on the one hand「一方では」
- scientific community「科学界」
- on the other hand「他方では」

［例］　**On the other hand**, most of the students don't like studying.
　　　　他方では，ほとんどの学生が勉強が好きでない。

- gain access to A「Aを入手する／利用できる」
- otherwise「他の方法で」
- general public「一般の人々」
- additionally「さらに」
- well-designed study「綿密に計画された研究」
- equipment「器具」
- satisfaction「満足感」

◆第6段落◆
- encouraging「励みになる」
- potential「可能性」
- contribute to A「Aに貢献[寄与]する」

［例］　A person who is able to **contribute to** the world is a fortunate person.
　　　　世の中に貢献できる人は幸せ者です。

- as I see it「私の考えでは／私の見るところでは」

［例］　**As I see it**, we have two options — either we sell the house or we rent it out.
　　　　私の考えでは，私たちには選択肢はふたつある―家を売るか貸すかどちらかだ。

— 711 —

・expand「広げる」
・conservative「保守的な」

【解説】

A

問1 47 ④

第1段落において，市民科学者は 47 。

① 自分たちのデータを他のボランティアのものと比較する
② 自分たちが収集する情報でお金を稼ぐ
③ 実験室で昆虫のライフサイクルをモニターする
④ 専門家に自分たちの結果や活動を報告する

第1段落において，第2〜5文で妻のバーバラは「専門の科学者と集めたデータを共有する」とあり，友人のアントニオは「科学者に自分の調査結果を提出し続けている」とあり，姪のエミリーは「地元の大学の生物学部に週間報告を提出している」とあるので，④が正解。最終文に，「バーバラやアントニオ，エミリーの努力に誰も報酬を支払っていない」とあるので，②は不可。①，③のような記述は本文にない。

問2 48 ②

第2段落の <u>burgeoning</u> という単語に意味上一番近いのは 48 である。

① 議論を引き起こしている
② 急速に増加している
③ 人気を失っている
④ 賞を受けている

第2段落第4〜6文では，市民科学の歴史が1900年に始まり，最近始まったのではないことが分かる。次の第7文は「しかしながら，市民科学プロジェクトはこれまでになく□□□ている」となり，具体例を表すコロンの後に「60以上(の市民科学プロジェクト)が，先頃，米国生態学会の会議で言及された」とある。ここから，市民科学プロジェクトが急増していることが類推できる。したがって，②が正解。ちなみに burgeon は to grow or develop の意味で使う。「芽ぐむ／新芽を出す」の意味から，本問のように「急増する／急に大きくなる[成長する]」になった。

問3 49 ②

第4段落で，なぜ筆者は80%の成功率を強調しているのか？ 49

① 大人の成功率と否定的な対比をするため
② 全体的な結果の質の高さを証明するため
③ いかに多くの種類のカニがいるかを強調するため
④ 小学生の技能不足を明らかにするため

第4段落では，2つの例をあげて市民科学が信頼できることを示している。第4文後半に「小学3年生でさえ成功率が80%だったことが分かった」とあるのは最初

— 712 —

2015年度　本試験〈解説〉　39

の例であり，大人のボランティアだったら成功率はもっと良いことを暗示している。したがって，②が正解。

問4　**50**　②

第6段落では，どのような個人的見解が述べられているか？　**50**

① 結局のところ，科学的知識は主にアマチュアから出てくるだろう。

② 市民科学の利点を認めている科学者はまだ十分ではない。

③ ボランティアのデータに頼る最近の変化にはがっかりする。

④ 市民科学を用いた研究が現在行われすぎている。

第6段落の第2文に「それでも，私たちは市民科学の可能性を認識し始めたばかりである」とあり，第3文に「ボランティアが専門の研究にいかに多く寄与しうるかを，もっと多くの科学者が理解する必要がある」とあるので，②が正解。

問5　**51**　①

本文において，筆者の主題は何か？　**51**

① 市民科学は，ボランティア，専門家，そして社会のためになる。

② 科学的な調査は専門家に任されるべきである。

③ 魚の種を特定するボランティアには長い歴史がある。

④ 伝統的な科学は市民科学に取って代わられた。

第5段落第1文において，「最良の市民科学プロジェクトは，お互いが得をする状況である」と述べている。つまり，市民科学は，科学界だけでなく，一般の人たちにとっても良いものであるということなので，①が正解。本文全体から，②は不正解。③のような記述はない。また，第6段落で，市民科学はまだ十分に認識されていないことが述べられている。最終文で筆者の考えがはっきりと表れている。「私の考えでは，『人々のための科学』という古い保守的な考え方を，『人々による科学』というより民主的な見方を含む見方に広げるべき時である」とあるので，④は不適。

B

52　③　**53**　①　**54**　②　**55**　④

段落	内容
(1)	序文：著者の個人的な例
(2)	**52**　③　説明：定義と歴史
(3)	**53**　①　懸念：ボランティアの技能と知識
(4)	**54**　②　証拠：成功したボランティアの努力
(5)	**55**　④　意見：すべての関係者にとっての利点
(6)	結論：著者の将来への希望

第2段落では，市民科学とはどのようなものであるかについて，定義と歴史が述

―713―

べられているので，**③**が正解。第3段落では，最終文に「つまり，市民科学は本当に信頼できるものなのだろうか？」と述べられていて，市民科学が客観的で正確であるかについての懸念が存在していることが分かるので，**①**が正解。第4段落では，市民科学の信頼性について最近の2つの研究が例に挙げられており，科学者が組織すれば信頼できるものになると述べられているので，**②**が正解。第5段落では，筆者は市民科学が科学界と一般の人たちの両方に利益があると主張しているので，正解は**④**。

英　語

（2014年1月実施）

受験者数　525,217

平　均　点　118.87

2014 本試験

英　語

解答・採点基準　　（200点満点）

問題番号(配点)	設問		解答番号	正解	配点	自己採点
第1問 (14)	A	問1	1	④	2	
		問2	2	④	2	
		問3	3	②	2	
	B	問1	4	②	2	
		問2	5	④	2	
		問3	6	①	2	
		問4	7	①	2	
第1問　自己採点小計						
第2問 (44)	A	問1	8	②	2	
		問2	9	③	2	
		問3	10	③	2	
		問4	11	①	2	
		問5	12	②	2	
		問6	13	④	2	
		問7	14	④	2	
		問8	15	②	2	
		問9	16	③	2	
		問10	17	④	2	
	B	問1	18	②	4	
		問2	19	③	4	
		問3	20	③	4	
	C	問1	21	④	4 *	
			22	⑤		
		問2	23	③	4 *	
			24	⑥		
		問3	25	①	4 *	
			26	④		
第2問　自己採点小計						

問題番号(配点)	設問		解答番号	正解	配点	自己採点
第3問 (41)	A	問1	27	②	4	
		問2	28	④	4	
	B	問1	29	①	5	
		問2	30	③	5	
		問3	31	②	5	
	C		32	③	6	
			33	①	6	
			34	①	6	
第3問　自己採点小計						
第4問 (35)	A	問1	35	④	5	
		問2	36	②	5	
		問3	37	①	5	
		問4	38	①	5	
	B	問1	39	②	5	
		問2	40	①	5	
		問3	41	④	5	
第4問　自己採点小計						
第5問 (30)		問1	42	①	6	
		問2	43	③	6	
		問3	44	②	6	
		問4	45	②	6	
		問5	46	①	6	
第5問　自己採点小計						
第6問 (36)	A	問1	47	④	6	
		問2	48	①	6	
		問3	49	①	6	
		問4	50	③	6	
		問5	51	③	6	
	B		52	①	6 *	
			53	④		
			54	②		
			55	③		
第6問　自己採点小計						
自己採点合計						

（注）　*は，全部正解の場合のみ点を与える。

第1問　発音・アクセント問題

A　発音

問1　□1□　④
① glove /gláv/「手袋」/ʌ/
② onion /ʌ́njən/「タマネギ」/ʌ/
③ oven /ʌ́vn/「オーブン」/ʌ/
④ **prove** /prúːv/「証明する」/úː/
したがって，④が正解。

問2　□2□　④
① casual /kǽʒuəl/「さりげない」/æ/
② classic /klǽsɪk/「古典的な」/æ/
③ habit /hǽbət/「癖」/æ/
④ **label** /léɪbl/「レッテル」/éɪ/
したがって，④が正解。

問3　□3□　②
① ease /íːz/「気楽さ」/z/
② **loose** /lúːs/「ゆるい」/s/
③ pause /pɔ́ːz/「休止」/z/
④ praise /préɪz/「賞賛」/z/
したがって，②が正解。

B　アクセント

問1　□4□　②
① novel /nάːvl/「小説」第1音節
② **parade** /pəréɪd/「行進」第2音節
③ rescue /réskjuː/「救出」第1音節
④ vital /váɪtl/「活気のある」第1音節
したがって，②が正解。

問2　□5□　④
① audience /ɔ́ːdiəns/「聴衆」第1音節
② funeral /fjúːnərəl/「葬式」第1音節
③ origin /ɔ́(ː)rədʒɪn/「起源」第1音節
④ **survival** /sərváɪvl/「生存」第2音節
したがって，④が正解。

問3　□6□　①
① **atmosphere** /ǽtməsfìər/「雰囲気」第1音節

— 717 —

② domestic /dəméstɪk/「国内の」第2音節

③ equipment /ɪkwípmənt/「装備」第2音節

④ reluctant /rɪlʌ́ktənt/「いやいやの」第2音節

したがって，①が正解。

問4 7 ①

① **category** /kǽtəgɔ̀:ri/「カテゴリー」第1音節

② eliminate /ɪlímənèɪt/「除去する」第2音節

③ investigate /ɪnvéstəgèɪt/「捜査する」第2音節

④ priority /praɪɔ́(:)rəti/「優先権」第2音節

したがって，①が正解。

第2問　文法・語法空所補充問題・対話文空所補充問題・語句整序問題

A　文法・語法

問1 8 ②

　昨夜，窓の外を見ると，一匹の猫が隣家の庭にこっそり入っていくのが見えた。

─【ポイント】───────────────

知覚動詞 see

　see, hear, feel などの動詞は知覚動詞と呼ばれ，次の(1), (2), (3)の形で用いる。

(1)　知覚動詞＋A＋動詞の原形「Aが～するのを見る[聞く／感じる]」

(2)　知覚動詞＋A＋～ing「Aが～しているのを見る[聞く／感じる]」

(3)　知覚動詞＋A＋過去分詞「Aが～されるのを見る[聞く／感じる]」

［例1］　I **saw** her **walk** across the street.
　　　　私は彼女が通りを渡るのを見た。

［例2］　I **saw** her **walking** across the street.
　　　　私は彼女が通りを渡っているのを見た。

［例3］　I **saw** a boxer **knocked down**.
　　　　私はボクサーがダウンさせられるのを見た。

　本問では，see A＋現在分詞「Aが～しているのを見る」の(2)のパターンとなっている。a cat と sneaking の間に意味上の能動関係がある。

　・sneak into A「Aへこっそりしのびこむ」

問2 9 ③

　体育大会で初めて出会ってからずっと，パットとパムはお互いにEメールをやり取りし続けている。

─718─

―【ポイント】―――――――――――――――――――――――
現在完了進行形 have been＋～ing「ずっと～している」

　過去のある時点から，現在に至るまである動作をし続けているのを表すのに用いる時制。前置詞 for や接続詞 since とともに用いることが多い。接続詞 since は，since SV... で，「…して以来」の意味を表す。また，know などの状態動詞の場合は，現在完了を用いる。

［例1］　It **has been snowning for** the last three hours.
　　　　ここ3時間ばかり雪が降り続いている。
［例2］　It **has been raining since** last month.
　　　　先月から雨が降り続いている。
［例3］　They **have known** each other **since** they were in college.
　　　　彼らは大学にいた時から，お互いに知り合いである。
―――――――――――――――――――――――――――――――

・sports festival「体育大会／運動会」

問3　10　③
　　　母は，昼食を外食にするのか，それとも家で食べるのかと私に尋ねた。

―【ポイント】―――――――――――――――――――――――
whether A or B

　whether A or B で「AかBか」の意味を表す。本問では，A に we should go out for lunch, B に（we should）eat at home が用いられている。or B が or not となったり，また or not は省略されることがある。

［例1］　I don't know **whether** he's at home **or**（he's）at the office.
　　　　彼が自宅にいるのか事務所にいるのか私は知らない。
［例2］　I don't know **whether** she is still in Tokyo **or** she has gone to Moscow.
　　　　彼女はまだ東京にいるか，それともモスクワへ行ってしまったか私には分からない。
―――――――――――――――――――――――――――――――

問4　11　①
　　　私の妻は，息子が私たちのために夕食を作ってくれることを望んだが，私はそうしないでピザを注文した。

―【ポイント】―――――――――――――――――――――――
have A＋動詞の原形

　have A＋動詞の原形で，「Aに～してもらう／させる」の意味となる。この場合，Aと動詞の原形の間に能動の関係がある。

［例1］　I must **have** him **help** me with my homework.
　　　　彼に宿題を手伝ってもらわなくてはならない。
［例2］　I'll have to **have** a repairman **fix** the air-conditioner.
　　　　修理工にエアコンを修理してもらわなければならない。
―――――――――――――――――――――――――――――――

また，have A＋過去分詞で，「Aを～してもらう／～させる／～される／～してしまう」の意味となる。この場合，Aと動詞の過去分詞の間に受動の関係がある。

［例1］ I'll have to **have** the air-conditioner **fixed**.
エアコンを修理してもらわなければならない。

［例2］ He **had** his bicycle **stolen**.
彼は自転車を盗まれた。

問5 　12　②

私たちが土曜日に学校の体育館を自由に使えるのは当然だと思った。

── 【ポイント】 ──

take it for granted that SV...

take it for granted that SV... で「…ということを当然だと思う」の意味。it は形式目的語。

［例1］ I **took it for granted that** you were on our side.
私はあなたが当然味方だと思っていた。

［例2］ I **took it for granted that** water was free until I went abroad.
海外に行くまで，水は当然ただで手に入るものと私は思っていた。

・be free to-不定詞「自由に～できる」

問6 　13　④

誰がダンの誕生日パーティーを計画しているのか，教えてくれませんか？

── 【ポイント】 ──

動詞 tell の用法

tell A[相手]＋B[伝達内容] で，「AにBを教える[知らせる]」の意味。本問は，Bに間接疑問文が来ている。

［例1］ He **told** me who she was.
彼女が誰なのか，彼は私に教えてくれた。

［例2］ **Tell** me when you plan to leave.
いつ出発するつもりか教えてください。

【他の選択肢】

①say to も ②talk to も tell A B のようにBをとらないので，不可。また③teach はA（人・動物）にB（学科・芸・技術など）を教える／仕込むの意味で，「道順」，「日付け」や本問のような場合には用いられないので不可。

問7 　14　④

レジ係が請求書を合計して総額が2万円だったとき，私たちは愕然（がくぜん）とした。

── 【ポイント】 ──

イディオム add up

add up は，「合計する」の意味を表す。

── 720 ──

［例］　If we **add up** all the figures, it comes to a total of 500.
　　　　すべての数を合計すると，それはトータルで500になる。

・be shocked「愕然とする／ショックをうける」
・bill「請求書」

問8　15　②
　　その病院の治療費は，健康保険に入っている人たちにとっては，ずっと安い。

【ポイント】

1．名詞 fare と cost

　fare は，「運賃」の意味で，cost は，「費用／経費」の意味を表す。

［例］　Air **fares** will shoot up by 20% next year.
　　　　来年は航空運賃が20％も急騰する予定だ。

［例］　I'll give you $80 to cover the **cost** of the gas.
　　　　ガス代として，あなたに80ドル払います。

2．those who ...

　those who ... で「…の人たち」の意味を表す。

［例1］　Heaven helps **those who** help themselves.
　　　　天は自ら助くる者を助く。（ことわざ）

［例2］　We will make no distinction between the terrorists who committed these acts and **those who** harbor them.
　　　　我々はこれらの行為を犯したテロリストと彼らをかくまう輩を区別するつもりはない。

問9　16　③
　　私はかつて，米国で2年間過ごしたけれども，これまで1度もグランド・キャニオンに行ったことがない。ひょっとしたら，来年，行くかもしれない。

【ポイント】

1．副詞 once と ever

　副詞の once は，過去形の動詞の前で「かつて／昔」の意味を表す。副詞の ever は，疑問文で，「これまでに／いつか」の意味に，また肯定文で最上級などの比較と用いて「かつて／今までに」の意味を表す。本問では(A)は過去の内容で，once が適切である。

［例］　I **once** lived in Tokyo.
　　　　かつて東京に住んでいたことがある。

［例］　Have you **ever** been to Mexico?
　　　　メキシコへ行ったことがありますか？

2．have been to A

　have been to A は「Aへ行ったことがある」の意味を表す。

8

［例］ **Have** you ever **been to** Sochi?
　　　ソチへ行ったことがありますか？

問10 　17　 ④
　私の母は，一生懸命に生活の収支を合わせようと努力しているので，私に不要な物を決して買わせてくれない。

― 【ポイント】

1．イディオム make ends meet
　make ends meet で，「生活の収支を合わせる／収入の範囲内でやり繰りする」
［例］ Our children don't know how hard it is to **make ends meet**.
　　　うちの子供は，生活の収支を合わせるのがいかに大変か分かっていない。

2．接続詞 so と but
　接続詞 so は，「それで／だから／その結果」の意味で，前述の内容から考えられる結論を導く。また but は，逆説の接続詞で，前述の内容との対照・対立を示す。本問では，順接で結論を表すので，so が正しい。
［例］ The store was closed, so I decided to come another day.
　　　その店は閉まっていたので，また別の日に来ることに決めた。
［例］ Ken likes lobster a lot, **but** it is expensive, **so** he seldom eats it.
　　　ケンはロブスターが大好きだが，高価なので，めったに食べない。

B　対話文空所補充問題
問1　18　 ②

マーサ：今日の昼からは何をしたい？
　エド：えーと，あの新しい映画を見に行くのはどう？
マーサ：もちろん，いいわ。3時から始まるんだよね。用意するね。
　エド：ところで，長いこと，テニスもしてないね。
マーサ：もういいかげんにして！　②決心してよ。私はどちらでもいいわ。

・on the other hand「ところで／他方では」
・come on「いいかげんにしろ／まさか／またそんなこと言って／やだなあ」
【他の選択肢】
①　考え直してよ。
③　礼儀作法に気をつけてよ。
④　心を開いてよ。
【解法のヒント】
　マーサの「昼からは何をしたい？」という問いに，エドが，映画がいいか，それともテニスもどうかと言っているのに対して，マーサが何と言ったかを問う問題。

― 722 ―

空所直前で「もういいかげんにして！」と，どちらにするのか決めてほしいと述べていると推測できるので，②が正解となる。

問2　19　③

> ユキエ：ジーン，本当に疲れているようね。どうかしたの？
> ジーン：うーん，昨夜サリーとデートしたのさ。野球の話をし始めたらさ，彼女の話が止まらないんだ。
> ユキエ：最初に野球のことに触れたのは，あなたなの？
> ジーン：えぇーと…。そう，僕だった。
> ユキエ：あら，まあ。③そうすべきではなかったわ。彼女は大好きなチームの話になると話が止まらないって分かってるでしょう。
> ジーン：そのとおりだ。ようやくそれが分かったよ。

・What's wrong?「どうかしたの？／どこかおかしいの？」
・go out with A「Aとデートする」
・Oh, dear.「あら，まあ」女性が使うことが多い。
・favorite.「大好きな／お気に入りの」
【他の選択肢】
①　彼女の言うことを聞いたはずがないわ。
②　彼女をそんなに怒らせてはいけないわ。
④　彼女を1人にしておかないほうがよいわ。
【解法のヒント】
　野球の話を切り出したジーンに，サリーの野球の話が続いて止まらない。そのジーンの愚痴を聞いたユキエが何を述べたかを問う問題。空所の前で「あら，まあ」とあきれ，空所の後で，「彼女は大好きなチームの話になると話が止まらないって分かってるでしょう」と言っているので，「野球の話を切り出すべきでなかった」を意味する③が正解となる。

問3　20　③

> 母親：ジャック，あなたの制服の洗濯が終わったところなんだけど，洗濯機の中にあなたの携帯電話が見つかったわ。壊れちゃったわよ！
> ジャック：えぇ，やめて。これからボブに電話しなきゃいけない。
> 母親：そういう問題じゃないの！先週あなたに買ってあげたばかりでしょ！
> ジャック：ああ，そうだった。ごめん。でも母さん，どうやってボブに電話しようか？
> 母親：③私のを使っていいわ。あなたの不注意については後で話すことにしましょう。

・That's not the point.「そういう問題じゃない／論点がずれている」

―723―

10

［例］ **That's not the point!** If she needs money, she should ask us first. She can't take our credit cards just because she needs money!

そういう問題じゃないでしょ！もしお金が必要なら，私たちにまず聞くべきよ。お金が必要だからって，私たちのクレジットカードを持って行っていいわけないでしょ！

・carelessness「不注意さ」

【他の選択肢】

① 彼に新しい電話を買ってあげなさい。

② 私があなたにすぐに電話するわ。

④ 私を待つように彼に言いなさい。

【解法のヒント】

携帯電話の入ったまま，制服を洗濯し終わった母親とボブに今電話したいジャックの会話。空所の前でジャックが「どうやってボブに電話しようか？」と述べ，空所の直後で母親が「あなたの不注意については後で話すことにしましょう」と言っているので，空所はとりあえずボブに電話する方法を表すものだと分かる。したがって，③が正解。

C　語句整序問題

問1　[21]　④　[22]　⑤

ダン：君の健康診断，どうだった？

マイク：まあまあだけど，医者は僕に定期的に運動するよう勧めたよ。

┌─【正解】────────────────────────────
│ but the doctor advised 　me 　to get 　regular 　exercise.
│ 　　　　　　　　　 ①　　 ④　 ⑥③　　 ⑤　　　　②
└────────────────────────────────

┌─【ポイント】──────────────────────────
│ **動詞 advise の用法**
│ 　動詞 advise は，advise A to-不定詞で「Aに～するよう勧める／忠告する」という意味を表す。
│ ［例］ I **advised** her **to** read Ted's report.
│ 　　　私は彼女に，テッドのレポートを読むように勧めた。
└────────────────────────────────

問2　[23]　③　[24]　⑥

ケン：君の親は君を留学させてくれると思う？

ペグ：よく分からないけど，私が2人を説得して留学できるといいと思う。

┌─【正解】────────────────────────────
│ but I hope 　I 　can talk 　them 　into it.
│ 　　　　 ②　③　 ①　 ⑤　　 ⑥　　 ④
└────────────────────────────────

— 724 —

2014年度　本試験〈解説〉　11

― 【ポイント】 ―

イディオム talk A into B

　talk A into B は，「A（人）を説得してB（行為／状態）をさせる」の意味。Bには名詞・動名詞が来る。

[例1]　I **talked** Bill **into** signing the contract.

　　　　私はビルを説得してその契約にサインさせた。

[例2]　He **talked** us **into** this mess.

　　　　彼の説得のせいで，こんな混乱になってしまった。

問3　25　①　26　④

　カズキ：ペニー，今夜は遅くまで仕事になるから，午後10時まで帰れないかもしれない。

　ペニー：今夜は雨になるらしいわ。傘も持たずに雨に降られないでね。

― 【正解】 ―

Don't get $\boxed{\text{caught}}$ in the $\boxed{\text{rain}}$ without an umbrella.
　　②　　①　③⑤　④　　⑥

― 【ポイント】 ―

イディオム get caught in the rain

　get caught in the rain[a shower] で，「雨[にわか雨]にあう」の意味を表す。get caught in A で「A（不愉快なこと）に襲われる／巻き込まれる」の意味。

[例]　We **got caught in a shower** on our way home.

　　　我々は帰宅途中で，にわか雨にあった。

第3問　文意把握読解問題

A　意味類推問題

問1　27　②

【全訳】

ジェーン：ミシェルはどうしてる？　この前会ったとき，彼女は少し落ち込んでいるみたいで，学校の勉強が心配だと言っていた。

メアリー：昨日会ったけれど，まったく <u>exuberant</u> そうだったわ。

ジェーン：本当？　どうしたのかしら。

メアリー：そうね，彼女は数学のテストを心配していたけれど，結局は本当によくできたのよ。それに，とても楽しめるバイトを見つけたのよ。

ジェーン：すごいじゃないの。それを聞いてうれしいわ。

【語句】

・The last time SV... 「この前…したとき／最後に～したとき」

― 725 ―

12

［例］ **The last time** I saw her, she didn't recognize me.

この前彼女を見たとき，彼女は私のことが分からなかった。

・depressed「落ち込んで」

・be worried about A「Aについて心配している／悩んでいる」

［例］ I'm very **worried about** your health.

私はあなたの健康のことがとても心配です。

・schoolwork「学校の勉強／学業」

・absolutely「まったく／完全に」

・exuberant「元気にあふれた／いきいきとした」

・wonder＋疑問詞「…かなと思う／…かなと知りたがる」

［例］ I **wonder why** he refused.

どうして彼は断わったのかな。

・math test「数学のテスト」

・after all「結局は／とどのつまり」

・part-time job「アルバイト／パートの仕事」

【解説】

　この状況で，<u>exuberant</u> はとても 27 ことを意味する。

① 忙しくストレスを感じている

② うれしくて元気である

③ 勤勉で健康である

④ うろたえて神経質になっている

　下線部の次のメアリーの発言の2文で，「彼女は数学のテストを心配していたけれど，結局は本当によくできたのよ。それに，とても楽しめるバイトを見つけたのよ」とあり，それは，ジェーンが見たミシェルの状態である「落ち込んでいる」の逆の状態を示している。したがって，正解は②。

問2 28 ④

【全訳】

ジェイコブ：夏の計画はどうなってるの？　友だちと南米を回ってくるんだって。

ヒロミ：ええっと，旅行の手配はすべてして，スペイン語も勉強していたし，荷造りまでし始めていたよ。だけど突然，友だちが行けないって言ってきたんだ。それで，<u>got cold feet</u> で旅行はキャンセルした。

ジェイコブ：いや，それは気の毒だったね。君がとても不安になって1人で旅行できなかったのは残念だね。

【語句】

・arrangement「手配」

・get cold feet「おじけづく／不安になる」「冷えた足を得た」とは，何かをやることになっていて，いざというときに後ずさりしてしまうこと。

— 726 —

2014年度　本試験〈解説〉　13

［例］　I thought I would **get cold feet** before the wedding.

　　　　私は結婚式の前に不安になるだろうと思った。

・cancel「キャンセルする」

・It's a shame that SV ...「…は残念なことだ」

［例］　**It's a shame that** you had to call off your trip because of your illness.

　　　　あなたが病気で旅行をキャンセルしなければならなかったなんて，残念なことだ。

・anxious「不安な」

【解説】

　　この状況で，got cold feet は　28　の意味である。

①　気分が悪くなった

②　ぞくぞくした

③　自制心を失った

④　**勇気を失った**

　　下線部の次の最後のジェイコブの発言「いや，それは気の毒だったね。君がとても不安になって１人で旅行できなかったのは残念だね」から，ヒロミが不安からしり込みしたことが分かる。したがって，④の「勇気を失った」が正解。

B　不要文選択問題

問1　29　①

【全訳】

　　３歳から５歳の子どもたちは多くの質問をし始める。①この年頃の子どもたちの平均体重は12キログラムを超える。②両親が子どもたちの質問を扱う仕方は重要である。③親のなかには子どもたちの成長を誇りに思って，すべての質問に嬉しそうに答える者もいる。④これによって，子どもは想像力を使ってもっと創造的になる。他方では，親が質問に答える忍耐力を十分持っていないと，子どもは物事に好奇心を抱くべきではないと思うかもしれない。その結果，子どもたちは新しい活動に取り組むことに不安を感じ始めるかもしれない。

【語句】

・average「平均の」

・weight「体重」

・the way SV ...「…する仕方／方法」

［例］　**The way** she spoke to us was suspicious.

　　　　彼女の私たちへの口の利き方は疑い深げであった。

・handle「扱う／処理する」

・be proud of A「Aを誇りに思う」

・happily「嬉しそうに／喜んで」

— 727 —

14

・encourage A to-不定詞「Aに〜するよううながす」

［例］ The prize for the winner **encourages** people **to** take part in the contest.

　　　　受賞者に与えられる賞金が人々にコンテスト参加をうながす。

・creative「創造的な」

・patient「忍耐心のある／我慢強い」

・curious「好奇心のある」

・as a result「その結果」

・activity「活動」

【解説】

　　本文は「子どもたちの質問を扱う親の態度や忍耐力」についてのものである。②，③，④はそれに沿ったものであるが，①は体重についてであり，文脈に合っていない。したがって，①が正解。

問2 　30 　③

【全訳】

　　田舎暮らしと都会暮らしのどちらが好きだろうか？　①国連の調査によれば，地球上の70億の人々の半数が田舎暮らしをしている。しかしながら，ますます多くの人々が都市部に移動しつつある。②次の35年以内に世界の人口の約3分の2が都会に住むと見積もられている。③都会でのアパート住まいは便利ではあるが，時には寂しいこともある。④都市は混雑しすぎてとても住みづらい場所になりやすい。とはいうものの，最近の人口動向のせいで，まもなく住む場所を選べなくなるかもしれない。

【語句】

・prefer「より好む」

・according to A「Aによれば」

・United Nations「国連」

・survey「調査」

・billion「10億」

・this planet「地球／この惑星」

・urban「都会の」

・estimate「見積もる」

・population「人口」

・convenient「便利な」

・lonely「寂しい」

・be likely to-不定詞「〜しやすい／たぶん〜するであろう」

・crowded「混雑した」

・having said that「とはいうものの／たとえそうでも／それでもやはり」通例文頭で用いる。

— 728 —

・due to A「Aのせいで」

［例］ They had to cancel an inordinate number of flights **due to** the dense fog.
　　　濃霧のため想定外の数のフライトを中止せざるを得なかった。

・trend「動向／傾向」

・choice「選択」

【解説】

　　本文は，「都会暮らし」が世界的傾向として進んでいるという内容である。①，②，④はどれもその文脈に合っているが，③は「都会のアパート住まい」がどうなのかという文脈から外れたものである。したがって，③が正解である。

問3 　31　 ②

　【全訳】

　ほんのちょっとの世話で，金魚は思っているよりずっと長生きできます。まず，手に入る限り最大の金魚鉢を選び，それを小さな岩や植物のような物で飾ってください。①しかしながら，魚を傷つけるような尖った物を鉢に入れないように注意してください。次に，餌は数分間で金魚が食べられるほどの量を与え，食べ残した餌はすべてすぐに取り除いてください。②手から餌を食べるように金魚に教えることはすぐにできます。③最も重要なことは，鉢をきれいにして2週間毎に少なくとも1度は水の入れ替えをすることです。④魚が新しい水に慣れやすくするためには，水を全部入れ替えるより，水の一部を入れ替える方がずっとよいのです。これらのことをすべて行うことによって，金魚が「老年」まで生きることを確信できます。

【語句】

・a little bit of A「ほんの少しのA」

・care「世話」

・goldfish「金魚」

・much＋比較級「ずっと〜」

・can afford「買うことができる／金銭的な余裕がある」

［例］ If you **can afford** this kind of car, fuel costs should mean nothing.
　　　この種の車が買えるならガソリンの費用など何でもないはずです。

・sharp object「尖った物体」

・harm「傷つける／害する」

・feed「餌を与える」

・immediately「すぐに／直ちに」

・remove「取り除く」

・leftover「食べ残し」

・adjust to A「Aに慣れる／適応する」

・partial「一部の／部分的な」

・complete「全部の／完全な」

—729—

16

・golden years「老年／老後」

【解説】

　本文は,「金魚の長生きのさせ方」について述べている。①,③,④は長生きさせる世話の方法を述べている。②だけは,「餌付け」についてであり,文脈には合わないので,②が正解である。

C　意見要約問題

32　③

【全訳】

テッド：ここ20年間,私たちの学校はフランス語とスペイン語を教えてきました。しかしながら,時代が変わったので,多分,学生の要求を再評価すべきなのです。英語が国際語になったから,英語を母語とする話者は外国語を勉強する必要はないという人もいるそうです。この件について,皆さんの意見を聞きたいと思います。

ジェニファー：さて,多くのビジネスがグローバル化するなか,外国語を知ることは職場でますます役立つものになってきています。ビジネスの場で,他の国の人と交渉しているとき,相手がこちらの言語を知っているのにこちらが相手の言語を知らなければ,不利なことは明らかです。また,外国語を勉強することで,学生は世界の他の地域の人々の様々な慣習や文化的価値について学ぶことができます。これによって,取引関係も円滑になります。

テッド：それでは,ジェニファー,あなたが言っているのは,③外国語を知ることは,実際的で,仕事につながる利益を持ちうるということですね。

【語句】

・the past A「ここA（期間）／過去A」
・reevaluate「再評価する」
・need「必要／ニーズ」
・global language「国際語／世界言語」
・view「意見／観点」
・globalization「グローバル化／世界化／地球規模化」
・increasingly「ますます」
・workplace「職場」
・negotiate「交渉する」
・obviously「明らかに」
・disadvantage「不利」
・custom「慣習」

— 730 —

・smooth「円滑にする」
　・business relationship「取引関係」
【解説】
　① 英語は，ビジネス界で最も一般的な言語である
　② ビジネスで外国語を使うことは，不利である
　③ 外国語を知ることは，実際的で，仕事につながる利益を持ちうる
　④ ビジネスの技術を勉強することは，外国語学習に役立つ
　　ジェニファーは発言の冒頭で「多くのビジネスがグローバル化するなか，外国語を知ることは職場でますます役立つものになってきています」と述べ，その後も外国語学習の重要性を主張している。したがって，③が正解。

`33` ①
【全訳】
デビッド：私はジェニファーに賛成で，私たちが中国語の授業をすることを提案します。中国は急成長している経済圏で将来世界最大のものになるでしょう。また私は他のどの言語よりも中国語を母語とする話者のほうが多いと思います。おそらくフランス語やスペイン語とともに，中国語を教えるべきです。
　マリア：あなたの言うことは分かりますが，中国に精通するためには中国語が読むことができるべきであり，それには少なくとも3,000から4,000の文字を覚えるための数年間の学習を要します。フランス語とスペイン語を教え続ける方がずっと実用的だと思います。これらの言語は英語と何らかの関連があるので，同じ語源の単語も多く，それによって言語学習のプロセスの難しさが少なくなります。
　テッド：それでは，マリア，あなたの考えは，①英語を母語とする話者はフランス語とスペイン語を学ぶ方が楽だと思うかもしれないということですね。

【語句】
　・agree with A「Aに賛成する／同意する」
　・economy「経済圏／経済(国)／経済(状態)」
　・in the future「将来に」
　・along with A「Aとともに／Aのほかに」
　［例］　**Along with** the other things I sent those books.
　　　　　私はほかの物とともに，それらの本を送った。
　・in order to-不定詞「～するために」
　・well-informed「精通している／よく知っている」
　・involve「必要となる／伴う」
　・character「文字」

18

- somehow「何らかの」
- be related to A「Aと関連がある」
- process「プロセス／過程」

【解説】
① 英語を母語とする話者はフランス語とスペイン語を学ぶ方が楽だと思うかもしれない
② 中国は急成長している経済圏だから，中国語が最も役に立つだろう
③ 中国の人口は最大なので，中国語を学ぶのが役に立つだろう
④ フランス語かスペイン語を知っていれば，他のヨーロッパの言語は学びやすくなるだろう

　マリアは発話の第2文以降で，「フランス語とスペイン語を教え続ける方がずっと実用的だと思います。これらの言語は英語と何らかの関連があるので，同じ語源の単語も多く，それによって言語学習のプロセスの難しさが少なくなります」と主張している。したがって，①が正解。

34	①

【全訳】
レスリー：えっと，どの外国語が学生に最も価値があるのか，私にははっきりとは分かりません。しかし，外国語学習は学生たちが自分たちの母語と文化に気付く助けになります。私たちはたいてい深く考えもせず母語を使い，多くの文化的な思い込みをします。しかし，最も重要なことは，外国語を覚えることにより，様々な視点から物事を見ることがもっとできるようになることです。

テッド：レスリー，それはとても興味深い点ですね。あなたは外国語学習の最大の利点は学生の<u>①物事を異なった観点から考える能力</u>を伸ばすことだと言っているのですね。

テッド：皆さんの考えを聞けて感謝しています。おそらく学生向けにアンケートを用意し，学生たちの関心や将来の目標を感じとるよう努力すべきですね。

【語句】
- valuable「価値がある」
- help A＋動詞の原形「Aが～するのに役立つ／助けになる」
- become aware of A「Aに気付く」
- assumption「思い込み／想定」
- most importantly「最も重要なことは」
  [例] **Most importantly**, the software is very easy to use.
  　　最も重要なことは，そのソフトはとても使いやすいということだ。
- perspective「視点」

— 732 —

2014年度　本試験〈解説〉　19

・advantage「利点」

・appreciate「感謝する」

・questionnaire「アンケート」

・get a sense of A「Aを感じとる／何となく分かる」

［例］　We should **get a sense of** the country's traditional culture.

我々は自国の伝統文化を感じとるべきである。

【解説】

① **物事を異なった観点から考える能力**

② 自分たちの母語と文化を理解したいという欲求

③ 他の言語の構造と文化の知識

④ 世界的なビジネスで成功する機会

　レスリーは発言の最終文で「最も重要なことは，外国語を覚えることにより，様々な視点から物事を見ることがもっとできるようになることです」と主張している。したがって，①が正解。

第4問　図表・広告問題

A　図表問題

【全訳】

吸引型と粘着型：米国における州から州への移住に関する研究

　生まれた土地の近くで一生を送る人もいるのに，どこか他の場所に移る人もいる。ピュー・リサーチセンターが行った研究は，アメリカ人の州から州への移動パターンを調査した。研究では，成人市民のうち何人が他の州からそこに移動してきているかを判断するために各州を調べた。こうした居住者の率が高い州は，報告書の中で「吸引型」の州と呼ばれている。研究はまた，各州で生まれた成人の何パーセントが今でもそこに住んでいるかを調べた。その数値が高い州は「粘着型」の州と呼ばれている。研究で分かったのは，州には「吸引型」であり「粘着型」であるものもあれば，そのどちらでもない州もあることだった。また単に「吸引型」あるいは「粘着型」だけである州もあった。

　表1と表2は，選ばれた州が「吸引型」表と「粘着型」表でそれぞれどのランクになるかを示している。フロリダは両表で高いランクに位置する州の好例である。その現在の成人人口の70％が別の州で生まれ，同時にフロリダ生まれの成人の66％が今でもフロリダに住んでいる。他方ウェストバージニアは，「吸引型」（わずか27％）でもなく，とりわけ「粘着型」（49％）でもない。言い換えれば，新来者がほとんどおらず，ウェストバージニア生まれの者は比較的少数しかそこにとどまっていない。ミシガンはとても「粘着型」が高いが「吸引型」がとても低い州の典型的な例である。対照的に，アラスカは，「吸引型」の表でトップ近くにランクしている

— 733 —

が，「粘着型」ではすべての州の中で最低である。

　他の3つの極端な例も表1と表2に現れている。まずはネバダで，他の州で生まれた高い割合の成人居住者がこの州をアメリカでトップの「吸引型」にしている。ニューヨークは「吸引型」の表ではその対極にある。もっとも，他国からの移民には魅力的である。3つ目の極端な例はテキサスで，「粘着型」の表でアラスカの対極にある。テキサスはかなり弱い「吸引型」だが，アメリカで最も「粘着型」の州である。

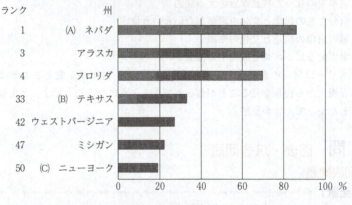

表1　吸引度(選出州)

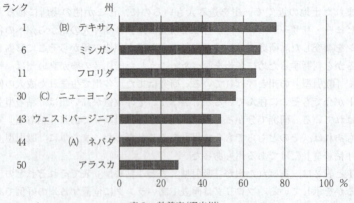

表2　粘着度(選出州)

　研究ではさらに続けて，「移住者」が故郷の州を離れ，「居残る者」がそこに留まる理由を探求した。「移住者」については，彼らが他州へ移動する決心に影響を与えるただひとつの要因はない。最も一般的な移動の理由は，仕事を探すため，あるいはビジネスチャンスを求めるためである。他に個人的な理由で移動を報告する者たちもいる。つまり，家族の絆，子供のためによい地域社会に住みたいという願望，

あるいは退職である。

(ピューリサーチセンター (2008) アメリカの*移動性* を参考に作成)

【語句】

◆第1段落◆

- magnet「吸引性(のある)／磁石」本文では，人を引き付ける魅力のある州のことを指している。
- sticky「粘着性(のある)」本文では，人の動きのない州のことを指している
- ～, while ...「～であるのに，…／～である。ところが一方では，…」while は「対比」を表す際に用いられる接続詞。

[例] Mary is talkative, **while** her sister is quiet and reserved.
　　　メアリーはおしゃべりだが，妹はおとなしくて控えめだ。

- look into A「Aを調査する／検証する／研究する」

[例] I can't give you an answer right now ; I'll have to **look into** the matter first.
　　　今すぐにはお答えできません，まずその件を調査しなければならないので。

- examine「調べる」
- determine「判断する／決定する」
- resident「居住者」

◆第2段落◆

- figure「表／図」
- selected「選ばれた／選別の」
- rank「ランクにある／位置する」
- scale「表／率／評価／尺度」
- respectively「それぞれ」
- current「現在の」
- at the same time「同時に」
- neither A nor B「AでもBでもない」
- particularly「とりわけ／特に」
- in other words「言い換えれば」
- newcomer「新来者／新参者／新人」
- relatively「比較的」
- in contrast「対照的に」

◆第3～4段落◆

- extreme example「極端な例」
- go on to-不定詞「続けて～する」
- as for A「Aについて」
- factor「要因」
- influence「影響を与える」

・opportunity「チャンス／機会」

・family tie「家族の絆」

【解説】

問1 $\boxed{35}$ ④

もしある州が吸引型であれば，$\boxed{35}$ 。

① そこで生まれた成人は，ほとんど残っていない

② そこに住む成人には，他の所で生まれた者がほとんどいない

③ そこで生まれた成人の多くが，残っている

④ **そこに住む成人には，他の所で生まれた者が多い**

　第1段落第3～4文で，「研究では，成人市民のうち何人が他の州からそこに移動してきているかを判断するために各州を調べた。こうした居住者の率が高い州は，報告書の中で『吸引型』の州と呼ばれている」と述べられている。したがって，④が正解。

問2 $\boxed{36}$ ②

　表1と表2で，(A)，(B)，(C)として表されている3つの州はどれか？ $\boxed{36}$

① (A) ネバダ　　　(B) ニューヨーク　　　(C) テキサス

② **(A) ネバダ**　　　**(B) テキサス**　　　**(C) ニューヨーク**

③ (A) ニューヨーク　　　(B) ネバダ　　　(C) テキサス

④ (A) ニューヨーク　　　(B) テキサス　　　(C) ネバダ

　第3段落の第2文に「ネバダはアメリカでトップの吸引型」とあり，(A)はネバダだと分かる。同第3文に「ニョーヨークは『吸引型』の表ではその(ネバダ)対極にある」とあり，さらに第4文以降に「3つ目の極端な例はテキサスで，『粘着型』の表でアラスカの対極にある。テキサスはかなり弱い『吸引型』だが，アメリカで最も『粘着型』の州である」とあるから，(B)はテキサス，(C)はニューヨークとなる。したがって，②が正解。

問3 $\boxed{37}$ ①

　本文の主題は，$\boxed{37}$ ことである。

① **アメリカ人の移住における様々なパターンを述べる**

② いくつかの州が他の州より人気がない理由を説明する

③ そこで生まれた成人の割合が高い州を列挙する

④ ピュー・リサーチセンターのデータ収集の方法を報告する

　本文の主題をよく表しているのは，タイトルであるから①が正解となる。②に関する記述は文中にないので不可。③は「粘着型」についてだけの記述なので不可。④は第1段落の第2文にこの調査をしたと言及があるだけなので不可。

問4 $\boxed{38}$ ①

　最終段落に続く可能性がある話題はどれか？ $\boxed{38}$

・topic「話題／テーマ」

① **アメリカ人の中に故郷の州に残る者がいる理由。**

② 他国からの移住者を引きつける州。

③ 移住者たちが他の州で求める職業の種類。

④ 吸引型の州の社会での子供の育て方。

　最終段落に「研究ではさらに続けて，『移住者』が故郷の州を離れ，『居残る者』がそこに留まる理由を探求した」とあり，次に「移住者」の理由を挙げている。したがって，次に続く可能性があるものは①で，正解となる。

24

B　広告問題

【全訳】

第28回　レイクヴィル マラソン
2015年2月26日

申し込み

➢　期間：2014年8月1日－8月31日（期限後の申し込みはお受けできません）

➢　レース当日に16歳以上の方ならどなたでもエントリー可能です。

➢　申し込みはオンラインのみ。

➢　1人につき1回の申し込み。複数の申し込みは自動的に拒否されます。

➢　いかなる虚偽の個人情報報告も申し込みの取り消しになります。

選抜

➢　残念ながら，レイクヴィル運動場の広さの関係上，申し込みのすべてをお受けできるとは限りません。15,000名の走者は抽選で決定されます。

➢　申し込みされた方は10月中旬に参加の可否の手紙を受け取ることになります。

お支払い

➢　オンラインでのクレジットカードでのお支払いのみ。

➢　申し込み料は返金できません。例外はありません。

➢　エントリー料は抽選にて選ばれた方のみに課されます。

カテゴリー	申し込み料*	エントリー料**
未成年（16歳または17歳）	15ドル	25ドル
成人（18歳から64歳）	15ドル	50ドル
高齢者（65歳以上）	15ドル	15ドル

＊レイクヴィル居住者の申し込み料は無料！

＊＊前の2回のレイクヴィル マラソンのどちらかの参加者は5ドル割引！

レース当日

➢　チェックイン：7：00開始。参加者全員，レース当日に写真付きID（たとえば，運転免許証やパスポート）と参加許可通知を提示のこと。

➢　レース・スケジュール：8：00スタート，16：00終了（指定時刻までに完走できない走者は走行を中止しなければなりません）

問い合わせは，次のアドレスに連絡して下さい：marathondesk@lkve.com

申し込みはこちらをクリック

【語句】

・marathon「マラソン」

— 738 —

2014年度　本試験〈解説〉　25

- application「申し込み」
- apply for A「Aに申し込む」
- multiple「複数の」
- automatically「自動的に」
- reject「拒否する」
- false「虚偽の」
- result in A「Aという結果になる」
- selection「選抜」
- unfortunately「残念なことに／あいにく」
- lottery「抽選／籤(くじ)」
- applicant「申込者／志願者」
- acceptance「受諾／受け入れ」
- rejection「拒否」
- payment「支払い」
- fee「料金」
- exception「例外」
- entry「参加／エントリー」
- charge「課する」
- discount「割引」
- check-in「チェックイン」
- designated「指定された」
- inquiry「問い合わせ」
- contact「接続する／連絡をとる」

【解説】

問1　39 ②

　次の文章のうち，申し込みに関して**あてはまらないもの**はどれか？ 39
① 　8月中に申し込まなければならない。
② 　申し込み時に少なくとも16歳でなければならない。
③ 　インターネットで申し込まなければならない。
- via A「Aによって／経由で」
④ 　申し込みは1回だけしか出せない。
- submit「提出する」
- no more than A「Aだけ／ほんのA」

　申し込みの項目の2つ目に「レース当日に16歳以上の方ならどなたでもエントリー可能」とあり，これは「申し込みの時」の年齢ではないから，②が正解となる。

問2　40 ①

　第26回マラソン大会に参加したレイクヴィルに住む70歳の女性は，参加するために 40 を支払う必要がある。

— 739 —

① **10ドル**
② 15ドル
③ 25ドル
④ 30ドル

　支払いの表とその下の＊印の注意事項から，この女性は「レイクヴィル在住」ということで申し込み料は無料。エントリー料は70歳なので表の高齢者（65歳以上）から，15ドルとなるが，2回前の大会に参加したことで5ドルの割引を受けるので，支払い額は10ドルとなる。したがって，①が正解。

問3 <u>41</u> **④**

　ウェブサイトによれば，次のうち，どれが正しいか？ <u>41</u>

① 申し込み料とエントリー料を現金で払うことができる。
② 問い合わせはすべて電話でしなければならない。
③ 受諾されたかどうかの確認はオンラインで確かめなければならない。
④ **レースは8時間以内に終了させなければならない。**

　レース当日の2つ目の項目に「8：00スタート，16：00終了（指定時刻までに完走できない走者は走行を中止しなければなりません）」とあるから，④が正解。

第5問 ヴィジュアル問題

─【全訳】─

サルバドールの日記
2012年3月30日

　我々の最後のレッスンはひどいことになった。チトセと私は大げんかをしてしまった。彼女は微笑みながらアトリエに着くと，「ほら，おじいちゃん，私，あなたの肖像画を描いたわ」と言った。肖像画の男には髪の毛がたくさんあり，真っすぐ立っていて，若く見え，微笑んでいた。彼女にはフランスの美術学校に通えるぐらいの才能があるのかもしれないが，画家としては大きな弱点がある。彼女は人物を描くと，現実の人物よりもむしろ理想化されたイメージを描いてしまうことが多すぎる。私はこの点を彼女に数か月間説明してきたが，彼女は私の言うことを聞こうとはしなかった。私は少し怒って彼女に次のように言った。「これは私ではない。おまえは本物の画家ではない」彼女も怒って，もうこれ以上私を先生として必要としないからどうでもいいと言った。それから，私は別れの贈り物として描いていた肖像画を彼女に見せて次のように言った。「これが本当のおまえだ！」彼女はそれを一目見ると，「いえ，違うわ！」と言って出て行った。

　彼女の親ならチトセの肖像画がよく分かるだろうと思ったので，私は肖像画を彼らに贈った。私はチトセがスタイルを変え始める2，3か月前にその肖像画を描いて

─ 740 ─

いて，それには私が2年間教えた高校生が描かれていると思う。私がそれを描いたとき，彼女はまだ天然の縮毛で，ストレートパーマではなかった。彼女は，大好きなリング型のイヤリングを含む，今つけているようなアクセサリーは全然つけていなかった。彼女はそのときはまったく化粧もしていなかった。これは，自分がまだアマチュア画家だということを知っている，素晴らしい未来のあるチトセだった。私は彼女が大人になりつつあり，もっと大人のように行動し，大人っぽく見られたがっていることを理解している。しかし，彼女は大人になることは，他人の話を聴くのをやめることだと思っているようだ。学ぶことをやめれば彼女はけっして偉大な画家にはならないだろう。

サルバドールへの手紙

2013年3月25日

親愛なるサルおじいちゃん，

遅くなったことは分かっていますが，私たちが最後に会ったときに起こったことにごめんなさいと言いたかったのです。最後のレッスンで，私はあなたの言うことを聴こうとしませんでした，なぜなら，あなたがまだ私を子どもとして見ていると思ったからです。私はあなたが肖像画の中で私をどのように描いているかを見ましたが，これは私の考えを裏付けました。私は大変傷ついたのであなたの贈り物を受け取ることなくただ出て行ったのです。

あなたは知らないと思いますが，ママは私がフランスに向けて家を離れる時にあの肖像画をこっそり私のスーツケースの中に入れたのです。それを見つけたとき，私はまだ怒っていたので，それをクローゼットの中に隠してしまいました。私はしばらく肖像画のことを考えませんでしたが，2，3か月前に偶然それを再発見しました。それを見たとき，私には自分の絵を良くするためにすすんで耳を傾けるチトセが見えました。私は，自分がなってしまったチトセがそれとは違うことに気づきました。彼女は自分が大人であるとみんなに証明したくて，他人の話を聴くのをやめてしまったのです。そのときまで私は美術のクラスで本当に苦労していたのですが，自分の弱点に気づいた後，私は再び学び始め，私の絵はずっと良くなりました。おじいちゃん，あなたはこれからもずっと私の先生です。

私は最後のレッスンであなたに見せた肖像画を覚えています。あなたはそれが気に入らず，私にあなたを見えるとおりに描けと言いました。あの日あなたが私に教えてくれたことは今の私には理解できます。私は物を実際あるがままに描くべきであり，そうすれば物の本当の美しさが輝くのです。

私は私たちの肖像画を描きました。そしてその写真をあなたに送ります。実は，それは私が住んでいる市の若手芸術家コンクールで1等賞をとりました。見て分かるように，私は，あなたがそうしたように，自分自身を大きな可能性をもつ高校生のチトセとして描きました。私はまた，実際に私の目に映る姿であなたを描きました。あなたのしわは，あなたの智恵の証拠です。杖は肉体的な課題を克服しようとするあなたの意志を示しています。あなたの曲がった背は，あなたがすべての力をあなたが最も愛するもの，つまりあなたの芸術と私に注ぎ込んできたことを示しています。ありがとう，おじいちゃん。

愛を込めて
チトセ

【語句】
＜サルバドール＞
　・disaster「ひどいこと／大惨事」
　・fight「けんか」
　・stand straight「真っすぐに立つ」
　・weakness「弱点」
　・idealized image「理想化されたイメージ」
　・A rather than B「BよりもむしろA」
　・care「気にする」
　・farewell gift「別れの贈り物」
　・curly hair「縮毛／カーリーヘア」
　・perm「パーマ」
　・wear makeup「化粧をする」
　・fantastic「素晴らしい」
＜チトセ＞
　・confirms「裏付ける／確認する」
　・secretly「こっそり」
　・upset「腹を立てて／冷静さを失って」
　・for a while「しばらくの間」
　・rediscover「再発見する」
　・by chance「偶然に」
　・struggle「苦労する」
　・make sense「気付く／理解できる」
　・as S actually be「Sの実際あるがままに」
　・competition「コンクール／競争」
　・potential「可能性」

・wrinkle「しわ」

・wisdom「智恵」

・cane「杖」

・overcome「克服する」

・physical challenge「肉体的な課題」

・bent back「曲がった背中」

・pour「注ぐ」

・strength「力」

【解説】

問1　42　①

　　サルバドールはチトセに　42　ほしいと思っていた。

① 　物をありのままに正しく理解して

② 　もっと画家らしい服装をして

③ 　別の美術の先生を見つけて

④ 　若く見える人を描いて

　　サルバドールの日記の第1段落第6文で，サルバドールは「彼女は人物を描くと，現実の人物よりもむしろ理想化されたイメージを描いてしまうことが多すぎる」と述べている。また，チトセの手紙の第3段落第2文に「あなたはそれが気に入らず，私にあなたを見えるとおりに描けと言いました」とある。これらから，サルバドールはチトセに物をありのままに描いてほしいと思っていたことが分かる。したがって，①が正解。

問2　43　③

　　最後のレッスンで，チトセが肖像画を受け取らなかった理由は，彼女が自分の　43　と思ったからである。

① 　家族は自分よりもその肖像画を正しく理解するだろう

② 　家族は彼女のスタイルを気に入らないだろう

③ 　祖父は彼女に大人としての敬意を払わない

④ 　祖父はあまり上手な画家ではない

　　チトセの手紙の第1段落第2～4文に「最後のレッスンで，私はあなたの言うことを聴こうとしませんでした，なぜなら，あなたがまだ私を子どもとして見ていると思ったからです。私はあなたが肖像画の中で私をどのように描いているかを見ましたが，これは私の考えを裏付けました。私は大変傷ついたのであなたの贈り物を受け取ることなくただ出て行ったのです」とあるので，③が正解。

問3　44　②

　　次のうちで正しいものはどれか？　44

① 　チトセはサルバドールが描いた肖像画を自分の両親に渡した。

② 　チトセは手紙を書く前に新しい肖像画を描いた。

③ 　サルバドールがチトセの肖像画を描くのに2年かかった。

－743－

④ サルバドールはチトセが外見を変えた後に肖像画を描いた。

チトセの手紙の第4段落第1文に「私は私たちの肖像画を描きました。そしてその写真をあなたに送ります」とあるので，②が正解。

問4 45 ②

チトセの絵が良くなった理由として最も可能性が高いものは何か？ 45
① 彼女はコンクールに参加したことから多くを学んだ。
② 彼女は再び他の人々の考えを聴くようになった。
③ 彼女は化粧をしたりイヤリングをつけたりするのをやめた。
④ 彼女は他の大人の意見に影響を与えようとした。

チトセの手紙の第2段落第5～7文に「私は，自分がなってしまったチトセがそれとは違うことに気づきました。彼女は自分が大人であるとみんなに証明したくて，他人の話を聴くのをやめてしまったのです。そのときまで私は美術のクラスで本当に苦労していたのですが，自分の弱点に気づいた後，私は再び学び始め，私の絵はずっとよくなりました」とあるので，②が正解。

問5 46 ①

チトセが彼女の祖父に送った写真にある肖像画の説明に最もよく合っているものは，次の絵のうちのどれか？ 46

チトセの手紙の第4段落第5～7文から分かることは，新たに描いた肖像画の中のサルバドールは(1)しわがあり，(2)杖をついており，(3)背が曲がっている。また，チトセの手紙の第4段落第3文に，新しい肖像画には可能性を持つ高校生のチトセを描いたとあるが，サルバドールの日記の第2段落第3～4文から分かることは，高校時代のチトセは(4)天然の縮毛でイヤリングなどのアクセサリーをつけておらず，化粧もしていなかった。したがって，(1)，(2)，(3)，(4)を満たしている①が正解。

— 744 —

第6問　長文読解問題

【全訳】

聴くことの便利さと音質：他により重要なことはあるのか？

(1)　1877年に，トーマス・エジソンは，音を録音し再生することのできる新しい装置である蓄音機を発明した。人々は初めて，フル・オーケストラの音楽演奏を便利なことに自宅で楽しむことができるようになった。数年後，ベル研究所は，より良い音質を出す新しい蓄音機を開発した。つまり，声や楽器の音がよりクリアーで，より本物そっくりに聞こえた。これら初期の製品は，オーディオ技術の発展における2つの主要点 — 聞くのを容易にすることと，我々が聞く音楽の音質を改善すること — を表している。長年にわたる進歩は，この両方の領域において意義深いことであったが，音楽そのものをすべて技術に没頭させてしまわないようにすることが重要である。

(2)　蓄音機は音楽を聴くことをずっと楽にしたが，それはほんの始まりだった。1920年代にカーラジオが導入されたことは，路上でも音楽が楽しめるということだった。聴く者が外を歩いているときも，ヘッドホンによって音楽を楽しむことを可能にした個人用音楽プレーヤーの発達とともに，携帯用オーディオ機器に対する関心が，1980年代に本当に高まり始めた。最近では，小さなデジタルプレーヤーで何百枚ものアルバムを持ち運び，とても小さなイヤホンでそれらを聴くことができる。

(3)　音楽の楽しみに影響を及ぼしているもう1つの要素は，音質である。1950年代には，「ハイフィデリティ」，略して「ハイファイ」という用語が，可能な限り最高級の再生音質を提供する録音とオーディオ機器を宣伝するために，企業によってよく使われた。誠実さを意味するフィデリティは，もとの演奏に限りなく近い音楽を録音し，再生することを指している。目を閉じたまま録音された交響曲を聴くとき，コンサートホールにいるような気分になるのが理想である。1950年代以降の技術的進歩によって，聴く者がハイファイという目標にきわめて接近できるような現代録音技術と再生機器が生み出される結果となった。

(4)　今日では，電器店に歩いて入っていくと，お客は驚くほど様々なオーディオ技術に直面することになる。携帯用システムを探し求める人は，様々な色，形，サイズが用意された何百種類ものイヤホン，ヘッドホン，デジタルプレーヤーから選ぶことができる。ハイファイを最優先とみなす音楽ファンであるオーディオ好きのために，店の別の売り場が，CDプレーヤーやアンプなど，しばしば高価になる様々な大型スピーカーや重量コンポーネントを取り扱っている。これらすべての技術やとても多くの選択肢を目の当たりにして，音楽ファンは，自分たちの音楽ニーズに最適の機器について調べ，決定するのに多大な時間を費やすことが多い。

32

(5) 機器が買われた後でさえ，オーディオ技術の進歩は消費者の注意を音楽そのものからそらし続けることがある。携帯用システムの便利さにより，人々は公園でジョギングや，職場への通勤のように何か他のことを行っている間に，音楽を聴くことができる。このような状況では，音楽の一部は背景の騒音に消え，聴く者がそれに集中するのが困難になるかもしれない。また別の場合では，オーディオ好きは，最高基準の忠実度を得るために，自分のコンポの組み合わせを試し，調整するのにかなりの時間とエネルギーを費やすかもしれない。

(6) 非常に多くの技術が利用できるので，実際に音楽を聴くことが時には2次的な問題のように感じられることがある。我々は幸運にも職場への電車の中に大好きな録音されたものを持って行くことができるが，注意が他のところに向いているときに音楽を聴くと，音楽の力の多くを逃してしまう。同様に，高品質の機器が利用できるのは良いことだが，完全な忠実度を達成することを心配しすぎると，技術自体が我々と音楽の間を裂いてしまう。音楽は驚くべき，力強い芸術形式であり，おそらく最も重要なことは，座って聞こえるものをしっかり鑑賞できる暇を作ることである。エジソンや他の発明家たちの非凡な才能のおかげで，音楽の美しさは今やこれまでにないほど身近なものになっている。立ち止まって本当に耳を傾けるかどうかは我々次第である。

【語句】

◆第1段落◆

- ・convenience「便利さ」
- ・sound quality「音質」
- ・priority「優先すること／より重要であること」
- ・invent「発明する」
- ・phonograph「蓄音機」
- ・device「装置／機器」
- ・play back「再生する」
- ・for the first time「初めて」

［例］ Helen went abroad **for the first time** when she was only twelve years old.
　　　ヘレンはまだ12歳の時に初めて海外に行った。

- ・musical performance「音楽演奏」
- ・in the convenience of A「Aという便利さで」
- ・laboratory「研究所」
- ・true-to-life「本物そっくりに」
- ・product「製品」
- ・represent「表す」
- ・focus「(意識・興味・関心・活動などの)焦点／中心」
- ・audio technology「オーディオ技術」

・advance「進歩」
　　・significant「意義深い」
　　・get lost in A「Aに没頭する／迷い込む」
◆第2～4段落◆
　　・introduction「紹介／導入」
　　・take off「高まる／伸びる」
　　・these days「最近」
　　・high fidelity「ハイファイ／高忠実度」
　　・for short「略して」
　〔例〕　We all call her "Jemmie" **for short**.
　　　　　私たちはみな彼女を，略して「ジェミー」と呼んでいる。
　　・refer to A「Aを示す」
　〔例〕　What does the pronoun in line 5 **refer to**?
　　　　　5行目の代名詞は何を指しますか？
　　・with our eyes closed「目を閉じたまま」付帯状況の with の用法。with A＋過去
　　　分詞「Aが～されて」
　　・feel as if ...「…のように感じる」
　　・electronics store「電器店」
　　・consumer「お客」
　　・audiophile「オーディオ好き」audo＋phile(～を好む人)の合成語。
　　・range of A「Aの範囲」
　　・feature「特色とする」
　　・amplifier「アンプ」
◆第5～6段落◆
　　・equipment「機器」
　　・portable system「携帯用システム」
　　・commute「通勤する」
　　・setting「状況」
　　・concentrate on A「Aに集中する」
　〔例〕　Try to **concentrate on** your work and not walk around.
　　　　　うろうろ歩くのはやめて，仕事に専念しなさい。
　　・fidelity「〔通信〕(再生音の)忠実度」
　　・with so much technology available「非常に多くの技術が利用できるので」
　　　with A＋C「AがCなので／AがCすると」付帯状況の with の用法。
　　　available「利用できる」
　　・feel like「感じがする」
　　・secondary「2次的な」
　　・issue「問題」

34

- likewise「同様に」
- come between A and B「AとBの間を裂く／AとBの間に入る」
- thanks to A「Aのおかげで」
- genius「非凡な才能／(生まれつきの創造的)才能／天分」
- accessible「身近な／利用しやすい／入手しやすい」
- It's up to A to-不定詞「～するのはA次第である」
  ［例］**It's up to you to** tell the truth.
  事実を言うかどうかは君次第だ。

【解説】

A

問1 <u>47</u> ④

第1段落によると，ベル研究所の蓄音機はトーマス・エジソンの蓄音機よりも <u>47</u> ことができた。

① 早く安価に作る

② 簡単に操作する

③ 多くの楽器を演奏する

④ 現実に近い音を再生する

第1段落の第3文に「数年後，ベル研究所は，より良い音質を出す新しい蓄音機を開発した。つまり，声や楽器の音がよりクリアーで，より本物そっくりに聞こえた」とあるので，④が正解。

問2 <u>48</u> ①

第3段落において，筆者は今日の最高のオーディオ機器は <u>48</u> ということを示している。

① ライブのコンサートとほぼ同じ音質を再現する

② 最良のコンサートホールでのライブ演奏に用いられている

③ 録音の音質を元の演奏よりも良くする

④ 1950年代の偉大な演奏を再現する

第3段落の第4～5文に「目を閉じたまま録音された交響曲を聴くとき，コンサートホールにいるような気分になるのが理想である。1950年代以降の技術的進歩によって，聴く者がハイファイという目標にきわめて接近できるような現代録音技術と再生機器が生み出される結果となった」とあるので，①が正解。

問3 <u>49</u> ①

第4段落によると，オーディオ好きとは <u>49</u> 人のことである。

① 音楽再生の質を大いに気にする

② 良いコンサートホールで交響楽団で演奏する

③ 録音された演奏よりもライブコンサートの方を好む

④ 最良のオーディオ機器を売る店で働く

第4段落の第3文に「ハイファイ(高忠実度)を最優先とみなす音楽ファンである

— 748 —

オーディオ好き」とあるので，①が正解。

問4 **50** ③

　　第5段落に基づくと，次のうち正しいのはどれか？ **50**

① 背景の騒音はしばしば人々が音楽に集中するのを助ける。

② 携帯用オーディオシステムは背景の騒音を生む傾向がある。

③ **ハイファイシステムを構築することは多大な努力を要することもある。**

④ 人々は忙しくなればなるほど音楽を鑑賞するようになる。

　　第5段落の最終文に「また別の場合では，オーディオ好きは，最高基準の忠実度を得るために，自分のコンポの組み合わせを試し，調整するのにかなりの時間とエネルギーを費やすかもしれない」とあるので，③が正解。①は第5段落の第3文「このような状況では，音楽の一部は背景の騒音に消え，聴く者がそれに集中するのが困難になるかもしれない」に矛盾する。②，④のような記述はない。

問5 **51** ③

　　第6段落においての筆者の主題は **51** ということである。

① オーディオ好きは携帯機器で音楽を聴いて楽しむ傾向がある

② 便利さはオーディオ機器を買う際に重要な要素である

③ **音楽は，技術とは関わりなく，最優先に考えるべきことである**

④ 携帯機器はハイファイ機器に取って代わる可能性が高い

　　第6段落の第4文に「音楽は驚くべき，力強い芸術形式であり，おそらく最も重要なことは，座って聞こえるものをしっかり鑑賞できる暇を作ることである」とあり，③が正解。同様のことは，すでに，第1段落の最終文で「長年にわたる進歩は，この両方の領域において意義深いことであったが，音楽そのものをすべて技術に没頭させてしまわないようにすることが重要である」と述べられている。

B

52 ①　**53** ④　**54** ②　**55** ③

段落	内容
(1)	オーディオ技術の2つの目標
(2)	**52** ①
(3)	ハイフィデリティという考え
(4)	**53** ④
(5)	**54** ②
(6)	**55** ③

① 音楽を聴く利便性の進歩

② 音楽を聴く者が重視することに対する懸念

③ 音楽にすべての注意力を注ぐことの価値

④ 販売されているオーディオ製品の幅広い選択肢

第2段落は蓄音機の発明から現代にいたるまでのオーディオ機器の発達を論じているので，52 は，①が正解。第4段落では多種多様なオーディオ機器が販売されているということが述べられているので，53 は④が正解。第5段落は，オーディオ機器を用いて音楽を聴く人が音楽以外のことに注意を引かれていることについて述べており，54 は②が正解。第6段落では，技術自体を追求しすぎるのでなく，音楽そのものを聴くことの重要性が述べられており，55 は③が正解。

MEMO

河合出版ホームページ
http://www.kawai-publishing.jp/
E-mail
kp@kawaijuku.jp

表紙デザイン　河野宗平

2024大学入学共通テスト 過去問レビュー 英　語

発　行　2023年5月20日

編　者　河合出版編集部

発行者　宮本正生

発行所　**株式会社　河合出版**
　　[東　京] 東京都新宿区西新宿7－15－2
　　　　　〒160-0023　　tel (03)5539-1511
　　　　　　　　　　　　fax(03)5539-1508
　　[名古屋] 名古屋市東区葵3－24－2
　　　　　〒461-0004　　tel (052)930-6310
　　　　　　　　　　　　fax(052)936-6335

印刷所　株式会社　加藤文明社

製本所　望月製本所

Ⓒ 河合出版編集部
2023 Printed in Japan
・乱丁本，落丁本はお取り替えいたします。
・編集上のご質問，お問い合わせは，
　編集部までお願いいたします。
（禁無断転載）
ISBN 978-4-7772-2675-7

外国語解答用紙

注意事項
1 解答科目が無マークまたは複数マークの場合は、0点となります。
2 訂正は、消しゴムできれいに消し、消しくずを残してはいけません。
3 所定欄以外にはマークしたり、記入したりしてはいけません。

英語（リスニング）解答用紙

解答科目
英語（リスニング） ○

注意事項

1　解答は、音声問題の各設問ごとに、この解答用紙にマークしてください。問題冊子に解答したものを解答時間の最後にまとめて転記する時間はありません。
2　解答時間中、ICプレーヤーから音声が聞こえなくなった場合や、問題冊子の印刷不鮮明（解答に支障となるもの）、ページの落丁・乱丁に気付いた場合は、黙って手を高く挙げ、監督者に知らせてください。

解答番号	解答欄 1 2 3 4 5 6	解答番号	解答欄 1 2 3 4 5 6
1	① ② ③ ④ ⑤ ⑥	21	① ② ③ ④ ⑤ ⑥
2	① ② ③ ④ ⑤ ⑥	22	① ② ③ ④ ⑤ ⑥
3	① ② ③ ④ ⑤ ⑥	23	① ② ③ ④ ⑤ ⑥
4	① ② ③ ④ ⑤ ⑥	24	① ② ③ ④ ⑤ ⑥
5	① ② ③ ④ ⑤ ⑥	25	① ② ③ ④ ⑤ ⑥
6	① ② ③ ④ ⑤ ⑥	26	① ② ③ ④ ⑤ ⑥
7	① ② ③ ④ ⑤ ⑥	27	① ② ③ ④ ⑤ ⑥
8	① ② ③ ④ ⑤ ⑥	28	① ② ③ ④ ⑤ ⑥
9	① ② ③ ④ ⑤ ⑥	29	① ② ③ ④ ⑤ ⑥
10	① ② ③ ④ ⑤ ⑥	30	① ② ③ ④ ⑤ ⑥
11	① ② ③ ④ ⑤ ⑥	31	① ② ③ ④ ⑤ ⑥
12	① ② ③ ④ ⑤ ⑥	32	① ② ③ ④ ⑤ ⑥
13	① ② ③ ④ ⑤ ⑥	33	① ② ③ ④ ⑤ ⑥
14	① ② ③ ④ ⑤ ⑥	34	① ② ③ ④ ⑤ ⑥
15	① ② ③ ④ ⑤ ⑥	35	① ② ③ ④ ⑤ ⑥
16	① ② ③ ④ ⑤ ⑥	36	① ② ③ ④ ⑤ ⑥
17	① ② ③ ④ ⑤ ⑥	37	① ② ③ ④ ⑤ ⑥
18	① ② ③ ④ ⑤ ⑥	38	① ② ③ ④ ⑤ ⑥
19	① ② ③ ④ ⑤ ⑥	39	① ② ③ ④ ⑤ ⑥
20	① ② ③ ④ ⑤ ⑥	40	① ② ③ ④ ⑤ ⑥

良い例／悪い例

氏名（フリガナ）、クラス、出席番号を記入しなさい。

フリガナ	
氏名	

クラス	出席番号
クラス	番

河合塾
SERIES

2024 大学入学
共通テスト
過去問レビュー
英 語
●問題編●

河合出版

▶問題編◀

リスニング

2023年度	本試験	3	追試験	25
2022年度	本試験	47	追試験	69
2021年度	第1日程	91		
	第2日程	113		

リーディング

2023年度	本試験	135	追試験	171
2022年度	本試験	207	追試験	241
2021年度	第1日程	275		
	第2日程	309		
2020年度	本試験	345		
2019年度	本試験	373		
2018年度	本試験	401		
2017年度	本試験	429		
2016年度	本試験	457		
2015年度	本試験	485		
2014年度	本試験	513		

英　　　語
（リスニング）

（2023年1月実施）

（解答時間）
30分　100点

2023　リスニング　本試験

☆音声問題を用い30分間で解答を行うが，解答開始前に受験者に配付したICプレーヤーの作動確認，音量調節を受験者本人により行うため，試験時間は60分です。

☆本書で用いるMP3およびMP4ファイルは大学入試センターから公表された音声を河合出版が独自に編集したものです。

$\left(\text{解答番号}\boxed{1}\sim\boxed{37}\right)$

第1問 (配点 25) 音声は2回流れます。

第1問は**A**と**B**の二つの部分に分かれています。

A 第1問**A**は問1から問4までの4問です。英語を聞き，それぞれの内容と最もよく合っているものを，四つの選択肢(①~④)のうちから一つずつ選びなさい。

問1 ☐1☐

① The speaker is asking Sam to shut the door.

② The speaker is asking Sam to turn on the TV.

③ The speaker is going to open the door right now.

④ The speaker is going to watch TV while working.

問2 ☐2☐

① The speaker finished cleaning the bowl.

② The speaker finished washing the pan.

③ The speaker is cleaning the pan now.

④ The speaker is washing the bowl now.

2023年度　リスニング　本試験　3

問 3　　3

① The speaker received a postcard from her uncle.

② The speaker sent the postcard to her uncle in Canada.

③ The speaker's uncle forgot to send the postcard.

④ The speaker's uncle got a postcard from Canada.

問 4　　4

① There are fewer than 20 students in the classroom right now.

② There are 22 students in the classroom right now.

③ There will be just 18 students in the classroom later.

④ There will be more than 20 students in the classroom later.

これで第1問Aは終わりです。

4

B 第1問Bは問5から問7までの3問です。英語を聞き，それぞれの内容と最もよく合っている絵を，四つの選択肢(**①**〜**④**)のうちから一つずつ選びなさい。

問5　5

問6

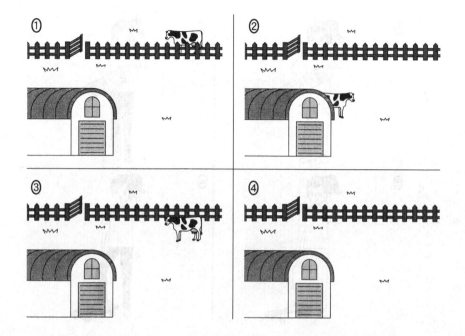

問7 | 7 |

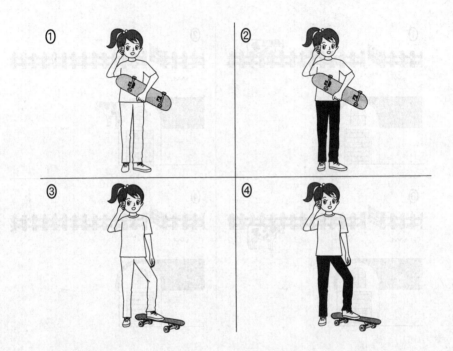

これで第1問Bは終わりです。

第2問 (配点 16) 音声は2回流れます。

第2問は**問8**から**問11**までの4問です。それぞれの問いについて，対話の場面が日本語で書かれています。対話とそれについての問いを聞き，その答えとして最も適切なものを，四つの選択肢(①〜④)のうちから一つずつ選びなさい。

問 8 バーチャルイベントで，友人同士のプロフィール画像(avatar)を当てあっています。 8

問 9 ホームパーティーの後で，ゴミの分別をしています。 9

問10 靴屋で，店員と客が会話をしています。 10

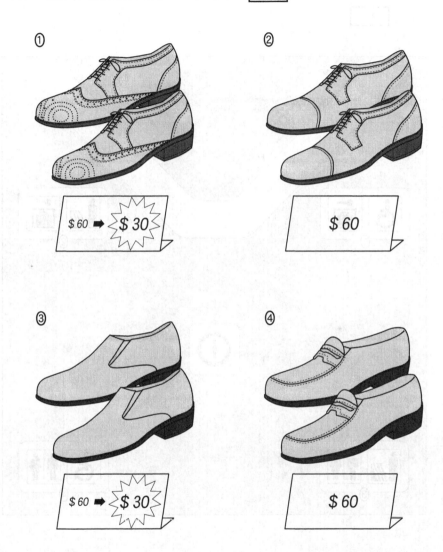

問11 友人同士が，野球場の案内図を見ながら，待ち合わせ場所を決めています。
　　　11

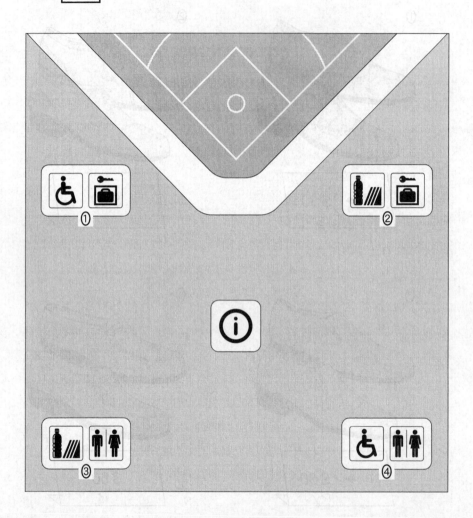

これで第2問は終わりです。

2023年度　リスニング　本試験　11

第3問　(配点　18)　**音声は1回流れます。**

　第3問は**問12**から**問17**までの6問です。それぞれの問いについて，対話の場面が日本語で書かれています。対話を聞き，問いの答えとして最も適切なものを，四つの選択肢(①〜④)のうちから一つずつ選びなさい。(問いの英文は書かれています。)

問12　地下鉄の駅で，男性が目的地への行き方を質問しています。

　　Which subway line will the man use first?　　12

　①　The Blue Line
　②　The Green Line
　③　The Red Line
　④　The Yellow Line

問13　夫婦が，夕食について話し合っています。

　　What will they do?　　13

　①　Choose a cheaper restaurant
　②　Eat together at a restaurant
　③　Have Indian food delivered
　④　Prepare Indian food at home

問14　高校生同士が，授業後に話をしています。

　　What did the boy do?　　14

　①　He checked his dictionary in class.
　②　He left his backpack at his home.
　③　He took his backpack to the office.
　④　He used his dictionary on the bus.

13

— 13 —

問15 寮のパーティーで，先輩と新入生が話をしています。

What is true about the new student? 15

① He grew up in England.

② He is just visiting London.

③ He is studying in Germany.

④ He was born in the UK.

問16 同僚同士が話をしています。

What will the man do? 16

① Buy some medicine at the drugstore

② Drop by the clinic on his way home

③ Keep working and take some medicine

④ Take the allergy pills he already has

問17 友人同士が，ペットについて話をしています。

What is the man going to do? 17

① Adopt a cat

② Adopt a dog

③ Buy a cat

④ Buy a dog

これで第3問は終わりです。

14

第4問 (配点 12) 音声は1回流れます。

第4問はAとBの二つの部分に分かれています。

A 第4問Aは問18から問25までの8問です。話を聞き，それぞれの問いの答えとして最も適切なものを，選択肢から選びなさい。**問題文と図表を読む時間が与えられた後，音声が流れます。**

問18~21 あなたは，大学の授業で配られたワークシートのグラフを完成させようとしています。先生の説明を聞き，四つの空欄 18 ~ 21 に入れるのに最も適切なものを，四つの選択肢(①~④)のうちから一つずつ選びなさい。

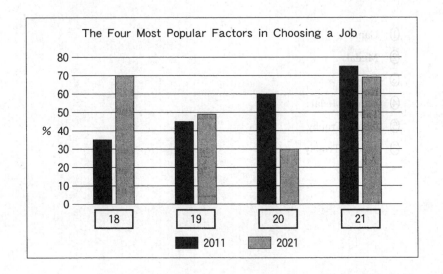

① Content of work
② Income
③ Location
④ Working hours

14

問22～25　あなたは，自宅のパソコンから，ゲームの国際大会にオンラインで参加しています。結果と賞品に関する主催者の話を聞き，次の表の四つの空欄 22 ～ 25 に入れるのに最も適切なものを，六つの選択肢（①～⑥）のうちから一つずつ選びなさい。選択肢は2回以上使ってもかまいません。

International Game Competition: Summary of the Results

Teams	Stage A	Stage B	Final Rank	Prize
Dark Dragons	3rd	3rd	4th	22
Elegant Eagles	1st	2nd	1st	23
Shocking Sharks	4th	1st	2nd	24
Warrior Wolves	2nd	4th	3rd	25

① Game

② Medal

③ Trophy

④ Game, Medal

⑤ Game, Trophy

⑥ Medal, Trophy

これで第4問Aは終わりです。

16

B 第4問Bは問26の1問です。話を聞き，示された条件に最も合うものを，四つの選択肢（①〜④）のうちから一つ選びなさい。後の表を参考にしてメモを取ってもかまいません。**状況と条件を読む時間が与えられた後，音声が流れます。**

状況

　あなたは，交換留学先の高校で，生徒会の会長選挙の前に，四人の会長候補者の演説を聞いています。

あなたが考えている条件

　A．全校生徒のための行事を増やすこと

　B．学校の食堂にベジタリアン向けのメニューを増やすこと

　C．コンピューター室を使える時間を増やすこと

Candidates	Condition A	Condition B	Condition C
① Charlie			
② Jun			
③ Nancy			
④ Philip			

問26 　26　 is the candidate you are most likely to choose.

① Charlie

② Jun

③ Nancy

④ Philip

これで第4問Bは終わりです。

16

第5問 (配点 15) 音声は1回流れます。

第5問は問27から問33までの7問です。

最初に講義を聞き，**問27から問32に答えなさい。次に続きを聞き，問33に答えなさい。状況，ワークシート，問い及び図表を読む時間が与えられた後，音声が流れます。**

状況

あなたは大学で，アジアゾウに関する講義を，ワークシートにメモを取りながら聞いています。

ワークシート

Asian Elephants

◇ **General Information**

- Size: Largest land animal in Asia
- Habitats: South and Southeast Asia
- Characteristics: 〔 **27** 〕

◇ **Threats to Elephants**

Threat 1: Illegal Commercial Activities

- using elephant body parts for
  accessories, **28** , medicine
- capturing live elephants for **29**

Threat 2: Habitat Loss Due to Land Development

- a decrease in elephant **30** interaction
- an increase in human and elephant **31**

18

— 18 —

問27 ワークシートの空欄 27 に入れるのに最も適切なものを，四つの選択肢(①〜④)のうちから一つ選びなさい。

① Aggressive and strong
② Cooperative and smart
③ Friendly and calm
④ Independent and intelligent

問28〜31 ワークシートの空欄 28 〜 31 に入れるのに最も適切なものを，六つの選択肢(①〜⑥)のうちから一つずつ選びなさい。選択肢は2回以上使ってもかまいません。

① clothing   ② cosmetics   ③ deaths
④ friendship   ⑤ group   ⑥ performances

問32 講義の内容と一致するものはどれか。最も適切なものを，四つの選択肢(①〜④)のうちから一つ選びなさい。 32

① Efforts to stop illegal activities are effective in allowing humans to expand their housing projects.
② Encounters between different elephant groups are responsible for the decrease in agricultural development.
③ Helping humans and Asian elephants live together is a key to preserving elephants' lives and habitats.
④ Listing the Asian elephant as an endangered species is a way to solve environmental problems.

第5問はさらに続きます。

問33 グループの発表を聞き、**次の図から読み取れる情報と講義全体の内容から**どのようなことが言えるか、最も適切なものを、四つの選択肢(①〜④)のうちから一つ選びなさい。 33

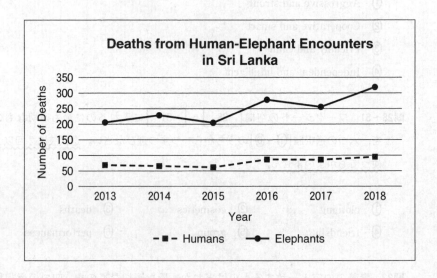

① Efforts to protect endangered animals have increased the number of elephants in Sri Lanka.
② Monitoring illegal activities in Sri Lanka has been effective in eliminating elephant deaths.
③ Sri Lanka has not seen an increase in the number of elephants that have died due to human-elephant encounters.
④ Steps taken to protect elephants have not produced the desired results in Sri Lanka yet.

これで第5問は終わりです。

2023年度　リスニング　本試験　19

第6問 （配点 14） **音声は1回流れます。**

第6問は**A**と**B**の二つの部分に分かれています。

A 第6問**A**は問34・問35の2問です。二人の対話を聞き，それぞれの問いの答えとして最も適切なものを，四つの選択肢（①〜④）のうちから一つずつ選びなさい。（問いの英文は書かれています。）**状況と問いを読む時間が与えられた後，音声が流れます。**

状況

David と母の Sue が，ハイキングについて話をしています。

問34 **Which statement would David agree with the most?** 　34

① Enjoyable hiking requires walking a long distance.

② Going on a group hike gives you a sense of achievement.

③ Hiking alone is convenient because you can choose when to go.

④ Hiking is often difficult because nobody helps you.

問35 **Which statement best describes Sue's opinion about hiking alone by the end of the conversation?** 　35

① It is acceptable.

② It is creative.

③ It is fantastic.

④ It is ridiculous.

これで第6問**A**は終わりです。

B 　第6問Bは問36・問37の2問です。会話を聞き，それぞれの問いの答えとして最も適切なものを，選択肢のうちから一つずつ選びなさい。後の表を参考にしてメモを取ってもかまいません。**状況と問いを読む時間が与えられた後，音声が流れます。**

状況
　寮に住む四人の学生(Mary, Jimmy, Lisa, Kota)が，就職後に住む場所について話し合っています。

Mary	
Jimmy	
Lisa	
Kota	

問36　会話が終わった時点で，**街の中心部に住むことに決めた人**を，四つの選択肢(①~④)のうちから一つ選びなさい。　36

① Jimmy
② Lisa
③ Jimmy, Mary
④ Kota, Mary

問37 会話を踏まえて，Lisa の考えの根拠となる図表を，四つの選択肢(①〜④)のうちから一つ選びなさい。 37

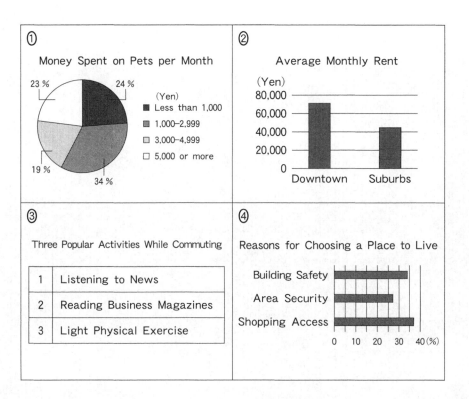

MEMO

英　　　語
（リスニング）

（2023年 1 月実施）

（解答時間）
30分　　100点

☆音声問題を用い30分間で解答を行うが，解答開始前に受験者
　に配付した IC プレーヤーの作動確認，音量調節を受験者本
　人により行うため，試験時間は60分です。
☆本書で用いる MP 3 および MP 4 ファイルは大学入試セン
　ターから公表された音声を河合出版が独自に編集したもの
　です。

リスニング　追試験 2023

24

$\left(\text{解答番号}\boxed{\ 1\ } \sim \boxed{\ 37\ }\right)$

第1問 (配点 25) 音声は2回流れます。

第1問はAとBの二つの部分に分かれています。

A 第1問Aは問1から問4までの4問です。英語を聞き、それぞれの内容と最もよく合っているものを、四つの選択肢$\left(\text{①}\sim\text{④}\right)$のうちから一つずつ選びなさい。

問1 $\boxed{\ 1\ }$

① The speaker admires Jennifer's sweater.

② The speaker is asking about the sweater.

③ The speaker is looking for a sweater.

④ The speaker wants to see Jennifer's sweater.

問2 $\boxed{\ 2\ }$

① The speaker doesn't enjoy playing tennis.

② The speaker doesn't want to play any sports now.

③ The speaker thinks badminton is the most fun.

④ The speaker thinks tennis is better than bowling.

$\boxed{4}$

2023年度　リスニング　追試験　25

問 3 　[3]

① The speaker doesn't want to eat steak.

② The speaker hasn't eaten dinner yet.

③ The speaker is eating steak now.

④ The speaker wants to eat dinner alone.

問 4 　[4]

① The speaker is talking to the dentist.

② The speaker is telling Diana the time.

③ The speaker wants to call Diana.

④ The speaker wants to go to the dentist.

これで第 1 問 A は終わりです。

[5]

B 第1問Bは問5から問7までの3問です。英語を聞き，それぞれの内容と最もよく合っている絵を，四つの選択肢(①〜④)のうちから一つずつ選びなさい。

問5 | 5 |

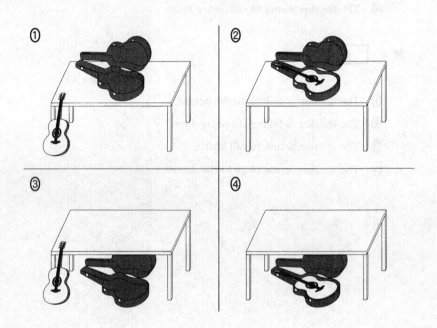

問6 6

問 7　| 7 |

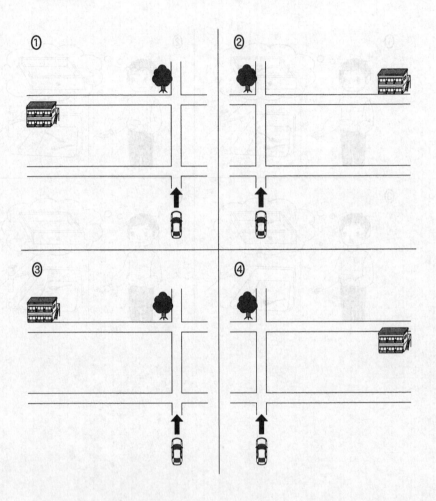

これで第１問Ｂは終わりです。

第2問 (配点 16) 音声は2回流れます。

第2問は問8から問11までの4問です。それぞれの問いについて，対話の場面が日本語で書かれています。対話とそれについての問いを聞き，その答えとして最も適切なものを，四つの選択肢(①~④)のうちから一つずつ選びなさい。

問8 教科書を見ながら，ゲンジボタルの成長について話をしています。　8

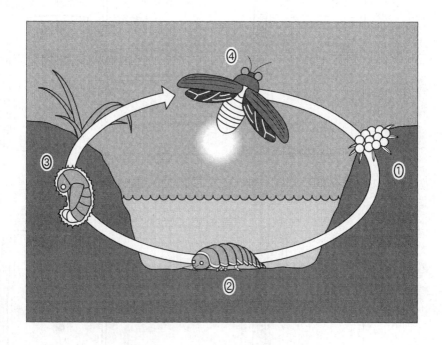

問 9　来週の文化祭で販売するエコバッグのデザインについて話し合っています。
　　　9

①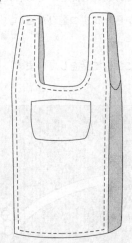

②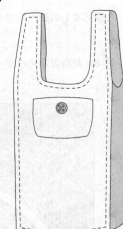

③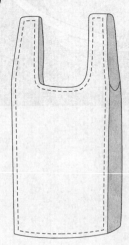

④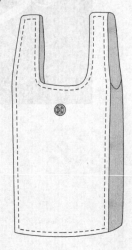

問10 キャンプ場に着いた妹が，携帯電話で兄と話をしています。 10

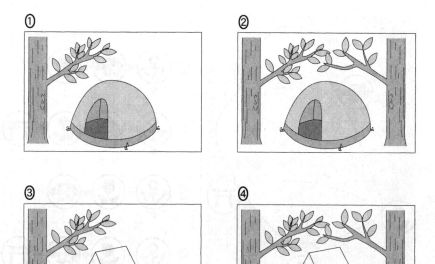

問11 フェリー乗り場で，今日の観光の予定を決めています。 11

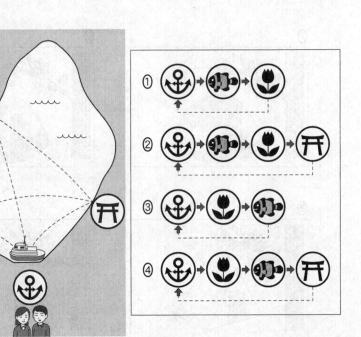

これで第2問は終わりです。

2023年度　リスニング　追試験　33

第3問 （配点　18）　**音声は1回流れます。**

　第3問は問12から問17までの6問です。それぞれの問いについて，対話の場面が日本語で書かれています。対話を聞き，問いの答えとして最も適切なものを，四つの選択肢（①～④）のうちから一つずつ選びなさい。（問いの英文は書かれています。）

問12　女性が男性と，夏休みの予定について話をしています。

Why does the man want to drive? 　12

① He prefers to stop wherever he likes.
② He wants to go directly to the coast.
③ The train goes just part of the way.
④ The train is much more flexible.

問13　郵便局で，女性が質問をしています。

What will the woman do? 　13

① Buy the less expensive postage
② Mail the letter on Friday or later
③ Pay the higher price for postage
④ Send the letter by standard delivery

問14　男性が女性と，観たい映画について話をしています。

What did they decide to do? 　14

① Choose a movie next week
② Go to a comedy movie today
③ Select a movie this week
④ Watch a horror movie tonight

13

— 35 —

問15 友人同士が，先週末の出来事について話をしています。

Who did she eat lunch with? 　15

① Both her brother and sister

② Everyone in her family

③ Her brother's and sister's children

④ Her two nieces and two nephews

問16 レストランで，夫婦が何を注文するか話をしています。

What is true according to the conversation? 　16

① The man will order fish and pie.

② The man will order pasta and cake.

③ The woman will order fish and cake.

④ The woman will order pasta and pie.

問17 道で，男性が同僚の女性に話しかけています。

What will the man do? 　17

① Go to the subway with the woman

② Help the woman with one of the bags

③ Take the bags home for the woman

④ Walk with the woman to the bus stop

これで第3問は終わりです。

14

— 36 —

第4問 (配点 12) 音声は1回流れます。

第4問はAとBの二つの部分に分かれています。

A 第4問Aは問18から問25までの8問です。話を聞き，それぞれの問いの答えとして最も適切なものを，選択肢から選びなさい。**問題文と図表を読む時間が与えられた後，音声が流れます。**

問18〜21 あなたは，大学の授業で配られた資料のグラフを完成させようとしています。クラスメートの発表を聞き，四つの空欄 18 〜 21 に入れるのに最も適切なものを，四つの選択肢(①〜④)のうちから一つずつ選びなさい。

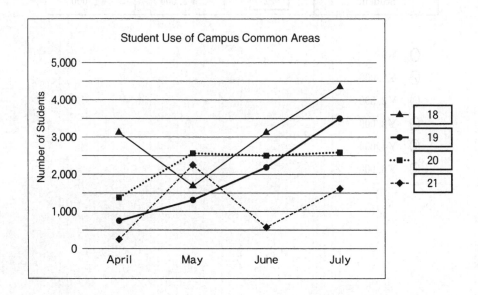

① Cafeteria
② Computer Room
③ Library
④ Student Lounge

問22～25 あなたは，留学生の友達のために，英語が通じるフィットネスクラブを探していて，受付で一緒に料金プランの説明を聞いています。次の表の四つの空欄 | 22 |～| 25 | に入れるのに最も適切なものを，六つの選択肢 (①～⑥)のうちから一つずつ選びなさい。選択肢は2回以上使ってもかまいません。

Club Membership Plans and Monthly Fees

Membership plans	All areas	Pool only	Towel service
Regular	¥8,000	23	24
Daytime	¥5,000	¥3,000	25
Student	22	¥2,000	¥1,000

① ¥0
② ¥1,000
③ ¥2,500
④ ¥3,000
⑤ ¥4,000
⑥ ¥6,000

これで第4問Aは終わりです。

16

B 　第4問Bは問26の1問です。話を聞き，示された条件に最も合うものを，四つの選択肢（**①**～**④**）のうちから一つ選びなさい。後の表を参考にしてメモを取ってもかまいません。**状況と条件を読む時間が与えられた後，音声が流れます**。

状況

　あなたは，国際会議の会場を一つ決めるために，四人のスタッフが推薦する場所の説明を聞いています。

あなたが考えている条件

　A．50人以上入る部屋が8室以上あること

　B．施設内全体でWi-Fiが使えること

　C．施設内で食事ができること

	Location	Condition A	Condition B	Condition C
①	Ashford Center			
②	Founders' Hotel			
③	Mountain Terrace			
④	Valley Hall			

問26 　**26**　 is the location you are most likely to choose.

- ① Ashford Center
- ② Founders' Hotel
- ③ Mountain Terrace
- ④ Valley Hall

これで第4問Bは終わりです。

第5問 （配点 15） 音声は1回流れます。

第5問は問27から問33までの7問です。

最初に講義を聞き，問27から問32に答えなさい。次に続きを聞き，問33に答えなさい。**状況，ワークシート，問い及び図表を読む時間が与えられた後，音声が流れます。**

状況

あなたは大学で，美術館のデジタル化についての講義を，ワークシートにメモを取りながら聞いています。

ワークシート

Art in the Digital Age

○**Impact of Digital Technology on Art Museums**

Digital art museums are changing how people interact with art because art museums ☐27☐.

○**Distinct Features of Digital Art Museums**

Benefits to museums	Benefits to visitors
◆ potential increase in the number of visitors	◆ easier access ◆ flexible ☐28☐ ◆ detailed ☐29☐

Challenges for museums
The need for: 　◆ enthusiastic ☐30☐ 　◆ digital specialists 　◆ increased ☐31☐

18

— 40 —

問27 ワークシートの空欄 27 に入れるのに最も適切なものを，四つの選択肢 (①〜④) のうちから一つ選びなさい。

① are no longer restricted to physical locations
② can now buy new pieces of artwork online
③ do not have to limit the types of art created
④ need to shift their focus to exhibitions in buildings

問28〜31 ワークシートの空欄 28 〜 31 に入れるのに最も適切なものを，六つの選択肢 (①〜⑥) のうちから一つずつ選びなさい。選択肢は2回以上使ってもかまいません。

① artists   ② budget   ③ directors
④ information   ⑤ physical paintings ⑥ visiting time

問32 講義の内容と一致するものはどれか。最も適切なものを，四つの選択肢 (①〜④) のうちから一つ選びなさい。 32

① More art museums are planning to offer free services on site for visitors with seasonal passes.
② Museums may need to maintain both traditional and online spaces to be successful in the future.
③ One objective for art museums is to get younger generations interested in seeing exhibits in person.
④ The production of sustainable art pieces will provide the motivation for expanding digital art museums.

第5問はさらに続きます。

問33 グループの発表を聞き、**次の図から読み取れる情報と講義全体の内容から**どのようなことが言えるか、最も適切なものを、四つの選択肢(①〜④)のうちから一つ選びなさい。 33

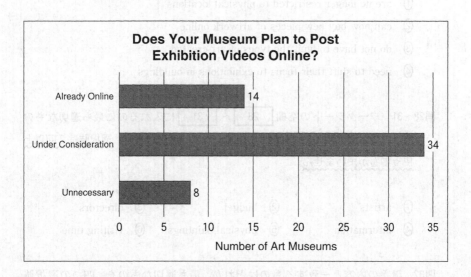

① As visitors want to see art in person, 14 museums decided that putting exhibition videos online is unnecessary.

② Despite problems in finding money and staff, more than 10 museums have already put their exhibition videos online.

③ Eight museums are putting exhibition videos online, and they will put their physical collections in storage.

④ Most of the 56 museums want to have exhibition videos online because it takes very little effort and the cost is low.

これで第5問は終わりです。

2023年度　リスニング　追試験　41

第6問 （配点 14） 音声は1回流れます。

第6問はAとBの二つの部分に分かれています。

A　第6問Aは問34・問35の2問です。二人の対話を聞き，それぞれの問いの答えとして最も適切なものを，四つの選択肢（①～④）のうちから一つずつ選びなさい。（問いの英文は書かれています。）状況と問いを読む時間が与えられた後，音声が流れます。

状況

Raymond と Mana が，今度行く旅行について話をしています。

問34　**Which statement best describes Mana's opinion?**　34

① Bringing a camera and lenses on a trip is necessary.

② Getting the latest smartphone is advantageous.

③ Packing for an international trip is time-consuming.

④ Updating software on the phone is annoying.

問35　**Which of the following statements would both speakers agree with?**　35

① It's expensive to repair broken smartphones.

② It's impossible to take photos of running animals.

③ It's unpleasant to carry around heavy luggage.

④ It's vital for both of them to buy a camera and lenses.

これで第6問Aは終わりです。

21

B 　第6問Bは問36・問37の2問です。会話を聞き，それぞれの問いの答えとして最も適切なものを，選択肢のうちから一つずつ選びなさい。後の表を参考にしてメモを取ってもかまいません。**状況と問いを読む時間が与えられた後，音声が流れます。**

状況

　四人の学生（Jeff, Sally, Matt, Aki）が，卒業研究について話をしています。

Jeff	
Sally	
Matt	
Aki	

問36　会話が終わった時点で，**単独での研究**を選択しているのは四人のうち何人でしたか。四つの選択肢（①～④）のうちから一つ選びなさい。　　36

① 　1人

② 　2人

③ 　3人

④ 　4人

問37 会話を踏まえて，Aki の考えの根拠となる図表を，四つの選択肢(①〜④)のうちから一つ選びなさい。 37

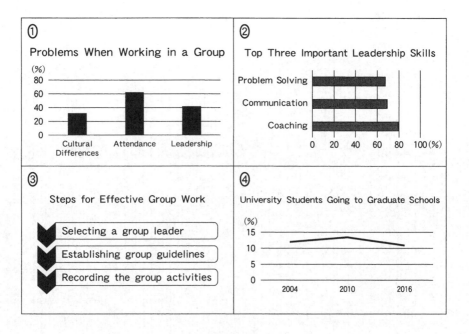

英　　語
（リスニング）

（2022年1月実施）

（解答時間）
30分　　100点

2022 リスニング　本試験

> ☆音声問題を用い30分間で解答を行うが，解答開始前に受験者に配付したICプレーヤーの作動確認，音量調節を受験者本人により行うため，試験時間は60分です。
> ☆本書で用いるMP3およびMP4ファイルは大学入試センターから公表された音声を河合出版が独自に編集したものです。

$\left(\text{解答番号} \boxed{1} \sim \boxed{37}\right)$

第1問 (配点 25) 音声は2回流れます。

第1問はAとBの二つの部分に分かれています。

A 第1問Aは問1から問4までの4問です。英語を聞き，それぞれの内容と最もよく合っているものを，四つの選択肢(①~④)のうちから一つずつ選びなさい。

問1 $\boxed{1}$

① The speaker couldn't find a seat on the bus.

② The speaker didn't see anybody on the bus.

③ The speaker got a seat on the bus.

④ The speaker saw many people on the bus.

問2 $\boxed{2}$

① The speaker will ask Susan to go back.

② The speaker will go and get his phone.

③ The speaker will leave his phone.

④ The speaker will wait for Susan.

4

2022年度　リスニング　本試験　3

問 3　　3

① The speaker found his suitcase in London.

② The speaker has a map of London.

③ The speaker lost his suitcase in London.

④ The speaker needs to buy a map of London.

問 4　　4

① Claire cannot meet Thomas for lunch this Friday.

② Claire hardly ever has lunch with Thomas on Fridays.

③ Claire usually doesn't see Thomas on Fridays.

④ Claire will eat lunch with Thomas this Friday.

これで第1問Aは終わりです。

5

B 第1問Bは問5から問7までの3問です。英語を聞き,それぞれの内容と最もよく合っている絵を,四つの選択肢(①~④)のうちから一つずつ選びなさい。

問5　| 5 |

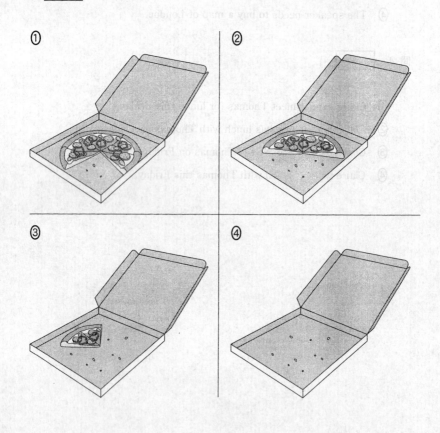

問6 ６

問7 ７

①

②

③

④

これで第１問Bは終わりです。

第2問 (配点 16) 音声は2回流れます。

　第2問は問8から問11までの4問です。それぞれの問いについて，対話の場面が日本語で書かれています。対話とそれについての問いを聞き，その答えとして最も適切なものを，四つの選択肢(①~④)のうちから一つずつ選びなさい。

問8　部屋の片づけをしています。　8

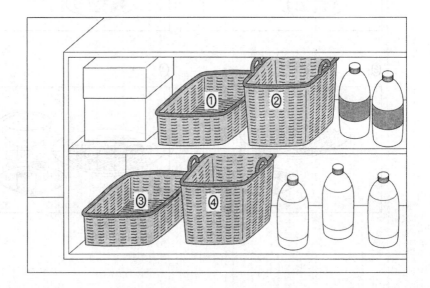

問9 店員が，客から注文を受けています。

問10　息子が，母親にシャツの取り扱い表示について尋ねています。　| 10 |

①

②

③

④

問11　映画館のシートマップを見ながら座席を決めています。　11

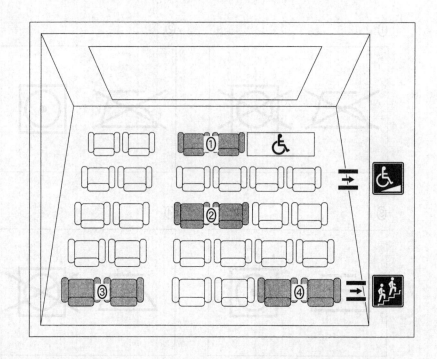

これで第2問は終わりです。

2022年度　リスニング　本試験　11

第3問 （配点 18）　**音声は1回流れます。**

　第3問は**問12**から**問17**までの6問です。それぞれの問いについて，対話の場面が日本語で書かれています。対話を聞き，問いの答えとして最も適切なものを，四つの選択肢（**①**～**④**）のうちから一つずつ選びなさい。（問いの英文は書かれています。）

問12　学校で，友人同士が話をしています。

What is the boy likely to do?　| 12 |

① Hurry to the train station
② Stay at school with the girl
③ Tell the girl to wait for him
④ Wait for the rain to stop

問13　病院の受付で，男性が次回の予約を取っています。

On which date will the man go to the doctor?　| 13 |

① March 1st
② March 2nd
③ March 3rd
④ March 4th

問14　男性が女性と話をしています。

What is the man likely to do?　| 14 |

① Buy a shoulder bag with his sister
② Choose a birthday gift for his aunt
③ Find a store with his mother
④ Get a handbag for his mother

| 13 |

— 57 —

問15　観光案内所で，観光客が質問をしています。

Why is the woman disappointed?　15

① American art is not on display.

② Asian art is not exhibited today.

③ The museum is now closed permanently.

④ The website is temporarily not working.

問16　コンピューターの前で，生徒同士が話をしています。

Why is the boy having a problem?　16

① He didn't enter a username.

② He didn't use the right password.

③ He forgot his password.

④ He mistyped his username.

問17　女性が男性と話をしています。

What does the man think about the concert?　17

① It should have lasted longer.

② It was as long as he expected.

③ The performance was rather poor.

④ The price could have been higher.

これで第3問は終わりです。

14

— 58 —

第4問 (配点 12) 音声は1回流れます。

第4問はAとBの二つの部分に分かれています。

A 第4問Aは問18から問25までの8問です。話を聞き、それぞれの問いの答えとして最も適切なものを、選択肢から選びなさい。問題文と図表を読む時間が与えられた後、音声が流れます。

問18〜21 友人が、子どもの頃のクリスマスの思い出について話しています。話を聞き、その内容を表した四つのイラスト(①〜④)を、出来事が起きた順番に並べなさい。 18 → 19 → 20 → 21

14

問22~25 あなたは，留学先で，集めた衣類などを整理して福祉施設に送るボラン
ティア活動に参加しています。話を聞き，次の表の四つの空欄　22　~
25　に入れるのに最も適切なものを，五つの選択肢（①~⑤）のうちから一
つずつ選びなさい。選択肢は2回以上使ってもかまいません。

Collected Items

Item number	Category	Item	Box number
0001	Men's	down jacket	22
0002	Men's	belt	23
0003	Women's	ski wear	24
0004	Boys'	ski wear	25
0005	Girls'	coat	
0006	Men's	cotton sweater	

① Box 1
② Box 2
③ Box 3
④ Box 4
⑤ Box 5

これで第4問Aは終わりです。

16

B 　　第4問Bは問26の1問です。話を聞き，示された条件に最も合うものを，四つの選択肢（①〜④）のうちから一つ選びなさい。後の表を参考にしてメモを取ってもかまいません。**状況と条件を読む時間が与えられた後，音声が流れます**。

状況

　あなたは，来月の読書会で読む本を一冊決めるために，四人のメンバーが推薦する本の説明を聞いています。

あなたが考えている条件

　　A．長さが250ページを超えないこと

　　B．過去1年以内に出版されていること

　　C．ノンフィクションで，実在の人物を扱っていること

Book titles	Condition A	Condition B	Condition C
① *Exploring Space and Beyond*			
② *Farming as a Family*			
③ *My Life as a Pop Star*			
④ *Winning at the Olympics*			

問26 　　26　　 is the book you are most likely to choose.

① *Exploring Space and Beyond*

② *Farming as a Family*

③ *My Life as a Pop Star*

④ *Winning at the Olympics*

これで第4問Bは終わりです。

第5問 (配点 15) 音声は1回流れます。

第5問は問27から問33までの7問です。

最初に講義を聞き、問27から問32に答えなさい。次に続きを聞き、問33に答えなさい。**状況、ワークシート、問い及び図表を読む時間が与えられた後、音声が流れます。**

状況

あなたは大学で、働き方についての講義を、ワークシートにメモを取りながら聞いています。

ワークシート

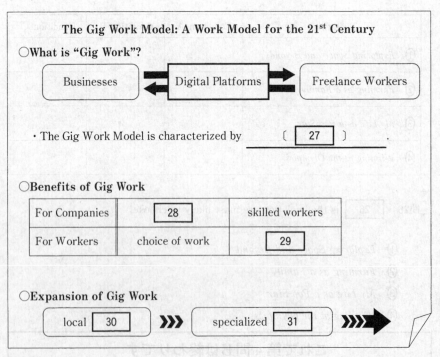

問27 ワークシートの空欄 27 に入れるのに最も適切なものを，四つの選択肢 (①~④) のうちから一つ選びなさい。

① individual tasks that must be completed for a regular salary

② job opportunities that are open for digital platform developers

③ temporary work that is done by independent workers

④ work styles that are not determined by the period of contract

問28~31 ワークシートの空欄 28 ~ 31 に入れるのに最も適切なものを，六つの選択肢 (①~⑥) のうちから一つずつ選びなさい。選択肢は2回以上使ってもかまいません。

① advertising　　② flexible hours　　③ lower expenses

④ project work　　⑤ service jobs　　⑥ stable income

問32 講義の内容と一致するものはどれか。最も適切なものを，四つの選択肢 (①~④) のうちから一つ選びなさい。 32

① Companies can develop more skilled workers through permanent employment.

② Gig workers sacrifice their work-life balance to guarantee additional income.

③ Lack of contracts is the main obstacle in connecting companies and workers.

④ The gig work model is driving new discussion on how society views jobs.

第5問はさらに続きます。

問33 講義の続きを聞き，**次の図から読み取れる情報と講義全体の内容から**どのようなことが言えるか，最も適切なものを，四つの選択肢(①~④)のうちから一つ選びなさい。 33

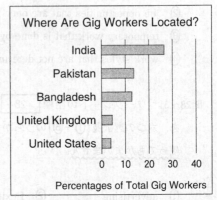

① A majority of gig workers in South Asian countries are highly specialized.
② Canada and the United States are competing for online platform services.
③ Global demand for gig work is greater than the number of employees available.
④ The ease of hiring workers across international borders is a benefit of gig work.

これで第5問は終わりです。

2022年度　リスニング　本試験　19

第6問 (配点 14) <u>音声は1回流れます。</u>

第6問はAとBの二つの部分に分かれています。

A 第6問Aは問34・問35の2問です。二人の対話を聞き，それぞれの問いの答えとして最も適切なものを，四つの選択肢(①～④)のうちから一つずつ選びなさい。(問いの英文は書かれています。) **状況と問いを読む時間が与えられた後，音声が流れます。**

状況

Julia が，Tom と料理について話をしています。

問34 **What is Tom's main point?** 　34

① Certain dishes are difficult to make.

② Imagination is an important part of cooking.

③ Some ingredients are essential for flavor.

④ Successful recipes include many steps.

問35 **What does Julia think about cooking?** 　35

① Cooking creatively is more fun than following a recipe.

② Cooking with feeling is the highest priority.

③ It is easy to make a mistake with measurements.

④ Preparing food requires clear directions.

これで第6問Aは終わりです。

21

20

B 第6問Bは問36・問37の2問です。会話を聞き，それぞれの問いの答えとして最も適切なものを，選択肢のうちから一つずつ選びなさい。後の表を参考にしてメモを取ってもかまいません。**状況と問いを読む時間が与えられた後，音声が流れます。**

状況

旅先で，四人の学生(Anne, Brian, Donna, Hiro)が，通りかかった店の前で話しています。

Anne	
Brian	
Donna	
Hiro	

問36 四人のうちエコツーリズムに**賛成している**のは何人ですか。四つの選択肢(①~④)のうちから一つ選びなさい。 36

① 1人
② 2人
③ 3人
④ 4人

22

— 66 —

問37 会話を踏まえて，Brian の考えの根拠となる図表を，四つの選択肢（①〜④）のうちから一つ選びなさい。 37

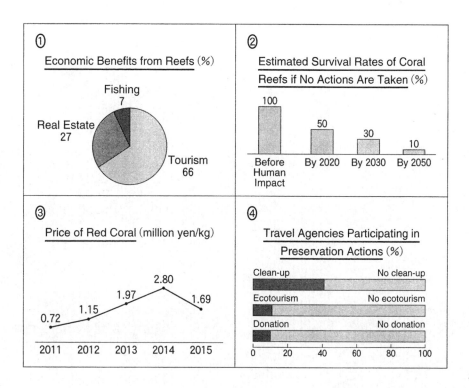

MEMO

英　　　語
（リスニング）

（2022年1月実施）

（解答時間）
30分　100点

☆音声問題を用い30分間で解答を行うが，解答開始前に受験者
に配付したICプレーヤーの作動確認，音量調節を受験者本
人により行うため，試験時間は60分です。
☆本書で用いるMP3およびMP4ファイルは大学入試セン
ターから公表された音声を河合出版が独自に編集したもの
です。

リスニング　追試験 2022

24

$\left(\text{解答番号}\boxed{\ 1\ }\sim\boxed{\ 37\ }\right)$

第1問 (配点 25) 音声は2回流れます。

第1問はAとBの二つの部分に分かれています。

A 　第1問Aは問1から問4までの4問です。英語を聞き，それぞれの内容と最もよく合っているものを，四つの選択肢（①~④）のうちから一つずつ選びなさい。

問1　　　1

① The speaker forgot to do his homework.

② The speaker has finished his homework.

③ The speaker is doing his homework now.

④ The speaker will do his homework later.

問2　　　2

① The speaker doesn't want Meg to go home.

② The speaker doesn't want to go home.

③ The speaker wants Meg to go home.

④ The speaker wants to go home.

4

2022年度 リスニング 追試験 25

問 3 [3]

① The speaker is far away from the station now.

② The speaker is with Jill on the train now.

③ The speaker will leave Jill a message.

④ The speaker will stop talking on the phone.

問 4 [4]

① The speaker doesn't have any bread or milk.

② The speaker doesn't want any eggs.

③ The speaker will buy some bread and milk.

④ The speaker will get some eggs.

これで第1問Aは終わりです。

B 第1問Bは問5から問7までの3問です。英語を聞き、それぞれの内容と最もよく合っている絵を、四つの選択肢(①〜④)のうちから一つずつ選びなさい。

問5　| 5 |

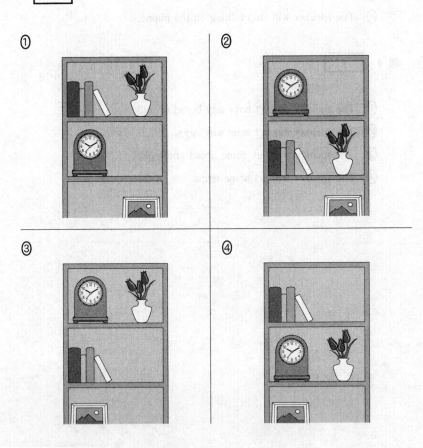

問6

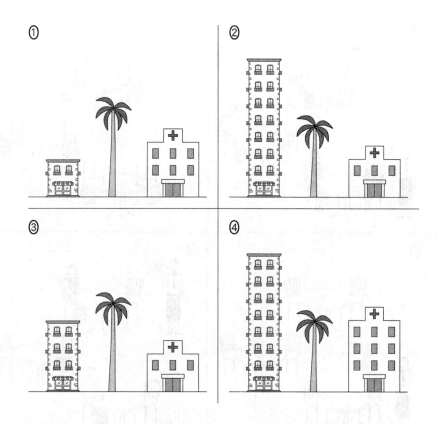

問7 7

これで第1問Bは終わりです。

第2問 (配点 16) 音声は2回流れます。

　第2問は問8から問11までの4問です。それぞれの問いについて、対話の場面が日本語で書かれています。対話とそれについての問いを聞き、その答えとして最も適切なものを、四つの選択肢(①〜④)のうちから一つずつ選びなさい。

　問8　電話で、落とし物の問い合わせをしています。　8

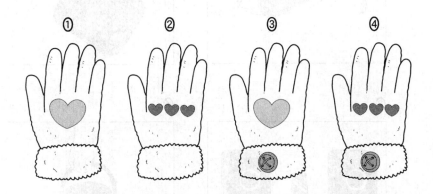

問 9 どのスピーカーを買うか話をしています。

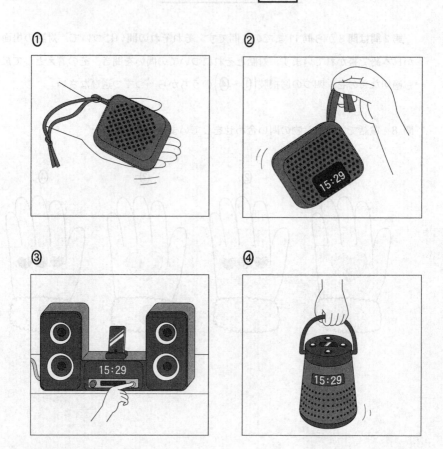

問10 弟が，出かけようとしている姉に話しかけています。 10

問11 友人同士が，車を停めたところについて話しています。 11

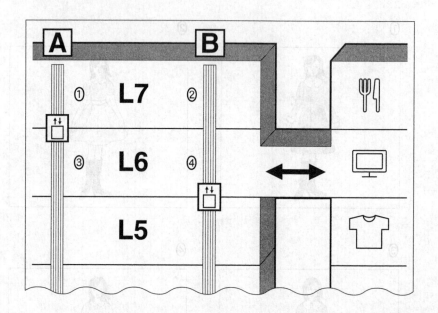

これで第2問は終わりです。

2022年度　リスニング　追試験　33

第3問　(配点　18)　**音声は1回流れます。**

　　第3問は**問12**から**問17**までの6問です。それぞれの問いについて，対話の場面が日本語で書かれています。対話を聞き，問いの答えとして最も適切なものを，四つの選択肢（**①~④**）のうちから一つずつ選びなさい。（問いの英文は書かれています。）

問12　道で，男性が女性に話しかけています。

　　Which is true according to the conversation?　　⬜ 12

　　① The man doesn't have a good research topic.
　　② The man wants to get rid of his stress.
　　③ The woman doesn't have time for the interview.
　　④ The woman thinks the man is very busy.

問13　姉が弟と，いつ両親に会いに行くかについて話をしています。

　　What will the woman probably do next weekend?　　⬜ 13

　　① Meet her brother and father on Saturday
　　② Meet her brother and mother on Sunday
　　③ Meet her mother and father on Saturday
　　④ Meet her mother and father on Sunday

問14　友人同士が，アルバイトについて話をしています。

　　How many days does the woman work in a week?　　⬜ 14

　　① 2 days
　　② 3 days
　　③ 5 days
　　④ 7 days

13

— 79 —

問15 公園から帰った後で，姉と弟が話をしています。

What did the boy do? ⬚15⬚

① He left the park immediately.

② He looked for his sister in the park.

③ He talked to his sister on the phone.

④ He went home with his sister.

問16 オフィスで，男性が女性と話をしています。

What do the man and the woman decide to do? ⬚16⬚

① Get away from the station

② Go out for Italian food

③ Have Japanese food nearby

④ Stay close to the office

問17 学校で，友人同士が話をしています。

Which is true about the girl? ⬚17⬚

① She rode the same train as the boy.

② She saw the boy alone at the station.

③ She talked to the boy on the train.

④ She took the boy to the station.

これで第 3 問は終わりです。

⬚14⬚

— 80 —

第4問 (配点 12) 音声は1回流れます。

第4問はAとBの二つの部分に分かれています。

A　第4問Aは問18から問25までの8問です。話を聞き，それぞれの問いの答えとして最も適切なものを，選択肢から選びなさい。問題文と図表を読む時間が与えられた後，音声が流れます。

問18～21　先生が，保護者向けのイベントについて，当日のスケジュールを生徒たちと確認しています。話を聞き，その内容を表した四つのイラスト(①～④)を，スケジュールに沿った順番に並べなさい。

18 → 19 → 20 → 21

①

②

③

④

問22～25 あなたは，留学先で，世界の食品フェアに友人と来ています。受付で話を聞いてきた友人の説明を聞き，次のメモの四つの空欄 22 ～ 25 に入れるのに最も適切なものを，六つの選択肢（①～⑥）のうちから一つずつ選びなさい。選択肢は２回以上使ってもかまいません。

Things to buy		Section
Canadian maple candy	—	22
Greek cheese	—	23
Indonesian instant ramen	—	24
Kenyan bottled coffee	—	25

① A and B
② B
③ C
④ C and F
⑤ D
⑥ E and F

これで第４問Ａは終わりです。

16

B　第4問Bは問26の1問です。話を聞き，示された条件に最も合うものを，四つの選択肢(**①**～**④**)のうちから一つ選びなさい。後の表を参考にしてメモを取ってもかまいません。**状況と条件を読む時間が与えられた後，音声が流れます**。

状況

　あなたは，ある美術館の館内ツアーの中から，参加するものを一つ決めるために，四人の学芸員の説明を聞いています。

あなたが考えている条件

　A．現代美術を鑑賞できること

　B．絵画と彫刻の両方を鑑賞できること

　C．ガイドから対面で説明を受けられること

	Tours	Condition A	Condition B	Condition C
①	Tour No. 1			
②	Tour No. 2			
③	Tour No. 3			
④	Tour No. 4			

問26　| 26 |　is the tour you are most likely to choose.

①　Tour No. 1

②　Tour No. 2

③　Tour No. 3

④　Tour No. 4

これで第4問Bは終わりです。

第5問 （配点 15） 音声は1回流れます。

第5問は問27から問33までの7問です。

最初に講義を聞き，問27から問32に答えなさい。次に続きを聞き，問33に答えなさい。**状況，ワークシート，問い及び図表を読む時間が与えられた後，音声が流れます。**

状況

あなたは大学で，ミツバチについての講義を，ワークシートにメモを取りながら聞いています。

ワークシート

The Importance of Honeybees

○A major role played by honeybees:

To _____〔 **27** 〕_____ .

○What's happening in honeybee populations:

	Wild Honeybees	Domesticated Honeybees
Problems	**28**	Shortage of honeybees
Causes	Loss of natural habitats	**29**

○What can be done:

	Wild Honeybees	Domesticated Honeybees
Solutions	**30**	**31**

18

問27 ワークシートの空欄 27 に入れるのに最も適切なものを，四つの選択肢
(①〜④)のうちから一つ選びなさい。

① contribute to the emphasis on tiny animals
② help humans simplify agricultural practices
③ overcome serious challenges facing wild plants
④ provide us with a vital part of our food supply

問28〜31 ワークシートの空欄 28 〜 31 に入れるのに最も適切なもの
を，六つの選択肢(①〜⑥)のうちから一つずつ選びなさい。選択肢は2回以上
使ってもかまいません。

① Decline in population   ② Diversity of plants
③ Increase in honey production ④ Lack of land development
⑤ New technology   ⑥ Threats to health

問32 講義の内容と一致するものはどれか。最も適切なものを，四つの選択肢
(①〜④)のうちから一つ選びなさい。 32

① Allowing beekeepers access to natural environments helps to ensure sufficient honey production.
② Developing the global food supply has been the primary focus of beekeepers in recent years.
③ Improving conditions for honeybees will be of benefit to humans as well as honeybees.
④ Increasing the wild honeybee population will reduce the number of domesticated honeybees.

第5問はさらに続きます。

問33 講義の続きを聞き，**次の図から読み取れる情報と講義全体の内容から**どのようなことが言えるか，最も適切なものを，四つの選択肢(①〜④)のうちから一つ選びなさい。 33

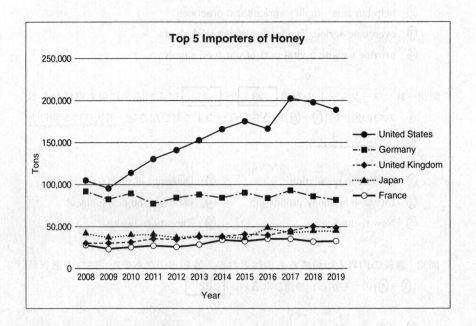

① The growing risk of wild honeybees becoming extinct has limited the amount of honey imports to the U.S. over the last decade.

② The high demand for honey in the U.S. since 2009 has resulted in the growth in imports to the top five countries.

③ The increase of honey imports to the U.S. is due to the efforts of beekeepers to grow a variety of plants all year around.

④ The U.S. successfully imports honey from other countries, despite the global decrease in domesticated honeybee populations.

これで第5問は終わりです。

第6問 (配点 14) 音声は1回流れます。

第6問はAとBの二つの部分に分かれています。

A 第6問Aは問34・問35の2問です。二人の対話を聞き，それぞれの問いの答えとして最も適切なものを，四つの選択肢(①〜④)のうちから一つずつ選びなさい。(問いの英文は書かれています。) **状況と問いを読む時間が与えられた後，音声が流れます。**

> 状況
>
> Mikeと妻のPamが，小学生の息子(Timmy)の誕生日プレゼントについて話をしています。

問34 What is Pam's main reason for recommending the saxophone?
34

① Jazz is more enjoyable than classical music.
② Playing ad lib is as exciting as reading music.
③ Playing the saxophone in an orchestra is rewarding.
④ The saxophone is easier to play than the violin.

問35 Which of the following statements would Mike agree with?
35

① Jazz musicians study longer than classical musicians.
② Learning the violin offers a good opportunity to play classical music.
③ The violin can be played in many more ways than the saxophone.
④ Younger learners are not as talented as older learners.

これで第6問Aは終わりです。

21

42

B 第6問Bは問36・問37の2問です。会話を聞き，それぞれの問いの答えとして最も適切なものを，選択肢のうちから一つずつ選びなさい。後の表を参考にしてメモを取ってもかまいません。**状況と問いを読む時間が与えられた後，音声が流れます。**

状況

　四人の学生（Joe, Saki, Keith, Beth）が，Saki の部屋で電子書籍について意見交換をしています。

Joe	
Saki	
Keith	
Beth	

問36　会話が終わった時点で，電子書籍を**支持した**のは四人のうち何人でしたか。四つの選択肢（**①**～**④**）のうちから一つ選びなさい。　| 36 |

① 1人
② 2人
③ 3人
④ 4人

22

— 88 —

問37 会話を踏まえて，Joe の考えの根拠となる図表を，四つの選択肢(①〜④)のうちから一つ選びなさい。 37

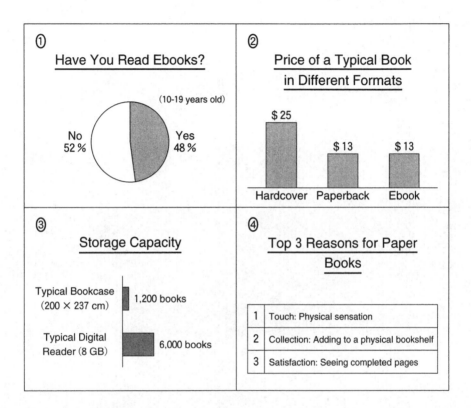

MEMO

英　語
（リスニング）

（2021年1月実施）

（解答時間）
30分　100点

☆音声問題を用い30分間で解答を行うが，解答開始前に受験者
に配付した IC プレーヤーの作動確認，音量調節を受験者本
人により行うため，試験時間は60分です。

☆本書で用いる MP 3 および MP 4 ファイルは大学入試セン
ターから公表された音声を河合出版が独自に編集したもの
です。

2021 リスニング　第1日程

2

$\left(\text{解答番号}\ \boxed{1}\ \sim\ \boxed{37}\ \right)$

第1問 (配点 25) **音声は2回流れます。**

第1問は**A**と**B**の二つの部分に分かれています。

A 　第1問**A**は問1から問4までの4問です。英語を聞き，それぞれの内容と最もよく合っているものを，四つの選択肢($\boxed{0}$~$\boxed{4}$)のうちから一つずつ選びなさい。

問1 　$\boxed{1}$

① The speaker does not want any juice.

② The speaker is asking for some juice.

③ The speaker is serving some juice.

④ The speaker will not drink any juice.

問2 　$\boxed{2}$

① The speaker wants to find the beach.

② The speaker wants to know about the beach.

③ The speaker wants to see a map of the beach.

④ The speaker wants to visit the beach.

$\boxed{4}$

2021年度　リスニング　第1日程　3

問 3　3

① Yuji is living in Chiba.

② Yuji is studying in Chiba.

③ Yuji will begin his job next week.

④ Yuji will graduate next week.

問 4　4

① David gave the speaker ice cream today.

② David got ice cream from the speaker today.

③ David will get ice cream from the speaker today.

④ David will give the speaker ice cream today.

これで第1問Aは終わりです。

B 第1問Bは問5から問7までの3問です。英語を聞き,それぞれの内容と最もよく合っている絵を,四つの選択肢(①~④)のうちから一つずつ選びなさい。

問 5 5

問6

①

②

③

④

問 7 | 7 |

①
②
③
④

これで第1問Bは終わりです。

第2問 (配点 16) 音声は2回流れます。

第2問は問8から問11までの4問です。それぞれの問いについて、対話の場面が日本語で書かれています。対話とそれについての問いを聞き、その答えとして最も適切なものを、四つの選択肢(①~④)のうちから一つずつ選びなさい。

問8 Mariaの水筒について話をしています。　8

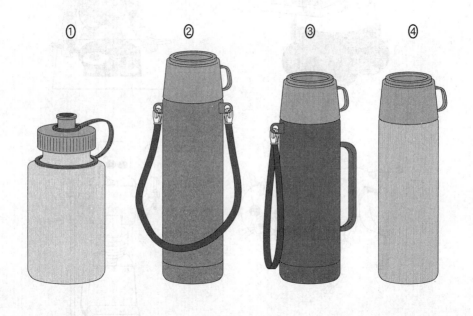

問 9 コンテストでどのロボットに投票するべきか，話をしています。 9

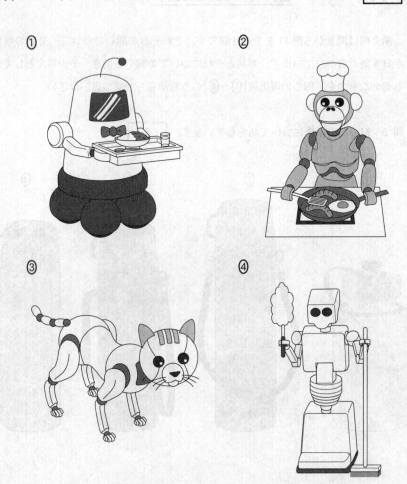

問10 父親が，夏の地域清掃に出かける娘と話をしています。 10

①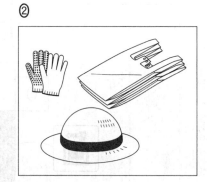

②

③

④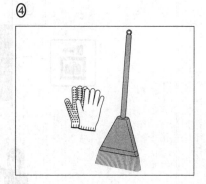

問11 車いすを使用している男性が駅員に質問をしています。　11

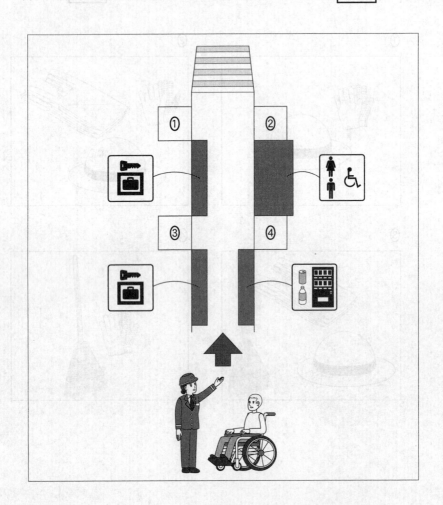

これで第２問は終わりです。

2021年度　リスニング　第1日程　11

第3問 (配点 18) 音声は1回流れます。

　第3問は問12から問17までの6問です。それぞれの問いについて，対話の場面が日本語で書かれています。対話を聞き，問いの答えとして最も適切なものを，四つの選択肢(①~④)のうちから一つずつ選びなさい。(問いの英文は書かれています。)

問12　同窓会で先生が卒業生と話をしています。

What does the teacher have to do on April 14th? 　12

① Attend a meeting
② Have a rehearsal
③ Meet with students
④ See the musical

問13　台所で夫婦が食料品を片付けています。

What will be put away first? 　13

① Bags
② Boxes
③ Cans
④ Containers

問14　職場で女性が男性に中止になった会議について尋ねています。

Which is true according to the conversation? 　14

① The man didn't make a mistake with the email.
② The man sent the woman an email.
③ The woman didn't get an email from the man.
④ The woman received the wrong email.

13

— 101 —

12

問15　イギリスにいる弟が，東京に住んでいる姉と電話で話をしています。

What does the woman think about her brother's plan?　15

① He doesn't have to decide the time of his visit.

② He should come earlier for the cherry blossoms.

③ The cherry trees will be blooming when he comes.

④ The weather won't be so cold when he comes.

問16　友人同士が野球の試合のチケットについて話をしています。

Why is the man in a bad mood?　16

① He couldn't get a ticket.

② He got a ticket too early.

③ The woman didn't get a ticket for him.

④ The woman got a ticket before he did.

問17　友人同士が通りを歩きながら話をしています。

What did the woman do?　17

① She forgot the prime minister's name.

② She mistook a man for someone else.

③ She told the man the actor's name.

④ She watched an old movie recently.

これで第 3 問は終わりです。

14

— 102 —

第 4 問 (配点 12) 音声は 1 回流れます。

第 4 問は A と B の二つの部分に分かれています。

A　第 4 問 A は問 18 から問 25 の 8 問です。話を聞き，それぞれの問いの答えとして最も適切なものを，選択肢から選びなさい。問題文と図表を読む時間が与えられた後，音声が流れます。

問18～21　あなたは，授業で配られたワークシートのグラフを完成させようとしています。先生の説明を聞き，四つの空欄 18 ～ 21 に入れるのに最も適切なものを，四つの選択肢（①～④）のうちから一つずつ選びなさい。

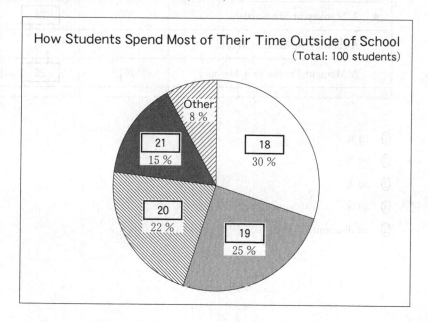

① Going out with friends
② Playing online games
③ Studying
④ Working part-time

問22～25 あなたは，留学先のホストファミリーが経営している DVD ショップで手伝いをしていて，DVD の値下げについての説明を聞いています。話を聞き，下の表の四つの空欄 22 ～ 25 に入れるのに最も適切なものを，五つの選択肢（①～⑤）のうちから一つずつ選びなさい。選択肢は 2 回以上使ってもかまいません。

Titles	Release date	Discount
Gilbert's Year to Remember	1985	
★ Two Dogs and a Boy	1997	22
Don't Forget Me in the Meantime	2003	23
★ A Monkey in My Garden	2007	24
A Journey to Another World	2016	
A Moment Frozen in a Memory	2019	25

① 10 %
② 20 %
③ 30 %
④ 40 %
⑤ no discount

これで第 4 問 A は終わりです。

16

B 第4問Bは問26の1問です。話を聞き，示された条件に最も合うものを，四つの選択肢(①〜④)のうちから一つ選びなさい。下の表を参考にしてメモを取ってもかまいません。**状況と条件を読む時間が与えられた後，音声が流れます。**

状況

あなたは，旅行先のニューヨークで見るミュージカルを一つ決めるために，四人の友人のアドバイスを聞いています。

あなたが考えている条件

A．楽しく笑えるコメディーであること

B．人気があること

C．平日に公演があること

Musical titles	Condition A	Condition B	Condition C
① It's Really Funny You Should Say That!			
② My Darling, Don't Make Me Laugh			
③ Sam and Keith's Laugh Out Loud Adventure			
④ You Put the 'Fun' in Funny			

問26 " [26] " is the musical you are most likely to choose.

① It's Really Funny You Should Say That!

② My Darling, Don't Make Me Laugh

③ Sam and Keith's Laugh Out Loud Adventure

④ You Put the 'Fun' in Funny

これで第4問Bは終わりです。

17

16

第5問 (配点 15) 音声は1回流れます。

第5問は問27から問33の7問です。

最初に講義を聞き，問27から問32に答えなさい。次に続きを聞き，問33に答えなさい。状況・ワークシート，問い及び図表を読む時間が与えられた後，音声が流れます。

状況

あなたはアメリカの大学で，幸福観についての講義を，ワークシートにメモを取りながら聞いています。

ワークシート

○ **World Happiness Report**

・Purpose: To promote 〔　**27**　〕 happiness and well-being

・Scandinavian countries: Consistently happiest in the world (since 2012)

Why? ⇒ **"Hygge"** lifestyle in Denmark

↓ spread around the world in 2016

○ **Interpretations of Hygge**

	Popular Image of Hygge	Real Hygge in Denmark
What	28	29
Where	30	31
How	special	ordinary

18

— 106 —

問27 ワークシートの空欄 <u>27</u> に入れるのに最も適切なものを，四つの選択肢 (①～④) のうちから一つ選びなさい。

① a sustainable development goal beyond

② a sustainable economy supporting

③ a sustainable natural environment for

④ a sustainable society challenging

問28～31 ワークシートの空欄 <u>28</u> ～ <u>31</u> に入れるのに最も適切なものを，六つの選択肢 (①～⑥) のうちから一つずつ選びなさい。選択肢は2回以上使ってもかまいません。

① goods　　　　　② relationships　　　③ tasks

④ everywhere　　⑤ indoors　　　　　⑥ outdoors

問32 講義の内容と一致するものはどれか。最も適切なものを，四つの選択肢 (①～④) のうちから一つ選びなさい。 <u>32</u>

① Danish people are against high taxes to maintain a standard of living.

② Danish people spend less money on basic needs than on socializing.

③ Danish people's income is large enough to encourage a life of luxury.

④ Danish people's welfare system allows them to live meaningful lives.

第5問はさらに続きます。

問33 講義の続きを聞き、**下の図から読み取れる情報と講義全体の内容から**どのようなことが言えるか、最も適切なものを、四つの選択肢(①～④)のうちから一つ選びなさい。| 33 |

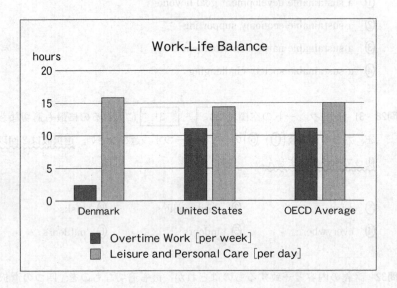

① People in Denmark do less overtime work while maintaining their productivity.
② People in Denmark enjoy working more, even though their income is guaranteed.
③ People in OECD countries are more productive because they work more overtime.
④ People in the US have an expensive lifestyle but the most time for leisure.

これで第5問は終わりです。

2021年度　リスニング　第1日程　19

第6問 (配点 14) 音声は1回流れます。

第6問はAとBの二つの部分に分かれています。

A 　第6問Aは問34・問35の2問です。二人の対話を聞き，それぞれの問いの答えとして最も適切なものを，四つの選択肢(①〜④)のうちから一つずつ選びなさい。(問いの英文は書かれています。) **状況と問いを読む時間が与えられた後，音声が流れます。**

状況

Jane が Sho とフランス留学について話をしています。

問34　**What is Jane's main point?**　　34

① A native French-speaking host family offers the best experience.

② Having a non-native dormitory roommate is more educational.

③ Living with a native speaker shouldn't be a priority.

④ The dormitory offers the best language experience.

問35　**What choice does Sho need to make?**　　35

① Whether to choose a language program or a culture program

② Whether to choose the study abroad program or not

③ Whether to stay with a host family or at the dormitory

④ Whether to stay with a native French-speaking family or not

---

これで第6問Aは終わりです。

20

B 第6問Bは問36・問37の2問です。会話を聞き，それぞれの問いの答えとして最も適切なものを，選択肢のうちから一つずつ選びなさい。下の表を参考にしてメモを取ってもかまいません。**状況と問いを読む時間が与えられた後，音声が流れます。**

状況

四人の学生(Yasuko, Kate, Luke, Michael)が，店でもらうレシートについて意見交換をしています。

Yasuko	
Kate	
Luke	
Michael	

問36　会話が終わった時点で，レシートの電子化に**賛成した人**は四人のうち何人でしたか。四つの選択肢(①~④)のうちから一つ選びなさい。　36

① 1人

② 2人

③ 3人

④ 4人

22
—110—

問37 会話を踏まえて，Luke の意見を最もよく表している図表を，四つの選択肢(①〜④)のうちから一つ選びなさい。 37

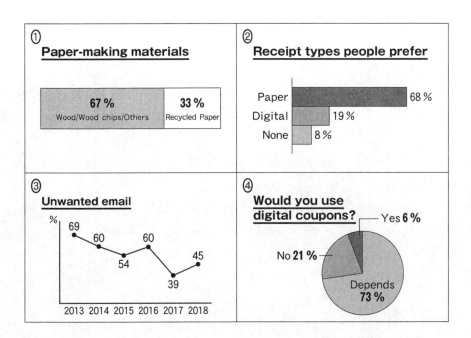

MEMO

英　　　語
（リスニング）

（2021年1月実施）

（解答時間）
30分　100点

2021 リスニング　第2日程

☆音声問題を用い30分間で解答を行うが，解答開始前に受験者に配付した IC プレーヤーの作動確認，音量調節を受験者本人により行うため，試験時間は60分です。
☆本書で用いる MP3およびMP4ファイルは大学入試センターから公表された音声を河合出版が独自に編集したものです。

$\left(\text{解答番号} \boxed{1} \sim \boxed{37}\right)$

第1問 (配点 25) 音声は2回流れます。

第1問はAとBの二つの部分に分かれています。

A 　第1問Aは問1から問4までの4問です。英語を聞き，それぞれの内容と最もよく合っているものを，四つの選択肢(①~④)のうちから一つずつ選びなさい。

問1 　 $\boxed{1}$

① The speaker wants to know how many members will come.

② The speaker wants to know how often the club meets.

③ The speaker wants to know the club's room number.

④ The speaker wants to know the time of the meeting.

問2 　 $\boxed{2}$

① The speaker has only one blue tie.

② The speaker has only one red tie.

③ The speaker has blue ties.

④ The speaker has red ties.

$\boxed{4}$

2021年度　リスニング　第2日程　25

問3　3

① The speaker is asking Kevin for an email.

② The speaker is reading an email from Kevin.

③ The speaker knows Kevin's email address.

④ The speaker wants Kevin's email address.

問4　4

① The speaker will finish baking a cake for Yoko.

② The speaker will finish wrapping a present for Yoko.

③ Yoko will not get a cake.

④ Yoko will not receive a present.

これで第1問Aは終わりです。

B 第1問Bは問5から問7までの3問です。英語を聞き，それぞれの内容と最もよく合っている絵を，四つの選択肢(①〜④)のうちから一つずつ選びなさい。

問5 | 5 |

問6

問 7 7

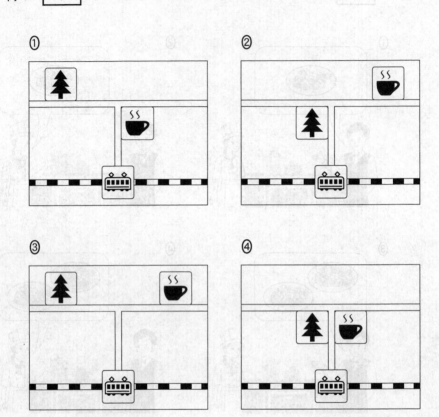

これで第1問Bは終わりです。

第2問 (配点 16) 音声は2回流れます。

　第2問は問8から問11までの4問です。それぞれの問いについて，対話の場面が日本語で書かれています。対話とそれについての問いを聞き，その答えとして最も適切なものを，四つの選択肢(①～④)のうちから一つずつ選びなさい。

問8　部屋の片付けをしています。　8

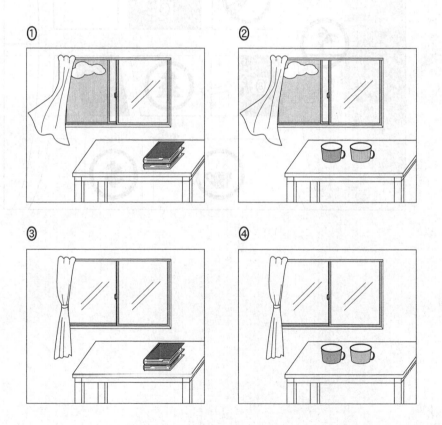

問 9　家族旅行で泊まるホテルの話をしています。　9

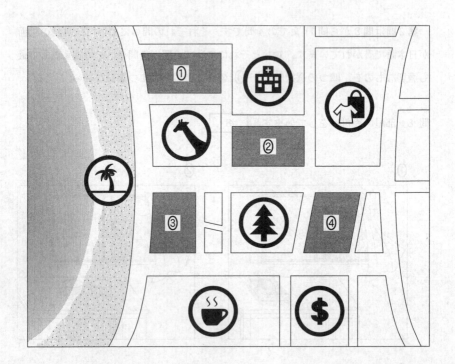

問10 ランチセットを選んでいます。 10

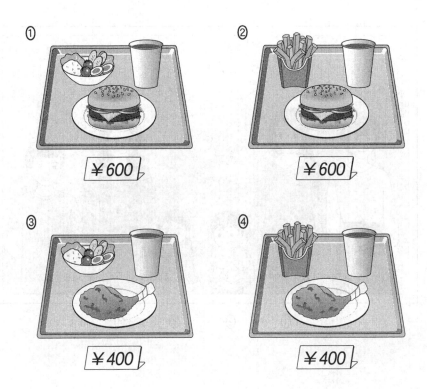

問11 Ayaka の家族の写真を見ながら，友人が質問をしています。　11

これで第2問は終わりです。

2021年度　リスニング　第2日程　33

第3問 (配点 18) **音声は1回流れます。**

　　第3問は問12から問17までの6問です。それぞれの問いについて，対話の場面が日本語で書かれています。対話を聞き，問いの答えとして最も適切なものを，四つの選択肢(①〜④)のうちから一つずつ選びなさい。(問いの英文は書かれています。)

問12　友人同士が将来のことについて話をしています。

　　　What do both friends plan to do? 　12

　　① Look for jobs abroad
　　② Save money to travel
　　③ Work to earn money
　　④ Write for a magazine

問13　教室で Karen が Paul と話をしています。

　　　What is Paul likely to do first after this conversation? 　13

　　① Add a new post to his blog
　　② Comment on Karen's blog
　　③ Delete the photo from his blog
　　④ See the photo on Karen's blog

問14　夫婦が販売店で車を選んでいます。

　　　Which car does the woman prefer? 　14

　　① The black one
　　② The blue one
　　③ The green one
　　④ The white one

13

－123－

34

問15　カフェで Jane が Mike と話をしています。

Which is true according to the conversation? 15

① Jane and Mike graduated four years ago.

② Jane and Mike were classmates before.

③ Jane had difficulty recognizing Mike.

④ Mike's hairstyle has changed a little.

問16　大学生が授業で使うテキストについて話をしています。

What does the girl need to do after this? 16

① Ask Peter to lend her his textbook

② Contact Alex to ask for the book

③ Find another way to get the textbook

④ Take the same course once again

問17　男性がホテルのフロント係と話をしています。

What will the man do before getting a room? 17

① Call the hotel before 3:00 p.m.

② Cancel his previous hotel reservation

③ Have some lunch at the hotel

④ Spend some time outside the hotel

これで第 3 問は終わりです。

14

－124－

第4問 (配点 12) 音声は1回流れます。

第4問はAとBの二つの部分に分かれています。

A 第4問Aは問18から問25の8問です。話を聞き，それぞれの問いの答えとして最も適切なものを，選択肢から選びなさい。**問題文と図表を読む時間が与えられた後，音声が流れます。**

問18～21 あなたは，授業で配られたワークシートのグラフを完成させようとしています。先生の説明を聞き，四つの空欄 18 ～ 21 に入れるのに最も適切なものを，四つの選択肢 (①～④) のうちから一つずつ選びなさい。

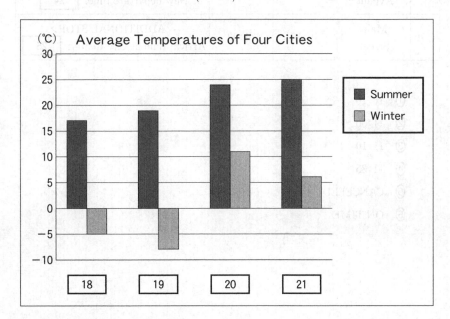

① Columbus
② Hopeville
③ Lansfield
④ Rockport

問22～25 あなたは，海外を旅行中に，バスターミナルでバスの時刻表の変更について の説明を聞いています。話を聞き，下の表の四つの空欄 22 ～ 25 に入れるのに最も適切なものを，六つの選択肢(①～⑥)のうちから一 つずつ選びなさい。選択肢は2回以上使ってもかまいません。

Bus	Destination	Scheduled departure	Scheduled arrival	Current status
A 2	City Center	10:10	11:00	< 22 >
A 6	City Center	10:40	11:40	< 23 >
B 7	Eastern Avenue	10:30	11:05	<DELAYED> New departure time: 24
C 10	Main Street	10:10	11:00	<ADDITIONAL STOP> Arrival time at City Center: 25

① 10:10
② 11:00
③ 11:10
④ 11:35
⑤ CANCELED
⑥ ON TIME

これで第4問Aは終わりです。

B 第4問Bは問26の1問です。話を聞き，示された条件に最も合うものを，四つの選択肢（①～④）のうちから一つ選びなさい。下の表を参考にしてメモを取ってもかまいません。**状況と条件を読む時間が与えられた後，音声が流れます**。

状況

あなたは，夏休み中にインターンシップ（internship）に参加します。

インターン（intern）先を一つ決めるために，条件について四人から説明を聞いています。

あなたが考えている条件

　A．コンピューターの知識を生かせること

　B．宿泊先が提供されること

　C．2週間程度で終わること

	Internship	Condition A	Condition B	Condition C
①	Hotel			
②	Language school			
③	Public library			
④	Software company			

問26　You are most likely to choose an internship at the 　26　.

① hotel

② language school

③ public library

④ software company

これで第4問Bは終わりです。

17

第5問 (配点 15) 音声は1回流れます。

第5問は問27から問33の7問です。

最初に講義を聞き，問27から問32に答えなさい。次に続きを聞き，問33に答えなさい。**状況・ワークシート，問い及び図表を読む時間が与えられた後，音声が流れます。**

> **状況**
>
> あなたはアメリカの大学で，生態系(ecosystem)保全についての講義を，ワークシートにメモを取りながら聞いています。

ワークシート

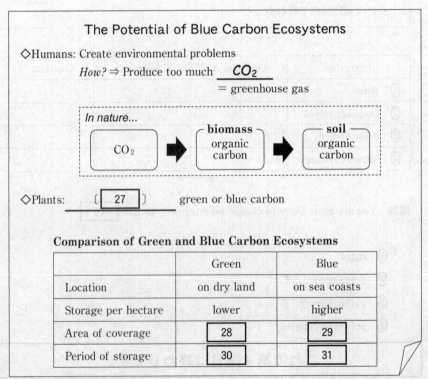

2021年度　リスニング　第2日程　39

問27　ワークシートの空欄　27　に入れるのに最も適切なものを，四つの選択肢
(①~④)のうちから一つ選びなさい。

① Break down organic carbon called

② Change carbon to CO_2 called

③ Produce oxygen and release it as

④ Take in CO_2 and store it as

問28~31　ワークシートの空欄　28　~　31　に入れるのに最も適切なもの
を，六つの選択肢(①~⑥)のうちから一つずつ選びなさい。選択肢は2回以上
使ってもかまいません。

① larger　　　　② smaller　　　　③ equal

④ longer　　　　⑤ shorter　　　　⑥ unknown

問32　講義の内容と一致するものはどれか。最も適切なものを，四つの選択肢
(①~④)のうちから一つ選びなさい。　32

① Necessary blue carbon ecosystems have been destroyed and cannot be
replaced.

② Ocean coastline ecosystems should be protected to prevent further
release of CO_2.

③ Recovering the ecosystem of the entire ocean will solve climate
problems.

④ Supporting fish life is important for improving the blue carbon cycle.

第5問はさらに続きます。

19

問33 講義の続きを聞き，下の図から読み取れる情報と講義全体の内容からどのようなことが言えるか，最も適切なものを，四つの選択肢(①〜④)のうちから一つ選びなさい。 33

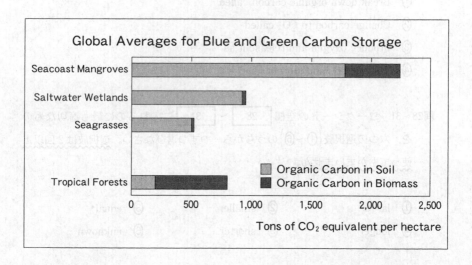

① Saltwater wetlands release CO₂ more easily from soil than from biomass.
② Seacoast mangroves release less CO₂ from layers of mud than from biomass.
③ Seagrasses offer more efficient long-term carbon storage in soil than in biomass.
④ Tropical forests are ideal for carbon storage due to their biomass.

これで第5問は終わりです。

2021年度　リスニング　第2日程　41

第6問 (配点 14) 音声は1回流れます。

第6問はAとBの二つの部分に分かれています。

A 第6問Aは問34・問35の2問です。二人の対話を聞き，それぞれの問いの答えとして最も適切なものを，四つの選択肢(①～④)のうちから一つずつ選びなさい。(問いの英文は書かれています。)**状況と問いを読む時間が与えられた後，音声が流れます。**

状況
　Carol が Bob と手紙を書くことについて話をしています。

問34　**What is Carol's main point?**　34

① Emails are cold and not very personal.

② Handwriting is hard to read.

③ Letter writing with a pen is troublesome.

④ Letters show your personality.

問35　**Which of the following statements would Bob agree with?**　35

① Letter writing is too time-consuming.

② Typing letters improves your personality.

③ Typing letters is as good as hand writing them.

④ Writing a letter by hand is a heartfelt act.

これで第6問Aは終わりです。

21

— 131 —

42

B 第6問Bは問36・問37の2問です。会話を聞き，それぞれの問いの答えとして最も適切なものを，選択肢のうちから一つずつ選びなさい。下の表を参考にしてメモを取ってもかまいません。**状況と問いを読む時間が与えられた後，音声が流れます。**

状況

四人の学生(Brad, Kenji, Alice, Helen)が，選挙の投票に行くことについて意見交換をしています。

Brad	
Kenji	
Alice	
Helen	

問36 会話が終わった時点で，選挙の投票に行くことに**積極的でなかった人**は四人のうち何人でしたか。四つの選択肢(①~④)のうちから一つ選びなさい。

36

① 1人

② 2人

③ 3人

④ 4人

22
—132—

問37 会話を踏まえて，Helen の意見を最もよく表している図表を，四つの選択肢（①〜④）のうちから一つ選びなさい。 37

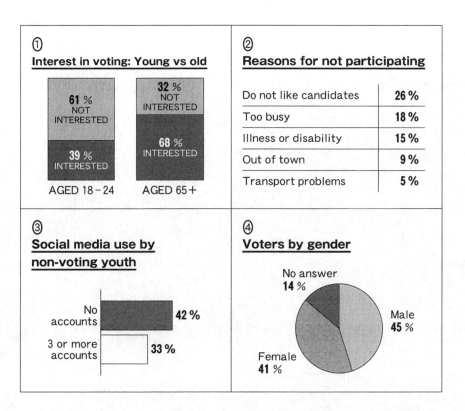

これで第6問Bは終わりです。

MEMO

英　　　語
（リーディング）

（2023年1月実施）

80分　100点

2023
本試験

2

各大問の英文や図表を読み，解答番号 1 ～ 49 にあてはまるものとして最も適当な選択肢を選びなさい。

第1問 (配点 10)

A You are studying in the US, and as an afternoon activity you need to choose one of two performances to go and see. Your teacher gives you this handout.

Performances for Friday

Palace Theater	**Grand Theater**
Together Wherever	***The Guitar Queen***
A romantic play that will make you laugh and cry	A rock musical featuring colorful costumes
▸ From 2:00 p.m. (no breaks and a running time of one hour and 45 minutes)	▸ Starts at 1:00 p.m. (three hours long including two 15-minute breaks)
▸ Actors available to talk in the lobby after the performance	▸ Opportunity to greet the cast in their costumes before the show starts
▸ No food or drinks available	▸ Light refreshments (snacks & drinks), original T-shirts, and other goods sold in the lobby
▸ Free T-shirts for five lucky people	

Instructions: Which performance would you like to attend? Fill in the form below and hand it in to your teacher today.

✂ -

Choose (✔) one: *Together Wherever* ☐   *The Guitar Queen* ☐

Name: _____

— 136 —

2023年度　リーディング　本試験　3

問 1　What are you told to do after reading the handout?　| 1 |

① Complete and hand in the bottom part.

② Find out more about the performances.

③ Talk to your teacher about your decision.

④ Write your name and explain your choice.

問 2　Which is true about both performances?　| 2 |

① No drinks can be purchased before the show.

② Some T-shirts will be given as gifts.

③ They will finish at the same time.

④ You can meet performers at the theaters.

— 137 —

B You are a senior high school student interested in improving your English during the summer vacation. You find a website for an intensive English summer camp run by an international school.

Intensive English Summer Camp

Galley International School (GIS) has provided intensive English summer camps for senior high school students in Japan since 1989. Spend two weeks in an all-English environment!

Dates: August 1-14, 2023
Location: Lake Kawaguchi Youth Lodge, Yamanashi Prefecture
Cost: 120,000 yen, including food and accommodation (additional fees for optional activities such as kayaking and canoeing)

Courses Offered

◆**FOREST**: You'll master basic grammar structures, make short speeches on simple topics, and get pronunciation tips. Your instructors have taught English for over 20 years in several countries. On the final day of the camp, you'll take part in a speech contest while all the other campers listen.

◆**MOUNTAIN**: You'll work in a group to write and perform a skit in English. Instructors for this course have worked at theater schools in New York City, London, and Sydney. You'll perform your skit for all the campers to enjoy on August 14.

◆**SKY**: You'll learn debating skills and critical thinking in this course. Your instructors have been to many countries to coach debate teams and some have published best-selling textbooks on the subject. You'll do a short debate in front of all the other campers on the last day. (Note: Only those with an advanced level of English will be accepted.)

▲**Application**

Step 1: Fill in the online application **HERE** by May 20, 2023.

Step 2: We'll contact you to set up an interview to assess your English ability and ask about your course preference.

Step 3: You'll be assigned to a course.

問 1　All GIS instructors have ⬜3⬜.

① been in Japan since 1989

② won international competitions

③ worked in other countries

④ written some popular books

問 2　On the last day of the camp, campers will ⬜4⬜.

① assess each other's performances

② compete to receive the best prize

③ make presentations about the future

④ show what they learned at the camp

問 3　What will happen after submitting your camp application? ⬜5⬜

① You will call the English instructors.

② You will take a written English test.

③ Your English level will be checked.

④ Your English speech topic will be sent.

— 139 —

第2問　(配点　20)

A   You want to buy a good pair of shoes as you walk a long way to school and often get sore feet. You are searching on a UK website and find this advertisement.

Navi 55 presents the new *Smart Support* shoe line

Smart Support shoes are strong, long-lasting, and reasonably priced. They are available in three colours and styles.

nano-chip

Special Features

Smart Support shoes have a nano-chip which analyses the shape of your feet when connected to the *iSupport* application. Download the app onto your smartphone, PC, tablet, and/or smartwatch. Then, while wearing the shoes, let the chip collect the data about your feet. The inside of the shoe will automatically adjust to give correct, personalised foot support. As with other Navi 55 products, the shoes have our popular Route Memory function.

Advantages

Better Balance: Adjusting how you stand, the personalised support helps keep feet, legs, and back free from pain.

Promotes Exercise: As they are so comfortable, you will be willing to walk regularly.

Route Memory: The chip records your daily route, distance, and pace as you walk.

Route Options: View your live location on your device, have the directions play automatically in your earphones, or use your smartwatch to read directions.

Customers' Comments

● I like the choices for getting directions, and prefer using audio guidance to visual guidance.

● I lost 2 kg in a month!

● I love my pair now, but it took me several days to get used to them.

● As they don't slip in the rain, I wear mine all year round.

● They are so light and comfortable I even wear them when cycling.

● Easy to get around! I don't need to worry about getting lost.

● They look great. The app's basic features are easy to use, but I wouldn't pay for the optional advanced ones.

問 1　According to the maker's statements, which best describes the new shoes?

| 6 |

① Cheap summer shoes

② High-tech everyday shoes

③ Light comfortable sports shoes

④ Stylish colourful cycling shoes

問 2　Which benefit offered by the shoes is most likely to appeal to you?

| 7 |

① Getting more regular exercise

② Having personalised foot support

③ Knowing how fast you walk

④ Looking cool wearing them

問 3　One **opinion** stated by a customer is that ☐ 8 ☐ .

① the app encourages fast walking

② the app's free functions are user-friendly

③ the shoes are good value for money

④ the shoes increase your cycling speed

問 4　One customer's comment mentions using audio devices. Which benefit is this comment based on? ☐ 9 ☐

① Better Balance

② Promotes Exercise

③ Route Memory

④ Route Options

問 5　According to one customer's opinion, ☐ 10 ☐ is recommended.

① allowing time to get accustomed to wearing the shoes

② buying a watch to help you lose weight

③ connecting to the app before putting the shoes on

④ paying for the *iSupport* advanced features

— 142 —

B You are a member of the student council. The members have been discussing a student project helping students to use their time efficiently. To get ideas, you are reading a report about a school challenge. It was written by an exchange student who studied in another school in Japan.

Commuting Challenge

Most students come to my school by bus or train. I often see a lot of students playing games on their phones or chatting. However, they could also use this time for reading or doing homework. We started this activity to help students use their commuting time more effectively. Students had to complete a commuting activity chart from January 17th to February 17th. A total of 300 students participated: More than two thirds of them were second-years; about a quarter were third-years; only 15 first-years participated. How come so few first-years participated? Based on the feedback (given below), there seems to be an answer to this question:

Feedback from participants

HS: Thanks to this project, I got the highest score ever in an English vocabulary test. It was easy to set small goals to complete on my way.

KF: My friend was sad because she couldn't participate. She lives nearby and walks to school. There should have been other ways to take part.

SS: My train is always crowded and I have to stand, so there is no space to open a book or a tablet. I only used audio materials, but there were not nearly enough.

JH: I kept a study log, which made me realise how I used my time. For some reason most of my first-year classmates didn't seem to know about this challenge.

MN: I spent most of the time on the bus watching videos, and it helped me to understand classes better. I felt the time went very fast.

10

問 1　The aim of the Commuting Challenge was to help students to 　11　 .

① commute more quickly

② improve their test scores

③ manage English classes better

④ use their time better

問 2　One **fact** about the Commuting Challenge is that 　12　 .

① fewer than 10% of the participants were first-years

② it was held for two months during the winter

③ students had to use portable devices on buses

④ the majority of participants travelled by train

問 3　From the feedback, 　13　 were activities reported by participants.

A : keeping study records

B : learning language

C : making notes on tablets

D : reading lesson notes on mobile phones

① A and B

② A and C

③ A and D

④ B and C

⑤ B and D

⑥ C and D

— 144 —

2023年度　リーディング　本試験　11

問 4　One of the participants' opinions about the Commuting Challenge is that
$\boxed{14}$.

① it could have included students who walk to school

② the train was a good place to read books

③ there were plenty of audio materials for studying

④ watching videos for fun helped time pass quickly

問 5　The author's question is answered by $\boxed{15}$.

① HS

② JH

③ KF

④ MN

⑤ SS

— 145 —

第3問 (配点 15)

A You are studying at Camberford University, Sydney. You are going on a class camping trip and are reading the camping club's newsletter to prepare.

Going camping? Read me!!!

Hi, I'm Kaitlyn. I want to share two practical camping lessons from my recent club trip. The first thing is to divide your backpack into three main parts and put the heaviest items in the middle section to balance the backpack. Next, more frequently used daily necessities should be placed in the top section. That means putting your sleeping bag at the bottom; food, cookware and tent in the middle; and your clothes at the top. Most good backpacks come with a "brain" (an additional pouch) for small easy-to-reach items.

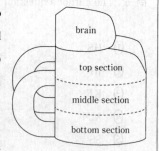

Last year, in the evening, we had fun cooking and eating outdoors. I had been sitting close to our campfire, but by the time I got back to the tent I was freezing. Although I put on extra layers of clothes before going to sleep, I was still cold. Then, my friend told me to take off my outer layers and stuff them into my sleeping bag to fill up some of the empty space. This stuffing method was new to me, and surprisingly kept me warm all night!

I hope my advice helps you stay warm and comfortable. Enjoy your camping trip!

問 1 If you take Kaitlyn's advice, how should you fill your backpack? 16

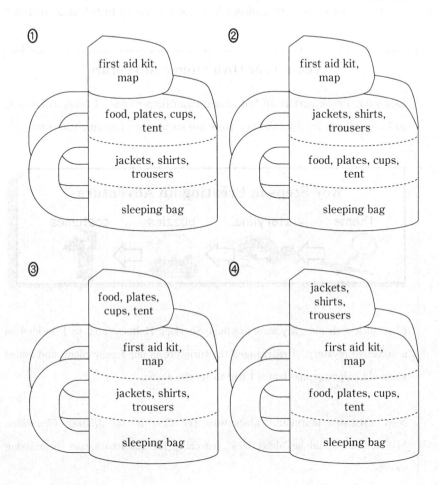

問 2 According to Kaitlyn, 17 is the best method to stay warm all night.

① avoiding going out of your tent
② eating hot meals beside your campfire
③ filling the gaps in your sleeping bag
④ wearing all of your extra clothes

B Your English club will make an "adventure room" for the school festival. To get some ideas, you are reading a blog about a room a British man created.

Create Your Own "Home Adventure"

Last year, I took part in an "adventure room" experience. I really enjoyed it, so I created one for my children. Here are some tips on making your own.

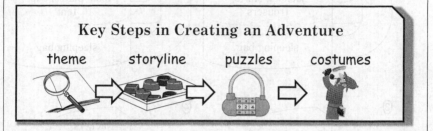

First, pick a theme. My sons are huge Sherlock Holmes fans, so I decided on a detective mystery. I rearranged the furniture in our family room, and added some old paintings and lamps I had to set the scene.

Next, create a storyline. Ours was *The Case of the Missing Chocolates*. My children would be "detectives" searching for clues to locate the missing sweets.

The third step is to design puzzles and challenges. A useful idea is to work backwards from the solution. If the task is to open a box locked with a three-digit padlock, think of ways to hide a three-digit code. Old books are fantastic for hiding messages in. I had tremendous fun underlining words on different pages to form mystery sentences. Remember that the puzzles should get progressively more difficult near the final goal. To get into the spirit, I then had the children wear costumes. My eldest son was excited when I handed him a magnifying glass, and immediately began acting like Sherlock Holmes. After that, the children started to search for the first clue.

This "adventure room" was designed specifically for my family, so I made some of the challenges personal. For the final task, I took a couple of small cups and put a plastic sticker in each one, then filled them with yogurt. The "detectives" had to eat their way to the bottom to reveal the clues. Neither of my kids would eat yogurt, so this truly was tough for them. During the adventure, my children were totally focused, and they enjoyed themselves so much that we will have another one next month.

問 1 Put the following events (①~④) into the order in which they happened.

| 18 | → | 19 | → | 20 | → | 21 |

① The children ate food they are not fond of.

② The children started the search for the sweets.

③ The father decorated the living room in the house.

④ The father gave his sons some clothes to wear.

問 2 If you follow the father's advice to create your own "adventure room," you should 22 .

① concentrate on three-letter words

② leave secret messages under the lamps

③ make the challenges gradually harder

④ practise acting like Sherlock Holmes

16

問 3 From this story, you understand that the father ☐23☐ .

① became focused on searching for the sweets
② created an experience especially for his children
③ had some trouble preparing the adventure game
④ spent a lot of money decorating the room

— 150 —

第4問 （配点 16）

Your teacher has asked you to read two articles about effective ways to study. You will discuss what you learned in your next class.

How to Study Effectively: Contextual Learning!
Tim Oxford
Science Teacher, Stone City Junior High School

As a science teacher, I am always concerned about how to help students who struggle to learn. Recently, I found that their main way of learning was to study new information repeatedly until they could recall it all. For example, when they studied for a test, they would use a workbook like the example below and repeatedly say the terms that go in the blanks: "Obsidian is igneous, dark, and glassy. Obsidian is igneous, dark, and glassy...." These students would feel as if they had learned the information, but would quickly forget it and get low scores on the test. Also, this sort of repetitive learning is dull and demotivating.

To help them learn, I tried applying "contextual learning." In this kind of learning, new knowledge is constructed through students' own experiences. For my science class, students learned the properties of different kinds of rocks. Rather than having them memorize the terms from a workbook, I brought a big box of various rocks to the class. Students examined the rocks and identified their names based on the characteristics they observed.

Thanks to this experience, I think these students will always be able to describe the properties of the rocks they studied. One issue, however, is that we don't always have the time to do contextual learning, so students will still study by doing drills. I don't think this is the best way. I'm still searching for ways to improve their learning.

Rock name	Obsidian
Rock type	igneous
Coloring	dark
Texture	glassy
Picture	

— 151 —

How to Make Repetitive Learning Effective
Cheng Lee
Professor, Stone City University

Mr. Oxford's thoughts on contextual learning were insightful. I agree that it can be beneficial. Repetition, though, can also work well. However, the repetitive learning strategy he discussed, which is called "massed learning," is not effective. There is another kind of repetitive learning called "spaced learning," in which students memorize new information and then review it over longer intervals.

The interval between studying is the key difference. In Mr. Oxford's example, his students probably used their workbooks to study over a short period of time. In this case, they might have paid less attention to the content as they continued to review it. The reason for this is that the content was no longer new and could easily be ignored. In contrast, when the intervals are longer, the students' memory of the content is weaker. Therefore, they pay more attention because they have to make a greater effort to recall what they had learned before. For example, if students study with their workbooks, wait three days, and then study again, they are likely to learn the material better.

Previous research has provided evidence for the advantages of spaced learning. In one experiment, students in Groups A and B tried to memorize the names of 50 animals. Both groups studied four times, but Group A studied at one-day intervals while Group B studied at one-week intervals. As the figure to the right shows, 28 days after the last learning session, the average ratio of recalled names on a test was higher for the spaced learning group.

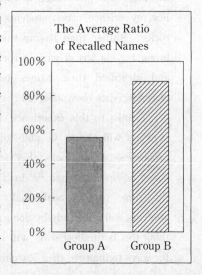

I understand that students often need to learn a lot of information in a short period of time, and long intervals between studying might not be practical. You should understand, though, that massed learning might not be good for long-term recall.

2023年度　リーディング　本試験　19

問 1　Oxford believes that 　24　 .

① continuous drilling is boring
② reading an explanation of terms is helpful
③ students are not interested in science
④ studying with a workbook leads to success

問 2　In the study discussed by Lee, students took a test 　25　 after their final session.

① four weeks
② immediately
③ one day
④ one week

問 3　Lee introduces spaced learning, which involves studying at 　26　 intervals, in order to overcome the disadvantages of 　27　 learning that Oxford discussed.　(Choose the best one for each box from options ①～⑥.)

① contextual
② extended
③ fixed
④ irregular
⑤ massed
⑥ practical

－153－

問 4 Both writers agree that 28 is helpful for remembering new information.

① experiential learning

② having proper rest

③ long-term attention

④ studying with workbooks

問 5 Which additional information would be the best to further support Lee's argument for spaced learning? 29

① The main factor that makes a science class attractive

② The most effective length of intervals for spaced learning

③ Whether students' workbooks include visuals or not

④ Why Oxford's students could not memorize information well

— 154 —

第 5 問 (配点 15)

Your English teacher has told everyone in your class to find an inspirational story and present it to a discussion group, using notes. You have found a story written by a high school student in the UK.

Lessons from Table Tennis

Ben Carter

The ball flew at lightning speed to my backhand. It was completely unexpected and I had no time to react. I lost the point and the match. Defeat... Again! This is how it was in the first few months when I started playing table tennis. It was frustrating, but I now know that the sport taught me more than simply how to be a better athlete.

In middle school, I loved football. I was one of the top scorers, but I didn't get along with my teammates. The coach often said that I should be more of a team player. I knew I should work on the problem, but communication was just not my strong point.

I had to leave the football club when my family moved to a new town. I wasn't upset as I had decided to stop playing football anyway. My new school had a table tennis club, coached by the PE teacher, Mr Trent, and I joined that. To be honest, I chose table tennis because I thought it would be easier for me to play individually.

At first, I lost more games than I won. I was frustrated and often went straight home after practice, not speaking to anyone. One day, however, Mr Trent said to me, "You could be a good player, Ben, but you need to think more about your game. What do you think you need to do?" "I don't know," I replied, "focus on the ball more?" "Yes," Mr Trent continued, "but you also need to study your opponent's moves and adjust your play accordingly. Remember, your opponent is a person, not a ball." This made a deep impression on me.

— 155 —

I deliberately modified my style of play, paying closer attention to my opponent's moves. It was not easy, and took a lot of concentration. My efforts paid off, however, and my play improved. My confidence grew and I started staying behind more after practice. I was turning into a star player and my classmates tried to talk to me more than before. I thought that I was becoming popular, but our conversations seemed to end before they really got started. Although my play might have improved, my communication skills obviously hadn't.

My older brother Patrick was one of the few people I could communicate with well. One day, I tried to explain my problems with communication to him, but couldn't make him understand. We switched to talking about table tennis. "What do you actually enjoy about it?" he asked me curiously. I said I loved analysing my opponent's movements and making instant decisions about the next move. Patrick looked thoughtful. "That sounds like the kind of skill we use when we communicate," he said.

At that time, I didn't understand, but soon after our conversation, I won a silver medal in a table tennis tournament. My classmates seemed really pleased. One of them, George, came running over. "Hey, Ben!" he said, "Let's have a party to celebrate!" Without thinking, I replied, "I can't. I've got practice." He looked a bit hurt and walked off without saying anything else.

Why was he upset? I thought about this incident for a long time. Why did he suggest a party? Should I have said something different? A lot of questions came to my mind, but then I realised that he was just being kind. If I'd said, "Great idea. Thank you! Let me talk to Mr Trent and see if I can get some time off practice," then maybe the outcome would have been better. At that moment Patrick's words made sense. Without attempting to grasp someone's intention, I wouldn't know how to respond.

I'm still not the best communicator in the world, but I definitely feel more confident in my communication skills now than before. Next year, my friends and I are going to co-ordinate the table tennis league with other schools.

Your notes:

Lessons from Table Tennis

About the author (Ben Carter)

· Played football at middle school.

· Started playing table tennis at his new school because he ⬚30⬚ .

Other important people

· Mr Trent: Ben's table tennis coach, who helped him improve his play.

· Patrick: Ben's brother, who ⬚31⬚ .

· George: Ben's classmate, who wanted to celebrate his victory.

Influential events in Ben's journey to becoming a better communicator

Began playing table tennis → ⬚32⬚ → ⬚33⬚ → ⬚34⬚ → ⬚35⬚

What Ben realised after the conversation with George

He should have ⬚36⬚ .

What we can learn from this story

· ⬚37⬚

· ⬚38⬚

問 1　Choose the best option for 　30　.

① believed it would help him communicate

② hoped to become popular at school

③ thought he could win games easily

④ wanted to avoid playing a team sport

問 2　Choose the best option for 　31　.

① asked him what he enjoyed about communication

② encouraged him to be more confident

③ helped him learn the social skills he needed

④ told him what he should have said to his school friends

問 3　Choose **four** out of the five options (①～⑤) and rearrange them in the order they happened.　32 → 33 → 34 → 35

① Became a table tennis champion

② Discussed with his teacher how to play well

③ Refused a party in his honour

④ Started to study his opponents

⑤ Talked to his brother about table tennis

問 4 Choose the best option for 36 .

① asked his friend questions to find out more about his motivation

② invited Mr Trent and other classmates to the party to show appreciation

③ tried to understand his friend's point of view to act appropriately

④ worked hard to be a better team player for successful communication

問 5 Choose the best two options for 37 and 38 . (The order does not matter.)

① Advice from people around us can help us change.

② Confidence is important for being a good communicator.

③ It is important to make our intentions clear to our friends.

④ The support that teammates provide one another is helpful.

⑤ We can apply what we learn from one thing to another.

― 159 ―

26

第6問 (配点 24)

A You are in a discussion group in school. You have been asked to summarize the following article. You will speak about it, using only notes.

Collecting

Collecting has existed at all levels of society, across cultures and age groups since early times. Museums are proof that things have been collected, saved, and passed down for future generations. There are various reasons for starting a collection. For example, Ms. A enjoys going to yard sales every Saturday morning with her children. At yard sales, people sell unwanted things in front of their houses. One day, while looking for antique dishes, an unusual painting caught her eye and she bought it for only a few dollars. Over time, she found similar pieces that left an impression on her, and she now has a modest collection of artwork, some of which may be worth more than she paid. One person's trash can be another person's treasure. Regardless of how someone's collection was started, it is human nature to collect things.

In 1988, researchers Brenda Danet and Tamar Katriel analyzed 80 years of studies on children under the age of 10, and found that about 90% collected something. This shows us that people like to gather things from an early age. Even after becoming adults, people continue collecting stuff. Researchers in the field generally agree that approximately one third of adults maintain this behavior. Why is this? The primary explanation is related to emotions. Some save greeting cards from friends and family, dried flowers from special events, seashells from a day at the beach, old photos, and so on. For others, their collection is a connection to their youth. They may have baseball cards, comic books, dolls, or miniature cars that they have kept since they were small.

— 160 —

Others have an attachment to history; they seek and hold onto historical documents, signed letters and autographs from famous people, and so forth.

For some individuals there is a social reason. People collect things such as pins to share, show, and even trade, making new friends this way. Others, like some holders of Guinness World Records, appreciate the fame they achieve for their unique collection. Cards, stickers, stamps, coins, and toys have topped the "usual" collection list, but some collectors lean toward the more unexpected. In September 2014, Guinness World Records recognized Harry Sperl, of Germany, for having the largest hamburger-related collection in the world, with 3,724 items; from T-shirts to pillows to dog toys, Sperl's room is filled with all things "hamburger." Similarly, Liu Fuchang, of China, is a collector of playing cards. He has 11,087 different sets.

Perhaps the easiest motivation to understand is pleasure. Some people start collections for pure enjoyment. They may purchase and put up paintings just to gaze at frequently, or they may collect audio recordings and old-fashioned vinyl records to enjoy listening to their favorite music. This type of collector is unlikely to be very interested in the monetary value of their treasured music, while others collect objects specifically as an investment. While it is possible to download certain classic games for free, having the same game unopened in its original packaging, in "mint condition," can make the game worth a lot. Owning various valuable "collector's items" could ensure some financial security.

This behavior of collecting things will definitely continue into the distant future. Although the reasons why people keep things will likely remain the same, advances in technology will have an influence on collections. As technology can remove physical constraints, it is now possible for an individual to have vast digital libraries of music and art that would have been unimaginable 30 years ago. It is unclear, though, what other impacts technology will have on collections. Can you even imagine the form and scale that the next generation's collections will take?

2023年度　リーディング　本試験　29

Your notes:

Collecting

Introduction
◆ Collecting has long been part of the human experience.
◆ The yard sale story tells us that [39] .

Facts
◆ [40]
◆ Guinness World Records
◇ Sperl: 3,724 hamburger-related items
◇ Liu: 11,087 sets of playing cards

Reasons for collecting
◆ Motivation for collecting can be emotional or social.
◆ Various reasons mentioned: [41] , [42] , interest in history, childhood excitement, becoming famous, sharing, etc.

Collections in the future
◆ [43]

— 163 —

30

問 1　Choose the best option for 　39　.

① a great place for people to sell things to collectors at a high price is a yard sale

② people can evaluate items incorrectly and end up paying too much money for junk

③ something not important to one person may be of value to someone else

④ things once collected and thrown in another person's yard may be valuable to others

問 2　Choose the best option for 　40　.

① About two thirds of children do not collect ordinary things.

② Almost one third of adults start collecting things for pleasure.

③ Approximately 10% of kids have collections similar to their friends.

④ Roughly 30% of people keep collecting into adulthood.

問 3　Choose the best options for 　41　 and 　42　. (The order does not matter.)

① desire to advance technology

② fear of missing unexpected opportunities

③ filling a sense of emptiness

④ reminder of precious events

⑤ reusing objects for the future

⑥ seeking some sort of profit

問 4　Choose the best option for 　43　.

① Collections will likely continue to change in size and shape.

② Collectors of mint-condition games will have more digital copies of them.

③ People who have lost their passion for collecting will start again.

④ Reasons for collecting will change because of advances in technology.

— 164 —

B You are in a student group preparing for an international science presentation contest. You are using the following passage to create your part of the presentation on extraordinary creatures.

Ask someone to name the world's toughest animal, and they might say the Bactrian camel as it can survive in temperatures as high as 50℃, or the Arctic fox which can survive in temperatures lower than −58℃. However, both answers would be wrong as it is widely believed that the tardigrade is the toughest creature on earth.

Tardigrades, also known as water bears, are microscopic creatures, which are between 0.1 mm to 1.5 mm in length. They live almost everywhere, from 6,000-meter-high mountains to 4,600 meters below the ocean's surface. They can even be found under thick ice and in hot springs. Most live in water, but some tardigrades can be found in some of the driest places on earth. One researcher reported finding tardigrades living under rocks in a desert without any recorded rainfall for 25 years. All they need are a few drops or a thin layer of water to live in. When the water dries up, so do they. They lose all but three percent of their body's water and their metabolism slows down to 0.01% of its normal speed. The dried-out tardigrade is now in a state called "tun," a kind of deep sleep. It will continue in this state until it is once again soaked in water. Then, like a sponge, it absorbs the water and springs back to life again as if nothing had happened. Whether the tardigrade is in tun for 1 week or 10 years does not really matter. The moment it is surrounded by water, it comes alive again. When tardigrades are in a state of tun, they are so tough that they can survive in temperatures as low as −272℃ and as high as 151℃. Exactly how they achieve this is still not fully understood.

Perhaps even more amazing than their ability to survive on earth — they have been on earth for some 540 million years — is their ability to survive in space. In 2007, a team of European researchers sent a number of living tardigrades into space on the outside of a rocket for 10 days. On their return to earth, the researchers were surprised to see that 68% were still alive. This means that for 10 days most were able to survive X-rays and ultraviolet radiation 1,000 times more intense than here on earth. Later, in 2019, an Israeli spacecraft crashed onto the moon and thousands of tardigrades in a state of tun were spilled onto its surface. Whether these are still alive or not is unknown as no one has gone to collect them — which is a pity.

Tardigrades are shaped like a short cucumber. They have four short legs on each side of their bodies. Some species have sticky pads at the end of each leg, while others have claws. There are 16 known claw variations, which help identify those species with claws. All tardigrades have a place for eyes, but not all species have eyes. Their eyes are primitive, only having five cells in total — just one of which is light sensitive.

Basically, tardigrades can be divided into those that eat plant matter, and those that eat other creatures. Those that eat vegetation have a ventral mouth — a mouth located in the lower part of the head, like a shark. The type that eats other creatures has a terminal mouth, which means the mouth is at the very front of the head, like a tuna. The mouths of tardigrades do not have teeth. They do, however, have two sharp needles, called stylets, that they use to pierce plant cells or the bodies of smaller creatures so the contents can be sucked out.

Both types of tardigrade have rather simple digestive systems. The mouth leads to the pharynx (throat), where digestive juices and food are mixed. Located above the pharynx is a salivary gland. This produces the juices that flow into the mouth and help with digestion. After the pharynx, there is a tube which transports food toward the gut. This tube is called the esophagus. The middle gut, a simple stomach/intestine type of organ, digests the food and absorbs the nutrients. The leftovers then eventually move through to the anus.

Your presentation slides:

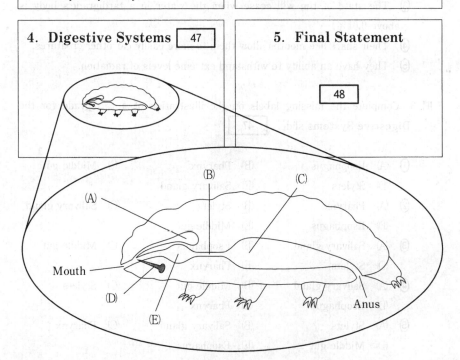

問 1 Which of the following should you **not** include for ⬜ 44 ⬜ ?

① eight short legs

② either blind or sighted

③ plant-eating or creature-eating

④ sixteen different types of feet

⑤ two stylets rather than teeth

問 2 For the **Secrets to Survival** slide, select two features of the tardigrade which best help it survive. (The order does not matter.) ⬜ 45 ⬜ · ⬜ 46 ⬜

① In dry conditions, their metabolism drops to less than one percent of normal.

② Tardigrades in a state of tun are able to survive in temperatures exceeding 151℃.

③ The state of tun will cease when the water in a tardigrade's body is above 0.01%.

④ Their shark-like mouths allow them to more easily eat other creatures.

⑤ They have an ability to withstand extreme levels of radiation.

問 3 Complete the missing labels on the illustration of a tardigrade for the **Digestive Systems** slide. ⬜ 47 ⬜

① (A) Esophagus   (B) Pharynx   (C) Middle gut
   (D) Stylets   (E) Salivary gland

② (A) Pharynx   (B) Stylets   (C) Salivary gland
   (D) Esophagus   (E) Middle gut

③ (A) Salivary gland   (B) Esophagus   (C) Middle gut
   (D) Stylets   (E) Pharynx

④ (A) Salivary gland   (B) Middle gut   (C) Stylets
   (D) Esophagus   (E) Pharynx

⑤ (A) Stylets   (B) Salivary gland   (C) Pharynx
   (D) Middle gut   (E) Esophagus

問 4 Which is the best statement for the final slide? 48

① For thousands of years, tardigrades have survived some of the harshest conditions on earth and in space. They will live longer than humankind.

② Tardigrades are from space and can live in temperatures exceeding the limits of the Arctic fox and Bactrian camel, so they are surely stronger than human beings.

③ Tardigrades are, without a doubt, the toughest creatures on earth. They can survive on the top of mountains; at the bottom of the sea; in the waters of hot springs; and they can also thrive on the moon.

④ Tardigrades have survived some of the harshest conditions on earth, and at least one trip into space. This remarkable creature might outlive the human species.

問 5 What can be inferred about sending tardigrades into space? 49

① Finding out whether the tardigrades can survive in space was never thought to be important.

② Tardigrades, along with other creatures that have been on earth for millions of years, can withstand X-rays and ultraviolet radiation.

③ The Israeli researchers did not expect so many tardigrades to survive the harsh environment of space.

④ The reason why no one has been to see if tardigrades can survive on the moon's surface attracted the author's attention.

MEMO

英　　　語
（リーディング）

（2023年1月実施）

80分　100点

追試験
2023

各大問の英文や図表を読み,解答番号 1 ～ 49 にあてはまるものとして最も適当な選択肢を選びなさい。

第1問 (配点 10)

A You are waiting in line for a walking tour of a castle and are asked to test a new device. You receive the following instructions from the staff.

Audio Guide Testing
for the Westville Castle Walking Tour

Thank you for helping us test our new audio guide. We hope you will enjoy your experience here at Westville Castle.

How to use
When you put the device on your ear, it will turn on. As you walk around the castle, detailed explanations will automatically play as you enter each room. If you want to pause an explanation, tap the button on the earpiece once. The device is programmed to answer questions about the rooms. If you want to ask a question, tap the button twice and whisper. The microphone will pick up your voice and you will hear the answer.

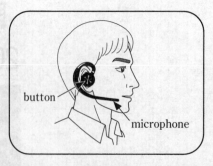

Before you leave
Drop the device off at the collection desk to the left of the exit, then fill in a brief questionnaire, and hand it to the staff. In return, you will receive a discount coupon to use at the castle's souvenir shop.

問 1 The device is most likely to be able to answer questions about the ☐1☐.

① interiors of the castle

② length of the walking tour

③ mechanism of the device

④ prices at the souvenir shop

問 2 To get the coupon, you must ☐2☐.

① ask the staff a question about the device

② give some feedback about the device

③ leave through the exit on the left

④ submit your completed audio guide test

B Your English teacher has given you a flyer for an international short film festival in your city. You want to attend the festival.

Star International Short Film Festival 2023
February 10 (Fri.)-12 (Sun.)

We are pleased to present a total of 50 short films to celebrate the first decade of the festival. Below are the four films that were nominated for the Grand Prize. Enjoy a special talk by the film's director following the first screening of each finalist film.

Grand Prize Finalist Films

 *My Pet Pigs*, USA (27 min.) This drama tells a heart-warming story about a family and their pets. ▸ Fri. 7 p.m. and Sat. 2 p.m. ▸ At Cinema Paradise, Screen 2	 *Chase to the Tower*, France (28 min.) A police chase ends with thrilling action at the Eiffel Tower. ▸ Fri. 5 p.m. and Sun. 7 p.m. ▸ At Cinema Paradise, Screen 1
Gold Medal Girl, China (25 min.) This documentary highlights the life of an amazing athlete. ▸ Sat. and Sun. 3 p.m. ▸ At Movie House, Main Screen	*Inside the Cave*, Iran (18 min.) A group of hikers has a scary adventure in this horror film. ▸ Fri. 3 p.m. and Sat. 8 p.m. ▸ At Movie House, Screen 1

Festival Passes	
Type	Price (yen)
3-day	4,000
2-day	3,000
1-day	2,000

▸ Festival Passes are available from each theater. The theaters will also sell single tickets for 500 yen before each screening.
▸ Festival Pass holders are invited to attend the special reception in the lobby of Cinema Paradise on February 12 (Sun.) at 8 p.m.

For the complete schedule of the short films showing during the festival, please visit our website.

問 1 If you are free on Sunday evening, which finalist film can you see?

| 3 |

① *Chase to the Tower*
② *Gold Medal Girl*
③ *Inside the Cave*
④ *My Pet Pigs*

問 2 What will happen at Cinema Paradise on the last night of the festival?

| 4 |

① An event to celebrate the festival will take place.
② Nominations will be made for the Grand Prize.
③ One of the directors will talk about *Chase to the Tower*.
④ The movie *My Pet Pigs* will be screened.

問 3 What is true about the short film festival? | 5 |

① Four talks by film directors will be held.
② Passes can be bought through the website.
③ Reservations are necessary for single tickets.
④ The finalist films can be seen on the same day.

第 2 問 (配点 20)

A You are a member of a school newspaper club and received a message from Paul, an exchange student from the US.

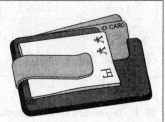

I have a suggestion for our next issue. The other day, I was looking for a new wallet for myself and found a website selling small slim wallets which are designed to hold cards and a few bills. Weighing only 60 g, they look stylish. As I mainly use electronic money, this type of wallet seemed useful. I shared the link with my friends and asked them what they thought. Here are their comments:

- I use a similar wallet now, and it holds cards securely.
- They look perfect for me as I walk a lot, and it would be easy to carry.
- I'd definitely use one if the store near my house accepted electronic money.
- Cards take up very little space. Cashless payments make it easier to collect points.
- I use both electronic money and cash. What would I do with my coins?
- Interesting! Up to 6 cards can fit in it, but for me that is a card-holder, not a wallet.
- I like to keep things like receipts in my wallet. When I asked my brother, though, he told me he wanted one!
- They are so compact that I might not even notice if I lost mine.

When I talked with them, even those who don't like this type of wallet pointed out some merits of using cards and electronic money. This made me wonder why many students still use bills and coins, and I thought this might be a good topic for our newspaper. What do you think?

2023年度　リーディング　追試験　43

問 1　Which question did Paul probably ask his friends?　　6

① Do you carry a wallet?

② Do you use electronic money?

③ What do you keep in your wallet?

④ What do you think about these wallets?

問 2　A **fact** about a slim wallet mentioned by one of Paul's friends is that it
　　7　.

① can hold half a dozen cards

② can slip out of a pocket easily

③ is ideal for walkers

④ is lighter than 80 g

問 3　One response shows that one of Paul's friends　　8　.

① finds slim wallets cool but doesn't want to use one

② prefers the capacity of a regular wallet

③ thinks slim wallets will be less popular in the future

④ uses a slim wallet with another wallet for coins

問 4　According to Paul's friend, using the wallet with electronic money makes it
　　easier to　　9　.

① carry safely

② receive benefits

③ record receipts

④ use at any shop

— 177 —

問 5　Paul wants to find out more about ▢10▢ .

① different types of electronic money

② students' reasons for using cash

③ the benefits of slim wallets for young people

④ the differences between small and large wallets

B You are reading the following article as you are interested in studying overseas.

Summer in Britain

Chiaki Suzuki

November 2022

This year, I spent two weeks studying English. I chose to stay in a beautiful city, called Punton, and had a wonderful time there. There were many things to do, which was exciting. I was never bored. It can get expensive, but I liked getting student discounts when I showed my student card. Also, I liked window-shopping and using the local library. I ate a variety of food from around the world, too, as there were many people from different cultural backgrounds living there. Most of the friends I made were from my English school, so I did not practice speaking English with the locals as much as I had expected. On the other hand, I came to have friends from many different countries. Lastly, I took public transport, which I found convenient and easy to use as it came frequently.

If I had stayed in the countryside, however, I would have seen a different side of life in Britain. My friend who stayed there had a lovely, relaxing experience. She said farmers sell their produce directly. Also, there are local theatres, bands, art and craft shows, restaurants, and some unusual activities like stream-jumping. However, getting around is not as easy, so it's harder to keep busy. You need to walk some distance to catch buses or trains, which do not come as often. In fact, she had to keep a copy of the timetables. If I had been in the countryside, I probably would have walked around and chatted with the local people.

I had a rich cultural experience and I want to go back to Britain. However, next time I want to connect more with British people and eat more traditional British food.

問 1　According to the article, Chiaki 　11　 .

① ate food from different countries
② improved her English as she had hoped
③ kept notes on cultural experiences
④ worked in a local shop

問 2　With her student ID, Chiaki was able to 　12　 .

① enter the local library
② get reduced prices
③ join a local student band
④ use public transport for free

問 3　Chiaki thinks 　13　 in Punton.

① it is easy to experience various cultures
② it is easy to make friends with the local people
③ there are many restaurants serving British food
④ there are many unusual local events

問 4　One **fact** Chiaki heard about staying in the countryside is that 　14　 .

① local people carry the bus timetable
② people buy food from farms
③ the cost of entertainment is high
④ there are fewer interesting things to do

問 5　Which best describes Chiaki's impression of her time in Britain? 　15　

① Her interest in craft shows grew.
② She enjoyed making lots of local friends.
③ She found the countryside beautiful.
④ Some of her experiences were unexpected.

— 180 —

第 3 問 (配点 15)

A　The exchange student in your school is a koi keeper. You are reading an article he wrote for a magazine called *Young Fish-Keepers*.

My First Fish

Tom Pescatore

I joined the Newmans Koi Club when I was 13, and as part of my club's tradition, the president went with me to buy my first fish. I used money I received for my birthday and purchased a 15 cm baby ghost koi. She now lives with other members' fish in the clubhouse tank.

I love my fish, and still read everything I can about ghosts. Although not well known in Japan, they became widely owned by UK koi keepers in the 1980s. Ghosts are a hybrid type of fish. My ghost's father was a Japanese ogon koi, and her mother was a wild mirror carp. Ghosts grow quickly, and she was 85 cm and 12 kg within a couple of years. Ghosts are less likely to get sick and they can survive for more than 40 years. Mine is now a gorgeous, four-year-old, mature, platinum ghost koi.

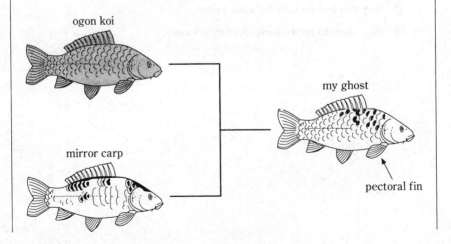

Ghosts are not considered as valuable as their famous "pure-bred" Japanese cousins, so usually don't cost much. This makes them affordable for a 13 year old with birthday present money. The most striking parts of my ghost are her metallic head and flashy pectoral fins that sparkle in the sunlight. As the name "ghost koi" suggests, these fish can fade in and out of sight while swimming. They are super-cool fish, so why not start with a ghost?

問 1　From the article, you know that Tom's fish is **not**　| 16 　|.

① adult

② cheap

③ pure-bred

④ tough

問 2　The species was named "ghost koi" because 　| 17 　|.

① their appearance is very frightening

② their shadowy fins flash when they swim

③ they can live secretly for a long time

④ they seem to mysteriously vanish in water

B You have entered an English speech contest and you are reading an essay to improve your presentation skills.

Gaining Courage

Rick Halston

In my last semester in college, I received an award for my final research presentation. I wasn't always good at speaking in front of people; in fact, one of my biggest fears was of making speeches. Since my primary school days, my shy personality had never been ideal for public speaking. From my first day of college, I especially feared giving the monthly class presentations. I would practise for hours on end. That helped somewhat, but I still sounded nervous or confused.

A significant change came before my most important presentation when I watched a music video from my favourite singer's newly released album. I noticed it sounded completely different from her previous work. She had switched from soft-rock to classical jazz, and her style of clothes had also changed. I thought she was taking a huge professional risk, but she displayed such confidence with her new style that I was inspired. I would change my sound and my look, too. I worked tirelessly to make my voice both bolder and calmer. I wore a suit jacket over my shirt, and with each practice, I felt my confidence grow.

When I started my final presentation, naturally, I was nervous, but gradually a sense of calm flowed through me. I was able to speak with clarity and answer the follow-up questions without tripping over my words. At that moment, I actually felt confident. Right then, I understood that we can either allow anxiety to control us or find new ways to overcome it. There is no single clear way to become a confident presenter, but thanks to that singer I realised that we need to uncover and develop our own courage.

50

問 1 Put the following events (①~④) into the order in which they happened.

18 → 19 → 20 → 21

① He felt nervous at the start of his final presentation.

② He made short presentations on a regular basis.

③ He was given a prize for his presentation.

④ He was motivated to take a risk and act more confidently.

問 2 Rick was moved by his favourite singer and 22 .

① accepted his own shy personality

② decided to go to her next concert

③ found new ways of going to class

④ learnt from her dramatic changes

問 3 From the essay, you learnt that Rick 23 .

① began to deal with his anxiety

② decided to change professions

③ improved his questioning skills

④ uncovered his talent for singing

— 184 —

第4問 (配点 16)

You and two friends have rented a section of a community garden for the first time. Your friends have written emails about their ideas for growing vegetables in the garden. Based on their ideas, you reply to finalize the garden plans.

March 23, 2023

Our Garden Plan

Hi! Daniel here! I scanned this great planting chart in a gardening book I got from the library. The black circles show when to plant seeds directly into the soil. The black squares show when to plant seedlings, which are like baby plants. The stars show when to harvest a vegetable.

Planting Schedule

	Mar.	Apr.	May	June	July	Aug.	Sept.	Oct.	Nov.
beans		● ●	●		☆ ☆				
cabbages	●	●			☆ ☆	■	■	☆	☆ ☆
carrots	●	●			☆ ☆				
onions			☆	☆ ☆			● ●		
potatoes	● ●			☆ ☆		●		☆	☆
tomatoes		● ■	■		☆	☆ ☆			

It's already late March, so I think we should plant the potatoes now. We can harvest them in June, and then plant them again in August. Also, I'd like to plant the carrots at the same time as the potatoes, and the cabbages the next month. After harvesting them in July, we can put in cabbage seedlings at the same time as we plant the onions. We won't be able to eat our onions until next year! I have bought tomato seedlings and would like to give them more time to grow before planting them. Let's plant the beans toward the end of April, and the tomatoes the following month.

Let's discuss the garden layout. We will have a 6 × 6 meter area and it can be divided into two halves, north and south. Beans, cabbages, and tomatoes grow above the ground so let's grow them together. How about in the southern part? We can grow the carrots, potatoes, and onions together because they all grow underground. They will go in the northern part.

March 24, 2023

Re: Our Garden Plan

Thanks, Daniel!

Rachel here. Your schedule is great, but I'd like to make some changes to your garden layout. We have six vegetables, so why don't we divide the garden into six sections?

We have to be careful about which vegetables we plant next to one another. I did a little research in a gardening book about the vegetables we'll grow. Some of our vegetables grow well together and they are called "friends." Others don't and they are "enemies." Our layout must consider this.

First, the tomatoes should go in the southern part of the garden. Tomatoes and cabbages are enemies and should be separated. Let's plant the cabbages in the southwest corner. The onions can be put in the middle because they are friends of both tomatoes and cabbages.

Next, let's think about the northern part of the garden. Let's put the beans in the western corner because beans and cabbages are friends. Carrots are friends with tomatoes so planting them in the eastern corner would be better. Potatoes can go in the middle. They are friends with beans and neutral with onions.

Well, what do you think of the layout?

— 186 —

March 25, 2023

Re: Re: Our Garden Plan

Hi!

It's me! Thanks for your excellent ideas! Below is the planting schedule Daniel suggested two days ago. First, we need to buy | 24 | kinds of seeds soon so we can plant them over the next two months!

| 25 |

Mar.	Early Apr.	Late Apr.	May	Aug.	Sept.
−[A] −potatoes	−[B]	−[C]	−[D]	−potatoes	−onions −cabbages

I made this garden layout using Rachel's idea.

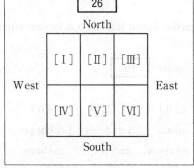

It is similar to Daniel's. The vegetables in the northern and southern halves are almost the same. Only the | 27 | are in different areas.

Rachel did a good job of considering friends and enemies. For our reference, I have made a chart.

| 28 |

We have not yet discussed | 29 |, but I think we should.

問 1　Choose the best option for ☐ 24 ☐.

① 3
② 4
③ 5
④ 6

問 2　Complete the planting schedule in your email.　Choose the best option for
☐ 25 ☐.

	[A]	[B]	[C]	[D]
①	cabbages	carrots	beans	tomatoes
②	cabbages	carrots	tomatoes	beans
③	carrots	cabbages	beans	tomatoes
④	carrots	tomatoes	cabbages	beans

問 3　Complete the garden layout information in your email.

Choose the best option for ☐ 26 ☐.

	[I]	[II]	[III]	[IV]	[V]	[VI]
①	beans	onions	tomatoes	cabbages	potatoes	carrots
②	beans	potatoes	carrots	cabbages	onions	tomatoes
③	cabbages	onions	carrots	beans	potatoes	tomatoes
④	cabbages	potatoes	tomatoes	beans	onions	carrots

Choose the best option for ☐ 27 ☐.

① beans and onions
② cabbages and potatoes
③ carrots and tomatoes
④ onions and potatoes

問 4 Which chart should appear in 28 ?
(◎：friends, ×：enemies)

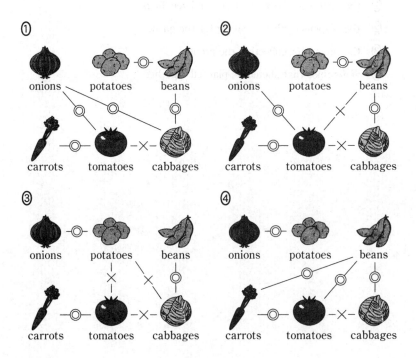

問 5 Choose the best option for 29 .

① the difference between seeds and seedlings
② the responsibilities of caring for the garden
③ the timing for collecting the crops
④ vegetables that should be planted together

第5問 (配点 15)

Your English teacher has told everyone in your class to choose a short story in English to read. You will introduce the following story to your classmates, using a worksheet.

Becoming an Artist

Lucy smiled in anticipation. In a moment she would walk onto the stage and receive her prize from the mayor and the judges of the drawing contest. The microphone screeched and then came the mayor's announcement. "And the winner of the drawing contest is... Robert McGinnis! Congratulations!"

Lucy stood up, still smiling. Then, her face blazing red with embarrassment, abruptly sat down again. What? There must be a mistake! But the boy named Robert McGinnis was already on the stage, shaking hands with the mayor and accepting the prize. She glanced at her parents, her eyes filled with tears of disappointment. They had expected her to do well, especially her father. "Oh Daddy, I'm sorry I didn't win," she whispered.

Lucy had enjoyed drawing since she was a little girl. She did her first drawing of her father when she was in kindergarten. Although it was only a child's drawing, it really looked like him. He was delighted, and, from that day, Lucy spent many happy hours drawing pictures to give to Mommy and Daddy.

As she got older, her parents continued to encourage her. Her mother, a busy translator, was happy that her daughter was doing something creative. Her father bought her art books. He was no artist himself, but sometimes gave her advice, suggesting that she look very carefully at what she was drawing and copy as accurately as possible. Lucy tried hard, wanting to improve her technique and please her father.

It had been Lucy's idea to enter the town drawing contest. She thought that if she won, her artistic ability would be recognized. She practiced every evening after school. She also spent all her weekends working quietly on her drawings, copying her subjects as carefully as she could.

Her failure to do well came as a great shock. She had worked so hard and her parents had been so supportive. Her father, however, was puzzled. Why did Lucy apologize at the end of the contest? There was no need to do so. Later, Lucy asked him why she had failed to win the competition. He answered sympathetically, "To me, your drawing was perfect." Then he smiled, and added, "But perhaps you should talk to your mother. She understands art better than I do."

Her mother was thoughtful. She wanted to give Lucy advice without damaging her daughter's self-esteem. "Your drawing was good," she told her, "but I think it lacked something. I think you only drew what you could see. When I translate a novel, I need to capture not only the meaning, but also the spirit of the original. To do that, I need to consider the meaning behind the words. Perhaps drawing is the same; you need to look under the surface."

Lucy continued to draw, but her art left her feeling unsatisfied. She couldn't understand what her mother meant. What was wrong with drawing what she could see? What else could she do?

Around this time, Lucy became friends with a girl called Cathy. They became close friends and Lucy grew to appreciate her for her kindness and humorous personality. Cathy often made Lucy laugh, telling jokes, saying ridiculous things, and making funny faces. One afternoon, Cathy had such a funny expression on her face that Lucy felt she had to draw it. "Hold that pose!" she told Cathy, laughing. She drew quickly, enjoying her friend's expression so much that she didn't really think about what she was doing.

When Lucy entered art college three years later, she still had that sketch. It had caught Cathy exactly, not only her odd expression but also her friend's kindness and her sense of humor — the things that are found under the surface.

2023年度　リーディング　追試験　59

Your worksheet:

---

1. Story title

"Becoming an Artist"

2. People in the story

Lucy: She loves to draw.

Lucy's father: He ⬚30⬚ .

Lucy's mother: She is a translator and supports Lucy.

Cathy: She becomes Lucy's close friend.

3. What the story is about

Lucy's growth as an artist:

⬚31⬚

⬚32⬚

⬚33⬚

⬚34⬚

Her drawing improves thanks to ⬚35⬚ and ⬚36⬚ .

4. My favorite part of the story

When the result of the contest is announced, Lucy says, "Oh Daddy, I'm sorry I didn't win."

This shows that Lucy ⬚37⬚ .

5. Why I chose this story

Because I want to be a voice actor and this story taught me the importance of trying to ⬚38⬚ to make the characters I play seem more real.

— 193 —

問 1　Choose the best option for　30　.

① gives Lucy some drawing tips

② has Lucy make drawings of him often

③ spends weekends drawing with Lucy

④ wants Lucy to work as an artist

問 2　Choose **four** out of the five descriptions (①~⑤) and rearrange them in the order they happened.　31　→　32　→　33　→　34

① She becomes frustrated with her drawing.

② She decides not to show anyone her drawings.

③ She draws with her feelings as well as her eyes.

④ She has fun making drawings as gifts.

⑤ She works hard to prove her talent at drawing.

問 3　Choose the best two options for　35　and　36　.　(The order does not matter.)

① a friend she couldn't help sketching

② a message she got from a novel

③ advice she received from her mother

④ her attempt to make a friend laugh

⑤ spending weekends drawing indoors

— 194 —

問 4 Choose the best option for ☐ 37 ☐ .

① didn't practice as much as her father expected

② knew her father didn't like her entering the contest

③ thought she should have followed her father's advice

④ was worried she had disappointed her father

問 5 Choose the best option for ☐ 38 ☐ .

① achieve a better understanding of people

② analyze my own feelings more deeply

③ describe accurately what is happening around me

④ use different techniques depending on the situation

62

第6問 （配点 24）

A You belong to an English discussion group. Each week, members read an article, create a summary, and make a challenging quiz question to share. For the next meeting, you read the following article.

Getting to Know Aquatic Species

The mysteries of the deep blue sea have fascinated ocean-watchers for millennia. Aquatic beings, however, cannot easily get to us. What if we go to them? Despite what you may expect, certain ocean animals will come right up to you. Dan McSweeney, a Hawaii-based underwater research photographer, tells a fascinating story. While he was studying whales underwater, one came charging at him. Whales are huge, so he was worried. The whale stopped, opened its mouth, and "passed" him some tuna. He accepted the gift. McSweeney believes that because of the air bubbles coming from his tank, the whale recognized him as a similar animal and offered the *sashimi*. Later, the whale came back, and McSweeney returned the food.

Friendly interactions with dolphins or whales are possible, but how about octopuses? Science fiction sometimes describes aliens as looking like octopuses, so this animal group "cephalopods," which means "head-feet," may be perceived as being distant from humans. Yet, if you learn more about them, you might be convinced there is the possibility of interaction. Octopuses have long tentacles (arms/legs) extending from soft round bodies. Besides touch and motion, each tentacle experiences smell and taste and has sucking disks, called *suckers*, that grab and manipulate things. Their eyes, like two independent cameras, can move 80° and focus on two different things at once. UC Berkeley researcher, Alexander Stubbs, confirms that while octopuses sense light and color differently from humans, they do recognize color

— 196 —

changes. These features might indicate that they are intelligent enough to interact with us. In fact, an article in *Everyday Mysteries* begins: "Question. Can an octopus get to know you? Answer. Yes."

Octopuses are known to "return your gaze" when you look at them. They may even remember you. This notion was tested by Roland C. Anderson and his colleagues, who conducted experiments with two similar-looking people wearing the same uniforms. The friendly person, who had fed and socialized with them, got a completely different reaction from the cephalopods than the other person who had not.

When taken from their natural habitat, octopuses can be mischievous, so watch out. They can push the lids off their tanks, escape, and go for a walk. Scientists sometimes get surprise visits. A paper from the Naples Zoological Station, written in 1959, talks about trying to teach three octopuses to pull a lever down for food. Two of them, Albert and Bertram, cooperated with the experiment, but Charles, a clever cephalopod, refused to do so. He shot water at the scientists and ended the experiment by breaking the equipment.

If you are interested in seeing their natural behavior and interactions, getting into the sea and having them come to you might work better. They may even raise a tentacle to motion you over. Around 2007, Peter Godfrey-Smith, a philosophy professor teaching at Harvard University, was home on vacation in Sydney, Australia. Exploring in the ocean, he came across a giant cephalopod. Godfrey-Smith was so impressed by the behavior he witnessed that he started developing philosophy theories based on his observations. Determined to find out what humans could learn from cephalopods, Godfrey-Smith let them guide him. On one ocean trip, another cephalopod took Godfrey-Smith's colleague by the hand on a 10-minute tour of the octopus's home, "as if he were being led across the sea floor by a very small, eight-legged child!"

How can you get sea creatures to come to you if you don't swim? The

Kahn family has solved this with "Coral World" in Eilat, Israel. The lowest floor of the building is actually constructed in the Red Sea, creating a "human display." Rather than the sea-life performances at many aquariums, you find yourself in a "people tank," where curious fish and sea creatures, swimming freely in the ocean, come to look at you. To make a good impression, you may want to wear nice clothes.

Your summary:

> ### Getting to Know Aquatic Species
>
> **General information**
> The author mainly wants to say that   39 .
>
> **Human-octopus interaction**
> Anderson's experiment suggests octopuses can   40 .
> The Naples Zoological Station experiment suggests octopuses can   41 .
> Godfrey-Smith's story suggests octopuses can be friendly.
>
> **The Kahn family**
> Established Coral World with the idea of   42 .

Your quiz question:

> Which of the following does <u>not</u> represent a story or episode from the article?
>
>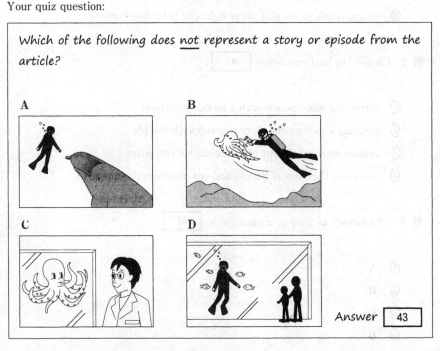
>
> Answer   43

問 1　Choose the best option for 　39　.

　① a good place where people can interact with octopuses is the ocean

　② eye contact is a key sign of friendship between different species

　③ interactions with sea creatures can be started by either side

　④ people should keep sea creatures at home to make friends with them

問 2　Choose the best options for 　40　 and 　41　.

　① be a good source for creating philosophical theories

　② be afraid of swimmers when they get close to their home

　③ be uncooperative with humans in a laboratory setting

　④ compete with other octopuses if they have chances to get treats

　⑤ recognize that someone they have met before is kind

　⑥ touch, smell, taste, and sense light and color like humans

問 3　Choose the best option for 　42　.

　① attracting more people with a unique aquarium

　② creating a convenient place to swim with sea life

　③ raising more intelligent and cooperative octopuses

　④ reversing the roles of people and sea creatures

問 4　The answer to your quiz question is 　43　.

　① A

　② B

　③ C

　④ D

— 200 —

B You are preparing a poster for an in-school presentation on a scientific discovery, using the following article.

As you are reading this, you probably have a pencil in your hand. In the center of every pencil is something called "lead." This dark gray material is not actually lead (Pb), but a different substance, graphite. Graphite has been a major area of research for many years. It is made up of thin layers of carbon that can be easily separated. Indeed, it is this ease of separation that enables the pencil to write. As the pencil rubs against the paper, thin layers of carbon are pulled off the pencil lead and left on the paper as lines or writing.

In 2004, two scientists, Andre Geim and Konstantin Novoselov, were investigating graphite at the University of Manchester, in the UK. They were trying to see if they could obtain a very thin slice of graphite to study. Their goal was to get a slice of carbon which was between 10 and 100 layers thick. Even though their university laboratory had the latest scientific equipment, they made their incredible breakthrough — for what was later to become a Nobel Prize-winning discovery — with only a cheap roll of sticky tape.

In a BBC News interview, Professor Geim described their technique. He said that the first step was to put sticky tape on a piece of graphite. Then, when the tape is pulled off, a flake of graphite will come off on the tape. Next, fold the tape in half, sticking the flake onto the other side of the tape. Then pull the tape apart to split the flake. You now have two flakes, roughly half as thick as before. Fold the tape together once more in a slightly different position to avoid having the flakes touch each other. Pull it apart again, and you will now have four thinner flakes than before. Repeat this procedure 10 or 20 times, and you're left with many very thin flakes attached to your tape. Finally, you dissolve the tape using chemicals so everything goes into a solution.

Geim and Novoselov then looked at the solution, and were surprised to see that the thin flakes were flat and not rolled up — and even more surprised that the flakes were as thin as only 10 layers of graphite. As graphite conducts electricity, it was only a matter of weeks before they were studying whether these thin sheets could be used in computer chips. By 2005, they had succeeded in separating a single layer of graphite. As this does not exist naturally, this new material was given a new name: graphene. Graphene is only one atom thick, and perhaps the thinnest material in the universe. It is one of the few two-dimensional (2D) materials known, and forms a six-sided, honeycomb-patterned structure. In addition, it is possibly the lightest and strongest substance known on earth. It is also excellent at carrying electricity. In fact, at laboratory temperatures (20-25℃), graphene conducts electricity faster than any known substance. This has led to manufacturers investing in further research because graphene-based batteries could last three times longer and be charged five times faster than lithium-ion batteries.

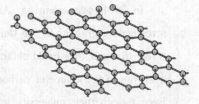

Figure 1. Structure of Graphene

Graphene has been called a super-material because of its amazing properties. It is 1,000 times lighter than paper and close to being totally transparent. It allows 98% of light to pass through it while at the same time it is so dense that even one molecule of helium gas cannot pass through it. It can also convert light into electricity. It is 200 times stronger than steel by weight: So strong in fact, that if you could make a 1 m^2 sheet of graphene, it would weigh less than a human hair and be strong enough to hold the weight of a cat. Quite simply, this material found in pencil lead has the potential to revolutionize the development of computer chips, rechargeable batteries, and strong, light-weight materials.

Your presentation poster draft:

Graphene

Basic information | 44 |

Graphene...

    A. is a 2D material.

    B. is a separated layer of graphite.

    C. is an extremely thin sheet of metal.

    D. is not a naturally occurring substance.

    E. looks like a sheet of wire mesh.

    F. was isolated without advanced equipment.

How Geim and Novoselov separated graphite (5 steps)

Step 1. Press sticky tape on graphite and remove.

Step 2.
Step 3. | 45 |
Step 4.

Step 5. Dissolve tape in a chemical solution and collect the flakes.

The properties of graphene

| 46 |
| 47 |

Future use

| 48 |

問 1 You are checking your poster. You spotted an error in the basic information section. Which of the following should you **remove**?　44

① A

② B

③ C

④ D

⑤ E

⑥ F

問 2 You are going to summarize the five-step process used to separate layers of graphite. Choose the best combination of steps to complete the process. 　45

A. Do this process over and over again.

B. Fold tape in two again so another part of the tape touches the graphite.

C. Fold tape in two and pull it apart.

D. Place tape on the thinner flakes and press down.

E. Pull a flake of graphite off some sticky tape.

① C → B → A

② C → E → D

③ D → C → B

④ D → E → A

⑤ E → C → A

⑥ E → C → D

― 204 ―

2023年度　リーディング　追試験　71

問 3　From the list below, select the two which best describe graphene's properties. (The order does not matter.)　46　・　47

① At average room temperature, it is the world's most efficient material for carrying electricity.

② Gram for gram, graphene is stronger and more resistant to electricity.

③ Graphene weighs slightly more than graphite per cm^2.

④ It allows almost all light to pass through its structure.

⑤ Its six-sided honeycomb structure allows gas particles to pass from one side to another.

問 4　From this passage, which of the following might graphene be used for in the future?　48

① A material for filtering small gas molecules from large ones

② Developing light-sensitive chips

③ Electricity resistant materials

④ Increasing the weight and strength of batteries

問 5　From this passage, we can infer that the writer　49　.

① believed that many great Nobel Prize-winning discoveries have been made with low-cost equipment

② knew about the potential of graphene to reduce the production costs and recharging times of rechargeable batteries

③ was impressed by the fact that graphene and all its properties had lain hidden in every pencil mark until being revealed by Geim and Novoselov

④ was surprised at how long it took for Geim and Novoselov to realize the potential of using thin sheets of graphene in computer chips

— 205 —

MEMO

英　　　語
（リーディング）

（2022年1月実施）

80分　100点

2

各大問の英文や図表を読み，解答番号 $\boxed{1}$ ～ $\boxed{48}$ にあてはまるものとして
最も適当な選択肢を選びなさい。

第1問 （配点 10）

A You are studying about Brazil in the international club at your senior high
school. Your teacher asked you to do research on food in Brazil. You find a
Brazilian cookbook and read about fruits used to make desserts.

Popular Brazilian Fruits	
Cupuaçu · Smells and tastes like chocolate · Great for desserts, such as cakes, and with yogurt · Brazilians love the chocolate-flavored juice of this fruit.	**Jabuticaba** · Looks like a grape · Eat them within three days of picking for a sweet flavor. · After they get sour, use them for making jams, jellies, and cakes.
Pitanga · Comes in two varieties, red and green · Use the sweet red one for making cakes. · The sour green one is only for jams and jellies.	**Buriti** · Orange inside, similar to a peach or a mango · Tastes very sweet, melts in your mouth · Best for ice cream, cakes, and jams

※入試に掲載された写真とは異なります

－208－

2022年度　リーディング　本試験　3

問 1　Both *cupuaçu* and *buriti* can be used to make ⬚1⬚ .

① a cake

② chocolate

③ ice cream

④ yogurt

問 2　If you want to make a sour cake, the best fruit to use is ⬚2⬚ .

① *buriti*

② *cupuaçu*

③ *jabuticaba*

④ *pitanga*

— 209 —

B You are looking at the website for the City Zoo in Toronto, Canada and you find an interesting contest announcement. You are thinking about entering the contest.

Contest!
Name a Baby Giraffe

Let's welcome our newest animal to the City Zoo!

A healthy baby giraffe was born on May 26 at the City Zoo.
He's already walking and running around!
He weighs 66 kg and is 180 cm tall.
Your mission is to help his parents, Billy and Noelle, pick a name for their baby.

How to Enter

◆ Click on the link here to submit your idea for his name and follow the directions.　　　　　　　　　　　　　　　→ **Enter Here**

◆ Names are accepted starting at 12:00 a.m. on June 1 until 11:59 p.m. on June 7.

◆ Watch the baby giraffe on the live web camera to help you get ideas.
　　　　　　　　　　　　　　　　　　　　→ **Live Web Camera**

◆ Each submission is $5. All money will go towards feeding the growing baby giraffe.

Contest Schedule

June 8	The zoo staff will choose five finalists from all the entries. These names will be posted on the zoo's website by 5:00 p.m.
June 9	How will the parents decide on the winning name? Click on the live stream link between 11:00 a.m. and 12:00 p.m. to find out!　　　　　　　　　　　　→ **Live Stream** Check our website for the winning name after 12:00 p.m.

Prizes

All five contest finalists will receive free one-day zoo passes valid until the end of July.

The one who submitted the winning name will also get a special photo of the baby giraffe with his family, as well as a private Night Safari Tour!

2022年度　リーディング　本試験　5

問 1　You can enter this contest between ☐ 3 ☐ .

① May 26 and May 31
② June 1 and June 7
③ June 8 and June 9
④ June 10 and July 31

問 2　When submitting your idea for the baby giraffe's name, you must ☐ 4 ☐ .

① buy a day pass
② pay the submission fee
③ spend five dollars at the City Zoo
④ watch the giraffe through the website

問 3　If the name you submitted is included among the five finalists, you will ☐ 5 ☐ .

① get free entry to the zoo for a day
② have free access to the live website
③ meet and feed the baby giraffe
④ take a picture with the giraffe's family

— 211 —

第 2 問 (配点 20)

A　You are on a *Future Leader* summer programme, which is taking place on a university campus in the UK.　You are reading the information about the library so that you can do your coursework.

Abermouth University Library
Open from 8 am to 9 pm
2022 Handout

Library Card: Your student ID card is also your library card and photocopy card.　It is in your welcome pack.

Borrowing Books

You can borrow a maximum of eight books at one time for seven days.　To check books out, go to the Information Desk, which is on the first floor.　If books are not returned by the due date, you will not be allowed to borrow library books again for three days from the day the books are returned.

Using Computers

Computers with Internet connections are in the Computer Workstations by the main entrance on the first floor. Students may bring their own laptop computers and tablets into the library, but may use them only in the Study Area on the second floor.　Students are asked to work quietly, and also not to reserve seats for friends.

Library Orientations

On Tuesdays at 10 am, 20-minute library orientations are held in the Reading Room on the third floor.　Talk to the Information Desk staff for details.

Comments from Past Students

- The library orientation was really good.　The materials were great, too!

- The Study Area can get really crowded.　Get there as early as possible to get a seat!

- The Wi-Fi inside the library is quite slow, but the one at the coffee shop next door is good.　By the way, you cannot bring any drinks into the library.

- The staff at the Information Desk answered all my questions.　Go there if you need any help!

- On the ground floor there are some TVs for watching the library's videos.　When watching videos, you need to use your own earphones or headphones. Next to the TVs there are photocopiers.

— 212 —

2022年度　リーディング　本試験　7

問 1 ☐ 6 ☐ are two things you can do at the library.

    A ： bring in coffee from the coffee shop

    B ： save seats for others in the Study Area

    C ： use the photocopiers on the second floor

    D ： use your ID to make photocopies

    E ： use your laptop in the Study Area

  ① A and B
  ② A and C
  ③ B and E
  ④ C and D
  ⑤ D and E

問 2 You are at the main entrance of the library and want to go to the orientation. You need to ☐ 7 ☐ .

  ① go down one floor
  ② go up one floor
  ③ go up two floors
  ④ stay on the same floor

問 3 ☐ 8 ☐ near the main entrance to the library.

  ① The Computer Workstations are
  ② The Reading Room is
  ③ The Study Area is
  ④ The TVs are

—213—

8

問 4 If you borrowed three books on 2 August and returned them on 10 August, you could [9] .

① borrow eight more books on 10 August

② borrow seven more books on 10 August

③ not borrow any more books before 13 August

④ not borrow any more books before 17 August

問 5 One **fact** stated by a previous student is that [10] .

① headphones or earphones are necessary when watching videos

② the library is open until 9 pm

③ the library orientation handouts are wonderful

④ the Study Area is often empty

— 214 —

B You are the editor of a school English paper. David, an exchange student from the UK, has written an article for the paper.

Do you like animals? The UK is known as a nation of animal-lovers; two in five UK homes have pets. This is lower than in the US, where more than half of homes have pets. However, Australia has the highest percentage of homes with pets!

Why is this so? Results of a survey done in Australia give us some answers.

Pet owners mention the following advantages of living with pets:
➢ The love, happiness, and friendship pets give (90%);
➢ The feeling of having another family member (over 60% of dog and cat owners);
➢ The happy times pets bring. Most owners spend 3-4 hours with their 'fur babies' every day and around half of all dog and cat owners let their pets sleep with them!

One disadvantage is that pets have to be cared for when owners go away. It may be difficult to organise care for them; 25% of owners take their pets on holidays or road trips.

These results suggest that keeping pets is a good thing. On the other hand, since coming to Japan, I have seen other problems such as space, time, and cost. Still, I know people here who are content living in small flats with pets. Recently, I heard that little pigs are becoming popular as pets in Japan. Some people take their pig(s) for a walk, which must be fun, but I wonder how easy it is to keep pigs inside homes.

10

問 1　In terms of the ratios for homes with pets, which shows the countries' ranking from **highest to lowest**?　| 11 |

① Australia — the UK — the US

② Australia — the US — the UK

③ The UK — Australia — the US

④ The UK — the US — Australia

⑤ The US — Australia — the UK

⑥ The US — the UK — Australia

問 2　According to David's report, one advantage of having pets is that　| 12 |.

① you can save money

② you can sleep longer

③ you will become popular

④ your life can be more enjoyable

問 3　The statement that best reflects one finding from the survey is　| 13 |

① 'I feel uncomfortable when I watch TV with my cat.'

② 'I spend about three hours with my pet every day.'

③ 'Most pets like going on car trips.'

④ 'Pets need a room of their own.'

— 216 —

2022年度　リーディング　本試験　11

問 4　Which best summarises David's opinions about having pets in Japan?

14

① It is not troublesome to keep pets.

② People might stop keeping pets.

③ Pet owners have more family members.

④ Some people are happy to keep pets inside their homes.

問 5　Which is the most suitable title for the article?　15

① Does Your Pet Sleep on Your Bed?

② What Does Keeping Pets Give Us?

③ What Pet Do You Have?

④ Why Not Keep a Pet Pig?

― 217 ―

第 3 問 (配点 15)

A You are interested in how Japanese culture is represented in other countries. You are reading a young UK blogger's post.

 Emily Sampson
Monday, 5 July, 8.00 pm

On the first two Sundays in July every year, there is an intercultural event in Winsfield called A Slice of Japan. I had a chance to go there yesterday. It is definitely worth visiting! There were many authentic food stands called *yatai*, hands-on activities, and some great performances. The *yatai* served green-tea ice cream, *takoyaki*, and *yakitori*. I tried green-tea ice cream and *takoyaki*. The *takoyaki* was especially delicious. You should try some!

I saw three performances. One of them was a *rakugo* comedy given in English. Some people were laughing, but somehow I didn't find it funny. It may be because I don't know much about Japanese culture. For me, the other two, the *taiko* and the *koto*, were the highlights. The *taiko* were powerful, and the *koto* was relaxing.

I attended a workshop and a cultural experience, which were fun. In the workshop, I learnt how to make *onigiri*. Although the shape of the one I made was a little odd, it tasted good. The *nagashi-somen* experience was really interesting! It involved trying to catch cooked noodles with chopsticks as they slid down a bamboo water slide. It was very difficult to catch them.

If you want to experience a slice of Japan, this festival is for you! I took a picture of the flyer. Check it out.

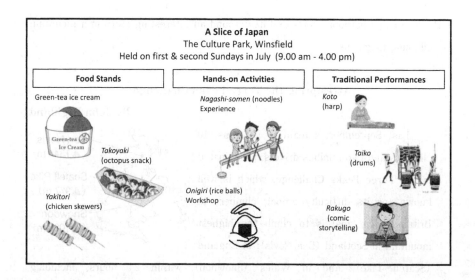

問 1 In Emily's blog, you read that she   16 .

① enjoyed Japanese traditional music
② learnt how to play Japanese drums
③ made a water slide from bamboo
④ was able to try all the *yatai* foods

問 2 Emily was most likely   17   when she was listening to the *rakugo* comedy.

① confused
② convinced
③ excited
④ relaxed

B You enjoy outdoor sports and have found an interesting story in a mountain climbing magazine.

Attempting the Three Peaks Challenge

By John Highland

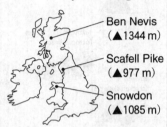

Last September, a team of 12 of us, 10 climbers and two minibus drivers, participated in the Three Peaks Challenge, which is well known for its difficulty among climbers in Britain. The goal is to climb the highest mountain in Scotland (Ben Nevis), in England (Scafell Pike), and in Wales (Snowdon) within 24 hours, including approximately 10 hours of driving between the mountains. To prepare for this, we trained on and off for several months and planned the route carefully. Our challenge would start at the foot of Ben Nevis and finish at the foot of Snowdon.

We began our first climb at six o'clock on a beautiful autumn morning. Thanks to our training, we reached the summit in under three hours. On the way down, however, I realised I had dropped my phone. Fortunately, I found it with the help of the team, but we lost 15 minutes.

We reached our next destination, Scafell Pike, early that evening. After six hours of rest in the minibus, we started our second climb full of energy. As it got darker, though, we had to slow down. It took four-and-a-half hours to complete Scafell Pike. Again, it took longer than planned, and time was running out. However, because the traffic was light, we were right on schedule when we started our final climb. Now we felt more confident we could complete the challenge within the time limit.

Unfortunately, soon after we started the final climb, it began to rain heavily and we had to slow down again. It was slippery and very difficult to see ahead. At 4.30 am, we realised that we could no longer finish in 24 hours.

2022年度　リーディング　本試験　15

Nevertheless, we were still determined to climb the final mountain. The rain got heavier and heavier, and two members of the team decided to return to the minibus. Exhausted and miserable, the rest of us were also ready to go back down, but then the sky cleared, and we saw that we were really close to the top of the mountain. Suddenly, we were no longer tired. Even though we weren't successful with the time challenge, we were successful with the climb challenge. We had done it. What a feeling that was!

問 1 Put the following events (①~④) into the order they happened.

　　18 → 19 → 20 → 21

　① All members reached the top of the highest mountain in Scotland.
　② Some members gave up climbing Snowdon.
　③ The group travelled by minibus to Wales.
　④ The team members helped to find the writer's phone.

問 2 What was the reason for being behind schedule when they completed Scafell Pike? 　22

　① It took longer than planned to reach the top of Ben Nevis.
　② It was difficult to make good progress in the dark.
　③ The climbers took a rest in order to save energy.
　④ The team had to wait until the conditions improved.

問 3 From this story, you learnt that the writer 　23 .

　① didn't feel a sense of satisfaction
　② reached the top of all three mountains
　③ successfully completed the time challenge
　④ was the second driver of the minibus

— 221 —

第4問 (配点 16)

You are a new student at Robinson University in the US. You are reading the blogs of two students, Len and Cindy, to find out where you can buy things for your apartment.

New to Robinson University?
Posted by Len at 4:51 p.m. on August 4, 2021

Getting ready for college? Do you need some home appliances or electronics, but don't want to spend too much money? There's a great store close to the university called Second Hand. It sells used goods such as televisions, vacuum cleaners, and microwaves. A lot of students like to buy and sell their things at the store. Here are some items that are on sale now. Most of them are priced very reasonably, but stock is limited, so hurry!

https://secondhand.web

Purchasing used goods is eco-friendly. Plus, by buying from Second Hand you'll be supporting a local business. The owner is actually a graduate of Robinson University!

Welcome to Robinson University!

Posted by Cindy at 11:21 a.m. on August 5, 2021

Are you starting at Robinson University soon? You may be preparing to buy some household appliances or electronics for your new life.

You're going to be here for four years, so buy your goods new! In my first year, I bought all of my appliances at a shop selling used goods near the university because they were cheaper than brand-new ones. However, some of them stopped working after just one month, and they did not have warranties. I had to replace them quickly and could not shop around, so I just bought everything from one big chain store. I wish I had been able to compare the prices at two or more shops beforehand.

The website called save4unistu.com is very useful for comparing the prices of items from different stores before you go shopping. The following table compares current prices for the most popular new items from three big stores.

Item	Cut Price	Great Buy	Value Saver
Rice Cooker (W 11 in. x D 14 in. x H 8 in.)	$115	$120	$125
Television (50 in.)	$300	$295	$305
Kettle (1ℓ)	$15	$18	$20
Microwave (1.1 cu. ft. 900 watts)	$88	$90	$95
Vacuum Cleaner (W 9 in. x L 14 in. x H 12 in.)	$33	$35	$38

https://save4unistu.com

Note that warranties are available for all items. So, if anything stops working, replacing it will be straightforward. Value Saver provides one-year warranties on all household goods for free. If the item is over $300, the warranty is extended by four years. Great Buy provides one-year warranties on all household goods, and students with proof of enrollment at a school get 10% off the prices listed on the table above. Warranties at Cut Price are not provided for free. You have to pay $10 per item for a five-year warranty.

Things go fast! Don't wait or you'll miss out!

18

問 1　Len recommends buying used goods because ☐24☐ .

① it will help the university

② most of the items are good for the environment

③ they are affordable for students

④ you can find what you need in a hurry

問 2　Cindy suggests buying ☐25☐ .

① from a single big chain store because it saves time

② from the website because it offers the best prices

③ new items that have warranties for replacement

④ used items because they are much cheaper than new items

問 3　Both Len and Cindy recommend that you ☐26☐ .

① buy from the store near your university

② buy your appliances as soon as you can

③ choose a shop offering a student discount

④ choose the items with warranties

— 224 —

2022年度　リーディング　本試験　19

問 4　If you want to buy new appliances at the best possible prices, you should [27].

① access the URL in Cindy's post

② access the URL in Len's post

③ contact one big chain store

④ contact shops close to the campus

問 5　You have decided to buy a microwave from [28] because it is the cheapest. You have also decided to buy a television from [29] because it is the cheapest with a five-year warranty. (Choose one for each box from options ①～④.)

① Cut Price

② Great Buy

③ Second Hand

④ Value Saver

— 225 —

第5問 (配点 15)

In your English class, you will give a presentation about a great inventor. You found the following article and prepared notes for your presentation.

Who invented television? It is not an easy question to answer. In the early years of the 20th century, there was something called a mechanical television system, but it was not a success. Inventors were also competing to develop an electronic television system, which later became the basis of what we have today. In the US, there was a battle over the patent for the electronic television system, which attracted people's attention because it was between a young man and a giant corporation. This patent would give the inventor the official right to be the only person to develop, use, or sell the system.

Farnsworth in 1939

Philo Taylor Farnsworth was born in a log cabin in Utah in 1906. His family did not have electricity until he was 12 years old, and he was excited to find a generator—a machine that produces electricity—when they moved into a new home. He was very interested in mechanical and electrical technology, reading any information he could find on the subject. He would often repair the old generator and even changed his mother's hand-powered washing machine into an electricity-powered one.

One day, while working in his father's potato field, he looked behind him and saw all the straight parallel rows of soil that he had made. Suddenly, it occurred to him that it might be possible to create an electronic image on a screen using parallel lines, just like the rows in the field. In 1922, during the spring semester of his first year at high school, he presented this idea to his chemistry teacher, Justin Tolman, and asked for advice about his concept of an electronic television system. With sketches and diagrams on blackboards, he showed the teacher how it might be accomplished, and Tolman encouraged him to develop his ideas.

On September 7, 1927, Farnsworth succeeded in sending his first electronic image. In the following years, he further improved the system so that it could successfully broadcast live images. The US government gave him a patent for this system in 1930.

However, Farnsworth was not the only one working on such a system. A giant company, RCA (Radio Corporation of America), also saw a bright future for television and did not want to miss the opportunity. They recruited Vladimir Zworykin, who had already worked on an electronic television system and had earned a patent as early as 1923. Yet, in 1931, they offered Farnsworth a large sum of money to sell them his patent as his system was superior to that of Zworykin's. He refused this offer, which started a patent war between Farnsworth and RCA.

The company took legal action against Farnsworth, claiming that Zworykin's 1923 patent had priority even though he had never made a working version of his system. Farnsworth lost the first two rounds of the court case. However, in the final round, the teacher who had copied Farnsworth's blackboard drawings gave evidence that Farnsworth did have the idea of an electronic television system at least a year before Zworykin's patent was issued. In 1934, a judge approved Farnsworth's patent claim on the strength of handwritten notes made by his old high school teacher, Tolman.

Farnsworth died in 1971 at the age of 64. He held about 300 US and foreign patents, mostly in radio and television, and in 1999, *TIME* magazine included Farnsworth in *Time 100: The Most Important People of the Century*. In an interview after his death, Farnsworth's wife Pem recalled Neil Armstrong's moon landing being broadcast. Watching the television with her, Farnsworth had said, "Pem, this has made it all worthwhile." His story will always be tied to his teenage dream of sending moving pictures through the air and those blackboard drawings at his high school.

Your presentation notes:

Philo Taylor Farnsworth (1906 – 1971)

— | 30 | —

Early Days

- born in a log cabin without electricity
- | 31 |
- | 32 |

Sequence of Key Events

| 33 |

| 34 |

Farnsworth successfully sent his first image.

| 35 |

| 36 |

RCA took Farnsworth to court.

Outcome

- Farnsworth won the patent battle against RCA thanks
  to | 37 | .

Achievements and Recognition

- Farnsworth had about 300 patents.
- TIME magazine listed him as one of the century's most
  important figures.
- | 38 |

問 1 Which is the best subtitle for your presentation? 　30

① A Young Inventor Against a Giant Company
② From High School Teacher to Successful Inventor
③ Never-Ending Passion for Generating Electricity
④ The Future of Electronic Television

問 2 Choose the best two options for 　31 and 　32 to complete Early Days. (The order does not matter.)

① bought a generator to provide his family with electricity
② built a log cabin that had electricity with the help of his father
③ enjoyed reading books on every subject in school
④ fixed and improved household equipment for his family
⑤ got the idea for an electronic television system while working in a field

問 3 Choose **four** out of the five events (①~⑤) in the order they happened to complete Sequence of Key Events.

33 → 34 → 35 → 36

① Farnsworth rejected RCA's offer.
② Farnsworth shared his idea with his high school teacher.
③ RCA won the first stage of the battle.
④ The US government gave Farnsworth the patent.
⑤ Zworykin was granted a patent for his television system.

— 229 —

24

問 4 Choose the best option for   37   to complete Outcome.

① the acceptance of his rival's technological inferiority

② the financial assistance provided by Tolman

③ the sketches his teacher had kept for many years

④ the withdrawal of RCA from the battle

問 5 Choose the best option for   38   to complete Achievements and Recognition.

① He and his wife were given an award for their work with RCA.

② He appeared on TV when Armstrong's first moon landing was broadcast.

③ His invention has enabled us to watch historic events live.

④ Many teenagers have followed their dreams after watching him on TV.

— 230 —

第6問 （配点 24）

A Your study group is learning about "how time of day affects people." You have found an article you want to share. Complete the summary notes for your next meeting.

When Does the Day Begin for You?

When asked "Are you a morning person?" some reply "No, I'm a night owl." Such people can concentrate and create at night. At the other end of the clock, a well-known proverb claims: "The early bird catches the worm," which means that waking early is the way to get food, win prizes, and reach goals. The lark is a morning singer, so early birds, the opposite of *owls*, are *larks*. Creatures active during the day are "diurnal" and those emerging at night are "nocturnal."

Yet another proverb states: "Early to bed, early to rise makes a man healthy, wealthy, and wise." *Larks* may jump out of bed and welcome the morning with a big breakfast, while *owls* hit the snooze button, getting ready at the last minute, usually without breakfast. They may have fewer meals, but they eat late in the day. Not exercising after meals can cause weight gain. Perhaps *larks* are healthier. *Owls* must work or learn on the *lark* schedule. Most schooling occurs before 4:00 p.m., so young *larks* may perform certain tasks better. Business deals made early in the day may make some *larks* wealthier.

What makes one person a *lark* and another an *owl*? One theory suggests preference for day or night has to do with time of birth. In 2010, Cleveland State University researchers found evidence that not only does a person's internal clock start at the moment of birth, but that those born at night might have lifelong challenges performing during daytime hours. Usually, their world

— 231 —

experience begins with darkness. Since traditional study time and office work happen in daylight, we assume that day begins in the morning. People asleep are not first in line, and might miss chances.

Does everyone follow the system of beginning days in the morning? The Jewish people, an approximately 6,000-year-old religious group, believe a day is measured from sundown until the following sundown—from eve to eve. Christians continue this tradition with Christmas Eve. The Chinese use their system of 12 animals not only to mark years, but to separate each two-hour period of the day. The hour of the rat, the first period, is from 11:00 p.m. to 1:00 a.m. Chinese culture also begins the day at night. In other words, ancient customs support how *owls* view time.

Research indicates *owls* are smarter and more creative. So, perhaps *larks* are not always wiser! That is to say, *larks* win "healthy" and sometimes "wealthy," but they may lose "wise." In an early report, Richard D. Roberts and Patrick C. Kyllonen state that *owls* tend to be more intelligent. A later, comprehensive study by Franzis Preckel, for which Roberts was one of the co-authors, came to the same conclusion. It is not all good news for *owls*, though. Not only can schoolwork be a challenge, but they may miss daytime career opportunities and are more likely to enjoy the bad habits of "nightlife," playing at night while *larks* sleep. Nightlife tends to be expensive. A University of Barcelona study suggests *larks* are precise, seek perfection, and feel little stress. *Owls* seek new adventures and exciting leisure activities, yet they often have trouble relaxing.

Can people change? While the results are not all in, studies of young adults seem to say no, we are hard-wired. So, as young people grow and acquire more freedom, they end up returning to their *lark* or *owl* nature. However, concerns arise that this categorization may not fit everyone. In addition to time of birth possibly being an indication, a report published in *Nature Communications* suggests that DNA may also affect our habits concerning time. Other works focus on changes occurring in some people due to aging or illness. New research in this area appears all the time. A study of university students in Russia suggests that there are six types, so *owls* and *larks* may not be the only birds around!

2022年度　リーディング　本試験　27

Your summary notes:

When Does the Day Begin for You?

Vocabulary

    Definition of <u>diurnal</u>:　| 39 |

      ⇔ opposite: nocturnal

The Main Points

- Not all of us fit easily into the common daytime schedule, but we are forced to follow it, especially when we are children.
- Some studies indicate that the most active time for each of us is part of our nature.
- Basically, | 40 | .
- Perspectives keep changing with new research.

Interesting Details

- The Jewish and Christian religions, as well as Chinese time division, are referred to in the article in order to | 41 | .
- Some studies show that | 42 | may set a person's internal clock and may be the explanation for differences in intelligence and | 43 | .

問 1　Choose the best option for | 39 | .

  ① achieves goals quickly

  ② likes keeping pet birds

  ③ lively in the daytime

  ④ skillful in finding food

— 233 —

問 2 Choose the best option for ☐ 40 ☐ .

① a more flexible time and performance schedule will be developed in the future

② enjoying social activities in the morning becomes more important as we age

③ it might be hard for us to change what time of day we perform best

④ living on the *owl* schedule will eventually lead to social and financial benefits

問 3 Choose the best option for ☐ 41 ☐ .

① explain that certain societies have long believed that a day begins at night

② indicate that nocturnal people were more religious in the past

③ say that people have long thought they miss chances due to morning laziness

④ support the idea that *owls* must go to work or school on the *lark* schedule

問 4 Choose the best options for ☐ 42 ☐ and ☐ 43 ☐ .

① amount of sleep

② appearance

③ behavior

④ cultural background

⑤ religious beliefs

⑥ time of birth

— 234 —

B You are in a student group preparing a poster for a scientific presentation contest with the theme "What we should know in order to protect the environment." You have been using the following passage to create the poster.

Recycling Plastic
—What You Need to Know—

   The world is full of various types of plastic. Look around, and you will see dozens of plastic items. Look closer and you will notice a recycling symbol on them. In Japan, you might have seen the first symbol in Figure 1 below, but the United States and Europe have a more detailed classification. These recycling symbols look like a triangle of chasing pointers, or sometimes a simple triangle with a number from one to seven inside. This system was started in 1988 by the Society of the Plastics Industry in the US, but since 2008 it has been administered by an international standards organization, ASTM (American Society for Testing and Materials) International. Recycling symbols provide important data about the chemical composition of plastic used and its recyclability. However, a plastic recycling symbol on an object does not always mean that the item can be recycled. It only shows what type of plastic it is made from and that it might be recyclable.

Figure 1. Plastic recycling symbols

   So, what do these numbers mean? One group (numbers 2, 4, and 5) is considered to be safe for the human body, while the other group (numbers 1, 3, 6, and 7) could be problematic in certain circumstances. Let us look at the safer group first.
   High-density Polyethylene is a recycle-type 2 plastic and is commonly called HDPE. It is non-toxic and can be used in the human body for heart

valves and artificial joints. It is strong and can be used at temperatures as low as −40℃ and as high as 100℃. HDPE can be reused without any harm and is also suitable for beer-bottle cases, milk jugs, chairs, and toys. Type 2 products can be recycled several times. Type 4 products are made from Low-density Polyethylene (LDPE). They are safe to use and are flexible. LDPE is used for squeezable bottles, and bread wrapping. Currently, very little Type 4 plastic is recycled. Polypropylene (PP), a Type 5 material, is the second-most widely produced plastic in the world. It is light, non-stretching, and has a high resistance to impact, heat, and freezing. It is suitable for furniture, food containers, and polymer banknotes such as the Australian dollar. Only 3% of Type 5 is recycled.

Now let us look at the second group, Types 1, 3, 6, and 7. These are more challenging because of the chemicals they contain or the difficulty in recycling them. Recycle-type 1 plastic is commonly known as PETE (Polyethylene Terephthalate), and is used mainly in food and beverage containers. PETE containers — or PET as it is often written in Japan — should only be used once as they are difficult to clean thoroughly. Also, they should not be heated above 70℃ as this can cause some containers to soften and change shape. Uncontaminated PETE is easy to recycle and can be made into new containers, clothes, or carpets, but if PETE is contaminated with Polyvinyl Chloride (PVC), it can make it unrecyclable. PVC, Type 3, is thought to be one of the least recyclable plastics known. It should only be disposed of by professionals and never set fire to at home or in the garden. Type 3 plastic is found in shower curtains, pipes, and flooring. Type 6, Polystyrene (PS) or Styrofoam as it is often called, is hard to recycle and catches fire easily. However, it is cheap to produce and lightweight. It is used for disposable drinking cups, instant noodle containers, and other food packaging. Type 7 plastics (acrylics, nylons, and polycarbonates) are difficult to recycle. Type 7 plastics are often used in the manufacture of vehicle parts such as seats, dashboards, and bumpers.

Currently, only about 20% of plastic is recycled, and approximately 55% ends up in a landfill. Therefore, knowledge about different types of plastic could help reduce waste and contribute to an increased awareness of the environment.

Your presentation poster draft:

Do you know the plastic recycling symbols?

What are plastic recycling symbols?

44

Types of plastic and recycling information

Type	Symbol	Description	Products
1	PETE (PET)	This type of plastic is common and generally easy to recycle.	drink bottles, food containers, etc.
2	HDPE	This type of plastic is easily recycled 45 .	heart valves, artificial joints, chairs, toys, etc.
3	PVC	This type of plastic is 46 .	shower curtains, pipes, flooring, etc.
4	4		

Plastics with common properties

47

48

問 1 Under the first poster heading, your group wants to introduce the plastic recycling symbols as explained in the passage. Which of the following is the most appropriate? 44

① They are symbols that rank the recyclability of plastics and other related problems.

② They provide information on the chemical make-up and recycling options of the plastic.

③ They tell the user which standards organization gave them certificates for general use.

④ They were introduced by ASTM and developed by the Society of the Plastics Industry.

問 2 You have been asked to write descriptions of Type 2 and Type 3 plastics. Choose the best options for 45 and 46 .

Type 2 45

① and commonly known as a single-use plastic

② and used at a wide range of temperatures

③ but harmful to humans

④ but unsuitable for drink containers

Type 3 46

① difficult to recycle and should not be burned in the yard

② flammable; however, it is soft and cheap to produce

③ known to be a non-toxic product

④ well known for being easily recyclable

— 238 —

問 3 You are making statements about some plastics which share common properties. According to the article, which two of the following are appropriate? (The order does not matter.) 47 · 48

① Boiling water (100℃) can be served in Type 1 and Type 6 plastic containers.

② It is easy to recycle products with Type 1, 2, and 3 logos.

③ Products with the symbols 1, 2, 4, 5, and 6 are suitable for food or drink containers.

④ Products with Type 5 and Type 6 markings are light in weight.

⑤ Type 4 and 5 plastics are heat resistant and are widely recycled.

⑥ Type 6 and 7 plastics are easy to recycle and environmentally friendly.

MEMO

英　　　語
（リーディング）

（2022年1月実施）

80分　100点

追試験
2022

各大問の英文や図表を読み，解答番号 | 1 | ～ | 48 | にあてはまるものとして最も適当な選択肢を選びなさい。

第1問 （配点 10）

A You are studying at a senior high school in Alberta, Canada. Your classmate Bob is sending you messages about the after-school activities for this term.

Hey! How are you doing?

Hi Bob. I'm great!

Did you hear about this? We've got to choose our after-school activities for this term.

Yes! I'm going to join the volunteer program and tutor at an elementary school.

What are you going to tutor?

They need tutors for different grades and subjects. I want to help elementary school kids learn Japanese. How about you? Are you going to sign up for this program?

Yes, I'm really interested in the volunteer program, too.

You are good at geography and history. Why don't you tutor the first-year senior high school students?

I don't want to tutor at a senior high school. I was thinking of volunteering at an elementary school or a kindergarten, but not many students have volunteered at junior high schools. So, I think I'll tutor there.

Really? Tutoring at a junior high school sounds difficult. What would you want to teach there?

When I was in junior high school, math was really hard for me. I'd like to tutor math because I think it's difficult for students.

問 1 Where does Bob plan to help as a volunteer? | 1 |

① At a junior high school
② At a kindergarten
③ At a senior high school
④ At an elementary school

問 2 What is the most appropriate response to Bob's last message? | 2 |

① My favorite subject was math, too.
② We will tutor at the same school then.
③ Wow, that's a great idea!
④ Wow, you really love Japanese!

B You are a senior high school student and thinking about studying abroad. You find an advertisement for an online event where you can learn about studying and working in the US.

Online Study Abroad and Career Information Sessions 2022
The American Students' Network is planning three Virtual Sessions.

Session Date/Time*	Details
Study: Senior High School (for junior and senior high school students)	
Virtual Session 1 July 31 3 p.m.-5 p.m.	What is it like to study at an American senior high school? ➢ Classes, homework, and grades ➢ After-school activities and sports ☆ You will hear from students all over the US. Take a chance to ask questions!
Study: University (for senior high school students)	
Virtual Session 2 August 8 9 a.m.-12 p.m.	What can you expect while studying at a university in the US? ➢ Advice for succeeding in classes ➢ Campus life and student associations ☆ Listen to a famous professor's live talk. Feel free to ask questions!
Work: Careers (for senior high school and university students)	
Virtual Session 3 August 12 1 p.m.-4 p.m.	How do you find a job in the US? ➢ Job hunting and how to write a résumé ➢ Meet a wide range of professionals including a flight attendant, a chef, an actor, and many more! ☆ Ask questions about their jobs and work visas.

*Central Standard Time (CST)

Click here to register by July 29, 2022. → **Session Registration**
Please provide your full name, date of birth, email address, name of your school, and indicate the virtual session (s) you're interested in.

問 1　On which day can you listen to a lecture?　3

① July 29

② July 31

③ August 8

④ August 12

問 2　You should attend Sessions 1 and 2 to　4　.

① find out about application procedures

② get information about studying in the US

③ share your study abroad experiences

④ talk to people with different jobs

問 3　To register for any of these virtual sessions, you need to supply　5　.

① questions you have

② your birthday

③ your choice of career

④ your home address

40

第2問 (配点 20)

A You are an exchange student in the UK. Your host family is going to take you to Hambury for a weekend to experience some culture. You are looking at the information about what you can do near the hotel and the reviews of the hotel where you will stay.

White Horse Hotel
In Hambury Square

Things to do & see near the hotel:

◆ Hambury Church: It's only 10 minutes on foot.

◆ The farmers' market: It's held in the square every first and third weekend.

◆ The Kings Arms: Have lunch in the oldest building in Hambury (just across from the hotel).

◆ East Street: You can get all your gifts there (15-minute walk from the hotel).

◆ The Steam House: It's next to Hambury Railway Museum, by the station.

◆ The walking tour (90 minutes): It starts in the square at 11 am every Tuesday and Saturday.

◆ The stone circle: Every Tuesday lunchtime there is live music (just behind the church).

◆ The old castle (admission: £5): See the play *Romeo and Juliet* every Saturday night. (Get your tickets at the castle gate, across from the station, for £15.)

Become a member* of the White Horse Hotel and get:

◆ a free ticket to the railway museum

◆ tickets to the play for only £9 per person

◆ a discount coupon for Memory Photo Studio (get a photo of you wearing traditional Victorian clothes). Open every day, 9.00 am–5.30 pm.

*Membership is free for staying guests.

〰〰〰〰〰〰〰〰〰〰〰〰〰〰〰〰〰〰〰〰〰〰〰〰〰

Most popular reviews:

We will be back

It's a nice hotel in the centre of the town with a great breakfast. Though the shops are limited, the town is pretty and walking to the beautiful church only took 5 minutes. The tea and cakes at the Steam House are a must. Sally

Lovely Town

Our room was very comfortable, and the staff were kind. Coming from Australia, I thought the play in the castle was great, and the walking tour was very interesting. I also recommend the stone circle (if you don't mind a 10-minute walk up a hill). Ben

— 246 —

問 1 | 6 | is the closest to the White Horse Hotel.

① East Street

② Hambury Church

③ The Kings Arms

④ The stone circle

問 2 | 7 | is one combination of activities you can do if you visit Hambury on the third Saturday of the month.

A : go on a walking tour

B : have your photo taken

C : listen to the live music

D : shop at the farmers' market

① A，B，and C

② A，B，and D

③ A，C，and D

④ B，C，and D

問 3 You want to get cheaper tickets for *Romeo and Juliet*. You will | 8 | .

① become a member of the hotel

② buy your tickets at the castle

③ get free tickets from the hotel

④ wear traditional Victorian clothes

42

問 4 One advantage of the hotel the reviews do **not** mention is the ⬚9⬚ .

① comfort
② discounts
③ food
④ service

問 5 Which best reflects the opinions of the reviewers? ⬚10⬚

① The activities were fun, and the shops good.
② The hotel room was pretty, and the photo studio great.
③ The music was good, and the activities interesting.
④ The sightseeing was exciting, and the hotel conveniently placed.

B Your English teacher has given you this article to read to prepare for a class debate.

When I was in elementary school, my favorite time at school was when I talked and ran around with my friends during recess, the long break after lunch. Recently, I learned that some elementary schools in the US have changed the timing of recess to before lunch. In 2001, less than 5% of elementary schools had recess before lunch. By 2012, more than one-third of schools had changed to this new system. Surveys were conducted to find out more about this change. Here are the results.

It's good to have recess before lunch because:
- Students get hungrier and want to eat.
- Students don't rush meals to play outside after lunch.
- Students are calmer and focus better in the afternoon.
- Less food is wasted.
- Fewer students say they have headaches or stomachaches.
- Fewer students visit the school nurse.

However, there are some challenges to having recess before lunch:
- Students may forget to wash their hands before eating.
- Students may get too hungry as lunch time is later.
- Schools will have to change their timetables.
- Teachers and staff will have to alter their schedules.

This is an interesting idea and more schools need to consider it. As a child, I remember being very hungry before lunch. You might say having lunch later is not practical. However, some say schools can offer a small healthy morning snack. Having food more often is better for students' health, too. What about washing hands? Well, why not make it part of the schedule?

問 1　Which question are you debating? In schools, should ⬚11⬚ ?

① break be made shorter

② food waste be reduced

③ lunches be made healthier

④ recess be rescheduled

問 2　One advantage of having recess before lunch is: Students ⬚12⬚ .

① do not need morning snacks

② have a longer break

③ study more peacefully

④ wash their hands better

問 3　One concern with having recess before lunch is: ⬚13⬚ .

① Schools may need more school nurses

② Schools may need to make new schedules

③ Students may spend more time inside

④ Students may waste more food

— 250 —

問 4 Which of the following problems could be solved by the author's suggestion? 14

① School schedules will need changing.
② School staff will have to eat later.
③ Students will be less likely to wash their hands.
④ Students will leave their lunch uneaten.

問 5 In the author's opinion, more schools should help students 15 .

① adopt better eating habits
② enjoy eating lunch earlier
③ not visit the school nurse
④ not worry about changes in the timetable

第3問 (配点 15)

A Your English teacher from the UK writes a blog for her students. She has just written about an Expo that is being held in your city, and you are interested in it.

 Tracy Pang
Monday, 10 August, 11.58 pm

Last weekend, I went to the International Save the Planet Expo held at the Convention Centre. There were a lot of creative ideas that we could try at home. No wonder there were so many people taking part.

The exhibition on remaking household items was particularly inspiring. It was amazing to see how things we normally throw away can be remade into useful and stylish items. They looked nothing like the original products. The workshops were excellent, too. Some sessions were in English, which was perfect for me (and for you, too)! I joined one of them and made a jewellery box from an egg carton. We first chose the base colour, and then decided on the materials for decoration. I had no confidence in making something usable, but it turned out lovely.

If you are interested, the Expo is on until 22 August. I strongly suggest that you avoid the weekend crowds, though. The calendar below shows the dates of the Expo and the workshops.

International Save the Planet Expo (August 4–22)							
Sunday	Monday	Tuesday	Wednesday	Thursday	Friday	Saturday	
						1	
2	3	4	5 W★	6	7	8 W★	
9 W	10 W★	11	12 W	13	14	15 W	
16 W	17 W	18	19 W★	20	21	22 W★	
23	24	25	26	27	28	29	
30	31						

W = workshop (★ in English)

問 1 Tracy attended the workshop to learn about ⬚16⬚ .

  ① combining colours creatively
  ② decreasing household food waste
  ③ redecorating rooms in a house
  ④ transforming everyday items

問 2 Based on Tracy's recommendation, the best date for you to attend a workshop in English is on ⬚17⬚ .

  ① 12 August
  ② 16 August
  ③ 19 August
  ④ 22 August

B Your British friend shows you an interesting article about dogs in the UK.

A Dog-Lover's Paradise

A visit to Robert Gray's dog rescue shelter in Greenfields will surprise you if your idea of a dog shelter is a place where dogs are often kept in crowded conditions. When I was asked to visit there last summer to take photographs for this magazine, I jumped at the chance. I will never forget how wonderful it was to see so many healthy, happy dogs running freely across the fields.

At the time of my visit, around 70 dogs were living there. Since then, the number has grown to over 100. For these dogs, the shelter is a safe place away from their past lives of neglect. The owner, Robert Gray, began taking in homeless dogs from the streets of Melchester in 2008, when dogs running wild in the city were a growing problem. Robert started the shelter in his back garden, but the number of dogs kept increasing day by day, quickly reaching 20. So, in the summer of 2009, he moved the shelter to his uncle's farm in Greenfields.

Although what I saw in Greenfields seemed like a paradise for the dogs, Robert told me that he has faced many difficulties in running the shelter. Since the very early days in Melchester, the cost of providing the dogs with food and medical treatment has been a problem. Another issue concerns the behaviour of the dogs. Some neighbouring farmers are unhappy about dogs wandering onto their land and barking loudly, which can frighten their farm animals. Most of the dogs are actually very friendly, though.

The number of dogs continues to grow, and Robert hopes that visitors will find a dog they like and give it a permanent home. One adorable dog named Muttley followed me everywhere. I was in love! I promised Muttley that I would return soon to take him home with me.

Mike Davis (January, 2022)

問 1 Put the following events (①～④) into the order they happened.

18 → 19 → 20 → 21

① The dog shelter began having financial problems.

② The dog shelter moved to a new location.

③ The number of dogs reached one hundred.

④ The writer visited the dog shelter in Greenfields.

問 2 The dog shelter was started because 22 .

① in Melchester, there were a lot of dogs without owners

② people wanted to see dogs running freely in the streets

③ the farmers in Greenfields were worried about their dogs

④ there was a need for a place where people can adopt dogs

問 3 From this article, you learnt that 23 .

① Robert's uncle started rescuing dogs in 2008

② the dogs are quiet and well behaved

③ the shelter has stopped accepting more dogs

④ the writer is thinking of adopting a dog

50

第4問 (配点 16)

To make a schedule for your homestay guest, Tom, you are reading the email exchange between your family and him.

Hi Tom,

Your arrival is just around the corner, so we are writing to check some details. First, what time will you land at Asuka International Airport? We'd like to meet you in the arrivals area.

While you are staying with us, we'll eat meals together. We usually have breakfast at 7:30 a.m. and dinner at 7 p.m. on weekdays. Do you think that will work, or would another time suit you better?

We would like to show you around Asuka. There will be a neighborhood festival on the day after you arrive from noon to 4 p.m. You can join one of the groups carrying a portable shrine, called a *mikoshi*. After the festival, at 8 p.m., there will be a fireworks display by the river until 9 p.m.

Also, we would like to take you to a restaurant one evening. Attached is some information about our favorite places. As we don't know what you like, please tell us which looks best to you.

Restaurants	Comments	Notes
Asuka Steak	A local favorite for meat lovers	Closed Tue.
Kagura Ramen	Famous for its chicken ramen	Open every day
Sushi Homban	Fresh and delicious seafood	Closed Mon.
Tempura Iroha	So delicious!	Closed Wed.

Finally, according to your profile, you collect samurai figures. Chuo Dori, the main street in our town, has many shops that sell them. There are also shops selling food, clothes, computer games, stationery, etc. You can have a great time there. What do you think? Would you like to go there?

See you soon,
Your Host Family

— 256 —

The email below is Tom's reply to your family.

Dear Host Family,

Thank you for your email. I'm really looking forward to my visit to Japan. You don't have to come to the airport. Hinode University is arranging transportation for us to the campus. There will be a welcome banquet till 7 p.m. in Memorial Hall. After the banquet, I will wait for you at the entrance to the building. Would that be all right?

I think I need half a day to recover from the flight, so I might like to get up late and just relax in the afternoon the next day. The fireworks at night sound exciting.

Starting Monday, my language lessons are from 8 a.m., so could we eat breakfast 30 minutes earlier? My afternoon activities finish at 5 p.m. Dinner at 7 p.m. would be perfect.

Thank you for the list of restaurants with comments. To tell you the truth, I'm not fond of seafood, and I don't eat red meat. I have no afternoon activities on the 10th, so could we go out to eat on that day?

As for shopping, Chuo Dori sounds like a great place. While we're there I'd like to buy some Japanese snacks for my family, too. Since my language classes finish at noon on the 12th, could we go shopping on that afternoon?

Can't wait to meet you!
Tom

52

[Your notes for Tom's schedule]

Day/Date	With Family	School
Sat. 6th	Arrival & pick up at 24	Reception
Sun. 7th	25	· Language classes
Mon. 8th		8 a.m. – 3 p.m.
Tue. 9th		(until noon on Fri.)
Wed. 10th	Dinner at 26	· Afternoon activities until
Thurs. 11th		5 p.m.
Fri. 12th	Shopping for 27 & 28	(except Wed. & Fri.)
Sat. 13th	Departure	
*Mon. – Fri.	Breakfast 29 Dinner 7 p.m.	

問 1　Where will your family meet Tom?　24

① Asuka International Airport

② the Banquet Room

③ the entrance to Memorial Hall

④ the main gate of Hinode University

問 2　Choose what Tom will do on Sunday.　25

① Attend a welcome banquet

② Carry a portable shrine

③ Go to a festival

④ Watch fireworks

— 258 —

2022年度　リーディング　追試験　53

問 3　Choose the restaurant where your family will take Tom. 　26

①　Asuka Steak

②　Kagura Ramen

③　Sushi Homban

④　Tempura Iroha

問 4　Choose what Tom will shop for. 　27 ・ 28 　(The order does not matter.)

①　Action figures

②　Clothes

③　Computer games

④　Food

⑤　Stationery

問 5　You will have breakfast with Tom at 　29

①　6:30 a.m.

②　7:00 a.m.

③　7:30 a.m.

④　8:00 a.m.

— 259 —

54

第 5 問 (配点 15)

You are applying for a scholarship to attend an international summer program. As part of the application process, you need to make a presentation about a famous person from another country. Complete your presentation slides based on the article below.

During his 87 years of life, both above and below the waves, Jacques Cousteau did many great things. He was an officer in the French navy, an explorer, an environmentalist, a filmmaker, a scientist, an author, and a researcher who studied all forms of underwater life.

Born in France in 1910, he went to school in Paris and then entered the French naval academy in 1930. After graduating in 1933, he was training to become a pilot, when he was involved in a car accident and was badly injured. This put an end to his flying career. To help recover from his injuries, Cousteau began swimming in the Mediterranean, which increased his interest in life underwater. Around this time, he carried out his first underwater research. Cousteau remained in the navy until 1949, even though he could no longer follow his dream of becoming a pilot.

In the 1940s, Cousteau became friends with Marcel Ichac, who lived in the same village. Both men shared a desire to explore unknown and difficult-to-reach places. For Ichac this was mountain peaks, and for Cousteau it was the mysterious world under the sea. In 1943, these two neighbors became widely recognized when they won a prize for the first French underwater documentary.

Their documentary, *18 Meters Deep*, had been filmed the previous year without breathing equipment. After their success they went on to make another film, *Shipwrecks*, using one of the very first underwater breathing devices, known as the Aqua-Lung. While filming *Shipwrecks*, Cousteau was not satisfied with how long he could breathe underwater, and made improvements to its design. His improved equipment enabled him to explore the wreck of the Roman ship, the *Mahdia*, in 1948.

— 260 —

Cousteau was always watching the ocean, even from age four when he first learned how to swim. In his book, *The Silent World*, published in 1953, he describes a group of dolphins following his boat. He had long suspected that dolphins used echolocation (navigating with sound waves), so he decided to try an experiment. Cousteau changed direction by a few degrees so that the boat wasn't following the best course, according to his underwater maps. The dolphins followed for a few minutes, but then changed back to their original course. Seeing this, Cousteau confirmed his prediction about their ability, even though human use of echolocation was still relatively new.

Throughout his life, Cousteau's work would continue to be recognized internationally. He had the ability to capture the beauty of the world below the surface of the ocean with cameras, and he shared the images with ordinary people through his many publications. For this he was awarded the Special Gold Medal by *National Geographic* in 1961. Later, his lifelong passion for environmental work would help educate people on the necessity of protecting the ocean and aquatic life. For this he was honored in 1977 with the United Nations International Environment Prize.

Jacques Cousteau's life has inspired writers, filmmakers, and even musicians. In 2010, Brad Matsen published *Jacques Cousteau: The Sea King*. This was followed by the film *The Odyssey* in 2016, which shows his time as the captain of the research boat *Calypso*. When Cousteau was at the peak of his career, the American musician John Denver used the research boat as the title for a piece on his album *Windsong*.

Cousteau himself produced more than 50 books and 120 television documentaries. His first documentary series, *The Undersea World of Jacques Cousteau*, ran for ten years. His style of presentation made these programs very popular, and a second documentary series, *The Cousteau Odyssey*, was aired for another five years. Thanks to the life and work of Jacques Cousteau, we have a better understanding of what is going on under the waves.

Your presentation slides:

Jacques Cousteau
— 30 —

International Summer Program Presentation 1

Early Career (before 1940)
- Graduated from the naval academy
- 31
- Started to conduct underwater research
- Continued working in the navy 2

In the 1940s
Desired to reveal the underwater world
↓
32
↓
33
↓
34
↓
35
3

Some Major Works

Title	Description
18 Meters Deep	An early prize-winning documentary
36 (A)	A book mentioning his scientific experiment
36 (B)	A documentary series that lasted a decade

4

Contributions
- Developed diving equipment
- Confirmed dolphins use echolocation
- Made attractive documentaries about aquatic life
- 37
- 38

5

問 1　Which is the best subtitle for your presentation?　30

① Capturing the Beauty of Nature in Photographs

② Discovering the Mysteries of Intelligent Creatures

③ Exploring the Top and Bottom of the World

④ Making the Unknown Undersea World Known

問 2　Choose the best option to complete the **Early Career (before 1940)** slide.
31

① Developed underwater breathing equipment

② Forced to give up his dream of becoming a pilot

③ Shifted his focus from the ocean to the air

④ Suffered severe injuries while underwater

問 3　Choose **four** out of the five events (①~⑤) in the order they happened to complete the **In the 1940s** slide.
32 → 33 → 34 → 35

① Dived to the *Mahdia* using improved equipment

② Filmed a documentary without breathing equipment

③ Helped one of his neighbors explore high places

④ Left the French navy

⑤ Won an award and became famous

問 4 Choose the best combination to complete the **Some Major Works** slide.

36

	(A)	(B)
①	*Shipwrecks*	*The Cousteau Odyssey*
②	*Shipwrecks*	*The Undersea World of Jacques Cousteau*
③	*The Silent World*	*The Cousteau Odyssey*
④	*The Silent World*	*The Undersea World of Jacques Cousteau*

問 5 Choose two achievements to complete the **Contributions** slide. (The order does not matter.) 37 · 38

① Built a TV station to broadcast documentaries about marine life

② Encouraged people to protect the ocean environment

③ Established prizes to honor innovative aquatic filmmaking

④ Produced many beautiful images of the underwater world

⑤ Trained pilots and researchers in the French navy

第6問 （配点 24）

A Your study group is learning about "false memories." One group member has made partial notes. Read this article to complete the notes for your next study meeting.

False Memories

What are memories? Most people imagine them to be something like video recordings of events in our minds. Whether it is a memory of love that we treasure or something more like failure that we fear, most of us believe our memories are a permanent record of what happened. We may agree that they get harder to recall as time goes on, but we think we remember the truth. Psychologists now tell us that this is not the case. Our memories can change or even be changed. They can move anywhere from slightly incorrect to absolutely false! According to well-known researcher Elizabeth Loftus, rather than being a complete, correct, unchanging recording, "Memory works a little bit more like a Wikipedia page." Anyone, including the original author, can edit the information.

Serious research investigating "false memories" is relatively new. Scholars Hyman and Billings worked with a group of college students. For this experiment, first, the students' parents sent stories about some eventful episodes from their child's youth to the interviewers. Using this family information, they interviewed each student twice. They mentioned some actual experiences from the person's childhood; but, for their experiment, they added a made-up story about an eventful wedding, encouraging the student to believe the fake wedding had really happened. The following two sections contain actual conversations from the interviews of one student. Missing words are indicated by "..."; author's comments by "( )."

Interviewer: I   Student: S

First Interview

I: ...looks like an eventful wedding...you were five years old...playing with some other kids...

(The interviewer, referring to the false event as if the information came from the student's parent, goes on to say that while playing with friends the student caused an accident and the bride's parents got all wet.)

S : I don't remember...that's pretty funny...

I : ...seems that would be kind of eventful...

S : ...a wedding. I wonder whose wedding...a wedding reception? I can totally see myself like running around with other kids...

I : You could see yourself doing that?

S : ...bumping into a table? Oh yeah, I would do that...maybe not a wedding... like a big picnic...

> (The student is starting to believe that bumping into the table sounds familiar. As they finish, the student is asked to think over the conversation they had before the next session.)

Second Interview

> (The interviewer has just asked about some real events from the student's childhood and once again returns to the wedding discussed in the previous session.)

I : The next one I have is an eventful wedding reception at age five.

S : Yeah, I thought about this one...

> (The student goes on to describe the people he got wet.)

S : ...I picture him having a dark suit on...tall and big...square face...I see her in a light-colored dress...

> (The student has new images in mind and can tell this story as if it were an actual memory.)

S : ...near a tree...drinks on the table...I bumped the glasses or something...

> (This student then provides more information on the couple's clothing.)

The students participating in this experiment came to believe that the false experiences the interviewers planted were absolutely true. By the second interview some students thought everything previously discussed was based on information from their parents about real events. This suggests that, when talking about memories, word choice makes a big difference in responses. Certain words lead us to recall a situation differently. Because the interviewer mentioned an "eventful" wedding several times, the student started having a false memory of this wedding.

Since the time of Sigmund Freud, called "the father of modern psychology," mental therapy has asked people to think back to their childhood to understand their problems. In the late 20th century, people believed that recalling old memories was a good way to heal the mind, so there were exercises and interviewing techniques encouraging patients to imagine various old family situations. Now, we realize that such activities may lead to false memories because our memories are affected by many factors. It is not just what we remember, but when we remember, where we are when we remember, who is asking, and how they are asking. We may, therefore, believe something that comes from our imagination is actually true. Perhaps experts should start researching whether there is such a thing as "true memories."

Summary notes:

FALSE MEMORIES

Introduction

- When she says "Memory works a little bit more like a Wikipedia page," Elizabeth Loftus means that memories ⬚39⬚.

Research by Hyman & Billings

- The first interview indicates that the student ⬚40⬚.
- The results of their study suggest that ⬚41⬚ and ⬚42⬚.

Conclusions

People believe that memory is something exact, but our memories are affected by many things. While focusing on old events was a technique adapted to heal our minds, we must consider that ⬚43⬚.

問 1　Choose the best option to complete statement ⬚39⬚.

① are an account of one's true experiences

② can be modified by oneself or others

③ may get harder to remember as time goes by

④ should be shared with others freely

問 2　Choose the best option to complete statement ⬚40⬚.

① described all the wedding details to the interviewer

② knew about an accident at a wedding from childhood

③ was asked to create a false story about a wedding

④ was unsure about something the interviewer said

問 3　Choose the two best statements for ⬚41⬚ and ⬚42⬚. (The order does not matter.)

① false events could be planted easily in young children's memories

② our confidence levels must be related to the truthfulness of our memories

③ people sometimes appear to recall things that never happened to them

④ planting false memories is frequently criticized by researchers

⑤ the phrases used to ask about memories affect the person's response

⑥ when a child experiences an eventful situation, it forms stable memories

問 4　Choose the best option for ⬚43⬚ to complete **Conclusions**.

① asking about our memories will help us remember more clearly

② the technique focuses on who, what, when, where, and how

③ this mental therapy approach may be less helpful than we thought

④ we have to work on our ability to remember events more precisely

— 268 —

2022年度　リーディング　追試験　63

B You are in a student group preparing a poster for a presentation contest. You have been using the following passage to create the poster.

A Brief History of Units of Length

Since ancient times, people have measured things. Measuring helps humans say how long, far, big, or heavy something is with some kind of accuracy. While weight and volume are important for the exchange of food, it can be argued that one of the most useful measurements is length because it is needed to calculate area, which helps in the exchange, protection, and taxation of property.

Measuring systems would often be based on or related to the human body. One of the earliest known measuring systems was the cubit, which was created around the 3rd millennium BC in Egypt and Mesopotamia. One cubit was the length of a man's forearm from the elbow to the tip of the middle finger, which according to one royal standard was 524 millimeters (mm). In addition, the old Roman foot (296 mm), which probably came from the Egyptians, was based on a human foot.

A unit of measurement known as the yard probably originated in Britain after the Roman occupation and it is said to be based on the double cubit. Whatever its origin, there were several different yards in use in Britain. Each one was a different length until the 12th century when the yard was standardized as the length from King Henry I's nose to his thumb on his outstretched arm. But it was not until the 14th century that official documents described the yard as being divided into three equal parts — three feet — with one foot consisting of 12 inches. While this description helped standardize the inch and foot, it wasn't until the late 15th century, when King Henry Ⅶ distributed official metal samples of feet and yards, that people knew for certain their true length. Over the years, a number of small adjustments were made until the International Yard and Pound Agreement of 1959 finally defined

---

— 269 —

the standard inch, foot, and yard as 25.4 mm, 304.8 mm, and 914.4 mm respectively.

The use of the human body as a standard from which to develop a measuring system was not unique to western cultures. The traditional Chinese unit of length called *chi* — now one-third of a meter — was originally defined as the length from the tip of the thumb to the outstretched tip of the middle finger, which was around 200 mm. However, over the years it increased in length and became known as the Chinese foot. Interestingly, the Japanese *shaku*, which was based on the *chi,* is almost the same as one standard foot. It is only 1.8 mm shorter.

The connection between the human body and measurement can also be found in sailing. The fathom (6 feet), the best-known unit for measuring the depth of the sea in the English-speaking world, was historically an ancient Greek measurement. It was not a very accurate measurement as it was based on the length of rope a sailor could extend from open arm to open arm. Like many other British and American units, it was also standardized in 1959.

The metric system, first described in 1668 and officially adopted by the French government in 1799, has now become the dominant measuring system worldwide. This system has slowly been adopted by many countries as either their standard measuring system or as an alternative to their traditional system. While the metric system is mainly used by the scientific, medical, and industrial professions, traditional commercial activities still continue to use local traditional measuring systems. For example, in Japan, window widths are measured in *ken* (6 *shaku*).

Once, an understanding of the relationship between different measures was only something traders and tax officials needed to know. However, now that international online shopping has spread around the world, we all need to know a little about other countries' measuring systems so that we know how much, or how little, of something we are buying.

2022年度　リーディング　追試験　65

Your presentation poster draft:

Different Cultures, Different Measurements

1. The purposes of common units

Standard units are used for:

    A. calculating how much tax people should pay

    B. commercial purposes

    C. comparing parts of the human body

    D. measuring amounts of food

    E. protecting the property of individuals

2. Origins and history of units of length

| 45 |
| 46 |

3. Comparison of units of length

Figure 1. Comparison of major units of length

| 47 |

4. Units today

| 48 |

— 271 —

問 1 When you were checking the statements under the first poster heading, everyone in the group agreed that one suggestion did not fit well. Which of the following should you **not** include? ☐44

① A
② B
③ C
④ D
⑤ E

問 2 Under the second poster heading, you need to write statements concerning units of length. Choose the two below which are most accurate. (The order does not matter.) ☐45 · ☐46

① Inch and meter were defined by the 1959 International Yard and Pound Agreement.

② The *chi* began as a unit related to a hand and gradually became longer over time.

③ The cubit is one of the oldest units based on the length of a man's foot.

④ The length of the current standard yard was standardized by King Henry VII.

⑤ The origin of the fathom was from the distance between a man's open arms.

⑥ The origin of the Roman foot can be traced back to Great Britain.

問 3 Under the third poster heading, you want a graphic to visualize some of the units in the passage. Which graph best represents the different length of the units from short (at the top) to long (at the bottom)? 47

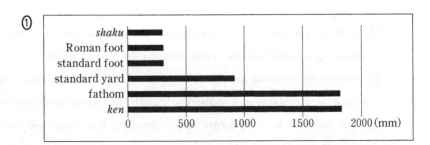

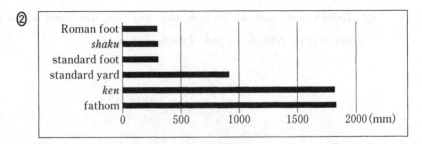

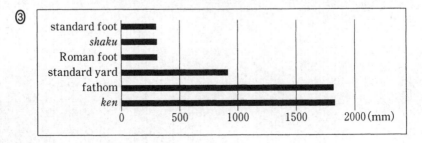

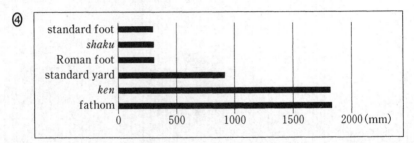

問 4 Under the last poster heading, your group wants to add a statement about today's units based on the passage. Which of the following is the most appropriate? 48

① Although the metric system has become dominant worldwide, traditional measuring systems continue to play certain roles in local affairs.

② Science and medicine use traditional units today to maintain consistency despite the acceptance of a widespread standardized measurement system.

③ The increase in cross-border online shopping has made the metric system the world standard.

④ Today's units, such as the inch, foot, and yard, are based on the *chi*, whose origin is related to a part of the human body.

英　　　語
（リーディング）

（2021年1月実施）

80分　100点

2021
第
1
日
程

2

各大問の英文や図表を読み，解答番号 1 ～ 47 にあてはまるものとして
最も適当な選択肢を選びなさい。

第1問 （配点 10）

A Your dormitory roommate Julie has sent a text message to your mobile
phone with a request.

Help!!!
Last night I saved my history homework on a USB memory
stick. I was going to print it in the university library this
afternoon, but I forgot to bring the USB with me. I need to
give a copy to my teacher by 4 p.m. today. Can you bring my
USB to the library? I think it's on top of my history book on
my desk. I don't need the book, just the USB.♡

Sorry Julie, I couldn't find it. The history book was there, but
there was no USB memory stick. I looked for it everywhere,
even under your desk. Are you sure you don't have it with
you? I'll bring your laptop computer with me, just in case.

You were right! I did have it. It was at the bottom of my bag.
What a relief!
Thanks anyway. ☺

— 276 —

2021年度　リーディング　第1日程　3

問 1　What was Julie's request?　　1

①　To bring her USB memory stick

②　To hand in her history homework

③　To lend her a USB memory stick

④　To print out her history homework

問 2　How will you reply to Julie's second text message?　　2

①　Don't worry. You'll find it.

②　I'm really glad to hear that.

③　Look in your bag again.

④　You must be disappointed.

B Your favorite musician will have a concert tour in Japan, and you are thinking of joining the fan club. You visit the official fan club website.

TYLER QUICK FAN CLUB

Being a member of the **TYLER QUICK** (**TQ**) fan club is so much fun! You can keep up with the latest news, and take part in many exciting fan club member events. All new members will receive our New Member's Pack. It contains a membership card, a free signed poster, and a copy of **TQ**'s third album *Speeding Up*. The New Member's Pack will be delivered to your home, and will arrive a week or so after you join the fan club.

TQ is loved all around the world. You can join from any country, and you can use the membership card for one year. The **TQ** fan club has three types of membership: Pacer, Speeder, and Zoomer.

Please choose from the membership options below.

What you get (♫)	Membership Options		
	Pacer ($20)	Speeder ($40)	Zoomer ($60)
Regular emails and online magazine password	♫	♫	♫
Early information on concert tour dates	♫	♫	♫
TQ's weekly video messages	♫	♫	♫
Monthly picture postcards		♫	♫
TQ fan club calendar		♫	♫
Invitations to special signing events			♫
20% off concert tickets			♫

— 278 —

◇Join before May 10 and receive a $10 discount on your membership fee!

◇There is a $4 delivery fee for every New Member's Pack.

◇At the end of your 1st year, you can either renew or upgrade at a 50% discount.

Whether you are a Pacer, a Speeder, or a Zoomer, you will love being a member of the **TQ** fan club. For more information, or to join, click *here*.

問 1　A New Member's Pack ☐3☐ .

① includes TQ's first album
② is delivered on May 10
③ requires a $10 delivery fee
④ takes about seven days to arrive

問 2　What will you get if you become a new Pacer member? ☐4☐

① Discount concert tickets and a calendar
② Regular emails and signing event invitations
③ Tour information and postcards every month
④ Video messages and access to online magazines

問 3　After being a fan club member for one year, you can ☐5☐ .

① become a Zoomer for a $50 fee
② get a New Member's Pack for $4
③ renew your membership at half price
④ upgrade your membership for free

6

第2問 (配点 20)

A As the student in charge of a UK school festival band competition, you are examining all of the scores and the comments from three judges to understand and explain the rankings.

	Judges' final average scores			
Qualities / Band names	Performance (5.0)	Singing (5.0)	Song originality (5.0)	Total (15.0)
Green Forest	3.9	4.6	5.0	13.5
Silent Hill	4.9	4.4	4.2	13.5
Mountain Pear	3.9	4.9	4.7	13.5
Thousand Ants	(did not perform)			

	Judges' individual comments
Mr Hobbs	Silent Hill are great performers and they really seemed connected with the audience. Mountain Pear's singing was great. I loved Green Forest's original song. It was amazing!
Ms Leigh	Silent Hill gave a great performance. It was incredible how the audience responded to their music. I really think that Silent Hill will become popular! Mountain Pear have great voices, but they were not exciting on stage. Green Forest performed a fantastic new song, but I think they need to practice more.
Ms Wells	Green Forest have a new song. I loved it! I think it could be a big hit!

— 280 —

Judges' shared evaluation (summarised by Mr Hobbs)
Each band's total score is the same, but each band is very different. Ms Leigh and I agreed that performance is the most important quality for a band. Ms Wells also agreed. Therefore, first place is easily determined. To decide between second and third places, Ms Wells suggested that song originality should be more important than good singing. Ms Leigh and I agreed on this opinion.

問 1 Based on the judges' final average scores, which band sang the best?   6

① Green Forest

② Mountain Pear

③ Silent Hill

④ Thousand Ants

問 2 Which judge gave both positive and critical comments?   7

① Mr Hobbs

② Ms Leigh

③ Ms Wells

④ None of them

8

問 3 One **fact** from the judges' individual comments is that ☐ 8 ☐ .

① all the judges praised Green Forest's song

② Green Forest need to practice more

③ Mountain Pear can sing very well

④ Silent Hill have a promising future

問 4 One **opinion** from the judges' comments and shared evaluation is that ☐ 9 ☐ .

① each evaluated band received the same total score

② Ms Wells' suggestion about originality was agreed on

③ Silent Hill really connected with the audience

④ the judges' comments determined the rankings

問 5 Which of the following is the final ranking based on the judges' shared evaluation? ☐ 10 ☐

	1st	2nd	3rd
①	Green Forest	Mountain Pear	Silent Hill
②	Green Forest	Silent Hill	Mountain Pear
③	Mountain Pear	Green Forest	Silent Hill
④	Mountain Pear	Silent Hill	Green Forest
⑤	Silent Hill	Green Forest	Mountain Pear
⑥	Silent Hill	Mountain Pear	Green Forest

— 282 —

B You've heard about a change in school policy at the school in the UK where you are now studying as an exchange student. You are reading the discussions about the policy in an online forum.

New School Policy < Posted on 21 September 2020 >
To: P. E. Berger
From: K. Roberts

Dear Dr Berger,

On behalf of all students, welcome to St Mark's School. We heard that you are the first Head Teacher with a business background, so we hope your experience will help our school.

I would like to express one concern about the change you are proposing to the after-school activity schedule. I realise that saving energy is important and from now it will be getting darker earlier. Is this why you have made the schedule an hour and a half shorter? Students at St Mark's School take both their studies and their after-school activities very seriously. A number of students have told me that they want to stay at school until 6.00 pm as they have always done. Therefore, I would like to ask you to think again about this sudden change in policy.

Regards,
Ken Roberts
Head Student

10

Re: New School Policy < Posted on 22 September 2020 >

To: K. Roberts

From: P. E. Berger

Dear Ken,

Many thanks for your kind post. You've expressed some important concerns, especially about the energy costs and student opinions on school activities.

The new policy has nothing to do with saving energy. The decision was made based on a 2019 police report. The report showed that our city has become less safe due to a 5% increase in serious crimes. I would like to protect our students, so I would like them to return home before it gets dark.

Yours,

Dr P. E. Berger

Head Teacher

— 284 —

問 1　Ken thinks the new policy 　11　.

① can make students study more

② may improve school safety

③ should be introduced immediately

④ will reduce after-school activity time

問 2　One **fact** stated in Ken's forum post is that 　12　.

① more discussion is needed about the policy

② the Head Teacher's experience is improving the school

③ the school should think about students' activities

④ there are students who do not welcome the new policy

問 3　Who thinks the aim of the policy is to save energy? 　13

① Dr Berger

② Ken

③ The city

④ The police

問 4 Dr Berger is basing his new policy on the **fact** that ☐ 14 ☐ .

① going home early is important

② safety in the city has decreased

③ the school has to save electricity

④ the students need protection

問 5 What would you research to help Ken oppose the new policy? ☐ 15 ☐

① The crime rate and its relation to the local area

② The energy budget and electricity costs of the school

③ The length of school activity time versus the budget

④ The study hours for students who do after-school activities

第3問 (配点 15)

A You are planning to stay at a hotel in the UK. You found useful information in the Q&A section of a travel advice website.

I'm considering staying at the Hollytree Hotel in Castleton in March 2021. Would you recommend this hotel, and is it easy to get there from Buxton Airport? (Liz)

- -

Answer

Yes, I strongly recommend the Hollytree. I've stayed there twice. It's inexpensive, and the service is brilliant! There's also a wonderful free breakfast. (Click *here* for access information.)

Let me tell you my own experience of getting there.

On my first visit, I used the underground, which is cheap and convenient. Trains run every five minutes. From the airport, I took the Red Line to Mossfield. Transferring to the Orange Line for Victoria should normally take about seven minutes, but the directions weren't clear and I needed an extra five minutes. From Victoria, it was a ten-minute bus ride to the hotel.

The second time, I took the express bus to Victoria, so I didn't have to worry about transferring. At Victoria, I found a notice saying there would be roadworks until summer 2021. Now it takes three times as long as usual to get to the hotel by city bus, although buses run every ten minutes. It's possible to walk, but I took the bus as the weather was bad.

Enjoy your stay! (Alex)

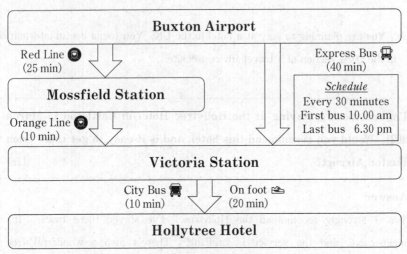

問 1 From Alex's answer, you learn that Alex [16].

① appreciates the convenient location of the hotel
② got lost in Victoria Station on his first visit to Castleton
③ thinks that the hotel is good value for money
④ used the same route from the airport both times

問 2 You are departing on public transport from the airport at 2.00 pm on 15 March 2021. What is the fastest way to get to the hotel? [17]

① By express bus and city bus
② By express bus and on foot
③ By underground and city bus
④ By underground and on foot

B Your classmate showed you the following message in your school's newsletter, written by an exchange student from the UK.

Volunteers Wanted!

Hello, everyone. I'm Sarah King, an exchange student from London. I'd like to share something important with you today.

You may have heard of the Sakura International Centre. It provides valuable opportunities for Japanese and foreign residents to get to know each other. Popular events such as cooking classes and karaoke contests are held every month. However, there is a serious problem. The building is getting old, and requires expensive repairs. To help raise funds to maintain the centre, many volunteers are needed.

I learnt about the problem a few months ago. While shopping in town, I saw some people taking part in a fund-raising campaign. I spoke to the leader of the campaign, Katy, who explained the situation. She thanked me when I donated some money. She told me that they had asked the town mayor for financial assistance, but their request had been rejected. They had no choice but to start fund-raising.

Last month, I attended a lecture on art at the centre. Again, I saw people trying to raise money, and I decided to help. They were happy when I joined them in asking passers-by for donations. We tried hard, but there were too few of us to collect much money. With a tearful face, Katy told me that they wouldn't be able to use the building much longer. I felt the need to do something more. Then, the idea came to me that other students might be willing to help. Katy was delighted to hear this.

Now, I'm asking you to join me in the fund-raising campaign to help the Sakura International Centre. Please email me today! As an exchange student, my time in Japan is limited, but I want to make the most of it. By working together, we can really make a difference.

Class 3 A
Sarah King (sarahk@sakura-h.ed.jp)
セーラ・キング

問 1 Put the following events (①~④) into the order in which they happened.

18 → 19 → 20 → 21

① Sarah attended a centre event.

② Sarah donated money to the centre.

③ Sarah made a suggestion to Katy.

④ The campaigners asked the mayor for help.

問 2 From Sarah's message, you learn that the Sakura International Centre 22 .

① gives financial aid to international residents

② offers opportunities to develop friendships

③ publishes newsletters for the community

④ sends exchange students to the UK

問 3 You have decided to help with the campaign after reading Sarah's message. What should you do first? 23

① Advertise the events at the centre.

② Contact Sarah for further information.

③ Organise volunteer activities at school.

④ Start a new fund-raising campaign.

— 290 —

第4問 (配点 16)

Your English teacher, Emma, has asked you and your classmate, Natsuki, to help her plan the day's schedule for hosting students from your sister school. You're reading the email exchanges between Natsuki and Emma so that you can draft the schedule.

Hi Emma,

We have some ideas and questions about the schedule for the day out with our 12 guests next month. As you told us, the students from both schools are supposed to give presentations in our assembly hall from 10:00 a.m. So, I've been looking at the attached timetable. Will they arrive at Azuma Station at 9:39 a.m. and then take a taxi to the school?

We have also been discussing the afternoon activities. How about seeing something related to science? We have two ideas, but if you need a third, please let me know.

Have you heard about the special exhibition that is on at Westside Aquarium next month? It's about a new food supplement made from sea plankton. We think it would be a good choice. Since it's popular, the best time to visit will be when it is least busy. I'm attaching the graph I found on the aquarium's homepage.

Eastside Botanical Garden, together with our local university, has been developing an interesting way of producing electricity from plants. Luckily, the professor in charge will give a short talk about it on that day in the early afternoon! Why don't we go?

Everyone will want to get some souvenirs, won't they? I think West Mall, next to Hibari Station, would be best, but we don't want to carry them around with us all day.

Finally, every visitor to Azuma should see the town's symbol, the statue in Azuma Memorial Park next to our school, but we can't work out a good schedule. Also, could you tell us what the plan is for lunch?

Yours,
Natsuki

Hi Natsuki,

Thank you for your email! You've been working hard. In answer to your question, they'll arrive at the station at 9:20 a.m. and then catch the school bus.

The two main afternoon locations, the aquarium and botanical garden, are good ideas because both schools place emphasis on science education, and the purpose of this program is to improve the scientific knowledge of the students. However, it would be wise to have a third suggestion just in case.

Let's get souvenirs at the end of the day. We can take the bus to the mall arriving there at 5:00 p.m. This will allow almost an hour for shopping and our guests can still be back at the hotel by 6:30 p.m. for dinner, as the hotel is only a few minutes' walk from Kaede Station.

About lunch, the school cafeteria will provide boxed lunches. We can eat under the statue you mentioned. If it rains, let's eat inside.

Thank you so much for your suggestions. Could you two make a draft for the schedule?

Best,
Emma

Attached timetable:

Train Timetable
Kaede — Hibari — Azuma

Stations	Train No.			
	108	109	110	111
Kaede	8:28	8:43	9:02	9:16
Hibari	8:50	9:05	9:24	9:38
Azuma	9:05	9:20	9:39	9:53

Stations	Train No.			
	238	239	240	241
Azuma	17:25	17:45	18:00	18:15
Hibari	17:40	18:00	18:15	18:30
Kaede	18:02	18:22	18:37	18:52

— 292 —

Attached graph:

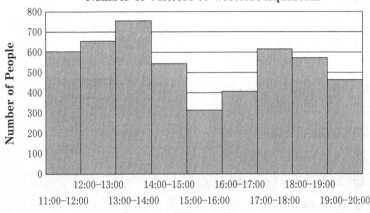

問1 The guests from the sister school will arrive on the number ☐24☐ train and catch the number ☐25☐ train back to their hotel.

① 109 ② 110 ③ 111
④ 238 ⑤ 239 ⑥ 240

問2 Which best completes the draft schedule? ☐26☐

A : The aquarium   B : The botanical garden
C : The mall   D : The school

Draft schedule for visit from sister school

9:30 → 13:30 → 15:30 → 17:00

① D→A→B→C

② D→B→A→C

③ D→B→C→A

④ D→C→A→B

問 3　Unless it rains, the guests will eat lunch in the 　27　.

① botanical garden

② park next to the school

③ park next to the station

④ school garden

問 4　The guests will **not** get around 　28　 on that day.

① by bus

② by taxi

③ by train

④ on foot

問 5　As a third option, which would be the most suitable for your program?
　29

① Hibari Amusement Park

② Hibari Art Museum

③ Hibari Castle

④ Hibari Space Center

第5問 (配点 15)

Using an international news report, you are going to take part in an English oral presentation contest. Read the following news story from France in preparation for your talk.

Five years ago, Mrs. Sabine Rouas lost her horse. She had spent 20 years with the horse before he died of old age. At that time, she felt that she could never own another horse. Out of loneliness, she spent hours watching cows on a nearby milk farm. Then, one day, she asked the farmer if she could help look after them.

The farmer agreed, and Sabine started work. She quickly developed a friendship with one of the cows. As the cow was pregnant, she spent more time with it than with the others. After the cow's baby was born, the baby started following Sabine around. Unfortunately, the farmer wasn't interested in keeping a bull—a male cow—on a milk farm. The farmer planned to sell the baby bull, which he called Three-oh-nine (309), to a meat market. Sabine decided she wasn't going to let that happen, so she asked the farmer if she could buy him and his mother. The farmer agreed, and she bought them. Sabine then started taking 309 for walks to town. About nine months later, when at last she had permission to move the animals, they moved to Sabine's farm.

Soon after, Sabine was offered a pony. At first, she wasn't sure if she wanted to have him, but the memory of her horse was no longer painful, so she accepted the pony and named him Leon. She then decided to return to her old hobby and started training him for show jumping. Three-oh-nine, who she had renamed Aston, spent most of his time with Leon, and the two became really close friends. However, Sabine had not expected Aston to pay close attention to her training routine with Leon, nor had she expected Aston to pick up some tricks. The young bull quickly mastered walking, galloping, stopping, going backwards, and turning around on command. He responded to Sabine's voice just like a horse. And despite weighing 1,300 kg, it took him just 18 months to learn how to leap over one-meter-high horse jumps with Sabine on his back. Aston might never have learned those things without having watched Leon. Moreover, Aston understood distance and could adjust his steps before a jump. He also noticed his faults and corrected them without any help from Sabine. That's something only the very best Olympic-standard horses can do.

Now Sabine and Aston go to weekend fairs and horse shows around Europe to show off his skills. Sabine says, "We get a good reaction. Mostly, people are really surprised, and at first, they can be a bit scared because he's big—much bigger than a horse. Most people don't like to get too close to bulls with horns. But once they see his real nature, and see him performing, they often say, 'Oh he's really quite beautiful.'"

"Look!" And Sabine shows a photo of Aston on her smartphone. She then continues, "When Aston was very young, I used to take him out for walks on a lead, like a dog, so that he would get used to humans. Maybe that's why he doesn't mind people. Because he is so calm, children, in particular, really like watching him and getting a chance to be close to him."

Over the last few years, news of the massive show-jumping bull has spread rapidly; now, Aston is a major attraction with a growing number of online followers. Aston and Sabine sometimes need to travel 200 or 300 kilometers away from home, which means they have to stay overnight. Aston has to sleep in a horse box, which isn't really big enough for him.

"He doesn't like it. I have to sleep with him in the box," says Sabine. "But you know, when he wakes up and changes position, he is very careful not to crush me. He really is very gentle. He sometimes gets lonely, and he doesn't like being away from Leon for too long; but other than that, he's very happy."

Your Presentation Slides

30

Central High School
English Presentation Contest

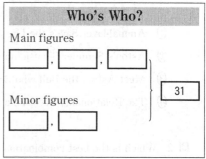

Who's Who?

Main figures

☐ , ☐ , ☐ } 31

Minor figures

☐ , ☐

Pre-fame Storyline

Sabine's horse dies.
↓
32
↓
33
↓
34
↓
35
↓
Aston and Sabine start going to shows.

Aston's Abilities

Aston can:
- learn by simply watching Leon's training.
- walk, gallop, and stop when Sabine tells him to.
- understand distance and adjust his steps.
- 36 .
- 37 .

Aston Now

Aston today:
- is a show-jumping bull.
- travels to fairs and events with Sabine.
- 38 .

問 1　Which is the best title for your presentation?　30

① Animal-lover Saves the Life of a Pony
② Aston's Summer Show-jumping Tour
③ Meet Aston, the Bull who Behaves Like a Horse
④ The Relationship Between a Farmer and a Cow

問 2　Which is the best combination for the **Who's Who?** slide?　31

	Main figures	Minor figures
①	309, Aston, the farmer	Sabine, the pony
②	Aston, Aston's mother, Sabine	309, the farmer
③	Aston, Leon, the farmer	Aston's mother, Sabine
④	Aston, Sabine, the pony	Aston's mother, the farmer

問 3　Choose the four events in the order they happened to complete the **Pre-fame Storyline** slide.　32　~　35

① Aston learns to jump.
② Sabine and Aston travel hundreds of kilometers together.
③ Sabine buys 309 and his mother.
④ Sabine goes to work on her neighbor's farm.
⑤ Sabine takes 309 for walks.

問 4 Choose the two best items for the **Aston's Abilities** slide. (The order does not matter.) 36 ・ 37

① correct his mistakes by himself

② jump side-by-side with the pony

③ jump with a rider on his back

④ pick up tricks faster than a horse

⑤ pose for photographs

問 5 Complete the **Aston Now** slide with the most appropriate item. 38

① has an increasing number of fans

② has made Sabine very wealthy

③ is so famous that he no longer frightens people

④ spends most nights of the year in a horse trailer

— 299 —

第6問 (配点 24)

A You are working on a class project about safety in sports and found the following article. You are reading it and making a poster to present your findings to your classmates.

Making Ice Hockey Safer

Ice hockey is a team sport enjoyed by a wide variety of people around the world. The object of the sport is to move a hard rubber disk called a "puck" into the other team's net with a hockey stick. Two teams with six players on each team engage in this fast-paced sport on a hard and slippery ice rink. Players may reach a speed of 30 kilometers per hour sending the puck into the air. At this pace, both the players and the puck can be a cause of serious danger.

The speed of the sport and the slippery surface of the ice rink make it easy for players to fall down or bump into each other resulting in a variety of injuries. In an attempt to protect players, equipment such as helmets, gloves, and pads for the shoulders, elbows, and legs, has been introduced over the years. Despite these efforts, ice hockey has a high rate of concussions.

A concussion is an injury to the brain that affects the way it functions; it is caused by either direct or indirect impact to the head, face, neck, or elsewhere and can sometimes cause temporary loss of consciousness. In less serious cases, for a short time, players may be unable to walk straight or see clearly, or they may experience ringing in the ears. Some believe they just have a slight headache and do not realize they have injured their brains.

In addition to not realizing the seriousness of the injury, players tend to worry about what their coach will think. In the past, coaches preferred tough players who played in spite of the pain. In other words, while it would seem

---

— 300 —

logical for an injured player to stop playing after getting hurt, many did not. Recently, however, it has been found that concussions can have serious effects that last a lifetime. People with a history of concussion may have trouble concentrating or sleeping. Moreover, they may suffer from psychological problems such as depression and mood changes. In some cases, players may develop smell and taste disorders.

The National Hockey League (NHL), consisting of teams in Canada and the United States, has been making stricter rules and guidelines to deal with concussions. For example, in 2001, the NHL introduced the wearing of visors—pieces of clear plastic attached to the helmet that protect the face. At first, it was optional and many players chose not to wear them. Since 2013, however, it has been required. In addition, in 2004, the NHL began to give more severe penalties, such as suspensions and fines, to players who hit another player in the head deliberately.

The NHL also introduced a concussion spotters system in 2015. In this system, NHL officials with access to live streaming and video replay watch for visible indications of concussion during each game. At first, two concussion spotters, who had no medical training, monitored the game in the arena. The following year, one to four concussion spotters with medical training were added. They monitored each game from the League's head office in New York. If a spotter thinks that a player has suffered a concussion, the player is removed from the game and is taken to a "quiet room" for an examination by a medical doctor. The player is not allowed to return to the game until the doctor gives permission.

The NHL has made much progress in making ice hockey a safer sport. As more is learned about the causes and effects of concussions, the NHL will surely take further measures to ensure player safety. Better safety might lead to an increase in the number of ice hockey players and fans.

Making Ice Hockey Safer

What is ice hockey?
- Players score by putting a "puck" in the other team's net
- Six players on each team
- Sport played on ice at a high speed

Main Problem: A High Rate of Concussions

Definition of a concussion
An injury to the brain that affects the way it functions

Effects

Short-term	Long-term
· Loss of consciousness	· Problems with concentration
· Difficulty walking straight	· ☐ 40
· ☐ 39	· Psychological problems
· Ringing in the ears	· Smell and taste disorders

Solutions

National Hockey League (NHL)
- Requires helmets with visors
- Gives severe penalties to dangerous players
- Has introduced concussion spotters to ☐ 41

Summary
Ice hockey players have a high risk of suffering from concussions.
Therefore, the NHL has ☐ 42 .

問 1　Choose the best option for ⬚39⬚ on your poster.

① Aggressive behavior
② Difficulty thinking
③ Personality changes
④ Unclear vision

問 2　Choose the best option for ⬚40⬚ on your poster.

① Loss of eyesight
② Memory problems
③ Sleep disorders
④ Unsteady walking

問 3　Choose the best option for ⬚41⬚ on your poster.

① allow players to return to the game
② examine players who have a concussion
③ fine players who cause concussions
④ identify players showing signs of a concussion

問 4　Choose the best option for ⬚42⬚ on your poster.

① been expecting the players to become tougher
② been implementing new rules and guidelines
③ given medical training to coaches
④ made wearing of visors optional

B You are studying nutrition in health class. You are going to read the following passage from a textbook to learn more about various sweeteners.

Cake, candy, soft drinks—most of us love sweet things. In fact, young people say "Sweet!" to mean something is "good" in English. When we think of sweetness, we imagine ordinary white sugar from sugar cane or sugar beet plants. Scientific discoveries, however, have changed the world of sweeteners. We can now extract sugars from many other plants. The most obvious example is corn. Corn is abundant, inexpensive, and easy to process. High fructose corn syrup (HFCS) is about 1.2 times sweeter than regular sugar, but quite high in calories. Taking science one step further, over the past 70 years scientists have developed a wide variety of artificial sweeteners.

A recent US National Health and Nutrition Examination Survey concluded that 14.6% of the average American's energy intake is from "added sugar," which refers to sugar that is not derived from whole foods. A banana, for example, is a whole food, while a cookie contains added sugar. More than half of added sugar calories are from sweetened drinks and desserts. Lots of added sugar can have negative effects on our bodies, including excessive weight gain and other health problems. For this reason, many choose low-calorie substitutes for drinks, snacks, and desserts.

Natural alternatives to white sugar include brown sugar, honey, and maple syrup, but they also tend to be high in calories. Consequently, alternative "low-calorie sweeteners" (LCSs), mostly artificial chemical combinations, have become popular. The most common LCSs today are aspartame, Ace-K, stevia, and sucralose. Not all LCSs are artificial—stevia comes from plant leaves.

Alternative sweeteners can be hard to use in cooking because some cannot be heated and most are far sweeter than white sugar. Aspartame and Ace-K are 200 times sweeter than sugar. Stevia is 300 times sweeter, and sucralose has twice the sweetness of stevia. Some new sweeteners are even more intense. A Japanese company recently developed "Advantame," which is 20,000 times sweeter than sugar. Only a tiny amount of this substance is required to sweeten something.

When choosing sweeteners, it is important to consider health issues. Making desserts with lots of white sugar, for example, results in high-calorie dishes that could lead to weight gain. There are those who prefer LCSs for this very reason. Apart from calories, however, some research links consuming artificial LCSs with various other health concerns. Some LCSs contain strong chemicals suspected of causing cancer, while others have been shown to affect memory and brain development, so they can be dangerous, especially for young children, pregnant women, and the elderly. There are a few relatively natural alternative sweeteners, like xylitol and sorbitol, which are low in calories. Unfortunately, these move through the body extremely slowly, so consuming large amounts can cause stomach trouble.

When people want something sweet, even with all the information, it is difficult for them to decide whether to stick to common higher calorie sweeteners like sugar or to use LCSs. Many varieties of gum and candy today contain one or more artificial sweeteners; nonetheless, some people who would not put artificial sweeteners in hot drinks may still buy such items. Individuals need to weigh the options and then choose the sweeteners that best suit their needs and circumstances.

問 1　You learn that modern science has changed the world of sweeteners by
　　　　43　　.

① discovering new, sweeter white sugar types

② measuring the energy intake of Americans

③ providing a variety of new options

④ using many newly-developed plants from the environment

問 2　You are summarizing the information you have just studied.　How should
the table be finished?　　44

Sweetness	Sweetener
high	Advantame
	(A)
	(B)
	(C)
low	(D)

① (A) Stevia　　　　　　　　　(B) Sucralose

　 (C) Ace-K, Aspartame　　　(D) HFCS

② (A) Stevia　　　　　　　　　(B) Sucralose

　 (C) HFCS　　　　　　　　　(D) Ace-K, Aspartame

③ (A) Sucralose　　　　　　　(B) Stevia

　 (C) Ace-K, Aspartame　　　(D) HFCS

④ (A) Sucralose　　　　　　　(B) Stevia

　 (C) HFCS　　　　　　　　　(D) Ace-K, Aspartame

2021年度　リーディング　第1日程　33

問 3　According to the article you read, which of the following are true? (Choose two options. The order does not matter.) ☐45☐ ・ ☐46☐

① Alternative sweeteners have been proven to cause weight gain.

② Americans get 14.6% of their energy from alternative sweeteners.

③ It is possible to get alternative sweeteners from plants.

④ Most artificial sweeteners are easy to cook with.

⑤ Sweeteners like xylitol and sorbitol are not digested quickly.

問 4　To describe the author's position, which of the following is most appropriate? ☐47☐

① The author argues against the use of artificial sweeteners in drinks and desserts.

② The author believes artificial sweeteners have successfully replaced traditional ones.

③ The author states that it is important to invent much sweeter products for future use.

④ The author suggests people focus on choosing sweeteners that make sense for them.

MEMO

英 語
(リーディング)

（2021年1月実施）

80分　100点

2021
第2日程

各大問の英文や図表を読み，解答番号 $\boxed{1}$ ～ $\boxed{47}$ にあてはまるものとして最も適当な選択肢を選びなさい。

第1問 (配点 10)

A You have invited your friend Shelley to join you on your family's overnight camping trip. She has sent a text message to your mobile phone asking some questions.

Hi! I'm packing my bag for tomorrow and I want to check some things. Will it get cold in the tent at night? Do I need to bring a blanket? I know you told me last week, but just to be sure, where and what time are we meeting?

Shelley, I'll bring warm sleeping bags for everyone, but maybe you should bring your down jacket. Bring comfortable footwear because we'll walk up Mt. Kanayama the next day. We'll pick you up outside your house at 6 a.m. If you're not outside, I'll call you. See you in the morning!

Thanks! I can't wait! I'll bring my jacket and hiking boots with me. I'll be ready! ☺

— 310 —

問 1　Shelley asks you if she needs to bring ▢1▢.

① a blanket

② a jacket

③ sleeping bags

④ walking shoes

問 2　You expect Shelley to ▢2▢ tomorrow morning.

① call you as soon as she is ready

② come to see you at the campsite

③ pick you up in front of your house

④ wait for you outside her house

B You have received a flyer for an English speech contest from your teacher, and you want to apply.

The 7ᵗʰ Youth Leader Speech Contest

The Youth Leader Society will hold its annual speech contest. Our goal is to help young Japanese people develop communication and leadership skills.

This year's competition has three stages. Our judges will select the winners of each stage. To take part in the Grand Final, you must successfully pass all three stages.

The Grand Final

Place: Centennial Hall

Date: January 8, 2022

Topic: *Today's Youth, Tomorrow's Leaders*

GRAND PRIZE
The winner can attend
The Leadership Workshop
in Wellington, New Zealand
in March 2022.

Contest information:

Stages	Things to Upload	Details	2021 Deadlines & Dates
Stage 1	A brief outline	Number of words: 150-200	Upload by 5 p.m. on August 12
Stage 2	Video of you giving your speech	Time: 7-8 minutes	Upload by 5 p.m. on September 19
Stage 3		Local Contests: Winners will be announced and go on to the Grand Final.	Held on November 21

Grand Final Grading Information

Content	Gestures & Performance	Voice & Eye Contact	Slides	Answering Questions from Judges
50%	5%	5%	10%	30%

—312—

➢ You must upload your materials online. All dates and times are Japan Standard Time (JST).

➢ You can check the results of Stage 1 and 2 on the website five days after the deadline for each stage.

For more details and an application form, click *here*.

問 1 To take part in the first stage, you should upload a 3 .

① completed speech script
② set of slides for the speech
③ summary of your speech
④ video of yourself speaking

問 2 From which date can you check the result of the second stage? 4

① September 14
② September 19
③ September 24
④ September 29

問 3 To get a high score in the Grand Final, you should pay most attention to your content and 5 .

① expressions and gestures
② responses to the judges
③ visual materials
④ voice control

第2問 (配点 20)

A You are reading the results of a survey about single-use and reusable bottles that your classmates answered as part of an environmental campaign in the UK.

Question 1: How many single-use bottled drinks do you purchase per week?

Number of bottles	Number of students	Weekly subtotal
0	2	0
1	2	2
2	2	4
3	3	9
4	4	16
5	9	45
6	0	0
7	7	49
Total	29	125

Question 2: Do you have your own reusable bottle?

Summary of responses	Number of students	Percent of students
Yes, I do.	3	10.3
Yes, but I don't use it.	14	48.3
No, I don't.	12	41.4
Total	29	100.0

— 314 —

Question 3: If you don't use a reusable bottle, what are your reasons?

Summary of responses	Number of students
It takes too much time to wash reusable bottles.	24
I think single-use bottles are more convenient.	17
Many flavoured drinks are available in single-use bottles.	14
Buying a single-use bottle doesn't cost much.	10
I can buy drinks from vending machines at school.	7
I feel reusable bottles are too heavy.	4
My home has dozens of single-use bottles.	3
Single-use bottled water can be stored unopened for a long time.	2
(Other reasons)	4

問 1　The results of Question 1 show that ☐ 6 ☐ .

① each student buys fewer than four single-use bottles a week on average

② many students buy fewer than two bottles a week

③ more than half the students buy at least five bottles a week

④ the students buy more than 125 bottles a week

問 2　The results of Question 2 show that more than half the students ☐ 7 ☐ .

① don't have their own reusable bottle

② have their own reusable bottle

③ have their own reusable bottle but don't use it

④ use their own reusable bottle

問 3　One **opinion** expressed by your classmates in Question 3 is that ⬚8⬚ .

① some students have a stock of single-use bottles at home

② there are vending machines for buying drinks at school

③ washing reusable bottles takes a lot of time

④ water in unopened single-use bottles lasts a long time

問 4　One **fact** stated by your classmates in Question 3 is that single-use bottles are ⬚9⬚ .

① available to buy at school

② convenient to use

③ light enough to carry around

④ not too expensive to buy

問 5　What is the most likely reason why your classmates do not use reusable bottles? ⬚10⬚

① There are many single-use bottled drinks stored at home.

② There is less variety of drinks available.

③ They are expensive for your classmates.

④ They are troublesome to deal with.

— 316 —

B You need to decide what classes to take in a summer programme in the UK, so you are reading course information and a former student's comment about the course.

COMMUNICATION AND INTERCULTURAL STUDIES

Dr Christopher Bennet   3-31 August 2021

bennet.christopher@ire-u.ac.uk   Tuesday & Friday

Call: 020−9876−1234   1.00 pm − 2.30 pm

Office Hours: by appointment only   9 classes − 1 credit

Course description: We will be studying different cultures and learning how to communicate with people from different cultures. In this course, students will need to present their ideas for dealing with intercultural issues.

Goals: After this course you should be able to:

− understand human relations among different cultures

− present solutions for different intercultural problems

− express your opinions through discussion and presentations

Textbook: Smith, S. (2019). *Intercultural studies*. New York: DNC Inc.

Evaluation: 60% overall required to pass

 two presentations: 90% (45% each)

− participation: 10%

Course-takers' evaluations (87 reviewers) ★★★★★ (Average: 4.89)
Comment
☺ Take this class! Chris is a great teacher. He is very smart and kind. The course is a little challenging but easy enough to pass. You will learn a lot about differences in culture. My advice would be to participate in every class. It really helped me make good presentations.

問 1 What will you do in this course? | 11 |

① Discuss various topics about culture

② Visit many different countries

③ Watch a film about human relations

④ Write a final report about culture

問 2 This class is aimed at students who | 12 | .

① are interested in intercultural issues

② can give good presentations

③ like sightseeing in the UK

④ need to learn to speak English

2021年度　リーディング　第2日程　45

問 3　One **fact** about Dr Bennet is that 　13　.

① he has good teaching skills

② he is a nice instructor

③ he is in charge of this course

④ he makes the course challenging

問 4　One **opinion** expressed about the class is that 　14　.

① it is not so difficult to get a credit

② most students are satisfied with the course

③ participation is part of the final grade

④ students have classes twice a week

問 5　What do you have to do to pass this course? 　15　

① Come to every class and join the discussions

② Find an intercultural issue and discuss a solution

③ Give good presentations about intercultural issues

④ Make an office appointment with Dr Bennet

46

第3問 （配点 15）

A Your British friend, Jan, visited a new amusement park and posted a blog about her experience.

Sunny Mountain Park: A Great Place to Visit

Posted by Jan at 9.37 pm on 15 September 2020

Sunny Mountain Park finally opened last month! It's a big amusement park with many exciting attractions, including a huge roller coaster (see the map). I had a fantastic time there with my friends last week.

We couldn't wait to try the roller coaster, but first we took the train round the park to get an idea of its layout. From the train, we saw the Picnic Zone and thought it would be a good place to have lunch. However, it was already very crowded, so we decided to go to the Food Court instead. Before lunch, we went to the Discovery Zone. It was well worth the wait to experience the scientific attractions there. In the afternoon, we enjoyed several rides near Mountain Station. Of course, we tried the roller coaster, and we weren't disappointed. On our way back to the Discovery Zone to enjoy more attractions, we took a short break at a rest stop. There, we got a lovely view over the lake to the castle. We ended up at the Shopping Zone, where we bought souvenirs for our friends and family.

Sunny Mountain Park is amazing! Our first visit certainly won't be our last.

— 320 —

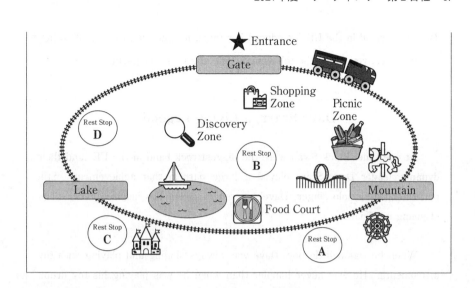

問1 From Jan's post, you learn that ⬚16⬚ .

① Jan skipped going to the Shopping Zone for gifts
② Jan waited for a while to enjoy the scientific attractions
③ the Food Court was more crowded than the Picnic Zone
④ the roller coaster did not meet Jan's expectations

問2 At which rest stop did Jan and her friends take a break in the afternoon? ⬚17⬚

① Rest Stop A
② Rest Stop B
③ Rest Stop C
④ Rest Stop D

48

B Your friend in the UK introduced her favourite musician to you. Wanting to learn more, you found the following article in a music magazine.

Dave Starr, a Living Legend

At one time, Black Swan were the biggest rock band in the UK, and their dynamic leader Dave Starr played a large part in that achievement. Still performing as a solo singer, Dave's incredible talent has inspired generations of young musicians.

When he was a little boy, Dave was always singing and playing with toy instruments. He was never happier than when he was playing his toy drum. At age seven, he was given his first real drum set, and by 10, he could play well. By 14, he had also mastered the guitar. When he was still a high school student, he became a member of The Bluebirds, playing rhythm guitar. To get experience, The Bluebirds played for free at school events and in community centres. The band built up a small circle of passionate fans.

Dave's big break came when, on his 18th birthday, he was asked to become the drummer for Black Swan. In just two years, the band's shows were selling out at large concert halls. It came as a shock, therefore, when the lead vocalist quit to spend more time with his family. However, Dave jumped at the chance to take over as lead singer even though it meant he could no longer play his favourite instrument.

In the following years, Black Swan became increasingly successful, topping the music charts and gaining even more fans. Dave became the principal song writer, and was proud of his contribution to the band. However, with the addition of a keyboard player, the music gradually changed direction. Dave became frustrated, and he and the lead guitarist decided to leave and start a new group. Unfortunately, Dave's new band failed to reach Black Swan's level of success, and stayed together for only 18 months.

— 322 —

問 1 Put the following events (①〜④) into the order in which they happened.

18 → 19 → 20 → 21

① Dave became a solo artist.

② Dave gave up playing the drums.

③ Dave joined a band as the guitarist.

④ Dave reached the peak of his career.

問 2 Dave became the lead singer of Black Swan because 22 .

① he preferred singing to playing the drums

② he wanted to change the band's musical direction

③ the other band members wanted more success

④ the previous singer left for personal reasons

問 3 From this story, you learn that 23 .

① Black Swan contributed to changing the direction of rock music

② Black Swan's goods sold very well at concert halls

③ Dave displayed a talent for music from an early age

④ Dave went solo as he was frustrated with the lead guitarist

第4問 (配点 16)

You are preparing a presentation on tourism in Japan. You emailed data about visitors to Japan in 2018 to your classmates, Hannah and Rick. Based on their responses, you draft a presentation outline.

The data:

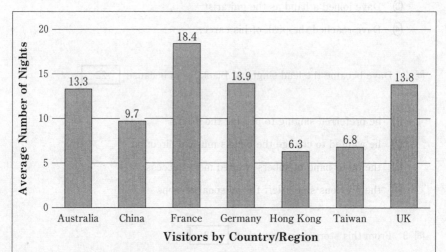

Figure 1. Length of stay in Japan.

(国土交通省観光庁による平成 30 年統計資料の一部を参考に作成)

Table 1

Average Amount of Money Spent While Visiting Japan

Visitors by country/region	Food	Entertainment	Shopping
Australia	58,878	16,171	32,688
China	39,984	7,998	112,104
France	56,933	7,358	32,472
Germany	47,536	5,974	25,250
Hong Kong	36,887	5,063	50,287
Taiwan	28,190	5,059	45,441
UK	56,050	8,341	22,641

(yen per person)

(国土交通省観光庁による平成 30 年統計資料の一部を参考に作成)

The responses to your email:

Hi,

Thanks for your email! That's interesting data. I know that the number of international visitors to Japan increased previously, but I never paid attention to their length of stay. I assume that visitors from Asia come for shorter stays since they can go back and forth easily.

Also, the table shows that Asian visitors, overall, tend to spend more on shopping compared to visitors from Europe and Australia. I guess this is probably because gift-giving in Asian cultures is really important, and they want to buy gifts for friends and family. For example, I have seen many Asian tourists shopping around Ginza, Harajuku, and Akihabara. Perhaps they don't have to spend so much money on accommodations, so they can spend more on shopping. I'd like to talk about this.

However, I've heard that visitors from Asia are now becoming interested in doing some other things instead of shopping. We may see some changes in this kind of data in the near future!

Best,
Hannah
P.S. This message is going to Rick, too.

Hi,

Thanks for sending your data! This will help us prepare for our presentation!

I notice from the data that Australians spend the most on entertainment. I'll present on this.

Also, the other day, on Japanese TV, I saw a program about Australian people enjoying winter sports in Hokkaido. I wonder how much they spend. I'll look for more information. If you find any, please let me know. This could be good for a future project.

In addition, I agree with Hannah that there seems to be a big difference in the length of stay depending on the country or region the visitor is from.

What about you? Do you want to talk about what Hannah found in relation to the spending habits? I think this is very interesting.

All the best,

Rick

P.S. This message is going to Hannah, too.

2021年度　リーディング　第2日程　53

The presentation draft:

Presentation Title: ____ 24 ____

Presenter	Topic
Hannah:	25
Rick:	26

me: *Relation to the length of stay*

Example comparison:

People from 27 *stay just over half the time in Japan compared to people from* 28 *, but spend slightly more money on entertainment.*

Themes for Future Research: ____ 29 ____

問 1　Which is the best for ☐ 24 ☐ ?

① Money Spent on Winter Holidays in Hokkaido

② Shopping Budgets of International Tourists in Tokyo

③ Spending Habits of International Visitors in Japan

④ The Increase of Spending on Entertainment in Japan

問 2　Which is the best for ☐ 25 ☐ ?

① Activities of Australian visitors in Japan

② Asian visitors' food costs in Japan

③ Gift-giving habits in European cultures

④ Patterns in spending by visitors from Asia

— 327 —

問 3　Which is the best for ▢26 ?

① Australian tourists' interest in entertainment
② Chinese spending habits in Tokyo
③ TV programs about Hokkaido in Australia
④ Various experiences Asians enjoy in Japan

問 4　You agree with Rick's suggestion and look at the data. Choose the best for ▢27 and ▢28 .

① Australia
② China
③ France
④ Taiwan

問 5　Which is the best combination for ▢29 ?

A : Australians' budgets for winter sports in Japan
B : Future changes in the number of international visitors to Tokyo
C : Popular food for international visitors to Hokkaido
D : What Asian visitors in Japan will spend money on in the future

① A, B
② A, C
③ A, D
④ B, C
⑤ B, D
⑥ C, D

— 328 —

第5問 (配点 15)

You are going to give a talk on a person you would like to have interviewed if they were still alive. Read the following passage about the person you have chosen and complete your notes.

Vivian Maier

This is the story of an American street photographer who kept her passion for taking pictures secret until her death. She lived her life as a caregiver, and if it had not been for the sale of her belongings at an auction house, her incredible work might never have been discovered.

It was 2007. A Chicago auction house was selling off the belongings of an old woman named Vivian Maier. She had stopped paying storage fees, and so the company decided to sell her things. Her belongings—mainly old photographs and negatives—were sold to three buyers: Maloof, Slattery, and Prow.

Slattery thought Vivian's work was interesting so he published her photographs on a photo-sharing website in July 2008. The photographs received little attention. Then, in October, Maloof linked his blog to his selection of Vivian's photographs, and right away, thousands of people were viewing them. Maloof had found Vivian Maier's name with the prints, but he was unable to discover anything about her. Then an Internet search led him to a 2009 newspaper article about her death. Maloof used this information to discover more about Vivian's life, and it was the combination of Vivian's mysterious life story and her photographs that grabbed everyone's attention.

Details of Vivian's life are limited for two reasons. First, since no one had interviewed her while she was alive, no one knew why she took so many photographs. Second, it is clear from interviews with the family she worked

— 329 —

"film negative"   "printed image"

for that Vivian was a very private person. She had few friends. Besides, she had kept her hobby a secret.

Vivian was born in 1926 in the United States to an Austrian father and a French mother. The marriage was not a happy one, and it seems her mother and father lived apart for several years. During her childhood Vivian frequently moved between the US and France, sometimes living in France, and sometimes in the US. For a while, Vivian and her mother lived in New York with Jeanne Bertrand, a successful photographer. It is believed that Vivian became interested in photography as a young adult, as her first photos were taken in France in the late 1940s using a very simple camera. She returned to New York in 1951, and in 1956 she moved to Chicago to work as a caregiver for the Gensburg family. This job gave her more free time for taking photographs.

In 1952, at the age of 26, she purchased her first 6 × 6 camera, and it was with this that most of her photographs of life on the streets of Chicago were taken. For over 30 years she took photos of children, the elderly, the rich, and the poor. Some people were not even aware that their picture was being taken. She also took a number of self-portraits. Some were reflections of herself in a shop window. Others were of her own shadow. Vivian continued to document

Chicago life until the early 1970s, when she changed to a new style of photography.

An international award-winning documentary film called *Finding Vivian Maier* brought interest in her work to a wider audience. The film led to exhibitions in Europe and the US. To choose the photographs that best represent her style, those in charge of the exhibitions have tried to answer the question, "What would Vivian Maier have printed?" In order to answer this question, they used her notes, the photos she actually did print, and information about her preferences as reported by the Gensburgs. Vivian was much more interested in capturing moments rather than the outcome. So, one could say the mystery behind Vivian's work remains largely "undeveloped."

Presentation notes:

Vivian Maier

Vivian the photographer
☆ She took many pictures while she was working as a caregiver.
☆ Nobody interviewed her while she was alive, so we do not know much about her.
☆ 　30　

Vivian's work
☆ Her photographs mainly concentrated on:
　· the young and old, and the rich and poor
　· 　31　
　· 　32　

How her work gained recognition
☆ Vivian's storage fees were not paid.
☆ 　33　
☆ 　34　
☆ 　35　
☆ 　36　
☆ The combining of information on her life and work increased people's interest.

How her work became known worldwide
☆ An award-winning documentary film about her life and work helped capture a new audience.
☆ 　37　

The 'BIG' unanswered question: 　38

2021年度 リーディング 第2日程 59

問 1 Choose the best statement for ☐30☐.

① Her work remained undiscovered until it was sold at auction.

② She is thought to have become attracted to photography in her thirties.

③ She took her camera wherever she went and showed her pictures to others.

④ The majority of her photos were taken in New York.

問 2 Choose the two best items for ☐31☐ and ☐32☐. (The order does not matter.)

① documentary-style pictures

② industrial landscapes

③ natural landscapes

④ pictures of herself

⑤ shop windows

問 3 Put the following events into the order in which they happened.
☐33☐ ~ ☐36☐

① A buyer linked his blog to some of her pictures.

② A report on Vivian's death was published in a newspaper.

③ An auction company started selling her old photographs and negatives.

④ Her work was published on the Internet.

— 333 —

問 4　Choose the best statement for ☐ 37 ☐ .

① Exhibitions of her work have been held in different parts of the world.

② Her photography book featuring street scenes won an award.

③ She left detailed instructions on how her photographs should be treated.

④ The children of Vivian's employers provided their photographs.

問 5　Choose the best question for ☐ 38 ☐ .

① "What type of camera did she use for taking photos?"

② "Where did she keep all her negatives and prints?"

③ "Why did she leave New York to become a caregiver?"

④ "Why did she take so many photos without showing them to anyone?"

第6問 (配点 24)

A You are an exchange student in the United States and you have joined the school's drama club. You are reading an American online arts magazine article to get some ideas to help improve the club.

Recent Changes at the Royal Shakespeare Company

By John Smith
Feb. 20, 2020

We are all different. While most people recognize that the world is made up of a wide variety of people, diversity—showing and accepting our differences—is often not reflected in performing arts organizations. For this reason, there is an increasing demand for movies and plays to better represent people from various backgrounds as well as those with disabilities. Arts Council England, in response to this demand, is encouraging all publicly funded arts organizations to make improvements in this area. One theater company responding positively is the Royal Shakespeare Company (RSC), which is one of the most influential theater companies in the world.

Based in Stratford-upon-Avon in the UK, the RSC produces plays by William Shakespeare and a number of other famous authors. These days, the RSC is focused on diversity in an attempt to represent all of UK society accurately. It works hard to balance the ethnic and social backgrounds, the genders, and the physical abilities of both performers and staff when hiring.

During the summer 2019 season, the RSC put on three of Shakespeare's comedies: *As You Like It, The Taming of the Shrew,* and *Measure for Measure.* Actors from all over the country were employed, forming a 27-member cast,

---

— 335 —

reflecting the diverse ethnic, geographical, and cultural population of the UK today. To achieve gender balance for the entire season, half of all roles were given to male actors and half to female actors. The cast included three actors with disabilities (currently referred to as "differently-abled" actors)—one visually-impaired, one hearing-impaired, and one in a wheelchair.

Changes went beyond the hiring policy. The RSC actually rewrote parts of the plays to encourage the audience to reflect on male/female power relationships. For example, female and male roles were reversed. In *The Taming of the Shrew*, the role of "the daughter" in the original was transformed into "the son" and played by a male actor. In the same play, a male servant character was rewritten as a female servant. That role was played by Amy Trigg, a female actor who uses a wheelchair. Trigg said that she was excited to play the role and believed that the RSC's changes would have a large impact on other performing arts organizations. Excited by all the diversity, other members of the RSC expressed the same hope—that more arts organizations would be encouraged to follow in the RSC's footsteps.

The RSC's decision to reflect diversity in the summer 2019 season can be seen as a new model for arts organizations hoping to make their organizations inclusive. While there are some who are reluctant to accept diversity in classic plays, others welcome it with open arms. Although certain challenges remain, the RSC has earned its reputation as the face of progress.

問 1 According to the article, the RSC ｜ 39 ｜ in the summer 2019 season.

① gave job opportunities to famous actors
② hired three differently-abled performers
③ looked for plays that included 27 characters
④ put on plays by Shakespeare and other authors

— 336 —

問 2 The author of this article most likely mentions Amy Trigg because she
40 .

① performed well in one of the plays presented by the RSC
② struggled to be selected as a member of the RSC
③ was a good example of the RSC's efforts to be inclusive
④ was a role model for the members of the RSC

問 3 You are summarizing this article for other club members. Which of the following options best completes your summary?

[Summary]
The Royal Shakespeare Company (RSC) in the UK is making efforts to reflect the population of UK society in its productions. In order to achieve this, it has started to employ a balance of female and male actors and staff with a variety of backgrounds and abilities. It has also made changes to its plays. Consequently, the RSC has 41 .

① attracted many talented actors from all over the world
② completed the 2019 season without any objections
③ contributed to matching social expectations with actions
④ earned its reputation as a conservative theater company

問 4 Your drama club agrees with the RSC's ideas. Based on these ideas, your drama club might 42 .

① perform plays written by new international authors
② present classic plays with the original story
③ raise funds to buy wheelchairs for local people
④ remove gender stereotypes from its performances

— 337 —

64

B You are one of a group of students making a poster presentation for a wellness fair at City Hall. Your group's title is *Promoting Better Oral Health in the Community*. You have been using the following passage to create the poster.

Oral Health: Looking into the Mirror

In recent years, governments around the world have been working to raise awareness about oral health. While many people have heard that brushing their teeth multiple times per day is a good habit, they most likely have not considered all the reasons why this is crucial. Simply stated, teeth are important. Teeth are required to pronounce words accurately. In fact, poor oral health can actually make it difficult to speak. An even more basic necessity is being able to chew well. Chewing breaks food down and makes it easier for the body to digest it. Proper chewing is also linked to the enjoyment of food. The average person has experienced the frustration of not being able to chew on one side after a dental procedure. A person with weak teeth may experience this disappointment all the time. In other words, oral health impacts people's quality of life.

While the basic functions of teeth are clear, many people do not realize that the mouth provides a mirror for the body. Research shows that good oral health is a clear sign of good general health. People with poor oral health are more likely to develop serious physical diseases. Ignoring recommended daily oral health routines can have negative effects on those already suffering from diseases. Conversely, practicing good oral health may even prevent disease. A strong, healthy body is often a reflection of a clean, well-maintained mouth.

Maintaining good oral health is a lifelong mission. The Finnish and US governments recommend that parents take their infants to the dentist before the baby turns one year old. Finland actually sends parents notices. New

---

— 338 —

Zealand offers free dental treatment to everyone up to age 18. The Japanese government promotes an 8020 (Eighty-Twenty) Campaign. As people age, they can lose teeth for various reasons. The goal of the campaign is still to have at least 20 teeth in the mouth on one's 80th birthday.

Taking a closer look at Japan, the Ministry of Health, Labour and Welfare has been analyzing survey data on the number of remaining teeth in seniors for many years. One researcher divided the oldest participants into four age groups: A (70-74), B (75-79), C (80-84), and D (85+). In each survey, with the exception of 1993, the percentages of people with at least 20 teeth were in A-B-C-D order from high to low. Between 1993 and 1999, however, Group A improved only about six percentage points, while the increase for B was slightly higher. In 1993, 25.5% in Group A had at least 20 teeth, but by 2016 the Group D percentage was actually 0.2 percentage points higher than Group A's initial figure. Group B increased steadily at first, but went up dramatically between 2005 and 2011. Thanks to better awareness, every group has improved significantly over the years.

Dentists have long recommended brushing after meals. People actively seeking excellent oral health may brush several times per day. Most brush their teeth before they go to sleep and then again at some time the following morning. Dentists also believe it is important to floss daily, using a special type of string to remove substances from between teeth. Another prevention method is for a dentist to seal the teeth using a plastic gel (sealant) that hardens around the tooth surface and prevents damage. Sealant is gaining popularity especially for use with children. This only takes one coating and prevents an amazing 80% of common dental problems.

Visiting the dentist annually or more frequently is key. As dental treatment sometimes causes pain, there are those who actively avoid seeing a dentist. However, it is important that people start viewing their dentist as an important ally who can, literally, make them smile throughout their lives.

Your presentation poster:

Promoting Better Oral Health in the Community

1. Importance of Teeth

- A. Crucial to speak properly
- B. Necessary to break down food
- C. Helpful to enjoy food
- D. Needed to make a good impression
- E. Essential for good quality of life

2. | 44 |

Finland & the US: Recommendations for treatment before age 1

New Zealand: Free treatment for youth

Japan: 8020 (Eighty-Twenty) Campaign (see Figure 1)

| 45 |

Figure 1. The percentage of people with at least 20 teeth.

3. Helpful Advice

| 46 |
| 47 |

問 1 Under the first poster heading, your group wants to express the importance of teeth as explained in the passage. Everyone agrees that one suggestion does not fit well. Which of the following should you **not** include?

43

① A
② B
③ C
④ D
⑤ E

問 2 You have been asked to write the second heading for the poster. Which of the following is the most appropriate? 44

① National 8020 Programs Targeting Youth
② National Advertisements for Better Dental Treatment
③ National Efforts to Encourage Oral Care
④ National Systems Inviting Infants to the Dentist

問 3 You want to show the results of the researcher's survey in Japan. Which of the following graphs is the most appropriate one for your poster? 45

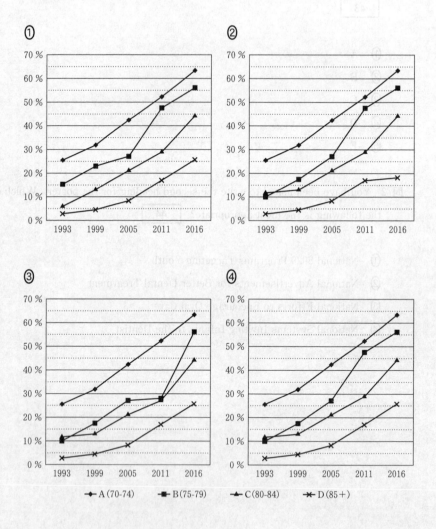

問 4 Under the last poster heading, you want to add specific advice based on the passage. Which two of the following statements should you use? (The order does not matter.) 46 · 47

① Brush your teeth before you eat breakfast.

② Check your teeth in the mirror every day.

③ Make at least one visit to the dentist a year.

④ Put plastic gel on your teeth frequently.

⑤ Use dental floss between your teeth daily.

MEMO

英　語

（2020年 1 月実施）

80分　200点

$\left(\text{解答番号}\ \boxed{1}\ \sim\ \boxed{54}\right)$

第1問 次の問い(**A・B**)に答えよ。(配点 14)

A 次の問い(**問1〜3**)において，下線部の発音がほかの三つと**異なるもの**を，それぞれ下の①〜④のうちから一つずつ選べ。

問1 ☐ 1

① scarce　② scenery　③ scratch　④ scream

問2 ☐ 2

① arise　② desire　③ loose　④ resemble

問3 ☐ 3

① accuse　② cube　③ cucumber　④ cultivate

B 次の問い（**問 1 ～ 4**）において，第一アクセント（第一強勢）の位置がほかの三つ
と**異なる**ものを，それぞれ下の①～④のうちから一つずつ選べ。

問 1 　4

① allergy 　② objective 　③ physical 　④ strategy

問 2 　5

① alcohol 　② behavior 　③ consider 　④ magnetic

問 3 　6

① canal 　② instance 　③ island 　④ workshop

問 4 　7

① administer 　② beneficial 　③ competitor 　④ democracy

— 347 —

4

第2問 次の問い（**A～C**）に答えよ。（配点 47）

A 次の問い（問1～10）の 8 ～ 17 に入れるのに最も適当なものを，それぞれ下の①～④のうちから一つずつ選べ。ただし， 15 ～ 17 については，（ A ）と（ B ）に入れるのに最も適当な組合せを選べ。

問1 Due to the rain, our performance in the game was 8 from perfect.

① apart   ② different   ③ far   ④ free

問2 Emergency doors can be found at 9 ends of this hallway.

① both   ② each   ③ either   ④ neither

問3 My plans for studying abroad depend on 10 I can get a scholarship.

① that   ② what   ③ whether   ④ which

問4 Noriko can speak Swahili and 11 can Marco.

① also   ② as   ③ so   ④ that

問5 To say you will go jogging every day is one thing, but to do it is 12 .

① another   ② one another   ③ the other   ④ the others

— 348 —

問 6　Our boss is a hard worker, but can be difficult to get [13].

① along with　② around to　③ away with　④ down to

問 7　When Ayano came to my house, [14] happened that nobody was at home.

① it　② something　③ there　④ what

問 8　We'll be able to get home on time as (A) as the roads are (B).
[15]

① A : far　　B : blocked　② A : far　　B : clear
③ A : long　B : blocked　④ A : long　B : clear

問 9　I know you said you weren't going to the sports festival, but it is an important event, so please (A) it a (B) thought. [16]

① A : give　B : first　② A : give　B : second
③ A : take　B : first　④ A : take　B : second

問10　I didn't recognize (A) of the guests (B) the two sitting in the back row. [17]

① A : any　　B : except for　② A : any　　B : rather than
③ A : either　B : except for　④ A : either　B : rather than

— 349 —

6

B 次の問い(**問 1 ~ 3**)において，それぞれ下の①~⑥の語句を並べかえて空所を補い，最も適当な文を完成させよ。解答は 18 ~ 23 に入れるものの番号のみを答えよ。

問 1 Tony: Those decorations in the hall look great, don't they? I'm glad we finished on time.

Mei: Yes, thank you so much. Without your help, the preparations _____ 18 _____ _____ 19 _____ all the guests arrive this afternoon.

① been   ② by   ③ completed
④ have   ⑤ the time   ⑥ would not

問 2 Ichiro: Mr. Smith has two daughters in school now, right?

Natasha: Actually, he has three, the _____ 20 _____ _____ 21 _____ London. I don't think you've met her yet.

① in   ② is studying ③ music
④ of   ⑤ whom   ⑥ youngest

問 3 Peter: It might rain this weekend, so I wonder if we should still have the class barbecue in the park.

Hikaru: Yeah, we have to decide now whether to hold it _____ 22 _____ _____ 23 _____ until some day next week. We should have thought about the chance of rain.

① as   ② it   ③ off
④ or   ⑤ planned   ⑥ put

— 350 —

C 次の問い(問1〜3)の会話が最も適当なやりとりとなるように 24 〜 26 を埋めるには，(A)と(B)をどのように組み合わせればよいか，それぞれ下の①〜⑧のうちから一つずつ選べ。

問1 Chisato: I heard a new amusement park will be built in our neighborhood.
　　 Luke: Really? That will be great for the kids in our area.
　　 Chisato: Yes, but nobody is happy about the increased traffic near their houses.
　　 Luke: But 24 young people. It will definitely have a positive economic effect on our city.

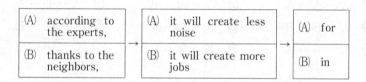

① (A)→(A)→(A)　　② (A)→(A)→(B)　　③ (A)→(B)→(A)
④ (A)→(B)→(B)　　⑤ (B)→(A)→(A)　　⑥ (B)→(A)→(B)
⑦ (B)→(B)→(A)　　⑧ (B)→(B)→(B)

問 2　Yu:　I heard Emma is planning to quit her full-time job.

Lee:　Yeah, she's going to start her own company.

Yu:　Wow! Her husband must be angry because they need money for their new house.

Lee:　Very much so. But ⎡ 25 ⎤ to Emma's plan. They always support each other in the end.

| (A) although | → | (A) he is quite upset, | → | (A) he doesn't object |
| (B) because | | (B) he isn't so upset, | | (B) he objects |

① (A)→(A)→(A)　② (A)→(A)→(B)　③ (A)→(B)→(A)
④ (A)→(B)→(B)　⑤ (B)→(A)→(A)　⑥ (B)→(A)→(B)
⑦ (B)→(B)→(A)　⑧ (B)→(B)→(B)

問 3　Kenjiro:　Why are there fire trucks in front of the school?

Ms. Sakamoto:　It's because there is a fire drill scheduled for this morning.

Kenjiro:　Again? We just had one last semester. I already know what to do.

Ms. Sakamoto:　Even if you think you do, the drill is ⎡ 26 ⎤ help each other in case of a disaster. We should take it seriously.

| (A) essential | → | (A) even so | → | (A) we can |
| (B) meaningless | | (B) so that | | (B) we cannot |

① (A)→(A)→(A)　② (A)→(A)→(B)　③ (A)→(B)→(A)
④ (A)→(B)→(B)　⑤ (B)→(A)→(A)　⑥ (B)→(A)→(B)
⑦ (B)→(B)→(A)　⑧ (B)→(B)→(B)

第3問 次の問い（**A・B**）に答えよ。（配点　33）

A 次の問い（**問1 ~ 3**）のパラグラフ（段落）には，まとまりをよくするために**取り除いた方がよい文**が一つある。取り除く文として最も適当なものを，それぞれ下線部①~④のうちから一つずつ選べ。

問1 　27

In the early history of the NBA, the biggest professional basketball league in North America, the games were often low scoring and, as a result, not always exciting. ①A prime example was a game between the Lakers and the Pistons in 1950. The result of the game was a 19-18 win for the Pistons. These games frustrated fans of the day, and this became a major motivation to introduce a new rule to increase scoring: a 24-second limit for each shot. ②The pressure of the time limit caused players to miss their shots more often. ③After much discussion, the rule was first used in an official game on October 30, 1954. ④Ever since, individual teams have often scored over 100 points in a game. This simple change made the game more exciting and saved the league.

10

問 2 | 28 |

You might have been told, "Sit up straight or you'll get a backache." But is it true? People have long assumed that posture has played some role in back pain. Surprisingly, the evidence from research linking posture and backache may be weak. ①Our back is naturally curved—from the side it is S-shaped. ②Individuals have their own unique bone sizes that determine their body shapes. ③It has been thought that good posture meant straightening out some of the curves. ④According to a study examining doctors' opinions, it was found that there was no single agreed-upon standard of proper posture. One researcher even says that often changing your posture, especially when sitting, is more important for preventing back pain. The main source of back pain may be stress and lack of sleep, not the way someone is sitting.

問 3 | 29 |

One of the most important features in the development of civilization was the preservation of food. Preserving pork legs as ham is one such example. Today, many countries in the world produce ham, but when and where did it begin? ①Many credit the Chinese with being the first people to record salting raw pork, while others have cited the Gauls, ancient people who lived in western parts of Europe. ②Another common seasoning is pepper, which works just as well in the preservation of food. ③It seems almost certain that it was a well-established practice by the Roman period. ④A famous politician in ancient Rome wrote extensively about the "salting of hams" as early as 160 B.C. Regardless of the origin, preserved foods like ham helped human culture to evolve and are deeply rooted in history.

— 354 —

B 次の会話は，慈善活動の企画に関して大学生たちが行ったやりとりの一部である。 30 ～ 32 に入れるのに最も適当なものを，それぞれ下の①～④のうちから一つずつ選べ。

Akira: Hey, guys. Thanks for dropping in. I've asked you all to meet here today to come up with ideas about how to raise money for our annual charity event. We'll have about a month this summer to earn as much as we can. Any thoughts?

Teresa: How about doing odd jobs around the neighborhood?

Akira: What's that? I've never heard of it.

Jenna: Oh, I guess it's not common here in Japan. It can be anything, you know, doing stuff around the house like cutting the grass, washing the windows, or cleaning out the garage. When I was a high school student back in the US, I made 300 dollars one summer by doing yard work around the neighborhood. And sometimes people will ask you to run around town for them to pick up the dry cleaning or do the grocery shopping. It's a pretty typical way for young people to earn some extra money.

Akira: So, Jenna, you're saying that 30 ?

① cleaning up the yard is quite valuable work
② dividing housework among the family is best
③ doing random jobs is a way to make money
④ gardening will surely be profitable in the US

Jenna: Yeah. I think that it could work in Japan, too.

— 355 —

Rudy: Here, many students do part-time jobs for local businesses. They might work at a restaurant or convenience store. Odd jobs are different. You're more like a kind of helper. It's a casual style of working. You get paid directly by the people you help, not a company. And you can decide which jobs you want to do.

Maya: But isn't it dangerous? Usually, people are unwilling to enter a house of someone they don't know. And what happens if you don't get paid? How can you get the money you earned?

Rudy: Not all jobs are inside the house. You can choose the kind of work that you're comfortable with. In my experience, I never got cheated. Basically, we work for people in our own community, so we sort of know them. Often, they are older people who have lived in the neighborhood a long time. And I always got paid in cash, so I was excited to have money to spend.

Teresa: There are a lot of seniors in our community. I'm sure they'd be happy to have someone do the heavy lifting, or even just to see a friendly face around. I really doubt that they would take advantage of us. In general, don't you think most people are honest and kind?

Akira: It sounds like we shouldn't be too worried because ⬜ 31 ⬜ .

① elderly people would feel uneasy about our work
② it's embarrassing to ask our neighbors for work
③ there's little risk in working within our community
④ we can be safe if we work for a company in town

Dan: Is it OK to get paid for volunteer work? Shouldn't we work for elderly people out of the goodness of our hearts? I think helping people is its own reward.

Kana: If we explain our purpose clearly from the beginning, to raise money for the charity, I think people will be glad to help us. And it's not like we're charging 5,000 yen per hour. Why don't we suggest 500 yen per hour? It's a lot more reasonable than asking some company to do the job.

Maya: Don't you have to pay any taxes? What happens if the government finds out?

Jenna: I don't think we're breaking any laws. That's the way it works in the US, anyway. Just to be on the safe side, though, let's ask someone at the city tax office.

Akira: OK, thanks for all of your great ideas. I think we made a lot of progress. According to the suggestions made today, it looks like our next step is to ☐ 32 ☐. Right?

① consider being totally honest with each other
② look for part-time jobs that have high wages
③ provide useful services for free to neighbors
④ think of a plan that works for our local area

Jenna: Sounds good.

— 357 —

14

第4問 次の問い(**A・B**)に答えよ。(配点 40)

A 次の文章はある説明文の一部である。この文章を読み，下の問い(**問1〜4**)の
33 〜 36 に入れるのに最も適当なものを，それぞれ下の①〜④のうち
から一つずつ選べ。

Sports coaches and players are interested in how training programs can be designed to enhance performance. The order of practice potentially facilitates learning outcomes without increasing the amount of practice. A study was conducted to examine how different training schedules influence throwing performance.

In this study, elementary school students threw a tennis ball at a target laid on the floor. They threw the ball from three throwing locations at distances of 3, 4, and 5 meters from the target. The target consisted of the center (20 cm wide) and nine larger outer rings. They served as zones to indicate the accuracy of the throws. If the ball landed in the center of the target, 100 points were given. If the ball landed in one of the outer zones, 90, 80, 70, 60, 50, 40, 30, 20, or 10 points were recorded accordingly. If the ball landed outside of the target, no points were given. If the ball landed on a line separating two zones, the higher score was awarded.

The students were assigned to one of three practice groups: Blocked, Random, or Combined. All students were instructed to use an overarm throwing motion to try to hit the center of the target with the ball. On the first day of this study, they each completed a total of 81 practice throws. Students in the Blocked group threw 27 times from one of the three throwing locations, followed by 27 throws from the next location, and ended practice with 27 throws from the final location. In the Random group, each student threw the ball 81 times in the order of throwing locations that the researchers had specified. No more than two consecutive throws were allowed from the same location for this group. In the Combined group, the students started with a blocked schedule and gradually shifted to a random schedule. On the next day, all students completed a performance test of 12 throws.

— 358 —

Results showed that during the practice of 81 throws, the Blocked group performed worse than the other two groups. Performance test scores were also analyzed. The Combined group showed the best performance among the three groups, followed by the Random group and then by the Blocked group. It is still uncertain if similar results can be obtained for adults in training programs for other throwing actions, such as those seen in bowling, baseball, and basketball. This will be addressed in the following section.

(Esmaeel Saemi 他(2012) *Practicing Along the Contextual Interference Continuum: A Comparison of Three Practice Schedules in an Elementary Physical Education Setting* の一部を参考に作成)

問1 What is the total score achieved by the five throws in this figure? 33

① 200
② 210
③ 220
④ 230

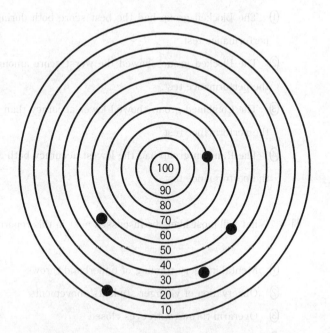

問 2　Which of the following statements is true about the experiment? 　34

① Eighty-one throws were made from the same initial throwing location in the Blocked group.

② The distance from the target remained unchanged during the entire experiment for the Combined group.

③ The set of throws from the same location involved various ways of throwing for the Combined group.

④ Throwing three or more times in a row from the same location was against the rules for the Random group.

問 3　Which of the following statements is true about the results? 　35

① The Blocked group had the best score both during practice and on the performance test.

② The Blocked group showed the worst score among the three groups on the performance test.

③ The Combined group showed lower accuracy than the Random group on the performance test.

④ The Random group had the lowest accuracy both during practice and on the performance test.

問 4　What will most likely be discussed next in this report? 　36

① Mental imagery training of underhand throws

② Observation of younger students' movements

③ Overarm throws with eyes closed

④ Various kinds of throwing motions

— 360 —

B 次のページにあるフリーマーケットの出店申請の説明を読み，次の問い（問
1～4）の 37 ～ 40 に入れるのに最も適当なものを，それぞれ下の
①～④のうちから一つずつ選べ。

問 1 Fran will sell her handmade jewelry on both days. She needs only a small
space. How much will it cost? 37

① $14   ② $16   ③ $18   ④ $20

問 2 Pat wants to sell some big household items, including a refrigerator, so
she needs an outdoor space. What offer can she take advantage of?
38

① Free assistance in setting up her tent
② Full cash refund due to cancelation
③ Selection of the location of her space
④ Use of a large truck free of charge

問 3 Mark makes herbal soaps and candles. He has chosen an indoor space.
Which of the following will he be allowed to do? 39

① Choose a space close to the sink to get water easily
② Have a bowl of water for customers to try his soaps
③ Keep his pet hamsters in a cage at his booth
④ Let his customers light some sample candles

問 4 Which of the following is true about this flea market? 40

① People are discouraged from selling items they created.
② People can throw away anything in the same trash can.
③ The organizers choose applicants who apply for both days.
④ The organizers provide information about schedule updates.

— 361 —

Greenly Fall Flea Market

We are now accepting applications for the Fall Flea Market at Greenly Sports Center! Please bring your used and/or handmade goods. We have only a limited number of spaces and accept applications in order of arrival, so email your application soon. We are a pet-friendly market, but if you are planning to bring your pet, you must apply for an outdoor space. For outdoor spaces, the organizers will help set up tents for no extra charge. Trucks are available for additional fees if you need to transport your goods.

	Saturday, October 3rd (13:00 – 17:00)	Sunday, October 4th (10:00 – 15:00)
Indoor space (2 × 2 meters)	$8	$10
Outdoor space (4 × 4 meters)	$9	$11

➢ Water is available for indoor spaces.

➢ If you apply for both Saturday and Sunday, you'll get a $2 discount each day.

Keep in Mind

1. Location of the spaces is decided by the organizers. No requests or changes are possible.
2. Any changes in opening and closing times are announced two days in advance.
3. If you cancel your application, 80% of all fees will be refunded.
4. Garbage must be separated and put into the appropriate garbage cans at the end of each day.
5. Fires and open flames are prohibited.

第5問 次の文章を読み，下の問い（問1～5）の 41 ～ 45 に入れるのに最も適当なものを，それぞれ下の①～④のうちから一つずつ選べ。（配点 30）

A couple of weeks ago, I was hiking with my dog on a mountain when something unexpected happened and I lost sight of him. I looked and looked but couldn't find him. He had been with me for so long that it was like I was missing part of my soul.

Ever since that day, I had a strange feeling. It was beyond sadness—a feeling that I didn't quite understand, as if something were pulling me to go back to the mountain. So every chance I got, I grabbed my backpack to see if the mountain could offer me some sense of relief.

One sunny morning, I stood at the foot of the mountain. Something felt different this day. "Please forgive me," I said out loud. "I'll find you!" I took a deep breath and began my journey with this mysterious pull growing stronger. After making my way along paths I thought I knew well, I realized I was somehow in an unfamiliar place. I panicked a little, lost my footing, and slipped. From out of nowhere, an elderly man came running towards me and helped me up.

Looking at his gentle, smiling face, I felt a sense of ease. The old man said he was looking for a way to the top of the mountain, so we decided to climb together.

Soon the path began to feel familiar again. We talked about many things, including my dog. I told him that he was a German shepherd. When he was younger, he served briefly as a police dog but had to stop due to an injury. The man let out a laugh saying he had been a police officer for a short time, but he quit. He didn't say why. Later, he spent a long time as a bodyguard. He also had German roots. We laughed at these similarities.

Before we knew it, we reached a large open area and took a break. I told the man what had happened to my dog. "He had a tiny bell on his collar to

— 363 —

scare away bears. We came to this very spot and saw a bear. It was looking back at us. I should have held my dog because, sensing danger, he chased after the bear. I couldn't find him after that. I should have been more careful."

As I was telling the story, the man's expression changed. "It wasn't your fault. Your dog just wanted to keep you safe," he said. "I'm sure Tomo would want to tell you this. Also, thank you for not giving up."

Tomo is my dog's name. Did I tell him this? The old man's comment rang in the air.

Before I could ask anything, the man proposed we hurry to get to the top of the mountain. I was planning to do this with my dog a few weeks ago. After two more hours of hiking, we reached the peak. I set down my backpack and we sat taking in the magnificent view. The old man looked at me and said, "Mountains offer truly magical experiences."

I looked around for a place to rest. I guess I was pretty tired, because I fell asleep right away. When I woke up, I noticed that the old man had disappeared. I waited, but he never returned.

Suddenly, in the sunlight, something caught my eye. I walked over and saw a small metal tag beside my backpack. It was the same silver name tag that my parents originally gave to my dog. *Tomo* it said.

It was then that I heard a familiar noise behind me. It was the ringing of a tiny bell. I turned around. What I saw caused so many emotions to rush over me.

After a while on the mountaintop, I attached the name tag to my old friend and carefully made my way home with the mountain's gift beside me. My soul felt very much complete.

問 1　The author kept returning to the mountain because 　41　 .

① she felt an urge she couldn't explain

② she planned to meet the elderly man

③ she thought she could practice magic

④ she wanted to find out about the bear

問 2　Which of the following happened first on the author's most recent trip? 　42　

① She arrived at a large open area.

② She climbed to the mountaintop.

③ She saw a bear running away.

④ She was assisted by an old man.

問 3　What similarity between the author's dog and the old man was talked about? 　43　

① They experienced workplace injuries.

② They recently lost close family friends.

③ They were acquaintances of the author.

④ They worked to help protect the public.

問 4　Which of the following is closest to the meaning of the underlined phrase rang in the air as used in the text? 　44　

① brought happiness

② left an impression

③ made a loud noise

④ seemed offensive

問 5 How did the author's feelings change over the course of the last hiking experience? ☐45☐

① She was depressed and then became sadder.

② She was determined and then became comforted.

③ She was hopeful but then became homesick.

④ She was miserable but then became entertained.

第6問 次の文章を読み，下の問い（**A・B**）に答えよ。なお，文章の左にある(1)～(6)はパラグラフ（段落）の番号を表している。（配点　36）

(1) 　　Vending machines are so common in Japan that you can find one almost anywhere you go. Some of these machines sell train or meal tickets, and others sell snacks or drinks. They are especially useful for people who want to get something quickly and conveniently.

(2) 　　While vending machines are found throughout the country today, they were not originally developed in Japan. It is generally believed that the first one was constructed by a Greek mathematics teacher about 2,200 years ago. This machine sold special water used in prayers at temples. People who wanted to purchase the water put in a coin, which hit a metal lever attached to a string. Then, the weight of the coin let a specific amount of water pour out until the coin fell off. This ensured that people received an equal portion of the special water.

(3) 　　About 1,000 years ago, a vending machine that sold pencils was developed in China. Later, in the 1700s, coin-operated tobacco boxes appeared in English bars. When people wanted the product sold by one of these boxes, they inserted a coin and turned a lever. The product then dropped down for the customer to pick up. However, it was not until the 1880s that vending machines spread around the world. In 1883, an English inventor created one that sold postcards and paper. This became popular, and soon vending machines selling paper, stamps, and other goods appeared in many countries. In 1904, vending machines came into service in Japan. In 1926, technology had advanced and machines could be set to sell products with different prices. After that, a wider variety of products were sold. When this happened, the vending machine industry expanded rapidly.

(4)　　　The greatest problem faced by the global vending machine industry in its expansion was not the use of coins; it was paper money. This was a challenge as it proved easy for dishonest individuals to make money that could fool machines. This forced the vending machine industry to establish better detection methods and was one reason countries took steps to develop money that was difficult to <u>counterfeit</u>. Now, vending machines have become technologically advanced, not only to prevent problems with cash but also to accept credit cards and more recent forms of electronic payment.

(5)　　　It is in Japan that vending machines have become most popular. Currently, Japan has more than 4.2 million vending machines, with about 55% of them selling beverages such as tea, coffee, and juice. One of the main reasons Japan has become the vending machine capital of the world is its overall level of safety. Unlike many places, where vending machines must be monitored to prevent theft, they can be placed virtually anywhere in Japan. This extraordinary degree of public safety is considered amazing by visitors, as well as the range of products available. Tourists often take pictures of machines that sell unexpected products like bananas, fresh eggs, and bags of rice. It is understandable that visitors see them as one aspect particular to Japanese culture.

(6)　　　Given the popularity and usefulness of vending machines, it is unlikely that they will disappear anytime in the near future. They provide a place where various goods can be sold without the need for a sales clerk. The next time you want to purchase a hot drink on a cold day, remember that, in Japan at least, there is probably a vending machine just around the next corner.

A 次の問い(問1～5)の 46 ～ 50 に入れるのに最も適当なものを，そ
れぞれ下の①～④のうちから一つずつ選べ。

問1 According to paragraph (2), what was the first vending machine capable of
doing? 46

① Allowing people to acquire a fixed amount of liquid from it
② Offering books of ancient Greek mathematical principles
③ Permitting visitors to enter temples when they wanted to pray
④ Providing a regular income to the person who created it

問2 According to paragraph (3), which of the following statements about
vending machines is true? 47

① An English inventor's vending machine sold goods at various prices.
② Sales by vending machines increased when high value coins appeared.
③ Vending machine technology was found in Asia many centuries ago.
④ Vending machines were common in the world by the 18th century.

問3 Which of the following is closest to the meaning of the underlined word
counterfeit in paragraph (4)? 48

① accept illegal exchanges
② create unauthorized imitations
③ restrict unapproved technology
④ withdraw unnecessary support

問 4 According to paragraph (5), what is true about vending machines in Japan?

49

① Foreign tourists hesitate to make purchases from them.

② Over three quarters of them sell a variety of drinks.

③ The highly safe products sold in them attract customers.

④ The variety of items makes them unique in the world.

問 5 What would be the best title for this passage? 50

① The Cultural Benefits of Vending Machines in Japanese Society

② The Development of Vending Machines From Historical Perspectives

③ The Economic Impact of Vending Machines by International Comparison

④ The Globalization of Vending Machines Through Modern Technology

B 次の表は，本文のパラグラフ(段落)の構成と内容をまとめたものである。
$\boxed{51}$ ～ $\boxed{54}$ に入れるのに最も適当なものを，下の①～④のうちから一つ
ずつ選び，表を完成させよ。ただし，同じものを繰り返し選んではいけない。

Paragraph	Content
(1)	Introduction
(2)	$\boxed{51}$
(3)	$\boxed{52}$
(4)	$\boxed{53}$
(5)	$\boxed{54}$
(6)	Conclusion

① A certain factor that has allowed vending machines to exist widely in one country

② Creation of one vending machine and a description of how the device was used

③ Difficulties in building vending machines after introducing a different form of money

④ Types of vending machine goods sold at different locations in the past

MEMO

英　語

（2019年1月実施）

80分　200点

2

$\left(\begin{array}{cc}\text{解答番号} & \boxed{1} \sim \boxed{54}\end{array}\right)$

第1問 次の問い（**A・B**）に答えよ。（配点　14）

A 次の問い（**問1〜3**）において，下線部の発音がほかの三つと**異なるもの**を，それぞれ下の①〜④のうちから一つずつ選べ。

問1　　$\boxed{1}$

① cou<u>gh</u>　　② fri<u>gh</u>ten　　③ lau<u>gh</u>ter　　④ tou<u>gh</u>

問2　　$\boxed{2}$

① bl<u>oo</u>d　　② ch<u>oo</u>se　　③ m<u>oo</u>d　　④ pr<u>oo</u>f

問3　　$\boxed{3}$

① st<u>o</u>ne　　② st<u>o</u>ry　　③ t<u>o</u>tal　　④ v<u>o</u>te

— 374 —

B 次の問い（**問1 ～ 4**）において，第一アクセント（第一強勢）の位置がほかの三つ
と**異なるもの**を，それぞれ下の①～④のうちから一つずつ選べ。

問 1 ☐ 4 ☐

① agree   ② control   ③ equal   ④ refer

問 2 ☐ 5 ☐

① approval   ② calendar   ③ remember   ④ successful

問 3 ☐ 6 ☐

① character   ② delicious   ③ opposite   ④ tragedy

問 4 ☐ 7 ☐

① architecture   ② biology   ③ spectacular   ④ surprisingly

4

第2問 次の問い(**A**～**C**)に答えよ。(配点 47)

A 次の問い(問1～10)の $\boxed{8}$ ～ $\boxed{17}$ に入れるのに最も適当なものを,そ
れぞれ下の①～④のうちから一つずつ選べ。ただし,$\boxed{15}$ ～ $\boxed{17}$ につい
ては,(**A**)と(**B**)に入れるのに最も適当な組合せを選べ。

問1 Casey was getting worried because the bus going to the airport was
clearly $\boxed{8}$ schedule.

① after ② behind ③ late ④ slow

問2 If you are in a hurry, you should call Double Quick Taxi because they
usually come in $\boxed{9}$ time.

① any ② few ③ no ④ some

問3 After $\boxed{10}$ dropping the expensive glass vase, James decided not to
touch any other objects in the store.

① almost ② at most ③ most ④ mostly

問4 We should make the changes to the document quickly as we are $\boxed{11}$
out of time.

① going ② running ③ spending ④ wasting

問5 It was impossible to $\boxed{12}$ everyone's demands about the new project.

① carry ② complete ③ hold ④ meet

— 376 —

2019年度　本試験　5

問 6　Write a list of everything you need for the camping trip. ☐ 13 ☐ , you might forget to buy some things.

① As a result　　② In addition　　③ Otherwise　　④ Therefore

問 7　Text messaging has become a common ☐ 14 ☐ of communication between individuals.

① mean　　　② meaning　　　③ means　　　④ meant

問 8　I was (A) when I watched the completely (B) ending of the movie. ☐ 15 ☐

① A : shocked　　B : surprised　　② A : shocked　　B : surprising
③ A : shocking　　B : surprised　　④ A : shocking　　B : surprising

問 9　(A) is no (B) the increase in traffic on this highway during holidays. ☐ 16 ☐

① A : It　　　B : avoid　　　② A : It　　　B : avoiding
③ A : There　　B : avoid　　　④ A : There　　B : avoiding

問10　The police officer asked the witness (A) the situation as (B) as possible. ☐ 17 ☐

① A : describing　　B : accurate
② A : describing　　B : accurately
③ A : to describe　　B : accurate
④ A : to describe　　B : accurately

— 377 —

B 次の問い(問1～3)において，それぞれ下の①～⑥の語句を並べかえて空所を補い，最も適当な文を完成させよ。解答は 18 ～ 23 に入れるものの番号のみを答えよ。

問1 Yukio: Did you hear that a new entrance ID system will be introduced next month?

Lucas: Really? Do we need it? I ＿＿＿＿ 18 ＿＿＿＿ ＿＿＿＿
19 ＿＿＿＿ to replace the current system.

① cost   ② how   ③ it

④ much   ⑤ will   ⑥ wonder

問2 David: What's the plan for your trip to England?

Saki: I'll spend the first few days in London and then be in Cambridge ＿＿＿＿ 20 ＿＿＿＿ ＿＿＿＿ ＿＿＿＿ 21 ＿＿＿＿ .

① for   ② my   ③ of

④ rest   ⑤ stay   ⑥ the

問3 Junko: The party we went to last night was very noisy. My throat is still sore from speaking loudly the whole time.

Ronald: Yeah. It can sometimes ＿＿＿＿ ＿＿＿＿ 22 ＿＿＿＿ ＿＿＿＿
23 ＿＿＿＿ in such a crowded place.

① be   ② difficult   ③ heard

④ make   ⑤ to   ⑥ yourself

C 次の問い(問1～3)の会話が最も適当なやりとりとなるように 24 ～ 26 を埋めるには，(A)と(B)をどのように組み合わせればよいか，それぞれ下の①～⑧のうちから一つずつ選べ。

問1 Museum guide: The number of visitors has dropped this month.
　　Museum guard: It's probably because of the construction on the second floor.
　　Museum guide: Yes, the "Treasures of Egypt" exhibit there always attracted so many people.
　　Museum guard: So, 24 the most popular area is closed.

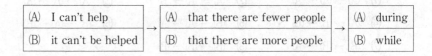

① (A)→(A)→(A)　　② (A)→(A)→(B)　　③ (A)→(B)→(A)
④ (A)→(B)→(B)　　⑤ (B)→(A)→(A)　　⑥ (B)→(A)→(B)
⑦ (B)→(B)→(A)　　⑧ (B)→(B)→(B)

問 2 Masa: I heard that last night's baseball game was the longest this season. You were there, weren't you?

　　Alice: That's right. It was so exciting watching it live at the stadium.

　　Masa: It must have been late when it finished. How did you get home?

　　Alice: Yes, it was really late. ｜ 25 ｜ It was crowded, but riding with hundreds of other fans was fun.

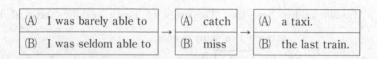

(A) I was barely able to	(A) catch	(A) a taxi.
(B) I was seldom able to	(B) miss	(B) the last train.

① (A)→(A)→(A)　　② (A)→(A)→(B)　　③ (A)→(B)→(A)
④ (A)→(B)→(B)　　⑤ (B)→(A)→(A)　　⑥ (B)→(A)→(B)
⑦ (B)→(B)→(A)　　⑧ (B)→(B)→(B)

問 3 Tetsuya: I haven't seen John today.

　　Brent: I heard that he's sick and will be absent from work for a few days.

　　Tetsuya: That's too bad. Isn't he in charge of the meeting later today?

　　Brent: Yes. ｜ 26 ｜ Without him, we can't talk about those issues.

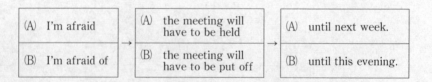

(A) I'm afraid	(A) the meeting will have to be held	(A) until next week.
(B) I'm afraid of	(B) the meeting will have to be put off	(B) until this evening.

① (A)→(A)→(A)　　② (A)→(A)→(B)　　③ (A)→(B)→(A)
④ (A)→(B)→(B)　　⑤ (B)→(A)→(A)　　⑥ (B)→(A)→(B)
⑦ (B)→(B)→(A)　　⑧ (B)→(B)→(B)

第3問 次の問い（**A・B**）に答えよ。（配点　33）

A 次の問い（問1 ～ 3）のパラグラフ（段落）には，まとまりをよくするために**取り除いた方がよい文**が一つある。取り除く文として最も適当なものを，それぞれ下線部①～④のうちから一つずつ選べ。

問1　　27

　　　When flying across the United States, you may see giant arrows made of concrete on the ground.　Although nowadays these arrows are basically places of curiosity, in the past, pilots absolutely needed them when flying from one side of the country to the other.　①The arrows were seen as being so successful that some people even suggested floating arrows on the Atlantic Ocean.　②Pilots used the arrows as guides on the flights between New York and San Francisco.　③Every 16 kilometers, pilots would pass a 21-meter-long arrow that was painted bright yellow.　④A rotating light in the middle and one light at each end made the arrow visible at night.　Since the 1940s, other navigation methods have been introduced and the arrows are generally not used today.　Pilots flying through mountainous areas in Montana, however, do still rely on some of them.

— 381 —

10

問 2　　28

Living in the city and living in the country require different skills. This is true for humans, of course, but also for birds. In one study, scientists took 53 birds from urban and rural areas of Barbados, one of the Caribbean islands, conducted a variety of tests, released them back into their natural surroundings, and reported their findings. ①The birds from urban areas were better at problem-solving tasks than the ones from rural environments. ②The researchers prepared several experiments to check the differences between the groups of birds. ③The urban birds had more capacity to resist disease than the rural ones. ④The researchers had expected that in comparison to the rural birds, the urban birds would be smarter but weaker. Being both smart and strong was thought to be unlikely. However, it seems that urban birds have it all.

問 3　　29

Formal dinners in England during the Tudor era (1485–1603) were called feasts. They were magnificent, and everything was done carefully in order to show one's wealth and place in society. ①Whatever happened at the feasts reflected social class, even the order in which people walked into the room. ②There was a top table and the highest ranking guest would sit on the right of the king or the queen. ③Gold and silver dishes were also laid out to emphasize how rich the family was. ④The way feasts were held during the Tudor era has been richly presented in various films. The guests were not allowed to start eating before the ruler and had to stop eating once he or she had finished. When you could and couldn't eat followed strict and complicated rules, like all aspects of the feast.

— 382 —

B 次の会話は，退職する恩師への贈り物について相談している生徒たちのやりとりの一部である。 30 ～ 32 に入れるのに最も適当なものを，それぞれ下の①～④のうちから一つずつ選べ。

Sean: Thanks for coming in on a Saturday, everyone. It wasn't easy to find a time for us all to sit down and talk. As you know, Ms. Guillot is retiring this year. It is our responsibility to arrange a gift for her on behalf of all current and former students. We don't have much time before her party, so I'd really like to reach a final decision today. Did you come up with any ideas?

Alex: Not exactly, but I've heard that many teachers get bored after retirement. I don't think we should get her something like a painting, because it would just sit on the wall. If we buy her something that she can make the most of on a daily basis, then she will feel the appreciation all her students have for her more often.

Sean: Thanks, Alex. So, you think giving her something 30 would be appropriate, right?

① she can use quite regularly
② to make her house look nice
③ to share at the retirement party
④ we students made ourselves

Alex: Yes. I think that would be best.

Thomas: I don't think Ms. Guillot will be bored in her retirement. We all know that she is very active. She often participates in sporting events and loves spending time outside. I heard that on Saturdays and Sundays, she runs in the mornings and plays tennis in the evenings. She hardly ever stays indoors and never misses her daily walk even if it is raining.

Anne: And, she loves doing work in her garden, too. I've seen some pictures of her house. She has a beautiful garden and a massive deck. She has a great variety of flowers and vegetables. She often spends time relaxing on her deck just enjoying the view of her garden.

Sean: Thomas and Anne, it seems that you both think we should consider Ms. Guillot's ⬚ 31 ⬚ when we buy her present.

① art works

② garden

③ leisure time

④ weekends

Anne: That's right. But it's a little hard to come up with an actual item, isn't it?

Mimi: Why don't we get her something she can use for entertaining people? Ms. Guillot loves cooking and I heard she has small parties at her house every couple of weeks. Hmm..., I don't think we need to get her anything to use in the kitchen, as she seems to have plenty of that kind of stuff already. And usually, people who like cooking have their own preferences when it comes to things like that.

Sally: I agree. She's told us about her parties. She often mentions that whenever she has them, everyone has to go inside to eat if they want to sit down. Perhaps something that she can use when entertaining her guests would be most appropriate.

Anne: I think that's a great point. Once she has retired, I'm sure she'll be having more of those parties. Who knows? Maybe she'll even invite us!

— 384 —

Sean: That would be nice, wouldn't it, Anne? Well, thank you for all your ideas. Considering what we have discussed, I think a present such as 32 will be best as it seems to match what everyone has said about Ms. Guillot.

① a large bunch of flowers
② a statue for her garden
③ some outdoor furniture
④ some sets for cooking

第 4 問 次の問い(**A・B**)に答えよ。(配点 40)

A 次の文章はある説明文の一部である。この文章と表を読み，下の問い(**問1～4**)の | 33 | ～ | 36 | に入れるのに最も適当なものを，それぞれ下の①～④のうちから一つずつ選べ。

Art may reflect the ways people lived. Researchers have discussed how art portrays clothing and social settings. One study was conducted to determine if this idea could be extended to paintings featuring family meals. The results of this study might help illustrate why certain kinds of foods were painted.

The researchers examined 140 paintings of family meals painted from the years 1500 to 2000. These came from five countries: the United States, France, Germany, Italy, and the Netherlands. The researchers examined each painting for the presence of 91 foods, with absence coded as 0 and presence coded as 1. For example, when one or more onions appeared in a painting, the researchers coded it as 1. Then they calculated the percentage of the paintings from these countries that included each food.

Table 1 shows the percentage of paintings with selected foods. The researchers discussed several findings. First, some paintings from these countries included foods the researchers had expected. Shellfish were most common in the Netherlands' (Dutch) paintings, which was anticipated as nearly half of its border touches the sea. Second, some paintings did not include foods the researchers had expected. Shellfish and fish each appeared in less than 12% of the paintings from the United States, France, and Italy although large portions of these countries border oceans or seas. Chicken, a common food, seldom appeared in the paintings. Third, some paintings included foods the researchers had not expected. For example, among German paintings, 20% of them included shellfish although only 6% of the country touches the sea. Also, lemons were most common in paintings from the Netherlands, even though they do not grow there naturally.

Table 1

The Frequency of Selected Foods Shown in Paintings by Percentage

Item	USA	France	Germany	Italy	The Netherlands
Apples	41. 67	35. 29	25. 00	36. 00	8. 11
Bread	29. 17	29. 41	40. 00	40. 00	62. 16
Cheese	12. 50	5. 88	5. 00	24. 00	13. 51
Chicken	0. 00	0. 00	0. 00	4. 00	2. 70
Fish	0. 00	11. 76	10. 00	4. 00	13. 51
Lemons	29. 17	20. 59	30. 00	16. 00	51. 35
Onions	0. 00	0. 00	5. 00	20. 00	0. 00
Shellfish	4. 17	11. 11	20. 00	4. 00	56. 76

Comparing these results with previous research, the researchers concluded that food art does not necessarily portray actual life. The researchers offered some explanations for this. One explanation is that artists painted some foods to express their interest in the larger world. Another is that painters wanted to show their technique by painting more challenging foods. For example, the complexity of a lemon's surface and interior might explain its popularity, especially among Dutch artists. As other interpretations are possible, it is necessary to examine the paintings from different perspectives. These are the period in which the paintings were completed and the cultural associations of foods. Both issues will be taken up in the following sections.

(Brian Wansink 他(2016) *Food Art Does Not Reflect Reality: A Quantitative Content Analysis of Meals in Popular Paintings* の一部を参考に作成)

16

問 1 For the category "Apples" in this research, a painting with two whole apples and one apple cut in half would be labeled as ⬚ 33 ⬚.

① 0
② 1
③ 2
④ 3

問 2 According to Table 1, the paintings from ⬚ 34 ⬚.

① France included apples at a lower percentage than the German ones
② France included cheese at a higher percentage than the Dutch ones
③ Italy included bread at a lower percentage than the American ones
④ Italy included onions at a higher percentage than the German ones

問 3 According to the passage and Table 1, ⬚ 35 ⬚.

① chicken frequently appeared in the American paintings because people there often ate chicken
② fish appeared in less than one tenth of the Italian paintings though much of Italy lies next to seas
③ lemons appeared in more than half of the Dutch paintings as they are native to the Netherlands
④ shellfish appeared in half of the paintings from each of the five countries because they touch seas

— 388 —

2019年度　本試験　17

問 4　According to the passage, foods in these paintings can 　36　.

① demonstrate the painters' knowledge of history
② display the painters' desire to stay in their countries
③ indicate the painters' artistic skills and abilities
④ reflect the painters' love of their local foods

— 389 —

B 次のページの，ある地域の城に関する案内を読み，次の問い(問1～4)の
37 ～ 40 に入れるのに最も適当なものを，それぞれ下の①～④のうち
から一つずつ選べ。

問1 What is a common characteristic of all four castles? 37

① Amount of damage
② Displays of pictures and weapons
③ Histories of more than 500 years
④ Purposes of construction

問2 Three guitar club members from Grandlefolk University want to give a
concert one afternoon in April. Which castle are they most likely to choose?
38

① Crestvale Castle
② Holmsted Castle
③ King's Castle
④ Rosebush Castle

問3 Teachers at one school want to take their students to Grandlefolk one
Saturday in May. The purpose is to expand the students' knowledge of the
area's history by visiting castles and listening to explanations from the castle
staff. Which two castles are the teachers most likely to select? 39

① Crestvale Castle and Holmsted Castle
② Crestvale Castle and King's Castle
③ Rosebush Castle and Holmsted Castle
④ Rosebush Castle and King's Castle

問4 A mother, father, and their two children, ages 4 and 8, will visit one of the
castles in Grandlefolk for one day in September and want to see fine arts.
How much will it cost? 40

① €14   ② €17   ③ €20   ④ €25

— 390 —

Castles in Grandlefolk

Crestvale Castle

This ruined 13th-century castle, built to defend the northern border of Grandlefolk, is currently being studied by researchers. During the open season, except on Sundays, guides explain what the research is revealing about local history.

Holmsted Castle

Holmsted Castle, built in the 12th century to protect the southern border area, fell into ruin in the 16th century. At the entrance, signboards explain its history. This castle's open spaces are suitable for performances.

King's Castle

Dating back to the 11th century, King's Castle is one of the grandest in the country. Its large collection of paintings and furniture provide a look at the area's past. Guides are available every day.

Rosebush Castle

Though called a castle, this perfectly preserved 15th-century building was constructed purely as a family home. From Mondays to Fridays, guides tell the story of the family's history and explain their collection of modern sculptures. Some of its rooms are available for public events.

	Opening Times		Daily Admission	
	Months	Hours	Adults	Children (5-16 years old) *
Crestvale Castle	April - October	10:00 - 16:00	€3	€1
Holmsted Castle	April - September	10:00 - 17:00	€5	€2
King's Castle	April - November	10:00 - 18:00	€7	€3
Rosebush Castle	April - July	9:00 - 12:00	€10	€5

*Children under 5 years old are admitted free of charge.

20

第5問 次の文章を読み，下の問い（問1～5）の 41 ～ 45 に入れるのに最も適当なものを，それぞれ下の①～④のうちから一つずつ選べ。（配点 30）

"Christine, come and help me in the garden. I want to plant all of the seeds today." My father was calling to me. "I'm busy," I said. My father loves his garden, but at that time I didn't understand why working in the dirt excited him so much.

By the end of April, his plants had come up in neat rows, and he put wooden stakes marked with the name of the vegetable on each row. Unfortunately, in early May, my father was seriously injured in an accident. He was in the hospital for about two months and during that time he often asked me about his garden. Even after he came home, he had to stay in bed for a while. My mother had several business trips so she couldn't take care of the garden. I didn't want my father to worry, so without being asked, I said that I would take care of his garden until he recovered. I assumed that the little plants would continue to grow as long as they had water, and luckily it rained fairly often so I didn't think much about the garden.

One Saturday morning in July, my father said to me, "Christine, I think that the vegetables should be about ready to be picked. Let's have a salad today!" I took a bowl and went out to the garden. I looked at the leaf lettuce and was upset to see that many of the leaves had been half eaten. There were hundreds of bugs all over them! I tried to get them off, but there were just too many. I looked at the carrots next, but they didn't look healthy. I pulled up a carrot, but it was tiny and looked like something had taken small bites from it.

I panicked for a moment, but then thought of a good idea. I got my wallet, quietly went out the door, and rode my bicycle to the nearest store to buy some vegetables. I went back home and cut them up to make a salad for my father.

When I gave it to him, he said, "Oh, Christine, what a beautiful salad! I

— 392 —

can't believe the carrots are this big already. The lettuce is so crisp and delicious. You must be taking very good care of my garden." My father looked happy, but I felt a little bit guilty.

I went back to the kitchen and was cleaning up when my mother came home from her most recent business trip. She saw the bag from the supermarket. I was embarrassed when she looked at me. So, I confessed, "Dad wanted a salad, but the garden was a disaster. I didn't want to disappoint him so I went to the store." She laughed but promised to make time to help me in the garden, and we worked hard for the next few weeks. We made a mixture of water with chopped-up fresh hot peppers and then sprayed it on the vegetables. I thought this was a great idea because the spray is not harmful to humans or animals, or even the bugs. They simply don't like the spicy water. The bug-free vegetables grew quickly, and finally I was able to pick some.

I carefully made a salad and took it to my father. He looked at it with a hint of a smile. "Christine, the carrots are smaller in this salad, but they taste better." I realized that he had known all along about my shopping trip. I smiled back at him.

Now, I better understand how putting a lot of effort into caring for something can help you appreciate the results more, however small they may be. Perhaps this was one of the reasons for my father's love of gardening.

In a few days he'll be back in the garden. I'll be right beside him helping him in any way I can.

問 1　Christine originally said she would do the gardening because she 　41 　.

① knew it was important to her father

② wanted to improve her gardening skills

③ was asked by her father to do it

④ was interested in growing vegetables

問 2　Which of the following was a problem in the garden?　 42

① Animals often dug in the garden.

② Insects ate the lettuce and carrots.

③ The plants were given too much water.

④ The vegetables were marked incorrectly.

問 3　Christine could secretly make the salad from store-bought vegetables because 　43 　.

① her father couldn't see the garden's progress

② her father was in the hospital at that time

③ her mother helped her to buy the vegetables

④ her mother helped her to make a spray

問 4　Which of the following is closest to the meaning of the underlined word bug-free?　 44

① All bugs have been killed.

② Bugs can do what they like.

③ No bugs can be found.

④ The bugs don't cost any money.

— 394 —

問 5 What did Christine learn through her experience of gardening? ☐ 45 ☐

① Always prepare for a rainy day.

② Don't be disappointed by bugs.

③ Hard work can be rewarding.

④ Working alone produces results.

第6問 次の文章を読み，下の問い（**A・B**）に答えよ。なお，文章の左にある(1)~
(6)はパラグラフ（段落）の番号を表している。（配点　36）

(1)　　　From quiet paths by a stream in a forest to busy roads running through
a city, people have created various forms of routes in different places.
These now exist all around us, and their use is <u>imperative</u> for societies.
These routes have enabled people to move, transport things, and send
information from one place to another quickly and safely.　Throughout
history, they have been important in our daily lives.

(2)　　　Early routes were often formed naturally on land.　They gradually
developed over long periods of time while people traveled them on foot or
horseback.　A significant turning point in their history arrived when the first
wheeled carts appeared in ancient times.　Once this happened, people
recognized the importance of well-maintained routes.　Therefore, towns,
cities, and entire countries improved them in order to prosper.　As a result,
life became more convenient, communities grew, economies evolved, and
cultures expanded.　The importance of land routes increased further,
especially after the appearance of automobiles.

(3)　　　People have established routes on water, too.　Rivers and canals have
served as effective routes for people to move around and carry things.　For
instance, in the old Japanese city of Edo, water routes were used for the
transportation of agricultural products, seafood, and wood, which supported
the city's life and economy.　People have also opened routes across the sea.
The seaways, which developed based on winds, waves, water depths, and
coastline geography, were critical for the navigation of ships, particularly in
the days when they moved mainly by wind power.　Using these sea routes,
people could travel great distances and go to places they had not previously
been able to reach.　A number of important sea routes emerged, leading to
the exchange of natural resources, products, and ideas.　This, in turn, helped
cities and towns thrive.

(4)　　　People have gone on to open routes in the sky as well. Since the invention of the airplane, these routes have made it possible for people to travel long distances easily. They found the best routes by considering conditions such as winds and air currents. Eventually, people became able to travel safely and comfortably high in the sky, and going vast distances only took a small amount of time. In fact, people used to need more than one month to travel to Europe from Japan by ship, whereas today they can travel between them in a single day by airplane. Owing to the establishment of these sky routes, a great number of people now travel around the world for sightseeing, visiting friends, and doing business.

(5)　　　Today, we have a new type of route, the Internet, which specializes in the electronic exchange of information. By using this worldwide route, people can easily obtain information that once was available mainly from books and face-to-face communication. They can also instantly send messages to large numbers of people all at once. According to one study, more than 3.5 billion people, which is about half of the global population, have access to this electronic route today. As technology advances, more and more people will take advantage of this route to gather information and communicate.

(6)　　　As long as there have been people, there have been routes to connect them. These have contributed not only to the movement of people, things, and information, but also to the development of our communities, economies, and cultures. Routes have played significant roles in the development and prosperity of humankind. Currently unknown routes will surely take us even further in the future.

A 次の問い(問 1 ～ 5)の 46 ～ 50 に入れるのに最も適当なものを，そ
れぞれ下の①～④のうちから一つずつ選べ。

問 1 Which of the following is closest to the meaning of the underlined word
imperative in paragraph (1)? 46

① accidental
② essential
③ industrial
④ traditional

問 2 According to paragraph (2), which of the following statements is true?
47

① Early routes were created by people who traveled by wheeled carts.
② People's first routes on land followed the growth of towns and cities.
③ The development of land routes led to progress in many areas of society.
④ The improvement of routes resulted in the invention of the automobile.

問 3 Why is the example of Edo introduced in paragraph (3)? 48

① To describe the difficulty of creating routes on the water
② To emphasize the fact that it was an important city
③ To explain the use of water routes to move along the coastlines
④ To illustrate the important roles of water routes for cities

問 4 What does paragraph (5) tell us about routes? 49

① Routes can be thought of as existing invisibly in the world.
② Routes that move information can be regarded as dangerous.
③ The fundamental functions of routes are declining.
④ The importance of different kinds of routes is the same.

— 398 —

問 5　What is the main point of this article?　50

① Humankind first created various types of convenient routes on land.

② Improvements in transportation have come at great cost.

③ Technology has interfered with opening up routes around the world.

④ The advancement of humanity was aided by the development of routes.

B　次の表は，本文のパラグラフ(段落)の構成と内容をまとめたものである。
　　51 ～ 54 に入れるのに最も適当なものを，下の①～④のうちから一つ
ずつ選び，表を完成させよ。ただし，同じものを繰り返し選んではいけない。

Paragraph	Content
(1)	Introduction
(2)	51
(3)	52
(4)	53
(5)	54
(6)	Conclusion

① Creation of roads used by people, animals, and vehicles

② Developing ways for people to fly from place to place

③ Establishment of global paths for information transfer

④ Opening of lanes for ships to travel and transport things

MEMO

英　語

（2018年1月実施）

80分　200点

2018 本試験

$\left(\text{解答番号}\ \boxed{1}\ \sim\ \boxed{54}\ \right)$

第1問 次の問い(**A・B**)に答えよ。(配点 14)

A 次の問い(**問1～3**)において,下線部の発音がほかの三つと**異なる**ものを,それぞれ下の**①～④**のうちから一つずつ選べ。

問1　　$\boxed{1}$

①　comm<u>i</u>t　　②　conv<u>i</u>nce　　③　<u>i</u>nsist　　④　prec<u>i</u>se

問2　　$\boxed{2}$

①　help<u>ed</u>　　②　laugh<u>ed</u>　　③　pour<u>ed</u>　　④　search<u>ed</u>

問3　　$\boxed{3}$

①　b<u>ir</u>d　　②　h<u>ar</u>d　　③　j<u>our</u>ney　　④　w<u>or</u>k

— 402 —

B 次の問い（**問 1 ～ 4**）において，第一アクセント（第一強勢）の位置がほかの三つ
と**異なる**ものを，それぞれ下の①～④のうちから一つずつ選べ。

問 1   4

     ① advance   ② danger   ③ engine   ④ limit

問 2   5

     ① deposit   ② foundation   ③ opinion   ④ register

問 3   6

     ① agency   ② frequently   ③ introduce   ④ officer

問 4   7

     ① championship   ② delivery

     ③ relatively   ④ supermarket

第2問 次の問い(**A ~ C**)に答えよ。(配点 47)

A 次の問い(問 1 ~10)の　8　~　17　に入れるのに最も適当なものを，そ
れぞれ下の①~④のうちから一つずつ選べ。ただし，　15　~　17　につい
ては，(**A**)と(**B**)に入れるのに最も適当な組合せを選べ。

問 1　Jeff didn't accept the job offer because of the　8　salary.

① cheap　　② inexpensive　③ low　　④ weak

問 2　Brenda went　9　to get something to drink.

① at downstairs　　　　② downstairs
③ the downstairs　　　④ to downstairs

問 3　After I injured my elbow, I had to quit　10　for my school's badminton
team.

① playing　　　　　② to be playing
③ to have played　　④ to play

問 4　It's　11　my understanding why he decided to buy such an old car.

① against　② behind　③ beneath　④ beyond

問 5　Nicole　12　novels for about seven years when she won the national
novel contest.

① had been writing　　② has been writing
③ has written　　　　　④ is writing

— 404 —

問 6 Our boss was sick at home, so we did ┃ 13 ┃ we thought was needed to

finish the project.

① how ② that ③ what ④ which

問 7 ┃ 14 ┃ I didn't notice it, but there was a huge spider in the bathroom.

① At first ② Beginning ③ Besides ④ Firstly

問 8 Rafael (A) a pair of swallows (B) a nest in the tree in front of

the house. ┃ 15 ┃

① A : looked B : making ② A : looked B : to make
③ A : saw B : making ④ A : saw B : to make

問 9 It (A) be long (B) the plum blossoms come out. They may even

bloom this coming weekend. ┃ 16 ┃

① A : should B : before ② A : should B : enough
③ A : shouldn't B : before ④ A : shouldn't B : enough

問10 Melissa said she (A) rather go snowboarding next weekend (B)

go ice-skating. ┃ 17 ┃

① A : could B : than ② A : could B : to
③ A : would B : than ④ A : would B : to

6

B 次の問い（問1～3）において，それぞれ下の①～⑥の語句を並べかえて空所を
補い，最も適当な文を完成させよ。解答は　18　～　23　に入れるものの番
号のみを答えよ。

問1　Student:　What are we going to do with the Australian students after
　　　　　　　　they arrive?

　　　Teacher:　The first night, we'll have a barbecue by the river so that

　　　　　　　　you all ＿＿＿＿　18　＿＿＿＿　＿＿＿＿　19　＿＿＿＿

　　　　　　　　quickly.

　　① can　　　　　　② each　　　　　　③ get

　　④ know　　　　　⑤ other　　　　　⑥ to

問2　Bridget:　How was your basketball season last year?

　　　Toshi:　I ＿＿＿＿　20　＿＿＿＿　＿＿＿＿　21　＿＿＿＿

　　① highest　　　　② on　　　　　　③ scorer

　　④ the second　　⑤ the team　　　⑥ was

問3　Evan:　I want to buy my first computer, but I don't know which one I
　　　　　　　should get.

　　　Sam:　Don't worry. Electronic stores always have experts available to

　　　　　　　give advice ＿＿＿＿　22　＿＿＿＿　＿＿＿＿　23　＿＿＿＿

　　　　　　　using computers.

　　① aren't　　　　② familiar　　　　③ those

　　④ to　　　　　　⑤ who　　　　　　⑥ with

— 406 —

C　次の問い(**問**1～3)の会話が最も適切なやりとりとなるように 24 ～
26 を埋めるには，(A)と(B)をどのように組み合わせればよいか，それぞれ下
の①～⑧のうちから一つずつ選べ。

問 1　Shelly:　I can't wait till next Tuesday.

　　　　Lisa:　What's happening next Tuesday?

　　　　Shelly:　Don't you remember?　There's going to be a jazz concert after
　　　　　　　school.

　　　　Lisa:　Really?　I thought it　 24

(A)　was going to be		(A)　on Thursday,		(A)　because I'm wrong.
(B)　was planning to be	→	(B)　on Tuesday,	→	(B)　but maybe I'm wrong.

① (A)→(A)→(A)　　　② (A)→(A)→(B)　　　③ (A)→(B)→(A)

④ (A)→(B)→(B)　　　⑤ (B)→(A)→(A)　　　⑥ (B)→(A)→(B)

⑦ (B)→(B)→(A)　　　⑧ (B)→(B)→(B)

問 2 Tomohiro: Hi, Casey. I'm glad you made it in time. Our flight's scheduled to depart soon.

  Casey: Thank you for telling me not to take the bus. I never thought the traffic would be so heavy at this time of day.

  Tomohiro: I always check traffic and railroad conditions when I have a plane to catch.

  Casey: You're so helpful. 25

(A) I wouldn't have taken	(A) the bus	(A) with your suggestion.
(B) I wouldn't take	(B) the train	(B) without your suggestion.

① (A)→(A)→(A)   ② (A)→(A)→(B)   ③ (A)→(B)→(A)
④ (A)→(B)→(B)   ⑤ (B)→(A)→(A)   ⑥ (B)→(A)→(B)
⑦ (B)→(B)→(A)   ⑧ (B)→(B)→(B)

問 3 Hoang: The typhoon over the weekend was pretty strong, wasn't it?

  Nao: Yeah, and my club's soccer match in Fukuoka Park was canceled.

  Hoang: We can never predict what the weather will bring.

  Nao: I agree. Did the typhoon also go through Shizuoka?

  Hoang: Yes, it did. 26 I hope we get another chance to do it.

(A) It's because	(A) we didn't cancel our trip to Mt. Fuji,	(A) fortunately.
(B) That's why	(B) we had to cancel our trip to Mt. Fuji,	(B) unfortunately.

① (A)→(A)→(A)   ② (A)→(A)→(B)   ③ (A)→(B)→(A)
④ (A)→(B)→(B)   ⑤ (B)→(A)→(A)   ⑥ (B)→(A)→(B)
⑦ (B)→(B)→(A)   ⑧ (B)→(B)→(B)

第3問 次の問い（**A・B**）に答えよ。（配点　33）

A 次の問い（**問1～3**）のパラグラフ（段落）には，まとまりをよくするために**取り除いた方がよい文**が一つある。取り除く文として最も適当なものを，それぞれ下線部①～④のうちから一つずつ選べ。

問1 | 27 |

　　When you encounter unfamiliar things in a new environment, you may experience culture shock even in your own country. When Tsubasa started college life away from his family, everything seemed exciting and new to him, but then he began to feel unexpected anxiety about his surroundings. ①He realized people sometimes misunderstood him because of his regional accent and expressions. ②He knew that his parents missed him very much because he was their only child. ③He also noticed many of his classmates had learned various things in high school that he had never even heard of. Everyone seemed smarter, more mature, and even more fashionable than he was. ④He was afraid he was already too far behind in everything. However, it turned out that most of the other students had more or less the same feelings of anxiety he had. Now, he enjoys studying at college without such feelings.

問 2 ☐ 28

Is the tomato a vegetable or a fruit? There was a U.S. court case on this issue in the 1890s. At the time, people had to pay taxes for importing vegetables, but not for importing fruits. Biologically, fruits develop from a part in the base of a flower and contain seeds. ①According to this scientific definition, tomatoes, as well as cucumbers, pumpkins, and green peppers, are fruits. ②Contrary to what science says, most people consider the tomato a vegetable and use it as a vegetable. ③For example, in some countries the tomato has been given names such as "golden apple" and "love apple." ④Tomatoes are eaten cooked or raw as many vegetables are and not traditionally served for dessert like fruits. The court concluded that the tomato was a vegetable based on the simple fact that most people considered it a vegetable.

問 3 ☐ 29

In response to the problem of the world's growing demand for animal protein, a conference was held to discuss the various benefits of using insects as an alternative source of food to pigs, chickens, and cows. ①It isn't well known, but insects are an extremely healthy food as they are full of protein, vitamins, and minerals. ②Insects have been around for millions of years, living with the dinosaurs and then very early human beings. ③Raising insects can be environmentally friendly as they neither take up much space, eat much food, nor release much greenhouse gas. ④Most are able to survive with little water, making them an ideal alternative food for locations with severe water shortages. The evidence shows that there are many benefits of using insects as food. It just may take time to change people's minds about eating them.

B 次の会話は，ある大学で映像制作の課題について学生たちが話し合いをしている場面の一部である。 30 ～ 32 に入れるのに最も適当なものを，それぞれ下の①～④のうちから一つずつ選べ。

Jennifer: Let's get started. We are supposed to create a film for a group project in our film-making class. As the group leader, I think the sooner we start, the better our movie will be. Does anyone have any ideas for our movie?

Michael: I do. I think many people watch movies to feel happier, so why don't we make something that can make people feel good? Last year, one group of students in this class made a documentary about our university basketball team. They filmed interviews with players and their training many times over a period of three months. For the audience, watching the documentary was a way of experiencing the hard work of the players, the friendships among the teammates from different backgrounds, the trust between the players and their coach, and finally the joy of their victory in the national tournament. Their amazing story of triumph appealed to a wide audience and everyone involved in the film received lots of praise. I would like to create a similar movie documenting people working hard and achieving their goals.

Jennifer: So, are you saying that 30 ?

① audiences enjoy watching stories of people achieving success
② audiences want to watch interviews of hardworking athletes
③ documentary films can make audiences happy very easily
④ it is important for us to spend a long time making our movie

Michael: Yes, that's right.

Kim: Filming star players or people who are successful sounds interesting, but it may be difficult for ordinary people to identify themselves with the people in these extraordinary stories. I think people feel more satisfied when they watch movies that they can connect with. That's the reason people like love stories. People like to imagine: "How would I get her attention?"; "How would I ask him out on a date?"; or "Where would we go on our first date?"

Mary: I agree. People want to watch something on the screen that they can imagine themselves doing because it's familiar to them. And we can add a little suspense or excitement by asking the audience a "what if" question in an everyday setting. For example, what if we found a treasure map somewhere on campus? This could be the beginning of a nice, fun story, and it could make an exciting movie.

Jennifer: Kim and Mary, both of you think we should make a movie that ⬚31⬚ .

① asks the audience many extraordinary questions
② focuses on successful people doing amazing things
③ has situations that the average person can relate to
④ uses the campus setting to create fun and suspense

Mary: Exactly.

Takeshi: But as a creative work, it should reflect the creator's unique vision, namely, an original way of looking at the world. A great movie usually reflects its director's creative vision in the story or in the way it is told. Remember, the audience wants to watch something novel, too. So, I think we need to think about what our original perspective could be.

Alisa: Right. If we show something ordinary in an ordinary way, people might not be interested. For example, we are just college students. Some of us are dependent on our parents for support, whereas others are living by themselves for the first time. Some of us come from small towns, and others from big cities. Some of us may feel uneasy about our careers. All of these things sound very ordinary and not really special. So, is it possible to show our world in a unique way that will appeal to the audience?

John: I think so. These things are not special separately, but the combination of all those things together can make our work unique. I think that's what people would like to see: a movie that they can associate with but that is told from a unique perspective.

Jennifer: Well, we have some different ideas about our film, but it sounds like everyone is saying that ⬚ 32 ⬚ is important when making our film.

① documenting people's real lives
② making the content highly original
③ showing our different backgrounds
④ thinking of audiences' preferences

Jennifer: OK. Let's discuss this in more depth.

14

第4問 次の問い（A・B）に答えよ。（配点 40）

A 次の文章はある説明文の一部である。この文章とグラフを読み，下の問い
（問1～4）の　33　～　36　に入れるのに最も適当なものを，それぞれ下の
①～④のうちから一つずつ選べ。

Color is an important feature considered by consumers when shopping for various products. Marketing companies need to identify the colors that can create an intention to purchase and a desired atmosphere in retail stores. However, it is not easy to anticipate which colors will be popular for individual items, because consumers have different preferences depending on product types. Through the research reported here, we can deepen our understanding of the influence of color on consumers.

In this study, researchers surveyed German consumers to obtain information on whether the participants thought color was important when shopping, how much they were influenced by color when buying various products, and what emotions and associations were related to various colors. First, the researchers examined the data and found that color was indeed important for the participants when shopping, with 68% of them mentioning color as a determining factor when choosing the product they intended to purchase.

Next, the researchers investigated whether the degree of importance consumers put on color varied depending on the products purchased. Figure 1 shows six everyday products and the percentages of the participants who placed high importance on color when purchasing those products. The top two products were both those worn by the participants, and the three lowest were all electronic devices. A total of 36.4% of the participants placed importance on color for cellphones. This was the highest among the electronic products, but only slightly more than half of that for bags, which appeared one rank above.

— 414 —

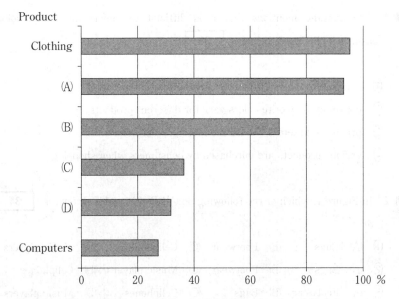

Figure 1. The percentages of the participants who placed high importance on color when purchasing six everyday products.

Third, the researchers looked at the participants' perceptions of and associations with colors. The results showed that red had various meanings: love, danger, anger, and power. Green produced a relationship with nature, good luck, and health. Furthermore, the color white was associated with balance, health, and calm. Results showed each color had several different meanings.

The findings summarized in the above passage explained how colors influenced German consumers. However, this influence may vary from country to country. In this globalized world, it has become easier to market products internationally, partly due to the increased use of the Internet. Therefore, it is necessary to consider the importance consumers in other parts of the world place on color in their choices of products. The next part of this passage will examine this topic.

(Okan Akcay (2013) *Product Color Choice and Meanings of Color: A Case of Germany* の一部を参考に作成)

問 1 The passage mentions that it is difficult to understand which colors consumers like better because ☐33☐ .

① color preferences differ from generation to generation

② consumers' favorite colors vary for different products

③ product marketers choose the most popular colors

④ various products are purchased by consumers when shopping

問 2　In Figure 1, which of the following do (A), (B), (C), and (D) refer to?　☐34☐

① (A)　Bags　　　(B)　Footwear　(C)　Cellphones　　(D)　Music players

② (A)　Bags　　　(B)　Footwear　(C)　Music players　(D)　Cellphones

③ (A)　Footwear　(B)　Bags　　　(C)　Cellphones　　(D)　Music players

④ (A)　Footwear　(B)　Bags　　　(C)　Music players　(D)　Cellphones

問 3　Which of the following statements is correct according to the passage? ☐35☐

① German businesses consider green to represent passion to consumers.

② German consumers perceive one color as containing multiple images.

③ German people appear to prefer green clothing to red clothing.

④ German producers choose one color for products after observing their sales.

問 4 What topic is most likely to follow the last paragraph? 　36

① The effects of globalization on color choices in international business

② The importance of marketing electronic devices in other countries

③ The influence of the Internet on product choices in international business

④ The significance of color for the consumers in other countries

B 次のページの料理教室に関する広告を読み，次の問い（問1～4）の 37 ～ 40 に入れるのに最も適当なものを，それぞれ下の①～④のうちから一つず つ選べ。

問 1 What inspired Ralph Bearison to start Papa Bear Cooking School? 37

① He knew his family and friends were jealous of his cooking skills.

② He knew that fathers were not interested enough in cooking.

③ He wanted to give fathers opportunities to become professional cooks.

④ He wanted to teach fathers to cook quick, delicious, and healthy meals.

問 2 Tony is going to participate in the French Course and use the discount coupon provided. He will also buy an apron-and-towel set from the school. How much will he pay in total? 38

① $270   ② $275   ③ $285   ④ $300

問 3 Ed hopes to expand the variety of food he can cook for his family. He has no free time on weekends or mornings. Which cooking course would he most likely take? 39

① Chinese

② Italian

③ Japanese

④ Sunday Family Breakfast

問 4 The advertisement suggests that 40 .

① 12-year-old children can participate in the Sunday course at no cost

② Cooking Courses for Fathers will last longer than three months

③ Papa Bear Cooking School requires students to bring ingredients to classes

④ students at Papa Bear Cooking School can eat the food they cook

— 418 —

Papa Bear Cooking School: Cooking Courses for Fathers

Papa Bear Cooking School was established in 1992 by Ralph Bearison. He recognized that many fathers liked to cook but often didn't have enough time to prepare meals. He hoped to share his interest in cooking meals in a short time that would taste good and be good for their families. At Papa Bear Cooking School, you can learn to create a variety of meals under the guidance of professional cooks, making you the envy of your family and friends. The following cooking courses start in the first week of May.

Cooking Course	Day	Time	Course Fee
Italian	Tuesday	10:00 – 12:00	$150
French	Wednesday	9:00 – 12:00	$250
Japanese	Thursday	15:00 – 18:00	$250
Chinese	Saturday	17:00 – 19:00	$200
Sunday Family Breakfast*	Sunday	8:00 – 10:00	$150

*Children aged 10 to 15 are welcome to join their fathers in the Sunday Family Breakfast Course for $100 per child.

➢ All courses are 10 weeks long.
➢ Fees include all ingredients.
➢ Cooking knives, silverware, such as forks and spoons, and plates will be provided by the school.

What to Bring

➢ An apron and towels (You can rent an apron-and-towel set for $6 per week or purchase a new set at our store for $50.)
➢ An empty stomach!

Check out our Papa Bear Cooking School website for details of our facilities and other cooking courses.

**10% Off
Course Fee
Papa Bear
Cooking School**

20

第5問 次の日誌の抜粋を読み，下の問い（問1～5）の $\boxed{41}$ ～ $\boxed{45}$ に入れ

るのに最も適当なものを，それぞれ下の①～④のうちから一つずつ選べ。

（配点 30）

Selections From the Exploration Journal for Planet X

DAY 1

Our mission of scientific discovery continues, and there is something exciting to report. We may have finally found a planet capable of supporting life. The nearby planets were either too hot or too dry to support life, but this planet seems to be different. Its surface is mostly a blue liquid, though it is spotted with some green and brown parts, and some kind of white substance seems to be moving around the planet.

DAY 4

Now we are orbiting the planet. It seems that our assumption was correct! There are a few mechanical devices circling around it and their designs are rather complex. They were certainly made by some kind of intelligent beings. Are these machines part of a monitoring system? Have they signaled our approach? There doesn't seem to be any threat, so we have decided to ignore them and get closer to the planet. I hope that their inventors are friendly.

DAY 8

Unlike our planet, which is totally covered with the precious liquid that sustains us, the green and brown parts of this planet are too dry to support life. The blue part is mostly H_2O in a liquid state. Although it is liquid, it is not quite the same as the liquid on our home planet. Still, we might be able to find life here. At least, according to our equipment, there seems to be something alive down there. We are ready to start direct observation and will soon dive in. I'm so excited that I won't be able to sleep tonight!

— 420 —

DAY 9

We succeeded in entering this unexplored liquid safely. The scenery around us was very similar to that of our planet, with soft plants gently waving back and forth. We also noticed a variety of thin swimming creatures. How exciting! We have found life on this planet! However, we cannot see any creatures capable of producing an advanced civilization. Without arms, these swimming creatures wouldn't be able to build complex machines even if they were smart. Are the leaders of this planet hiding from us? Do they have reservations about meeting us? Is that why they use those flying objects to check out space? Hopefully, we will be able to find some answers.

DAY 12

We found a big object lying on the bottom. Its long body looked somewhat like our spaceship. It sat silently looking very old and damaged. Apparently, it isn't being used anymore. Maybe it is a part of the remains of this planet's ancient civilization.

DAY 19

Since we started our dive, we have seen many more unusual creatures. We were especially surprised to find one that looked very similar to us. The upper part of its body was round and soft. Underneath that were two large eyes and several long arms. It escaped quickly, leaving a cloud of black substance. We don't know if it is the most intelligent life on this planet, but our expectations for new discoveries continue to grow.

DAY 39

This part of our investigation will soon come to an end. We have found more remains and abandoned objects like the one we found earlier, but there have been no signs of the creatures who made them. Perhaps the leaders of this planet have died out. Anyway, we found life on this planet, which is a very big discovery. We must leave this planet for now, but we will certainly come back someday to continue our research. We will return home with amazing reports.

DAY 40

We silently floated up to the surface and then into the air. Just as we were leaving the planet, we saw a lot of strange creatures on the dry areas. What a shock! We, creatures living in liquid, had never imagined creatures like them! Floating safely in our ship's liquid, we realized that our common sense had led us to the wrong conclusion.

問 1 What was the purpose of the explorers' journey? | 41 |

① To assist intelligent creatures on the planet

② To invade a planet and expand their colonies

③ To search for life outside their home planet

④ To test the performance of their new spaceship

問 2　When the explorers were observing the planet from space, they imagined that the intelligent creatures on it would ☐ 42 ☐.

① be aggressive toward others

② have advanced technology

③ have no interest in space

④ no longer live there

問 3　The word reservations as used in DAY 9 is closest in meaning to ☐ 43 ☐.

① appointments

② concerns

③ expectations

④ protections

問 4　Which of the following best describes the author of the journal?　☐ 44 ☐

① A being whose shape resembles an octopus

② A human scientist exploring other planets

③ A space creature which looks like a human

④ An intelligent flat animal with no arms

問 5　The explorers incorrectly assumed that all intelligent creatures would ☐ 45 ☐.

① be less creative than their species

② have advanced to the land

③ live in some kind of liquid

④ understand their language

— 423 —

第6問 次の文章を読み，下の問い（**A・B**）に答えよ。なお，文章の左にある(1)〜(6)はパラグラフ（段落）の番号を表している。（配点 36）

(1) History teaches us that technology and associated discoveries have changed how we understand the world. Many technological devices provide additional range and power to our natural capacities, such as our five senses. Among these devices, many enable us to see things that we cannot see with the naked eye. This change from invisible to visible has led to tremendous growth in our comprehension of the world and has strongly influenced our ways of thinking.

(2) In the 17th century, a scientist noticed that by holding two lenses together in a certain way he could make an object appear larger. He used this technique to construct the first simple telescope. Using these <u>archaic</u> telescopes, early scientists were able to describe the surface of the Moon in detail and to see that Jupiter had at least four such satellites. Since that time, people have developed various devices that expand our range of sight, thus revealing facts about the universe that lies beyond the Earth. The telescope continues to offer us new views concerning things beyond our immediate reach.

(3) Later, the microscope was developed using principles similar to the telescope. The microscope allows us to study objects we normally cannot see because they are too small. Looking through a microscope opened up an entirely new world to scientists. Before the invention of the microscope, they couldn't see the structures of human tissues or cells in plants and animals. When they saw these things, they became aware that some things that they had thought were whole and could not be divided, actually consisted of smaller components. These were only visible with the assistance of microscopes. Today, electron microscopes allow us to investigate even smaller items, such as molecules. These advances have altered our concepts regarding the composition of things in the world.

— 424 —

(4)　　　The invention of the camera also made the invisible world visible. In the world, everything is changing. Some things change faster than we can see. The camera is a tool that gives us the power to freeze change at different points in time. Series of pictures have revealed how birds move in flight and athletes run. The camera can also help us see changes that are so gradual that we usually don't notice them. For example, by comparing photos of the same scene taken months or years apart, we can gain insights into how societies change. There are many other ways besides these in which the camera has changed our perceptions of the world.

(5)　　　In the late 19th century, machines that used the newly discovered X-rays revolutionized the way in which we looked at things. Rather than seeing only the surface of an object, we gained the ability to look into it or through it, bringing the inner elements of many things into our range of view. This capability proved practical in the workplace, useful in laboratories and museums, and instructive in universities. One of the most important applications was in medicine. Doctors often had difficulty diagnosing illnesses or finding problems inside the body. X-rays allowed them to look into their patients, identify where there were problems, and cure them. This use of X-rays brought new understandings and methods for diagnosis and treatment.

(6)　　　Different technological devices have made it possible to observe things that we could not see with the naked eye. This has significantly altered our understandings of the world around us. Each technological advance changes us in unpredictable ways, and each discovery increases our knowledge about the world. Just as the devices mentioned above have done, new devices will continue to impact our lives and change our ways of thinking in the future.

A 次の問い(**問**1～5)の　46　～　50　に入れるのに最も適当なものを，そ
れぞれ下の①～④のうちから一つずつ選べ。

問 1 Which of the following is closest to the meaning of <u>archaic</u> as used in
paragraph (2)?　46

① advanced

② contemporary

③ ordinary

④ primitive

問 2 According to paragraph (3), what did people learn by using microscopes?
47

① Cells were too small to be seen with microscopes.

② Materials were made up of smaller things.

③ Molecules were the smallest components.

④ Sets of lenses decreased the size of items.

問 3 According to paragraph (4), what do cameras enable us to do?　48

① To capture moments in time accurately

② To compare rapid social changes

③ To make invisible things move faster

④ To predict what will happen

－ 426 －

問 4　According to paragraph (5), how are X-rays used?　49

① To find the locations of problems in the body

② To improve visibility of objects' surfaces

③ To learn when paintings were created

④ To test the quality of chemical compounds

問 5　What is the main idea of this passage?　50

① Applications of two lenses can improve people's sight.

② Development of technology affects our ways of thinking.

③ People need to be aware of the dangers of technology.

④ Technology plays a vital role in changing our five senses.

B　次の表は，本文のパラグラフ(段落)の構成と内容をまとめたものである。
　　51 ～ 54 に入れるのに最も適当なものを，下の①~④のうちから一つ
ずつ選び，表を完成させよ。ただし，同じものを繰り返し選んではいけない。

Paragraph	Content
(1)	Introduction
(2)	51
(3)	52
(4)	53
(5)	54
(6)	Conclusion

① Examining the interiors of things

② Exploring the universe of small things

③ Looking at instants during a series of changes

④ The use of lenses to look out into space

— 427 —

MEMO

英　語

（2017年1月実施）

80分　200点

2017 本試験

$\left(\text{解答番号}\boxed{\ 1\ } \sim \boxed{\ 55\ }\right)$

第1問 次の問い（**A・B**）に答えよ。（配点　14）

A 次の問い（**問1～3**）において，下線部の発音がほかの三つと**異なる**ものを，それぞれ下の①～④のうちから一つずつ選べ。

問1　$\boxed{\ 1\ }$

① app<u>ear</u>   ② f<u>ear</u>   ③ g<u>ear</u>   ④ sw<u>ear</u>

問2　$\boxed{\ 2\ }$

① atta<u>ch</u>   ② <u>ch</u>annel   ③ <u>ch</u>orus   ④ mer<u>ch</u>ant

問3　$\boxed{\ 3\ }$

① a<u>ss</u>ert   ② a<u>ss</u>ociation   ③ impre<u>ss</u>   ④ po<u>ss</u>ess

B 次の問い（問1～4）において，第一アクセント（第一強勢）の位置がほかの三つと**異なる**ものを，それぞれ下の①～④のうちから一つずつ選べ。

問1 | 4 |

① marine ② rapid ③ severe ④ unique

問2 | 5 |

① enormous ② evidence ③ satellite ④ typical

問3 | 6 |

① assembly ② correspond ③ distinguish ④ expensive

問4 | 7 |

① definitely ② democratic
③ independence ④ resolution

第2問 次の問い(A～C)に答えよ。(配点 44)

A 次の問い(問1～10)の 8 ～ 17 に入れるのに最も適当なものを，そ
れぞれ下の①～④のうちから一つずつ選べ。ただし， 15 ～ 17 につい
ては，(A)と(B)に入れるのに最も適当な組合せを選べ。

問1 Today, in science class, I learned that salt water doesn't freeze 8
0℃.

① at ② in ③ on ④ with

問2 Many experts think that we need to create more job opportunities for
9 .

① a young ② the young ③ young ④ younger

問3 The leaves in my neighborhood have recently 10 yellow.

① come ② developed ③ led ④ turned

問4 I think eating at home is often 11 more economical than eating at a
restaurant.

① far ② high ③ too ④ very

問5 12 as the leading actor in the film, Ramesh soon became a star.

① Choosing ② Having been chosen
③ Having chosen ④ To choose

— 432 —

問 6　Please give me ☐13☐ information you get as soon as possible.

①　as if　　　②　even if　　　③　whatever　　　④　whenever

問 7　The typhoon suddenly became weaker, ☐14☐ was good news for the village.

①　it　　　②　that　　　③　what　　　④　which

問 8　He (A) his umbrella (B) in the door by accident when he boarded the rush hour train. ☐15☐

①　A : got　　B : caught　　　②　A : got　　　B : to catch
③　A : made　　B : caught　　　④　A : made　　　B : to catch

問 9　(A) in this class is as kind (B) Abbie. She always helps people who are in trouble. ☐16☐

①　A : Anybody　　B : as　　　②　A : Anybody　　B : than
③　A : Nobody　　B : as　　　④　A : Nobody　　B : than

問10　Angelina (A) me whether I (B) enjoyed the festival last Saturday. ☐17☐

①　A : asked　　B : had　　　②　A : asked　　B : have
③　A : said to　　B : had　　　④　A : said to　　B : have

B 次の問い(問1～3)において，それぞれ下の①～⑥の語句を並べかえて空所を補い，最も適当な文を完成させよ。解答は　18　～　23　に入れるものの番号のみを答えよ。

問1　Keita:　You have so many things in your room.

　　　Cindy:　I know.　Actually, ＿＿＿＿　18　＿＿＿＿＿＿＿＿　19

　　　　　　　＿＿＿＿ it neat and clean.

　　① difficult　　　　② find　　　　③ I

　　④ it　　　　　　　⑤ keep　　　　⑥ to

問2　Ted:　Professor Jones suggested that I rewrite this essay.

　　　Jack:　Oh, well, ＿＿＿＿　20　＿＿＿＿＿＿＿＿　21　＿＿＿＿,

　　　　　　　but I'm sure you'll get a higher grade on it.

　　① a few　　　　　② cost　　　　③ hours

　　④ it　　　　　　　⑤ may　　　　⑥ you

問3　Rita:　Daniel and I have to go home now.

　　　Father:　Oh, ＿＿＿＿　22　＿＿＿＿＿＿＿＿＿＿＿＿　23　＿＿＿＿

　　　　　　　usual?　I thought you were going to stay for dinner.

　　① are　　　　　　② earlier　　　③ how come

　　④ leaving　　　　⑤ than　　　　⑥ you

C 次の問い（問1〜3）の会話の 24 〜 26 において，二人目の発言が最も適当な応答となるように文を作るには，それぞれ(A)と(B)をどのように選んで組み合わせればよいか，下の①〜⑧のうちから一つずつ選べ。

問1 Worker: I can't do all of these jobs at the same time. Which do you think I should do first?

Co-worker: Well, the monthly report is very important and 24

(A) you have to realize	(A) to turn it in	(A) by five o'clock.
(B) you have to remember	(B) turning it in	(B) till five o'clock.

① (A)→(A)→(A)　② (A)→(A)→(B)　③ (A)→(B)→(A)
④ (A)→(B)→(B)　⑤ (B)→(A)→(A)　⑥ (B)→(A)→(B)
⑦ (B)→(B)→(A)　⑧ (B)→(B)→(B)

問2 Taylor: You're watching cricket again? I don't know why you watch cricket matches all the time.

Adele: I love cricket, and this is a great match. 25 for you, too.

(A) If you knew the rules,	(A) it would be	(A) really interested
(B) If you know the rules,	(B) it would have been	(B) really interesting

① (A)→(A)→(A)　② (A)→(A)→(B)　③ (A)→(B)→(A)
④ (A)→(B)→(B)　⑤ (B)→(A)→(A)　⑥ (B)→(A)→(B)
⑦ (B)→(B)→(A)　⑧ (B)→(B)→(B)

問 3　Fritz:　Some students said they heard a rumor about Naoki.
　　　　Sophia:　I heard it, too, but it's false. I wonder ｜ 26 ｜

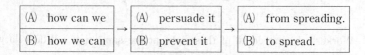

① (A)→(A)→(A)　　② (A)→(A)→(B)　　③ (A)→(B)→(A)
④ (A)→(B)→(B)　　⑤ (B)→(A)→(A)　　⑥ (B)→(A)→(B)
⑦ (B)→(B)→(A)　　⑧ (B)→(B)→(B)

2017年度　本試験　9

第3問　次の問い（A～C）に答えよ。（配点　41）

A　次の問い（**問1・問2**）の会話の　| 27 |　・　| 28 |　に入れるのに最も適当なものを，それぞれ下の①～④のうちから一つずつ選べ。

問1　Student:　Do you have time later today to check the draft of my speech?

Teacher:　No, I'm afraid I don't have time today.　I have several appointments this afternoon.

Student:　I see.　Well ....　| 27 |

Teacher:　Yes.　And please send it to me by email so I can read it before you come.

① Are you sure you can skip the appointments?

② Could I come to your office after school tomorrow?

③ Shall I make an appointment with you for today?

④ Would you kindly give me the draft to look at?

問2　Ken:　How about going to Memorial Park this weekend?

Ethan:　How far is it from here?

Ken:　Well, it takes about two hours by express train.

Ethan:　Oh, that's a bit far.　How much is it to get there?

Ken:　About 6,000 yen.　But I've heard it's really beautiful.

Ethan:　I know, but　| 28 |.　Let's find somewhere else to go.

① I don't feel like going out

② it helps us to get there

③ that's much too expensive

④ we can't miss this chance

— 437 —

B 次の問い(問1～3)のパラグラフ(段落)には, まとまりをよくするために**取り除いた方がよい文**が一つある。取り除く文として最も適当なものを, それぞれ下線部①～④のうちから一つずつ選べ。

問1 | 29 |

Wearing proper shoes can reduce problems with your feet. Here are some important points to think about in order to choose the right shoes. ①Make sure the insole, the inner bottom part of the shoe, is made of material which absorbs the impact on your foot when walking. ②The upper part of the shoe should be made of breathable material such as leather or cloth. ③Some brand-name leather shoes are famous because of their fashionable designs. ④When you try on shoes, pay attention not only to their length but also to their depth and width. Wearing the right shoes lets you enjoy walking with fewer problems.

問2 | 30 |

In Japan, there are several ways of transporting goods. Each method has its own advantages and disadvantages. ①Transportation by air, though it can be expensive, is suitable for carrying goods which require speedy delivery. ②Buses can carry many passengers, and they are convenient for daily life. ③Ships, on the other hand, can carry large quantities at low cost, but it takes much time for them to reach their destinations. Trains can stop only at stations, but their arrival times can easily be estimated. ④Although trucks cannot carry much compared with trains, they are useful for carrying things from door to door. Such merits and demerits of each method of transportation should be taken into consideration, so the best way can be chosen, depending on the needs.

— 438 —

問 3   31

If you forget something you once learned, go back to the place where you originally learned it. Experimental studies support this idea. For instance, two groups of divers went into the sea. ①After listening to a list of words underwater, they came back on land and wrote down as many words as they could remember. ②A day later, one group sat on land, while the other went back into the sea. ③Researchers carefully chose the list of words, and the divers selected the diving site. ④Each group was asked to recall and write the words they had learned the day before. It turned out that the divers in the sea recalled words better than the divers on land. Thus, a person's ability to remember seems to be better if learning and recalling are done in the same environment.

C 次の会話は，「市の発展」をテーマとして，ある町で行われた住民による話し合いでのやりとりの一部である。 32 ～ 34 に入れるのに最も適当なものを，それぞれ下の①～④のうちから一つずつ選べ。

Alice: The mayor has asked me to lead this meeting to discuss ways to develop our town. Tom, how about beginning with you?

Tom: Sure. If a new factory is built here, more people will move to our town. This would help local shops and restaurants because there would be more customers. Also, some of our residents working in the next town could find jobs here. Many people have complained about their long drive back and forth to work. Working closer to home would improve their family life by giving them more time to spend together.

Alice: Tom, are you saying that 32 ?

① many of our residents prefer traveling to another town to work

② new businesses should do much more to increase their sales

③ people in our town would benefit from a new workplace here

④ working in the next town may make people's lives better

Tom: Yes, that's correct.

Carol: Well, I think it would be better to build a shopping mall. It would be good for both customers and shop owners. When the new housing complex is completed in the northeastern part of town, people living there would be pleased with a nearby mall to shop at. Lots of my fellow merchants have been wishing they could move to a new place. Such a mall would be a benefit to shop owners because more people would visit their shops.

— 440 —

Rick: I agree. A mall would also be useful for people in other parts of town because they could do all of their shopping at one place. It would save everyone time, and families would enjoy their lives more. And the highway exit is in the same area. So, not only would people in our town shop at a mall built there but people from other towns would also have easy access to it. That would increase our local businesses' profits.

Carol: Right. It would make family life here much better as well as bring more customers to our town.

Alice: So, you both feel that a mall would help   33 .

① bring money into our town to fix the highway

② develop downtown and the northeastern areas

③ give rise to a lot of controversies and arguments

④ improve our town's economy and convenience

Leslie: I don't think building a mall or opening a business is the only way to help our economy grow. We should find ways of using the beauty of nature, which our town is already famous for. It makes our town a nice place for families to live in.

Ellen: I think so, too. We should try to develop without changing the things that families living here and visitors enjoy. Using the beautiful scenery of our town in more creative ways would encourage people to come and live here. That would bring more money into our town.

Leslie: I completely agree. In the long run, our town will be hurt if its natural surroundings are not preserved.

14

Alice: So, Leslie and Ellen are talking about the importance of maintaining the natural features of our town. Well, from our discussion so far, it seems everyone thinks, when developing our town, we should ⬜ 34 ⬜. Let's see if there are any other points we need to take into account.

① build a large shopping center
② consider residents' family lives
③ increase the number of employees
④ think of the natural environment

第4問 次の問い（**A・B**）に答えよ。（配点 35）

A 次の文章はある説明文の一部である。この文章と図を読み，下の問い（**問1**～
4）の ☐35☐ ～ ☐38☐ に入れるのに最も適当なものを，それぞれ下の①～④
のうちから一つずつ選べ。

　　Physical activity in your childhood, such as playing sports and exercising, can greatly benefit your health when you are older. Therefore, it is important to promote physical activity in childhood for one's good health. The schoolyard is one place where children and adolescents can be encouraged to take part in physical activity. Thus, knowing how schoolyards are used by students may give us some helpful ideas to promote their physical activity.

　　A study was conducted at four schools in Denmark in order to investigate how much different types of schoolyard areas were used and whether students were active or passive in those areas. In the study, schoolyard areas were classified and defined by their primary characteristics. *Grass* represented playing fields and natural green lawn areas, often used for soccer, but without any marked lines or goals. *Multi-court* referred to fenced areas on various surfaces, like artificial grass and rubber, designed for tennis and other such ball games. *Natural* represented areas with, for example, bushes, trees, and natural stones. *Playground* represented areas with play equipment, such as swings and slides on safe surfaces like sand. *Solid Surface* described the areas with the hardest surfaces, like concrete. These areas were identified by flat open spaces, often having numerous markings painted for games and benches set in different places.

　　Using GPS devices and other instruments, the researchers measured the lengths of time the students spent in the different schoolyard areas as well as the degrees of their physical activity. Figure 1 displays the average amounts of time spent per day in each area for All students and those averages divided

— 443 —

into Children (aged 12 and under) and Adolescents (aged 13 and over). Solid Surface was clearly the area in which All students spent most of their time, followed by Multi-court then Grass. Natural and Playground showed similar averages for All students, with the average for All students in Playground being just over two minutes.

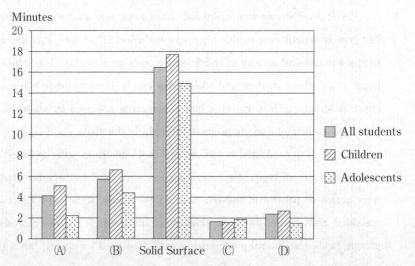

Figure 1. Average times spent in each area by All students, Children, and Adolescents.

Furthermore, the study revealed differences between the average amounts of time spent in schoolyards by Children and Adolescents. In comparison with Adolescents, Children spent more time in all schoolyard areas except for Natural areas. The greater amount of time spent by Children might be explained by the fact that, according to the regulations at all four schools, Children could not leave the schoolyard during lunch time, but Adolescents could when they wanted to.

When looking at the degree of physical activity, researchers discovered differences among the schoolyard areas. Students were most active in Grass and Playground areas. On the other hand, students were quite passive in Solid Surface areas, with Adolescents spending only 7% of their time there being physically active.

The findings of this study show the importance of investigating the potential of various environments and features in schoolyards. To promote students' health, it is also beneficial to observe how varieties of games Children and Adolescents play affect the length of time spent taking part in physical activity. Let us now take a look at these relationships.

(Henriette Bondo Andersen 他(2015) *Objectively Measured Differences in Physical Activity in Five Types of Schoolyard Area* を参考に作成)

問 1　According to the passage, what is the difference between Multi-court and Solid Surface? 　35

① Unlike Multi-court, Solid Surface contains artificial grass for younger students to play on.

② Unlike Multi-court, Solid Surface does not contain boundaries marked for students' games.

③ Unlike Solid Surface, Multi-court has a relatively soft surface made of various materials.

④ Unlike Solid Surface, Multi-court is not surrounded by anything, which makes it easy to access.

問 2　In Figure 1, which of the following do (A), (B), (C), and (D) refer to?　36

① (A) Grass　　　(B) Multi-court　(C) Natural　　(D) Playground

② (A) Grass　　　(B) Multi-court　(C) Playground　(D) Natural

③ (A) Multi-court　(B) Grass　　　(C) Natural　　(D) Playground

④ (A) Multi-court　(B) Grass　　　(C) Playground　(D) Natural

問 3　The main purpose of this passage is to　37　.

① discuss the benefits of being physically active at school in childhood

② give advice to increase the number of physically active adolescents

③ introduce schools that encourage students to play on grassed areas

④ show that types of schoolyards affect students' behavior there

問 4　What topic is most likely to follow the last paragraph?　38

① The benefits of studying various school environments for different activities

② The connections between types of games and lengths of time being active

③ The influence of the schoolyard environment on Adolescents' physical activity

④ The way schoolyard surfaces affect the time spent doing physical activity

B 次のページのビデオ制作コンテストに関するウェブサイトを読み，次の問い
（問 1 ～ 3 ）の 39 ～ 41 に入れるのに最も適当なものを，それぞれ下の
①～④のうちから一つずつ選べ。

問 1 The purpose of the IAYP Video Clip Competition is to provide 39 .

① a place to meet new friends of the same age

② an airplane ticket to Australia to create a video clip

③ instructions to create a video clip on a computer

④ opportunities for young people to exhibit their works

問 2 Members of a high school baseball team will submit a four-minute video clip about their bonds with players from a sister school abroad. Under which category should the video clip be entered? 40

① Category A

② Category B

③ Category C

④ Category D

問 3 Which of the following meets the submission requirements for this competition? 41

① A nine-minute mystery drama featuring a young Japanese detective

② A six-minute video clip showing students practicing for a rugby game

③ A three-minute video clip that won third prize at a local film festival

④ A three-minute video clip uploaded to this website on October 30, 2017

Video Clip Competition: Call for Entries

The International Association of Young Producers (IAYP) is proud to open its annual Video Clip Competition again this year. This is a great way to share your creations with a wide audience. Anyone aged 25 and under can participate. The IAYP invites submissions in the following four categories:

	Theme	Maximum length
Category A	A topic related to a team sport	3 minutes
Category B	An idea connected to friendship	5 minutes
Category C	A social problem based on a true story	5 minutes
Category D	A mystery with a dramatic ending	7 minutes

The deadline is 11:59 pm, October 31, 2017 (Japan Standard Time). The three best clips in each category will be selected by a committee of famous video creators and posted on this website in December. One overall grand champion will be awarded a ticket to the next IAYP Conference in Sydney, Australia. So, don't miss this chance! Get out your video camera and start filming!

Follow these steps:
- ▶ Shoot a video and edit it on a computer to an appropriate length for the category you choose.
- ▶ Click here to enter your details and upload your video clip.

Rules and conditions:
- ▶ Each person or group can choose only one category.
- ▶ Only clips sent before the deadline will be accepted.
- ▶ Clips must be original and submitted to a competition for the first time.

第5問 次の物語を読み，下の問い（問1～5）の [42] ～ [46] に入れるのに最も適当なものを，それぞれ下の①～④のうちから一つずつ選べ。（配点 30）

Ahhhhhhhhhh!

With a big yawn I woke up. What a fresh morning! I felt very sharp, much sharper than usual. I was able to hear the singing of birds more clearly than ever before. I noticed the smell of coffee coming up from downstairs. I stretched out my arms in front of myself and raised my back; it felt so good. I sat up straight, licked my hand, and started to clean my face with it.... Huh?... Something was strange. Why was I licking my hand with my tongue? Why was my body covered with fur? I tried to say something, but the sound that came out of my mouth was ... "Meow."

It was certainly my bedroom that I was in. It was certainly my bed that I was sitting on. Everything was as usual except that ... I seemed to have changed into a different creature. I was so surprised that I couldn't move. I couldn't do anything. I wondered — would I have to spend the rest of my life as an animal? I began to feel afraid.... But after a few moments those feelings passed. So, with a wave of my tail, I started to explore my surroundings. A cat's mind is said to be changeable like that.

As I went down the stairs, the smell of coffee grew stronger and I could tell what was for breakfast. Maybe the senses of a cat are sharper than those of a human. When I got to the dining room, what I saw almost stopped my heart. It was *me*! The human *I* was sitting at the dining table! I couldn't take my eyes off *myself*.

The human *I* was absorbed in a smartphone, maybe writing responses to friends' messages or playing an online game. Bending *my* head down toward the phone, *I* was sitting with rounded shoulders and a curved back. *I* looked very uncomfortable.

I sometimes took a little bite of toast, but it appeared that *I* was not

— 449 —

noticing any taste in *my* mouth. Actually, the taste of toast in my memory was vague. I couldn't remember what else had been served for breakfast recently, either. The human *I* was just mindlessly putting in *my* mouth anything that was on the plate while handling the phone. *I* was so focused on the text messages or games that *I* took little interest in what was happening around *me*. In fact, *my* face had no expression on it at all.

"Yuji, you never study these days. Are you ready for your final exams? You're making me a little bit worried," said Mom.

"Mmm," said *I*. A sign of frustration briefly appeared on *my* face, but it disappeared in an instant. *My* face was again as expressionless as it had been before.

"I don't like this guy," I thought. But this guy was me. I couldn't deny it. For the first time, I realized how I really looked to other people.

Then, as *I* started to leave the table, our eyes met. "Wow! Mom, look! There's a cat in the dining room!"

I didn't know why, but I was running. I felt I had to escape. Running up the stairs, I found the window in my room was open. I jumped! I had a strange feeling. The world suddenly seemed to have shifted. I felt my body falling down and . . . .

Bump!

I was awake, lying on the floor of my room. I slowly sat up and looked around. Everything looked like it usually did. I looked at my hands. I was relieved to see they were no longer covered with fur. I stood up and, with a yawn, extended my arms above my head to stretch my back. Without thinking, as was my usual habit in the morning, I started to walk to my desk where my smartphone had completed charging and . . . I stopped.

After pausing for a moment, I turned around and went downstairs for breakfast.

問 1　When Yuji realized that he had turned into a cat, he first felt ┃ 42 ┃.

① astonished

② embarrassed

③ excited

④ satisfied

問 2　When Yuji's mother spoke to him, he was annoyed because ┃ 43 ┃.

① he wanted to please her

② her words disturbed him

③ his mouth was full of food

④ she interrupted his studies

問 3　The cat thought, "I don't like this guy," because Yuji ┃ 44 ┃.

① could not recall the taste of food he had eaten at breakfast

② tried to hide his efforts to study for the final exams

③ was making fun of his mother's concern for his future

④ was not showing respect for people or things around him

問 4　At the end of the story, Yuji did not pick up his smartphone because he
　　　 45 　.

① decided it was time to improve his attitude

② realized that it was not yet fully charged

③ wanted to stick to his old priorities

④ was afraid of being scolded by his mother

問 5　What is the theme of this story?　 46

① Cats have much better senses than humans.

② Observing yourself can lead to self-change.

③ People using smartphones look strange.

④ Unbelievable things can happen in dreams.

第6問 次の文章を読み，下の問い（**A・B**）に答えよ。なお，文章の左にある(1)〜(6)はパラグラフ（段落）の番号を表している。（配点　36）

(1)　　For most people, their friendships are a valuable and important part of who they are.　Psychologists have pointed out that well-established friendships lead us to a better understanding of ourselves.　They have also noted that we might face conflicts not only with acquaintances but even with our good friends, which could result in ends to some of our friendships.　Fortunately, even when such conflicts occur, it is possible to find ways to maintain or save the friendships.

(2)　　One way to help save a friendship in trouble is to keep in touch.　When we think a friend has done something that hurt our feelings, our first response may be to cut off contact.　However, it may be better to <u>swallow our pride</u> and avoid doing that.　For example, Mary watched her friend Susan's children every week until Susan finished night school and graduated.　But after that, Mary did not hear from Susan for several months.　So, she felt that Susan had been just using her.　She decided not to talk to her any more.　In the end, however, Mary forced herself to ignore her own feelings and told Susan about her disappointment.　Susan immediately apologized and told her that she had been just trying to catch up with things after completing her studies.　Susan would never have known there was a problem if Mary had not mentioned it.　Not cutting off contact, even when we may be angry, is very important for maintaining good relationships.

(3)　　Another way to help a friendship is to see things from our friend's point of view.　For example, Mark was very upset at his good friend, Kate, because she had not visited him in the hospital.　Later, he learned from Kate's friend that she had been afraid of hospitals ever since she had been hospitalized as a little girl for a serious illness.　Mark then understood why Kate hadn't come and, instead of being angry, he felt sympathy for her.

(4)　　An important part of dealing with friendships is to recognize and accept that they can change as our needs and lifestyles evolve. For example, we may have a good friend in high school, but once we graduate, move to a different city for work or study, or get married, we may see that friend less frequently and our feelings may change. In other words, sometimes a close friendship may alter in nature. We should keep in mind that we may still be friends but not in the same way as before.

(5)　　How do people keep friendships for a long time? In one study, researchers interviewed many people who had been friends for a long time in order to find out the secret. They found that those people kept small misunderstandings from growing into large disputes which might cause their friendships to end. By taking their friends' viewpoints and not being afraid to express their honest feelings, those who were interviewed were able to keep something minor from growing into a major argument.

(6)　　We all know that friendships are precious, but we also understand that friendships are not always stable. The challenge in maintaining friendships is keeping the connections strong during the ups and downs that happen in all relationships. When things are going well, we enjoy our friendships. If things go bad, we should remember the points above. Sometimes we can get the relationship back on track, but at other times we should accept and appreciate that relationships can change. However, regardless of the states of our friendships, they will continue to be an important part of our lives.

A 次の問い（問 1 ～ 5）の　47　～　51　に入れるのに最も適当なものを，そ
れぞれ下の①～④のうちから一つずつ選べ。

問 1　According to paragraph (1), what do psychologists say about friendships?
　　　47

① They are frequently compared to one's possessions.
② They are impossible to fix when they become unstable.
③ They can lead us to have conflicts with our acquaintances.
④ They help us know about ourselves but can have problems.

問 2　Which of the following is closest to the meaning of swallow our pride in
　　　paragraph (2)?　48

① Give our thanks to someone
② Hold back our feelings
③ Realize that problems happen
④ Stop seeing someone

問 3　According to paragraph (5), research found it is important to　49　.

① hesitate to express one's true feelings
② ignore misunderstandings and disputes
③ put up with problems whenever one can
④ solve problems while they are small

問 4　According to paragraph (6), what is difficult about maintaining friendships?
　　　50

① Finding new and interesting friends
② Knowing when to change relationships
③ Seeing if friends have problems
④ Staying close during bad times

— 455 —

問 5　What would be the best title for this passage?　[51]

① Advice for Friendships That Will Last

② Defending Yourself and Your Friends

③ Strength as the Key to Friendships

④ The Changing Nature of Friendships

B　次の表は，本文のパラグラフ（段落）ごとの内容をまとめたものである。

[52] ～ [55] に入れるのに最も適当なものを，下の①～④のうちから一つ

ずつ選び，表を完成させよ。ただし，同じものを繰り返し選んではいけない。

Paragraph	Content
(1)	The realization that friendships are important
(2)	52
(3)	53
(4)	54
(5)	55
(6)	What is important to keep in mind

① A report about the results of a study on long-term friendships

② The importance of looking at a situation from our friend's perspective

③ The significance of understanding that friendships undergo
transformations

④ The value of staying in contact and interacting with your friends

英　語

（2016年 1 月実施）

80分　200点

$\left(\text{解答番号}\boxed{1} \sim \boxed{55}\right)$

第1問 次の問い(**A・B**)に答えよ。(配点 14)

A 次の問い(**問1〜3**)において,下線部の発音がほかの三つと**異なるもの**を,そ
れぞれ下の①〜④のうちから一つずつ選べ。

問1 ☐ 1 ☐

    ① ille<u>g</u>al   ② lo<u>g</u>ical   ③ ti<u>g</u>er   ④ va<u>g</u>ue

問2 ☐ 2 ☐

    ① b<u>ou</u>nded   ② f<u>ou</u>nded   ③ surr<u>ou</u>nded   ④ w<u>ou</u>nded

問3 ☐ 3 ☐

    ① ch<u>ur</u>ch   ② c<u>ur</u>ious   ③ c<u>ur</u>tain   ④ occ<u>ur</u>

B 次の問い(**問1~4**)において，第一アクセント(第一強勢)の位置がほかの三つと**異なる**ものを，それぞれ下の①~④のうちから一つずつ選べ。

問 1 4

① civil ② purchase ③ unite ④ valid

問 2 5

① abandon ② decision ③ politics ④ potential

問 3 6

① charity ② continent ③ demonstrate ④ opponent

問 4 7

① agriculture ② discovery ③ material ④ philosophy

4

第2問 次の問い（**A**～**C**）に答えよ。（配点 44）

A 次の問い（問1～10）の 8 ～ 17 に入れるのに最も適当なものを，それぞれ下の①～④のうちから一つずつ選べ。ただし， 15 ～ 17 については，（ **A** ）と（ **B** ）に入れるのに最も適当な組合せを選べ。

問1 The train 8 when I reached the platform, so I didn't have to wait in the cold.

① had already arrived   ② has already arrived

③ previously arrived   ④ previously arrives

問2 9 Tokyo has a relatively small land area, it has a huge population.

① Although   ② But   ③ Despite   ④ However

問3 Children 10 by bilingual parents may naturally learn two languages.

① bringing up   ② brought up

③ have brought up   ④ were brought up

問4 My sister was not a serious high school student, and 11 .

① either I was   ② either was I

③ neither I was   ④ neither was I

問5 Before the movie begins, please 12 your mobile phone is switched off.

① keep   ② make sure   ③ never fail   ④ remind

— 460 —

問 6　We have made good progress, so we are already ⬚13 schedule.

　　① ahead of　　② apart from　　③ far from　　④ out of

問 7　Thanks to their ⬚14 comments after my presentation, I felt very relieved.

　　① friendly　　② nicely　　③ properly　　④ warmly

問 8　(A) you've completed this required class, you (B) be able to graduate. ⬚15

　　① A : If　　B : won't　　② A : Unless　　B : would
　　③ A : Until　　B : won't　　④ A : While　　B : would

問 9　Wood (A) be used as the main fuel, but nowadays fossil fuels (B) widely. ⬚16

　　① A : used to　　　B : are used
　　② A : used to　　　B : have been used
　　③ A : was used to　　B : are used
　　④ A : was used to　　B : have been used

問10　(A) so considerate (B) him to come and see his grandmother in the hospital every day. ⬚17

　　① A : He is　　B : for　　② A : He is　　B : of
　　③ A : It is　　B : for　　④ A : It is　　B : of

B 次の問い(**問1～3**)において, それぞれ下の①～⑥の語句を並べかえて空所を補い, 最も適当な文を完成させよ。解答は　18　～　23　に入れるものの番号のみを答えよ。

問1 Hotel clerk: Good evening, Mr. and Mrs. Gomez. How can I help you?

Mrs. Gomez: Well, ＿＿＿＿＿　18　＿＿＿＿＿ ＿＿＿＿＿　19

＿＿＿＿＿ us how to get to the theater.

① could　　　　　② if　　　　　　③ tell

④ we're　　　　　⑤ wondering　　⑥ you

問2 Student: Excuse me. I'd like to know what we will be discussing in next week's seminar.

Professor: I haven't decided yet, so ＿＿＿＿＿ ＿＿＿＿＿　20　＿＿＿＿＿ ＿＿＿＿＿

　21　＿＿＿＿＿ email.

① by　　　　　　② let　　　　　　③ me

④ send　　　　　⑤ the details　　⑥ you

問3 Interviewer: How did you change after becoming the head of such a large company?

President: I ＿＿＿＿＿ ＿＿＿＿＿　22　＿＿＿＿＿ ＿＿＿＿＿　23　＿＿＿＿＿

my time more effectively.

① came to　　　　② manage　　　③ need

④ realize　　　　⑤ the　　　　　⑥ to

— 462 —

C 次の問い(問1〜3)の会話の 24 〜 26 において，二人目の発言が最も適当な応答となるように文を作るには，それぞれ(A)と(B)をどのように選んで組み合わせればよいか，下の①〜⑧のうちから一つずつ選べ。

問1 Maika: How about having a campfire on the last night of summer camp?
　　Naomi: It's been very dry recently, so 24 .

(A) I don't think	(A) our teachers will allow	(A) us lighting a fire.
(B) I suppose	(B) our teachers won't agree	(B) us to light a fire.

① (A)→(A)→(A)　② (A)→(A)→(B)　③ (A)→(B)→(A)
④ (A)→(B)→(B)　⑤ (B)→(A)→(A)　⑥ (B)→(A)→(B)
⑦ (B)→(B)→(A)　⑧ (B)→(B)→(B)

問2 George: Sometimes I feel that I am not a very good musician.
　　Robin: Come on! 25 .

(A) No one is	(A) more talented	(A) in all the other people.
(B) You are	(B) the most talented	(B) than you.

① (A)→(A)→(A)　② (A)→(A)→(B)　③ (A)→(B)→(A)
④ (A)→(B)→(B)　⑤ (B)→(A)→(A)　⑥ (B)→(A)→(B)
⑦ (B)→(B)→(A)　⑧ (B)→(B)→(B)

8

問 3　Paul:　You know, Yoko, there's really nothing more I can teach our son
　　　　　　on the piano.　He plays better than I do now.

　　　Yoko:　Well, maybe we　| 26 |

(A)　should get	(A)　anyone else	(A)　teach him.
(B)　should take	(B)　someone else	(B)　to teach him.

→ between box 1 and box 2, → between box 2 and box 3

① (A) → (A) → (A)　　　② (A) → (A) → (B)　　　③ (A) → (B) → (A)

④ (A) → (B) → (B)　　　⑤ (B) → (A) → (A)　　　⑥ (B) → (A) → (B)

⑦ (B) → (B) → (A)　　　⑧ (B) → (B) → (B)

第3問 次の問い(**A～C**)に答えよ。(配点 41)

A 次の問い(**問1・問2**)の会話の | 27 | ・ | 28 | に入れるのに最も適当なものを，それぞれ下の**①～④**のうちから一つずつ選べ。

問1 Sue: You know, Peter's birthday is coming soon. Is everything going well for the surprise party?

Polly: Yes. I've already bought and wrapped his present. Here, look.

Sue: | 27 | He might walk in at any moment.

Polly: OK. I'll put it away until the party.

① He doesn't like the color of the wrapping.

② I don't have the slightest idea what to buy.

③ Show him what you bought when he comes.

④ You should hide it so that he won't see it.

問2 Diego: Did you do the English homework? It was difficult, wasn't it?

Fred: Oh! I totally forgot about it.

Diego: You can do it during lunch time.

Fred: There's little point in even trying. | 28 |

Diego: Don't give up. You need to pass English, right?

① I'm sure I can make it.

② It'd be a waste of time.

③ Let me see what you can do.

④ You don't want to miss it.

B 次の問い（**問1～3**）のパラグラフ（段落）には，まとまりをよくするために**取り除いた方がよい文**が一つある。取り除く文として最も適当なものを，それぞれ下線部①～④のうちから一つずつ選べ。

問1 | 29 |

Students in Japan are now engaging more in practical activities and less in memorization of facts in class. Students are learning scientific principles through actual experience. ①They do well in science in comparison with other students around the world. ②They build electric motors using everyday goods, such as wire, magnets, and paper clips. ③They make ice cream by hand with salt and ice. ④Students say that they like the new studying style because it is practical as well as enjoyable and educational. It is hoped that this new method will encourage students to become more interested in science.

問2 | 30 |

Trial and error, an approach used in science, is often found in daily life. It can be observed when people do not feel well. They may already have a list of treatments they have used before. They can also consult a medical book or check the Internet for new treatments. They may decide to use any one of the treatments. ①If the treatment does not improve the condition, they try another one. ②They are concerned about how scientific the treatment is. This is an example of how this approach is adopted in everyday life. ③In solving problems, scientists come up with more than one idea and use one of the possible options. ④When an idea fails, they consider the alternatives. In this way, approaches used in science and daily life have some points in common.

2016年度　本試験　11

問 3　　31

　　Food can do more than fill our stomachs — it also satisfies feelings.　If you try to satisfy those feelings with food when you are not hungry, this is known as emotional eating.　There are some significant differences between emotional hunger and physical hunger.　①Emotional and physical hunger are both signals of emptiness which you try to eliminate with food.　②Emotional hunger comes on suddenly, while physical hunger occurs gradually.　③Emotional hunger feels like it needs to be dealt with instantly with the food you want; physical hunger can wait.　④Emotional eating can leave behind feelings of guilt although eating due to physical hunger does not.　Emotional hunger cannot be fully satisfied with food.　Although eating may feel good at that moment, the feeling that caused the hunger is still there.

— 467 —

C 次の会話は，「異文化理解」をテーマとして，ある大学で行われた授業でのやりとりの一部である。 32 ～ 34 に入れるのに最も適当なものを，それぞれ下の①～④のうちから一つずつ選べ。

Professor: Good morning. I'm sure everyone did the homework reading, so I want to begin today's class on intercultural communication. My first question is "Why do we need to study intercultural communication?" Would anyone like to answer?

Student 1: Yes, I'll try to answer that. People may think the way they do things or the way they view the world is "natural" and "correct." When they encounter someone doing things differently, they regard it as "strange" or "wrong." Having an awareness of intercultural communication can help us understand and deal with misunderstandings when they arise. I think it is especially important these days because people travel overseas for many reasons, such as work, study, or vacations. The opportunities to meet people from other countries have increased greatly. With this increased contact, there are more chances for trouble between people from different cultures.

Professor: Right. As you said, studying intercultural communication is useful because 32 .

① intercultural knowledge encourages people to study in a foreign country
② some ways of living are considered to be more correct than others
③ there were many more cases of intercultural communication in the past
④ we can cope with cultural misunderstandings more easily and smoothly

Professor: Let's move on to the concept of "culture." You should know that because culture is all around us all the time, it is difficult to define. Therefore, we tend to discuss culture in terms of characteristics. Can anyone give an example of a cultural characteristic?

Student 2: The characteristic I found interesting is that people belonging to a culture have the same values, beliefs, and behaviors. Values are things that are felt to be of worth, like the Japanese concept of "mottainai." Beliefs are things that people believe to be true, and these cover a wide variety of areas. For example, people in a culture might share beliefs about the kinds of foods that are unacceptable. Behavior is about people's actions, and people in the same culture can often be seen behaving similarly.

Professor: That's a good explanation. That means   33   .

① having the same beliefs as other cultural groups is important
② people from the same cultural group usually behave differently
③ people's attitudes to food determine which cultures they are from
④ shared behaviors may make you a member of a cultural group

Student 3: Can I ask a question?

Professor: Of course.

Student 3: What about people who always seem to be different from those around them? Sometimes I don't do things in the same way as my friends. So, if we need to have the same behavior for group membership, does that mean those who are not the same aren't members of their cultural group?

Professor: That's a good question. To answer it we need to think in terms of cultural norms rather than individual examples.

Student 3: What is a cultural norm?

Professor: Well, a cultural norm is a rule or standard of behavior shared by members of a cultural group.

Student 3: Then what happens to the people who do not follow the cultural norms?

Professor: Well, they may belong to a smaller group, or a sub-cultural group, but that group is still considered to be part of the culture. This is true as long as their actions are within the acceptable limits of behavior for that particular culture.

Student 3: So, am I right in thinking that 　34　?

① a culture contains groups that make up one larger group
② acting differently isn't allowed for group membership
③ it is important to be in the group that follows the cultural norms
④ the number of sub-cultural groups should be limited

Professor: Yes. I hope this has cleared things up for you. OK. I think we're ready to move on and think about another characteristic of culture.

第4問 次の問い(**A**・**B**)に答えよ。(配点 35)

A 次の文章はある説明文の一部である。この文章とグラフを読み，下の問い(**問1～4**)の 35 ～ 38 に入れるのに最も適当なものを，それぞれ下の①～④のうちから一つずつ選べ。

　US consumers have benefited from an increased volume and variety of fresh-fruit imports, particularly since the 1990s. The fruit and vegetable section in today's grocery store often has dozens of different fresh fruits on display all year around, which come from all corners of the globe as additions to domestic fresh fruit.

　The rapid growth of fresh-fruit imports has affected many aspects of the US fresh-fruit market. For example, while oranges are the US's leading domestically grown fruit, the volume of US orange imports has grown steadily since the 1990s, with occasional sudden increases when the US crop experienced freezing weather (see Figure 1).

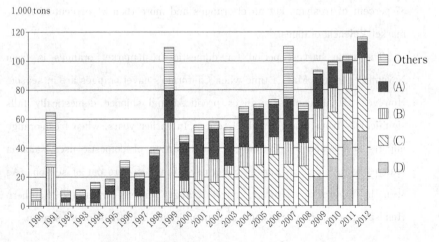

Figure 1. US fresh-orange imports by country.

The US domestic market receives orange imports from various countries and regions. Among the major suppliers, Mexico is a longtime source. However, due to the strong US demand for fresh oranges throughout the year, the Southern Hemisphere countries have also become major suppliers, especially during the summer months when domestic navel oranges are not available. Australia was the first such country, starting in the early 1990s after it obtained permission from the US government to export its navel oranges there. Australia was followed by South Africa in the late 1990s, and most recently by Chile as well.

In the US, two main types of oranges are produced domestically: "navel oranges" and "Valencia oranges." Navel oranges — virtually without seeds, with flesh that separates easily and is firm rather than watery — are the most popular oranges for eating fresh. The navel orange share of US production of fresh-market oranges was 76 percent during the years 2010-2012. In comparison, Valencia oranges — with thin skins, containing occasional seeds, and with juicy and sweet flesh — accounted for 24 percent during the same period. As the US's top supplier of fresh-market oranges, California produced 87 percent of fresh-market navel oranges and more than 81 percent of fresh-market Valencia oranges.

The main harvest period for domestic fresh-market oranges is from November through May, a time when California's navel oranges are in season. However, the amount of oranges produced and shipped domestically falls significantly from June through October. In earlier years, when fresh-orange imports still accounted for only a small portion of domestic use, Valencia oranges were a popular variety when navel oranges were out of season. As seen in Figure 2, however, navel orange imports from the Southern Hemisphere countries have come to dominate the US in the summer season.

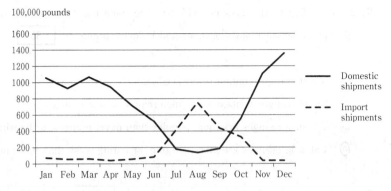

Figure 2. Seasonal relationship between imported and domestic oranges (2010-2012 average).

Because of seasonal production patterns, the majority of Mexico's oranges arrive in the US market from December through June, when US supplies are relatively high. In contrast, the season for imports from the Southern Hemisphere countries is mainly from July through October, when US supplies are relatively low. This trend is similar to that seen with many other fruits as well.

(Sophia Wu Huang (2013) *Imports Contribute to Year-Round Fresh Fruit Availability* を参考に作成)

問 1　In Figure 1, which of the following do (A), (B), (C), and (D) refer to?　35

① (A) Australia　　(B) Chile　　(C) Mexico　　(D) South Africa
② (A) Australia　　(B) Mexico　　(C) South Africa　(D) Chile
③ (A) South Africa　(B) Chile　　(C) Australia　　(D) Mexico
④ (A) South Africa　(B) Mexico　　(C) Australia　　(D) Chile

問 2　According to the passage, which of the following correctly describes one difference between navel oranges and Valencia oranges?　36

① Navel oranges contain fewer seeds than Valencia oranges do.

② Navel oranges contain more juice than Valencia oranges do.

③ Valencia oranges are more popular than navel oranges in the winter.

④ Valencia oranges are more suitable for eating fresh than navel oranges.

問 3　What is the main purpose of this passage?　37

① To account for the seasonal changes in the US production of oranges

② To explain the differences between navel oranges and Valencia oranges

③ To illustrate the relation between US production and imports of oranges

④ To improve the quality of the navel oranges produced in the US

問 4　What topic is most likely to follow the last paragraph?　38

① Export rates of other fruits from the US to the Southern Hemisphere

② Statistics showing the seasonal changes in imports of other fruits

③ The shipping methods of navel oranges from the Southern Hemisphere

④ The variety of fruits commonly grown in the US and Mexico

— 474 —

B 次のページの美術館に関するウェブサイトを読み，次の問い（**問 1 ～ 3**）の
 39 ～ 41 に入れるのに最も適当なものを，それぞれ下の①～④のうち
から一つずつ選べ。

問 1 Kazuko, a 19-year-old shop assistant, wants to participate in a museum
activity but is only free on weekday evenings. Which activity will she most
likely choose? 39

① Comprehensive tour

② Drawing class

③ Photography workshop

④ Short tour

問 2 A retired couple and their 6-year-old grandchild wish to participate
together in a weekday afternoon activity. Which activity will they most
likely choose and how much will they pay in total? 40

① Comprehensive tour, $20

② Comprehensive tour, $40

③ Short tour, $20

④ Short tour, $28

問 3 Which of the following is true according to the website? 41

① Advance booking is not necessary for "Art Talks."

② Comprehensive tours are held every day.

③ The admission fee is not included in the fees of tours.

④ There are lectures given by amateur artists.

Octagon Museum of Art OMA

Octagon Museum of Art (OMA) offers exhibitions and programs featuring contemporary art such as paintings, sculptures, and photographs. Established in 1972 by the Octagon Foundation, it has a vast collection with many permanent exhibits, and also offers special exhibits, lectures by professional artists and critics, classes for school children, and tours guided by specialists.

Admission Fee: $5/person (Children 6 and under — **free**)

Program Fees:

Short tour (90 minutes)	Adult (18+)	$10	Twice daily 9 am & 2 pm
	Student (7 – 17)	$8	
	Child (6 and under)	free	
Comprehensive tour (3 hours)	Adult (18+)	$20	Tuesday & Saturday 10 am
	Student (7 – 17)	$15	
	Child (6 and under)	free	
Drawing class (90 minutes)	Adult (18+)	$15	Monday, 7 pm
	Student (7 – 17)	$8	Wednesday, 4 pm
	Child (6 and under)	free	Wednesday, 10 am
Photography workshop (2 hours)	Adult (18+)	$17	Sunday, 7 pm
	Student (7 – 17)	$12	Sunday, 10 am

Notes:
- The fees for tours, classes, and workshops include the admission fee.
- Sign up here at least a week in advance for tours, classes, and workshops.
- We also offer "Art Talks," where invited guest speakers talk to adult audiences in OMA Hall every other Saturday. No reservation or additional fee is required. For this month's schedule, click here .

第5問 次の物語を読み，下の問い（問1〜5）の 42 〜 46 に入れるのに最も適当なものを，それぞれ下の①〜④のうちから一つずつ選べ。（配点 30）

"No one thought I would amount to much," Uncle John said, as he stood in the kitchen, showing me how he put together an award-winning four-course dinner. I had just graduated from university, and this dinner was his gift to me. It felt great to have a well-known chef cooking for me. On top of this, I was excited because in a few days he was going to compete in *The Big-Time Cook Off*, a nationwide TV cooking contest.

When Uncle John was young, his family lived in the countryside. His mother taught at a local school, but when John was 10, she had to quit to take care of her elderly mother. Until then, his father had been kind and had had enough time to play with John and his two younger sisters. But as bills kept piling up, the family got into trouble. John's father finally had to take a job in a city far away, so he could only come home on the weekends.

Gradually, because of his busy work schedule, John's father began looking tired whenever he came home. To tell the truth, he had changed from being good-humored to being in a bad mood all the time. When he was home, he just wanted to rest. He often scolded John for small things. Wanting to be accepted by his father, John tried to do his best but never felt he was good enough. Eventually, he started avoiding his father. He began hanging out at the shopping mall with friends, sometimes skipping his classes. Little by little John's grades got worse. His parents and teachers were worried about his future.

One Sunday morning, while John's mom was out taking care of her own mother, his father was napping in the TV room. John's sisters were hungry, so John started to cook something for them. He was not sure how to cook, but he did not want to bother his father.

Suddenly, the kitchen door opened, and his father was standing there.

"Dad, I'm sorry if I woke you up. Chelsea and Jessica are hungry, and I was trying to cook them some eggs." His dad looked at him seriously for a moment. "Eggs? Eggs aren't good for lunch on a beautiful Sunday like today. Let's grill some steaks in the backyard." "Are you sure? You must be tired." "It's OK. I like cooking. It reminds me of my college days when I worked part-time as a cook. I'll show you how to prepare delicious steaks."

To John's surprise, his father became energetic when he started cooking. He took John aside and explained to him in detail that cooking was, in a way, like a science project. "You need to measure the ingredients precisely and know which items go together. If you master this, you can provide pleasure for a great many people." John felt close to his father for the first time in a long time. From then on, John spent more time at home. He started cooking for his family regularly, and then later for his friends at college. John always felt happy when he cooked, and this happiness spilled over into other areas of his life.

Uncle John worked his way through college with jobs in restaurants, and eventually he became a chef at a famous restaurant. He really liked the job and worked hard developing his own special techniques. He was finally able to open his own restaurant serving his unique style of food. He won several awards and cooked for the rich and famous.

This brings us back to the contest. Uncle John and I were excited about his being selected. Yet, he shared something really touching with me there in the kitchen. "You know, Mike," Uncle John said, "I'm thrilled to be able to go on TV as part of *The Big-Time Cook Off*. But what makes me the happiest is to stand here with you, one of the people I care about, and talk — just you and me. It's exactly like what my dad did for me one fine day in summer, so many years ago. And that made all the difference in my life."

問 1 At the beginning of the story, Uncle John was 42 .

① cooking for *The Big-Time Cook Off*
② making a special meal for Mike
③ training Mike for the contest
④ trying to improve his recipes

問 2 Uncle John's father began working in the city because 43 .

① he was tired of living in the countryside
② it was easier to spend time with his family
③ the family needed more money for living
④ Uncle John's mother had become sick

問 3 Why were Uncle John's parents and teachers worried about his future?
44

① He just wanted to rest at home.
② He lost interest in studying.
③ He stopped avoiding his father.
④ He was no longer good-humored.

問 4 What helped to change Uncle John's life the most? 45

① Eating an award-winning dinner with his friends
② Entering cooking contests such as *The Big-Time Cook Off*
③ Making a connection with his father through cooking
④ Spending time talking with Mike in the kitchen

問 5　What does Uncle John find most rewarding?　46

① Developing unique four-course dinners for famous people

② Having meaningful relationships with people close to him

③ Making people happy through cooking on TV shows

④ Serving many people delicious meals in his restaurant

第 6 問　次の文章を読み，下の問い（**A・B**）に答えよ。なお，文章の左にある(1)~
(6)はパラグラフ（段落）の番号を表している。（配点　36）

(1)　　　Opera is an art form that celebrates the human voice at its highest level
of expression.　No other art form creates excitement and moves the heart in
the way that opera does, especially when performed by a great singer.　Such
singers are trained to present some of the greatest and most challenging
music that has ever been composed for the human voice.

(2)　　　Opera is an important part of the Western classical music tradition.　It
uses music, words, and actions to bring a dramatic story to life.　Opera
started in Italy at the end of the 16th century and later became popular
throughout Europe.　Over the years, it has responded to various musical and
theatrical developments around the world and continues to do so.　In recent
decades, much wider audiences have been introduced to opera through
modern recording technology.　Some singers have become celebrities thanks
to performing on radio, on television, and in the cinema.

(3)　　　However, in recent years, opera has been facing serious challenges.
The causes of some of these are beyond its control.　One current challenge
to opera is economic.　The current world economic slowdown has meant that
less money is available for cultural institutions and artists.　This shortage of
money raises the broader question of how much should be paid to support
opera singers and other artists.　Society seems to accept the large salaries
paid to business managers and the multi-million-dollar contracts given to
sports athletes.　But what about opera singers?　Somehow, people have the
idea that artists can be creative only if they suffer in poverty, but this is
unrealistic: If artists, including opera singers, lack the support they need,
valuable talent is wasted.

(4)　　　Not only the shortage of money, but also the way money is managed in
the opera world has led to hardships.　Principal singers are generally paid
performance fees once they complete a show.　They typically receive nothing

— 481 —

during the many weeks of rehearsal before a show starts. To prepare for a role, they must pay the costs of lessons and coaching sessions. If they become ill or cancel their performance, they lose their performance fee. The insecurity of this system puts the future of opera at risk.

(5) Another problem faced by opera is how to meet the demands of audiences who are influenced by popular entertainment. Pop singers are often judged as much on the basis of how they look as how they sound. Therefore, opera singers, performing to audiences influenced by this popular culture, are now expected to be "models who sing." These demands may be unrealistic and possibly harmful. Opera singers simply cannot make a sound big enough to fill a large theater or concert hall without a microphone if their body weight is too low. Emphasizing physical appearance over singing ability may cause audiences to miss out on the human voice at its best.

(6) There are no easy solutions to opera's problems and there are many different opinions about the value of opera. However, every year many young people register for music courses with hopes and dreams of developing their talents in this special art form. The fact that opera has survived many obstacles and continues to attract the rising generation demonstrates that it remains a respected art form full of value.

A 次の問い（問 1 ～ 5 ）の　47　～　51　に入れるのに最も適当なものを，そ
れぞれ下の①～④のうちから一つずつ選べ。

問 1　Which of these statements is true according to paragraph (2)?　47

①　Opera develops by adapting to new conditions.
②　Opera fans thank celebrities for performing.
③　Opera singers avoid singing on TV and in films.
④　Opera singers' life stories are dramatic.

— 482 —

問 2 In paragraph (3), what is another way of asking the question "But what about opera singers?" 48

① How do opera singers prepare?

② How should we use opera singers?

③ What are opera singers worth?

④ What sums do opera singers pay?

問 3 According to paragraphs (3) and (4), which statement is true? 49

① Opera singers are financially unstable.

② Opera singers ask only the wealthy to attend.

③ Opera singers get paid before the show.

④ Opera singers perform better if they are poor.

問 4 Which statement best expresses the author's opinion in paragraph (5)? 50

① Audiences know best how opera should be performed.

② Microphones should be used to make opera more enjoyable.

③ Opera singers' voices should be valued more than their looks.

④ Popular culture has had a positive influence on opera.

問 5 What would be the best title for this passage? 51

① How to Make Money in Opera

② Opera as a Part of Popular Culture

③ The Difficulties Facing Opera

④ The Historical Context of Opera

B 次の表は，本文のパラグラフ(段落)ごとの内容をまとめたものである。
52 ～ 55 に入れるのに最も適当なものを，下の①～④のうちから一つ
ずつ選び，表を完成させよ。ただし，同じものを繰り返し選んではいけない。

Paragraph	Content
(1)	Introducing opera
(2)	52
(3)	53
(4)	54
(5)	55
(6)	Prospects for opera

① Effect of world finance on opera

② Impact of popular culture on opera

③ Opera from the past to the present

④ Problems in money management

— 484 —

英　語

（2015年1月実施）

80分　200点

2015
本試験

$\left(\text{解答番号}\boxed{1}\sim\boxed{55}\right)$

第1問 次の問い（**A・B**）に答えよ。（配点　14）

A 次の問い（**問1～3**）において，下線部の発音がほかの三つと**異なるもの**を，それぞれ下の①～④のうちから一つずつ選べ。

問1　　$\boxed{1}$

　　① <u>a</u>ncestor　　② <u>a</u>ncient　　③ h<u>a</u>ndle　　④ h<u>a</u>ndsome

問2　　$\boxed{2}$

　　① fl<u>oo</u>d　　② h<u>oo</u>k　　③ sh<u>oo</u>k　　④ w<u>oo</u>den

問3　　$\boxed{3}$

　　① confu<u>si</u>on　　② expan<u>si</u>on　　③ mi<u>ssi</u>on　　④ profe<u>ssi</u>on

B 次の問い(**問1 ～ 4**)において，第一アクセント(第一強勢)の位置がほかの三つ
と**異なる**ものを，それぞれ下の①～④のうちから一つずつ選べ。

問1 ☐ 4

① admire ② modest ③ preserve ④ success

問2 ☐ 5

① ambitious ② component ③ detective ④ dinosaur

問3 ☐ 6

① consequence ② discipline ③ residence ④ sufficient

問4 ☐ 7

① accompany ② appropriate ③ complicated ④ ingredient

第2問 次の問い（**A**～**C**）に答えよ。（配点　44）

A 次の問い（問1～10）の　8　～　17　に入れるのに最も適当なものを，それぞれ下の①～④のうちから一つずつ選べ。ただし，　15　～　17　については，（　**A**　）と（　**B**　）に入れるのに最も適当な組合せを選べ。

問1 Did you make your grandfather angry again? You should　8　that.

① know better than
② know less than
③ make do with
④ make up with

問2 Scott went to the police station because he　9　.

① caused his computer stolen
② got stolen his computer
③ had his computer stolen
④ was stolen his computer

問3 Last winter was rather unusual　10　that very little snow fell in northern Japan.

① about
② by
③ in
④ on

問4 My granddaughter has started a career as a singer, but I really　11　an actress as well in the future.

① hope she became
② hope she will become
③ wish she became
④ wish she will become

問5 I was fast asleep, so I didn't hear the car accident that　12　at 2 a.m. this morning.

① happened
② happens
③ was happened
④ would happen

— 488 —

問 6　I always walk my dog along the beach, | 13 | the sea view.

①　being enjoyed　　　　　②　enjoy

③　enjoying　　　　　　　④　with enjoying

問 7　Mt. Fuji stands impressively | 14 | the blue sky.

①　against　　②　among　　③　behind　　④　by

問 8　Sorry. We talked about it just now, but （ A ） did you say （ B ）?
| 15 |

①　A : how　　　B : the best solution

②　A : how　　　B : was the best solution

③　A : what　　　B : the best solution

④　A : what　　　B : the best solution was

問 9　The Internet has become （ A ） powerful a tool （ B ） people living
anywhere can access any educational resource. | 16 |

①　A : so　　　B : but　　　②　A : so　　　B : that

③　A : such　　B : but　　　④　A : such　　B : that

問10　The manager said his team （ A ） win the soccer league and they
actually did （ B ） season. | 17 |

①　A : will　　　B : next　　　②　A : will　　　B : the next

③　A : would　　B : next　　　④　A : would　　B : the next

— 489 —

B 次の問い(問1~3)において，それぞれ下の①~⑥の語句を並べかえて空所を補い，最も適当な文を完成させよ。解答は　18　~　23　に入れるものの番号のみを答えよ。

問1　Yuki:　Have we met before?　You look very familiar to me.

Anne:　I don't think so.　If we had met, _____　18　_____

_____　19　_____　sure!

① for　　　　　　② have　　　　　③ I

④ recognized　　⑤ would　　　　　⑥ you

問2　Customer:　Could I extend the rental period for the car?

Agent:　Yes, but _____　20　_____ _____　21　

_____ $50 for each additional day.

① an extra fee　② be　　　　　　③ charged

④ of　　　　　　⑤ will　　　　　　⑥ you

問3　Reiko:　Shall we cook tonight, or order some Chinese food?

Kyoko:　Let's order Chinese _____　22　_____ _____

_____　23　_____ .

① because　　　② cooking　　　　③ feeling

④ I'm　　　　　⑤ to start　　　　⑥ too tired

C 次の問い(問1～3)の会話の 24 ～ 26 において，二人目の発言が最も適当な応答となるように文を作るには，それぞれ(A)と(B)をどのように選んで組み合わせればよいか，下の①～⑧のうちから一つずつ選べ。

問1　Customer: I bought this book here last week, but a few pages in the middle are missing.

　　　Shop manager: Do you have the receipt? Unless you can show it, 24

(A) I hesitate	(A) to have refused	(A) for a new copy.
(B) I'm afraid	(B) we can't exchange it	(B) your problem.

① (A)→(A)→(A)　　② (A)→(A)→(B)　　③ (A)→(B)→(A)
④ (A)→(B)→(B)　　⑤ (B)→(A)→(A)　　⑥ (B)→(A)→(B)
⑦ (B)→(B)→(A)　　⑧ (B)→(B)→(B)

問2　Elena: I'm so relieved you're here. The plane is leaving in 40 minutes.
　　　Yuko: I know!　25

(A) Thanking	(A) John driving me here,	(A) I would be in time.
(B) Thanks to	(B) John drove me here,	(B) I'm in time.

① (A)→(A)→(A)　　② (A)→(A)→(B)　　③ (A)→(B)→(A)
④ (A)→(B)→(B)　　⑤ (B)→(A)→(A)　　⑥ (B)→(A)→(B)
⑦ (B)→(B)→(A)　　⑧ (B)→(B)→(B)

問 3 Sophie: Look at those beautiful butterflies! Let's try to catch one to take home.

Hideki: No way! 　26　 Just enjoy watching them!

(A) I wouldn't	(A) dream of doing	(A) such a thing!
(B) It wouldn't	(B) dream to do	(B) your best!

$\rightarrow$ between first and second, $\rightarrow$ between second and third

① (A) → (A) → (A)　　② (A) → (A) → (B)　　③ (A) → (B) → (A)

④ (A) → (B) → (B)　　⑤ (B) → (A) → (A)　　⑥ (B) → (A) → (B)

⑦ (B) → (B) → (A)　　⑧ (B) → (B) → (B)

第3問 次の問い(A～C)に答えよ。(配点 41)

A 次の問い(問1・問2)の会話の $\boxed{27}$ ・ $\boxed{28}$ に入れるのに最も適当なものを，それぞれ下の①～④のうちから一つずつ選べ。

問1 Hiro: What did you do this weekend?

David: I went to the shopping mall. They were having a big spring sale.

Hiro: Did you buy anything good?

David: Yeah, I bought a new jacket.

Hiro: $\boxed{27}$ I have to go to the dry cleaner's. I need to pick up my own jacket.

① I can't remember.

② I remember that.

③ Remind yourself.

④ That reminds me.

問2 Amy: How was the tennis tournament? Did you win the championship?

Miki: No. I lost the final match because I was exhausted and too nervous.

Amy: I'm sorry to hear that.

Miki: It's OK. $\boxed{28}$ Now I know it's important to rest and relax before a big match next time.

Amy: I'm sure you'll play better next year.

① I was very close to losing the final match.

② It turned out to be a good lesson for me.

③ It was the easiest game I've ever had.

④ I've totally given up playing tennis.

B 次の問い(問1～3)のパラグラフ(段落)には，まとまりをよくするために**取り除いた方がよい文**が一つある。取り除く文として最も適当なものを，それぞれ下線部①～④のうちから一つずつ選べ。

問1 | 29 |

Stamp collecting is an educational hobby that can be inexpensive and enjoyed whenever you want. ①It provides a nice and practical way of learning about history, geography, famous people, and customs of various countries worldwide. ②This hobby began soon after the world saw the first postage stamp issued in Great Britain in 1840. ③You can also get started without spending money by saving the stamps on envelopes you receive. ④In addition, you are able to work on your collection any time, rain or shine. If you are looking for a new hobby, stamp collecting might be right for you!

問2 | 30 |

Until relatively recently, people in some parts of the world continued to use salt as a form of cash. There are several reasons why salt was used as money. Salt was given an economic value because there were so few places that produced it in large quantities. ①Another reason is that salt is fairly light and easy to carry for trading purposes. ②Additionally, salt can be measured, so we can easily calculate its value based on its weight. ③Furthermore, salt stays in good condition for a very long period of time, so it holds its value. ④Last but not least, salt has many other uses such as melting ice on roads in snowy regions. In short, salt has certain characteristics that make it suitable as a form of money.

— 494 —

問 3 　 31

In the past, most Japanese TV shows started and ended exactly on the hour. ①While TV shows vary from station to station, on the whole, early morning hours are dominated by news programs and evening hours by variety shows. ②Because of competition, some networks tried to gain an advantage over their rivals by starting their programs a little earlier. ③Many people start channel surfing near the end of a program, and the networks thought that if their show started a couple of minutes earlier, people would start watching it. ④Another strategy was to end a popular show a little after the hour so that people would stick to one channel and miss the beginning of shows on other channels. Now that many stations have adopted these strategies, the advantage for any one station is lost. Even so, they continue this practice because they are afraid of losing viewers.

C 次の会話は,「迷信」をテーマとして,日本のある大学において行われた公開講座でのやりとりの一部である。 32 ～ 34 に入れるのに最も適当なものを,それぞれ下の①～④のうちから一つずつ選べ。

Moderator: The title of today's discussion is "Superstitions — what they are, and why people believe in them." Our guest speakers are Joseph Grant, a university professor who lives here in Japan, and Lily Nelson, a visiting professor from Canada. Joseph, can you explain what a superstition is?

Joseph: Superstitions are beliefs for which there is no obvious rational basis. For example, there are various dates and numbers that people are superstitious about. In many places, "Friday the 13th" is thought to be unlucky, and here in Japan, *4* and *9* are also considered unlucky. In contrast, *7* is known as "Lucky 7." A superstitious person believes that actions such as choosing or avoiding certain numbers can influence future events even though there is no direct connection between them. Believing in superstitions is one of the ways humans can make sense of a set of unusual events which cause someone to feel lucky or unlucky. This seems to have been true throughout history, regardless of race or cultural background.

Moderator: So, it is your view that 32 .

① superstitions are rationally based on certain dates and numbers

② superstitions can be used to explain strange happenings around us

③ superstitious people believe race and culture are related to luck

④ superstitious people tend to have identical beliefs regarding history

Joseph: That's right. Superstitions tend to come from a combination of primitive belief systems and coincidence — things that happen by chance.

Moderator: Could you tell us more about that?

Joseph: A primitive belief system develops from the natural human tendency to look for patterns in the world around us. Noticing patterns allows us to learn things quickly. However, sometimes chance or coincidental events are mistaken for a pattern, like passing a series of tests using the same pencil every time. The pencil is unrelated to passing the tests, but becomes a "lucky" pencil because of the coincidental connection. So, we may come to believe that one event causes another without any natural process linking the two events. I experienced this myself when I was called "Ame-otoko" or "Rain-man" by Japanese friends. By coincidence, I was present on occasions when it was raining and so gained a "rainy reputation." Rationally speaking, we know that nobody can make rain fall from the sky, but our primitive belief system, combined with coincidence, creates a superstition around the "Rain-man."

Moderator: How interesting! So, you are saying that ⟦ 33 ⟧.

① an "Ame-otoko" or "Rain-man" causes rain to fall from the sky

② coincidental events or chance patterns can create superstitions

③ looking for patterns is an unnatural action for humans

④ primitive belief systems create coincidental events

Moderator: How about you, Lily? Do you agree with Joseph?

Lily: Yes, I do, especially regarding the notion of coincidence or chance. In an attempt to better understand human behavior, an American psychologist conducted a famous experiment called

"Superstition in the Pigeon" on a group of hungry birds. The pigeons were in cages and a feeding machine automatically delivered small amounts of food at regular time intervals. The psychologist observed that the pigeons began to repeat the specific body movements that they had been making whenever the food was delivered. He believed that the pigeons were trying to influence the machine to deliver food by their repeated movements. He assumed that we humans also do the same and try to influence future events by performing non-logical actions. Superstitious humans, just like the "superstitious" pigeons, associate an action with an outcome even though there is no logical connection.

Moderator: So, that psychologist thought from the experiment that 　34　 .

① pigeons and humans both perform superstitious actions
② pigeons and humans both tend to influence machines
③ the pigeons knew when the food would be delivered
④ the pigeons' repeated actions influenced the food delivery

Lily: Yes, that's exactly right.

Moderator: Thank you, Joseph and Lily, for sharing your knowledge on superstitions and why people are superstitious. Let's take a quick break here before we move on with the discussion.

第4問 次の問い(A・B)に答えよ。(配点 35)

A 次の文章はある説明文の一部である。この文章とグラフを読み，下の問い(問1〜4)の 35 〜 38 に入れるのに最も適当なものを，それぞれ下の①〜④のうちから一つずつ選べ。

Social Networking Services (SNS), online services that allow users to communicate with others, are used by a growing number of young people to keep in touch with friends and family. However, this rise in the use of SNS by young people has been accompanied by increasing anxiety among parents and teachers. They are concerned about whether young users are prepared for the risks that come with using SNS, including privacy issues and unwelcome contact.

A 2011 survey asked Australian parents, students, and teachers about their perceptions of the degree of risk when using SNS — specifically, whether they felt it to be "safe," "a little risky," "very risky," or "risky but what everyone does." Figure 1 shows that over a quarter of students chose "safe," in other words, that they felt SNS use was without risk. In addition, 19.6% of students reported that, though they knew the dangers, they still used SNS because that is "what everyone does." In contrast with the students' responses, their parents and teachers were more cautious about the risk associated with SNS use, with teachers slightly more likely to see high risk.

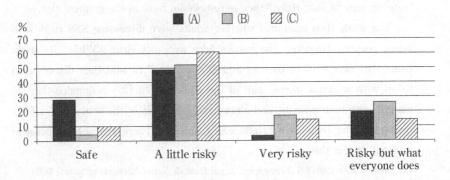

Figure 1. Perceptions of SNS risk by parents, students, and teachers.

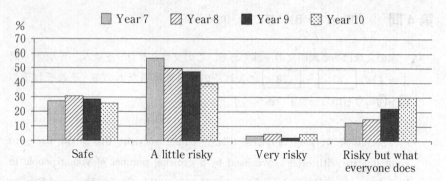

Figure 2. Perceptions of SNS risk by student year level.

　Interestingly, not all students had the same perception of risk. Figure 2 shows a comparison between students by year — "Year 7" refers to first-year junior high school students and "Year 10" refers to first-year high school students. While the percentage of students who responded that SNS usage is "safe" was almost the same regardless of year, there was a drop by year in the percentage of students who chose "a little risky," and a rise in those who chose "risky but what everyone does."

　Furthermore, the study asked students about information security. It found that students from years 7 to 10 were increasingly cautious about privacy, becoming more careful by year about who could see their personal information online. Because Year 7 students, in addition to being the least cautious about information security, also tended to see SNS use as either "safe" or only "a little risky," they were believed to be at the greatest risk.

　The study then examined whether adults were discussing SNS risks with young people. However, the results here were not clear. While the study found that over 91% of parents and 68% of teachers said they discuss SNS issues with students, almost half of the students (46.1%) responded they do not talk with their parents, and almost three-quarters of the students (74.6%) responded that they do not talk with teachers. There are several possible explanations for this gap.

(Melissa de Zwart 他(2011) *Teenagers, Legal Risks & Social Networking Sites*を参考に作成)

問 1 In Figure 1, which of the following do (A), (B), and (C) refer to? 　35

① (A) Parents 　　(B) Students 　　(C) Teachers

② (A) Parents 　　(B) Teachers 　　(C) Students

③ (A) Students 　　(B) Parents 　　(C) Teachers

④ (A) Students 　　(B) Teachers 　　(C) Parents

問 2 Which of the following is mentioned as one of the reasons that Year 7 students are thought to have the highest risk? 　36

① They are the least careful about security when using SNS.

② They are the least likely to think SNS is "safe."

③ They are the most likely to think SNS is "very risky."

④ They are the most likely to use SNS to contact friends.

問 3 The main purpose of this passage is to 　37　 .

① describe the various dangers of using SNS

② discuss differences in awareness of SNS risk

③ explain why students are using SNS more

④ suggest solutions for the problems with SNS

問 4 What topic might follow the last paragraph? 　38

① Examples of the different risks students face in using SNS

② Reasons for the different responses from students and adults

③ Trends in how students and adults use the Internet

④ Ways to reduce the number of younger students using SNS

18

B 次のページのキャンプ場に関するウェブサイトを読み，次の問い（問1～3）の 39 ～ 41 に入れるのに最も適当なものを，それぞれ下の①～④のうちから一つずつ選べ。

問 1 A man who likes water activities is looking at the website. Which are the campgrounds he is most likely to be interested in? 39

① Apricot and Maple Campgrounds

② Maple and Orange Campgrounds

③ Orange and Stonehill Campgrounds

④ Stonehill and Apricot Campgrounds

問 2 Two people are making plans to stay in Green National Park for nine nights. They want to enjoy nature, but they need a power supply to use their computers. How much will they have to pay per night for the site they are likely to choose? 40

① $20

② $24

③ $32

④ $96

問 3 A family of four is planning a four-day camping trip with their dog. Their budget for a camp site is under 100 dollars for three nights. Their main interests for the trip are barbecuing and bicycle riding in the national park. Which campground is this family most likely to choose? 41

① Apricot   ② Maple   ③ Orange   ④ Stonehill

－502－

Green National Park Campground Guide

The campgrounds in Green National Park are open from April 1 to November 30.

Apricot Campground

Walking trails from this campground lead you to the top of Green Mountain. Enjoy the fantastic view from the top. You can also enjoy cycling on the bike trails in the woods.

Maple Campground

Maple Campground has direct access to Green River. Have fun doing such activities as fishing, boating, and swimming. You can also enjoy a campfire by the river.

Orange Campground

This campground is on Orange Lake, and offers a comfortable outdoor experience. Water skiing is popular on the lake. Other activities include fishing, swimming, and bird-watching.

Stonehill Campground

A pine tree forest surrounds Stonehill Campground. The giant pine trees are impressive. You can see a lot of wild animals while riding a bicycle or hiking through the forest.

Campground Information

Campground	Site Type (available spaces)	Site Rate/night	Max. People	Max. Stay	Facilities	Restrictions
Apricot	Tents (15)	$20	4	15 nights	BG	—
Maple	Tents (20)	$24	5	12 nights	BG PG	—
Orange	Deluxe Cabins (5)	$96	7	7 nights	K E HS	No pets
Stonehill	Standard Cabins (10)	$32	6	14 nights	E HS	No fireworks

Site Rate=Rate per site (up to the maximum number of people); Max.=Maximum

K Kitchen, E Electricity, BG Barbecue Grill, HS Hot Shower, PG Playground

第5問　次の文章は，Anna の父親が担任の岡本先生に宛てて送ったメールと，岡本先生からの返信である。これらを読み，下の問い（問1～5）の　42　～　46　に入れるのに最も適当なものを，それぞれ下の①～④のうちから一つずつ選べ。（配点　30）

From: Jeff Whitmore < JeffW@×××××.com >
To: Kenji Okamoto < okamoto@×××××.com >
Date: January 10, 2015
Subject: Request for advice

Dear Mr. Okamoto,

　　My name is Jeff Whitmore, and my daughter, Anna, is one of your students. As you know, we just moved back to Japan six months ago after living in Chicago for three years. Although she had attended schools in Japan before we went to Chicago, it's Anna's first year at a Japanese junior high school. My wife and I are a little worried about her, and we're hoping that it would be okay to ask you for advice.

　　She's getting good grades and likes her classes and teachers. In particular, she has a penchant for numbers and loves her math class. She often talks about your fun English class, too. However, after almost half a year, it doesn't seem like she's made any friends. Last week, she said that she usually reads by herself during breaks between classes while other girls are hanging out and chatting. Anna also mentioned that she walks to school alone every day. This is very different from how she was in the US.

　　I understand that it can take time to make friends at a new school, but I still have concerns that she may be a bit isolated. I think it would be better for her to develop a group of good friends as soon as possible. Even just one close friend would be a good first step. I've never contacted one of my daughter's homeroom teachers before and hope that I'm not bothering you. I just thought that you might know more about her life at school. If you have any ideas about how she can make more personal connections, I would be happy to hear them.

Sincerely,
Jeff Whitmore

— 504 —

From: Kenji Okamoto < okamoto@××××××.com >
To: Jeff Whitmore < JeffW@××××××.com >
Date: January 11, 2015
Subject: Re: Request for advice

Dear Mr. Whitmore,

It's always nice to hear from a parent of one of my students, and I'll be happy to help you if I can. I've talked with Anna one-on-one on several occasions and find her to be a delightful person who is confident and friendly. Actually, I'm surprised to hear about your concerns as she seems to get along well with other students in the class. Probably, she'll soon form close friendships, but I do have a few ideas for you to consider that may help her do this.

First, our school has many different clubs that offer good environments for developing friendships. I know that she enjoys music, so perhaps she would like to join the chorus. If she prefers sports, we have a volleyball club, a soccer club, and even a karate club. Also, I'm currently organizing a new English club. We will meet once a week to talk and to enjoy music and movies in English. If Anna joins or even takes a leadership role, she can connect with other students who have a shared interest — English. I know of one Japanese student from another class who has spent time in New Zealand and is planning to participate. They may find a lot in common.

Another approach is to create social situations where she can be the center of attention. Anna told me you often had barbecue parties in your garden in the US. If it's possible, you could have an American-style barbecue party and invite some of the students in her class. I'm sure it would be an exciting experience for them. Possibly, Anna would be more herself at home and they would get to know her better.

From my experience, I honestly think you have nothing to worry about and feel confident she will establish friendships sooner or later on her own. But, if you feel that any of my ideas will help, please let me know, and we can consider the next step.

Best regards,
Kenji Okamoto

問 1 What was Anna probably like at her school in Chicago? 42

① She liked to be alone in the classroom.

② She showed off her Japanese ability.

③ She spent a lot of time with friends.

④ She was jealous of the other students.

問 2 The phrase has a penchant for in the second paragraph of Mr. Whitmore's email is closest in meaning to 43 .

① is collecting

② is exchanging

③ is fond of

④ is unsure about

問 3 Which of the following statements is true according to the information in the email messages? 44

① Anna does not talk about her school life with her parents at home.

② Anna prefers her Japanese language class to her English class.

③ Mr. Whitmore is concerned about Anna's academic performance.

④ This is the first email message Mr. Whitmore has sent Mr. Okamoto.

問 4 Unlike Mr. Whitmore, Mr. Okamoto thinks that Anna 45 .

① is isolated from other students in her class

② spends a lot of time reading in school

③ will have trouble getting good grades

④ will make friends without any special help

— 506 —

問 5 Which of the following is NOT one of Mr. Okamoto's suggestions for Mr. Whitmore? 46

① Have Anna join a sports or music club.

② Invite Anna's classmates to an event.

③ Let Anna participate in the English club.

④ Take Anna on a trip to New Zealand.

24

第6問 次の文章を読み，下の問い（**A・B**）に答えよ。なお，文章の左にある(1)～(6)は段落の番号を表している。（配点　36）

Catching Bees and Counting Fish: How "Citizen Science" Works

(1)　　It's a sunny afternoon here in Texas, and my wife Barbara is at the park again, counting and recording the number of eggs laid by monarch butterflies. After collecting her data, she'll share it with the professional scientist who recruited her. In another state, our friend Antonio listens for frogs by visiting 12 different sites, four times a year. He has been submitting his findings to scientists for almost 20 years now. And on the other side of the country, our niece Emily is catching native bees, putting tiny tags on them, and handing in weekly reports to the biology department at a local university. Nobody is paying Barbara, Antonio, or Emily for their efforts, but all three consider themselves lucky to be "citizen scientists."

(2)　　When volunteers participate as assistants in activities like these, they are engaging in citizen science, a valuable research technique that invites the public to assist in gathering information. Some of them are science teachers or students, but most are simply amateurs who enjoy spending time in nature. They also take pride in aiding scientists and indirectly helping to protect the environment. The movement they are involved in is not a new one. In fact, its roots go back over a hundred years. One of the earliest projects of this type is the Christmas Bird Count, started by the National Audubon Society in 1900. However, citizen science projects are <u>burgeoning</u> more than ever: over 60 of them were mentioned at a meeting of the Ecological Society of America not long ago.

(3)　　In formal studies, professional scientists and other experts need to maintain the highest possible standards. For research to be accepted as valid, it must not only be thorough, but also objective and accurate. Some might argue that citizen scientists cannot maintain the necessary attention

— 508 —

to detail, or that amateurs will misunderstand the context of the investigation and make mistakes when collecting and organizing information. In other words, can citizen science be considered truly reliable?

(4)   Two recent studies show that it can. The first focused on volunteer knowledge and skills. In this study, a scientist asked volunteers to identify types of crabs along the Atlantic coast of the US. He found that almost all adult volunteers could perform the task and even third graders in elementary school had an 80% success rate. The second study compared professional and nonprofessional methods. Following a strict traditional procedure, a group of 12 scuba divers identified 106 species of fish in the Caribbean. Using a procedure designed by professionals to be more relaxed and enjoyable for volunteers, a second group of 12 divers spent the same amount of time in the same waters. Surprisingly, the second method was even more successful: this group identified a total of 137 species. Results like these suggest that research assisted by amateurs can be trusted when scientists organize it.

(5)   The best citizen science projects are win-win situations. On the one hand, the scientific community gains access to far more data than they would otherwise have, while spending less money. On the other hand, citizen science is good for the general public: it gets people out into the natural world and involved in scientific processes. Additionally, when people take part in a well-designed study that includes training to use equipment, collect data, and share their findings, they have the satisfaction of learning about new ideas and technologies.

(6)   I find it encouraging that the list of scientific studies using citizen scientists is quickly getting longer. Still, we're just beginning to realize the potential of citizen science. More scientists need to recognize how much volunteers can contribute to professional research. As I see it, it's time for us to expand the old, conservative view of "science *for* people" to include a more democratic one of "science *by* people."

A 次の問い(問1～5)の 47 ～ 51 に入れるのに最も適当なものを，そ
れぞれ下の①～④のうちから一つずつ選べ。

問1 The citizen scientists in Paragraph (1) 47 .

① compare their data with that of other volunteers

② earn some money for the information they gather

③ monitor the life cycles of insects in laboratories

④ report on their results or activities to professionals

問2 The word burgeoning in Paragraph (2) is closest in meaning to 48 .

① causing arguments

② increasing rapidly

③ losing popularity

④ receiving awards

問3 Why does the author emphasize an 80% success rate in Paragraph (4)?
49

① To contrast negatively with the adults' success rate

② To demonstrate the high quality of the overall results

③ To emphasize how many types of crabs there are

④ To reveal the elementary students' lack of skills

問4 What personal view is expressed in Paragraph (6)? 50

① Eventually, scientific knowledge will come mainly from amateurs.

② Not enough scientists appreciate the advantages of citizen science.

③ The recent shift toward relying on volunteer data is disappointing.

④ Too many studies using citizen science are now being conducted.

—510—

問 5 What is the author's main message in this article?　51

① Citizen science benefits volunteers, professionals, and society.

② Scientific research should be left in the hands of specialists.

③ There is a long history of volunteers identifying fish species.

④ Traditional science has been replaced by citizen science.

B 次の表は，本文の段落構成と内容をまとめたものである。　52 ～ 55
に入れるのに最も適当なものを，下の①～④のうちから一つずつ選び，表を完成
させよ。ただし，同じものを繰り返し選んではいけない。

Paragraph	Content
(1)	Introduction: Author's personal examples
(2)	52
(3)	53
(4)	54
(5)	55
(6)	Conclusion: Author's hope for the future

① Concerns: Volunteer skills and knowledge

② Evidence: Successful volunteer efforts

③ Explanation: Definition and history

④ Opinion: Merits for everyone involved

MEMO

英　語

（2014年 1 月実施）

80分　200点

$\left(\text{解答番号}\boxed{1}\sim\boxed{55}\right)$

第1問 次の問い(**A・B**)に答えよ。(配点 14)

A 次の問い(**問1~3**)において,下線部の発音がほかの三つと**異なるもの**を,それぞれ下の①~④のうちから一つずつ選べ。

問1 $\boxed{1}$

① gl<u>o</u>ve   ② <u>o</u>nion   ③ <u>o</u>ven   ④ pr<u>o</u>ve

問2 $\boxed{2}$

① ca<u>s</u>ual   ② cla<u>ss</u>ic   ③ ha<u>b</u>it   ④ la<u>b</u>el

問3 $\boxed{3}$

① ea<u>s</u>e   ② loo<u>s</u>e   ③ pau<u>s</u>e   ④ prai<u>s</u>e

— 514 —

B 次の問い(**問1～4**)において，第一アクセント(第一強勢)の位置がほかの三
と**異なるもの**を，それぞれ下の①～④のうちから一つずつ選べ。

問1 [4]

   ① novel   ② parade   ③ rescue   ④ vital

問2 [5]

   ① audience   ② funeral   ③ origin   ④ survival

問3 [6]

   ① atmosphere   ② domestic   ③ equipment   ④ reluctant

問4 [7]

   ① category   ② eliminate   ③ investigate   ④ priority

第2問 次の問い（**A～C**）に答えよ。（配点 44）

A 次の問い（**問1～10**）の　8　～　17　に入れるのに最も適当なものを，そ
れぞれ下の①～④のうちから一つずつ選べ。ただし，　15　～　17　につい
ては，（ **A** ）と（ **B** ）に入れるのに最も適当な組合せを選べ。

問1 When I looked out of the window last night, I saw a cat　8　into my
neighbor's yard.

① is sneaked　　② sneaking　　③ sneaks　　④ to sneak

問2 Ever since they first met at the sports festival, Pat and Pam　9
each other.

① are emailing　　　　　　② emailed
③ have been emailing　　　④ will email

問3 My mother asked me　10　we should go out for lunch or eat at home.

① that　　② what　　③ whether　　④ which

問4 My wife wanted to have our son　11　dinner for us, but I ordered a
pizza instead.

① cook　　② cooked　　③ cooks　　④ to cook

問5 I took it for　12　that we were free to use the school gym on
Saturdays.

① demanded　　② granted　　③ natural　　④ truthful

—516—

2014年度　本試験　5

問 6　Could you ☐13☐ me who is planning Dan's birthday party?

① say to　　② talk to　　③ teach　　④ tell

問 7　We were shocked when the cashier added ☐14☐ the bill and the total was 20,000 yen.

① at　　② from　　③ off　　④ up

問 8　The (　A　) of treatment at the hospital is much lower for (　B　) who have health insurance. ☐15☐

① A : cost　　B : them　　② A : cost　　B : those
③ A : fare　　B : them　　④ A : fare　　B : those

問 9　Even though I (　A　) spent two years in the US, I've never (　B　) to the Grand Canyon.　Maybe I'll go next year. ☐16☐

① A : ever　　B : been　　② A : ever　　B : visited
③ A : once　　B : been　　④ A : once　　B : visited

問10　My mother is trying very hard to (　A　) ends meet, (　B　) she never lets me buy anything unnecessary. ☐17☐

① A : get　　B : but　　② A : get　　B : so
③ A : make　　B : but　　④ A : make　　B : so

—517—

B 次の問い(問1~3)の会話の 18 ~ 20 に入れるのに最も適当なもの
を，それぞれ下の①~④のうちから一つずつ選べ。

問1 Martha: What do you want to do this afternoon?

Ed: Well, how about going to that new movie?

Martha: Sure. It starts at three o'clock, doesn't it? I'll be ready.

Ed: On the other hand, we haven't played tennis for a long time.

Martha: Oh, come on! 18 Either is fine with me.

① Change your mind.

② Make up your mind.

③ Mind your manners.

④ Open your mind.

問2 Yukie: Jean, you look really tired. What's wrong?

Jean: Well, I went out with Sally last night. We started talking about
baseball and she wouldn't stop.

Yukie: Were you the first to mention baseball?

Jean: Well.... Yes, I was.

Yukie: Oh, dear. 19 You know she never stops talking about her
favorite team.

Jean: Right. I know that now.

① You couldn't have listened to her.

② You mustn't make her so angry.

③ You shouldn't have done that.

④ You'd better not leave her alone.

— 518 —

問 3 Mother: Jack, I just finished washing your school uniform, and found your cellphone in the washing machine. It's broken!

Jack: Oh, no. I have to call Bob now.

Mother: That's not the point! I just bought it for you last week!

Jack: Oh, yeah. I'm so sorry. But Mom, how am I going to call him?

Mother: 　20　 We'll talk about your carelessness later.

① Buy him a new phone.

② I'll call you soon.

③ Just use my phone.

④ Tell him to wait for me.

C 次の問い(問1～3)において，それぞれ下の①～⑥の語を並べかえて空所を補い，最も適当な文を完成させよ。解答は | 21 | ～ | 26 | に入れるものの番号のみを答えよ。

問1

Dan: How did your health check go?

Mike: Not bad, but the doctor ＿＿＿ | 21 | ＿＿＿ ＿＿＿ | 22 | ＿＿＿.

① advised   ② exercise   ③ get
④ me   ⑤ regular   ⑥ to

問2

Ken: Do you think your parents will let you study abroad?

Peg: I'm not sure, but I ＿＿＿ | 23 | ＿＿＿ ＿＿＿ | 24 | ＿＿＿ it.

① can   ② hope   ③ I
④ into   ⑤ talk   ⑥ them

問3

Kazuki: Penny, I have to work late tonight, and I may not get back until 10 p.m.

Penny: It'll rain tonight. Don't ＿＿＿ | 25 | ＿＿＿ ＿＿＿ | 26 | ＿＿＿ an umbrella.

① caught   ② get   ③ in
④ rain   ⑤ the   ⑥ without

第3問 次の問い(**A～C**)に答えよ。(配点 41)

A 次の問い(**問1・問2**)において，下線部の語句の意味を推測し， 27 ・
28 に入れるのに最も適当なものを，それぞれ下の**①～④**のうちから一つず
つ選べ。

問1

Jane: How's Michelle doing? The last time I met her, she looked a little
       depressed and said she was worried about her schoolwork.

Mary: I saw her yesterday, and she seemed absolutely exuberant.

Jane: Really? I wonder what happened.

Mary: Well, she'd been worried about her math test, but she did really well
       after all. Also, she's found a part-time job that she enjoys a lot.

Jane: That's great. I'm happy to hear that.

In this situation, exuberant means to be very 27 .

① busy and stressed

② happy and energetic

③ hard-working and healthy

④ upset and nervous

問 2

Jacob: How are your summer plans going? I heard you're going to travel around South America with your friend.

Hiromi: Well, I'd made all the travel arrangements, was studying Spanish, and had even started packing my bag. But suddenly, my friend told me she couldn't go. So then I got cold feet and canceled the trip.

Jacob: Oh, too bad. It's a shame that you felt too anxious to travel alone.

In this situation, got cold feet means | 28 | .

① became sick
② became thrilled
③ lost control
④ lost courage

B 次の問い（問1～3）のパラグラフ（段落）には，まとまりをよくするために**取り除いた方がよい文**が一つある。取り除く文として最も適当なものを，それぞれ下線部①～④のうちから一つずつ選べ。

問1　29

Children between the ages of three and five begin to ask many questions. ①The average weight of children around these ages is more than 12 kilograms. ②The way parents handle their children's questions is important. ③Some parents may be proud of their children's development and happily answer all their questions. ④This encourages children to use their imagination and become more creative. On the other hand, if parents are not patient enough to answer questions, children might feel that they shouldn't be curious about things. As a result, they may begin to feel nervous about trying new activities.

問2　30

Which do you prefer, living in the country or in the city? ①According to a United Nations survey, half of the seven billion people on this planet are living in the countryside. However, more and more people are moving into urban areas. ②It is estimated that about two thirds of the world's population will live in cities within the next 35 years. ③Living in a city apartment is convenient but sometimes lonely. ④Cities are likely to be too crowded and become very difficult places to live. Having said that, due to recent population trends, we soon may not have a choice about where to live.

問 3 | 31 |

With a little bit of care, your goldfish can live much longer than you might expect. First, choose the largest possible tank you can afford and decorate it with objects such as small rocks and plants. ①However, be careful not to put sharp objects in the tank that could harm your fish. Second, feed them only as much as they can eat in a few minutes and immediately remove any leftover food. ②You can soon teach them to eat from your hand. ③The most important thing is to clean the tank and change the water at least once every two weeks. ④To make it easier for the fish to adjust to new water, partial water changes are much better than complete water changes. By doing all these things, you can be sure your fish will survive into their "golden years."

C 次の会話は，アメリカのある高校でカリキュラムを見直すにあたり，教師たちが外国語教育について議論している場面の一部である。 32 ～ 34 に入れるのに最も適当なものを，それぞれ下の①～④のうちから一つずつ選べ。

Ted: For the past 20 years our school has been offering French and Spanish. However, times have changed and perhaps we should reevaluate the needs of our students. I've heard some suggest that native English speakers don't need to study a foreign language because English has become a global language. I'd like to get your views on this.

Jennifer: Well, with the globalization of many businesses, knowing a foreign language has become increasingly useful in the workplace. In business situations, when you're negotiating with people from other countries, it's obviously a disadvantage if they know your language but you don't know theirs. Also, by studying a foreign language, students can learn about various customs and cultural values of people from different parts of the world. This can smooth business relationships.

Ted: So, Jennifer, I guess you're saying that 32 .

① English is the most common language in the business world
② it's a disadvantage to use a foreign language in business
③ knowing a foreign language can have a practical, career-related benefit
④ studying business skills contributes to foreign language learning

David: I agree with Jennifer, and I suggest that we offer Chinese classes. China is a fast-growing economy and in the future it will become the world's biggest. Also, I believe there are more native speakers of Chinese than of any other language. Perhaps along with French and Spanish, we should offer Chinese.

Maria: I understand what you're saying, but in order to be well-informed about China, one should be able to read Chinese, which would involve years of study to learn at least 3,000 to 4,000 characters. I think continuing to offer French and Spanish is still more practical. Because these languages are somehow related to English, there are many words that have the same origin, and this makes the language learning process less difficult.

Ted: So, Maria, your idea is that 　33　 .

① a native English speaker may find it easier to learn French and Spanish

② Chinese would be most useful because China is a fast-growing economy

③ it would be useful to learn Chinese because China has the greatest number of people

④ knowing French or Spanish could make it easier to learn other European languages

Leslie: Well, I'm not sure which foreign language would be most valuable to our students. However, studying a foreign language can help students become aware of their own language and culture. Most of us use our native language without thinking deeply, and we make many cultural assumptions. But most importantly, through learning a foreign language, we're better able to look at something from various perspectives.

Ted: Leslie, that's a very interesting point. You're saying the biggest advantage of foreign language study is that it can increase students' 　34　 .

— 526 —

① ability to consider things from different points of view

② desire to understand their own language and culture

③ knowledge of other language structures and cultures

④ opportunities to be successful in global business

Ted: I appreciate getting all your ideas. Perhaps we should prepare a questionnaire for our students and try to get a sense of their interests and future goals.

16

第4問 次の問い(**A・B**)に答えよ。(配点 35)

A 次の文章はある報告書の一部である。この文章とグラフを読み，下の問い(**問 1 ～ 4**)の 35 ～ 38 に入れるのに最も適当なものを，それぞれ下の ①～④ のうちから一つずつ選べ。

Magnet and Sticky: A Study on State-to-State Migration in the US

Some people live their whole lives near their places of birth, while others move elsewhere. A study conducted by the Pew Research Center looked into the state-to-state moving patterns of Americans. The study examined each state to determine how many of their adult citizens have moved there from other states. States with high percentages of these residents are called "magnet" states in the report. The study also investigated what percent of adults born in each state are still living there. States high in these numbers are called "sticky" states. The study found that some states were both magnet and sticky, while others were neither. There were also states that were only magnet or only sticky.

Figures 1 and 2 show how selected states rank on magnet and sticky scales, respectively. Florida is a good example of a state that ranks high on both. Seventy percent of its current adult population was born in another state; at the same time, 66% of adults born in Florida are still living there. On the other hand, West Virginia is neither magnet (only 27%) nor particularly sticky (49%). In other words, it has few newcomers, and relatively few West Virginians stay there. Michigan is a typical example of a state which is highly sticky, but very low magnet. In contrast, Alaska, which ranks near the top of the magnet scale, is the least sticky of all states.

Three other extreme examples also appear in Figures 1 and 2. The first is Nevada, where the high proportion of adult residents born out of state makes this state America's top magnet. New York is at the opposite end of the magnet scale, even though it is attractive to immigrants from other nations. The third extreme example is Texas, at the opposite end of the sticky scale

— 528 —

from Alaska. Although it is a fairly weak magnet, Texas is the nation's stickiest state.

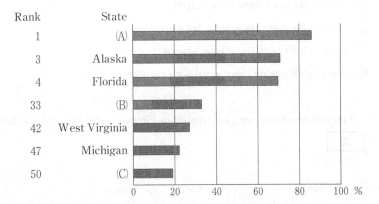

Figure 1. Magnet scale (selected states).

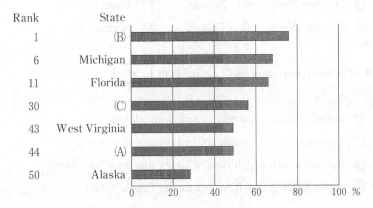

Figure 2. Sticky scale (selected states).

The study went on to explore the reasons why "movers" leave their home states and "stayers" remain. As for movers, there is no single factor that influences their decisions to move to other states. The most common reason they gave for moving is to seek job or business opportunities. Others report moving for personal reasons: family ties, the desire to live in a good community for their children, or retirement.

(Pew Research Center (2008) *American Mobility* を参考に作成)

18

問 1　If a state is magnet, ☐35☐ .

① few adults born there have stayed

② few adults living there were born elsewhere

③ many adults born there have stayed

④ many adults living there were born elsewhere

問 2　Which three states are represented in Figures 1 and 2 as (A), (B), and (C)?
☐36☐

① (A)　Nevada　　(B)　New York　(C)　Texas

② (A)　Nevada　　(B)　Texas　　(C)　New York

③ (A)　New York　(B)　Nevada　　(C)　Texas

④ (A)　New York　(B)　Texas　　(C)　Nevada

問 3　The main purpose of this passage is to ☐37☐ .

① describe various patterns in American migration

② explain why some states are less popular than others

③ list states with a high ratio of adults who were born there

④ report how the Pew Research Center collected data

問 4　What topic might follow the last paragraph?　☐38☐

① Reasons why some Americans stay in their home states.

② States that attract immigrants from other countries.

③ Types of occupations movers look for in other states.

④ Ways to raise children in a magnet state community.

— 530 —

B 次のページのマラソン大会の申込みに関するウェブサイトを読み，次の問い（問 1 ～ 3 ）の　39　～　41　に入れるのに最も適当なものを，それぞれ下の①～④のうちから一つずつ選べ。

問 1　Which of the following statements is **NOT** true about applying?　39

① You must apply during the month of August.

② You must be at least 16 years old when you apply.

③ You must enter your application via the Internet.

④ You must submit no more than one application.

問 2　A 70-year-old woman living in Lakeville who competed in the 26th marathon will have to pay　40　to participate.

① $10

② $15

③ $25

④ $30

問 3　According to the website, which of the following is true?　41

① You can pay the application and entry fees in cash.

② You have to make all inquiries by phone.

③ You must check online to see if you are accepted.

④ You will have eight hours to finish the race.

— 531 —

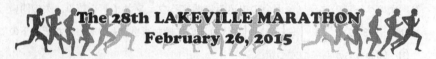

The 28th LAKEVILLE MARATHON
February 26, 2015

APPLICATION
- Period: August 1 - August 31, 2014 (NO late applications will be accepted.)
- Anyone 16 or older on the day of the race may apply for entry.
- Online applications only.
- One application per person. Multiple applications will be automatically rejected.
- Reporting any false personal information will result in elimination.

SELECTION
- Unfortunately, due to the size of Lakeville Sports Field, not all applications can be accepted. The 15,000 runners will be determined by lottery.
- Applicants will receive their acceptance or rejection letter in mid-October.

PAYMENT
- Online credit card payments only.
- The application fee cannot be returned. NO exceptions.
- The entry fee will be charged only to those selected by lottery.

Category	Application fee*	Entry fee**
Minor (16 or 17)	$15	$25
Adult (18 to 64)	$15	$50
Senior (65 or over)	$15	$15

*No application fee if you live in Lakeville!
**$5 discount if you entered either of the last two Lakeville Marathons!

RACE DAY
- Check-in: Opens at 7:00. All participants must present a photo ID (for example, driver's license or passport) and their acceptance letter on the day of the race.
- Race schedule: Starts at 8:00/Finishes at 16:00 (Runners who fail to finish by the designated time must stop running.)

For inquiries, contact: marathondesk@lkve.com

CLICK HERE TO APPLY

第5問 スペイン人画家の Salvador には，日本生まれの Chitose という孫がいる。Chitose はかつて，Salvador に絵のレッスンを受けていた。次の文章は，Salvador の日記と，Chitose が彼に宛てた手紙である。文章を読み，下の問い（問1〜5）の $\boxed{42}$ 〜 $\boxed{46}$ に入れるのに最も適当なものを，それぞれ下の ①〜④ のうちから一つずつ選べ。（配点　30）

Salvador's Diary
March 30, 2012

Our last lesson was a disaster. Chitose and I had a huge fight. She arrived at the studio smiling and said, "Look Grandpa, I painted this portrait of you." The man in the portrait had a lot of hair, stood straight, looked young, and smiled. She might be talented enough to attend an art college in France, but she has a big weakness as an artist. When she paints a person, too often she paints an idealized image rather than the real person. I had been explaining this point to her for several months, but she just wouldn't listen. I got a little angry and said to her, "This is not me, and you are not a real artist." She got angry too and said she didn't care because she didn't need me as a teacher anymore. I then showed her the portrait I had painted as her farewell gift and said, "This is the real you!" She took one look at it, said, "No, it isn't!" and left.

I gave the portrait of Chitose to her parents thinking they would appreciate it. I had done the portrait a couple of months before Chitose started changing her style, and I think it shows the high school student I taught for two years. When I painted it, she still had her natural curly hair, not her straight perm. She was not wearing all the accessories she has now, including the ring-shaped earrings she loves. She also never wore makeup then. This was a Chitose with a fantastic future who knew she was still an amateur artist. I understand that she is getting older and wants to act and look more like an adult. However, she seems to think that being an adult means that you stop listening to others. She will never become a great artist if she stops learning.

— 533 —

A Letter to Salvador

March 25, 2013

Dear Grandpa Sal,

I know this is late but I wanted to say that I am sorry for what happened the last time we met. In our last lesson, I didn't listen to you because I thought that you still saw me as a kid. I looked at how you painted me in the portrait and this confirmed my belief. I was so hurt that I just left without taking your gift.

You don't know this, but Mom secretly put the portrait into one of my suitcases when I left home for France. When I found it, I was still upset so I hid it in my closet. I didn't think about the portrait for a while, but I rediscovered it by chance a couple of months ago. Looking at it, I saw a Chitose who was willing to listen in order to improve her art. I realized that the Chitose I'd become was different. She wanted to prove to everyone that she was an adult and had stopped listening to others. Until then, I'd been really struggling in my art classes, but after I realized my weakness, I started learning again and my art got much better. You will always be my teacher, Grandpa.

I remember the portrait I showed you in our last lesson. You didn't like it and told me to paint you as I saw you. What you taught me that day makes sense to me now. I should paint things as they actually are and then their true beauty will shine.

I've painted a portrait of us and am sending you a photo of it. It actually won first prize in my city's young artists competition. As you can see, I've painted myself like you did, as Chitose the high school student with a lot of potential. I've also painted you as I really see you. Your wrinkles are proof of your wisdom. The cane shows your will to overcome your physical challenges. Your bent back shows that you have poured all your strength into what you love the most: your art and me. Thank you, Grandpa.

Love,
Chitose

問 1 Salvador wanted Chitose to 42 .

① appreciate things for how they are

② dress more like an artist

③ find another art teacher

④ paint young-looking people

問 2 In the last lesson, Chitose didn't accept the portrait because she believed her 43 .

① family would appreciate it more than she would

② family would not like her style

③ grandfather did not respect her as an adult

④ grandfather was not a very good artist

問 3 Which of the following is true? 44

① Chitose gave the portrait made by Salvador to her parents.

② Chitose painted the new portrait before writing the letter.

③ It took Salvador two years to make Chitose's portrait.

④ Salvador painted the portrait after Chitose changed her appearance.

問 4 What is the most likely reason for the improvement in Chitose's art? 45

① She learned a lot from entering the competition.

② She started to be open to other people's ideas again.

③ She stopped wearing makeup and earrings.

④ She tried to influence other adults' opinions.

問 5 Which of the following pictures best matches the description of the portrait in the photo Chitose sent to her grandfather? 46

第6問 次の文章を読み，下の問い（**A・B**）に答えよ。なお，文章の左にある(1)〜(6)は段落の番号を表している。（配点 36）

Listening Convenience and Sound Quality: Is There Another Priority?

(1)　　In 1877, Thomas Edison invented the phonograph, a new device that could record and play back sound. For the first time, people could enjoy the musical performance of a full orchestra in the convenience of their own homes. A few years later, Bell Laboratories developed a new phonograph that offered better sound quality; voices and instruments sounded clearer and more true-to-life. These early products represent two major focuses in the development of audio technology — making listening easier and improving the sound quality of the music we hear. The advances over the years have been significant in both areas, but it is important not to let the music itself get lost in all the technology.

(2)　　Although the phonograph made listening to music much more convenient, it was just the beginning. The introduction of the car radio in the 1920s meant that music could be enjoyed on the road as well. Interest in portable audio really started to take off in the 1980s with the development of personal music players that allowed listeners to enjoy music through headphones while walking outside. These days, we are able to carry around hundreds of albums on small digital players and listen to them with tiny earphones.

(3)　　Another factor affecting our enjoyment of music is its sound quality. In the 1950s, the term "high fidelity," or "hi-fi" for short, was commonly used by companies to advertise recordings and audio equipment providing the highest possible quality of sound reproduction. Fidelity, meaning truthfulness, refers to recording and reproducing music that is as close as possible to the original performance. Ideally, if we listen to a recorded symphony with our eyes closed, we feel as if we were in a concert hall.

Technological advances since the 1950s have resulted in modern recording techniques and playback equipment that allow listeners to come very close to the goals of high fidelity.

(4)   Walking into an electronics store today, consumers are faced with an amazing variety of audio technology. Someone looking for a portable system can choose from hundreds of different earphones, headphones, and digital players that come in a range of colors, shapes, and sizes. For audiophiles — music fans who see high fidelity as a priority — a different section of the store features a range of large speakers and heavy components, such as CD players and amplifiers, that often come at high prices. Faced with all this technology and so many choices, music fans often spend a great deal of time researching and making decisions about the right equipment for their listening needs.

(5)   Even after the equipment is bought, the advances in audio technology sometimes continue to take consumers' attention away from the music itself. The convenience of portable systems lets people listen to music while doing something else, like jogging in the park or commuting to work. In these settings, music may be partly lost in background noise, making it hard for the listener to concentrate on it. In another case, audiophiles may spend a considerable amount of time and energy testing and adjusting their combination of components to achieve the highest standard of fidelity.

(6)   With so much technology available, actually listening to music can sometimes feel like a secondary issue. We are lucky to be able to take our favorite recordings with us on the train to work, but if we listen to music while our attention is focused elsewhere, we miss much of its power. Likewise, although it is good to have access to high-quality equipment, if we worry too much about achieving perfect fidelity, technology itself comes between us and the music. Music is an amazing and powerful art form, and perhaps what is most important is to make time to sit and appreciate what

we hear. Thanks to the genius of Edison and other inventors, the beauty of music is now more accessible than ever. It's up to us to stop and truly listen.

A 次の問い（問1～5）の $\boxed{47}$ ～ $\boxed{51}$ に入れるのに最も適当なものを，それぞれ下の①～④のうちから一つずつ選べ。

問1 According to paragraph (1), Bell Laboratories' phonograph could $\boxed{47}$ than Thomas Edison's.

① be built more quickly and cheaply
② be operated with less difficulty
③ play more musical instruments
④ reproduce sound more realistically

問2 In paragraph (3), the author suggests that today's best audio equipment $\boxed{48}$.

① almost recreates the sound quality of a live concert
② is used to play live music in the best concert halls
③ makes recordings sound better than original performances
④ reproduces great performances from the 1950s

問3 According to paragraph (4), audiophiles are people who $\boxed{49}$.

① care deeply about the quality of music reproduction
② perform in symphonies in good concert halls
③ prefer live concerts to recorded performances
④ work at shops that sell the best audio equipment

問 4 Based on paragraph (5), which of the following is true? 　50

① Background noise often helps people concentrate on music.

② Portable audio systems tend to create background noise.

③ Setting up a hi-fi system can take a great amount of effort.

④ The busier people are, the more they appreciate music.

問 5 The author's main point in paragraph (6) is that 　51 　.

① audiophiles tend to enjoy listening to music on portable devices

② convenience is an important factor in buying audio equipment

③ music is the primary consideration, regardless of technology

④ portable equipment will likely replace high-fidelity equipment

B　次の表は，本文の段落と内容をまとめたものである。 　52 　～ 　55 　に入
れるのに最も適当なものを，下の①～④のうちから一つずつ選び，表を完成させ
よ。ただし，同じものを繰り返し選んではいけない。

Paragraph	Content
(1)	Two goals of audio technology
(2)	52
(3)	The idea of high fidelity
(4)	53
(5)	54
(6)	55

① Advances in music listening convenience

② Concerns about the focus of music listeners

③ The value of giving music your full attention

④ The wide selection of audio products for sale

— 540 —

MEMO

MEMO

MEMO

2024大学入学共通テスト過去問レビュー

──どこよりも詳しく丁寧な解説──

書名		区分	掲載年度											数学Ⅰ・Ⅱ,地歴A				掲載回数
			23	22	21①	21②	20	19	18	17	16	15	14	23	22	21①	21②	
英語		本試	●	●	●	●	●	●	●	●	●	●	●	リスニング	リスニング	リスニング	リスニング	10年19回
		追試	●	●										リスニング	リスニング			
数学Ⅰ・A Ⅱ・B	Ⅰ・A	本試	●	●	●	●	●	●	●	●	●	●	●	●	●	●	●	10年32回
	Ⅰ・A	追試	●															
	Ⅱ・B	本試	●	●	●	●	●	●	●	●	●	●	●	●	●	●	●	
	Ⅱ・B	追試	●															
国語		本試	●	●	●	●	●	●	●	●	●	●	●					10年13回
		追試	●	●														
物理基礎・物理	物理基礎	本試	●	●	●	●	●	●	●	●	●	●						10年22回
	物理基礎	追試		●														
	物理	本試	●	●	●	●	●	●	●	●	●	●						
	物理	追試		●														
化学基礎・化学	化学基礎	本試	●	●	●	●	●	●	●	●	●	●						10年22回
	化学基礎	追試		●														
	化学	本試	●	●	●	●	●	●	●	●	●	●						
	化学	追試		●														
生物基礎・生物	生物基礎	本試	●	●	●	●	●	●	●	●	●	●						10年22回
	生物基礎	追試		●														
	生物	本試	●	●	●	●	●	●	●	●	●	●						
	生物	追試		●														
地学基礎・地学	地学基礎	本試	●	●	●	●	●	●	●	●	●	●						9年20回
	地学基礎	追試		●														
	地学	本試	●	●	●	●	●	●	●	●								
	地学	追試		●														
日本史B		本試	●	●	●	●	●	●	●	●	●	●	●	●	●	●	●	10年15回
		追試																
世界史B		本試	●	●	●	●	●	●	●	●	●	●	●	●	●	●	●	10年15回
		追試																
地理B		本試	●	●	●	●	●	●	●	●	●	●	●	●	●	●	●	10年15回
		追試																
現代社会		本試	●	●	●	●	●	●	●	●								7年8回
		追試																
倫理, 政治・経済	倫理	本試	●	●	●	●	●	●	●	●								7年24回
	倫理	追試																
	政治・経済	本試	●	●	●	●	●	●	●	●								
	政治・経済	追試																
	倫理, 政治・経済	本試	●	●	●	●	●	●	●	●								
	倫理, 政治・経済	追試																

・[英語（リスニング）]の音声は、ダウンロードおよび配信でご利用いただけます。